PLEURE JÉRUSALEM

GUY RACHET

PLEURE JÉRUSALEM

(MASSADA)

ÉDITIONS DU
ROCHER
Jean-Paul Bertrand

ISBN 2 268 05126 9.

Pour Liliane.

Cette fumée, c'est la poussière soulevée par les légions des Kittim qui marchent sur Sion. Pleure Jérusalem, les jours de malheur sont arrivés car en toi, tout n'est que corruption.

Avertissement
concernant cette nouvelle édition

J'ai écrit ce livre en 1974. C'était un très épais manuscrit qui a été publié seulement en 1979 par Jean-Claude Lattès sous le titre de *Massada, les Guerriers de Dieu*, non sans qu'il m'ait été demandé un certain nombre de coupures.

Une version plus encore abrégée a été réalisée par les soins de Jean-Claude Simoën lorsqu'il dirigeait les éditions du Pré-aux-Clercs, maintenant disparues.

Sur ma proposition, Jean-Paul Bertrand a accepté de faire une nouvelle édition sous le titre que j'avais prévu dans le manuscrit original, *Pleure Jérusalem*. Cette version tient un juste milieu entre les deux premières éditions avec quelques apports nouveaux et, aussi, quelques suppressions. J'ai tenu à redonner au public cet ouvrage totalement épuisé depuis longtemps, pour plusieurs raisons. Parmi celles-ci, la première est relative à mon dernier ouvrage sur la Bible et l'histoire d'Israël. Bien que je me sois montré critique vis-à-vis de l'exégèse traditionnelle du Pentateuque et que j'ai pu critiquer l'ethnocentrisme, voire le fanatisme, de nombreux tenants des religions monothéistes, je ne continue pas moins à admirer le peuple juif et à rester un lecteur de la Bible, ce que mes amis juifs ont très bien compris. Seuls quelques fanatiques amblyopes ont pu se prétendre choqués, comme ce fut le cas d'un Olybrius anonyme qui a donné sur la Toile un petit chef-d'œuvre affligeant de sottise et d'incompréhension, allant jusqu'à traiter mon ouvrage d'imposture et déclarer que je calomnie « méchamment et gratuitement le christianisme, le judaïsme et l'islam ». Ce qui n'a pas empêché un journal égyptien et musulman, *Al-Ahram*, sous la plume du docteur Ahmed Youssef, de donner une présentation des plus élogieuses et enthousiaste de mon livre. Il a aussi compris que ma critique en annexe des positions excessives d'islamistes ne s'adressait pas à l'ensemble des musulmans modérés. Une autre raison est que, dans ce roman épique, en me fondant sur le témoignage de Flavius Josèphe, je me fais le chroniqueur de cet affrontement prodigieux entre les armes romaines et un peuple qui n'a pas su s'unir pour résister aux légions de Vespasien et de Titus ; un affrontement qui a suscité de prodigieuses actions d'héroïsme, mais n'a pu empêcher de mettre une fin à l'indépendance de la Judée : la conséquence en a été l'accélération de la diaspora, les juifs ayant ainsi perdu leur patrie et le temple de leur dieu, détruit par Titus. Enfin j'ai le sentiment que la lecture de cette œuvre romanesque, fondée sur des éléments historiques précis, peut permettre de mieux comprendre certains aspects du déroulement des événements qui ensanglantent le Proche-Orient, en particulier depuis quelques années, aussi bien du côté des Palestiniens que des Israéliens.

Personnages principaux

Les noms précédés d'un astérisque
sont ceux des personnages historiques

* Agrippa (Hérode Agrippa II). Tétrarque (ou roi), allié et ami des Romains. Réside à Césarée de Philippe, au nord du lac de Tibériade.

* Ananias. Grand sacrificateur, sadducéen.

* Ananus d'Emmaüs. Familier de la reine Bérénice et ami des pharisiens. Selon les historiens, il se serait rallié à Simon bar Gioras.

* Bassus (Lucilius). Général romain. Il assiégea et prit l'Herodion et Machéronte.

* Bérénice. Sœur d'Agrippa et reine de Chalcis par son mariage avec son oncle. Réside avec son frère à Césarée. Ses amours avec Titus ont inspiré Corneille, Racine et Brasillach.

* Castor. Officier de Marcus Claudius et ensuite de Simon bar Gioras.

* Cathlas. Fils de Simon. Un des chefs des Iduméens.

Charès. L'un des chefs de la révolte à Gamala.

* Costobare. Parent d'Agrippa vivant à Jérusalem.

David. Enfant des rues de Jérusalem.

Démétrios, fils d'Apollonios. Grec d'Alexandrie, ami de Marcus Claudius.

Dinah. Fille de Qorakh, habite Engaddi. Épouse de Jacim.

Drusilla. Sœur de Marcus Claudius, épouse de Simon, fils de Gamaliel.

* Éléazar ben Ananias. Fils d'Ananias, le grand sacrificateur, passé au parti des zélotes.

* Éléazar ben Jaïr. Petit-fils de Judas le Galiléen et neveu de Menahem. L'un des chefs des zélotes.

* Éléazar ben Simon. Devient l'un des chefs de la révolte contre les Romains. Commande une faction zélote.

Énée, fils de Phazaël. Habitant de Tarichée, parent de Gershon.

* Ézéchias. Frère d'Ananias, le grand sacrificateur.

* Ézéchias, fils de Chobare. De famille noble, se rallie à Éléazar ben Simon.
* Florus (Gessius). Procurateur de Judée.
* Gallus (Cestius). Légat de Syrie.

Gershon. Chef d'un camp d'entraînement essénien.

* Gioras ben Simon. Participe aux combats contre l'armée romaine de Gallus. Il fut tué au siège d'Ascalon.

Glaphyra. Fille d'Hanan ben Hanan.

* Gorion, fils de Joseph. Sacrificateur tué par les zélotes.

Gorion, fils de Nicomède.

* Hanan ben Hanan. Dernier grand sacrificateur. C'est le fils du célèbre « Anne » qui fit condamner Jésus-Christ.

Houldah. Servante de la famille de Qorakh, à Engaddi.

Jacim. Fils de Jéther, époux et cousin de Dinah.

Jahel. Femme de Charès de Gamala.

* Jean de Giscala. Aventurier. Devient l'un des chefs des zélotes à Jérusalem.
* Jean l'Essénien. Juif modéré. Reçut un commandement à la suite de la révolte.

Joarib. Jeune paysan des bords du Jourdain.

Jonathan. Fils de Joseph de Gamala.

* Joseph. Médecin de Gamala, l'un des chefs de la révolte de cette cité.
* Joseph, fils de Matthias. Gouverneur de la Galilée lors de l'indépendance. C'est le célèbre historien de la guerre juive plus connu sous le nom de Flavius Josèphe.
* Josué ben Gamaliel. Frère de Simon ben Gamaliel, grand prêtre.
* Josué, fils de Tobie. L'un des chefs de la révolte à Tibériade.
* Judas ben Chelsias. Noble juif rallié à Éléazar ben Simon.
* Judas ben Jaïr. Frère d'Éléazar ben Jaïr.
* Judas ben Judas. Zélote de Massada. Officier de Simon bar Gioras.

Judith. Fille de Samuel ben Nathan. Suivante de la reine Bérénice.

Julius Alexandre. Fils de Tibère Alexandre.

Lucius. Riche marchand juif d'Alexandrie. Père de Marcus Claudius, Tiberius et Drusilla.

Lamuel. Prêtre. L'un des chefs de la communauté essénienne de Mesad Hassidim.

Malthacée. Fille de Joseph de Gamala.

Marcus Claudius. Fils de Lucius. Ancien tribun des légions romaines.

Mariamne. Fille d'Ananias.

* Mathias, fils de Boëtus. Sacrificateur du parti des modérés.

* Menahem. Fils de Judas le Galiléen, fondateur du parti des zélotes.
* Metilius. Commandant de la garnison romaine de Jérusalem.

Miar. Voleur de grands chemins, ami de Simon bar Gioras.

Milkah. Deuxième fille de Qorakh d'Engaddi.

Myrtô. Grecque, servante de Mariamne.

Nathanias. Fils de Charès de Gamala.

* Neapolitanus. Officier romain.
* Niger Péraïte. Officier juif.
* Phanias ben Samuel. Paysan promu grand sacrificateur par les zélotes.

Phazaël. Second fils de Charès de Gamala.

Salomé. Troisième fille de Qorakh d'Engaddi.

Sara. Nom juif que prend Drusilla lorsqu'elle est à Jérusalem.

Sérapion. Chef des gardes de Marcus Claudius.

Shiméa. Zélote.

Shobal. Fils de Jéther. Demi-frère de Jacim.

Silas. Officier et homme de main d'Agrippa.

* Simon, fils d'Esron. Noble juif rallié à Éléazar ben Simon.
* Simon ben Jaïr. Frère d'Éléazar et de Judas.
* Simon bar Gioras. Aventurier et voleur de grands chemins.
* Simon ben Gamaliel. L'un des chefs de la secte des pharisiens. Fils du célèbre docteur Gamaliel, le maître de saint Paul.
* Sofa, fils de Jacques. Iduméen. L'un des chefs ralliés à Simon bar Gioras.

Tabitha. Fille de Joseph de Gamala.

* Tibère Alexandre. Ancien procurateur de Judée. Gouverneur de l'Égypte.

Tiberius. Fils aîné de Lucius.

Tobie. Serviteur de la famille de Qorakh, époux de Houldah.

* Titus. Fils de Vespasien. Commande les légions qui assiègent Jérusalem.
* Vespasien. Commandant des armées envoyées par Néron contre les juifs révoltés.
* Zacharie, fils d'Amphicanus. Zélote de race noble.
* Zacharie, fils de Baruch. Notable de Jérusalem.

Première partie

LES ZÉLOTES

Chapitre I

LA MONTÉE VERS JÉRUSALEM

Les montagnes de Judée étaient bleues dans la lumière chaude du soleil. Les premières pluies de printemps avaient fait éclore anémones et crocus qui se déployaient pareils à de grands tapis colorés. Tout au long de la route empierrée se pressait la foule des pèlerins qui revenaient de Jérusalem où ils s'étaient rendus pour les fêtes de la pâque. Ils allaient pour la plupart à pied, le bâton à la main, la besace au côté, la tête couverte d'un lourd turban; une ceinture tenait relevés sur les genoux les pans de leur longue robe rayée aux teintes vives, une paire de sandales de rechange pendue autour du cou. Les hommes arboraient presque tous une barbe qui descendait bas sur leur poitrine. Les femmes, souvent voilées, étaient juchées sur de robustes petits ânes. Ainsi allaient-ils en chantant les psaumes du pèlerinage.

Rares étaient alors les voyageurs étrangers qui se rendaient à Jérusalem. Ils évitaient la ville pendant ces jours de fête car toutes les auberges, toutes les demeures étaient envahies et même les jardins se couvraient alors de tentes.

Lorsqu'ils croisaient un juif allant vers la ville, les pèlerins le saluaient en appelant sur sa tête les bénédictions du Seigneur; mais leurs visages se fermaient à la vue d'un gentil, Arabe du désert suivi de ses dromadaires, gueux iduméen ou aventurier venu d'Égypte, ils ne leur inspiraient que haine ou mépris. Grecs et Romains, toujours en petit nombre, venaient en général du nord, soit de Césarée, la capitale d'Agrippa, roi vendu à l'occupant romain, soit de la Galilée. Bien que guère aimés, ils inspiraient cependant le respect.

Une petite caravane apparut au détour du chemin. En tête allaient deux hommes sur de splendides montures: de grands étalons comme en produisaient les haras de Macédoine, de Médie ou d'Italie, et non de ces petits chevaux nerveux qu'on rencontrait en Galilée ou dans le sud de la Syrie. Encore jeunes et en pleine force de l'âge, ils étaient vêtus d'une tunique courte et d'une cape jetée sur l'épaule. Leur chevelure bouclée était couverte d'un chapeau plat qui les protégeait de la violence du soleil, et une courte épée pendait sur leurs reins. La délicatesse des tissus de leur vêtement, la chaîne d'or qui ceignait leur poitrine, les fines ciselures de la gaine des épées à la poignée sculptée témoignaient de leur richesse. Le plus grand des deux respirait un mélange de force et de sérénité et la douceur des traits de son visage n'avait rien de l'épaisseur romaine. Cependant, il portait au doigt l'anneau des chevaliers romains.

Derrière eux, à distance respectueuse, venait une vingtaine d'hommes casqués de cuir et armés d'épées, d'arcs et de javelots. Ils étaient aussi montés sur de robustes chevaux et suivis par deux serviteurs à dos de mulet ; cinq autres, assis sur des ânes, menaient une file de baudets chargés de bagages ; enfin, une quarantaine de cavaliers fermaient la marche.

On ne voyait que rarement de si riches cortèges ; seul le roi Agrippa ou un de ses ministres se déplaçait avec une pareille suite. Les deux jeunes gens rendaient les saluts avec politesse, le plus grand en araméen, la langue des Palestiniens, tandis que son compagnon répondait en grec.

– Que de monde sur cette route ! constata ce dernier entre deux salutations. On se croirait dans les faubourgs d'Alexandrie ou de Rome.

– Il n'en est pas toujours ainsi, assura son ami. Les routes de Jérusalem ne sont encombrées par les pèlerins que les jours qui précèdent et qui suivent la fête de pâque.

– Il s'agit ainsi d'un véritable pèlerinage ! Voilà qui me rappelle celui que nous avons vu à Éphèse, autour du temple d'Artémis.

Son compagnon leva la main en riant :

– Démétrios, puisque nous allons dans ma famille à Jérusalem, ne te hasarde jamais à oser une telle comparaison devant un juif pieux : tu provoquerais un vrai scandale.

– Tiens, et pourquoi donc, mon bon Marcus ?

– Un juif pieux, et même simplement croyant, te dira qu'Artémis n'est jamais qu'une idole qui trompe les hommes alors que seulement dans le temple de Jérusalem réside le vrai Dieu.

– Comment peut-on prétendre qu'il y a des vrais et des faux dieux ! s'étonna Démétrios. Ou bien les dieux existent ou ils ne sont pas. Et il me semble que tu étais bien d'accord avec moi, lorsque nous avons parfois abordé ce sujet, qu'ils ne sont jamais que des créations de l'imagination craintive des hommes, comme l'explique mon cher Lucrèce à la suite de notre maître Épicure. Qu'on adore une statue de déesse affublée de mamelles tout au long de son torse comme l'Artémis éphésienne ou un dieu invisible dans son sanctuaire, puisque tu m'as déclaré un jour que tel était le dieu des juifs, je ne vois aucune différence, d'autant que tu m'as aussi assuré, si j'ai bonne mémoire, que dans l'un de leurs livres il est déclaré que leur dieu a fait l'homme à son image : ce qui laisse donc entendre que ce dieu ressemble aux hommes. Ainsi je ne vois pas de différence avec les dieux des Grecs qui ressemblent aussi aux humains. Ou, plutôt, je vois une différence amusante : chez nous, Grecs, les dieux mâles ressemblent aux hommes et les déesses ressemblent aux femmes, alors que, chez les juifs, il n'y a que des mâles puisque leur dieu est décliné au masculin. Les femmes sont oubliées, me semble-t-il. On plonge dans les deux cas dans l'erreur et l'illusion. Car quelle différence entre adorer, que dis-je, idolâtrer ses propres fantasmes ou une statue ? Et, en vérité, ne vaut-il pas mieux adorer une statue lorsqu'elle est belle ? Quand je vois un Apollon ou un Hermès de Scopas ou de Lysippe, le Zeus de Phidias ou une Aphrodite de Praxitèle, c'est la beauté qui se manifeste dans ces œuvres que je veux vénérer. Si d'aventure les dieux existaient, n'est-ce pas sous ces formes exquises que leur donnent nos sculpteurs, que d'aucuns pourraient déclarer inspirés par quelque divinité ? Et pareillement, lorsque je lis les poèmes d'Homère, lorsque j'entends chanter les Odes de Pindare ou de Simonide, je pourrais presque croire que c'est un dieu qui les inspire.

– Les juifs pensent aussi que leur dieu inspire les chants de leur culte auxquels ils ont donné le nom de psaumes, lui fit remarquer son compagnon.

– J'admire en toi le philosophe stoïcien, répliqua Démétrios. À l'instar de tes maîtres, tu t'es élevé au-dessus de la mêlée et tu parles des Judéens comme d'un peuple parmi les autres, comme s'ils t'étaient totalement étrangers. Moi, je ne suis pas parvenu à un tel détachement, et quand je parle des Grecs, je dis souvent nous.

– Tu m'attribues des sentiments qui ne sont pas tout à fait justes. Sans doute mes maîtres m'ont exhorté à me détacher des choses terrestres et je voudrais m'intégrer dans cette cité universelle imaginée par Zénon de Kition, dans laquelle tous les humains, quelle que soit leur origine ou leur couleur, vivraient dans une parfaite égalité. Aussi je me sens bien homme et citoyen de la terre avant d'être né juif et citoyen romain. Mais mon détachement est relatif, sinon je ne vivrais pas dans ce luxe qui me séduit, et je ne ferais pas une carrière dans l'armée de Rome.

Il soupira avant de reprendre :

– Vois-tu, comme tu te sens Grec, il m'arrive parfois de me sentir juif, surtout lorsque je reviens dans la terre de mon peuple et je me surprends alors à songer au temps où notre nation vivait indépendante, sinon libre, sous des rois de notre peuple. Car il n'est que trop vrai que l'indépendance d'un peuple ne signifie pas qu'il vive dans la liberté, cette liberté individuelle de penser et d'agir que les Athéniens et à leur suite les Romains ont exaltée par la voix de leurs philosophes.

Un mouvement dans la foule et des cris confus dans le lointain attirèrent leur attention. Des hommes couraient vers un attroupement tandis que les autres voyageurs quittaient la route pour éviter le lieu du tumulte.

– Que se passe-t-il ? demanda Marcus en araméen à un passant.

– La bénédiction du Seigneur est avec nous ! s'exclama l'homme. On dit que ce sont des zélotes qui veulent châtier un traître : l'homme sage doit passer son chemin.

Marcus se tourna vers les cavaliers.

– Que l'un de vous appelle l'arrière-garde ! Les autres, suivez-moi au galop !

Marcus talonna son cheval, suivi de loin par Démétrios et les autres cavaliers, mais la présence des pèlerins l'empêchait de pousser sa monture au galop.

En approchant, il distingua une litière portée par deux mules autour de laquelle quelques esclaves se défendaient à l'aide de bâtons contre une bande d'hommes armés d'épées. Soudain, les esclaves lâchèrent pied et prirent la fuite, tandis que les assaillants se saisirent d'un homme âgé ; il avait perdu son turban, révélant un crâne chauve. Ils arrachèrent ensuite de la litière une jeune femme, et ils l'entraînèrent avec le vieillard hors de la route. Bien que ne pouvant distinguer que des clameurs confuses, Marcus comprit que les agresseurs haranguaient maintenant la foule. Puis ils se saisirent de pierres, imités par plusieurs pèlerins qui avaient ôté leur manteau pour avoir les gestes plus libres.

Marcus poussa son cheval au galop, renversant ceux qui se trouvaient sur son chemin. Il arriva au moment où les premiers projectiles étaient lancés.

– Arrêtez !

Il avait crié avec une telle autorité que plusieurs bras retombèrent.

Mais les zélotes ne l'entendaient pas de cette oreille et l'un d'eux, qui devait être leur chef, dit en grec :

– Étranger, passe ton chemin. Ce sont là affaires entre juifs.

– C'est là affaire de brigands et tu me connais bien mal si tu crois que je laisserai assassiner sous mes yeux un vieillard et une femme, répliqua Marcus.

– Étranger, tu ne sais pas ce que tu dis. Il est préférable pour toi de passer ton chemin.

– Comment as-tu l'impudence d'espérer que je pourrais laisser assassiner sous mes yeux un vieillard et une femme !

– Ne dis pas assassiner, dis exécuter.

– Pour quel crime ?

– Que t'importe ?

– Plus que tu peux le supposer. Il existe des lois et même le sanhédrin ne peut ordonner une mise à mort sans l'assentiment de l'autorité romaine. Or je doute...

Les hommes éclatèrent de rire.

– Sache donc, l'interrompit le zélote, que cet homme vendu aux païens a été condamné par notre tribunal révolutionnaire. Maintenant, va, ceci ne concerne pas les « petits Grecs ».

Si les derniers mots du zélote laissèrent indifférent Marcus Claudius qui ne se sentait pas concerné, Démétrios, qui aidait le vieillard à se relever, bondit sous l'injure qu'il n'aurait pas même tolérée de la part d'un Romain ; ces derniers attribuaient souvent ce terme péjoratif à ces Grecs courtisans, marchands, voleurs, vils flatteurs, qui apportaient à Rome une fâcheuse image du peuple réputé policé et héroïque entre tous. Il marcha sur le zélote avec une telle détermination que celui-ci recula jusqu'au milieu de ses compères, mais Démétrios le saisit par le haut de la tunique et le fit sortir du rang. Comme ses acolytes esquissaient un mouvement de défense, Marcus s'adressa à eux dans leur langue :

– Laissez ces deux hommes vider leur querelle. Le premier d'entre vous qui interviendra sera percé de flèches.

Les cavaliers de l'escorte les avaient entourés, arcs bandés. Mais déjà Démétrios avait violemment frappé son adversaire qui fut jeté sur le sol. Il se releva en titubant, le visage ensanglanté et, tout en jurant qu'il se vengerait, il courut se réfugier derrière ses compagnons. Les zélotes se résolurent à s'éloigner en lançant des injures.

Des murmures s'élevèrent dans la foule et, aussitôt, Marcus les harangua en araméen :

– Regardez ces lâches qui s'enfuient comme des chacals devant le lion ! Pouvez-vous croire que le Seigneur a pu armer leur bras ? Que leurs tribunaux qui condamnent sommairement et sans appel représentent la justice divine ? Ces hommes ne sont que des hyènes, des chiens qui aboient. Le fort n'a rien à redouter de leur injustice, mais le faible a tout à craindre. Voyez ce vieillard et cette femme victimes de leur cruauté ! Leurs victimes pourraient aussi bien être vous-mêmes, vos fils, vos femmes ou vos filles. Allez, et n'oubliez pas que le descendant de David dont vous attendez le salut ne sera pas entouré d'hommes injustes et couards, car l'épée de l'Éternel ne peut être que force et justice.

Les pèlerins avaient écouté ce discours d'un air stupéfait et ils se demandaient qui pouvait être cet homme qui parlait comme un rabbi. Le vieillard libéré par Marcus saisit le bas de sa cape qu'il baisa en lui rendant grâce. Le jeune homme sauta à bas de sa monture et, se tournant vers le chef de son escorte :

– Sérapion, va avec nos cavaliers et ramène les esclaves en fuite !

– Mon nom est Ananias, dit alors le vieillard. Que la bénédiction du Seigneur soit sur toi, étranger, car tu n'es certainement pas un gentil.

– Tu ne te trompes pas, bien que je sois chevalier romain. Je m'appelle Marcus Claudius.

– Serais-tu le fils de Lucius Claudius, le bienfaiteur du Temple ?

– Précisément, et voici mon ami Démétrios, un Grec d'Alexandrie.

Les deux hommes se saluèrent et Ananias prit le bras de la jeune fille qui l'accompagnait.

– Voici ma fille, Mariamne. Elle te considérera désormais comme un second père, car elle te doit la vie.

La jeune fille les regarda l'un après l'autre puis elle ébaucha un sourire avant de se diriger vers la litière où son père l'aida à prendre place. Démétrios et Marcus les suivirent.

– Je me rendais à Hébron où nous avons une grande demeure, expliquait Ananias. Mariamne y passe les mois chauds de l'été. Ces brigands en ont profité pour nous attaquer. Au nom du Seigneur et de la liberté de notre pays, ils commettent toutes les exactions, toutes les violences, tous les crimes.

– Poursuis ta route, répondit Marcus ; nos cavaliers te serviront d'escorte.

– Je te rends grâce de ton offre, mais je préfère ramener ma fille à Jérusalem. Là-bas, à Hébron, elle ne serait plus en sécurité ; ces brigands n'hésiteront pas à l'enlever pour me faire capituler et me contraindre à leur céder mes biens. Leur prétendu tribunal m'ayant condamné, ils n'auront de cesse qu'ils ne m'aient assassiné... Même ma pauvre enfant, plus innocente que moi, tombera un jour sous leur poignard, car ainsi en ont-ils décidé.

– Eh quoi ! s'écria Marcus. Vas-tu te laisser saigner comme un bœuf qu'on conduit à l'autel, en beuglant et sans plus te défendre ?

– Le Seigneur a détourné sa face de moi.

– Alors, quitte ce pays. Va rejoindre nos compatriotes à Rome ou à Alexandrie, loin de ces querelles sauvages entre sectes. Mon père et moi-même y sommes très puissants et nous t'aiderons.

– Penses-tu qu'un sadducéen puisse vivre loin du Temple ?

– Chacun est maître de son destin, déclara Marcus.

– Notre destin est entre les mains du Seigneur, répliqua Ananias en grimpant sur sa mule, aidé d'un esclave.

Les deux jeunes hommes enfourchèrent leurs chevaux et reprirent la route, suivis par Ananias. Démétrios restait silencieux et pensif. Il se décida enfin à demander à Marcus ce que lui avait dit le vieillard, en araméen. Qu'il préférât rester dans une ville où sa vie était désormais menacée à chaque instant l'étonna.

– Pour le comprendre, expliqua Marcus, il faut bien connaître la secte des sadducéens. C'est parmi eux que se recrutent les prêtres et les sacrificateurs, c'est le Temple qui fait leur richesse. Ils vivent matériellement en partie de la dîme et des offrandes apportées à l'autel de leur Dieu, et, spirituellement de la tradition impliquée par le Temple. Les séparer du sanctuaire et de Jérusalem, ce serait couper leurs racines, les tuer aussi sûrement qu'avec un poignard.

– Voilà des gens plus fous encore que nos pythagoriciens ! s'exclama Démétrios.

Ils étaient parvenus à un détour du chemin d'où, soudain, on découvrait des maisons blanches étagées sur des collines et dominées par de puissantes tours et par les imposants édifices du Temple. Hors des remparts s'étendaient les jardins et s'éparpillaient quelques groupes de maisons.

– Jérusalem ! s'exclama Ananias qui avait poussé sa mule près du cheval de Marcus. Ton ami connaît-il la cité de David ?

– Non, il y vient pour la première fois.

– Rapporte-lui ce que déclarent nos Anciens : « Qui n'a pas vu Jérusalem n'a pas vu une belle ville. »

Marcus sourit et rapporta les paroles d'Ananias à Démétrios.

– C'est vrai, admit-il, l'ensemble ne manque pas de majesté. Mais il est évident que ces pauvres Anciens n'ont jamais vu Alexandrie ou Rome, ou encore Syracuse ou Naples, ou surtout, Athènes ou Corinthe.

– Que répond-il ? demanda Ananias à Marcus sur un ton où se mêlaient la piété admirative et l'orgueil.

– Que non seulement Jérusalem peut soutenir la comparaison avec les plus illustres villes du monde, mais qu'elle les surpasse en beauté.

Le vieillard poussa un soupir de satisfaction.

– Voilà pourquoi je ne peux songer à aller vivre loin de ma cité et loin du trône de l'Éternel.

Chapitre II

LA DEMEURE D'HANAN

Ils pénétrèrent dans Jérusalem par la porte de l'Ouest autrement appelée « porte des Jardins ». Sur leur droite se dressaient les murailles massives et les tours carrées du palais d'Hérode qui, un siècle auparavant, avait couvert Jérusalem d'édifices prestigieux. Ils franchirent une seconde enceinte et une nouvelle porte qui permettait de pénétrer réellement dans la vieille cité.

– Comment les Romains ont-ils pu autoriser la construction de si puissants remparts ? s'étonna Démétrios.

– Hérode, le fondateur de la dynastie, était un habile politique, répondit Marcus. Il a su apaiser l'esprit inquiet d'Octave. Quant au père du roi Agrippa, qui a élevé la troisième enceinte, il était en très bons termes avec les empereurs Caligula et Claude. En tout cas, Jérusalem apparaît comme la ville la mieux défendue de l'Empire.

Ils avançaient avec peine, dans une rue encombrée de passants, d'animaux et d'éventaires.

– Permets que nous t'accompagnions jusqu'à ta demeure, proposa Marcus à Ananias.

– Je te rends grâce de ta sollicitude et je te prie de venir te rafraîchir chez moi. J'habite près d'ici, vers l'ancien palais de nos rois asmonéens.

– Je te remercie de ton invitation et je ne manquerai pas de te rendre visite mais, pour l'instant, ne t'offense pas et permets-moi de courir auprès de mes parents qui nous attendent depuis plusieurs jours et doivent s'inquiéter.

– Où logeras-tu ?

– Mon père est installé chez ma sœur, dans la demeure de Simon, fils de Gamaliel.

– Il est impossible de s'y rendre à cheval. Je connais sa maison, près de la piscine de Siloé, dans la ville basse : on n'y peut accéder que par une ruelle dont une partie est en escalier.

– Je le sais. Auparavant, je laisserai nos chevaux et notre escorte dans la ville basse, au palais d'Hanan ben Hanan. Je crois que nous logerons dans la demeure que sa famille possède sur le mont des Oliviers, hors de la ville. C'est le seul endroit où il y aura suffisamment de place pour notre escorte.

– Je sais que ton frère va entrer dans la famille d'Hanan. C'est un honneur insigne...

– Pour nous? Ou pour la famille d'Hanan? demanda Marcus, amusé.

Ananias se troubla.

– Pour les deux. Ce sera sans doute la première fois qu'on verra une de leurs filles épouser un homme qui n'appartienne pas à la classe sacerdotale.

– Ananias, mon père, répliqua Marcus avec un sourire, vous autres sadducéens êtes les premiers à vous féliciter de l'ordre que Rome apporte chez vous, ordre et paix qui créent l'opulence et augmentent vos richesses.

– Euh... Je serais de mauvaise foi si je le niais, mais...

– Écoute-moi encore. Ma famille ne représente-t-elle pas la richesse? Et aussi la puissance. Moi-même, je vais épouser Julia, la fille de Tibère Alexandre, le gouverneur d'Égypte. De sorte que ton serviteur pourrait bien devenir un jour le gouverneur de l'Égypte ou même de la Syrie.

– Envisagerais-tu de t'unir à une païenne? Pire, à la fille d'un renégat? demanda Ananias avec vivacité.

– Mon père désire qu'elle revienne à notre foi, assura Marcus pour l'apaiser.

– Et toi?

– Peu importe, répondit Marcus d'un ton exaspéré.

– Tu n'es plus juif, dit le vieillard avec amertume. Tu es devenu un Romain, un chevalier romain.

– Peut-être... Pourtant, en vérité, je ne me sens pas plus romain que juif. Je suis homme, je suis moi, je n'appartiens à personne, à aucune secte.

– Nous appartenons tous à Dieu.

– Qu'en sais-tu? Vous-mêmes, sadducéens, vous ne croyez ni à la résurrection ni même à l'existence d'une âme. La seule certitude que nous pouvons avoir, c'est que nous appartenons tous à la mort.

– Nous gardons notre liberté de pensée, mais je t'avoue que je ne puis croire aux puérilités des pharisiens...

– Alors, pourquoi affirmer que nous sommes tous dans la main de Dieu? Car je ne le crois même pas maître de mon destin de vivant. Et s'il ne reste rien de moi après ma mort, il ne peut non plus rien sur mon destin de défunt. Que m'importe qu'il existe ou non? Que t'importe à toi aussi? À quoi bon tout le ritualisme dont vous embarrassez votre existence?

– Les formes du rite sont des nécessités sociales, assura Ananias.

Il avait arrêté sa mule près d'une porte aménagée dans un mur qui clôturait un petit jardin.

– Voici ma demeure. Je vous y attends demain, toi et ton ami. Et maintenant, va embrasser ton père et ta mère. Ils doivent t'attendre avec impatience.

Un esclave ouvrit la porte. Mariamne se pencha alors hors de la litière pour saluer ses hôtes dans sa langue natale. D'un geste charmant, elle posa sa main droite sur son cœur ; un sourire doux creusa une fossette dans sa joue encore enfantine, mais ses immenses yeux noirs restèrent graves.

– Je pensais que le grec était plus répandu dans ce pays, dit Démétrios tandis qu'ils se dirigeaient vers la demeure d'Hanan. Or, ici, il semble que bien peu de gens le parlent.

– En Judée, et particulièrement à Jérusalem, les juifs des hautes classes, qu'ils soient sadducéens ou pharisiens, se refusent à apprendre le grec. Certains extrémistes vont même jusqu'à déclarer que celui qui fait apprendre le grec à son fils encourt la malédiction divine au même titre que celui qui élève des porcs.

– Tant pis pour eux, ils ne savent pas de quels trésors ils se privent ! s'exclama Démétrios.

– Tout ce qui ne concerne pas Dieu et son peuple ne peut être un trésor pour des juifs pieux. La traduction des livres en grec est d'ailleurs un sujet de scandale pour eux. Ils ne les lisent que dans la vieille langue que la plupart d'entre eux ne comprennent plus.

Démétrios soupira, puis déclara à brûle-pourpoint :

– Je crois décidément que tu vas devoir m'enseigner l'araméen.

Marcus lui lança un regard étonné.

– Quelle curieuse idée ! Serais-tu séduit par Jérusalem au point de désirer t'y installer ?

– Ce n'est pas la ville qui m'a séduit, mais plutôt une jeune personne qui y vit.

Marcus éclata de rire.

– Comment ! D'un seul regard, la fille d'Ananias aurait pris le lion dans ses rets !

– Les femmes juives sont réputées pour leur beauté, dit-on à Alexandrie. Je sais maintenant que ce n'était pas une vaine réputation. Lorsque je l'ai aidée à se relever, le regard qu'elle m'a lancé m'a atteint droit au cœur, telle une flèche d'Éros.

– On pourrait croire, en effet, à l'intervention d'un dieu tant la conquête a été rapide, mais je crains que tu ne t'enflammes un peu rapidement.

– Suis-je connu comme un débauché qui court les banquets et passe son temps à séduire les jeunes garçons et les filles ? Sans doute ai-je pu désirer certaines personnes, mais ce que je ressens ce jour est plus profond.

– Il est alors préférable que tu cesses d'y penser.

– Je sais déjà ce que tu vas m'opposer : jamais la fille d'un sadducéen n'épousera un gentil.

– Précisément.

– Je suis disposé à me faire juif. Toi, tu l'es bien et tu n'en es pas plus embarrassé.

Marcus se mit à rire, puis reprit gravement.

– Je crains bien que ce ne soit pas suffisant. Regarde déjà les difficultés que rencontre mon père pour marier mon frère à une fille de la même caste que Mariamne. Je t'assure que ces sadducéens sont des gens insupportables !

– Ne te fatigue pas à ciseler de beaux discours pour me détourner de ma folie. Pour l'instant, je regrette d'ignorer la langue de cette ravissante gazelle, mais je saurai trouver des regards plus éloquents qu'un discours de Démosthène.

La demeure d'Hanan était vaste comme un palais et les fenêtres s'ouvraient sur une grande cour protégée par une haute muraille. Le maître de la maison sortit sur le seuil : son visage allongé rayonnait d'une majesté sereine et sa barbe blanche fort longue était soigneusement taillée. Il commença par saluer ses hôtes à la manière juive, puis prononça quelques mots, en un grec hésitant, à l'adresse de Démétrios. Tiberius, qui se tenait au côté de son futur beau-père, s'avança ensuite pour saluer son frère, mais il s'exprima en grec.

De quatre ans seulement son aîné, il portait la barbe et le turban, ce qui contribuait à le faire paraître beaucoup plus âgé que Marcus. Tiberius avait opté pour le judaïsme au point de connaître parfaitement la langue des livres sacrés et d'avoir désappris celle des Romains qu'on lui avait enseignée dans son enfance. Une certaine intransigeance lui interdisait les compromissions de son père et il réservait ses reproches les plus sévères à son frère dont l'indifférence religieuse lui était sujet de scandale. Ainsi s'opposait-il avec véhémence à leur père dans son projet d'alliance avec la famille de Tibère Alexandre.

– Mon frère bien-aimé a-t-il fait un agréable voyage ? demanda Tiberius.

– Fort bon, assura Marcus qui, par provocation, précisa :

– Nous nous sommes attardés quelques jours à Gaza où nous avons rencontré un homme merveilleux, un philosophe, Syrien d'origine mais qui s'exprime en grec, car c'est chez les Grecs qu'il a trouvé cette liberté de penser qui l'a fait se détacher de vieilles croyances bonnes pour les petits enfants, pour méditer sur la nature des dieux. Ce qui l'a conduit à suspendre tout jugement quant à l'existence d'un quelconque dieu, serait-ce même le premier moteur d'Aristote.

– Est-ce pour écouter les divagations de ce païen que vous vous êtes ainsi mis en retard ?

– C'est pour cela, car il convient au sage de ramasser sur son chemin toutes les miettes de sagesse qu'il peut collecter.

– Notre père a regretté que tu ne fusses pas auprès de nous pour la pâque... d'autres s'en sont étonnés.

Marcus se contenta de sourire et aussitôt après demanda des nouvelles de leur père.

– Il se porte très bien, assura Tiberius qui ajouta :

– Justement, il est ici. Entrez...

Ils pénétrèrent dans une salle où régnait une tiède pénombre. Un homme était assis sur un amas de coussins, auprès d'un plateau chargé de boissons et de fruits.

Une courte barbe noire taillée en pointe allongeait son visage arrondi et un peu lourd. Il marquait une piété tout extérieure en exhibant des phylactères[1], et de longues franges blanches étaient nouées aux quatre coins de sa robe. Marcus s'approcha de lui d'un pas vif, puis s'agenouilla et prit sa main droite pour la baiser, tandis que le visage du père s'illuminait d'un sourire.

– Mon fils, mon fils très aimé ! soupira-t-il. Je commençais à m'inquiéter de ta longue absence.

– Pardonne-moi mon père, mais la route a été longue...

Lucius marquait pour son fils cadet une préférence qu'il ne dissimulait pas. Tout ce que faisait Marcus lui semblait digne d'éloges. Il admirait en lui cette clarté d'esprit et cette largeur du regard qu'il avait appris à goûter au contact des Grecs d'Alexandrie, avec lesquels il était en relations constantes. Par ailleurs, l'attitude de Marcus vis-à-vis des Romains, ses amitiés avec ces derniers et surtout avec le gouverneur d'Égypte, qui l'avait introduit dans l'entourage de l'empereur, étaient plus favorables à ses affaires que les scrupules et les réticences de Tiberius. Il lui prit la main pour le faire asseoir auprès de lui.

– Mon enfant, tu nous a bien manqué, dit-il avant d'accueillir aimablement Démétrios.

– J'ai reçu il y a deux jours une lettre que ton père m'a fait parvenir par l'un de ses esclaves, lui annonça-t-il. Il se porte bien et il doit ces jours prochains embarquer pour Rome.

– J'ignorais tout de ce projet de voyage.

– Il doit y rencontrer Néron pour régler un différend avec l'administration impériale à propos de la navigation sur le Nil. Il ne rentrera sans doute pas avant l'automne.

Hanan avait fait asseoir Tiberius auprès de lui, tandis que Marcus entreprenait de conter quelque épisode de leur voyage. Il fut interrompu par l'arrivée d'une jeune femme qui traversa la pièce. Hanan tourna la tête vers elle et sourit. Elle en profita pour lui déclarer d'un ton scandalisé :

– Mon père, je viens de rencontrer notre voisine, l'épouse de Joël ben Simon. Elle allait dans une litière de cèdre, apportée de Syrie. Il faut absolument que tu la voies, car j'en veux une semblable. Il est indigne de la fille d'Hanan de se déplacer dans une vieille litière dont ne voudrait pas un mendiant.

Hanan soupira :

– Je m'en occuperai, ma fille.

Aussitôt après, elle redressa le torse et s'éloigna. Démétrios resta stupéfait. Tiberius avait baissé la tête tandis que Marcus tentait de cacher son hilarité. Hanan ajouta, à l'adresse de ses hôtes :

1. Petites boîtes de métal liées aux poignets et autour de la tête, qui renfermaient les versets des livres sacrés.

– Sage est celui qui a dit : « Prenez garde de contrarier votre femme, car ses larmes sont toujours prêtes à couler. »

– Certes, répliqua Lucius avec un fin sourire. Mais Glaphyra n'est que ta fille.

Hanan esquissa un geste d'impuissance et entreprit de donner les nouvelles. La veille de ce jour, Gessius Florus, le procurateur de Judée, avait envoyé des émissaires prélever dix-sept talents sur le trésor du Temple, pour le service de l'empereur. Cette mesure, considérée comme une provocation, avait causé une grande émotion dans le peuple, qui s'était rendu au Temple pour protester et réclamer la destitution de Florus.

– Pardonne-moi, Hanan, intervint Marcus, si je te parais ignorant de questions qui te sont familières, mais je suis surpris par une telle réaction. Les juifs jouissent de grands privilèges que les Romains ont refusé à toutes les autres nations de l'Empire. Nul n'ignore combien le Temple est riche et je ne vois pas en quoi cette mesure touche réellement le peuple.

Hanan cligna des yeux et soupira :

– Mon fils, sache d'abord que le Temple n'est plus aussi riche qu'il l'était, les procurateurs ne se faisant pas scrupule d'y puiser selon leurs besoins. Mais cela n'est que peu de chose et je vois que l'éloignement te fait mésestimer les problèmes. Tu n'ignores pas avec quelle impatience notre peuple a toujours supporté un joug étranger et l'impiété de l'envahisseur. L'Éternel lui-même est intervenu pour chasser Héliodore de son temple sacré. Maintenant, le cheval piaffe sous le mors romain et les agitateurs ne manquent pas.

– Je suppose que tu penses aux zélotes. Visiblement, ce ne sont que des brigands qui justifient leurs forfaits par des raisons politiques. Nous avons eu un accrochage avec l'une de leurs bandes ce matin même. Ils avaient attaqué un vieillard qui se rendait à Hébron. Il m'a dit s'appeler Ananias.

Tandis que Marcus faisait le récit de leur intervention, Hanan et Lucius l'écoutaient, tête baissée, les mains jointes sur le ventre.

– Je suis content de toi, mon fils, et de Démétrios, déclara Lucius en levant la tête, lorsque Marcus se fut tu.

– Il me semble, répondit Marcus, que ce que nous avons fait allait de soi et il n'y a aucune gloire à tirer d'avoir bâtonné un chacal.

– Détrompe-toi, répliqua Hanan. Démétrios, et toi surtout qui es juif, vous vous êtes attirés la haine de ces hommes. Ils sont comme des bêtes féroces et ne rêvent que meurtre et vengeance. Ils vous guetteront en tout lieu et, ne pouvant vous assaillir de front, ils se glisseront parmi la foule pour tenter de vous poignarder dans le dos. Prenez garde, méfiez-vous de tous ceux qui vous approcheront et surtout évitez de vous laisser entraîner au milieu d'une foule.

– Merci pour le conseil, répliqua Démétrios, mais je crois que tes craintes sont vaines. Quand je vois la facilité avec laquelle j'ai fessé ce lâche, il sera mieux pour lui de ne pas se frotter à nous.

– Pour en revenir à Florus, reprit Hanan après un silence, peut-être ne doit-on pas juger trop sévèrement la colère de la plèbe. Je ne parle pas de ces sicaires[1], mais du peuple qui se plaint du procurateur. Celui-ci est un homme à l'âme vile, vindicatif, avare, et il nous hait. Seules l'avarice et la haine des juifs inspirent toutes ses actions. Je crains que son véritable dessein ne soit de voir se provoquer une révolte dans la ville et c'est dans ce but qu'il laisse les zélotes entretenir l'agitation.

– Je ne vois pas dans quel but il chercherait à pousser les juifs à la révolte, s'étonna Marcus.

Hanan sourit.

– Tu es encore bien jeune et sans expérience ! Les excès de cet homme sont tels qu'il devra, tôt ou tard, rendre des comptes à l'empereur et il redoute la venue de ce jour. Alors, il encourage les rebelles par mille vexations, il provoque le peuple, de façon à créer un état d'insurrection. Une révolte armée lui éviterait ainsi de se justifier de ses exactions et il ferait retomber la faute sur l'impatience belliqueuse des juifs et une prétendue haine des Romains.

– Je commence à comprendre. Cet homme paraît aussi habile que dangereux. Mais pourquoi ne pas envoyer une délégation auprès de Néron ?

– Florus est habile, comme tu le dis. Ses exactions restent secrètes et il nous est difficile d'en faire la preuve.

– C'est bien possible, reconnut Marcus. Mais l'empereur pourrait entendre parler de Florus par certaines personnes de son entourage, à commencer par le gouverneur d'Égypte. Je ne manque pas de relations puissantes à Rome et notre père lui-même n'est pas mal placé pour intervenir.

Lucius leva le bras en soupirant :

– Si ces événements s'étaient produits au temps de l'empereur Claude, j'aurais pu m'interposer avec efficacité. Mais le nouveau prince tient éloignés les anciens protégés de son prédécesseur. Néanmoins, toi, mon fils, tu pourrais avoir une action heureuse par l'intermédiaire du gouverneur d'Égypte, Tibère Alexandre, et surtout de son fils, ton ami Julius, qui connaît bien les gens en place dans la ville. Je crois qu'il faut surtout éviter toute révolte armée et arracher leurs griffes à ces zélotes qui conduiraient notre peuple à la ruine si jamais il les suivait.

– Je partage ton avis, assura Hanan. Nos plus dangereux ennemis sont les zélotes qui menacent nos vies, alors que ce Florus ne prend que notre or.

Marcus s'était levé.

– Nous ne voulons pas plus longtemps vous déranger. Il est temps de nous rendre chez Simon ben Gamaliel.

– Le soleil a dépassé le zénith et voici qu'arrive la sixième heure ; c'est celle à

---

1. « Sicaire » était le nom donné aux zélotes qui, armés d'un poignard (*sica* en latin), frappaient les hommes qu'ils voulaient supprimer.

laquelle les sages doivent se mettre à table. Acceptez de partager notre repas, intervint Hanan.

Marcus se tourna vers Démétrios et lui demanda s'il était d'accord pour accepter l'invitation de leur hôte.

– Par Dionysos ! Avec plaisir, car je meurs de faim. Il me semble qu'en ville les repas se prennent bien tard.

– Tout dépend des occupations. Selon certains de nos docteurs, chaque heure du matin correspond au repas d'une catégorie bien déterminée : ainsi, à la première heure déjeunent les gladiateurs, à la deuxième les voleurs, car ils ne sont pas oubliés par nos règles, à la troisième les propriétaires qui n'ont pas autre chose à faire, à la quatrième les ouvriers, à la cinquième le reste du peuple et à la sixième les disciples des sages. On considère comme très mauvais pour la santé de manger plus tard.

– Voilà qui est merveilleux ! Je loue votre Dieu de ce qu'en cette demeure on mange à l'heure des sages. Ainsi, nous n'arrivons pas trop tard.

L'invitation acceptée, Hanan frappa dans ses mains pour appeler les esclaves. Les convives s'assirent afin de rendre grâce au Seigneur, Marcus et Démétrios se contentant de baisser la tête ; puis tous se couchèrent sur le flanc gauche. Lorsque chacun eut prononcé la formule finale de bénédiction donnée par Moïse dans le Deutéronome, de jeunes esclaves enduisirent d'huiles parfumées la chevelure de chacun des invités, tandis qu'étaient servis les premiers plats.

Une fois le repas terminé, Marcus se redressa.

– J'ai hâte d'embrasser mon ami Simon ben Gamaliel et aussi ma chère sœur, mes nièces et notre mère.

– Hanan, lui dit son père, a réservé à ton escorte, à toi-même et à Démétrios un logement dans sa propriété du jardin des Oliviers. Un serviteur va y conduire votre escorte, pendant que tu iras avec Démétrios chez Simon.

Les deux jeunes gens sortirent dans la rue bordée de maisons blanches ruisselantes de soleil. C'était l'heure de la sieste et tout semblait assoupi, à part quelque femme qui revenait de la fontaine Siloé, une cruche sur l'épaule ou encore un ânier suivi de sa bête chargée de foin ou de bois.

– Si j'ai bien compris, dit Démétrios, la jeune fille qui a réclamé à son père une litière est la future épouse de ton frère Tiberius.

– Eh oui !

– Je suis heureux d'être célibataire quand je rencontre de pareilles femmes ; et elle n'a même pas eu la politesse de nous saluer, au point que je me suis abstenu de le faire.

– Tu as bien fait. Ici il est malséant qu'un homme salue une femme, même en sa demeure. Dans la rue, le mari ne s'adresse même pas à son épouse s'il vient à la rencontrer. Les pharisiens en arrivent au point qu'ils détournent les yeux lorsque se montre une femme d'une autre nation, et surtout une Grecque.

– J'ai dû paraître insensé lorsque je suis allé relever la belle Mariamne! s'exclama Démétrios.

– Non, car on voit bien que tu es grec! répliqua Marcus.

Ils étaient arrivés dans la partie basse de la rue, près de la fontaine de Siloé. Contrairement à la demeure des Hanan celle de Simon ben Gamaliel revêtait une apparence modeste. La maison était cependant spacieuse et pourvue d'un étage. Le serviteur qui ouvrit la porte reconnut aussitôt Marcus dont il baisa le vêtement pour lui souhaiter la bienvenue. Ses clameurs attirèrent la mère de Marcus. Contrairement à la plupart des riches juives de son âge, elle était étonnement mince, et aussi bien sa silhouette que son visage avaient conservé leur jeunesse. Marcus mit un genou à terre pour saisir le bas de sa robe qui tombait en plis lourds. Elle le releva et le pressa contre sa poitrine.

– Mon fils chéri! Combien tes absences me sont pénibles! Nous t'attendions avec inquiétude.

– Ma mère! s'exclama Marcus, tu avais bien plus de soucis à te faire quand j'étais tribun militaire aux frontières de la Germanie.

– Ne me rappelle pas ces jours sombres. Chaque matin, je rends des grâces au Seigneur de t'avoir inspiré d'abandonner une aussi dangereuse carrière.

Lorsqu'il lui avait annoncé sa démission, sa mère s'était persuadée que cette décision avait été prise à la suite de ses prières; il n'avait pas cherché à la détromper en chassant une illusion qui flattait son amour maternel.

Sa mère invita les deux jeunes gens à la suivre dans une pièce où une fenêtre étroite laissait entrer la lumière diffuse. Marcus parvint à distinguer sa sœur assise sur un haut siège en bois. Installées à ses pieds, ses deux filles l'écoutaient lire une paraphrase araméenne de la Loi.

À la vue des deux hommes, toutes trois se levèrent et Drusilla vint au-devant de son frère à qui elle tendit ses joues à baiser. Les deux petites filles restaient en retrait et baissaient la tête sans oser ouvrir la bouche, intimidées devant cet oncle qu'on voyait si peu et qui était à leurs yeux un terrible guerrier. Drusilla elle-même éprouvait un sentiment un peu semblable devant ce frère dont leur père vantait les exploits, mais qui semblait davantage appartenir à la race exécrée des dominateurs du monde qu'à celle d'Abraham. Drusilla partageait la piété profonde et naïve de sa mère et elle avait été scandalisée d'apprendre que son frère allait jusqu'à brûler de l'encens non seulement au pied de la statue de l'empereur, ce qui n'était qu'un hommage au prince, mais encore devant les enseignes impériales victorieuses des Barbares et, pis encore, qu'il ne répugnait pas à pénétrer dans les temples des idoles païennes. Elle salua d'un signe de tête Démétrios. Elle se montrait froide et distante à l'endroit de celui en qui elle croyait voir l'incarnation de l'adversaire, persuadée que c'était lui qui entraînait son frère dans des croyances impies à ses yeux.

Marcus serra les deux petites filles dans ses bras sans se préoccuper de la nourrice qui apportait un nouveau-né, paquet d'étoffes soigneusement liées d'où ne sortait qu'une petite tête aux yeux clos.

– Il sommeille, chuchota la jeune mère avec un visage extatique.

Marcus fit la moue.

– Laissons-le donc dormir. C'est sûrement un beau bébé.

Sa sœur haussa les épaules.

– Comment un homme qui passe sa vie à se battre et à tuer peut-il comprendre la vie ? lança-t-elle.

– Toujours aussi agressive, ma sœur ? remarqua Marcus en souriant. Reconnais que les marmots sont affaire de femmes.

– Sans doute ! s'exclama-t-elle en posant d'un air impatient le bébé sur la poitrine de la nourrice.

– Crois pourtant que je me réjouis pour toi, et surtout pour ton cher époux. Le temps venu, je te demanderai de prier le Seigneur de me donner un aussi beau garçon avec Julia.

– Avec cette païenne, fille d'un renégat, pour en faire un païen de plus ? Certainement pas ! se récria Drusilla.

– Ma chère Drusilla, tu... commença Marcus avec un sourire railleur.

– Ici, je m'appelle Sara, tu le sais.

– Très bien... donc, ma bonne Sara, tu es encore plus intransigeante que nos zélotes.

– Je ne leur donne pas tous les torts, bien au contraire, coupa-t-elle vivement.

– J'admire combien, toi qui as été élevée si librement en Égypte, tu as épousé la cause des plus fanatiques de nos Judéens.

– Et moi j'admire, répliqua-t-elle avec hauteur, combien, toi que notre mère vénérée a nourri de nos livres saints et qui a étudié à l'école de Gamaliel de sainte mémoire, tu as épousé la cause des ennemis de notre peuple.

– Je n'ai épousé aucune cause, déclara-t-il en élevant le ton. Je n'ai fait que suivre ce que me dictent ma nature et ma conscience.

– Il suffit, intervint leur mère. Mes chers enfants, ne songez pas à vous quereller aujourd'hui, alors que vous vous retrouvez après trois ans de séparation.

Elle prit Marcus par la main.

– Mon enfant, viens t'asseoir avec nous. Toi aussi Démétrios. Tu sais combien mon époux aime et estime ton père.

– N'aie pas d'inquiétude, les paroles de Drusilla, pardon, de Sara, ne me blessent aucunement. Ne nous connaissons-nous pas depuis notre plus tendre enfance ? Nos pères n'ont-ils pas songé longtemps à nous unir ?

– Heureusement, le Seigneur nous a épargné ce malheur ! s'exclama Drusilla.

Démétrios se contenta de rire et Marcus de hausser les épaules. Et pour chasser l'aigreur des propos de sa sœur, Marcus entreprit de narrer leur voyage et leur vie dans les lointaines terres bordant le Rhin brumeux.

Chapitre III

LA PROPHÉTIE D'ÉLÉAZAR

La neuvième heure approchait et les rues assoupies commençaient à sortir de leur torpeur. Marcus et Démétrios se dirigeaient vers le Temple où ils savaient trouver Simon ben Gamaliel. Le sanhédrin s'y était réuni pour une séance extraordinaire: les membres du vénérable conseil désiraient discuter de l'attitude à adopter devant les exactions du procurateur romain, la dernière en date ayant causé la plus grande inquiétude aux chefs du peuple.

Les deux jeunes gens marchaient sans hâte le long des rues tortueuses qui épousaient le flanc de la colline d'Ophel. Ainsi, ils atteindraient le Temple par la porte sud qui donnait directement accès au portique royal, sur le parvis des Gentils. Soudain, des enfants déguenillés débouchèrent d'une rue, mendiant auprès des passants. L'un d'eux se précipita vers les jeunes gens dont les vêtements laissaient entrevoir l'aisance.

– Maître, maître, donne l'aumône, le Seigneur t'en sera reconnaissant. Et surtout, maître, apprends que c'est à un pauvre misérable que tu vas donner, c'est au plus malheureux et au plus pauvre des hommes, au misérable Florus, le procurateur de la Judée. Il est comme Job sur son fumier, il ne peut même plus entretenir sa maisonnée.

Démétrios n'avait rien compris à ce discours débité en araméen sur un ton gémissant. Marcus ne put garder son sérieux, et expliqua à son ami ce dont il était question.

– Toi étranger et pas comprendre moi? reprit l'enfant en un mauvais grec.

– J'ai très bien compris, répliqua Marcus. Le gouverneur sera certainement sensible à la manière dont vous compatissez à sa misère.

Il sortit de sa bourse un denier qu'il posa dans la sébile.

– Voilà une pièce romaine. Il n'aura même pas besoin de la changer.

– Dis-lui que voici une drachme de ma part, ajouta Démétrios.

– Merci, merci, maître, dit le garçon en se courbant à deux reprises. Le pauvre gouverneur t'en saura gré.

– Porte-les plutôt à tes parents, reprit Marcus en posant sa main dans les cheveux bouclés du gamin.

Celui-ci leva les yeux vers Marcus et lui sourit. Il devait avoir huit à dix ans. Son regard sombre était empreint d'une grâce et d'une gravité qui toucha Marcus.

– Comment t'appelles-tu ? demanda-t-il à l'enfant.

– David, répondit celui-ci en bombant le torse.

– David ! Voilà un nom bien lourd à porter.

– Je sais jouer de la flûte et aussi chanter, et je suis un excellent tireur à la fronde, déclara-t-il d'un ton triomphant.

– Il ne te manque plus alors que de conquérir la royauté, constata Marcus. Gardes-tu aussi les bêtes aux pâturages ?

– Non. Mes parents sont trop pauvres. Mon père est ânier. Nous logeons dans une caverne, au-delà de la porte de Damas, mais nous n'avons plus qu'un âne.

Marcus sortit de sa poche une pièce d'or qu'il glissa dans la main de l'enfant.

– Serre-la bien et porte-la à ton père, lui dit-il.

– Oh ! merci, maître. Comment te nommes-tu ?

– Mon nom juif est Malchios.

– Je ne l'oublierai pas. Que la bénédiction du Seigneur soit sur ta tête.

Sur ces mots, il partit en courant, laissant ses compagnons poursuivre leur quête.

Les deux jeunes gens parvinrent sur le parvis des Gentils. Une foule dense se pressait sous les portiques. Il y avait parmi les flâneurs de nombreux étrangers : Grecs, Arabes, Iduméens, Syriens, soit qu'ils fussent de passage, soit qu'ils habitassent la ville ou ses environs. Le sanhédrin tenait sa réunion dans la salle dite des Pierres de taille : elle s'ouvrait sur la cour des prêtres. Démétrios ne pouvait y avoir accès.

– Attends-moi par ici, lui dit Marcus, je vais aux nouvelles.

Devant l'une des portes de la cour dite des Femmes, parce qu'elles ne pouvaient aller au-delà, un gardien du Temple arrêta Marcus en lui désignant l'inscription qui interdisait l'entrée du sanctuaire aux gentils sous peine de mort.

– Je suis juif, fils de Lucius Claudius et beau-frère de Simon ben Gamaliel, répondit Marcus. Je veux précisément aller trouver Simon à la sortie du conseil.

– Pardonne-moi, répondit le gardien d'un ton révérencieux, tes vêtements m'ont induit en erreur.

Marcus pénétra dans la cour des Femmes où il rencontra Simon qui sortait de la réunion. Dès qu'il l'aperçut son beau-frère leva les bras et un sourire illumina son visage à demi couvert par sa barbe sombre.

Un homme un peu plus âgé que Simon, qui portait sous la tunique le pantalon bouffant des prêtres, vint les rejoindre : Josué, le frère aîné de Simon, avait occupé les fonctions de grand prêtre pendant les deux années précédentes.

Les deux frères n'avaient jamais rencontré Démétrios, qu'ils ne connaissaient que par ouï-dire. Ils le retrouvèrent sous le portique de Salomon et le saluèrent en grec, langue que leur père leur avait permis d'apprendre.

– As-tu pu admirer notre ville et notre Temple? demanda Josué.

– Votre Temple est assurément splendide, même s'il diffère dans son ensemble de nos propres monuments.

– Hanan nous a appris que vous avez quelques difficultés avec l'administration romaine, avança Marcus.

– Notre tâche est difficile. Florus cherche manifestement à provoquer des incidents, répondit Josué. Nous nous trouvons pris entre ce Romain querelleur et le fanatisme des zélotes qui rêvent de provoquer une révolte armée pour s'emparer du pouvoir. Dans cette lutte, nous sommes les premiers visés, car c'est d'abord nous qu'ils veulent chasser, avant les Romains.

– Il paraît que tout le monde ne pense pas comme vous, remarqua Marcus, et il est à craindre que les gens du peuple leur attribuent des idées nobles et un grand patriotisme, et même qu'ils découvrent parmi eux le Messie descendant de David.

– C'est bien là que réside le danger, assura Simon. Par le passé, les zélotes ont déjà provoqué de nombreuses tentatives de soulèvements populaires, mais ils n'ont réussi à entraîner qu'un nombre restreint de rebelles. Aujourd'hui le mécontentement du peuple s'accroît, nourri par l'attitude provocante des Romains et l'action sournoise de ces zélotes qui poussent à la révolte.

– Pour nous, ajouta Josué, il s'agit de tenir le peuple en main et d'empêcher une rébellion qui ne peut que conduire à une catastrophe.

Tout en parlant, ils descendaient les marches du Temple, encombrées de mendiants, de lépreux, de paralytiques à demi nus. Les passants les enjambaient ou les évitaient, sans même leur prêter attention. Lorsque les quatre hommes parvinrent au bas des marches, un homme les aborda. Bien qu'il fût encore jeune, une barbe hirsute, des cheveux couverts de cendres, un visage maigre et buriné, un manteau rapiécé traînant dans la poussière lui donnaient l'air d'un de ces vieux prophètes qui se disaient envoyés de l'Éternel. Il tenait une sébile qu'il secouait, faisant tinter les pièces de monnaie qui s'y trouvaient.

– Rabbis, rabbis, ô maîtres, prenez pitié de l'infortune du bon Gessius Florus et donnez un petit rien... un sheqel, un lepta même suffira à l'aider dans son malheur...

– Tais-toi, insensé! s'exclama Josué. Vous allez tous par les rues, jouant à demander l'aumône pour le procurateur, mais craignez qu'il ne soit averti de vos moqueries. Ne vois-tu pas, homme aveugle, que le Romain n'attend qu'une semblable occasion pour faire couler le sang?

L'homme se redressa:

– Nous aussi, nous n'attendons que cela. Il verra qu'il a affaire à des hommes et non à des pleureuses ou à des chacals du désert.

– Un démon égare ton esprit ! s'exclama Simon. Comment toi et les fous qui te ressemblent espérez-vous résister aux légions de Rome ?

– Avec ça ! répliqua-t-il en ouvrant son manteau et en frappant l'épée passée dans sa ceinture.

– Encore faut-il savoir s'en servir, précisa Marcus en araméen, langue dans laquelle s'était exprimé l'homme.

Celui-ci le regarda en plissant les paupières.

– N'aie pas de crainte à ce propos. Tu es sans doute Marcus Claudius ?

– Tu es perspicace. Peut-être faisais-tu partie de la bande de brigands qui ont ce matin même tenté d'assassiner un vieillard et une jeune fille ?

– Tu te trompes, je ne les connais même pas, et je devrais même te remercier, car je suis Éléazar, le fils de cet Ananias qui te doit la vie. Je les désapprouve d'avoir voulu tuer ma sœur, mais mon père n'est qu'un traître et un lâche...

– Pas moins lâche que ses agresseurs. Et pourquoi un traître ?

– Il est l'ami de l'oppresseur romain et il établit sa fortune sur la misère du peuple.

– Valez-vous mieux, répliqua Simon, vous qui prélevez de force des impôts sur les gens des villes, qui pillez les campagnes, sous prétexte d'armer vos bandes de brigands ?

– Simon ben Gamaliel, répondit Éléazar, nous avons tous estimé ton père pour sa grande sagesse et sa piété. Nous savons que les pharisiens ne sont pas les amis des Romains et attendent comme nous le Messie, contrairement à ces chiens de sadducéens qui forniquent avec la Grande Prostituée[1]. Ne prends pas leur défense, car tu offenserais le Seigneur.

– Les crimes des sicaires sont autant une offense au Seigneur, répondit Josué.

– Écoute-moi, Éléazar, reprit alors Marcus. Il est vrai que je connais mal les affaires de la Judée, car nous, juifs du dehors, nous vivons en bons termes avec les gentils.

– Nous ne le savons que trop ! Surtout toi, Marcus Claudius, interrompit Éléazar.

– Peu m'importent tes pensées, mais sache une chose : j'ai combattu dans les rangs des Romains où je n'ai pas été parmi les moins courageux.

– Marcus Claudius, coupa encore Éléazar d'un ton ironique, tu te montres trop modeste. Le bruit de tes exploits est venu jusqu'à Jérusalem.

– Au moins, tes amis ne pourront me traiter de lâche.

– Ils s'en garderaient. Ils te respectent, mais regrettent que ton bras soit au service de l'ennemi. Les temps sont venus où le glaive du Seigneur sera celui du Messie qui délivrera Israël et lui assurera la domination du monde.

---

1. « Grande Prostituée » est le nom que les prophètes donnaient à Babylone, et par la suite à Rome.

– Tu te leurres.
– Telle est la révélation du Seigneur. Ne sais-tu pas que le Messie sera un guerrier, descendant de David ?
– Je ne vois pas de guerrier parmi vous. Or les Romains sont d'habiles stratèges et leurs légions couvrent le monde. Que pourront vos épées contre leurs glaives et leurs armures, et vos murs contre leurs machines de guerre ? Pas un de vous n'a combattu contre des soldats.
– Pas un de nous, Malchios, mais toi, tu t'es battu et tu n'ignores rien de l'art de la guerre.
Marcus ne releva pas le fait qu'il l'ait appelé Malchios.
– Et alors ?
– Tu descends par ta mère de nos rois asmonéens et ne dit-on pas que ton père a David pour ancêtre ?
– Éléazar, vos affaires ne sont pas les miennes.
Éléazar sourit :
– Malchios, je te le dis, en vérité, peu de temps passera avant que ton esprit ne se retourne et tu penseras que nos affaires sont aussi les tiennes, car ce sont celles de l'Éternel.
Sur ces paroles, il s'éloigna brusquement et se fondit dans la foule.
Marcus resta un instant interdit.
– Ne t'émeus pas de ses paroles, lui dit Simon. Nous connaissons bien cet Éléazar... Le peuple murmure que le Seigneur l'a frappé de folie.
– La folie est plus à craindre que la sagesse et l'insensé est souvent plus près de la vérité que le sage.
– Voilà que tu parles comme un rabbi, constata Simon avec un sourire.
– Les enseignements de notre père vénéré Gamaliel me reviennent à l'esprit, répliqua Marcus.
Pendant tout le reste du jour, Marcus resta songeur. Démétrios attendit qu'ils fussent seuls pour lui en faire la remarque et s'en étonner. Marcus lui rapporta les paroles du mendiant zélote que son ami n'avait pas comprises.
– Je ne vois pas là ce qui peut te rendre mélancolique, répliqua alors Démétrios, à moins que tu ne te sentes soudain une vocation de révolutionnaire. Ce ne serait pas nouveau. Sertorius, tout Romain qu'il fût, a bien soulevé les Ibères contre le Sénat de Rome. Ce que je vois, moi, c'est que ces hommes sentent leur faiblesse réelle et qu'ils éprouvent le besoin d'un chef qui les unisse et les guide. Éléazar, qui n'ignore pas tes talents militaires et connaît le prestige dont jouit ta famille, en profite pour te sonder et tenter de t'ébranler. À ses yeux, tu pourrais très bien incarner ce chef qui leur fait défaut.
– Tu te trompes, Démétrios. Ce n'est pas cela qui me trouble. Ce sont ses paroles qui, aux oreilles d'un juif même aussi éloigné de sa religion que je le suis, prennent un sens mystérieux et, par là, terrible. Il a déclaré : « En vérité, je

te le dis, peu de temps passera avant que ton esprit ne se retourne et tu penseras que nos affaires sont aussi les tiennes, car ce sont celles de l'Éternel. »

– Sottises que tout cela ! Nos pythies et nos oracles prononcent aussi des énigmes de ce genre. Leur obscurité permet toujours de les rattacher ensuite à un événement qui nous marque.

– Peut-être, mais à quoi pouvait-il alors penser ? Ne songeait-il pas à un événement que lui et ses comparses préparent ? La Judée est en état de fièvre permanente depuis de nombreuses années. Qui sait si les zélotes n'ont pas préparé en secret une révolte dans Jérusalem, une révolte qui est sur le point d'éclater et qui va nous enfermer dans le réseau de son filet ?

– Admettons qu'il en soit ainsi, est-ce une raison pour te mettre à la tête des insurgés ?

– Sûrement pas. Mais quand je vois comment certains de ces révolutionnaires ont essayé de traiter Ananias, je crains qu'ils ne commettent de tristes excès. Dès lors, la vie de ceux qui me sont le plus chers serait menacée.

– Il me semble que tu t'alarmes bien facilement.

– Peut-être, mais les familles d'Hanan et de Gamaliel sont deux des plus en vue de la ville. On peut craindre qu'une rébellion ne soit pour eux une menace.

– Tu disposes d'une soixantaine d'hommes qui n'ont pas des cœurs de biche et qui pourront défendre ta famille et, s'il le faut, protéger leur fuite. De plus, la police de la ville est aux ordres du sanhédrin, et une garnison romaine est installée dans la tour Antonia.

– C'est peu pour contenir un peuple en colère.

Chapitre IV

LA RENCONTRE

Marcus et Démétrios étaient déjà à Jérusalem depuis plusieurs jours lorsqu'ils reçurent un message d'Ananias les priant de venir déjeuner en sa demeure. Démétrios avait attendu cette invitation avec la plus grande impatience. Il avait d'abord suggéré à son ami de se rendre chez Ananias dès le lendemain de leur arrivée, mais Marcus avait calmé sa fougue en lui expliquant qu'une visite impromptue pourrait être mal vue.

Les deux jeunes gens flânaient, disposant de tout leur temps. Ils passèrent d'abord chez Simon, invité lui aussi par Ananias, puis ils se rendirent ensemble au Temple. Ils étaient engagés dans une conversation sur la nature des dieux, ou, plutôt, de Dieu selon la conception qu'en avait Simon, lorsqu'ils se trouvèrent face à une litière portée par quatre robustes esclaves éthiopiens. À travers les rideaux fins, on pouvait distinguer, couchée sur des coussins de soie aux vives couleurs, une femme encore jeune et belle. Deux hommes armés, visiblement des soldats, ouvraient la marche, écartant la foule ; derrière venaient six autres gardes. Près de la litière se tenaient deux jeunes filles ; l'une d'entre elles portait un *flabellum* en plumes d'autruche.

– Voilà la reine Bérénice, dit Simon en baissant la voix.

– Je la croyais à Césarée avec son frère Agrippa, répondit Marcus.

– Elle est venue à Jérusalem pour les fêtes de la pâque. Elle aime à séjourner en cette ville qui lui inspire de doux regrets. Son rêve serait de régner sur la Judée et de reconstituer l'État de son père.

Ils s'étaient rangés de côté pour laisser passer la litière. Mais lorsqu'elle fut à leur hauteur, la reine écarta les rideaux.

– Simon ben Gamaliel ! s'exclama-t-elle en araméen. Cher et fidèle ami ! Voilà bien des jours que tu n'es venu nous visiter.

– Pardonne-moi, ma reine, mais je craignais de t'importuner. Et tu n'ignores pas les devoirs que m'imposent mes charges, surtout depuis que je suis membre du vénérable sanhédrin.

– Il nous plairait cependant que tu saches te ménager des instants pour nous rendre visite.

Marcus admirait la grâce et la majesté de la reine puis son regard tomba sur une jeune personne assise à côté de la reine. Elle était vêtue non pas de la robe simple et sobre des juives de Jérusalem mais, à l'exemple de Bérénice, de l'ample *péplos* dont les Grecs avaient répandu la mode dans tout l'Orient. Il était tissé dans une fine bysse blanche et les longs plis, relevés haut par endroits, laissaient apparaître l'étoffe d'une ample tunique bleue. Sa robe laissait apercevoir un cou délicat et des bras graciles. Sa coiffure sombre était agrémentée d'une riche parure. Elle se tenait immobile, les mains jointes sur les genoux, les paupières pudiquement baissées, mais son regard filtrait, incisif, sous ses longs cils.

Charmé par tant de grâce, Marcus la dévisageait avec insistance. Elle le fixa alors droit dans les yeux, sans ciller ni rougir comme l'aurait fait une autre jeune fille. Puis, sans même bouger la tête, elle laissa errer son regard au-delà de Marcus, qui eut l'impression désagréable de devenir brusquement transparent. Il chercha en vain à rétablir la fulgurance de ce contact visuel, mais la jeune fille ne le voyait plus. Pire, elle refusait de le voir. Agacé, il serrait les poings quand la reine, s'exprimant alors en grec, le ramena à la réalité.

– Qui sont ces deux jeunes étrangers qui t'accompagnent et dont l'un d'entre eux serait chevalier, si j'en crois l'anneau qui orne son doigt ?

– Marcus Claudius est mon beau-frère, et voici son ami, Démétrios, fils d'Apollonios.

Les deux hommes la saluèrent en levant le bras, à la manière romaine.

– Marcus Claudius ! s'exclama Bérénice. Tu es béni du Seigneur. Il y a longtemps que j'entends parler de toi, en particulier par ce cher Tibère Alexandre, qui n'a que des éloges à ton égard. J'ai aussi ouï dire du bien de Démétrios... Ton père a été reçu plusieurs fois à la Cour de mon royal père.

Elle souriait avec un mélange de grâce et de condescendance.

– Notre cité aura-t-elle longtemps l'honneur de votre présence ? demanda-t-elle.

– Nous ne savons pas encore combien de temps nous allons y séjourner. Cela dépend un peu de mon père, répondit Marcus.

– Et aussi du service de César ? ajouta Bérénice sur un ton interrogatif.

Marcus s'inclina et répliqua :

– Je n'appartiens plus aux armées impériales. Mon ami Démétrios et moi-même avons donné notre démission.

– Voilà qui me paraît incompréhensible et bien regrettable. N'étais-tu pas déjà tribun de la cavalerie ?

– Parfaitement. En quittant l'armée, j'ai en partie obéi aux prières de ma mère qui tremblait chaque jour en me sachant en campagne, mais je me suis surtout rendu aux sollicitations de Tibère Alexandre lui-même, qui pense que je progresserai plus rapidement dans la carrière en me tenant à Rome, dans le voisinage de César.

Bérénice sourit encore.

– Je crains que Tibère Alexandre ne soit dans l'erreur. Tu ne me sembles pas avoir l'étoffe d'un courtisan.

Elle fit signe aux porteurs de se remettre en marche.

– Je souhaiterais vous voir un jour prochain en notre palais, en compagnie de Simon ben Gamaliel.

– Nous répondrons de la meilleure grâce à ta volonté, répondit Marcus.

Ils cheminèrent en silence un instant, avant que Marcus ne posât la question qui lui brûlait la langue :

– Qui est cette jeune fille qui accompagnait Bérénice ?

– C'est Judith, la fille de Samuel ben Nathan, l'un des plus riches juifs de Tibériade, répondit Simon. Il possède en Galilée de nombreux biens, et vit souvent en Césarée maritime. Samuel a rendu de très grands services à Bérénice ainsi qu'à son père et à son frère le tétrarque. Quant à Judith, la reine se l'est attachée depuis plusieurs années déjà comme une suivante mais aussi une confidente.

– Elle est fort belle, soupira Marcus.

– Sa beauté est un des sujets de fierté de son père. Pauvre homme, comme si l'on pouvait s'enorgueillir d'un don du Seigneur, et qui plus est, d'un bien périssable ! Samuel nourrit de grandes ambitions pour sa fille : il espère la donner à un prince. Peu lui importe même qu'il ne soit pas juif de naissance. De mauvaises langues prétendent qu'il serait prêt à la livrer au tétrarque lui-même.

Marcus laissa échapper un « Ah ! » désappointé tandis que Simon poursuivait.

– Agrippa en serait très amoureux, et sa sœur encouragerait cette passion.

– Pourquoi ? demanda Marcus.

– Simplement parce qu'elle règne au nom de son frère dont elle partage la couche... Que le Seigneur me préserve de l'abomination... Or, cette petite, elle la tient bien en main, et gouverne son esprit. Elle espère bien continuer à la dominer alors que, si Agrippa tournait ses regards ailleurs et épousait une princesse étrangère, elle risquerait de se voir éloigner par une rivale qui aurait le titre effectif de reine.

– Penses-tu qu'Agrippa épouserait cette jeune fille ?

– J'en doute. Pour lui, il suffirait qu'elle partageât sa couche.

– Et Judith, que dit-elle ?

Simon se mit à rire.

– Tu m'en demandes trop ! Elle ne m'a jamais fait de confidences. Elle est même d'une réserve et d'une modestie qui lui font honneur.

Ils étaient parvenus près du Temple et la foule se faisait de plus en plus dense. Simon pénétra seul dans le sanctuaire et Démétrios en profita pour taquiner son ami.

– Te voilà, toi aussi, pris dans les filets d'Éros. Qui de nous aurait pu penser que, dans cette ville de Jérusalem, où paraît-il, se distribuent tant de coups de poignards, nous allions à notre tour être frappés tous deux en plein cœur, mais d'un coup bien doux !

– Cesse de plaisanter, Démétrios. Judith est une très jolie jeune fille, tu ne peux le nier.

– Oh ! Mais je ne le nie pas. Elle est absolument délicieuse.

– Tu n'en es pas amoureux pour autant. Alors pourquoi le serais-je moi-même ?

Démétrios éclata de rire.

– D'abord, je ne peux pas être amoureux de Mariamne et de Judith à la fois. Ensuite, j'ai bien vu que ton regard ne pouvait se détacher d'elle. Comme j'ai surpris ton changement de physionomie lorsque tu as appris quel sort lui était réservé. Tu ne le sais peut-être pas encore, Marcus, mais tu es bel et bien amoureux.

Marcus resta un instant rêveur avant de soupirer :

– Peut-être as-tu raison, mais que puis-je espérer d'une fille destinée à un roi tout autant par sa protectrice que par son père ?

– Autant qu'un gentil comme moi peut espérer d'un père tout confit de préjugés sadducéens.

– Je crois pourtant que tu as plus de chances que moi. Ananias a une dette envers nous et, si tu te convertissais, avec l'appui de ma famille, il n'est pas impossible que tu parviennes à tes fins...

Démétrios fit une grimace et se mit à rire.

– Brûler de l'encens sur l'autel de leur dieu plutôt que sur celui de Zeus ou de César, que m'importe ! Comme je ne crois à aucun d'eux... excepté à César qui, lui, est bien vivant.

– Il n'en demeure pas moins que ton bonheur dépend en grande partie de toi, alors que moi, je ne suis que le jouet du destin.

– Voilà notre stoïcien qui montre le nez ! s'exclama Démétrios en riant. Marcus, l'avenir nous reste caché malgré la prétention des oracles de toutes sortes. Mais sache que si ce vieux larron ne me donne pas sa fille, je me fais zélote et je la lui enlève !

Sur ces mots, il éclata de rire et ajouta :

– Tant qu'à me faire juif, que je ne reste pas dans une médiocre moyenne qui ne m'apportera pas ce que je désire !

– J'aurais bien mauvaise grâce à désapprouver un tel dessein, assura Marcus, mais il te sera plus aisé d'enlever la fille d'Ananias dans sa maison de Jérusalem que moi Judith dans le palais de Bérénice.

Des cris interrompirent leur discussion. De partout, les passants se précipitaient vers la porte Dorée qui s'ouvrait à l'est sous le portique de Salomon. Les deux jeunes gens furent entraînés par la foule sans que nul ne comprît très bien ce qui se passait. Puis, au milieu des hurlements, des vociférations, la cause de ce désordre fut répétée de bouche en bouche : rabbi Judas ben Simon venait d'être poignardé alors qu'il s'apprêtait à quitter le Temple pour gagner sa demeure, vers le jardin des Oliviers. Personne ne songeait à rechercher l'assassin. Nul n'en avait cure, soit par crainte, soit parce que c'était un soin inutile. Le poignard criminel s'était dérobé dans la foule, dans le panier plein de fruits que portait une jeune fille ou un adolescent. Un homme s'était approché, comme pour acheter des fruits, mais une main enfantine lui avait tendu un poignard. Une fois la victime frappée dans le dos, l'arme sanglante avait vite rejoint le panier, tandis que l'assassin était le premier à crier au meurtre et à se lamenter sur la victime frappée par la colère de l'Éternel.

– Comme il est facile de mourir !

À ces mots, Marcus tourna la tête et reconnut Éléazar, le fils d'Ananias. Leurs regards s'affrontèrent. Éléazar sourit et précisa sa pensée :

– Un simple coup de poignard, et l'âme fuit avec le sang.

– Le coup de poignard d'un lâche, répliqua Marcus.

– Chacun utilise les moyens dont il dispose. Seules la ruse et la subtilité peuvent répondre à l'oppression que les riches et le pas pesant des légions de Rome fait peser sur le peuple. N'est-ce pas d'une manière analogue que David a vaincu Goliath ?

– David a affronté Goliath de face, en plein soleil, sur un champ de bataille. Il n'y a aucun rapport entre la gloire de David, guerrier de Dieu, et le criminel qui se glisse dans la foule comme un serpent pour frapper dans le dos.

Éléazar se fit humble :

– Pardonne-moi cette comparaison. Je vois que tu discernes ce qui est clair de ce qui est obscur, mais tu ne sais pas faire la part du juste et de l'injuste.

– Trouves-tu juste l'assassinat ?

– Il y a des assassinats justes comme il y a des guerres justes.

– Il y a peut-être des guerres justes, mais il n'y a jamais d'assassinats justes.

– Et pourtant, David n'a-t-il pas fait supprimer l'époux de Bethsabée ?

– Égaré par la folie funeste de la passion.

– La passion peut justifier bien des crimes, qu'elle soit amoureuse ou politique, déclara Éléazar en lui lançant un regard pénétrant avant de disparaître soudainement.

Le corps fut emporté par les soldats. Des badauds s'étaient rassemblés par petits groupes, commentant l'événement avec de grands gestes.

Les deux jeunes gens s'éloignèrent à pas lents. Simon, qui avait appris le meurtre, vint les rejoindre, sans marquer de surprise.

– Les assassinats se multiplient depuis plusieurs mois et nous ne pouvons rien y faire. Le sanhédrin est contraint d'ordonner des recherches, mais nous espérons en secret que les criminels ne seront pas trouvés, car on hésiterait à les condamner.

– Pourquoi ? s'étonna Marcus.

– Par crainte de la désapprobation du peuple pour qui ces criminels sont des envoyés de Dieu, mais surtout parce que chacun redoute la vengeance de leurs complices. C'est la raison pour laquelle notre tribunal a laissé sans déplaisir l'autorité romaine se charger des cas requérant la peine de mort.

Ananias les reçut en personne sur le seuil de sa demeure. Il embrassa Simon et Marcus et, pour bien marquer sa reconnaissance, il embrassa même Démétrios, oubliant qu'il n'était qu'un gentil. Relevant cette incongruité, il précisa avec un sourire gêné :

– Démétrios mériterait d'être juif...

Marcus traduisit la remarque à son ami, qui répliqua :

– Dis à ce cher homme que je me sens tout prêt à me faire juif s'il consent à me donner sa fille.

Marcus ne traduisit qu'une partie de la réponse à Ananias, prenant bien soin de ne pas mentionner la condition de conversion.

– Mais alors, il faut sans plus tarder lui enseigner la Loi et le préparer à entrer dans le troupeau du Seigneur...

– J'y travaille avec conviction, assura Marcus, mais tu es mieux placé que moi pour l'enseigner dans notre Loi. Peut-être pourrais-je le conduire chaque matin dans ta demeure pour qu'il écoute tes sages enseignements.

– Je ne suis pas contre, mais il ne parle pas notre langue, et moi-même, j'ai bien du mal à dire quelques mots en grec.

– Qu'importe ! répliqua Marcus. Je servirai d'interprète. Je lui enseigne notre langue et d'ici à quelques mois, il sera à même de comprendre directement ce que tu lui diras.

– Parfait, parfait ! Qu'en dit-il ?

– Par Héraclès ! s'écria Démétrios, mis au courant de la tournure que prenait la conversation, tu es plein de ressources ! Je suis tout disposé à venir chez ce saint homme apprendre la Loi. J'espère qu'il faut plusieurs mois...

– Plusieurs années même ! s'exclama Marcus.

Ananias les conduisit dans une pièce sombre et fraîche où les attendaient le père et le frère de Marcus, Hanan et un homme de petite taille, rond et barbu, Ézéchias, frère d'Ananias.

À peine avaient-ils pris place sur les épais coussins que Simon se mit à parler de l'assassinat dont le bruit n'était pas encore arrivé aux oreilles d'Ananias et de ses hôtes. Marcus traduisait au fur et à mesure à son ami l'essentiel des propos tenus en araméen et, après avoir donné un récit fidèle de ce qu'il avait vu, il ajouta :

– J'y ai rencontré ton fils, Ananias. Il me semble avoir de curieuses sympathies pour ces criminels.

Ananias leva les yeux et les mains au ciel et il invoqua l'Éternel avant de répondre :

– Que tes paroles ne soient pas de mauvais augure ! Éléazar est la honte de ma vieillesse. Non content de partager les sentiments de ces bandits, il partage leur vie et il a même pris le titre de *Nébi !* Ne l'appelle plus jamais mon fils ! Je l'ai chassé et renié. Il n'est qu'un brigand. Il accepterait sans sourciller que son père soit assassiné sous ses yeux. Il n'y a plus rien de commun entre nous.

Ils s'entretenaient encore de ces zélotes quand arriva Mariamne, accompagnée de Glaphyra et de sa mère. Selon la coutume, elles ne saluèrent pas, mais Démétrios adressa un sourire à Mariamne. Ils échangèrent un long regard puis elle baissa la tête avec modestie, le visage grave. À table, il fut placé vis-à-vis de la jeune fille qu'il put ainsi admirer tout à loisir. Il put contempler son visage harmonieux, ses gestes gracieux, et celle-ci ne pouvait pas ne pas s'apercevoir de l'intérêt particulier que lui portait leur hôte. Elle évitait de lever les yeux vers lui mais, lorsqu'elle le faisait, son regard devenait rayonnant.

Marcus suivait la conversation d'une oreille distraite. Ananias et Hanan soutenaient les vues des sadducéens, Simon et Tiberius défendaient celles des pharisiens sur des points de théologie. Lucius souriait sans prendre parti. À son sens, il convenait d'adorer Dieu comme l'avaient enseigné les ancêtres, sans chercher à pénétrer ce qu'Il avait laissé obscur.

Au bout d'un moment, Marcus entreprit d'avancer les affaires de son ami et, s'adressant directement à la jeune fille :

– Mariamne, lui dit-il, comment se fait-il que ton père n'ait pas encore songé à te donner un époux ? Pourtant une jeune fille de ta beauté et de ton rang ne doit pas manquer de prétendants.

Elle répondit d'une voix assurée, mais ses joues s'étaient empourprées :

– Encore faut-il qu'ils plaisent à mon père... et à moi !

– Comment est-il possible que parmi tous les beaux et riches jeunes gens de la ville, pas un seul n'ait pu séduire ton cœur ?

Ananias, qui écoutait sans doute d'une oreille distraite, intervint :

– Marcus, la jeunesse, la beauté et la richesse ne suffisent pas pour séduire mon cœur autant que celui de Mariamne. La jeunesse est fougueuse et imprudente, et elle passe bien vite. La beauté est tout aussi éphémère et elle reste sans valeur aux yeux du Seigneur. Avant toute chose, il y a la sagesse.

– Certainement, répondit Marcus, mais ne risques-tu pas de marier ta fille à un vieillard ?

– Mieux vaut un vieillard sage qu'un jeune insensé.

Puis, se tournant vers Hanan :

– Nous autres, sadducéens, savons que la sagesse ne peut se trouver que chez un homme de la famille de Saddoq, chez un homme destiné de par sa naissance à devenir sacrificateur et grand prêtre.

– Tu retombes dans les erreurs de tous les tiens, rétorqua Simon. Le proverbe ne dit-il pas que la sagesse a bâti sa maison, et taillé ses sept piliers ? Ces piliers seraient-ils les sadducéens ? Eux seuls auraient-ils accès à cette maison ?

– Nous pensons que les sept piliers sont les vertus aimées de l'Éternel, répondit doucement Ananias.

– Et quelles sont donc ces vertus, à ton sens ? demanda Simon.

– D'abord, la crainte de Dieu.

– Je te l'accorde.

– La connaissance de la Loi.

– C'est possible.

– La pratique de la Loi, car l'insensé la connaît sans la pratiquer.

– N'est-il pas préférable de dire la piété ? coupa Marcus.

– Certainement pas, répliqua Ananias, car le proverbe dit : « Il y a beaucoup d'hommes pieux, mais qui trouvera un homme fidèle ? »

– Il ne faut pas oublier la justice, ajouta Tiberius.

Lucius, qui s'était tant distingué par ses libéralités, enchaîna :

– À cette liste ajoutez l'aumône.

– Et aussi l'humilité, intervint Hanan, car le proverbe dit : « Avant la ruine, il y a l'orgueil, avant la chute, la présomption. »

– Et aussi l'amour, dit à son tour Tiberius.

– Il me semble, approuva Simon, que tu as parfaitement raison et je ne puis oublier le proverbe qui dit que mieux vaut une ration de légumes avec l'amour que la haine avec le bœuf gras. La qualité principale d'un époux devrait être l'amour qu'il porte à sa femme car, puisque nous parlons par proverbes, il est dit aussi : « Jouis de la femme de ta jeunesse »...

– La sagesse enferme un amour plus large que cette simple jouissance, trancha Tiberius d'un ton un peu méprisant. J'entends l'amour des hommes en général qui vient du cœur que nous a donné le Seigneur. « Celui qui est privé du cœur méprise son prochain », dit le proverbe, et ce mépris est haï de l'Éternel.

Marcus leva la main en riant :

– Arrêtons-nous là, car je vois que la maison de la sagesse a déjà bien plus que sept piliers, et, si nous continuons ainsi, cette maison va ressembler à celles des marais du limes de Germanie soutenues par une multitude de piliers. Malheureusement elles sont en bois et la maison construite sur l'eau s'écroule au premier choc.

La remarque alluma quelques sourires et Simon conclut sentencieusement :

– La sagesse de l'Éternel suit des détours qui nous étonnent et sa profondeur est telle que nous ne pouvons la sonder.

Chapitre V

CHEZ LA REINE BÉRÉNICE

Marcus accompagna à plusieurs reprises son ami à la demeure d'Ananias, mais les affaires de Démétrios n'avançaient guère. Bien que Mariamne semblât disposer d'un libre choix, il était désormais visible que les limites étaient fixées par son père à qui, jamais, elle ne demanderait la permission d'épouser un païen. Marcus ne fit cependant point part de ses pensées à son ami qui se réjouissait des apparitions plus ou moins prolongées que la jeune fille faisait lors de chacune de ses visites. Bien sûr, elle se montrait charmante avec lui, mais pas plus qu'avec Marcus. Il était donc difficile d'interpréter son attitude aussi favorablement que le faisait Démétrios, emporté par la fougue de ses sentiments.

Ce matin-là, Simon leur avait fait savoir que, sur les instances de Bérénice, il allait ce jour même lui rendre visite en son palais et que la reine lui avait suggéré de se faire accompagner par son beau-frère et son ami grec.

Lors de ses séjours à Jérusalem, Bérénice résidait dans le palais élevé par les rois asmonéens, à peu de distance de l'angle sud-ouest du Temple. Elle recevait dans une vaste salle, au premier étage du palais. Comme Marcus l'espérait, Judith était présente, assise sur un siège bas près de la reine, qui était à demi étendue sur un divan couvert de coussins. Autour d'elle se tenaient quatre personnages dont l'un portait l'habit militaire romain. Bérénice, après avoir reçu les hommages des trois visiteurs, fit les présentations. Metilius, le Romain, commandait la garnison établie en permanence dans la tour Antonia, puissante forteresse qui dominait le Temple. Costobare, parent d'Agrippa, avait attaché sa fortune à celle de la reine ; Ptolémée était l'intendant du tétrarque. Quant à Gorion, fils de Nicomède, riche juif de Jérusalem, il était le courtisan empressé, particulièrement apprécié du couple royal.

Les nouveaux venus, sur l'invitation de Bérénice, s'installèrent sur des lits tandis que des serviteurs portant des bassins s'agenouillaient pour leur laver les pieds. Judith, un flacon à la main, s'approcha d'eux pour verser sur leur tête et leurs pieds de l'huile parfumée. Devant Marcus, elle sourit avec simplicité, mais sans qu'il fût possible d'y voir autre chose qu'une attention polie. Elle détourna aussitôt les yeux pour suivre son propre geste tandis qu'elle répandait le parfum dans sa chevelure bouclée. Elle se trouvait ainsi toute proche de lui et l'étoffe fine de son vêtement effleura sa main. Le jeune homme ferma les yeux pour ne pas s'abandonner à la tentation de la toucher et respira longuement le parfum qui l'enveloppa. Quand elle se pencha pour parfumer ses pieds, il lui glissa à mi-voix :

– Jeune fille, tu es très belle. Que la bénédiction du Seigneur soit sur ta tête comme se répand ce parfum d'Arabie.

Elle leva vers lui son regard.

– Que le Seigneur te soit toujours favorable, murmura-t-elle.

Puis elle se redressa pour se diriger vers Démétrios. Marcus vit alors que la reine avait tourné vers lui ses regards, ce qui le troubla.

– Je n'ai encore jamais respiré parfum aussi suave, dit-il à Bérénice, comme pour se donner une contenance.

– Il est élaboré à partir d'un baume que je fais venir des Indes, lui fit-elle savoir. C'est une recette secrète de mon parfumeur.

– Il est digne de ta royale personne et honore tes invités.

– D'autant plus, ajouta Bérénice, qu'il leur est versé par ce que les Grecs appelleraient les mains d'une Grâce.

– On ne peut qu'applaudir au choix de cette comparaison, intervint Démétrios. Chez nous, Grecs, qui avons acquis une renommée pour notre goût de la beauté, les femmes de ton peuple sont réputées pour leurs charmes et je dois reconnaître que depuis que je tourne mes regards vers les femmes de Jérusalem, j'ai plusieurs fois eu l'occasion de m'assurer que cette réputation n'est pas usurpée.

– Vous autres, Grecs, répliqua la reine en riant, vous êtes merveilleux ! Vous savez trouver des paroles d'une délicatesse qu'ignorent tous les autres peuples, sauf peut-être les Romains qui ont été nourris du suc de votre civilisation, précisa-t-elle en se tournant vers Metilius qui inclina la tête. Parmi tous les hommes de ma race, je ne connais que mon cher frère pour s'exprimer pareillement, mais les méchantes langues nous reprochent d'être plus grecs que juifs.

Pendant ce discours Gorion et Simon avaient tenu la tête inclinée tandis que Simon pensait en lui-même : « En effet tu n'as rien de notre race puisque tes ancêtres sont des Iduméens qui ont usurpé le trône des Asmonéens. » Il est vrai qu'il oubliait volontairement que Bérénice avait du sang d'Asmonée par son arrière-grand-mère, Mariamne, qui avait épousé Hérode le Grand, lui apportant en droit la succession des Maccabées.

L'arrivée de Josué, frère de Simon, vint faire diversion.

– Mes chers hôtes, dit Bérénice, je veux qu'il ne soit question ni des affaires de l'État ni de ces révolutionnaires qui ne rêvent que batailles et désastres en attendant l'intervention d'on ne sait quel descendant de David...

Elle se prit à sourire et, moqueuse, s'adressa à Marcus :

– Mais, à ce propos, Marcus Claudius, ne dit-on pas que tu descendrais de David ?

– On le prétend, répondit Marcus, sur la défensive.

– Après tout, ces zélotes pourraient trouver en toi leur Messie tant espéré : tu descends de David, tu es riche, tu as acquis une gloire militaire... Ne serais-tu pas né à Bethléem, berceau de David ?

– Je suis né à Alexandrie, assura Marcus, et par ailleurs je n'ai guère de sympathie pour ces gens...

– Je sais. J'ai même entendu dire que toi et ton ami en avez chassé quelques-uns qui s'étaient attaqués à Ananias, le grand sacrificateur.

– Je constate avec plaisir que tu n'ignores rien de ce qui concerne les affaires de cette ville, même les plus petites.

– N'est-ce pas un peu mon rôle de reine ?

– Tu le tiens à merveille et l'on peut regretter que César Néron n'ait pas rendu à ton autorité et à celle de ton royal frère cette ville et la Judée qui semblent souffrir de l'impéritie de son procurateur actuel.

– Qu'oses-tu prétendre ? intervint Metilius en haussant le ton.

– Metilius, tu ne dois pas te sentir concerné si tu n'as rien à te reprocher, mais je te jure, par le génie de César, que moi, Marcus Claudius, chevalier romain, ancien tribun de cavalerie et bientôt gendre du gouverneur d'Égypte, je porterai devant César accusation contre Gessius Florus qui pille ce pays à son profit et laisse les agitateurs imposer leurs propres lois. Et sache que j'ai à Rome et ailleurs suffisamment d'amis pour que Néron lui-même m'entende à son tribunal.

– Espères-tu être nommé à sa place comme procurateur de la Judée ?

– Je n'y ai pas songé, mais je puis assurer que, si cela était, je saurais rétablir l'ordre et on ne commettrait plus des assassinats sous les portiques mêmes du Temple.

– Mes hommes ne peuvent pas être partout. La police du Temple appartient aux juifs. De plus, que peuvent faire mes soldats dans un pays hostile, contre des brigands protégés par la population ?

– Le pays est moins hostile que tu ne le dis. Toi-même, n'es-tu pas venu ici sans escorte ? N'y es-tu pas reçu en toute sécurité et amitié ?

– Il ne s'agit pas de moi. En tant que Romain, je n'ai rien à craindre de ces bandits qui ne s'attaquent qu'aux juifs qui pactisent avec nous. C'est le peuple tout entier qui est hostile...

– Le peuple est entraîné par des meneurs qu'il convient de chercher et de punir, et c'est à la loi romaine d'interdire les exactions ; autant celles des publicains et des juifs eux-mêmes que celles du procurateur.

– Tu attaques encore Gessius Florus. N'oublie pas qu'il est plus facile de combattre un ennemi qui se découvre que ces agitateurs dissimulés dans la foule. Si l'on porte un coup au hasard, on nous accuse de massacrer le peuple pour le plaisir. Notre procurateur a raison, ce sont des affaires entre juifs. Tant que le rebelle se dissimule dans la foule, on ne peut charger la population pour tenter d'atteindre un ennemi isolé.

– Il est vrai que la tâche des Romains est bien difficile, intervint Gorion.

– Je le reconnais, admit Marcus, et c'est pourquoi je n'implique pas Metilius dans l'accusation que je porte contre Florus.

– Ton accusation est grave, remarqua Bérénice, mais je crois que beaucoup de juifs, à commencer par Simon et Josué, pensent comme toi.

La conversation fut interrompue par l'arrivée d'un homme d'une assez grande taille, au visage grave et glabre, mais vêtu néanmoins de la longue robe.

– Ananus d'Emmaüs ! s'exclama Bérénice. Nous sommes heureux de te voir en notre demeure.

– Pardonne-moi ma reine, de me présenter devant ta noble personne sans être attendu...

– Mes amis sont toujours les bienvenus, protesta Bérénice.

Il vint s'agenouiller devant la princesse dont il baisa un pan du vêtement.

– J'arrive à l'instant d'Emmaüs et viens de ce pas te mettre au courant. Le procurateur Gessius Florus marche sur Jérusalem avec plusieurs cohortes.

– Que dis-tu là ? s'écria Metilius en se levant. Florus ne m'aurait pas prévenu ?

– Je ne vois pas ce que cette nouvelle peut avoir d'alarmant, assura la reine. Il est naturel que le procurateur vienne parfois visiter la cité la plus importante de sa mouvance.

– Certes, répliqua Ananus, mais on dit qu'il a le cœur plein de colère et qu'il veut réparation de l'affront qui lui a été fait en cette ville.

– Quel affront ? s'étonna Bérénice.

– Les gens d'ici se seraient moqués de lui en mendiant en son nom à travers les rues de la ville.

– Par Hercule ! s'écria Metilius, c'est bien ce que je redoutais. Je m'étais pourtant plaint de leur attitude devant votre sanhédrin, qui a laissé faire !

Josué répliqua :

– Metilius, que voulais-tu que fît notre assemblée ? Nous n'avons pas les moyens de réprimer les factieux. Que peuvent faire les quelques agents du Temple ?

– C'est toi, Metilius, qui disposes de la force, ajouta Simon. C'était à toi d'intervenir et d'arrêter ces factieux.

– Il t'est facile de rejeter sur moi le soin de punir tous les crimes ! À quoi sert donc votre assemblée où l'on pérore à longueur de jour ?

– Nous y réglons avant tout les affaires du culte, répliqua Simon. Mais toi, en tant que représentant de l'ordre romain, tu as la charge des affaires politiques.

– Mes amis ! intervint Bérénice, ne perdez pas de temps à vous déchirer en vaines disputes. Ni les uns ni les autres, vous n'aviez la possibilité d'exercer une police efficace, j'en suis témoin.

– Je redoute, osa avancer Simon, que Gessius Florus ne saisisse ce prétexte pour user de violence.

– Il faut éviter à tout prix la violence et se soumettre aux volontés du plus fort, déclara Gorion.

– C'est la sagesse même, assura Ananus, je hais la violence : il faut répondre par la paix à l'épée.

Metilius se leva et se tourna vers la reine :

– Pardonne-moi, je dois me retirer.

Il salua d'un geste l'assemblée et sortit. Simon reprit à l'adresse d'Ananus :

– Ton pacifisme répond aux doctrines enseignées par ta secte, encore que tous ne parlent pas comme toi. Mais, pour nous, il en va différemment. Personnellement, je maintiens que la faiblesse est tout aussi haïssable que la violence. Cependant, je dois taire mes sentiments, car répondre par la violence à l'agressivité de Florus entraînerait notre cité vers une catastrophe. Nous fondons de grands espoirs sur l'intervention de Marcus Claudius auprès de l'empereur Néron.

– Marcus Claudius, dit à son tour Bérénice, tu es fougueux et ardent, mais je crains, pour ma part, que tu n'aies eu tort de parler comme tu l'as fait devant Metilius. Si tes paroles parviennent aux oreilles de Florus, il fera tout pour te nuire...

– Permets-moi, répliqua Marcus, de te rassurer. Que peut Florus contre moi ? Je suis sûr de mes appuis à Rome. Et ici, qui oserait toucher à un chevalier romain ?

– Sois plus prudent, Marcus Claudius. Tu n'es pas dans un camp en Germanie au milieu de tes soldats. Tu n'es arrivé à Jérusalem que depuis quinze jours, mais tu t'es déjà attiré l'inimitié des zélotes en les humiliant publiquement. Pourquoi t'attirer aussi la haine de Florus ?

– La reine a raison, ajouta Josué. Mon cher Marcus, il serait bon que tu apprennes à tenir ta langue lorsqu'il le faut.

– Ce que tu me demandes là est contraire à ma nature.

– Mes amis, déclara à son tour Ananus d'Emmaüs, il faut savoir ruser. Le Romain est le plus fort : il est préférable de se soumettre à sa loi. Mais rien ne nous empêche de résister discrètement, en dissimulant nos biens, en évitant autant que possible de payer l'impôt, en refusant de collaborer tout en se montrant prévenant. Au reste, qu'attendons-nous, sinon que notre pays revienne à ses maîtres légitimes, le noble tétrarque et notre reine Bérénice ? Ce n'est pas par la force que nous contraindrons l'épais Romain à combler nos espoirs, mais par la persuasion. Si Marcus Claudius parvenait à faire condamner Florus par le tribunal de Néron, cela avancerait fort nos affaires.

– Ananus, répondit Marcus, Bérénice peut être assurée que je ne manquerait pas de défendre sa cause, car je crois, moi aussi, que le gouvernement du tétrarque serait bénéfique pour la Judée.

La reine se contenta d'esquisser un sourire en hochant la tête.

Chapitre VI

L'ATTENTAT

Démétrios s'étant mis en tête d'apprendre l'araméen afin d'être à même d'entretenir Mariamne sans intermédiaire, Marcus avait commencé à le lui enseigner, mais il se sentait manquer de patience, à la suite de quoi Démétrios avait trouvé un Grec disposé à devenir son maître. Depuis, tous les matins, le jeune homme se rendait chez lui avant d'aller rendre visite à Ananias. Pendant ce temps, Marcus flânait dans les rues de la ville.

Un matin, il rencontra le jeune David à qui, un jour, il avait fait l'aumône. Il ne savait quelle sympathie l'attirait vers cet enfant qu'il avait d'ailleurs revu à plusieurs reprises. Le jeune garçon prenait plaisir à interroger son nouvel ami sur ses combats en Germanie et il l'écoutait, le regard brillant d'enthousiasme. Après avoir échangé les salutations, David s'enhardit :

– Veux-tu venir avec moi voir l'endroit où nous habitons ? C'est vers la route de Damas. Tout le monde y est pauvre, mais j'y ai des compagnons de mon âge. Tout le jour nous courons par les rues. Moi, je plains les enfants riches que je vois aller à l'école, où le maître les bat et les oblige à rester assis à ses pieds pour ânonner des phrases après lui.

– Au fond, tu as raison, répliqua Marcus. Tout cela est bien inutile pour la plupart des hommes, un de nos sages nous le rappelle : « Quand on ajoute à la science, on ajoute à la douleur »...

Il suivit David qui l'emmena vers la ville haute. Ils passèrent sous le pont qui reliait l'ancien palais des rois asmonéens au Temple et parvinrent à la porte de Benjamin, ménagée dans l'ancienne enceinte d'Hérode. Après avoir traversé le nouveau quartier de Bézatha que Marcus ne connaissait pas, ils sortirent enfin de Jérusalem par la porte de Damas. Les hauteurs qui bordaient la route de Césarée étaient éventrées par des carrières creusées pour extraire les pierres. Les pauvres y avaient établi leurs demeures.

David entraîna Marcus vers l'une de ces grottes qui était devenue sa maison. Elle consistait en une salle de peu d'ampleur dont l'ouverture sur l'extérieur était close par des planches et des branchages entrelacés. Une vieille toile servait de portière. La mère de David, accroupie devant un foyer constitué par quatre pierres, préparait une galette de farine posée sur une plaque de métal, le repas de la journée. Elle se leva lorsqu'elle vit entrer Marcus et vint baiser le bas de sa cape, puis elle alla chercher de l'eau pour laver les pieds de son hôte. Marcus la laissa faire, sachant qu'un refus de sa part aurait mortifié la pauvre femme. Elle lui apporta ensuite un gobelet rempli d'eau, le priant de l'excuser, car elle n'avait pas d'autre boisson que l'eau de la citerne. Marcus la remercia :

– Il n'est point de meilleur breuvage pour l'homme assoiffé, assura-t-il sentencieusement.

Il resta un instant par politesse, puis se leva, remercia et sortit, suivi par David. À peine avait-il franchi le seuil qu'il vit cinq hommes devant lui, chacun serrant dans sa main un poignard. L'un d'eux, se détachant du groupe, marcha à pas lents vers Marcus qui, comme à son habitude, était sorti sans arme. Il ôta sa cape dont il s'enveloppa le bras gauche en reculant. L'homme continuait d'avancer. Marcus recula encore jusqu'à s'adosser contre la paroi rocheuse afin de ne pas être pris par-derrière. L'homme s'arrêta face à lui, prêt à frapper :

– Qui te paie pour m'assassiner ? Tes amis zélotes ? demanda Marcus.

Le visage de l'homme restait impassible. Sans répondre, il fit un pas rapide en avant et frappa à la hauteur du ventre. Mais Marcus avait bondi de côté tout en frappant de son poing le cou de l'homme qui roula à terre et, profitant de l'occasion, il sauta à pieds joints sur la main armée du poignard. L'homme lâcha prise en hurlant, mais son cri fut stoppé par un violent coup de pied au visage.

Déjà, les quatre autres séides s'avançaient. David, qui s'était précipité dans la demeure, en ressortit avec la lourde hache de son père qu'il tendit au jeune homme. Usant de l'effet de surprise, Marcus chargea ses adversaires en faisant tournoyer la hache. Il en toucha un à l'épaule, qui prit la fuite. De son bras gauche, il para un coup de poignard, qui entailla profondément le tissu de sa cape, et d'un coup de pied toucha son adversaire au bas-ventre ; ce dernier se courba avec un gémissement sourd.

– Seigneur, attention, derrière toi ! cria David.

Marcus se tourna pour voir l'un de ses agresseurs bondir vers lui, poignard levé. Il sauta de côté et projeta son pied dans les jambes de l'homme qui tomba lourdement dans la poussière. Marcus saisit le poignet du quatrième agresseur qui tentait de percer son épaule. Les deux hommes s'affrontèrent, tentant de se renverser mutuellement.

– Attention, sur la hauteur ! cria encore David.

Marcus tourna la tête et vit, sur la crête de la carrière, un homme armé d'un arc qui dirigeait la flèche vers lui. D'un formidable coup de rein, il se rejeta derrière son adversaire. La flèche atteignit celui-ci entre les deux épaules. Laissant tomber l'homme dont il s'était servi comme bouclier, Marcus se baissa pour ramasser la hache qu'il avait lâchée, mais tous les assaillants avaient pris la fuite.

David applaudissait et riait :

– Ils ont fui, ces lâches ! Six contre un. Seigneur, tu es le plus grand guerrier depuis notre roi David.

Marcus sourit et lui frotta la tête.

– Je te dois des remerciements, car tu m'as sauvé la vie. Tu es un brave, toi aussi. David, si ton père veut te confier à moi, je ferai de toi un homme.

– Oh ! Seigneur, il le voudra, et moi, je le veux.

– David, cours au Temple et reviens avec des gardes pour qu'on ramasse les corps ! Moi, je dois partir, car je suis attendu.

Depuis son arrivée à Jérusalem, il n'était allé que deux fois chez sa sœur et sa mère, et celle-ci s'en était plainte à Simon ; aussi avait-il promis de passer les voir ce matin même.

Il remit sa cape à une servante, mais sa mère ne manqua pas de voir qu'elle était lacérée et s'en étonna :

– Mon fils, qu'est-il arrivé à ton vêtement ? On dirait qu'il a été coupé avec une lame ! Dis-moi ce qui s'est passé.

– Rien du tout. D'ailleurs, tu vois bien que je suis devant toi, sans la moindre égratignure.

– Que dis-tu là ? On a tenté... Les chiens ! Pourquoi t'en veulent-ils ?

– Peut-être parce que j'ai arraché Ananias à leurs griffes.

– Oh ! Seigneur, protège-nous ! s'écria sa mère. Mon enfant, j'ai hâte de quitter cette ville. Ah ! Ma Drusilla, si tu pouvais persuader ton mari de venir s'installer à Alexandrie !

– Mère, tu sais bien qu'il ne voudra jamais quitter Jérusalem.

– Cette ville est remplie d'assassins.

– Ils ne frappent que les traîtres, répliqua Drusilla.

– Merci ! s'exclama Marcus. J'espère que tu admires aussi leur courage.

– Pourquoi pas ? Mon frère, tu as acquis une telle réputation qu'on a pensé devoir t'opposer six hommes. N'est-ce pas un honneur ?

– Drusilla, tu es folle ! s'écria leur mère.

– Drusilla a raison, mère, tu te fais bien du souci pour peu de choses. Maintenant que je suis sur la défensive, je n'ai plus rien à redouter d'eux. Parlons plutôt de mon neveu. A-t-il grandi ?

– Oui, viens le voir, il dort, dit la grand-mère qui n'attendait qu'une occasion pour montrer le nouveau-né.

Marcus caressa le petit crâne presque chauve et la douceur de ce contact l'émut bizarrement. Lucius Claudius survint à ce moment, accompagné de son fils aîné.

– Ah ! Marcus, mon cher enfant, j'espérais bien te trouver ici. Je viens de recevoir un courrier d'Alexandrie. Il y a deux lettres pour toi.

Marcus prit les tablettes et se retira près d'une fenêtre pour les lire. D'abord, celle de Julius, son meilleur ami, après Démétrios, qui le pressait de se rendre à Rome. Marcus hésita avant d'ouvrir la lettre de Julia. Il se rappelait la hâte avec laquelle il ouvrait naguère les missives de la jeune fille. Aujourd'hui, il éprouvait une sorte de gêne à décacheter la tablette. Il s'en fit le reproche et brisa le cachet. Julia l'entretenait de sa solitude, de son amour. Elle le priait de hâter son retour à Alexandrie, car son père, Tibère Alexandre, mandé à Rome par l'empereur, avait l'intention de l'emmener s'il rentrait sans délai. Ainsi Marcus pourrait faire avec eux le voyage à Rome où leur mariage pourrait se célébrer.

Il referma la tablette de buis en soupirant. Il n'avait guère envie d'aller si vite à Rome. Il chassa l'image de Judith qui se superposait à celle de Julia et se reprocha sa faiblesse. À quoi lui servait la raison ? À quoi lui servaient les leçons des maîtres du Portique qui lui avaient enseigné à maîtriser l'âme et les passions ? Il ne lui fallut pas longtemps pour décider qu'il quitterait Jérusalem dès que possible ; ces lettres lui seraient un excellent prétexte auprès d'Hanan et de son beau-frère pour abréger son séjour en Judée. Il n'allait pas menacer son avenir pour une personne qui ne lui avait manifesté aucun intérêt particulier et qui, de plus, était destinée, par son père, à la couche d'un prince.

Tels furent les arguments que Marcus développa devant Démétrios lorsqu'il se retrouva seul avec lui, ce soir-là.

– Mon bon Marcus, répliqua Démétrios, en tant qu'épicurien, je ne puis qu'approuver tes décisions. Cependant, en tant qu'homme, et surtout en tant qu'amoureux, je ne partage pas des sentiments si modérés. Moi, je suis prêt à tous les sacrifices, voire à toutes les folies, pour jouir de la possession de mon aimée. Il est vrai que je n'ai pas d'engagement ailleurs et que je n'ai que peu de souci de ma gloire. Que diraient mes parents s'ils apprenaient que je me suis converti au judaïsme pour épouser la fille d'un sadducéen ? Il est vrai que mon père ignore même l'existence de cette secte...

– Il lui suffira de savoir que la mariée est assortie d'une riche dot et tu parviendras aisément à tes fins, mais la situation est bien différente pour moi. Dis-moi plutôt que Julia n'est point laide.

– Eh ! Par Aphrodite, elle est même bien jolie et rappelle-toi que j'ai eu des visées sur elle. Je t'encouragerais donc à partir d'ici sans tarder, car l'attaque dont tu as été victime ne me dit rien qui vaille. Je t'avoue qu'en cet instant même, je ne me sens pas à l'aise. Sans ces épées que nous a prêtées Simon, je ne me serais pas engagé sur cette route déserte à cette heure de la nuit. Et voilà que demain va arriver ce Florus qui ne doit certainement plus rien ignorer de tes intentions...

Il se tut. Une silhouette noire, enveloppée dans un ample manteau, était assise sur une pierre au bord du chemin.

– Marcus Claudius ? prononça une voix.

– Que me veux-tu ? demanda Marcus en s'arrêtant.

Démétrios avait tiré son épée.
– Ne crains rien, reprit la voix. Ne me reconnais-tu pas ?
– Éléazar ?
– Tu ne te trompes pas. Marcus Claudius, écoute mes paroles et ajoutes-y foi. Ce matin, ce ne sont pas des zélotes qui t'ont assailli...
– Qui donc, alors ?
– Je l'ignore, mais je prends le Seigneur à témoin : aucun de nous ne s'est porté contre toi.
– Comment te croire ? Ils étaient armés de poignards comme les sicaires.
– Écoute, Marcus Claudius : prends garde, quelqu'un veut ta mort, mais il n'appartient pas au parti que tu crois. Un guerrier comme toi doit avoir une cotte de mailles. Porte-la toujours sous tes vêtements et ne sors plus qu'armé. C'est le conseil que je te donne.
Marcus se fit ironique :
– Pourquoi prends-tu tant de souci de ma personne et de ma sécurité ?
– Parce que je tiens à te conserver vivant pour notre peuple, répliqua Éléazar, qui s'éloigna d'un pas vif après s'être enveloppé dans son manteau.
Sa silhouette disparut dans la nuit et, tandis qu'ils reprenaient leur route, Démétrios déclara :
– Cet homme me paraît sincère, et son avertissement est utile.
– Quel est ton sentiment ?
– Ces hommes ont sans doute été lâchés contre toi sur l'ordre de Gessius Florus. Ne trouves-tu pas étrange le départ précipité de Metilius, l'autre jour ?
– L'annonce soudaine de l'arrivée de Florus le justifiait.
– Je ne puis croire que Metilius l'ignorait encore à ce moment-là. Une telle précipitation n'avait pour raison réelle que sa hâte à faire connaître à Florus tes intentions à son égard. Marcus, il est temps que tu rentres à Rome et que tu témoignes de ce qui se passe ici. En outre, tant que Florus sera puissant, ta vie sera en danger.
Marcus posa la main sur l'épaule de son ami.
– Tu as sans doute raison. Demain, j'en parlerai à mes parents et je prendrai la route dans trois ou quatre jours. Ce ne sont pas les poignards que je fuirai, mais les yeux de celle que je veux oublier.

Chapitre VII

LE MASSACRE

Résolu à rentrer au plus tôt à Alexandrie, Marcus, sans tarder, en avisa ses parents.

– Que te prend-il donc ? Que signifie ce soudain empressement à nous quitter ? s'étonna son père.

– Julia m'écrit qu'elle doit accompagner son père à Rome où il est convoqué par César et elle désire que je vienne avec eux. Je ne puis laisser passer une telle occasion de porter devant Néron mon accusation contre Gessius Florus.

– S'il en est ainsi je t'approuve et tu as ma bénédiction. Oui, pars au plus vite : on annonce que Florus est en vue de Jérusalem. En ce moment même, la population de la ville est allée au-devant du procurateur et de ses soldats : Hanan, Simon et Josué se sont joints aux autres membres du sanhédrin pour aller accueillir ce Florus. Quand nous quittes-tu ?

– Après-demain, sans doute. Il convient que j'en avise nos hôtes et que je salue plusieurs amis.

– Combien de temps vas-tu rester à Rome, loin de nous ? lui demanda Lucius.

– Julia m'annonce qu'il plairait à son père que notre mariage soit célébré pendant notre séjour à Rome. Il conviendrait alors que vous veniez nous y rejoindre, avec tous ceux de notre famille qui voudront partager notre joie.

Lucius se racla la gorge :

– Tu sais bien, mon fils, que les membres de notre famille, et plus particulièrement ton frère, voient ce mariage d'un œil très défavorable.

– Je le déplore, père.

– Et nous savons tous que, par ambition, tu es prêt à brûler l'encens sur des idoles impies ! coupa sa sœur.

Marcus répliqua vivement :

– Une idole en vaut une autre, qu'elle soit sur un autel ou dans ton cœur.

– Assez, mes enfants ! Ne recommencez pas vos disputes, les interrompit

Lucius. Ce mariage nous est trop utile pour que, personnellement, je ne l'approuve pas. J'irai à Rome, et c'est ce qui importe.

À peine avait-il achevé sa phrase que Simon entra, hors d'haleine, et se laissa tomber lourdement sur un siège.

– Que se passe-t-il, mon gendre, qui te mette dans un pareil état ? s'inquiéta Lucius.

– Ah ! Mon père ! Quel affront ! Nous nous portions, avec tous les membres de notre sainte assemblée, hors des murs de la ville, et suivis par le peuple entier, au-devant des Romains. Nous allions accueillir le procurateur avec des paroles de paix, lorsqu'une troupe à cheval s'est avancée. Ce n'était pas Florus qui était devant nous, mais son capitaine de cavalerie, un nommé Capiton. Sans répondre à notre salut, il nous ordonne de nous retirer, car, nous dit-il, le procurateur ne se laisse pas tromper par de fausses marques de respect, après tous les outrages qui lui ont été faits. Et l'impudent d'ajouter que, si nous avions quelque courage, nous ne devrions pas craindre de répéter les injures dont nous l'avions abreuvé et de joindre les actes aux paroles en prenant les armes. Sur ces mots, les cavaliers ont chargé la foule. Plusieurs d'entre nous ont été renversés et piétinés. Hanan a été roulé dans la poussière ; mon frère et Tiberius se sont chargés de le ramener chez lui tandis que les soldats traquaient la foule jusqu'aux portes de la ville.

– Et Florus, l'as-tu vu ? demanda Lucius.

– Je ne l'ai pu. Les soldats ont traqué la foule jusqu'aux portes de la ville.

Marcus jeta sa cape sur ses épaules.

– Je vais aux nouvelles, déclara-t-il.

– Prends garde, mon frère ! s'écria Simon en levant la main. Florus nous provoque dans le dessein de faire éclater une rébellion : il ne faut surtout pas lui répondre.

– Ne crains rien, Simon.

– Attends-moi, je viens avec toi.

Ils sortirent dans la rue ensoleillée et coururent vers la vaste demeure d'Hanan. Ils le trouvèrent en conseil avec quelques-uns des chefs de la cité. Aux dernières nouvelles, Florus et sa troupe s'étaient installés dans le palais d'Hérode. Il avait envoyé Metilius faire savoir aux membres du sanhédrin qu'il siégerait le lendemain en son tribunal où tous les chefs du peuple étaient convoqués.

On cherchait à s'apaiser mutuellement, à se convaincre que l'incident était dû à un mouvement d'humeur du procurateur. Quand Marcus leur annonça son prochain départ pour Rome, on le pressa vivement d'intervenir auprès de l'empereur. Hanan prit le jeune homme par la main et lui dit :

– Marcus, nous plaçons en toi tous nos espoirs. Mais encore faut-il que tu parviennes sauf à Alexandrie. Nous avons la certitude que l'attentat que tu as repoussé ne venait pas des zélotes. Celui qui est mort ne nous est pas inconnu. Il n'a jamais été zélote. Nous savons que c'est un homme de main de Metilius. Un seul homme a intérêt à ce que tu ne parviennes jamais à Rome, il n'est pas besoin de le nommer. Il faut que tu évites ce Florus. Je te conseille de retourner au jardin des Oliviers pour préparer ton départ. Ne te montre plus en ville et sois toujours sur tes gardes.

– Tu t'alarmes trop facilement. Vois, je suis prudent : j'ai sous ma cape ma bonne cuirasse ; j'ai aussi un bon glaive et mon poignard.

Sur ces mots, Marcus les salua et se retira. Les rues étaient calmes, mis à part de petits groupes d'hommes et de femmes qui commentaient les événements. Il parvint sans encombre à la maison d'Ananias.

Démétrios écoutait le vieillard, qui essayait de lui inculquer les premiers éléments de la foi juive dans un jargon bizarre où s'entremêlaient des mots grecs, araméens et latins. Mariamne, assise à proximité, le regardait en grignotant des dattes et des pistaches. Tout en paraissant n'avoir d'oreilles que pour Ananias, Démétrios observait discrètement la jeune fille ; celle-ci semblait très intéressée par l'enseignement de son père. Elle fronçait les sourcils quand l'explication était laborieuse et souriait silencieusement quand Démétrios écorchait un mot.

Ananias retint les deux jeunes gens pour le repas puis ils profitèrent de l'heure de la sieste pour reprendre le chemin du jardin des Oliviers.

La soirée et la nuit furent calmes. Marcus, décidé finalement à partir dès le lendemain, avait longtemps balancé pour savoir s'il irait saluer la reine Bérénice. Il redoutait d'y rencontrer Judith qu'il brûlait cependant du désir de revoir. Enfin, il se persuada que la reine considérerait comme un manque d'égards blessant qu'il ait quitté Jérusalem sans venir lui rendre visite.

Il commença par se baigner et se faire raser. Il revêtit ensuite une fine tunique sous laquelle il boucla sa cotte de mailles. Il ceignit son épée, jeta une chlamyde noire sur ses épaules. Démétrios l'attendait dans la cour, lui aussi vêtu avec élégance et délicatement parfumé, accompagné de Sérapion, le chef de son escorte, et de trois serviteurs cuirassés et armés. Ils enfourchèrent leurs chevaux et, dans cet équipage digne de sa fortune, Marcus se rendit au palais.

À peine eurent-ils franchi les portes de la ville qu'ils virent des gens affolés courir en tous sens.

Marcus interpella plusieurs personnes en araméen, mais toutes prirent la fuite sans l'écouter. Les gens s'écartaient d'eux, visiblement terrorisés. Alors, il sauta à bas de son cheval et se saisit de la première personne qu'il rencontra, un petit homme à longue barbe.

– Êtes-vous tous ivres dans cette ville, ou est-ce Dieu qui vous a frappé de folie ?

– Les Romains, seigneur ! Ils sont arrivés dans le haut marché et ils ont commencé à massacrer ceux qui se trouvaient là, puis ils se sont mis à piller les maisons de la ville haute. J'ai pu fuir et je vais me réfugier chez mon frère, vers la fontaine de Siloé. Maintenant, laisse-moi aller.

L'homme s'éloigna en hâte.

– Que comptes-tu faire ? demanda Démétrios.

– Nous nous rendons auprès de Florus.

– Tu as perdu la tête !

– Il faut faire arrêter ce massacre.

Marcus ne voulait pas perdre un instant et sans plus discuter il dirigea son cheval vers le palais du procurateur.

Lors de ses séjours à Jérusalem, celui-ci s'installait dans le palais fortifié flanqué de puissantes tours carrées qu'Hérode le Grand avait fait ériger contre le rempart occidental de la ville.

– Marcus, regarde ! s'écria soudain Démétrios.

Ils étaient parvenus sur la place du palais des Asmonéens. De là partait une large rue qui conduisait au palais d'Hérode. Au débouché de cette voie, des hommes s'agitaient autour d'une litière renversée en laquelle Marcus reconnut celle de la reine Bérénice. Il talonna sa monture sans se soucier de ses compagnons. Sur les pavés gisaient plusieurs corps ensanglantés. Bérénice se tenait droite, pâle et immobile, près de la litière ; devant elle, un des gardes la défendait contre trois soldats romains, tandis que deux autres légionnaires menaçaient Judith de leurs glaives.

Sans même tirer son épée, Marcus chargea les deux hommes. Il fit cabrer son cheval près d'eux et, lorsque la bête retomba, d'un coup de poing bien placé il en envoya un rouler à terre puis, se penchant, il saisit la jeune fille par la taille et l'enleva sur son cheval en criant aux soldats dans leur langue :

– Quel dieu vous a frappé de folie pour oser vous attaquer à une princesse, à une reine alliée du peuple romain ? Par Hercule, c'est devant César que vous aurez tous à répondre de ces crimes !

– Qui es-tu, toi qui oses frapper un soldat romain ? répliqua l'un des soldats.

– Regarde bien ce glaive : c'est celui des tribuns de la cavalerie... et que cela te suffise !

L'homme le fixa un instant et soudain prit la fuite, suivi par ses compagnons.

Marcus rengaina son épée et s'inclina devant la reine.

– Je crois que tu es arrivé à temps pour nous sauver la vie, reconnut-elle.

– Ma reine, lui dit Démétrios qui venait de mettre pied à terre, je vois que ta litière est hors d'usage, permets-moi de t'offrir mon cheval pour rentrer à ton palais.

Elle le remercia tandis qu'il l'aidait à s'asseoir sur la couverture épaisse.

Ils se mirent en route, Judith était sur le cheval de Marcus, qui marchait à ses côtés.

– Seigneur, lui dit-elle, je te rends grâce mille fois.

– Ne t'ont-ils pas blessée, au moins ? s'inquiéta-t-il.

– Non, mais j'ai eu très peur. Maintenant que tu es là, je me sens en sécurité.

Lorsque Marcus l'avait enlevée dans ses bras, il avait éprouvé une sensation intense, qui l'avait bouleversé.

Ils parvinrent devant le palais des Asmonéens sans autre incident. Marcus se précipita vers la reine pour l'aider à descendre et pria Démétrios de s'occuper de Judith, qu'il redoutait de toucher à nouveau. Lorsque Bérénice fut à terre :

– Daigne nous excuser, reine, de te laisser ici, mais tu y es sans doute en sécurité, dit-il.

– Et toi, où cours-tu ? lui demanda-t-elle.

– Chez Florus, afin de le convaincre d'arrêter ce massacre.

– Garde-t'en, ce serait inutile. Je lui ai déjà envoyé plusieurs de mes officiers depuis ce matin, avant de m'y rendre moi-même. Les portes du palais sont closes et il n'a voulu recevoir aucun de mes émissaires. Pour moi, il a daigné me donner une audience devant sa porte ! Tu m'entends, sur le pas de la porte ! Et, là, il a osé me déclarer que toute la ville de Jérusalem avait tramé un complot contre lui et contre César. Ensuite, il m'a accusée d'accueillir des traîtres dans mon palais. Il ne t'a point nommé, mais a fait allusion à des émissaires juifs venus d'Alexandrie pour préparer la révolte de la ville. Il a même assuré que ces émissaires seraient... crucifiés. Marcus Claudius, il faut que sans plus différer tu gagnes Alexandrie pour avertir Tibère Alexandre et surtout que vous parveniez à Rome avant l'envoyé que Florus a chargé de prévenir l'empereur contre toi. Va et que la bénédiction de Dieu soit sur ta tête.

Marcus s'inclina. Il lança un regard vers Judith et, sans ajouter un mot, il sauta sur sa monture, suivi de Démétrios et de ses hommes. Après avoir délégué ces derniers vers la demeure d'Ananias pour la protéger, il se rendit en hâte vers la demeure de Simon. Lorsqu'il y parvint, il fut pris d'angoisse. Des femmes couraient dans la rue, poursuivies par des soldats, des adolescents fuyaient en criant, entraînés par des hommes de leur famille. La porte de la maison était enfoncée. Des cris parvinrent à ses oreilles. Il traversa la cour et se précipita vers l'escalier extérieur qui conduisait aux chambres hautes. Dans la salle où il retrouvait habituellement sa mère et sa sœur, son père et sa mère gisaient sur le sol les habits gluants de leur propre sang. Une servante, dépouillée de tous ses vêtements, était suspendue à un crochet fixé au plafond. Sur le divan où la mère de Marcus aimait à s'asseoir, un soldat violait une autre servante qui semblait avoir perdu connaissance. Trois autres brutes en armes encourageaient de leurs rires un quatrième compère couché sur Drusilla, qui poussait des hurlements.

Glaive au poing, Marcus se jeta sur eux comme un lion blessé. Avant que les soldats aient compris ce qui leur arrivait, il en avait abattu deux. Le troisième eut le temps de saisir son épée et de parer quelques coups en reculant, mais il se trouvait face à un ouragan. L'épée s'enfonça dans sa gorge. Ce massacre s'était passé si rapidement que l'homme qui violentait Drusilla avait trouvé à peine le temps de se relever ; il cherchait à saisir une épée, mais Marcus abattit la sienne sur son crâne. Les os se brisèrent et la lame pénétra jusqu'à la mâchoire puis il plongea son poignard entre les épaules du dernier soldat au moment où il allait sauter par la fenêtre. On entendit le bruit sourd de son corps s'écrasant sur le sol de la cour.

Il jeta les autres cadavres par la fenêtre. Puis, avec son épée, il trancha la corde qui tenait suspendue la servante. Il regarda alors sa sœur qui tremblait frénétiquement. Il la prit dans ses bras, la berça comme il l'aurait fait avec un enfant, ne sachant que dire. Puis, avisant une étoffe qui traînait sur le sol, il lui en fit un voile.

– Où sont les enfants ? lui demanda-t-il alors.

– Lorsque les soldats sont entrés dans la cour, nous les avons cachés à côté, dans un coffre, en les conjurant de ne pas crier.

Pendant qu'elle se dirigeait dans la pièce voisine pour aller les chercher, Marcus s'agenouilla près des corps de son père et de sa mère : ils avaient cessé de vivre. Saisissant son glaive par le milieu de la lame et, le tenant vertical au bout de son bras levé, il prononça, au-dessus des deux corps :

– Je jure, devant le Dieu d'Israël, Dieu vengeur, Dieu des armées, que je ne déposerai pas cette épée tant que je n'aurai pas exterminé tous les Romains qui sont en Judée et que je n'aurai pas tué de mes propres mains Gessius Florus.

À Drusilla qui se trouvait sur le pas de la porte, il déclara :

– Dès cet instant, je ne suis plus romain...

Il arracha l'anneau de chevalier de son doigt et le lança à toute volée à travers la fenêtre.

Drusilla confia les enfants à l'une des servantes rescapées. Marcus, de son côté, se chargea de descendre au rez-de-chaussée les corps de sa mère et de son père et procéda à la toilette funèbre.

Simon et Tiberius arrivèrent, escortés de Sérapion et d'un garde alors que Marcus terminait la toilette des morts.

– Oh ! Seigneur ! Pourquoi n'as-tu pas permis que je me trouve aux côtés de notre père ? s'écria Tiberius en arrivant, escorté de Sérapion et d'un garde...

– C'est mieux ainsi, répliqua Marcus. Qu'aurais-tu fait sans arme, contre cinq soudards ? Ils t'auraient tué comme ils ont assassiné notre père. Sérapion, je te confie le soin de veiller sur cette demeure. Si un Romain passe le seuil, tue-le.

Simon l'interrompit en lui saisissant le bras :

– Ma femme ? Mes enfants ? demanda-t-il d'un air anxieux.

– Ils sont saufs, répondit Marcus, qui reprit aussitôt :

– Vous étiez chez Hanan ?

– Sa demeure est en sécurité, assura Simon. Il est entouré de nombreux serviteurs et des gardes du Temple sont auprès de lui. Nous ignorions tout de ce qui se passait ici. Lorsque nous avons appris que les soldats se mettaient à piller la ville basse, nous sommes accourus, hélas ! trop tard.

– Restez ici, avec Sérapion vous ne risquez rien. Veillez les corps de nos parents.

– Marcus s'est révélé digne des siens, déclara Drusilla. Il a juré sur les corps de nos parents qu'il vengerait leur mort et qu'il exécuterait Florus.

– Tu as perdu le sens ! s'exclama Simon à l'adresse de son beau-frère.

– Au contraire, l'Éternel l'a éclairé et l'a retrouvé, assura Drusilla d'une voix étrangement calme. Malchios, mon frère, va et montre-leur comment se comporte un homme qui a un cœur !

– « L'insensé a le cœur à gauche, mais l'homme sage l'a à droite ! » s'exclama Simon, citant l'Ecclésiaste.

– Certes, c'est donc bien à droite que l'a Marcus, et non à gauche, comme vous, comme tous ceux qui se laissent égorger, pareils à un troupeau de porcs !

– Seigneur, protège-nous du blasphème ! s'écria Simon.

– Petite sœur, garde le silence devant les corps de nos parents, dit Marcus. Peut-être Simon est-il dans le vrai, mais mon cœur éclate dans ma poitrine. Mon épée a soif de leur sang. Que le Seigneur nous garde et protège notre cité !

Sur ces mots, il sortit de la maison et marcha vers la ville haute.

Marcus avançait, son épée sanglante au poing. Les Romains, qui le prenaient pour l'un des leurs, ne se préoccupaient pas de lui, si bien qu'ils se laissaient égorger sans guère se défendre. Cependant, Marcus poursuivait son but sans s'attarder à ces vengeances faciles. Il voulait avant tout atteindre le palais d'Hérode pour se trouver face au procurateur. Quand il y fut parvenu, il exigea d'être conduit auprès de Gessius Florus.

– Qui es-tu pour prétendre voir le procurateur ? lui demanda un centurion.

– Marcus Claudius, chevalier romain, tribun de cavalerie.

– Suis-moi.

Marcus emboîta le pas de l'officier. Dans la vaste cour du palais, il lui fut demandé d'attendre. Il n'eut pas à patienter longtemps. Le centurion revint, accompagné par deux légionnaires.

– Le procurateur va te recevoir. Si tu veux me remettre tes armes.

– Depuis quand un tribun doit-il rendre son épée pour paraître devant un procurateur ? Florus se prend-il pour César ?

– Pardonne-moi, mais tel est l'ordre du procurateur.

Marcus hésita un instant : il n'avait que la solution d'obtempérer ou de se retirer. La cour était pleine de soldats et il n'avait aucune chance de parvenir par la force jusqu'à Florus. Il déboucla donc sa ceinture qu'il remit au centurion.

Le procurateur était un homme de forte taille, au regard dur et au visage fermé. Il se tenait assis sur un siège à dossier. Dans la salle se trouvait une dizaine de soldats et d'officiers. Marcus marcha jusqu'à lui et le salua à la romaine.

– Ainsi, te voilà, Marcus Claudius, dit Florus.

– M'attendais-tu ?

– En effet... Je pensais bien que tu viendrais te livrer de toi-même.

– Me livrer, dis-tu ?

– Te livrer pour te justifier des accusations qui pèsent sur toi.

– Aucune accusation ne pèse sur moi. Mais moi, je t'accuse. Oui, je t'accuse de détourner à ton profit l'or qui revient à César afin de provoquer des troubles favorables à tes intérêts. Voilà ce dont il faudra te justifier devant le tribunal de César. J'ajoute que mon accusation sera soutenue par Tibère Alexandre. J'ai pour témoins les chefs du peuple de cette ville, le tétrarque Agrippa et la reine Bérénice. Et maintenant, je t'ordonne de faire cesser à l'instant ce massacre dont tu devras également répondre.

Florus se leva, le visage crispé de colère.

– Et moi, je t'accuse d'être venu d'Égypte pour fomenter la révolte des juifs contre Rome. Tu joues un double jeu : d'une part, tu flattes Tibère Alexandre et César, et d'autre part, tu te fais passer pour le Messie qui doit soustraire la Judée à l'Empire de Rome. Je t'accuse d'avoir soulevé le peuple contre moi qui venais hier en ami tenter d'apaiser les passions. Tu es l'unique responsable de la répression de ce jour. Tout cela est inscrit sur des tablettes que j'enverrai dès demain à Rome. Gardes ! Emmenez ce traître ! Qu'il soit flagellé et crucifié avec les autres révoltés, ses complices.

– J'en appelle à César ! s'écria Marcus.

Florus haussa les épaules.

– Je n'ai pas à écouter tes mensonges. Tes crimes se passent de jugement. Emmenez-le !

Marcus repoussa les deux légionnaires et bondit vers le procurateur, mais ce dernier s'était levé et avait jeté son siège dans les jambes du jeune homme. Tous les gardes présents se ruèrent sur lui.

– Tu oses menacer un magistrat romain ! s'exclama Florus.

Les gardes se mirent à plusieurs pour le maîtriser. Reconnaissant son impuissance, Marcus cessa de se débattre.

Après lui avoir arraché les vêtements, les gardes l'attachèrent, la face tournée vers un mur, les bras maintenus levés par des chaînes. Les bourreaux se relayèrent alors pour le fouetter jusqu'à ce qu'il perde connaissance. À peine eut-il retrouvé ses sens que les soldats le détachèrent et l'entraînèrent par les rues de la ville avec d'autres prisonniers condamnés au même supplice.

Lorsque, dans la matinée, le massacre avait commencé, David s'était sauvé par la porte de Damas, d'où il avait rejoint ses parents. Il les avait avertis de ce qui se passait en ville et, prudente, la mère lui avait interdit de repartir tandis que son père allait aux nouvelles. David, très excité, s'était assis près de la porte pour prendre des nouvelles.

C'est ainsi qu'il vit passer une petite troupe de soldats qui encadraient des esclaves portant sur leurs épaules de longs poteaux de bois équarri en forme de T.

Il les laissa passer puis se mit à les suivre de loin. À peu de distance, ils firent halte et, le long de la route, des esclaves entreprirent de creuser des trous profonds devant lesquels furent posées les croix. Dissimulé derrière des rochers, il les observait. Une nouvelle escouade de soldats arriva, encadrant des prisonniers enchaînés, à demi nus, le corps zébré de traces de coups de fouet. Marcus, seul, tenait la tête droite et dominait le groupe par sa haute taille. David hésita avant de reconnaître, en cet homme enchaîné, son riche protecteur.

Chaque prisonnier fut contraint à s'étendre sur une croix où bras et chevilles furent fixés contre le bois par d'étroits liens. Puis les croix furent dressées. Il n'y avait pas un instant à perdre. Oubliant l'interdiction de sa mère, David courut vers la maison du jardin des Oliviers. Il n'y trouva que les serviteurs qui éclatèrent de rire et le chassèrent lorsqu'il assura que leur maître avait été mis en croix par les Romains.

David comprit qu'il ne pourrait leur faire entendre raison. Sans reprendre son souffle, il repartit, à la recherche de Démétrios. Il ne savait où le trouver, mais il pensa avoir des chances chez Hanan, dont la demeure était connue de tout le monde à Jérusalem. Son agilité lui permit d'y parvenir sans encombre. Il frappa fort à la porte et un homme en armes vint lui demander ce qu'il voulait.

– Je cherche Démétrios, l'ami du seigneur Marcus Claudius, haleta-t-il.

– Il n'est pas ici.

Désespéré, il se rendit chez Ananias. Démétrios en personne vint lui ouvrir. Saisissant sa cape, David s'écria :

– Seigneur, les Romains ont pris Marcus Claudius et l'ont accroché à une croix ! Je l'ai vu de mes propres yeux, crucifié avec d'autres hommes, sur la route de Damas.

Démétrios était incrédule, mais, connaissant l'amitié de l'adolescent pour Marcus, il entraîna David vers la demeure de Simon. Ils y apprirent la mort des parents de Marcus et la fureur de ce dernier. Démétrios fut alors persuadé que Marcus s'était fait prendre au cours d'un combat contre des soldats romains. Sans rien révéler de ce qu'il savait, il se rendit en courant vers les bazars.

Une vingtaine de légionnaires sous la direction d'un centurion gardaient les suppliciés. Ils virent arriver, venant du nord et se dirigeant vers Jérusalem, une petite troupe armée qui escortait une litière et des mulets chargés de bagages. Lorsque la litière parvint à la hauteur des soldats appuyés sur leurs lances pour la regarder passer, l'homme qui se trouvait couché fit un signe et la petite troupe s'arrêta.

– Holà ! Centurion, appela-t-il en se redressant, je suppose que ces hommes sont des révolutionnaires que notre procurateur s'est enfin décidé à châtier.

– Précisément, seigneur.

– Je vais aller de ce pas féliciter mon ami Gessius Florus. Est-il déjà à Jérusalem ?

– Depuis hier soir.
– Très bien. Je me suis déplacé pour le voir. Phaéton !
Un des hommes de l'escorte s'approcha et s'inclina devant Démétrios qui, toutes armes cachées, jouait le riche marchand se déplaçant en litière.
– Fais distribuer des outres de vin à ces valeureux soldats.
Le centurion eut un sourire réjoui.
– Dis-moi mon ami, reprit Démétrios, qui ne doutait plus que ce fût Marcus qui se trouvait sur la plus éloignée des croix, pourquoi y a-t-il des fagots uniquement à cet endroit ?
– Le procurateur a ordonné que le condamné soit brûlé à la tombée de la nuit. C'est un agitateur venu d'Égypte.
Démétrios avait sorti une bourse et il la tendit au centurion qui lui jeta un regard soupçonneux. Démétrios se mit à rire et lui dit :
– Prends cette bourse et fais-moi une grâce : laisse-moi allumer ce feu. Depuis tant d'années que je rêve de faire périr quelques-uns de ces chiens, ne me prive pas d'un tel plaisir.
Le centurion éclata de rire.
– Si ce n'est que cela, tout à fait d'accord. C'est même dommage qu'on n'en brûle qu'un !
– Bien dommage, tu as raison, par Hercule ! J'espère qu'ensuite on jettera les cendres au vent.
– Le procurateur veut que je les recueille et que je les lui apporte dans un vase.
Le soir descendait lentement, et les vapeurs du vin, largement distribué, commençaient à faire leur effet. D'autant que dans l'une des outres une forte dose de pavot avait été mélangée au vin. Les soldats sentaient le sommeil les envahir sans qu'aucun cependant n'osât s'en ouvrir à son voisin. Le centurion fut le premier à s'endormir et, lorsque les autres se furent pareillement assoupis, les serviteurs de Démétrios se hâtèrent de détacher Marcus de la croix. De l'un des coffres chargés sur les mulets, on retira un cadavre ramassé dans une rue et choisi pour sa corpulence semblable à celle de Marcus. Le cadavre fut attaché à la croix, tandis que deux hommes à cheval emmenaient Marcus sans connaissance jusqu'à la maison de David où avaient été préparés une couche et tous les remèdes nécessaires à ses soins.
Les serviteurs se mirent alors à secouer les soldats pour les tirer de leur torpeur tandis que Démétrios réveillait le centurion.
– Holà ! Que t'arrive-t-il ? lui demanda-t-il.
L'homme ouvrit des yeux hébétés et éructa.
– Tu ne vas pas t'endormir pour un peu de vin ! s'exclama Démétrios. Vois, mon ami. La nuit est tombée, il est temps que tu tiennes ta promesse.
– Quelle promesse ?
– Me permettre d'allumer le feu qui doit consumer ce rebelle.

– Ah ! C’est vrai. Qu’on prépare une torche ! s’écria le centurion.

Un soldat s’approcha avec un bouchon de paille enflammé. Démétrios s’en saisit et marcha vers le bûcher où il enfonça la torche d’un geste décidé. Les flammes claires s’élevèrent, sans presque dégager de fumée tant le bois était sec. Rapidement la chaleur devint si intense que les spectateurs durent reculer. Enfin, la croix s’écroula sur le bûcher.

– En voilà un qui est bien mort ! s’exclama alors Démétrios. Prends bien soin de réunir ses ossements et de les porter au procurateur.

Après une nuit plutôt calme, les massacres et les pillages reprirent dès l’aube. La reine Bérénice se rendit pieds nus et sans litière au palais du procurateur, seulement accompagnée de quelques gardes et de Judith. Gessius Florus daigna cette fois recevoir la reine et sa suivante. Il écouta sa prière jusqu’au bout.

– Il est possible désormais d’arrêter cette juste répression, commença Gessius Florus. Vois-tu cette urne ?

Il plongea la main dans un grand vase près de lui et ramena une poignée de cendres et des fragments d’ossements qu’il laissa retomber en pluie.

– « Ce qui reste d’un guerrier tient, petit morceau de cendre, tout entier dans un vase », énonça-t-il, citant Eschyle.

La reine, surprise, ne dit mot. Il reprit avec un sourire.

– Voici les cendres de l’agitateur qui a été l’âme de la révolte. Je pense que, désormais, les juifs seront plus prudents.

– Qui était cet homme ?

– Un traître que tu as reçu chez toi. Il se faisait appeler Marcus Claudius.

– Marcus Claudius, répéta Bérénice d’une voix blanche.

La reine, effondrée, baissa les yeux, incrédule. Judith, elle, semblait impassible. Seuls ses yeux, qui s’étaient étrangement rétrécis, fixaient implacablement le procurateur.

– Cet agitateur qui se faisait passer pour un chevalier romain a eu l’audace ou la folie de venir me provoquer jusqu’en mon prétoire. Il ne nous importunera plus désormais. Il a été crucifié hier et brûlé à la tombée de la nuit.

Chapitre VIII

MALCHIOS DE TIBÉRIADE

Lorsque Marcus se réveilla, il ne reconnut pas la grotte où vivait la famille de David. Il restait étendu sur le ventre tandis que son dos le brûlait. Il voulut bouger, mais une voix de femme le retint :

– Seigneur, ne bouge pas, tu vas déplacer tes emplâtres.

Démétrios, qui le veillait depuis l'aurore, s'approcha. Il s'agenouilla face à lui et lui prit les mains.

– Marcus, mon cher compagnon ! Comment te sens-tu ?

– Heureux d'être encore en vie. J'ai terriblement soif.

David s'approcha avec une cruche d'eau. Marcus but à longs traits. Ses yeux s'étaient creusés, mais il ne paraissait pas souffrir outre mesure.

Démétrios lui rapporta comment David l'avait alerté et comment lui-même avait organisé sa délivrance.

– David, mon cher petit ! fit alors Marcus.

Il prit la main de l'enfant qui s'était rapproché et poursuivit à l'adresse de Démétrios :

– Ainsi, Florus me croit mort. Ta ruse a été habile. Maintenant, dis-moi, que se passe-t-il en ville ?

– Je l'ignore, depuis que nous avons laissé les soldats, je ne t'ai plus quitté.

David rapporta que les pillages se poursuivaient encore dans quelques quartiers de la ville, mais que le procurateur avait rappelé ses hommes. Le bruit courait par toute la ville que Marcus avait été crucifié et son corps incinéré.

Marcus restait silencieux. Il éprouvait un sentiment étrange : il lui semblait qu'un homme nouveau était né en lui. Jusqu'à ce jour, il avait été occupé par son ambition et son désir de briller parmi les hommes. En réalité, la première émotion vraie qu'il avait éprouvée avait été suscitée, tout récemment, par Judith. Mais les convenances sociales et le souci de son avenir avaient bientôt étouffé sa passion naissante. Brusquement, il prenait la mesure de sa propre vanité : combien il avait été infatué de son titre de chevalier romain, des honneurs et de l'amitié des puissants. Et c'est Florus qui lui avait révélé l'inanité de sa conduite ! Pour un peu, il lui en aurait presque su gré !

Il avait fallu qu'il subisse son supplice pour que toutes ces illusions, toutes ces vanités s'évanouissent d'un seul coup. Il ne lui restait plus qu'un goût amer et un irrépressible besoin de vengeance. Il éprouva ces sentiments avec une acuité douloureuse lorsqu'il entendit David déclarer que le procurateur rappelait ses hommes. Il se leva et se dirigea vers le fond de la grotte où Démétrios avait disposé des armes et des habits. Il revêtit une tunique et une cuirasse de cuir, boucla la ceinture avec l'épée et le poignard, mais rejeta la cape de soie brodée.

– Tu la remettras à ton époux, dit-il à la mère de David. En échange, donne-moi son manteau.

– Seigneur, son habit est bien usé et je n'oserais...

– C'est exactement ce qu'il me faut.

La femme le lui tendit. Il le jeta sur ses épaules et s'y enveloppa. Puis il posa sur elle son regard.

– Je te remercie de m'avoir soigné. Désormais, oublie Marcus Claudius. Mon nom est Malchios !

Il posa la main sur la tête de l'enfant.

– Merci David, sans toi je ne serais pas ici.

– Seigneur, permets-moi de venir avec toi.

– Pour le moment, reste ici où tu es en sécurité. Toi, Démétrios, ramène nos hommes aux bazars.

– Je ne te laisserai pas aller seul, cette fois-ci.

– Tu vas attirer l'attention sur nous avec tes vêtements : ils sont trop voyants.

– Je connais un voisin qui fera volontiers l'échange, assura la mère de David.

Elle revint bientôt avec un vieux manteau et un turban.

Les rues de la ville étaient à peu près désertes et Marcus s'en étonna. Hélant un homme qui passait, il lui demanda :

– Holà, l'ami ! Nous sommes deux voyageurs qui arrivons de Cana en Galilée. Peux-tu me dire pourquoi la ville est aussi déserte ?

– Étranger, tu arrives en plein drame.

– « Le palais sera abandonné, la ville populeuse sera désertée, l'Ophel et les tours seront des terrains vagues, pour toujours, joie des onagres, pâturages des troupeaux, jusqu'à ce que l'Esprit soit répandu sur vous d'en haut », déclara sentencieusement Marcus.

– Sache, ô homme pieux, que le procurateur est venu en cette ville avec des troupes pour se venger des injures qu'il prétendait avoir subies. Il a exigé de nos chefs que les coupables lui soient livrés. Nos chefs ont essayé de l'apaiser, bien en peine qu'ils étaient de trouver les coupables. Alors, ce bourreau a ordonné de piller le marché haut. De là, le massacre s'est étendu à presque toute la ville.

– Comment ? s'écria Marcus, vous avez laissé faire sans vous défendre !

– Qui oserait lever une épée sur un soldat romain ? Pendant tout un jour et une nuit, le pillage a continué. Il y a eu plusieurs milliers de morts et des hommes ont été crucifiés.

– Dis-moi encore, que font les habitants de la ville ?

– Le procurateur a déclaré aux membres du sanhédrin que s'ils voulaient son pardon, ils devaient aller avec le peuple au-devant de la troupe qui lui vient en renfort de Césarée, et acclamer les soldats. Nos chefs ont alors réuni le peuple et ils lui ont conseillé de pas garder rigueur aux Romains pour des événements de peu d'importance.

– Est-ce vrai ou ta langue invente-t-elle ces paroles ? demanda Marcus qui sentait son sang bouillir.

– Je te le jure par ce que j'ai de plus sacré.

– Homme, je te le dis, en vérité, vos chefs sont des traîtres et des lâches. L'homme dévisagea Marcus, un éclair de joie dans les yeux.

– Je vois que tu es un frère. Tous nos frères zélotes brûlent de rage et de colère, mais les chefs tiennent le peuple entre leurs mains. Que pouvons-nous faire ?

– Tout.

– Que veux-tu dire ?

– Connais-tu Éléazar, fils d'Ananias ?

– Je le connais, mais il n'est pas de mes amis.

– Il a des partisans.

– Moi aussi, j'ai des partisans. Tu viens de Galilée ?

– De Cana, je te l'ai dit.

– Moi, je suis de Gamala. Je me nomme Menahem, fils de Judas le Galiléen. Marcus lui lança un regard étonné.

– Serais-tu donc ce Menahem réputé pour sa science, qui a pris la succession de son célèbre père à la tête du parti des zélotes ?

– Mon père est le fondateur de notre mouvement et c'est pourquoi les Romains l'ont mis à mort, assura Menahem en redressant fièrement la tête.

– Sans doute est-ce l'Éternel qui a fait se croiser nos chemins.

– Peut-être, admit Menahem. Viens, ma demeure est toute proche, on m'y attend.

Ils se rendirent à une maison voisine. Une dizaine d'hommes y étaient réunis, parmi lesquels se distinguait par sa taille et sa force Éléazar ben Jaïr, le neveu de Menahem.

– Amis, je vous présente deux voyageurs qui viennent de Cana et qui sont des frères, déclara Menahem.

– Que venez-vous faire à Jérusalem ? questionna Éléazar, soupçonneux.

– Je viens pour que Jérusalem n'aie plus honte d'elle-même et qu'elle ne donne plus l'exemple de la lâcheté.

– Qui es-tu pour oser parler ainsi ? demanda Éléazar.

– Avant que je ne parle, je demande que vous prêtiez tous le serment de ne jamais révéler qui je suis ni ce que je viens vous proposer.

Ils hésitèrent et se concertèrent à voix basse.

– Parle, dit enfin Menahem. Nous prêtons ce serment.

– Tandis que les Romains massacraient nos frères, lequel d'entre vous a tiré son épée contre ces légionnaires ? demanda alors Marcus.

Ils baissèrent la tête et Éléazar répondit :

– Ils étaient trop nombreux. Que pouvions-nous faire ?

– Vous battre, répliqua Marcus.

– Tu parles facilement, toi qui étais sur la route de Cana, repartit Éléazar d'un ton ironique.

Marcus ôta le manteau qui cachait ses armes et sa cuirasse de cuir.

– Apprends, Menahem, que je suis ce Marcus Claudius que tout le monde croit mort. Quand j'ai vu les corps de ma mère et de mon père baigner dans leur sang, j'ai alors tué de mes mains cinq soldats romains et j'ai juré sur mon épée de n'avoir de cesse que je n'aie chassé les Romains de Judée. Emporté par un désespoir légitime, j'ai fait la folie de me présenter devant le procurateur pour essayer d'arrêter le massacre. Au lieu de quoi, j'aurais dû appeler le peuple entier à se soulever contre les soldats romains. Que Jérusalem se dresse contre Rome !

– Les chefs de la cité ne prétendent-ils pas que c'est une folie ? demanda Menahem.

– Il faut être fou pour vouloir être libre. Mes frères, êtes-vous prêts à vous battre ? Êtes-vous des hommes ou des lièvres ? Jusqu'à quand laisserez-vous l'ennemi souiller vos rues, violer vos femmes, tuer vos enfants, vos parents ? Jusqu'à quand vous terrerez-vous dans vos demeures tandis que les Romains se rient de vous, dévorent vos biens ? Moi, ma réponse, la voilà !

Tirant son épée, il la planta dans le bois d'une table où elle vibra longuement.

Chacun des hommes présent tira une épée qu'il dissimulait sous son manteau et la ficha pareillement dans le bois de la table.

– Nous sommes avec toi, déclara Éléazar.

Marcus se tourna alors vers son ami.

– Démétrios, toi, tu es grec, tu n'es pas concerné par ce qui nous occupe et je ne veux pas que tu...

– Marcus, tu me fais injure de penser que je pourrais t'abandonner, coupa Démétrios avec vivacité. Ta vengeance est la mienne.

Éléazar s'était approché avec deux jeunes hommes.

– Voici mes jeunes frères, Simon et Judas. Tu es un chef de guerre. Nous t'obéirons.

– Savez-vous d'abord où se trouve le procurateur en ce moment ? demanda Marcus.

– Au palais royal, avec ses légionnaires, assura Menahem. Nous le surveillons depuis ce matin.

– Par quelle route arrive la troupe de renfort ?

– Elle vient de Césarée. Elle rentrera donc dans la ville par la porte de Damas et le nouveau quartier de Bézatha. Si elle se rend auprès de Florus, elle passera devant la maison où nous sommes.

– Il faut empêcher les forces romaines de se réunir. Éléazar, rassemble tes partisans. Que certains d'entre vous aillent au-devant de la troupe romaine. Qu'ils se mêlent au peuple et répondent à la provocation par la violence ; il est indispensable que les Romains chargent, mais il faut que la foule soit suffisamment dense pour les retenir. Pendant ce temps, tes frères rameuteront tous vos partisans et attendront près de la porte des Poissons, sous l'Antonia. Mais il faut d'abord savoir exactement où se trouve la troupe de renfort des ennemis et aussi de quelle lâcheté se rend coupable le peuple de Jérusalem qui s'apprête à accueillir les Romains avec des branches d'oliviers au lieu de pierres et de feu.

– J'y cours, déclara Simon ben Jaïr.

Marcus se tourna vers Démétrios.

– Démétrios, commence par aller prendre des nouvelles de ma sœur et de mon frère, mais ne les détrompe pas s'ils me croient mort. Réunis ensuite tous nos hommes avec toutes les armes dont nous disposons et conduis-les ici. Cette maison sera notre lieu de ralliement... Une chose encore ! Pour l'instant mes amis, je suis Malchios de Tibériade. Tel est mon nom, si quelqu'un vous le demande.

Marcus remit son manteau et sortit avec Menahem qui le conduisit aux portiques du Temple à peu près déserts. Éléazar, le fils d'Ananias, était assis, les jambes croisées sous lui, perdu dans une profonde méditation. Lorsque Marcus rejeta la capuche qui lui couvrait la tête, Éléazar sourit sans manifester de surprise.

– Je t'avais prévenu, Marcus Claudius. Et maintenant je sais pourquoi tu viens vers moi : tu souhaites soulever Jérusalem contre la troupe romaine qui va y faire son entrée.

– Tu lis dans les cœurs, Éléazar.

– Et tu espères que je vais mettre mes partisans sur le pied de guerre.

– Précisément.

– Indique-moi un lieu de rendez-vous et, avant qu'une heure ne se soit écoulée, je t'enverrai cent ou deux cents hommes décidés.

– Il n'en faut pas plus. Qu'ils se trouvent auprès de la porte des Poissons, sous la tour Antonia.

– Ils y seront.

Simon ben Jaïr sortait de la ville par la porte de Bézatha lorsqu'il aperçut la foule sur la route et dans la campagne. Elle était parcourue par de grands mouvements dont il ne pouvait distinguer la cause. Il avança encore, bousculé par des gens qui fuyaient en poussant des cris. Il tenta d'en arrêter quelques-uns pour les interroger : en vain, personne ne voulait l'entendre. Il continua de progresser vers les cavaliers romains qu'il apercevait au loin. Des cris fusaient de toutes parts mais nul ne comprenait ce qui se disait tant chacun n'avait de cœur qu'à crier. Simon se retrouva bientôt presque à la hauteur des cavaliers les plus proches.

– Que se passe-t-il ? demanda-t-il à un homme près de lui qui n'avançait qu'en boitillant.

– Je ne comprends pas ! Nous sommes venus saluer ces soldats et, au lieu de nous répondre, ils nous bousculent, renversent ceux qui se trouvent sur leur passage et passent en nous méprisant.

– C'est sur un ordre de Florus qu'ils agissent ainsi, répliqua Simon. Pour nous humilier. N'est-ce pas une honte pour notre peuple de se laisser traiter ainsi par ces païens ?

– C'est vrai, c'est encore un coup de ce Florus, reprit quelqu'un qui avait entendu les paroles de Simon.

Et, soudain, une nouvelle vague de cris s'amplifia ; le nom de Florus était répété de bouche en bouche pour être maudit.

Comme si les cavaliers n'attendaient que cette provocation, ils chargèrent la foule qu'ils se mirent à frapper à grands coups de bâton. La bousculade devint générale, chacun cherchant à fuir.

Simon, qui avait prévu cette réaction, s'était faufilé dans la foule, sans se soucier de bousculer ceux qui lui faisaient obstacle. Il se retrouva dans les murs du faubourg de Bézatha où la foule était moins dense. Il reprit sa course vers la maison de Menahem. Celui-ci y était revenu avec Marcus qui prit la direction des opérations :

– Simon, tu restes là. Quand Démétrios arrivera avec mes hommes, dis-leur d'attendre ici. Retiens encore tous les partisans que tu pourras réunir. Le palais royal où se tient Florus est tout proche. S'il tente une sortie vers le Temple ou la tour Antonia, barre-lui la route avec tes hommes. Je te conseille d'en poster sur les toits des maisons, munis de provisions de pierres. Toi, Menahem, viens avec moi à la porte des Poissons.

Marcus sortit suivi de Menahem, auquel il dit :

– Les Romains vont certainement essayer de rejoindre les forces de la tour Antonia, d'où ils pourront se rendre maîtres du Temple, c'est-à-dire de l'or qui s'y trouve enfermé. Il faut donc à tout prix leur en interdire l'accès.

Ils hâtèrent le pas. Des hommes se réunissaient déjà entre la porte des Poissons et la tour Antonia, dont un grand nombre de zélotes du parti de Menahem, qui le saluèrent bruyamment. Les autres, envoyés par Éléazar ben Ananias, se mirent aussi aux ordres de Marcus. Celui-ci disposa la moitié d'entre eux sur les toits des maisons voisines, le long de la rue qui conduisait à la tour Antonia, et il dispersa dans la rue l'autre moitié, sans cesse grossie par l'arrivée de nouveaux venus.

Sérapion arriva à cheval et fit savoir que ses hommes se tenaient au lieu de rendez-vous. Marcus lui confirma les ordres donnés à Simon et lui adjoignit une centaine de partisans.

La foule commençait à se presser, de plus en plus dense. À peu de distance de la porte, des cavaliers, l'épée au clair, chargeaient le peuple. Des hommes tombaient sous leurs coups, d'autres étaient piétinés par les chevaux ou par les fuyards. Un officier hurla :

– En avant ! Chargez ! Chargez ! À l'Antonia ! Au Temple !

Les premiers cavaliers romains passèrent sous la voûte sonore en frappant toujours.

– Ne vous laissez pas entraîner par la foule, recommanda Marcus à ses hommes. Attendez mon signal !

Il laissa un bon nombre de cavaliers s'engager dans la rue. Puis il se glissa dans la mêlée en criant :

– En avant ! Sauvons le Temple !

À son signal, les sicaires attaquèrent les cavaliers, les arrachant de leurs selles et les frappant. Il y eut un flottement dans la foule stupéfaite par cette soudaine riposte. Elle continuait cependant de se déverser par la porte, créant un indescriptible tumulte favorable aux zélotes dissimulés dans la cohue tandis que les cavaliers étaient de plus en plus isolés. Cependant, le gros de la troupe romaine s'approchait. Marcus fit signe à ses hommes postés sur les toits. Une pluie de pierres et de flèches meurtrières obligea les cavaliers à se protéger et à reculer.

Gessius Florus, croyant les cavaliers prêts à assurer la jonction avec la garnison de l'Antonia, quitta le palais d'Hérode, escorté de ses légionnaires. Sans se soucier de la foule de plus en plus dense qui occupait la rue, le procurateur, à la tête de ses hommes, marchait vers le Temple. Sûr de lui, il avançait d'un pas ferme lorsque soudain, il fut assailli de pierres et de flèches jaillies des toits. Une vingtaine de légionnaires tombèrent. Florus chercha refuge derrière les boucliers de ses soldats, mais ordonna néanmoins de continuer à avancer. Ballottée par la foule la colonne romaine qui progressait lentement et péniblement s'étira au point de devenir parfaitement inefficace.

Le bruit était tel, clameurs du peuple, hurlements des combattants, son des trompes, que Florus ne parvenait plus à se faire entendre. Il n'était plus qu'à une faible distance du Temple et du trésor qu'il convoitait. Mais il devenait impossible de progresser dans la marée humaine. Ses soldats tombaient les uns après les autres sous les flèches, les javelots et les pierres. La foule laissa alors éclater sa fureur. Les uns ramassèrent des pierres, les autres s'armèrent de bâtons ou de barres de fer, avant de se ruer contre les légionnaires qui commencèrent à reculer. Florus écumait de rage et sa colère parvint à son comble lorsqu'il apprit que sa cavalerie en partie décimée avait été refoulée au-delà des portes.

Une fois la population entrée dans la ville, Marcus avait ordonné qu'on fermât les portes. Ainsi la cavalerie romaine se trouva-t-elle séparée de ses chefs devant les remparts d'une cité hostile. Retrouvant Menahem, Marcus lui ordonna :

– Avec tes hommes, cours abattre le pont qui relie l'Antonia au Temple et prends position autour de celui-ci pour en interdire l'accès aux Romains. Moi, je vais essayer de rencontrer Florus.

Appuyé par une poignée d'hommes, Marcus s'élança vers le palais royal. Florus et ses légionnaires reculaient en ordre serré, protégés derrière leurs boucliers, piques en avant. Marcus connaissait trop bien la tactique romaine pour savoir qu'il ne pouvait rien devant une telle muraille. Il sauta à terre et courut vers les soldats, l'épée haute, suivi de ses hommes.

Sur les toits, les hommes de Démétrios continuaient de les harceler de traits et de pierres. Les légionnaires reculèrent jusqu'au palais d'Hérode où ils s'enfermèrent, abandonnant la rue au peuple de Jérusalem.

Il n'y avait momentanément plus rien à faire contre Florus, solidement retranché dans son palais. Marcus fit circuler l'ordre de se retirer et de se tenir prêt à intervenir à tout moment. Démétrios était descendu des toits qu'il tenait, pour venir au-devant de Marcus, qui lui déclara :

– Nous avons gagné cette première bataille. Mais je suis loin d'être satisfait, car je vois bien peu de cadavres romains joncher la rue.

– Ne te laisse pas emporter par une haine aveugle, lui conseilla Démétrios. Déjà ces quelques morts risquent de coûter cher à la cité.

– S'il faut payer un prix, autant qu'il soit largement justifié. As-tu vu ma famille, Démétrios ?

– Tout le monde te croit mort et te pleure. Peut-être conviendrait-il de leur révéler la vérité ?

– Pas encore. Il faut éviter qu'on nous reconnaisse, toi ou l'un de nos hommes parmi les rebelles. Moi-même, je vais m'établir dans la demeure de Menahem.

Chez le zélote, il retrouva les trois neveux de celui-ci, Éléazar, Simon et Judas. Ils se félicitèrent de la tournure des événements.

– Certes, reconnut Marcus, les Romains n'ont pas réussi à atteindre le Temple, mais ils peuvent revenir à l'attaque, désormais unis. Dépêchez à travers la Judée des gens sûrs pour rallier vos partisans. Menahem, je te demanderais de me donner l'hospitalité dans cette demeure d'où je peux surveiller les mouvements des Romains.

Le lendemain, à la stupeur de tous, on apprenait que Florus avait rassemblé le sanhédrin auquel il avait annoncé sa décision de quitter Jérusalem, accédant à la suggestion des dignitaires de ne laisser dans la cité que l'ancienne cohorte qui n'avait pas participé au massacre de la population. Son départ précipité dérangeait tous les plans de Marcus. Il ne pouvait cependant faire autre chose qu'attendre que survienne un événement favorable à sa vengeance, qui passait par la mort de Florus.

Chapitre IX

LE TÉTRARQUE AGRIPPA

Aux premiers jours de l'été, le peuple de Jérusalem connut une nouvelle effervescence. Les hauts magistrats de la ville s'étaient transportés à Jammia pour rendre hommage au roi Agrippa et lui exposer leurs griefs contre Florus. Le résultat de cette visite n'était pas encore connu qu'on annonçait l'arrivée du tétrarque accompagné de Neapolitanus, le représentant du légat de Syrie. La foule se porta au-devant du cortège qui approchait de la cité.

Marcus marchait en compagnie du jeune David. Depuis le départ de Florus avec ses soldats, il était resté caché dans la demeure de Menahem. Il attendait que sa barbe et sa moustache aient suffisamment poussé pour se montrer dans les rues sans risquer d'être reconnu. La première fois qu'il était sorti, ses pas l'avaient conduit infailliblement vers le palais des Asmonéens, tout proche. Il s'était alors accroupi devant la porte, tel un mendiant, et était resté ainsi sans bouger. Il avait attendu que la reine sorte, dans l'espoir d'entrevoir Judith à sa suite. Mais Bérénice ne quittait que rarement sa résidence, et Marcus avait attendu en vain. Il s'était juré de ne plus s'humilier à guetter une fille comme ces jeunes désœuvrés qu'il avait connus à Rome.

Au cours d'une de ses sorties, David avait retrouvé Marcus, qu'il avait reconnu grâce au vieux manteau de son père.

– Seigneur, lui dit-il, voici plusieurs jours que je te cherche. Ne m'avais-tu pas promis de me prendre à ton service ? Je peux faire tant de choses ! Si tu as besoin d'un messager, personne ne connaît mieux que moi les rues de la ville et tous les vergers des alentours. Si tu as quelqu'un à surveiller, je sais passer inaperçu : je suis comme le vent dans une cour.

Marcus se mit à rire, et David ne le quitta plus.

Un nuage de poussière allait grossissant à chaque instant. Les premiers cavaliers de l'escorte royale furent bientôt visibles. Marcus continuait d'avancer sur le chemin ; parmi la foule toujours plus dense.

– C'est le roi ! Voilà Agrippa le tétrarque ! criaient les gens en se rangeant sur le bord de la route et en agitant des rameaux d'olivier et de laurier.

Agrippa caracolait sur un cheval richement harnaché. Marcus s'était arrêté. Il examina longuement le roi. Agrippa affectait des manières dédaigneuses et le luxe de ses vêtements aux teintes vives accentuait l'ostentation de sa mise. Bien qu'il fût encore dans la force de l'âge, son visage commençait déjà à s'empâter. Marcus fut saisi de répulsion en songeant que Judith était destinée à sa couche. Le peuple, en un immense cortège, accompagna le train royal jusqu'au palais des Asmonéens.

Marcus joua des coudes pour parvenir au premier rang et, parmi les dignitaires, il reconnut Ananias et son frère Ézéchias. « Je ne serais pas étonné, pensa alors Marcus, que Démétrios profitât de l'occasion pour se rendre chez Ananias où, comme par hasard, Mariamne sera seule. »

Peu de temps s'était écoulé depuis l'entrée du roi dans le palais que déjà le bruit courait qu'il irait sans tarder visiter le marché haut : celui-ci portait encore les marques des sinistres journées de massacre. La nouvelle provoqua un véritable tumulte, chacun cherchait à se rapprocher pour mieux voir Agrippa et Neapolitanus. Marcus saisit David par la main afin de ne pas le perdre et l'entraîna en direction du marché.

Agrippa et Neapolitanus, suivis de leur cortège, étaient arrivés sur la place du marché. Les deux hommes regardaient en silence les devantures défoncées. Derrière eux, un prêtre vêtu d'une ample tunique qui descendait jusqu'à terre et coiffé d'un chapeau haut et pointu commentait le désastre. Dans le cortège royal, Marcus distingua Hanan, son beau-frère Simon, Ananias et son frère.

L'envoyé du légat de Syrie monta au Temple et, du haut des marches, s'adressa au peuple. Il était satisfait de la soumission de la ville aux lois de Rome et exhorta ses habitants à persévérer dans cet esprit de paix. Il s'exprimait en grec et rares furent ceux qui le comprirent. Un homme sortit alors des rangs et s'écria, dans la même langue que l'orateur :

– Certes, Neapolitanus, le peuple est soumis, et tu peux l'en louer, car tu n'as pas vu les cadavres des hommes, des femmes, des enfants. Tu n'as pas vu les hommes nobles de notre nation mis en croix.

L'orateur ne put continuer. Sur un signe d'Agrippa, des gardes emmenèrent le fâcheux dont les cris se perdirent parmi les murmures approbateurs de la foule. Il était impossible d'intervenir en sa faveur, mais David avait appris qu'il s'appelait Zacharie, fils d'Amphicanus.

Marcus quitta la place, suivi, quelques pas en arrière, par David. Les rues étaient quasi désertes. Ils se retrouvèrent près de la piscine de Siloé, dans la ville basse. Une femme y puisait de l'eau. Marcus la regarda remplir la cruche, l'enlever sur son épaule et repartir. Il aperçut alors Simon ben Gamaliel, son beau-frère. La femme s'arrêta devant la porte de leur demeure et l'ouvrit. Marcus passa son chemin en coulant un regard vers la cour. La porte claqua.

– Le passé se ferme définitivement, murmura-t-il en secouant la tête. Allons, rentrons.

Marcus retrouva Menahem en compagnie de ses trois neveux.

– Que penses-tu du discours de ce Romain ? lui demanda le zélote.

– Ce traître d'Agrippa va donner raison à Florus, lança Éléazar.

– Quant à Neapolitanus, ajouta Marcus, il parle en Romain et il essaie de nous engluer dans le miel.

– C'est aussi mon opinion, assura Menahem. L'as-tu entendu parler de notre soumission ? J'enrage ! Il va falloir recommencer à traquer l'ennemi dans les campagnes.

– Ce n'est pas une stratégie féconde, constata Marcus. Il faut provoquer Agrippa et le chasser. Il serait même souhaitable de le tuer.

– Le tuer ! se récrièrent les quatre hommes.

– Je dis bien : le tuer. Non pas l'assassiner froidement, mais provoquer une sédition au cours de laquelle il perdra la vie : une escarmouche suffit. Chargez-vous de faire courir le bruit que Florus ne va pas tarder à revenir pour s'approprier le trésor du Temple.

Marcus était entré dans l'intimité des trois frères et de leur oncle, mais c'est surtout vers Éléazar dont il partageait la chambre qu'allait son affection. Ce dernier, franc et généreux, ne nourrissait pas d'ambitions personnelles ; il ne désirait que libérer sa nation du joug étranger. Il se heurtait souvent à son oncle qui se sentait une vocation messianique et rêvait d'une Judée indépendante sous sa propre autorité. Tandis que pour son neveu le seul maître de la cité devait être Dieu et le pouvoir revenir au sanhédrin. Cependant il montrait peu de zèle à appliquer toutes les lois dans lesquelles les scribes ne cessaient d'enfermer le peuple, l'égarant dans un ritualisme étroit. En cela aussi Éléazar s'opposait à Menahem. Ces disputes aigrissaient souvent leurs rapports sans toutefois les entraîner jusqu'à une rupture.

Neapolitanus repartit le lendemain. Peu après les prêtres avaient sollicité d'Agrippa l'autorisation de dépêcher une ambassade auprès de Néron afin de le tenir au courant de toutes les exactions de Florus. L'empereur comprendrait que le peuple n'avait aucunement cherché à se révolter, mais que le procurateur, par le carnage dont il était responsable, avait poussé quelques malheureux à la dernière extrémité.

Marcus, resté chez Menahem, attendait les nouvelles. David courut bientôt auprès de lui.

– Seigneur, s'écria-t-il, viens avec moi ! Le peuple est convoqué sur la place du palais. Le tétrarque a l'intention de répondre à la demande des scribes et des prêtres d'envoyer une ambassade auprès de César.

Marcus prit ses armes, s'enveloppa dans son manteau, coiffa son turban et sortit avec le jeune garçon. Ils parvinrent rapidement auprès du palais des Asmonéens où était déjà réunie une foule importante. Agrippa s'avança, suivi de Bérénice. Au pied du trône où la reine avait pris place, Judith se tenait debout, immobile, vêtue de l'ample tunique et du manteau des femmes juives.

Le tétrarque leva la main pour demander le silence et se mit à parler d'une voix forte. Marcus ne l'écoutait que d'une oreille distraite, ses regards et son attention étaient accaparés par Judith. Le discours d'Agrippa était cependant fort habile. S'adressant à ceux qui prétendaient se libérer de Rome, il déclara que la lutte contre l'administration de Florus n'était qu'un prétexte pour ceux-là même qui ne pourraient supporter aucun gouverneur étranger, quel qu'il fût. Il soutint ensuite que l'on ne pouvait imputer à l'empereur la malfaisance de certains de ses administrateurs. Mais se révolter contre Florus, assura-t-il, c'était se révolter contre Rome. Faisant ensuite état de la puissance de l'Empire romain, il rappela combien celui-ci était invincible et combien toute rébellion était vouée à l'échec. Nul n'osait se dresser contre lui, pas même les Parthes. Une révolte n'amènerait que ruine, dès lors, autant réduire immédiatement en cendres la demeure de celui qui s'y risquerait.

Agrippa termina ainsi son long discours :

– Je prends à témoin toutes ces choses saintes, les anges du Seigneur et notre patrie commune, que j'ai fait tout ce qui était en mon pouvoir pour contribuer à votre salut. Si vous suivez mon conseil de modération, nous goûterons tous ensemble à la paix. Mais, si certains d'entre vous persistent à se laisser entraîner par la fureur, qu'ils sachent que je ne suis pas disposé à m'engager avec eux dans de telles aventures.

Il se tut et la reine Bérénice se leva à son tour pour supplier le peuple d'écouter la voix de la sagesse et de la paix.

Le tétrarque descendit alors dans la rue, accompagné par la reine et seulement protégé par une faible escorte, il se rendit vers le Temple sous les acclamations de la foule.

Marcus, que cet habile discours avait exaspéré, sentit une main qui se posait sur son épaule. Il se retourna et reconnut Menahem.

– N'est-il pas temps de le supprimer ? murmura celui-ci. Au milieu de la foule, n'importe lequel d'entre nous peut parvenir jusqu'à lui et le poignarder.

– Il se ferait aussitôt lapider par le peuple. Laissons-le faire aujourd'hui, mais il faut que sans tarder tes hommes parcourent la ville en assurant que Florus va revenir s'emparer du trésor du Temple avec la complicité du tétrarque qui a parlé ainsi pour mieux nous endormir.

– Ce bruit, déjà, se répand.

– La rumeur doit devenir une certitude. En vérité, je suis même persuadé que ce n'est pas une calomnie. Florus n'a certainement pas abandonné son idée première. Qu'il revienne ici et je te jure que son cadavre sera jeté aux chiens dans la vallée de la géhenne.

Les espoirs de Marcus furent comblés. Le tétrarque lui-même se chargea de confirmer le bruit répandu par les hommes de Menahem. Il réunit encore une fois le peuple pour le féliciter d'avoir entrepris la reconstruction du pont détruit, pour lui signifier sa satisfaction quant au recouvrement de l'impôt et pour lui demander d'obéir fidèlement à Florus.

Ces dernières paroles provoquèrent une réaction de sourde hostilité.

Agrippa se tenait sur le même balcon où, quelques jours auparavant, il avait déjà harangué le peuple. La reine Bérénice était assise auprès de lui et, derrière elle, se tenait Judith.

Marcus se trouvait dans les premiers rangs, devant de hautes stèles de marbre portant des inscriptions dédicatoires, dressées là par l'autorité romaine.

À peine le tétrarque se fut tu que Marcus sauta sur l'une des stèles dont il se fit une estrade et, se tournant vers la loge royale, il s'écria en araméen, afin d'être compris par tous :

– Jusqu'à quand, ô Agrippa, abuseras-tu de la patience du peuple de Jérusalem ? Par tes discours pleins de fiel, tu cherches à endormir sa juste colère, qui est aussi celle de l'Éternel. Certes, ta grandeur et ta puissance sont liées à Rome dont tu te voudrais le chien de garde, mais c'est à coups de bâton qu'on chasse les chiens.

Des cris et des applaudissements répondirent à cette interpellation. Marcus leva les mains pour demander le silence et reprit d'une voix forte :

– Peuple de Jérusalem, cet homme dont les colonnes du trône sont les glaives romains, cet homme qui rêve de régner sur notre ville comme son ancêtre Hérode de si triste mémoire, cet homme a tenté d'endormir ta vaillance par des paroles mensongères. Mais, moi, je te le demande : est-il digne d'un homme de vivre dans l'esclavage et ne vaut-il pas mieux mourir dans la liberté ? Peuple de Jérusalem, écoute mes paroles. En vérité, je te le dis, le temps de la liberté est arrivé. Voici venu le temps de Sabaoth, Seigneur des armées ! Donnons à l'univers l'exemple du combat contre l'envahisseur, contre cette ville pareille à une pieuvre qui prétend enchaîner le monde pour assouvir sa soif de richesse. Là est Babylone, là est la Grande Prostituée. Ô peuple de Jérusalem, souviens-toi que la colère de l'Éternel est passée sur Ninive et Babylone, et leur orgueil n'est plus que cendre, leur grandeur que ruines.

Des applaudissements et des ovations accueillirent son discours.

– Qui es-tu donc, homme, pour parler avec tant de morgue et tant d'audace ? s'écria Agrippa.

– On m'appelle Malchios de Tibériade. Ma famille est riche et puissante, j'ai été chevalier romain et tribun dans les légions de Germanie. Mon nom allait s'unir à une illustre famille qui règne sur l'Égypte au nom de César. Tous ces titres n'ont pas empêché l'infâme Florus de laisser massacrer mes parents, de me faire crucifier et ensuite brûler.

– Comment aurais-tu pu être réduit en cendres et parler devant moi ? demanda Agrippa d'un ton ironique.

– Et pourtant, regarde !

Sur ces mots, il jeta son manteau et apparut revêtu de sa cuirasse romaine et armé de son glaive de tribun.

– Marcus Claudius ! s'écria Bérénice en se levant.

À cet instant, un centurion lança un javelot à toute volée sur Marcus. Mais, au moment où l'arme allait l'atteindre, Marcus sauta de côté, la saisit au vol et la retourna contre le soldat. Ce fut comme un signal. Les zélotes répandus par centaines parmi la foule se ruèrent vers le balcon. Dans le même temps, Démétrios et ses cavaliers prenaient place avec une centaine d'hommes à pied près de la tour Antonia pour interdire toute sortie de la garnison romaine.

Marcus, l'épée à la main, sauta à terre. Devant lui, la foule s'ouvrait et les mains se tendaient, cherchant à toucher ses vêtements. Lorsqu'il parvint au palais, la plupart des gardes s'y étaient réfugiés, poussés par des zélotes dirigés par Judas, fils de Jaïr, qui s'écria :

– Montons sur le pont et lançons des flèches enflammées dans le palais !

Marcus saisit Judas par le bras.

– Non, attendez ! Essayons d'attaquer par le pont. On ne peut risquer d'incendier une partie de la ville et le palais. De combien d'hommes disposons-nous ici ?

– Avec ceux du fils d'Ananias, quatre à cinq cents, armés d'épées, et plus d'un millier ne disposant que de pierres et de bâtons. Je ne compte pas tous les gens du peuple qui tournent aux alentours et sont pour nous. Leur nombre peut impressionner.

– Cela suffira pour faire hésiter Agrippa, coupa Marcus. Éléazar, avec mes hommes je vais attaquer par le pont. Rassemble une centaine d'hommes pour relever les miens devant la tour Antonia. Et si tu peux, entraînes-y une partie de la foule.

Il partit en courant vers l'Antonia, où il trouva Démétrios avec ses cavaliers.

– Alors ? demanda Démétrios en saluant Marcus.

– Le peuple est surexcité et le palais est investi.

David arriva auprès d'eux en courant.

– Seigneur, je t'ai vu sur la place et je t'ai entendu. Les gens disaient que tu es le Messie que nous attendons tous.

– Ils se trompent, David, mais il serait vain de chercher à les détromper. Tiens, prends mon manteau, il me gênerait dans le combat.

– Nous allons nous battre, seigneur ? demanda le garçon en dansant d'excitation.

– Nous, oui, mais pas toi. Tu vas rentrer à la maison.

– Je veux tout voir.

– Alors, ne bouge pas d'ici et si les soldats tentent une sortie, cours avertir Menahem sur la place du palais !

Marcus coiffa son casque à crinière et enfourcha son cheval, puis il lança :

– Nous attaquerons le palais par le pont qui le relie au Temple.

Éléazar arriva à la tête d'une petite troupe accompagné de son frère.

– Judas va prendre le commandement des hommes chargés de surveiller l'Antonia, déclara-t-il. Moi, j'emmène une centaine de braves pour te seconder dans l'attaque du palais.

Marcus, suivi de ses soldats, s'engagea sur le pont. C'était une solide construction en pierre, couverte d'un toit, suffisamment large pour contenir trois hommes de front. Ils arrivèrent en vue d'une porte étroite et hérissée d'énormes clous de métal. De part et d'autre étaient aménagées deux meurtrières d'où volèrent des flèches dès qu'ils approchèrent. Marcus retint ses hommes.

– Nos six meilleurs archers, en avant, derrière un mur de boucliers ! ordonna Marcus.

Démétrios désigna les hommes pour la manœuvre. Éléazar se présenta avec sa troupe et les soldats menés par Sérapion juste au moment où les six hommes porteurs du bélier s'avançaient. Devant eux marchaient deux guerriers, un bouclier au bras gauche, une courte lance à la pointe aiguë dans la main droite. Tandis qu'ils progressaient, les six archers les couvraient en décochant sans cesse des flèches vers les meurtrières.

Le bélier heurta la porte. Le coup résonna dans la galerie et dans tout le palais. Au second essai, la porte s'ouvrit et deux géants bardés de fer, armés de lourdes haches et de boucliers surgirent, abattant leurs armes sur les deux hommes qui protégeaient de leurs boucliers les porteurs du bélier. Sous le choc, les soldats furent jetés à terre tandis que les six hommes lâchaient le tronc d'arbre et reculaient.

Marcus s'élança en avant en poussant un long cri de combat. Alors que l'un des soldats d'Agrippa s'apprêtait à frapper un nouveau coup, Marcus leva son bouclier pour retenir le bras armé et plongea sa lance dans l'aine de l'homme, juste au bas de la cuirasse. Il avait agi avec tant de rapidité et de sûreté de main que l'homme n'avait pas eu le temps d'abaisser son bouclier pour parer le coup. La longue pointe d'acier pénétra profondément dans la chair. En voyant tomber son compagnon, l'autre combattant détourna son coup vers Marcus qui évita la hache projetée horizontalement. Marcus se redressa, étreignant la hache de sa victime qu'il venait de saisir. De son bouclier, il retint le bras ennemi avant qu'il n'abatte à nouveau la hache. Un instant, ils restèrent immobiles, chacun tentant de renverser l'autre, puis Marcus sauta en arrière en décochant un coup de pied sur le genou de son adversaire, et, alors qu'il reprenait son équilibre, Marcus lança sa hache à toute volée.

Deux gardes avaient surgi sur le seuil de la porte : Marcus les repoussa et se trouva à l'intérieur du palais. Sa hache tournoyait, arrachant des bras, ouvrant des crânes et des poitrines. Devant lui, les soldats reculaient en désordre. Démétrios et Éléazar, à la tête de leurs hommes, le suivaient, mais il ne s'occupait pas d'eux. Il progressait au milieu de ses ennemis dont il fendait les rangs. Il parvint à un escalier qu'il dévala, refoulant les quelques soldats qui tentaient de s'interposer. Reconnaissant alors une galerie qu'il avait empruntée lors de sa visite chez Bérénice, il la suivit jusqu'à la porte de la salle où il avait été reçu. Quatre légionnaires se mirent en garde en le voyant arriver, mais sa hache s'abattit : deux d'entre eux tombèrent, tandis que les deux autres s'enfuyaient, abandonnant la porte entrouverte. Marcus se tint un instant immobile sur le seuil afin de reprendre son souffle. On accédait à la salle en contrebas par une double volée d'une dizaine de marches. Agrippa se tenait là, assis sur un siège couvert de coussins. À son côté se trouvaient Bérénice et, derrière elle, Judith. Il y avait encore auprès d'eux cinq officiers et quelques gardes.

Tous les regards se tournèrent vers lui. Au même instant, il entendit des cris dans la galerie et perçut une voix qui criait :

– Il vient d'entrer dans la salle d'audience, nous le tenons !

D'un coup de pied en arrière, il repoussa la porte qui se referma et il en tira les verrous. Les gardes se précipitèrent dans l'escalier, tandis que d'autres lançaient leurs javelots. Trois dards se fichèrent dans son bouclier. Il enfonça le fer de la hache dans le bois de la rampe de l'escalier, arracha les javelots et aussitôt les renvoya sur ceux qui l'attaquaient par la droite.

Au même moment, il reçut sur son bouclier l'assaut des hommes arrivant par sa gauche. Saisissant la hache, il les renversa, les tourbillons de son arme pesante abattant les têtes imprudentes.

– Qu'attendez-vous pour l'arrêter ! Couards ! Chacals ! glapissait Agrippa.

– Pourquoi ne le fais-tu pas toi-même, Agrippa, si tu es si courageux ? lui demanda Marcus en marchant vers lui.

Bérénice s'était dressée, le visage très pâle, et serrait nerveusement ses mains l'une dans l'autre. Judith était restée debout, le regard fixe, la tête haute, dédaigneuse. Il espérait voir un sourire, un regard amical. Sa froideur le glaça.

Les soldats se ruèrent à nouveau sur lui. Il fit un bond et sa hache tourbillonna. Deux hommes roulèrent au sol en gémissant tandis que les autres tournaient les talons. Marcus était face à Agrippa qui restait crispé sur son siège, muet de crainte et de stupeur.

– Que me veux-tu ? parvint-il à articuler.

– Te tuer, répliqua froidement le jeune homme.

– Marcus Claudius ! s'écria Bérénice en se jetant entre eux. Mon frère ne t'a fait aucun mal. Agrippa n'est pas responsable des crimes de Florus.

– Tu fais erreur, il s'en fait le complice. Ces deux hommes sont deux larrons qui s'entendent pour dépouiller notre peuple.

– Comment peux-tu le croire ?

– Sinon, aurait-il empêché d'envoyer une ambassade à Néron pour lui dénoncer les procédés de Florus ?

– Marcus Claudius, reprit Bérénice, je sais que tu ne crois ni au Dieu des juifs, ni à ceux des Grecs, mais, au nom de l'estime que j'ai eue pour toi, je te supplie d'épargner mon frère et de nous permettre de quitter la ville. Oh ! Judith, viens joindre tes prières aux miennes.

– Ma reine, répondit la jeune fille, il me déplairait de m'humilier devant un homme aussi sanguinaire s'il s'agissait d'obtenir mon propre salut. Mais, puisqu'il y va de la vie de notre seigneur et maître, je joins mes prières aux tiennes. Marcus Claudius, sans doute aurait-il été préférable que tu périsses dans cette aventure plutôt que te présenter à nous pareil à une bête sauvage, tes mains ruisselant de sang.

– Tu confonds les rôles, Judith, répliqua Marcus. La bête sauvage, c'est Florus, qui a été la cause du massacre de mes parents et m'a traîtreusement capturé pour me faire mettre à mort. Et, se tournant vers Bérénice :

– Allez, allez donc trouver refuge auprès de ce doux berger qu'est Gessius Florus ! Dites-lui que Marcus Claudius est bien vivant et qu'il vous a autorisés à quitter Jérusalem. Recommandez-lui de s'apprêter à mourir plus dignement qu'il n'a vécu. Adieu !

Leur tournant le dos, Marcus ramassa la hache et le bouclier et monta les marches jusqu'à la porte, qu'il ouvrit. Éléazar se tenait sur le seuil avec une poignée d'hommes.

– Éléazar, lui dit Marcus, rassemble nos hommes, nous nous retirons.

– Agrippa, tu l'as...

– Non, je peux tuer un homme qui combat contre moi, mais je ne peux frapper un lâche. Que ces gens quittent la ville et n'apparaissent plus à mes regards !

– Je ne sais pas si Menahem l'entendra de cette oreille.

– Crois-tu que ces hommes valent la peine qu'on se batte pour les chasser ? Ils vont partir humiliés et nous, nous n'aurons perdu personne, c'est ce qui m'importe.

Chapitre X

PRÉPARE LA GUERRE

La réaction de Judith avait profondément blessé Marcus, qui avait abandonné son intention de l'enlever. Quittant le palais par le pont, il avait rejoint Menahem et Éléazar, fils d'Ananias.

Peu après, Agrippa sortait du palais entouré de ses soldats. La reine Bérénice suivait sur un char léger à deux roues, tiré par deux chevaux dont Judith tenait les rênes. L'hostilité du peuple se manifestait par des murmures qui, peu à peu, s'amplifièrent jusqu'à devenir des cris, des brocards, des injures. Quelques audacieux saisirent des pierres et les lancèrent sur le cortège, si bien que le commandant des gardes ordonna une charge tandis que le char du roi et celui de la reine s'éloignaient au galop.

À peine Marcus avait-il quitté Menahem et Éléazar que sa sœur s'était précipitée dans ses bras en pleurant et louant le Seigneur pour sa magnanimité. En compagnie de Mariamne, elle avait assisté sur la place à l'intervention de Marcus, puis elle l'avait vu disparaître, avant d'apprendre qu'il s'était emparé du Temple et ensuite du palais. Elle l'entraîna vers sa propre demeure pour l'honorer. Il se laissa faire, heureux de se retrouver entouré de sollicitude. Elle le fit asseoir dans la salle haute et appela les servantes pour qu'elles apportent du vin de Syrie vieilli dans les outres et du vin de Chypre.

Ses deux nièces vinrent le saluer et la cadette lui dit :

– Mon oncle, c'est gentil à toi d'être revenu alors que tu étais mort. Mais pourquoi n'as-tu pas ramené grand-mère et grand-père ?

– Ils ont préféré rester auprès du Seigneur, répondit Marcus avec un sourire. Il paraît qu'on s'y trouve fort bien.

Il avait ajouté cette remarque sur un ton dont l'ironie n'échappa pas à Drusilla qui soupira :

– Mon cher frère, tu restes toujours aussi incrédule.

– Mes nouveaux amis zélotes ne changeront rien à mes convictions et ce n'est pas parce que j'ai changé de camp que je vais commencer à croire aux fables que colporte la religion.

– Marcus, que va-t-il se passer ? lui demanda-t-elle d'un ton anxieux.

– Je l'ignore. Mais, désormais, je ferai tout ce qui est en mon pouvoir pour que les Romains soient chassés de Judée.

Elle lui servit une coupe qu'il vida d'un seul trait avant de la jeter au sol où elle éclata en morceaux. Elle lui lança un regard surpris.

– J'ai bu le même vin chez la reine Bérénice.

– Est-ce une raison pour briser cette coupe ? Simon assure que la reine te tient en haute estime.

– Elle a changé de sentiment depuis.

L'arrivée de Simon et de Tiberius fit diversion. Ils avaient, eux aussi, assisté à son intervention et ils lui manifestèrent leur joie de le retrouver.

– Pour l'instant, assura Simon, les Romains n'ont pas réellement de raison d'intervenir. Le tribut leur a été versé dans son intégralité et personne ne s'est attaqué à la garnison de la tour Antonia.

– Ce sera la deuxième phase de l'action que j'ai décidé d'entreprendre, assura Marcus d'un ton froid.

– Ce serait pure folie, intervint Simon. De combien d'hommes disposez-vous ?

– Trois ou quatre cents, peut-être plus.

– Qui défendra ensuite Jérusalem contre les légions qui seront immanquablement envoyées contre nous ?

– Avant que Rome n'ait le temps d'intervenir en force, nous serons maîtres de la Judée et disposerons d'une véritable armée.

– Marcus, mon frère, contrairement à Hanan et à la plupart des membres du sanhédrin, je ne désapprouve pas ton intervention. Je crains cependant qu'elle ne soit vouée à l'échec. Vous ne devez pas ignorer que vous allez provoquer une terrible répression. Rappelle-toi le sac de Corinthe par les Romains de Mummius et la destruction de Carthage par Scipion Émilien.

– Ces malheureux ont été pris de court et ils n'avaient rien pour résister sérieusement. Il faut prendre les Romains de vitesse.

Tiberius, qui avait gardé le silence, intervint alors :

– Étranger à cette ville, je crois pouvoir parler sans passion, déclara-t-il. Tu t'appuies, Marcus, sur une faible partie du peuple juif, quelques extrémistes aux ambitions personnelles. Si vous réussissez dans votre entreprise, tes amis aussitôt se déchireront entre eux comme des loups. Tu vas aussi te trouver en butte aux attaques de tes anciens amis, sadducéens et pharisiens. Nous venons de quitter Hanan : il te rend déjà responsable de toutes les calamités qui vont fondre sur nous. Son intention est de réunir le sanhédrin pour discuter des sanctions à prendre contre toi et tes compagnons.

– Et par qui fera-t-il appliquer ces sanctions ?

– Elles resteront morales, mais le peuple sera impressionné et se détournera de vous.

– Tiberius, le but que nous nous sommes fixé ne sera pas atteint sans peine. Mais qu'importe ? Nous sommes allés trop loin pour désormais reculer. Ici même, sur les corps de nos parents, j'ai juré de les venger. Je ne serai pas parjure.

Il se leva et reprit :

– Veuillez me pardonner, mes compagnons m'attendent.

Devant la demeure du chef des zélotes étaient rassemblés des hommes en armes avec leurs chevaux. À l'intérieur, Menahem et ses neveux, Démétrios, Sérapion et quelques chefs zélotes l'entourèrent, tandis que Menahem restait en retrait, le visage grave. Marcus crut même lire une certaine hostilité dans son regard, mais il ne manifesta aucune surprise. Démétrios prit enfin la parole :

– Marcus, je me suis trouvé face à face avec Hanan et Ananias. Ils ont commencé par me prendre à partie en lançant sur toi l'anathème. Hanan m'a invité à quitter au plus vite sa demeure du jardin des Oliviers. Quant à Ananias, il a poussé des cris de chacal qu'Hanan a résumé en quelques mots : il ne faut plus que j'ose me présenter dans sa demeure. Si ce n'était Mariamne, je n'en aurais nul souci.

– J'avais bien deviné que tu étais amoureux de ma sœur, intervint Éléazar. Il m'importe peu que tu ne sois pas un sadducéen, bien au contraire. Je te considère comme l'un des nôtres et, si tu te convertis à notre religion, je suis tout disposé à t'aider à enlever ma sœur.

– Éléazar, repartit Marcus, Démétrios est tout disposé à se faire juif pour l'amour de Mariamne. Quoiqu'il ne croie ni aux dieux des Grecs ni à celui des juifs. Et toi, Démétrios, prends patience ; il n'est pas question d'aller forcer la porte d'Ananias. Quant à Hanan, nous ne l'importunerons plus longtemps, car nous allons quitter très prochainement Jérusalem.

Chacun tourna vers Marcus un regard interrogatif. Ce dernier marqua un silence et reprit :

– Il est indispensable que Menahem, et toi, Éléazar, restiez ici pour surveiller les mouvements des Romains. Toi, Éléazar, ton père est actuellement sacrificateur... Il faut que tu persuades, par la parole tout d'abord, par la menace si c'est nécessaire, les sacrificateurs de refuser les présents et les victimes qui leur seront offerts par tout autre qu'un juif. Ce qui marquera franchement la volonté du peuple de notre cité de se mettre en état de rébellion contre le pouvoir de Rome[1].

– L'idée est à retenir, admit Éléazar. Cependant, il y a un moyen plus direct de marquer notre hostilité aux Romains, c'est de les déloger de l'Antonia.

1. Comme tous les événements rapportés jusqu'ici, ce refus est historique. Des étrangers, et surtout des Romains, offraient des animaux pour le sacrifice dans le Temple. Le refus de les accepter impliquait un état de rébellion.

– Éléazar, pour réussir dans une telle entreprise, nous manquons d'armes, de matériel, et surtout d'hommes expérimentés.

– Avant qu'un mois ne se soit écoulé, intervint Menahem, nous aurons à notre disposition plus de cinq mille hommes.

– Parfait. Mais ces hommes ne peuvent se battre avec des bâtons, reprit Marcus. J'ai donc décidé que nous nous emparerions d'abord de la forteresse de Massada.

Un silence profond accueillit ces mots tandis que sur les visages se lisaient la stupeur et l'incrédulité.

– Tu n'ignores pas, fit remarquer Menahem, que Massada est la plus puissante forteresse de tout l'Orient romain. Ses fortifications couronnent un formidable piton à pic sur la mer Morte. Sa garnison peut défendre la forteresse contre plusieurs armées.

– C'est bien pour cela que je veux que nous nous en rendions maîtres. Il y a là tout un arsenal, de quoi équiper une armée, répliqua Marcus. Massada commande toute la région et sera pour nous un réduit inexpugnable. Pour la prendre, il me suffira de mes hommes et d'une centaine de vos compagnons. Éléazar ben Jaïr, acceptes-tu de nous accompagner et de prendre la tête de ces hommes ?

– Je suis prêt à te suivre. Quels sont tes plans ?

– Mes hommes ont toujours dans leurs bagages leurs uniformes de cavaliers romains et, moi-même, j'ai gardé mes insignes de tribun de cavalerie. Nous allons donc nous présenter au commandant de la forteresse comme des hommes du légat de Syrie. Éléazar, toi et tes compagnons vous figurerez des zélotes enchaînés que nous aurons capturés aux portes de Jérusalem où gronde la rébellion. Nous vous conduisons à Massada pour que vous soyez gardés en attendant que la région soit plus sûre. Vos chaînes ne seront pas fermées et, une fois à l'intérieur, nous n'aurons pas de mal à réduire les Romains.

– Avec l'aide de l'Éternel, je crois que nous avons une chance de réussir, dit Éléazar.

Agrippa se tenait debout devant une haute baie à colonnes de son palais de Césarée de Philippe. La pièce, située à l'étage, dominait un grand jardin clos par un portique et au milieu duquel était aménagée une pièce d'eau. Bérénice était installée sur un lit à l'ombre de petits ifs ; près d'elle, Judith laissait sa main courir sur l'échine d'un grand chien étendu à ses pieds. Un peu plus loin, quelques suivantes jouaient avec une balle qu'elles se renvoyaient en esquissant des pas de danse.

Le tétrarque observait Judith qui bavardait avec sa sœur, mais il ne pouvait discerner leurs paroles. Il n'entendit pas un homme qui avait pénétré silencieusement dans la pièce et qui s'était approché. Une barbe courte, en forme de collier, qui ornait un visage étroit, des yeux à demi dérobés sous de lourdes paupières, un nez d'aigle, lui conféraient un air sombre et inquiétant. Il toussota :

– Seigneur, tu m'as fait appeler ?

Agrippa se retourna brusquement.

– Oui, Silas, j'ai une mission à te confier.

Silas, un juif hellénisé originaire de Mésopotamie, s'était peu à peu haussé à un rang élevé dans la petite armée du tétrarque. Aussi Agrippa l'utilisait-il pour se débarrasser discrètement des gêneurs ou pour dépouiller quelque temple païen d'une œuvre qu'il convoitait. Mais avant tout, Silas était son pourvoyeur en plaisirs.

La très grande sensualité d'Agrippa était encouragée par son impérieuse sœur qui avait fait de lui l'instrument de son ambition. Bérénice en effet régnait sans partage sur le palais et rêvait de reconstituer le royaume de son père, qui s'était étendu de la Galilée à la Judée.

La reine avait d'abord caressé l'espoir que l'empereur Néron leur rendrait le gouvernement de la Judée, geste qui aurait dû apaiser les passions et éviter une révolte armée en créant l'illusion de l'indépendance sous un roi descendant en même temps d'Hérode le Grand et des glorieux Asmonéens. Les excès du procurateur, le massacre d'innocents dont beaucoup étaient favorables à Rome et la révolte violente incarnée par Marcus Claudius et Menahem remettaient tout en question.

De son côté, Agrippa sentait plus que jamais le poids de l'emprise de sa sœur. Bérénice lui avait vivement reproché le discours adressé au peuple de Jérusalem, et plus que tout sa recommandation d'obéir à Florus. Voilà, lui avait-elle dit, des paroles bien maladroites qui ont nui à notre cause.

C'est ce moment que le démon de la concupiscence choisit pour raviver le désir qu'il avait pour la favorite de sa sœur.

– Silas, dit enfin Agrippa en détachant son regard du spectacle auquel il était jusqu'alors rivé. Approche ! Vois-tu dans le jardin la jeune femme assise auprès de ma sœur ?

– N'est-ce pas la fille de Samuel, de Césarée Maritime ?

– Silas, tu n'es pas sans ignorer que je désire cette fille. J'ai décidé de l'enlever et je te charge de cette délicate tâche.

– Moi, seigneur ! C'est trop d'honneur ! balbutia Silas.

– N'es-tu pas mon homme de confiance ?

– Si fait, mon roi, mais je risque d'encourir la colère de la reine et...

– N'aie aucune crainte. Je prends sur moi toute la responsabilité de l'affaire. Demain, Judith va rendre visite à ses parents qui se trouvent en ce moment à Tibériade. Elle partira au matin et sans doute arrivera-t-elle à Tibériade le lendemain. Elle fera le voyage seule sur son char à deux chevaux. Il est vrai qu'elle ne quittera pas nos États où les routes sont soigneusement entretenues et la campagne sûre. Mais si elle est enlevée en chemin, la reine n'en saura rien... ou, plutôt, elle ne l'apprendra pas avant plusieurs jours, lorsque je viendrai lui annoncer que Judith est ma maîtresse et que je vais en faire ma femme. Car, d'ici là, j'aurai séduit la jeune fille et je puis croire sans me vanter qu'elle sera flattée de devenir l'épouse du tétrarque de Césarée. Quant à son père, je ne me fais aucun souci à son endroit, je sais trop bien comment obtenir son accord.

– Seigneur, puis-je savoir ce que tu attends de moi ?

– Tu rattrapes Judith à peu de distance de notre ville et tu la conduis dans notre résidence de campagne où tu la gardes jusqu'au soir. Il n'y aura aucun esclave ou domestique. Je viendrai te retrouver dans la soirée.

Silas s'inclina.

Au même moment, un garde entra et annonça des envoyés du sanhédrin, qui priaient le roi de leur accorder une audience.

– Je vais les recevoir. Préviens la reine.

Agrippa jeta encore un dernier coup d'œil dans le jardin et sortit. Il retrouva au bas de l'escalier Bérénice qui venait à sa rencontre. Ils se rendirent ensemble dans la salle des audiences où les attendaient les envoyés du sanhédrin. Les souverains prirent place sur les trônes voisins et d'égale hauteur, tandis que Silas et Judith restaient sur le côté du podium.

– Soyez les bienvenus en notre palais, dit Agrippa.

Trois hommes s'avancèrent jusqu'au bas des marches et saluèrent le roi et la reine.

– Que la grâce du Seigneur soit sur vous, répliqua Agrippa. Sur toi, vénérable Saül, et sur toi Antipas, et sur toi aussi, Costobare, notre cher cousin.

– Seigneur, commença Saül, de grands troubles sont en train de compromettre la paix et la sécurité de la Judée. Sous l'influence d'Éléazar, fils indigne de notre ami Ananias, les sacrificateurs ont refusé de recevoir les offrandes de tous ceux qui n'étaient pas de notre race. Ainsi les présents offerts par César lui-même ont été repoussés ! Nous avons assemblé le peuple dans le dessein d'apaiser les passions qui ne peuvent être que désastreuses pour nous, comme tu l'as déjà fait entendre par ta grande sagesse. Nos orateurs ont exigé des sacrificateurs qu'ils se présentent devant nous et qu'ils acceptent tous les présents et les victimes. Mais, soutenus par le peuple, ils ont refusé de se rendre à nos ordres.

– Une telle attitude est grave, admit Agrippa, mais une faible troupe suffirait à faire entendre raison à ces enragés.

– Détrompe-toi, roi Agrippa, répondit à son tour Antipas. Les révoltés sont mieux organisés et plus puissants que tu ne le crois. Marcus Claudius, avec l'aide d'Éléazar, neveu de Menahem, s'est emparé par surprise de la forteresse de Massada. Aux dernières nouvelles, Éléazar tiendrait la place avec une poignée d'hommes tandis que Marcus Claudius ramènerait à Jérusalem une grande partie des armes saisies dans l'arsenal.

– Avez-vous envoyé des ambassadeurs auprès du légat de Syrie et du procurateur ? s'enquit Bérénice.

– Point auprès de Cestius Gallus, répondit Costobare, car nous voulons éviter d'amplifier l'affaire. Cependant nous avons délégué Simon, fils d'Ananias, auprès de Gessius Florus, lequel lui a déclaré que c'est là une affaire entre juifs et qu'il n'a pas à intervenir.

– Je m'en doutais, murmura la reine.

Agrippa se tourna vers les ambassadeurs :

– Dites-moi donc ce que vous attendez de nous.

Saül prit la parole :

– La révolte se propage à travers la Judée, mais tout n'est pas perdu. La garnison romaine tient la tour Antonia et le palais d'Hérode. Les zélotes n'ont pas encore osé s'attaquer aux Romains. Si une armée intervient sans tarder, on peut espérer rétablir l'ordre. Le peuple est indécis : une occupation en force de la ville le rappellera à ses devoirs. Quant aux zélotes, ils ne sont pas encore suffisamment organisés pour résister. Nous pensons qu'il sera aisé d'en venir à bout.

– Et alors, reprit Costobare, tu pourras, roi Agrippa, te présenter à César comme le seul homme capable de maintenir l'ordre dans la Judée et peut-être l'empereur serait-il plus enclin à te confier l'administration des territoires habités par les juifs.

Agrippa sourit et échangea un regard avec Bérénice.

– Mes bons amis, retirez-vous dans les appartements qu'on va vous préparer. Je vous rendrai notre réponse ce soir. Soyez assurés que vous repartirez d'ici satisfaits.

Le soir même au cours du repas, il annonça aux envoyés du sanhédrin que, dans les trois jours, une armée de trois mille combattants serait placée sous le commandement de l'un de ses meilleurs généraux, Philippe, fils de Joachim. Ce dernier, qui assistait au repas, affirma que, avant huit jours, la révolte serait matée et qu'il ramènerait enchaînés à Césarée les meneurs, Menahem et ses neveux, Éléazar, fils d'Ananias, et le plus dangereux de tous, Marcus Claudius.

Chapitre XI

LA TRAHISON DE SILAS

Bérénice était assise sur un siège de marbre, Judith à ses pieds sur des coussins. Tandis que ses suivantes lui ôtaient ses bijoux et dénouaient ses cheveux, d'autres femmes, au fond de la pièce, accompagnaient la toilette de leurs chants rythmés par une musique de flûte et de cithare. La reine se pencha vers la jeune fille.

– Ma chère enfant, lui dit-elle, va te coucher. Demain, tu dois te lever tôt. La route est longue qui te sépare de tes parents.

– Ma reine, je t'en remercie, mais crois-tu qu'il soit opportun que je m'éloigne de ce palais ?

– Pourquoi penses-tu ainsi ? Serait-ce à cause des nouvelles de Jérusalem ?

– En effet.

– Jérusalem est loin et, tu l'as entendu, avant ton retour, la rébellion sera matée.

– Les captifs seront condamnés à mort, n'est-ce pas ?

– Je le crois.

– Et... Marcus Claudius ?

Elle avait hésité avant de prononcer son nom. Bérénice la regarda un instant avant de répondre.

– Oh oui ! Marcus Claudius ! Il est citoyen romain. Il sera donc jugé comme un traître et sans doute aura-t-il la tête tranchée.

– C'est vrai. Mais pourtant, il n'a agi ainsi que par désespoir. Ce doit être terrible de voir ses parents massacrés.

– Je crains que le tribunal de César ne puisse y trouver une justification suffisante. Il s'est maintenant rangé aux côtés de nos ennemis.

– Je n'ose rappeler qu'il a tenu nos vies dans sa main et qu'il nous a fait grâce.

– Je ne l'ai pas oublié. Mais, d'une part, il menace notre royauté et il nous a mis dans une situation difficile vis-à-vis de Néron ; d'autre part, il est préférable de ne pas évoquer ce triste souvenir devant mon frère. Maintenant, regagne ta chambre, tu as besoin de repos.

Elle avança la main ; la jeune fille la saisit, la porta à ses lèvres et se releva.
– D'ailleurs, conclut alors Bérénice, Marcus Claudius n'est pas encore pris...
Elle fit une pause et ajouta avec un demi-sourire :
– ... Et, d'après ce que nous pouvons savoir de lui, je doute qu'il le soit jamais.
Judith sortit, suivie d'une esclave portant une lampe.

La mission que lui avait confié Agrippa avait rendu Silas songeur. Ironie du destin ! Le tétrarque le chargeait d'enlever une fille dont lui aussi était amoureux.

Dès l'arrivée de Judith au palais, Silas avait été charmé par sa beauté. Silas aimait séduire. Son regard sombre et profond, son sourire enjôleur et ambigu, son corps souple et vigoureux plaisaient. Rares étaient les suivantes de la reine qui lui avaient résisté.

Bérénice fermait les yeux. Pour quelle raison serait-elle intervenue ? Ce n'était pas là affaire la concernant directement.

La venue de Judith avait marqué le plus cuisant échec du séducteur. Sa douceur, sa jeunesse semblaient pourtant une garantie de réussite. Elle paraissait n'avoir jamais connu les feux de la passion et sa soumission à la reine promettait à Silas une complaisance entière. Lassé de sa dernière conquête, il se faisait une fête à l'idée de l'initiation qu'il ferait subir à ce jeune corps. Un soir que Judith regagnait sa chambre, il l'avait abordée, avec l'aisance que donne la certitude du succès.

– Belle Judith, depuis quelque temps, je vois tes regards, je devine tes soupirs et je comprends que ta pudeur te retienne mais, cette nuit, je suis là, devant toi, et je sais qu'un même désir nous unit.

Il approcha son visage de celui de Judith qui recula, scandalisée.

– Comment peux-tu croire, Silas, répliqua-t-elle avec hauteur, que je soupire pour toi ! Je te méprise, Silas ! Autant que tu méprises ces femmes qui pour toi souillent leur nom et leur réputation.

Quoique vivement atteint dans sa vanité, Silas ne s'avoua pas vaincu. Aujourd'hui, il fallait la livrer au roi, alors que lui-même n'avait pu s'en rendre maître ? Non seulement elle n'appartiendrait pas au roi, mais il se vengerait de son mépris. Il aurait Judith contre sa volonté.

Dès l'ouverture des portes, au lever du jour, il se mit en route et partit vers les collines couvertes de saules, de lauriers-roses, de peupliers et de térébinthes. À près d'une heure de marche, il s'arrêta, attacha son cheval à un peuplier, au sommet duquel il grimpa afin de surveiller la route.

Judith se tenait debout sur un char syrien tiré par deux chevaux. C'était un beau véhicule que lui avait offert la reine, dont la caisse, sur l'avant et les côtés, était couverte de feuilles de bronze habilement sculptées et ciselées. De chaque côté du véhicule, à l'intérieur de la caisse, avaient été liés de grands sacs de cuir constituant ses bagages, ainsi qu'une outre d'eau. Pour le voyage, elle avait revêtu une courte tunique à la mode grecque, qui lui laissait bras et jambes nus. En d'autres temps, un tel vêtement aurait parut aux yeux des juifs d'une insupportable indécence. Mais, depuis Hérode le Grand, les mœurs grecques avaient gagné les citadins, si bien qu'on pouvait maintenant voir de jeunes juifs s'exercer nus dans les palestres en compagnie des éphèbes grecs, tandis que les jeunes filles osaient porter le chiton, jugé indécent, pour monter à cheval. Toutefois, cette mode n'était adoptée que dans les villes hellénisées et non à Jérusalem, où régnait la rigueur. Afin de cacher en partie sa tunique, fendue sur le côté, Judith avait agrafé sur son épaule un manteau léger qui lui tombait jusqu'aux genoux. Son opulente chevelure recouverte d'un turban à la mode juive la protégeait du soleil et de la poussière du chemin.

Lorsque Judith s'engagea dans les collines, le soleil, à peine levé, commençait à chauffer la terre ; l'odeur lourde des lauriers-roses et des térébinthes envahissait l'air. Elle aspirait par tous ses sens cette belle nature et éprouvait une joie profonde à s'y trouver en liberté. Auprès de Bérénice, elle se sentait souvent comme une prisonnière et il lui arrivait d'avoir la pénible impression d'étouffer dans le palais royal.

Soudain, l'image de Marcus Claudius vint s'imposer à elle. Les compliments du jeune tribun, alors qu'elle lui parfumait les cheveux, l'avaient troublée. Venant de lui, ces paroles banales semblaient délicieusement douces. Depuis lors, il lui arrivait souvent de se laisser dominer par ce souvenir.

Marcus Claudius était à ses yeux beau et courageux. Il avait tout pour séduire une jeune fille. Depuis leur rencontre, elle avait été entraînée dans un tourbillon d'émotions violentes qu'elle avait eu soin de dissimuler : sa douleur quand elle l'avait cru mort, son exaltation lorsqu'elle l'avait vu surgir dans la foule, et surtout la manière dont elle avait été bouleversée quand il était apparu dans la salle du trône, sa hache ruisselante de sang. Elle admirait sa force, son audace, mais, en même temps, cet homme avait pris le commandement de ces renégats que, depuis son enfance, on lui avait appris à craindre et à haïr. Et, de plus, il s'en prenait à Agrippa et à Bérénice pour lesquelles elle éprouvait à la fois respect et tendresse. Dans cet instant, où elle se prit à confondre Marcus avec les sicaires, elle le détesta, horrifiée par sa violence et sa cruauté. Dès lors, elle joua le jeu d'une haine qui n'habitait pourtant pas son cœur déchiré.

Les événements de la veille et le discours d'Agrippa avaient ranimé en elle le feu qui couvait sous les cendres encore brûlantes.

Elle tentait de lutter contre cette délicieuse obsession, lorsque, soudain, surgit devant elle un cavalier. Il s'était immobilisé au milieu du chemin. Judith, qui reconnut aussitôt Silas, retint ses chevaux et s'arrêta.

– Je te salue, fille de Samuel. Que Dieu soit avec toi, dit-il en descendant de sa monture et en marchant vers elle. Pardonne-moi de t'interrompre dans ton voyage, mais je dois t'entretenir d'une grave affaire. Un homme te veut du mal :

il est décidé à t'enlever, à te déshonorer et, ensuite, à se débarrasser de toi en secret.

Judith fronça les sourcils.

– Explique-toi plus clairement.

– Cet homme, c'est le roi Agrippa. Il te désire comme un chien veut une chienne. Pardonne ces termes, mais ils peignent parfaitement les élans lubriques du tétrarque. Il a décidé de profiter de ton voyage pour t'enlever et t'enfermer dans l'une de ses maisons de campagne. Alors, il tentera de te séduire et, s'il n'y parvient pas, il te prendra contre ton gré et...

– Je ne puis le croire, interrompit Judith.

– Crois-moi, je dis la vérité, je le jure... Par le Seigneur qui voit tout: c'est moi qu'il a chargé de t'enlever et de t'emmener dans la demeure qu'il possède près d'ici.

Judith se ressaisit lentement.

– Et ensuite, que fera le roi?

– Il ne me l'a pas confié, mais je m'en doute. Car je connais le roi pour l'avoir trop servi en ce sens. Quand il sera lassé de toi, il lui suffira de te faire étrangler ou, au mieux, de te vendre comme esclave chez les Parthes ou les Arabes.

Ils restèrent un bref instant silencieux. Puis, elle reprit:

– Pourquoi me dis-tu tout cela?

– C'est simple, Judith. Il y a une chose qu'ignorait Agrippa en me confiant cette mission: je te respecte et je t'admire. Pour rien au monde, je ne voudrais qu'il t'arrivât du mal. Voilà pourquoi je t'avertis du terrible danger qui pèse sur ta tête.

Ces propos inattendus la mettaient mal à l'aise. Elle se sentait incapable d'y croire et elle avait toujours éprouvé la plus vive antipathie pour cet homme qu'elle savait pervers et redoutable.

– Je te suis reconnaissante d'oser braver la colère du roi pour me sauver. Le mieux que j'ai à faire est de retourner sans tarder auprès de la reine. Ainsi toi-même tu pourras te justifier en soutenant que tu ne m'as pas vue et moi je déclarerai que j'ai finalement décidé de différer mon voyage.

– Garde-t'en bien! s'exclama-t-il. Voyant l'échec de cette tentative, il n'hésitera pas à t'enlever dans le palais même. En rentrant au palais, tu te livres irrémédiablement à lui.

– Aurais-tu quelque conseil à me donner?

– Tu ne seras tranquille que si le roi te croit perdue à jamais. Ainsi, voici mon projet: je vais rentrer à Césarée où je dirai au roi que tu as été enlevée par des brigands descendus de l'Hermon. Pour toi, tu t'installeras dans une maison de campagne que je possède près d'ici, sur la route de Damas. Tu y resteras jusqu'à ce que le roi t'oublie.

– Silas, il est généreux de ta part, courageux même d'avoir tenté de me protéger. Mais je ne puis ni ne veux laisser subsister de pareils doutes concernant le roi. Je m'en ouvrirai à la reine sous le sceau de la confidence et ne te nommerai en aucun cas. Laisse-moi faire demi-tour.

Elle avait saisi les rênes pour lancer ses chevaux quand, d'un coup d'épée, il trancha le cuir à l'endroit où il appuyait sur le rebord du char. Elle n'eut plus dans ses mains que des lanières inutiles.

– Silas, tu es fou ! s'écria-t-elle.

Sans attendre, il bondit devant le char, à la hauteur du timon, et avança la main pour la saisir, mais elle le cingla avec un long fouet qu'elle lâcha afin de s'emparer d'un javelot. Il recula, le visage zébré par le coup, cracha en jurant puis contourna le char afin d'atteindre l'arrière. Il serrait son épée dans la main droite et tenait l'autre bras écarté, la main ouverte. Judith pivota sur elle-même, pointant son arme vers lui. Silas, qui ne s'attendait pas à une pareille résistance, chargea en hurlant, mais elle détendit vivement son bras sans lâcher le javelot qui pénétra dans son épaule gauche. Il recula, la tunique déchirée et rougie du sang de la blessure. Rejetant l'épée, il retira son manteau, l'enroula autour de son bras droit et avança lentement vers la jeune fille. Elle avait rejeté la cape dans son dos pour ne pas être gênée par les pans du vêtement et serrait la hampe du javelot à deux mains. Lorsqu'il fut suffisamment près, elle porta encore un premier coup qu'il évita d'un bond, puis un deuxième et un troisième : le fer glissa sur l'étoffe qui enveloppait son bras et mordit le flanc. En dépit de la douleur, il réussit à saisir l'arme qu'il tira avec tant de vigueur que Judith fut entraînée au bas du char.

Elle se releva la première, dégrafa sa cape et, lorsque Silas tenta de se redresser, le frappa avec l'étoffe entortillée, le griffant avec l'agrafe restée ouverte. Encore une fois, il parvint à attraper le vêtement qu'elle essaya de lui arracher. Dans sa lutte, elle trébucha et tomba sur lui. Il s'efforça de la ceinturer, mais elle glissait entre ses mains et lui labourait le visage de ses ongles et de ses poings. Elle parvint à s'emparer d'un poignard attaché à sa ceinture et porta un coup au hasard. La lame atteignit la hanche mais glissa sur l'étoffe épaisse de la tunique. Elle profita de sa stupeur pour se relever et courir vers le cheval du Syrien. Dans son élan, elle voulu sauter sur le dos de la bête, mais celle-ci, effrayée, fit un écart, hennit et partit au galop. Judith, projetée contre un arbre, resta sans connaissance.

Il vint s'agenouiller auprès d'elle : un filet de sang coulait sur sa tempe, mais il eut tôt fait de voir que le turban l'avait protégée et que la blessure, simple déchirure du cuir chevelu, était bénigne. Avec les rênes, il lui lia les chevilles et les poignets, et fit un bâillon de la ceinture de sa tunique. Il détela ensuite le char qu'il précipita dans une fondrière. Un des chevaux fut chargé des bagages, l'autre du corps toujours inanimé de la jeune fille.

La région de Césarée, appelée par les Grecs « Banias », est couverte de bois et de collines d'où ruissellent de nombreuses sources. La route du sud passe à peu de distance d'une vallée encaissée dissimulée par une épaisse végétation, au fond de laquelle coule un torrent aux eaux tumultueuses, entrecoupé de cascades. C'est vers ce lieu, qu'en d'autres circonstances on trouverait paradisiaque, que se dirigea Silas.

Il progressa ainsi un long moment avant de parvenir à une vieille cabane de bergers dissimulée au flanc du coteau. Le sol, en terre battue, était jonché d'aiguilles de pin. Judith commençait à s'agiter et à gémir. Elle ouvrit les yeux. Son regard trahissait son angoisse. Il la contempla un instant, triomphant. Sa tunique déchirée à l'épaule laissait apercevoir la rondeur d'un sein. Ses cheveux défaits tombaient en boucles sur son épaule. Malgré le désordre de sa mise, ou à cause de celui-ci, elle lui parut d'une beauté troublante, mais, en cet instant, ses blessures et surtout la brûlure du coup de fouet sur son visage suscitaient en lui un besoin de l'humilier.

Il la contempla, triomphant.

– Te voici comme un animal captif, offerte à mes caprices.

Le bâillon empêchant la jeune fille de répondre, il poursuivit son soliloque :

– Pourquoi m'avoir attaqué alors que je ne voulais que ton bien ?

Il était si près d'elle qu'elle sentait son haleine. Elle lui décocha un coup de genou qui l'atteignit au bas ventre avec tant de violence qu'il roula sur le sol en gémissant. Il resta ainsi longtemps avant de retrouver son souffle. Quand il se releva, il prit le fouet de cocher avec lequel elle l'avait frappé. Sur son visage pâle de rage, la zébrure du coup de fouet dessinait un bourrelet sanglant. Il effleura sa joue en disant d'une voix basse et rauque :

– Regarde bien cette trace. Par la géhenne, tu me la paieras avec des intérêts d'usuriers.

De sa main libre, il saisit le poignard qu'il lui avait confisqué.

– Tu sais combien cette lame est effilée. Si tu recommences, je découpe ton charmant visage pour faire de toi un objet d'horreur.

Judith détourna la tête devant la menace et ne tenta aucun geste lorsqu'il vint à nouveau se placer tout près d'elle. Il avait cependant une certaine difficulté à se tenir droit, car ses blessures s'étaient rouvertes et il saignait abondamment.

– Il me serait facile de te posséder malgré toi, mais je n'en éprouve pas le désir. Je veux que tu te traînes à mes pieds pour me supplier de jouir de toi. Aujourd'hui, tu me méprises et jures que ce jour ne viendra jamais, mais tu changeras d'avis. Cette nuit, je t'emmènerai dans une maison où personne ne pourra te trouver. Je t'enchaînerai au fond d'un réduit obscur. Puisque tu ne veux pas m'aimer, tu pourras me haïr jusqu'à souhaiter en mourir, mais je suis assuré que tu préféreras vite échanger ton cachot contre un lit moelleux, tes chaînes contre des bracelets d'or et les coups contre mes caresses.

Il leva le fouet et l'abattit trois fois. À chaque coup, elle sursautait en poussant des gémissements assourdis par le bâillon. Mais, trop affaibli, Silas dut s'arrêter. Déchirant les pans de la tunique de Judith, il s'en essuya le visage, ramassa ses armes et sortit sans ajouter un mot. La jeune fille entendit les pas des chevaux s'éloigner, puis éclata en sanglots.

Quand Silas se présenta à Agrippa, il lui expliqua qu'une bande de brigands, venus de l'Hermon, avait assailli la voyageuse. Il s'était aussitôt porté à son secours, mais n'avait rien pu faire seul face à une dizaine d'hommes décidés. Tandis que plusieurs hommes le contenaient, d'autres avaient emmené la jeune fille. Lui même s'était lancé à la poursuite de la bande. Il les avait suivis à la piste un long moment mais, comme il perdait son sang et qu'il se sentait faiblir, il avait dû renoncer.

– Par l'Hadès ! s'écria Agrippa qui, dans ses colères, employait volontiers des jurons grecs, sujet de scandale pour les juifs, il faut expédier une troupe contre eux !

– Seigneur, n'oublie pas que tu dois envoyer votre armée à Jérusalem et nous savons que ces brigands voient venir de loin nos troupes et disparaissent alors dans des retraites secrètes. Si tu m'y autorises, dès ce soir, je partirai seul à la recherche de Judith.

– Mon bon Silas ! Tu me rends à la vie ! s'écria Agrippa. Cours vite te faire soigner par mon médecin et, ensuite, si tu réussis à la ramener, ta récompense sera à la hauteur du service rendu.

Silas parvint à la cabane vers la fin de l'après-midi. Au moment d'ouvrir la porte, il ressentit il ne savait quelle sourde inquiétude qui se changea en certitude : la pièce était vide !

Dès le départ de Silas, Judith avait multiplié les tentatives pour défaire ses liens, mais elle n'avait réussi qu'à se meurtrir les poignets. Le temps passait et elle commençait à perdre courage, lorsqu'elle crut entendre des tintements de clochettes. Une vieille femme entra, suivie par un chien au poil jaunâtre. Elle tourna autour de la jeune fille en invoquant dieux et déesses avant de se décider à ôter le bâillon de Judith, qui s'écria :

– De grâce, ma bonne mère, détache-moi vite ! Le brigand qui m'a mise dans cet état va revenir. Oh ! hâte-toi, s'il arrivait maintenant, nous serions perdues !

– N'aie pas peur, ma fille, je n'ai vu personne aux environs ; si quelqu'un approchait, le chien nous avertirait.

Judith fit quelques pas chancelants. Elle se sentait si faible qu'elle dut s'appuyer sur le bras de la paysanne pour sortir. La vieille l'aida à s'asseoir au pied d'un arbre.

– Raconte-moi, enfant, ce qui t'est arrivé. Comme te voilà ! Avec ce vêtement, tu es presque nue. Dis-moi, a-t-il abusé de toi ?

Elle s'était penchée sur elle et lui posait la question avec un air si singulier que Judith se sentit rougir. Elle tenta de remonter le haut du vêtement pour cacher son sein et noua la ceinture pour maintenir le pan de l'étoffe sur son ventre. La vieille s'était accroupie devant une chèvre qu'elle se mit à traire.

– Oh ! non, ma bonne mère. Que le Seigneur me protège d'une telle abomination. Mais s'il me trouve, il fera plus que me déshonorer !

– Tu invoques le Seigneur ! Il me plaît que tu en appelles à la protection de Baal.

En parlant, la vieille lui tendit un peu de lait frais dans un bol en bois. Judith la remercia et but quelques gorgées avant de répondre.

– Tu te trompes, ma bonne mère, ce n'est pas Baal mon Seigneur, mais le vrai Dieu, celui dont le nom ne doit pas être prononcé.

À ces mots, la vieille se changea en furie. D'un coup de main, elle envoya rouler au sol le récipient que tenait Judith et s'écria :

– Quoi ! serais-tu une de ces juives maudites qui souillent notre cité vouée au dieu Pan ! Par la grande déesse ! Et moi qui t'ai libérée ! Qui t'ai même offert du lait ! Et moi, misérable, je t'ai soustraite au destin que les dieux t'avaient octroyé !

Judith la regarda, stupéfaite.

– Mais, ma mère...

– Ma mère, ma mère ! Ne m'appelle pas ainsi, je n'ai rien à voir avec ceux de ta race. Ah ! tu m'as bien trompée et tu oses insulter mon Seigneur Baal ! Qu'il te foudroie à l'instant pour ce blasphème !

Et, tout en criant et en se démenant, elle se mit à la frapper avec sa badine. Judith, d'abord surprise, para quelques coups, puis se leva et prit la fuite. Le bois était dense, dépourvu de sentiers. Le soleil avait disparu derrière les montagnes et elle se dirigeait au hasard, suivant le déclivité de la colline sans trop savoir si elle se rapprochait réellement de la ville.

Silas ne tarda pas à rencontrer la paysanne. Encore sous le coup de l'émotion, elle marmonnait un mélange de jurons et d'oraisons.

– Que la protection des dieux soit sur toi, femme, lui dit-il en s'arrêtant près d'elle.

Elle le considéra d'un œil sombre sans répondre.

– N'aurais-tu pas vu, reprit-il sans se démonter, une jeune fille passer par ici ?

Le regard de la femme devint brillant.

– Une fille vêtue d'une tunique déchirée ?

– C'est bien cela : jeune, avec des cheveux sombres et des yeux clairs, comme certaines juives de Galilée.

– Une juive, c'est bien cela... mais toi, dis-moi, tu n'appartiens pas à cette race de serpents ?

– Sûrement non, femme, je suis de ce pays et j'adore les dieux de nos pères, répliqua finement Silas.

– Alors, hâte-toi, elle a fui par là. Je l'ai pourchassée, mais elle m'a échappé.

Silas allait remonter sur son cheval, mais elle le retint par le bras :

– Attends, confie-moi ton cheval. Tu vas suivre mon chien, il saura la retrouver à la trace.

Sur ces mots, elle appela le chien, le flatta, lui parla et le ramena à l'endroit où Judith s'était assise. Aussitôt, l'animal s'élança dans la direction qu'avait prise la jeune fille. Silas le suivit, parfois en courant, parfois marchant. Il perdait souvent le chien de vue, mais ses aboiements lui permettaient de le rattraper.

Tout d'abord Judith ne perçut pas les aboiements dans le lointain car ils étaient couverts par le bruit du torrent qu'elle longeait. Lorsqu'elle les discerna, il ne lui vint pas à l'esprit que ce pût être le chien dont elle croyait être définitivement débarrassée. Comme les aboiements se rapprochaient nettement, elle hâta le pas, s'arrêta pour ramasser une lourde pierre, puis une épaisse branche de peuplier que le temps avait dépouillé des rameaux et de son écorce. Elle avait beau accélérer son allure, les aboiements se rapprochaient inexorablement. Elle crut alors plus adroit de s'arrêter pour reprendre son souffle et attendre la bête afin de juger de ses intentions. Elle sentit son cœur faiblir lorsqu'elle vit Silas surgir derrière l'animal qui se rua alors sur elle. Elle lança la pierre, mais manqua sa cible et bondit dans les buissons. Elle courait vite et, s'il avait été seul, Silas, affaibli par ses blessures, aurait eu quelque mal à la rattraper. Le chien, lui, eut tôt fait de la rejoindre et parvint à saisir solidement entre ses dents un bout de la ceinture ; elle le traîna sur quelques mètres avant de songer à abattre son bâton de toutes ses forces sur la tête de l'animal.

Pour aussi bref qu'il ait été, l'arrêt avait permis à Silas de rattraper la fugitive. Il se rua sur elle, la projetant sur le sol, et se mit à la frapper du plat de la main avec force en lui arrachant les derniers lambeaux de son vêtement. Judith se défendait avec désespoir puis, brusquement vidée de toute vigueur, elle éclata en sanglots. Et comme Silas continuait de la frapper, elle s'entendit le supplier d'arrêter.

– Te voilà devenue raisonnable bien plus vite que je ne le pensais ! railla-t-il en haletant.

Il s'était allongé sur elle après lui avoir écarté les genoux et pesait sur elle de tout son poids. Judith ne pouvait plus remuer, mais révulsée, en un ultime instinct de défense, elle saisit entre ses dents le lobe de son oreille qu'elle lui déchira à demi. Silas poussa un rugissement et tout en lui maintenant les poignets au sol, il se rejeta en arrière. Judith replia alors les genoux, le repoussa d'une détente brusque mais, alors qu'elle cherchait à se relever, il la cloua d'un coup de pied au sol où elle resta prostrée. Il épongea avec un pan de son manteau le sang qui ruisselait de son oreille puis, le regard brillant de colère, il ramassa le bâton et l'éleva à bout de bras. Judith mit son coude en avant pour parer le coup qui la menaçait et attendit.

Le gourdin ne retomba pas. Une pierre avait frappé la tempe de Silas qui chancela et lâcha son gourdin. Il n'avait pas eu le temps de retrouver ses esprits qu'il était assailli de vigoureux et douloureux coups d'un nerf de bœuf. Il tenta de parer quelques attaques avec sa cape, mais les coups pleuvaient sur ses jambes, sa tête, ses épaules, si bien qu'il détala sans demander son reste.

Judith, qui était restée immobile sur le sol, vit une ombre se pencher au-dessus d'elle.

– Es-tu blessée ? lui demanda-t-on en grec, d'une voix douce.

– Non, mais je me suis à bout de forces.

L'inconnu se pencha, la prit doucement par le bras et l'aida à se relever. La lune, presque à son plein dans le ciel, l'éclairait de sa lumière blanche. Ce qui frappa d'abord Judith, ce fut la lumineuse clarté de son regard. Il était imberbe comme un adolescent. Elle se sentit rassurée. Il portait une tunique courte et son torse était serré dans une casaque en peau de buffle comme en avaient certains soldats syriens. Un turban couvrait sa chevelure, ne laissant passer que de courtes boucles sombres sur le front.

Il passa son bras sous son aisselle pour la soutenir et l'aida à marcher.

– Qui es-tu ? lui demanda Judith.

– Mon nom est Jéther, fils de Qorakh.

– Qorakh ? comme le fils d'Ésaü ?

– Exactement, assura-t-il en riant. Je vois que tu connais nos livres sacrés.

– Tu es donc juif ?

– Oui. Mon père est d'Engaddi. Ma mère était galiléenne. Elle est morte il y a plusieurs années. Et toi, qui es-tu ?

– Je m'appelle Judith. Mon père Samuel et ma mère vivent à Césarée Maritime. Mais tu ne m'as pas dit par quel miracle, sans doute la volonté de Dieu, tu t'es égaré dans ces collines, domaine des chevriers et des voleurs.

– Je viens d'Abila, entre Chalcis et Damas. Lorsque descend le soir, je quitte la route et je cherche un endroit tranquille où dormir en paix après avoir tiré à l'arc quelque gibier pour mon repas. Ce vallon, avec cette végétation et ce torrent, est bien agréable.

– Tu vas à Tibériade ?

– Je passerai par là, mais ma route va plus loin.

– Te rends-tu à Jérusalem ?

– Peut-être, mais je ne sais pas encore où vont me porter mes pas.

– Je t'envie ! soupira Judith.

– Si tu savais quelle est ma vie, peut-être m'envierais-tu moins.

– Tu es libre, tu voyages selon ton bon plaisir, sans nulle entrave, sans...

– Nous sommes tous aussi libres, interrompit Jéther. Je ne sais si tu es riche ou pauvre, mais qui t'empêche d'aller selon ton bon plaisir sinon tes préjugés ou la crainte du lendemain. L'homme répugne à abandonner ce qu'il a pour s'aventurer vers l'inconnu.

– Tu oublies que je suis une femme.

– Qu'importe ton sexe lorsqu'il s'agit de conquérir la liberté. Mais en vérité, quelle est la nature de cette liberté dont tu parles ?

– Pour moi, précisa Judith, la liberté c'est la possibilité de vivre à ma guise, de rêver parmi les roses s'il m'en prend l'envie, de courir dans les collines parmi les lentisques et les câpriers, ou encore tremper mes pieds dans un clair ruisseau. Et c'est surtout d'aimer qui me plaît et être aimée par celui à qui j'aurai donné mon cœur.

– Ne crois-tu pas qu'il existe d'autres formes de liberté, par exemple l'indépendance d'un peuple, le fait d'être chez soi dans son propre pays, sans vivre sous une domination étrangère ?

– À mon avis, cette liberté est un leurre, une véritable illusion. On rejette un tyran pour s'en donner un autre. Que les chefs du peuple soient des princes ou un conseil, vassaux des Romains, ou des révoltés qui ont pris le pouvoir par la violence, le peuple n'y trouve aucune différence. On l'endort par de beaux discours sur les bienfaits d'une indépendance qui ne profite jamais qu'à ceux qui détiennent le pouvoir.

Un silence s'établit un moment entre eux avant que le jeune homme ne déclare :

– Il existe encore une autre forme de liberté : elle consiste à réaliser le but qu'on s'est un jour imposé dans une circonstance particulière. Moi, j'ai donné une fin à mon existence, une fin qui a pour nom vengeance.

Jéther resta silencieux comme s'il regrettait d'avoir trop parlé. Judith tourna la tête vers lui et le regarda un instant.

– Tu es bien étrange, mon cher sauveur, murmura-t-elle. Tu n'as pas encore de barbe au menton et déjà tu parles de vengeance.

– Tiens, nous voilà arrivés à mon campement, dit-il sans répondre à son interrogation.

Ils débouchèrent dans une petite clairière. Un cheval était lié à un arbre par une longe. Un peu plus loin, quelques braises rougeoyaient entre quatre pierres au-dessus desquelles terminait de rôtir un gros canard. À peu de distance était étendue une couverture près de laquelle Jéther avait déposé un double sac de cuir, une outre, un arc, un carquois rempli de flèches et un épais manteau.

Il aida Judith à s'asseoir sur la couverture et jeta sur ses épaules le manteau dans lequel elle s'enveloppa. Il déboucla alors sa ceinture à laquelle pendaient une épée et un poignard. Il déposa le tout sur l'herbe, puis il dégaina le poignard et vint s'accroupir devant le feu. Il planta la lame dans la chair de la bête.

– Comment pourrais-je te remercier ! soupira Judith. Si tu n'étais pas venu, il m'aurait assommée à coups de bâton pour pouvoir me violer en toute quiétude.

Il marcha vers l'outre remplie d'un vin âcre et parfumé de Syrie et la tendit à Judith, qui but à longs traits. Arrachant une aile au canard, il vint la lui offrir, puis il s'assit près d'elle avec un autre morceau. Après avoir bu et mangé à satiété, Judith se sentit revigorée.

À sa demande, elle lui apprit qui était Silas et comment et pourquoi il l'avait assaillie sur la route alors qu'elle se rendait à Tibériade chez ses parents.

Lorsqu'elle eut terminé son récit, Jéther se redressa en s'appuyant sur un coude et la regarda :

– Tu t'es défendue comme il convenait. Tu es digne de porter le nom de la veuve de Manassé, celle qui a su par son courage sauver Israël menacé par les soldats d'Holopherne. Et béni soit le Seigneur qui t'a donné la force de résister à cet homme et de ne pas lui permettre d'accomplir ce crime qui a souillé la malheureuse Dina, la fille de Jacob.

– Certes, Jéther, mais la vengeance des frères de Dina a été affreuse puisqu'ils ont massacré tous les hommes de la ville, que leurs femmes ont été déshonorées et leurs filles livrées à l'esclavage.

– Judith, la vengeance, c'est cela !

– Jéther, tu juges avec un cœur d'homme. Non que je refuse la vengeance, mais elle doit se limiter aux seuls coupables.

– Tu as raison. Mais dis-moi encore : je suis allé à Damas où des hommes de notre peuple ont érigé en règle ce qu'on trouve parfois dans nos livres, le pardon des offenses.

– Je n'ai jamais entendu parler de ces gens.

– Peu importe. Je voudrais savoir, cet homme, ce Silas, es-tu prête à lui pardonner son forfait ou bien songes-tu à te venger de lui ?

– Je n'aime pas la violence.

Comme il ne répondit pas, elle poursuivit :

– Je me demande s'il n'est pas encore plus difficile de pardonner.

– Peut-être pour quelqu'un de fougueux, sûr de sa force et de son droit, mais certainement pas pour la plupart des autres hommes. Tu m'accorderas qu'il y a moins de danger à ignorer une injure qu'à en demander raison...

– Sans doute, Jéther, mais de quels moyens une femme dispose-t-elle pour se venger dans un pareil cas ?

– Il suffit d'user dès le départ de patience, de ruse et d'ingéniosité. Mais je vois que tu n'es pas disposée à te faire justice. Alors, je t'en prie, accorde-moi le soin de te venger. Je n'ai pas vu le visage de cet homme, mais tu m'as dit son nom. Si je le retrouve, je lui ferai payer son crime.

Judith prit la main de Jéther avec vivacité.

– Comme tu prends parti pour moi avec véhémence ! Il serait pourtant fou de risquer ta vie pour une inconnue.

– Sache que ce n'est pas particulièrement pour toi que j'agirai, mais plutôt pour punir une action vile qui témoigne d'une grande bassesse d'âme.

Jéther se leva et prit dans un sac un vêtement qu'il vint placer derrière Judith après l'avoir roulé.

– Il est temps de dormir. Voilà un modeste oreiller. La nuit est chaude, tu n'auras pas froid avec ce manteau.

Elle se coucha, tandis qu'il s'étendait près d'elle sur la couverture, après avoir placé entre eux son épée qu'il avait retirée du fourreau.

Des chants d'oiseaux dans les ramures des pins réveillèrent Judith. Elle s'étira et s'étonna un instant de voir au-dessus d'elle des lambeaux de ciel bleu qui découpaient les cimes des arbres. Se soulevant sur un coude, elle vit Jéther qui étrillait son cheval.

– As-tu bien dormi ? lui demanda-t-il.

– J'ai rarement aussi bien dormi. Je devais être bien lasse.

– Sans doute. Tiens, j'ai trouvé pour toi cette tunique. Je n'ai que peu de vêtements et je crains d'avoir besoin du manteau que tu portes.

– Oh ! mais je ne veux rien te prendre.

Il se mit à rire.

– Tu ne peux pourtant pas aller nue.

– Accompagne-moi jusqu'au palais, je te rendrai ta tunique et je te donnerai de quoi poursuivre ton voyage en toute tranquillité.

– Je t'en rends grâce, mais il m'est impossible de te ramener jusqu'au palais d'Agrippa. Je te conduirai jusqu'aux portes de la ville, où nous nous séparerons.

Sur ces mots, il lui tourna le dos et continua de soigner son cheval. Judith ôta le manteau pour revêtir le léger vêtement. Il vint alors vers elle, lui jeta un regard critique et déclara :

– Elle te sied fort bien, quoiqu'elle soit un peu élimée. Veux-tu un peu de canard froid ?

– Volontiers, répondit Judith en s'asseyant.

Il lui coupa un gros morceau et lui tendit l'outre.

Dès qu'ils eurent terminé de manger, ils se mirent en marche. Lorsqu'ils eurent rejoint la route de Césarée, Jéther enfourcha le cheval, puis il aida la jeune fille à monter en croupe derrière lui. Elle lui enlaça la taille, ce qui lui procura une étrange sensation. Ils chevauchaient en silence. Judith se savait belle et la réserve du jeune homme lui semblait d'autant plus inexplicable qu'il ne paraissait guère timide. Il lui vint alors à l'esprit qu'il ne devait aimer que les garçons. Elle décida que c'était mieux ainsi. Car, s'il avait cherché à profiter de l'état de faiblesse où elle se trouvait la veille, reconnaissance aidant, elle se serait sans doute abandonnée à lui. Cette idée lui fit mal et elle s'en voulut d'y avoir cédé, car elle lui apparaissait comme une nouvelle trahison envers celui qu'elle aurait voulu pourtant ne pas aimer. Elle eut brusquement envie de demander à Jéther de ne pas aller plus avant et de l'emmener à Jérusalem, mais elle songea aux conséquences d'un acte aussi fou : rien ne prouvait que Marcus nourrissait quelque sentiment à son égard. Il lui avait dit qu'elle était belle, ce qui ne signifiait pas grand-chose. De plus, comment la recevrait-il après leur dernière entrevue dans le palais des Asmonéens ? Sa retenue et les principes dans lesquels elle avait été élevée réprimèrent bien vite sa soudaine exaltation.

Ils étaient parvenus en vue des portes de la ville et Jéther arrêta le cheval.

– Voilà, dit-il, nos chemins se séparent ici.

– Ne veux-tu vraiment pas m'accompagner au palais ?

– Non, Judith. Je suis un homme traqué et, si d'aventure j'étais reconnu dans la ville, je serais saisi et mis à mort.

– De quel crime es-tu accusé ?

– D'être du côté des zélotes et de combattre contre l'occupant romain.

– Toi aussi ! s'exclama naïvement Judith.

– Comment, moi aussi ? Connais-tu des zélotes ?

Elle hésita et son front s'empourpra :

– Celui que j'aime est l'un des chefs de la rébellion à Jérusalem.

– Mais alors, pourquoi ne cours-tu pas le retrouver ?

– Parce que, si moi, je l'aime, rien ne me permet de croire qu'il m'aime aussi !

Judith se laissa glisser au bas du cheval. Elle retira de son doigt une bague qu'elle tendit à Jéther en lui disant :

– Conserve cet anneau en souvenir de moi. Et si tu veux encore me rendre un service, passe à Tibériade et demande la maison de Samuel ben Nathan. Tu y trouveras mon père qui m'attend ce matin même. Tu lui expliqueras que j'ai été attaquée en route mais que tu m'as sauvée et ramenée à Césarée. J'essayerai d'aller à Tibériade dans quelques jours, lorsque je serai sûre de n'être pas à nouveau assaillie. Et, je t'en prie, s'il te donne une bourse, accepte-la pour l'amour de Dieu.

Il hocha la tête et posa sa main sur ses cheveux après avoir passé la bague à son doigt.

– Je ferai la commission, tu peux compter sur moi. Et peut-être accepterai-je la bourse. Adieu.

Sur ces mots, il leva la main, fit tourner le cheval et partit au galop.

Silas avait chevauché toute la nuit, poussant sa monture à la limite de l'épuisement. Lui-même tenait à peine en selle lorsqu'il arriva au petit matin à Bethsaïda. Il s'arrêta dans une auberge où il dormit pendant la plus grande partie de la journée. Il se rendit ensuite chez un chirurgien pour faire soigner ses blessures, puis chez un fripier où il fit l'acquisition d'un ample manteau à capuchon qui lui cachait le visage. Enfin, après avoir pris un solide repas, il repartit dans la nuit vers Tibériade où il parvint au lever du jour. Là, il n'eut pas de mal à trouver la maison des parents de Judith, et s'installa dans l'auberge la plus voisine. Comme il n'avait pas taillé son collier depuis deux jours, la barbe envahissait ses joues. Il revêtit son manteau, abaissa le capuchon et alla se poster à proximité de la demeure de Samuel ben Nathan, persuadé que Judith n'avait fait que remettre son voyage et qu'il lui suffirait d'attendre. Il espérait parvenir à l'enlever alors et réaliser malgré tout son projet.

La première journée se passa sans qu'il vît la jeune fille. Le lendemain lui réserva une surprise. Dans la matinée, un jeune cavalier, vêtu d'une casaque en peau de buffle et tenant un nerf de bœuf torsadé, entra dans la cour de la maison de Samuel. Il avait reconnu l'homme qui l'avait attaqué dans les collines et trouva plus prudent de ruser. Il attendit patiemment le voyageur et le suivit jusqu'à sa sortie de la ville, d'où Jéther s'engagea sur la route de Cana vers l'ouest du lac de Tibériade.

Silas avait la certitude qu'enveloppé dans son manteau, son ennemi ne pourrait pas le reconnaître. Il le rejoignit bientôt et le salua en se mettant à son pas. Jéther répondit poliment à son salut.

– Pardonne-moi, lui dit Silas, tu vas sans doute vers l'ouest. Je vois que tu es bien armé. La route n'est pas sûre à ce qu'on rapporte. Il y a ces zélotes...

– Les zélotes ne sont pas des brigands. Ils n'attaquent pas les voyageurs.

– Ah ! J'aime à te l'entendre dire. Je craignais que tu ne fusses l'un de ces traîtres favorables aux Romains. Vas-tu loin encore ?

– Jusqu'à Engaddi.

– Tu n'en prends pourtant pas la route.

– J'ai d'abord une visite à faire vers Sepphoris.

– Alors, tu passeras peut-être ensuite par Jérusalem.

– Peut-être.

– Il le faut. Sais-tu que les zélotes sont les maîtres de la ville et qu'ils vont en chasser les Romains ?

– Est-ce vrai ? demanda vivement Jéther.

– Tout à fait. On a besoin de jeunes hommes forts et décidés comme toi... Oui, mon ami, bientôt va triompher Israël, bientôt l'étranger sera chassé.

– Crois-tu qu'on m'accepterait comme combattant ?

– Tu peux en être assuré. Quel est ton nom ?

– Jéther, fils de Qorakh.

– Alors, Jéther, retiens ce que je vais te dire : rends-toi à Jérusalem, mets-toi en rapport avec Marcus Claudius. C'est lui qui a chassé le procurateur de la ville. Il a aussi assailli le tétrarque Agrippa dans son palais et l'a contraint à se retirer. Il a pris ensuite la forteresse de Massada.

– Voilà un homme à qui va toute mon admiration ! s'exclama Jéther.

– Tu pourras lui dire que tu viens de la part d'Holon, fils de Levias. Tu peux être assuré qu'il te recevra avec de grands honneurs.

– Je te remercie, mon ami. C'est le Seigneur qui m'a conduit sur ta route. Ils conversèrent encore un moment, jusqu'à une bifurcation de la route où le faux Holon déclara qu'il prenait vers la droite pour se rendre chez les siens. Ils se saluèrent et se séparèrent.

Dès qu'il fut hors de la vue de Jéther, Silas talonna son cheval et s'engagea par des chemins de traverse vers Endor où il retrouva la route de Samarie qui mène à Jérusalem. Il y parvint trois jours plus tard, et se fit conduire aussitôt auprès de Marcus Claudius.

Rentré quelques jours plus tôt à Jérusalem avec un chargement d'armes, Marcus avait établi son quartier général dans le Temple dont Éléazar, fils d'Ananias, s'était rendu maître avec ses partisans. Il voyait avec satisfaction la révolte s'étendre, mais se trouvait confronté aux difficultés annoncées par sa sœur Drusilla. Des campagnes et des villes environnantes étaient venus en nombre des zélotes qui s'étaient bientôt divisés en trois factions rivales. Les plus violents, et aussi les plus nombreux, s'étaient ralliés à Menahem, dont le père, Judas le Galiléen, pouvait être considéré comme le fondateur du mouvement extrémiste. Les partisans du fils d'Ananias étaient peu nombreux, mais ils exerçaient souvent de hautes fonctions au Temple, ce qui leur conférait un prestige certain auprès du peuple. Un troisième groupe s'était constitué sous l'impulsion d'un homme de caste sacerdotale, Éléazar ben Simon, lequel bénéficiait de la confiance d'une grande partie du peuple. Lui aussi s'était installé au Temple et s'était rapproché du fils d'Ananias pour s'opposer à Menahem. Depuis son retour de Massada, Marcus ne cessait d'essayer d'apaiser les passions et de faire entendre raison aux chefs de parti.

Quand Sérapion vint annoncer qu'un certain Silas, officier du roi Agrippa, désirait être reçu par les chefs de la sédition et plus particulièrement par Marcus Claudius, on l'introduisit sans différer. Silas les pria de le considérer comme un transfuge de la cour d'Agrippa. Pour preuve de sa sincérité, il rapporta la venue à Césarée des ambassadeurs du sanhédrin fidèle à l'occupant romain, et la décision d'Agrippa d'envoyer d'urgence à Jérusalem une armée de trois mille hommes.

– Les ambassadeurs seront de retour dans deux jours, et la troupe, avant le prochain sabbat, affirma Silas. Il faut vous préparer à faire face à ces ennemis qui comptent sur la surprise pour briser la révolte. Pour moi, je viens vous offrir mon épée, car Agrippa ne tardera pas à savoir que je me suis rallié à votre cause. Je n'ai plus d'espoir ailleurs qu'en vous et votre victoire. J'ai encore un grave avertissement à vous donner, en particulier à toi, Marcus Claudius. Agrippa est disposé à faire assassiner les hommes de valeur qui sont à la tête du mouvement.

Marcus, à qui il s'était adressé plus particulièrement, lui demanda :

– Qu'en sais-tu ?

– Comme je prépare ma fuite de Césarée depuis longtemps, j'ai tenté de connaître les plans d'Agrippa afin de vous être le plus utile possible. Peu après avoir reçu les ambassadeurs du sanhédrin, je l'ai surpris alors qu'il s'entretenait avec un jeune garçon qui voue au prince une fidélité fanatique dont j'ignore la raison. Il lui a confié la mission de se présenter à toi, Marcus Claudius, afin que tu l'enrôles parmi tes hommes. Il doit te poignarder, si possible au moment où interviendra la troupe envoyée contre vous ; ainsi son forfait une fois accompli, il pourra se réfugier auprès des soldats du tétrarque qui profiteront du désarroi causé par ta mort pour pousser leur attaque jusqu'à la victoire.

– Comment s'appelle cet homme ?

– Il se fait appeler Jéther, fils de Qorakh, mais j'ignore si c'est son vrai nom. Il est facilement reconnaissable : il est très jeune, porte une casaque en cuir de buffle, un turban vert qui tombe sur sa nuque et une tunique jaune. Son arme favorite consiste en un long nerf de bœuf. Si j'ai un conseil à vous donner, c'est de le mettre à mort dès son arrivée car, à ce que je sais, il a déjà exécuté bien des ennemis de son maître qui ne se méfiaient pas de lui.

Jéther arriva à Jérusalem le surlendemain, dans la matinée. Venant de Béthel il aborda la ville par le nord et pénétra par la porte de Damas dans le faubourg de Bezatha, à cette heure-là plein d'une foule active. Il flâna un instant dans un marché où, grâce à la bourse offerte par le père de Judith, il fit l'acquisition d'un léger manteau de lin bleu qu'il jeta sur ses épaules. Il arrêta son cheval au pied des marches donnant accès à l'une des portes du Temple où il avisa un passant à qui il demanda s'il connaissait Marcus Claudius. L'homme lui proposa de le suivre dans le Temple. Ils étaient parvenus près du portique royal lorsque apparut Marcus, entouré de ses compagnons.

– Lequel est Marcus Claudius ? demanda-t-il à son guide.

– Celui qui n'a pas de barbe et porte la courte cape grecque blanche et la tunique verte ornée de bandes noires.

Jéther examina Marcus d'un regard aigu, puis il jeta un coup d'œil à chacun de ses compagnons.

En voyant Jéther, qui lui parut si jeune, si frêle et d'une troublante beauté, Marcus ne pensa pas qu'il pût avoir devant lui l'assassin annoncé par Silas. Lorsque l'adolescent les eut salués et se fut nommé, il dut se rendre à l'évidence.

– Marcus Claudius, la renommée de tes actions est parvenue jusqu'à moi. Je venais d'Abila, en Syrie, dans l'intention de rentrer chez moi à Engaddi, mais voilà que j'ai pris la décision de me présenter à toi, car on m'a assuré que tu cherchais des bras fidèles et courageux pour défendre la cause de l'Éternel. J'ai de fortes raisons de haïr les Romains et je désire, si tu m'acceptes parmi vous, combattre sous ton commandement.

– Es-tu aussi l'ennemi du tétrarque Agrippa ? lui demanda Marcus.

– J'avoue ne pas être particulièrement son ami.

– Es-tu passé par sa capitale en venant d'Abila ?

– Elle était sur ma route, mais je l'ai évitée, car je suis recherché dans ces régions, comme le sont tous les zélotes et les esséniens.

– Parce que tu es l'un d'eux ! Et tu aurais été poursuivi par la police du gouverneur de Syrie.

– Précisément. En particulier par un certain Emilius Jucundus commandant de cavalerie, et Longinus, tribun de la sixième légion. J'ai juré leur perte.

– Oooh ! s'écria avec un sourire ironique Marcus, qui ne croyait pas un mot de ce que lui disait le jeune homme. Ainsi donc, tu es parvenu à fuir ces terribles ennemis et tu viens me proposer tes services ? Que sais-tu faire au juste ?

– Beaucoup de choses. Depuis de longues années, je tiens la campagne.

– Tout seul, sans doute ?

– Tu te moques. J'étais avec des compagnons. Ils ont tous été tués en Syrie.

– Et toi, tu es parvenu à te sauver, n'est-ce pas ?

– Exactement, répliqua Jéther d'un ton sec, car il sentait percer l'ironie de Marcus.

– Et, naturellement, tu sais proprement jouer du poignard ?

– Qu'entends-tu par là ?

– J'entends que tu en joues avec suffisamment de ruse pour le planter entre les épaules de ceux qu'on t'a désigné, lança Marcus d'une voix sévère.

– Je ne comprends pas ce que tu veux dire, répliqua Jéther que cette attitude agressive déconcertait.

– Je vais être plus clair : Jéther, je sais qui tu es et pourquoi tu es ici... Tu as été trahi. Nous avons un témoin, un homme bien placé qui te connaît et saura te confondre.

– Emparez-vous de cet homme, lança Menahem à deux des zélotes qui le suivaient. Nous allons le faire parler.

Jéther, qui ne s'attendait nullement à une telle réception, était resté muet de stupeur. Mais, lorsque les deux zélotes s'approchèrent de lui, en deux gestes fulgurants il les frappa en pleine face de son nerf de bœuf et, profitant de leur recul, tourna les talons et prit la fuite. Marcus et ses compagnons s'élancèrent alors à sa poursuite. Jéther bondissait comme une gazelle, bousculant ceux qui se trouvaient sur son chemin. Il dévala les marches du Temple, sauta sur son cheval et partit au galop. Menahem lança quelques cavaliers à sa poursuite. Ils le suivirent à la trace sur la route d'Hébron, interrogeant les gens qui l'avaient vu passer. Ils poussèrent ainsi jusqu'au tombeau de Rachel, près de la bifurcation de Bethléem, là où la route s'engage dans les montagnes. Ne trouvant ensuite personne qui pût les renseigner, ils abandonnèrent la poursuite et rentrèrent à Jérusalem.

Chapitre XII

MENAHEM

Trois jours plus tard, l'armée dépêchée par Agrippa entrait dans Jérusalem. Les zélotes étaient maîtres du Temple et de la ville basse. Le sanhédrin, appuyé par une fraction de la population, par les forces de police et la garnison romaine, tenait la ville haute. C'est là que Philippe et Darius, les commandants de l'armée du tétrarque, installèrent leurs quartiers.

Avec Démétrios et une dizaine de gardes, Marcus logeait chez Simon ben Gamaliel et, chaque jour, il se rendait au Temple pour surveiller l'évolution de la situation.

Le huitième jour était celui de la fête dite des Xylophories, au cours de laquelle les gens du peuple apportent au Temple des fagots de bois afin de renouveler les réserves nécessaires au feu qui brûle perpétuellement sur l'autel. C'était une chaude journée d'août, le 15 du mois d'Ab dans le calendrier juif.

Le matin, en arrivant au Temple avec ses hommes, Simon ben Jaïr apprit à Marcus que Menahem et Éléazar, fils d'Ananias, s'étaient entendus pour déclencher des attaques dispersées contre la ville haute. Marcus désapprouvait une telle méthode, qu'il jugeait désastreuse pour la population ; cependant, il accepta de surveiller la forteresse Antonia afin d'y tenir en respect la garnison romaine, pendant qu'Éléazar ben Ananias attaquait l'hôtel des archives. Mal défendu, l'hôtel fut pris et incendié, détruisant ainsi contrats, obligations et reconnaissances de dettes, ce qui valut à Éléazar la gratitude des pauvres gens.

De leur côté, Simon et Judas, les fils de Jaïr, s'emparèrent du palais des Asmonéens qu'ils abandonnèrent après y avoir mis le feu. Dans le même temps, Menahem, avec le gros de ses forces, se portait contre le palais d'Hérode. L'avant-garde de sa troupe était parvenue à la hauteur de la maison d'Ananias lorsque celui-ci, averti du danger, en sortait, emmenait avec lui sa fille Mariamne, son frère Ézéchias et quelques fidèles serviteurs. En apercevant les fugitifs, quelques zélotes s'élancèrent à leur poursuite tandis que d'autres pénétraient dans la maison désertée, la pillaient et l'incendiaient.

Ils étaient entraînés par ceux qui, quelques mois auparavant, avaient agressé Ananias sur la route d'Hébron, dirigés par l'homme que Démétrios avait mis en déroute et qui avait juré d'en tirer vengeance. Cet homme, nommé Shiméa, avait reconnu Démétrios et Marcus lorsqu'ils étaient venus se rallier à Menahem, tandis que les deux jeunes gens, qui avaient complètement oublié son visage, ne lui prêtèrent aucune attention.

La densité de la foule empêchait les zélotes de rattraper les fuyards qui parvinrent au palais d'Hérode. Mais Philippe, commandant de l'armée d'Agrippa, dans un mouvement de panique, avait fait fermer les portes du palais. Ananias se heurta à une porte close, ainsi que plusieurs chefs de la ville qui espéraient trouver refuge dans la forteresse. Les zélotes eurent bientôt rejoint les fugitifs.

Ananias savait trop, par expérience, qu'il n'avait aucune clémence à attendre de ces hommes. Mais il espérait sauver sa fille et, la prenant par les épaules, il s'écria :

– Au moins, ne condamnez pas cette innocente ! supplia-t-il.

– Le seul fait qu'elle soit ici la condamne. Mais tu as raison, elle est belle et nous la tuerons la dernière, car il serait dommage qu'elle mourût vierge.

– Insensé ! Qu'oses-tu dire ? Je l'étranglerai plutôt de mes propres mains !

Les zélotes éclatèrent de rire tandis que Mariamne tombait à genoux et fondait en pleurs. Comme les zélotes esquissaient quelques pas, Ananias leva son épée au-dessus de la tête de sa fille.

– Arrête ! dirige ton arme contre tes ennemis et non contre ta fille ! cria une voix en grec.

Ananias ne comprit pas le sens de ces paroles, mais, comme les autres, il vit Démétrios accourir, l'épée à la main.

– Décidément ! s'écria Shiméa, en voici un qui n'aura pas une nouvelle fois l'occasion de nous importuner. Je crois, dit-il en marchant sur Démétrios, que nous avons un petit compte à régler ensemble.

– Par Héraclès ! Mais je te reconnais ! Tu es ce lâche que j'ai corrigé un jour sur la route de Jérusalem. Je vois que tu es toujours aussi plein de courage ! Si je compte bien, vous êtes treize hommes armés contre cinq vieillards et une jeune fille ! Mais alors, à combien devrez-vous vous unir pour vaincre une seule légion romaine ?

Sur ces mots, il saisit son poignard dans la main gauche et s'élança, pareil à ces tempêtes de sable qui se lèvent dans le désert et enveloppent les voyageurs en de sombres tourbillons. Les fers se heurtèrent, faisant jaillir des étincelles : les deux compagnons de Shiméa s'affaissèrent, l'un frappé par l'épée, l'autre par le poignard. Shiméa fut renversé par un fulgurant coup de pied. Les autres zélotes s'étaient avancés et formèrent un cercle autour de Démétrios qui se ramassa sur lui-même, prêt à frapper celui qui l'approcherait. Les passants qui s'étaient attroupés pour assister à l'échauffourée restaient silencieux.

– Brave ami ! murmurait Ananias. Il est perdu ! Et moi qui lui ai fermé l'accès de ma demeure ! Dieu me pardonne et lui donne sa force.

Mariamne partageait son adoration entre son Dieu et son sauveur. Un instant, il sembla que le temps suspendait sa course et chacun resta figé dans son attitude. Shiméa se releva et hurla :

– Chargez-le, tuez-le, c'est un impie, un païen, un Grec...

Alors, deux hommes bondirent dans le dos de Démétrios. Mariamne voulut pousser un cri, mais aucun son ne sortit de sa gorge serrée. Démétrios se retourna brusquement, bras tendus ; les deux hommes ne purent parer le coup : l'épée perça la poitrine de l'un tandis qu'un flot de sang jaillissait du ventre de l'autre, touché par le poignard. Le cercle se referma sur lui. Il se rua en avant, renversa un homme sur sa gauche, en frappa un autre à droite, puis chargea à nouveau ses adversaires. Sans même reprendre son souffle, Démétrios s'apprêtait à foncer sur les derniers zélotes restants, mais ceux-ci, pris de panique, lâchèrent pied et s'élancèrent en une fuite éperdue sans que les objurgations de Shiméa ne puissent les retenir. Se voyant abandonné, le zélote tourna à son tour les talons et partit en courant sous les quolibets de Démétrios.

– Serait-ce avec de tels chacals que Menahem prétend faire sa révolution, dit-il en rengainant son épée. Dans ce cas, il ne sera pas besoin d'une légion, il suffira des palefreniers d'une aile de cavalerie.

– Fuyons, ils ne vont pas tarder à revenir, dit Ézéchias en araméen.

Alors, un homme se détacha du groupe des spectateurs et s'approcha d'Ananias :

– Venez, je sais où vous pourrez vous cacher en attendant que leur fureur s'apaise.

Il les entraîna vers les remparts au pied desquels était aménagée une porte basse défendue par une grille de fer. Elle n'était pas verrouillée et, avec l'aide de Démétrios, il parvint à la faire pivoter, non sans mal, car elle était couverte de rouille. Ils pénétrèrent dans une galerie au fond de laquelle s'amorçait un escalier. Une fade odeur de moisi les saisit à la gorge.

– Attendez-moi là, dit leur guide, je vais chercher des torches.

Il revint chargé d'un grand sac d'où il retira des torches résineuses et des lampes à huile qu'on alluma à l'aide de silex, tandis qu'il expliquait que l'escalier donnait accès à d'anciens souterrains. Ils avaient jadis communiqué avec le palais d'Hérode et servaient, disait-on, d'issue secrète en cas de siège.

– S'ils nous découvrent nous risquons d'être pris comme des lapins au fond de leur terrier, constata Ananias.

– Vous sauverez-vous plus facilement si vous êtes pris dans la rue ? demanda leur guide. Crois-moi, Ananias, en venant, j'ai vu des zélotes partout. Ils occupent toutes les rues et les maisons du voisinage. Maintenant, si tu le préfères, tu es libre de ne pas me croire.

– Non, mon ami, je te connais, tu es Zacharie, le fils de Baruch, et je te rends grâce de risquer ta vie pour nous, d'autant que tes richesses et ta sagesse font de toi une victime toute désignée pour ces criminels.

Ils étaient arrivés dans une partie où le couloir s'élargissait sur une courte distance avant de s'embrancher sur deux nouvelles galeries obscures.

– Je vous conseille de vous installer ici où vous aurez au moins des couloirs pour tenter de fuir dans le cas où l'on vous chercherait. Je reviendrai cette nuit vous apporter des couvertures et de la nourriture.

– Merci, Démétrios, dit Ézéchias lorsque Zacharie se fut éloigné, tu es un homme juste et courageux. Mais je ne comprends pas pourquoi tu as fait cela pour nous.

– Par amour de la justice. Je hais cette lâcheté qui consiste à s'unir à plusieurs hommes armés contre d'autres plus faibles. Je pardonnerais même au soldat qui abandonne ses armes et fuit devant l'ennemi, mais l'autre lâcheté, celle qui consiste à abuser impunément de sa force, est un crime qui ne mérite que notre mépris.

– S'il y avait beaucoup d'hommes comme toi, soupira alors Ézéchias, le monde ne serait pas ce qu'il est.

Démétrios prit une torche et annonça qu'il allait visiter leur repaire. Un bruit léger derrière lui le fit se retourner. Il aperçut Mariamne.

– Si tu me le permets, je voudrais t'accompagner, lui dit-elle.

Depuis plus de trois mois qu'il étudiait assidûment l'araméen, il commençait à comprendre ce qu'elle lui disait et à pouvoir lui faire entendre certaines de ses pensées.

Elle lui tendit la main, leurs doigts s'enlacèrent avec une infinie tendresse. Alors, sans un mot, ils s'enfoncèrent dans une galerie à la lueur indécise de la torche. De façon évidente, elle était située sous le palais mais n'offrait aucune issue. Ils revinrent sur leurs pas.

– Je vais aller explorer les autres boyaux, expliqua Démétrios à Ézéchias en allumant une autre torche.

– Mariamne, où étais-tu donc allée ?

– J'accompagne Démétrios. Je me sens en sécurité auprès de lui.

– Ézéchias, je te prie de traduire ma pensée à Démétrios, dit alors Ananias. Je ne suis pas aveugle. Il y a longtemps que j'ai vu que Mariamne ne le laisse pas indifférent. Commence par le lui dire.

Ézéchias se fit l'interprète de son frère. Démétrios tenta de protester, mais Ananias leva la main et reprit :

– Je n'ignore pas non plus que ma fille nourrit pour lui les plus tendres sentiments. Je désirais naguère la marier à un homme riche et sage de notre caste. Mais le courage, la générosité et la noblesse d'âme sont parmi les formes les plus élevées de la sagesse. Démétrios, j'ignore quel sera l'avenir pour nous mais il m'apparaît très sombre. Aussi, je te confie ma fille aimée. Défends-la comme tu l'as déjà défendue. Aime-la comme un époux doit aimer sa compagne. S'il m'arrive malheur, je le dis devant mon frère et mes amis, c'est toi que je désigne pour me succéder dans mes biens, si jamais ces zélotes nous en laissent quelques-uns.

Lorsque Ézéchias eut traduit ces paroles, Démétrios mit un genou devant Ananias, lui baisa la main et répondit :

– Mon père, tes paroles me comblent de bonheur. Je mets à tes pieds et à ceux de Mariamne ma force et mon existence. Tant que j'aurai un souffle de vie, il ne lui sera fait aucun mal.

Ananias fit signe à sa fille qui vint se placer devant lui. Prenant alors sa main, il la mit dans celle de Démétrios et déclara :

– Les circonstances nous empêchent de célébrer un mariage selon le rite. Si nous sortons vivants d'ici, et quand tu auras embrassé notre foi, nous procéderons à la cérémonie comme le veut notre loi. Mais dès cet instant, considérez-vous comme mari et femme. Que le Seigneur bénisse votre union.

Une joie inouïe inondait le cœur des deux jeunes gens tandis qu'ils repartaient dans l'une des galeries obscures. Démétrios avait passé son bras droit autour des épaules de Mariamne. Pour ne pas risquer de se brûler, il tenait la torche en hauteur, loin de lui, de la main gauche.

– Attends, dit-elle, tu vas trop vite.

Démétrios s'arrêta. Elle se blottit contre sa poitrine et leva son regard vers son visage.

– Démétrios, murmura-t-elle, où tu iras, j'irai. Je veux mourir avec toi.

– Où tu iras, je te protégerai, répondit-il. Je veux vivre avec toi.

Ils restèrent un instant enlacés, immobiles. Puis, d'une voix timide, elle soupira :

– Maintenant que je suis ta femme, on peut s'embrasser.

Leurs lèvres s'unirent, longuement.

La troisième galerie formait plusieurs coudes puis s'arrêtait net devant un tas de pierres mêlées de terre et de cailloux provenant d'un affaissement de la voûte. Démétrios escalada le monticule qui obstruait le passage.

– On doit pouvoir ménager une issue dans le haut de cet éboulement, remarqua-t-il. Il faut que Zacharie nous procure un pic et une petite pelle.

Revenus à leur point de départ, ils trouvèrent Zacharie qui avait apporté des couvertures et quelques vivres, ainsi qu'une outre d'eau. Malgré la soif qui brûlait leur gorge, ils ne burent que modérément, étant sept à partager l'outre qui était petite. À la requête de Démétrios concernant une pelle et un pic, Zacharie répondit :

– Il serait imprudent que je revienne demain, car je risque d'être surpris par les zélotes qui assiègent le palais. Pour l'instant, ils sont mal organisés et j'ai pu me glisser ici à la faveur de la nuit, mais je ne suis sûr de rien pour demain.

– Alors, je viens avec toi. Je me charge de rapporter le nécessaire, ainsi que des vivres et de l'eau.

Mariamne s'accrocha à lui.

– Ne me laisse pas, j'ai peur !

Il l'étreignit avec un sourire rassurant.

– Tu n'as rien à craindre, je n'en ai pas pour longtemps.

– Sois prudent et que Dieu te garde, dit Ézéchias.

Lorsqu'il revint les bras chargés de provisions, il ne trouva que Mariamne. Par mesure de sécurité, tous s'étaient réfugiés plus avant dans la galerie.

Démétrios entassa le matériel qu'il rapportait dans la galerie qu'il comptait dégager, puis il étala sur le sol les deux couvertures. Ils échangèrent un sourire. Il déposa ses armes, la torche, les silex et l'amadou à portée de sa main et se coucha contre la jeune fille.

Lèvres unies, ils restèrent longtemps sans bouger ni parler, à savourer un bonheur que chacun avait à peine osé espérer. Sous les étoffes légères, il sentait la chaleur du corps de la jeune fille, ses formes aux courbes souples. Elle avait dénoué sa chevelure dont les boucles lourdes et parfumées s'épandaient sur leur deux visages. Il s'étonnait que lui, l'épicurien qui n'avait jamais conçu l'amour que comme une délicieuse union des corps, n'aspirait qu'à prolonger cette chaste étreinte. Il lui semblait même que son amour n'atteindrait jamais une plénitude plus totale.

Peut-être serait-il resté dans cet état extatique si Mariamne n'avait murmuré :

– Les jeunes filles de mon pays connaissent un chant très beau composé par le grand roi Salomon. Laisse-moi t'en dire des passages. J'espère que tu en comprendras le sens, car il est écrit dans notre ancienne langue. Écoute :

Qu'il me baise des baisers de sa bouche,
Car ton amour est plus suave que le vin,
Tes parfums sont agréables à l'odorat,
Ton nom est comme une huile qui se répand.
C'est pourquoi tu es aimé des jeunes filles.
Entraîne-moi, que je coure à ta suite !

« Dis, mon aimé, as-tu compris le sens de ces paroles ?

– En partie. C'est un très beau chant d'amour.

– Ne me méprise pas et aime-moi d'amour. Écoute encore ce que dit le chant de Salomon :

Place-moi comme un sceau sur ton cœur
Comme un sceau sur ton bras,
Car l'amour est fort comme la mort
Et la passion nous embrase comme l'enfer,

Ses étincelles sont des étincelles brûlantes,
Une flamme divine.
Toutes les eaux sont impuissantes
À éteindre le feu de l'amour,
Et nul fleuve ne peut le submerger.

Tandis qu'elle chuchotait le poème contre son oreille, il avait fait glisser ses derniers vêtements, et elle se sentit embrasée par cette grande flamme. Avant de se laisser entièrement consumer, elle éprouva encore le besoin d'exprimer son bonheur :

– Fais de moi ta femme. Unis ta chair à la mienne et apprends-moi à être une partie de toi.

Incapable de formuler de longues phrases en araméen, Démétrios répéta plusieurs fois :

– Amour, amour.

Puis il pressa ses lèvres contre celles de Mariamne pour contenir le gémissement qu'elle étouffait.

Dès le lendemain des Xylophories, Marcus avait entraîné sa troupe vers la tour Antonia. Il s'engagea à enlever la forteresse dans les quatre jours, avant que Menahem n'ait pris le palais d'Hérode. De fait, le second jour, Marcus conduisit lui-même un assaut général. On dressa les échelles, lança des grappins en si grand nombre et avec tant d'ardeur que les défenseurs furent rapidement débordés. Il fut l'un des premiers à prendre pied sur les remparts de la forteresse, suivi par Judas ben Jaïr, qui avait voulu participer au combat à son côté. Les Romains furent tués jusqu'au dernier après s'être défendus avec acharnement. Avant la fin de la journée, Marcus était maître de la forteresse et y établissait son quartier général.

Menahem cacha son dépit devant une si prompte victoire, alors que lui-même multipliait en vain ses attaques contre le palais d'Hérode. Il dut se résoudre à demander conseil à Marcus.

– Menahem, lui dit ce dernier, je suis tout disposé à t'aider, à la condition que tu me jures de ne faire de mal à aucun des juifs qui y ont trouvé refuge ni aux défenseurs qui se rendront.

Menahem prêta serment. Marcus se porta alors vers le palais avec une centaine de ses hommes et commença à faire creuser une mine, selon la méthode romaine, à une distance suffisante des remparts pour agir en toute sécurité. Le lendemain, les fondements furent atteints. Marcus pénétra dans la mine et montra comment procéder pour saper les bases des murs, tout en élevant un bâti de bois pour soutenir l'édifice. Lorsque la sape fut suffisante, il mit lui-même le feu aux supports de bois. Lorsqu'ils furent calcinés, la tour se fendit et s'écroula dans un fracas de tonnerre. Par la brèche, les assaillants s'élancèrent à l'assaut, mais les assiégés avaient élevé avec diligence un mur intérieur qui fit tourner court l'attaque, durant laquelle Marcus se brisa la cheville et reçut une flèche dans l'épaule gauche. On dut le ramener sur un brancard chez sa sœur où il resta étendu, incapable de marcher.

Les assiégés, ayant eu connaissance du serment de Menahem, demandèrent qu'on leur permette de se retirer en sûreté. Les soldats d'Agrippa sortirent avec leurs armes sans être inquiétés. Quelques juifs méfiants se mirent sous leur protection et les suivirent jusqu'à Césarée. Les autres restèrent dans le palais où ils furent égorgés par les zélotes. Quant aux Romains, ils se retirèrent dans les deux tours d'angle du palais, appelées, Phazaïl et Mariamne. De là, ils assistèrent impuissants au pillage du palais par les zélotes, qui l'incendièrent.

Pendant ce temps, Démétrios, Mariamne, Ananias et leurs compagnons demeuraient terrés dans les anciens égouts. Par deux fois, Démétrios était sorti pour aller chercher des vivres chez Zacharie. Il consacrait l'essentiel de ses journées à percer une issue dans l'immense éboulis qui obstruait le boyau.

Un matin, Démétrios, d'un coup d'épée, fit basculer une motte de terre qui découvrit une trouée à travers laquelle filtrait un rai de lumière. Il agrandit le trou, repoussa les pierres et la terre et, rampant encore, sortit la tête et les épaules et s'insinua dans une salle au fond de laquelle une étroite issue laissait pénétrer un jour diffus. Il retourna sur ses pas pour annoncer la bonne nouvelle à Mariamne.

– Viens, dit-il en lui prenant la main, allons chercher ton père et nos amis.

Ils approchaient de la salle centrale lorsque des cris et des appels déchirèrent les ténèbres, résonnant sous les voûtes de pierre.

– Fouillez par là, il doit y en avoir d'autres !

Démétrios plaqua Mariamne contre le mur humide. Il tenait à la main l'épée qu'il avait prise à l'un des sicaires tués lors de sa première sortie et qu'il avait utilisée pour son travail. Il la fit passer dans sa main gauche et étreignit dans la droite sa propre épée qu'il tira de son fourreau. Lorsque les voix parvinrent au coude de la galerie où ils s'étaient arrêtés, il s'avança et lança :

– Est-ce moi que vous cherchez ?

– Précisément, Démétrios, répliqua Shiméa. Tes protégés ont payé leurs crimes. À ton tour de payer les tiens !

– Leurs crimes, dis-tu, fils de chacal ! Prépare-toi plutôt à me rendre des comptes.

Les deux zélotes de tête firent deux pas en avant. Une immense stupeur se peignit dans leurs regards lorsqu'ils tombèrent soudain transpercés l'un et l'autre par les épées de leur adversaire. Démétrios poussa son attaque. Il voulait parvenir jusqu'à Shiméa, dont il était encore séparé par une dizaine d'hommes. Ses deux épées tourbillonnant formaient un mur mortel devant lui, et ses adversaires reculaient, bousculant ceux qui se pressaient derrière eux. Bientôt, six hommes furent hors de combat tandis que les autres prenaient la fuite. Il s'apprêtait à les poursuivre lorsque Mariamne l'appela :

– Démétrios, ne me laisse pas ! s'écria-t-elle.

Revenant en arrière, il lui prit la main et ils s'enfoncèrent à nouveau dans les galeries obscures. Lorsqu'il arriva au second éboulis, Démétrios fit passer Mariamne devant lui. Il s'engagea à son tour en rampant dans cette dernière galerie, leurs assaillants sur les talons.

– Va te placer devant la sortie, dit-il à Mariamne, et veille à bien être visible dans la lumière du jour.

Elle obéit sans chercher à comprendre. Il se plaça près de l'issue de l'étroit boyau, l'épée levée. Des bruits de voix leur parvenaient. Les zélotes hésitaient à s'engager dans cette sorte de terrier qui se terminait en souricière. Les voix se turent et il perçut le frottement du métal sur la pierre et un souffle court et rauque. Une tête surgit, tendue vers Mariamne dont la silhouette se découpait en contre-jour. Les épaules commencèrent à se dégager en un mouvement de reins. La tête de Shiméa, brutalement détachée de son tronc, roula sur les pierres.

Mariamne hurla en se cachant le visage dans les mains. Démétrios poussa la tête du pied avant de rengainer son épée dégoulinante de sang :

– Ton père est vengé, lança-t-il.

Et il l'entraîna hors du souterrain.

Ils clignèrent des paupières, incapables de soutenir la violence de la lumière du jour. Ils avancèrent un moment la main sur les yeux pour se protéger. Ils se trouvaient sur une colline couverte d'épineux et d'amandiers, tout près de la route d'Hébron, face au tombeau des Hérode. Au-dessus d'eux, ils aperçurent, au loin, les remparts de la ville.

– Et maintenant ? haleta Mariamne.

– Nous allons rentrer dans la ville par le sud. Chez Simon ben Gamaliel, tu seras en sécurité. Moi, je me rendrai au Temple retrouver Marcus.

– Nous pouvons essayer d'entrer par la porte Sterquilline en passant par la vallée de la géhenne. Nous ne serons pas très loin de la demeure de Simon, suggéra-t-elle alors.

Ils se mirent en route d'un pas rapide, restant dans les collines sous le couvert des arbres.

– Démétrios, demanda au bout d'un moment Mariamne, crois-tu qu'ils ont tué mon père ?

– Jamais je ne me pardonnerai de m'être trouvé loin, juste à ce moment, se contenta-t-il de répondre.

Lorsqu'ils frappèrent à la demeure de Gamaliel, le serviteur qui leur ouvrit repoussa aussitôt la porte avec horreur. Démétrios heurta alors le bois du pommeau de son épée. Sérapion, appelé à l'aide, resta muet d'étonnement en reconnaissant Démétrios. Il les mena aussitôt dans la salle haute où se trouvait Marcus, toujours alité du fait de sa cheville.

Simon et Judas, fils de Jaïr, étaient là, qui se plaignaient de leur oncle Menahem. Ils avaient approuvé l'attitude modérée de Marcus qui voulait sauver les juifs réfugiés dans le palais d'Hérode. Leur massacre les avait remplit d'indignation. Ils éprouvaient aussi une jalousie secrète envers cet Absalon, dont leur oncle avait fait son premier lieutenant. C'est lui qui avait poussé les zélotes à la curée et Menahem, au lieu de prendre contre lui des sanctions, l'avait au contraire couvert. Aussi venaient-ils se ranger au côté de Marcus.

– Mes amis, déclara ce dernier, j'avais mis toute ma confiance en Menahem et je regrette, plus que vous peut-être, ces excès dont il n'est pas tout à fait responsable. Je ne puis pourtant le condamner publiquement. Nous sommes tous juifs dans cette ville, et pourtant, nous voici déjà divisés en cinq factions avec Menahem, maître de la ville haute, Éléazar ben Ananias, fort de la confiance du peuple, Éléazar, le fils de Simon ben Gamaliel, représentant officiel des modérés ralliés à l'indépendance, enfin, Hanan et Ananias à la tête de la caste sacerdotale. Pour moi, j'ai l'espoir de réunir en un seul front tous les juifs de Jérusalem et de la Palestine. Seule notre union pourra nous permettre de tenir tête au Romain et de le chasser comme notre peuple a chassé les Grecs sous les Asmonéens. Les Maccabées ont remporté la victoire parce qu'ils étaient unis. Ainsi, toi, Simon, et toi, Judas, vous n'allez pas abandonner votre oncle et constituer une sixième faction ?

– Marcus, répliqua Judas, qui te parle de constituer une nouvelle faction ? Nous venons nous ranger derrière toi. Toi seul peux faire entendre raison à Menahem.

– En tout cas, ajouta Simon, nous avons avec nous près de six cents hommes armés, sans compter les gens du peuple qui nous sont favorables. Permets-nous de nous retirer dans la forteresse Antonia.

– Simon, mon ami, l'Antonia n'est pas mon domaine personnel. Chacun de vous peut s'y installer s'il le désire.

– Peut-être, mais je veux que tu fasses savoir à tes hommes qui l'occupent que nous ne sommes plus les partisans de Menahem, mais tes alliés.

– Qu'à cela ne tienne ! Sérapion vous accompagnera et témoignera de notre amitié, car pour moi, mon médecin – il regarda sa sœur qui se tenait dans l'embrasure de la fenêtre – m'interdit de bouger tant que l'os de ma cheville n'aura pas été ressoudé et que ma blessure ne sera pas refermée.

C'est à ce moment que résonnèrent les coups violents frappés par Démétrios.

Marcus se leva et sauta sur un pied pour tomber dans les bras de son ami. Comme on s'empressait d'interroger Démétrios pour savoir ce qu'il s'était passé, il s'écria :

– Des sicaires de Menahem se sont introduits dans les égouts du palais d'Hérode où s'étaient réfugiés Ananias, sa fille, son frère, et des amis. Ils sont en train de massacrer ces malheureux. Je ne sais pas s'il est encore temps de les sauver mais, Marcus, confie-moi nos anciens soldats afin que je tente l'impossible !

– Prends tous les hommes que nous avons ici, répondit Marcus. Sérapion, cours à l'Antonia, rassemble une centaine de combattants et allez prêter main-forte à Démétrios.

Sans plus attendre, Démétrios sortit avec Sérapion, tandis que Drusilla appelait ses servantes afin qu'elles préparent un bain et des vêtements pour Mariamne. En attendant, la jeune fille raconta en détail tout ce qui s'était passé.

Elle terminait son récit et s'apprêtait à se retirer lorsque son frère Éléazar se présenta chez Simon. Il avait déjà appris l'arrivée de Mariamne dans la demeure du fils de Gamaliel où il était accouru sans tarder.

Cet homme qui semblait tant mépriser son père serra sa sœur dans ses bras et partagea ses pleurs, quand elle lui fit part de sa mort. Lorsqu'elle eut raconté en détail les douloureux instants qu'elle venait de vivre, Éléazar conclut :

– Démétrios est digne d'entrer dans notre famille. Je vais de ce pas le rejoindre.

Comme il jetait un regard sévère sur les deux fils de Jaïr, Judas fit un pas en avant et déclara :

– Éléazar, je tiens à t'assurer que nous nous sommes désolidarisés de notre oncle et que nous désapprouvons cette action.

– Éléazar, reprit Marcus, ce Shiméa dont a parlé Mariamne, s'est institué juge et a instauré un pseudo-tribunal révolutionnaire. Chacun peut établir son propre tribunal et, sous les plus futiles prétextes, assouvir ses passions et ses haines. Ce Shiméa a été châtié comme il le méritait. Maintenant, je t'en prie, ne cherche pas à te venger de Menahem.

– Marcus, je n'ai rien décidé. En tout cas, je n'agirai pas par haine, mais par justice.

Lorsqu'il parvint devant le palais d'Hérode, il aperçut Démétrios suivi de soldats qui portaient sur des brancards une dizaine de corps. Parmi eux se trouvaient ceux d'Ananias, de son frère et de leur trois compagnons.

Après avoir reconnu son père, Éléazar serra Démétrios dans ses bras en lui disant :

– Mon frère, ma sœur Mariamne, qui te doit la vie, m'a appris brièvement ce qui s'est passé. Tu peux disposer de mon bras et de mon existence.

Selon la coutume, les morts devaient être inhumés environ huit heures après le décès, afin que les cadavres ne se corrompent pas sous l'effet de la chaleur. Hanan avait mis à la disposition de Marcus une litière spacieuse portée par huit gaillards. Les deux jeunes gens y prirent place pour se rendre à l'enterrement d'Ananias et de ses défunts compagnons.

– Démétrios, es-tu sérieusement disposé à te faire juif ? l'interrogea Marcus.

– Par Bacchos ! Pourquoi pas ? s'exclama-t-il en riant.

– Alors, commence par ne pas jurer par un dieu grec, reprit Marcus avec un sourire. Ensuite tu dois te faire circoncire et accepter nos lois.

– Va pour la circoncision ! soupira Démétrios.

– Dès la fin du deuil, tu dois offrir à Éléazar, qui, légalement, remplace son père Ananias, une somme convenue qui représente l'achat de ta future épouse. Comme Ananias t'a institué son héritier, tu n'auras sans doute rien à donner, sinon un anneau à Mariamne, qui deviendra alors ta fiancée. Mais sache qu'après les fiançailles, il faut attendre une année avant que puisse avoir lieu la cérémonie du mariage.

– Comment ? Je devrais encore patienter une année ?

– Telle est la coutume, mais ce n'est pas une loi. En attendant, évite qu'on te voie, la nuit, rejoindre la chambre de Mariamne.

– Je ferai comme les jeunes mariés de Sparte qui vont retrouver leurs épouses en catimini. Maintenant, si je comprends bien, je dois toutes affaires cessantes embrasser ta religion. Je le fais d'autant plus volontiers que je ne crois pas à nos dieux.

– Ni à celui des juifs.

– Pas plus que toi. D'ailleurs si j'ai bien compris, bien des sadducéens n'y croient pas plus que nous.

– C'est juste, il suffit de ne pas s'en vanter.

La litière avait eu quelque mal à se frayer un chemin dans les rues étroites et encombrées de passants. Ils s'arrêtèrent enfin devant la maison d'Ézéchias où avaient été déposées les dépouilles d'Ananias – dont la demeure avait été détruite – et de ses parents. Les corps avaient été lavés, parfumés d'aloès et de myrrhe puis enveloppés dans les linceuls de lin fin. Ainsi préparés, ils avaient été déposés sur les lits en bois qui devaient servir de cercueils, à l'ombre d'un vélum qui couvrait la terrasse. Démétrios remarqua que Mariamne et son frère avaient échangé leurs habits contre une sorte de tunique courte en tissu grossier couvert de poils, sans manches, semblables à un sac.

Les joueurs de flûtes, dans la cour, entonnèrent des chants lugubres tandis que les pleureuses se mirent à gémir et à se lamenter en se déchirant la poitrine et en s'arrachant les cheveux.

Dans la rue, le cortège s'étoffa d'une foule de parents, d'amis, de plus en plus véhéments contre les meurtriers. Ainsi, est-ce une foule houleuse qui sortit des murs de la cité et suivit la procession jusqu'au caveau monumental de la famille d'Ananias, bâti dans la vallée du Cédron. Le sépulcre avait été, selon le rite, blanchi à la chaux pour la pâque et il conservait son éclatante blancheur, comme s'il avait été préparé pour recevoir ses nouveaux hôtes. Hanan improvisa un discours à la louange des deux défunts. Il exalta leurs mérites et stigmatisa la violence de ces insensés qui divisaient le peuple juif et le conduisaient à sa perte. À ces paroles répondirent des gémissements qui se transformèrent bientôt en cris de colère et en menaces contre les zélotes de Menahem.

Lorsque les proches d'Ananias rentrèrent dans la demeure d'Ézéchias, le soleil était bas sur l'horizon. Ils se réunirent sur la terrasse où fut servi le banquet funèbre. Démétrios, placé à côté de Mariamne, la consolait par de tendres paroles. Dès la fin du deuil, il se ferait circoncire. Il leur serait alors possible de se fiancer et il pourrait ensuite lui tenir lieu de père et d'époux. Les témoins approuvèrent ces projets tandis que circulaient entre eux des coupes de vin : deux qui furent bues avant le repas, cinq au cours du festin et trois enfin qui furent vidées dans l'heure qui suivit le repas.

Pendant trois jours, Démétrios se conforma scrupuleusement aux prescriptions rituelles du deuil, telles que les lui avaient énumérées Marcus : il ne se rasa ni ne se lava, ne changea pas de vêtements, ne chaussa pas de sandales et ne répondit à aucune salutation. Le quatrième jour, le deuil devenant moins rigoureux, il allait pouvoir revoir Mariamne.

Ce matin-là, le peuple de Jérusalem apprit avec stupeur que Menahem avait pris les insignes de la royauté. Il avait cru habile d'agir par surprise car il lui semblait que le peuple, qui ne lui était pas particulièrement favorable, risquait, sous la pression d'Éléazar et de ses modérés, de lui devenir hostile. Il espérait, par ce coup de force, imposer le respect et museler ses adversaires. Éléazar ben Simon, maître du Temple, ne s'était pas prononcé, attendant son heure. Menahem cherchait à le rallier et il avait le sentiment de progresser. En revanche, il n'avait que peu de confiance en Marcus, qui représentait à ses yeux un atout important. Pourtant, celui-ci le favorisait à son insu, estimant qu'il était le chef habile et prestigieux, indispensable à la révolte à condition que ses actes pussent être contrôlés par le sanhédrin et les autres chefs de parti.

Menahem, tout en laissant traîner les tractations avec ses anciens alliés, poursuivait le siège des Romains dans les tours du palais d'Hérode et s'installait dans son rôle ; il réglait les affaires intérieures avec une brutalité qui lui valut la haine du peuple, aussi ombrageux et prompt dans ses enthousiasmes que dans ses colères.

Près d'un mois s'écoula et le deuil touchait à sa fin. Marcus recommençait à marcher avec prudence. Comme tous les matins, il était dans la salle haute de la demeure de Simon, en compagnie de Démétrios. Ils évoquaient avec mélancolie leur vie en Grèce et en Égypte, leurs combats sur les frontières de Germanie. Drusilla, aidée de Mariamne, vaquait aux soins de la maison et des enfants. Comme à l'accoutumée Simon passait la matinée au Temple.

Simon ben Jaïr fit irruption, accompagné de cinq zélotes aux vêtements déchirés et ensanglantés.

– Marcus, annonça-t-il, tôt ce matin, notre oncle Menahem s'est rendu au Temple, escorté d'hommes armés et portant les insignes de la royauté. Absalon poussait Menahem, qui hésitait, à faire acte d'autorité en se présentant au Temple, devant tout le peuple, dans ses habits royaux. Absalon était persuadé que le peuple serait ébloui et subjugué. Contrairement à leurs espérances, ils ont été accueillis à coups de pierres. Éléazar ben Ananias, soutenu par Éléazar ben

Simon, s'est saisi de Menahem et d'Absalon, tuant plusieurs de leurs compagnons. La foule, conduite par les partisans d'Éléazar ben Ananias, s'est jetée sur les hommes de Menahem. Plusieurs d'entre eux ont été massacrés, mais la plupart ont trouvé refuge dans la forteresse Antonia dont le peuple a entrepris le siège.

Marcus se leva avec tant de fougue qu'il renversa son siège.

– Qu'on me prépare mon cheval !

Démétrios se précipita pour le soutenir.

– Marcus, que comptes-tu faire ?

– Parler à Éléazar. Je n'ai pas le droit d'abandonner Menahem.

– Ils ont constitué un tribunal dans le Temple pour le juger, précisa un des zélotes.

– Encore ces tribunaux, comme si nous ne vivions que parmi des malfaiteurs ! s'exclama Marcus.

– Menahem n'est pas le dernier à en avoir établi, remarqua Démétrios avec ironie.

Ce n'est pas sans mal qu'ils se frayèrent un chemin jusqu'au Temple, tant la foule alentour était dense. Au bas des marches se tenait David, qui courut prendre le cheval de Marcus en criant :

– Seigneur, ils ont jugé Menahem et ses compagnons.

Marcus grimpa les marches en s'appuyant sur Démétrios. Il s'engageait sous le portique lorsque Éléazar vint vers lui, entouré de plusieurs hommes parmi lesquels se trouvaient Éléazar ben Simon, rallié au fils d'Ananias, et Silas devenu l'un de ses lieutenants. Il s'arrêta devant Marcus.

– Menahem et Absalon ont été condamnés à mort par le tribunal du peuple.

– Et qui étaient les juges ?

– Ces hommes qui sont ici et moi-même. Le peuple a approuvé la sentence. Notre tribunal vaut bien ceux qu'avait institués Menahem.

– Je te l'accorde, Éléazar, mais ceci ne justifie pas cela. Moi, je viens ici pour te dire : libère Menahem.

– Impossible ! Il est entre les mains du bourreau.

– Tu peux arrêter son bras.

– Le pourrais-je, que je ne le ferais pas. Écoute, Marcus, entends-tu ces clameurs ? C'est le peuple qui assiège l'Antonia : il réclame qu'on lui livre les partisans de Menahem qui s'y sont réfugiés. Et cette haine rejaillit sur ses neveux, même si maintenant ils sont éloignés de lui.

– Tu ne comptes pas que je les livre ?

– Peut-être y seras-tu contraint.

– Éléazar, je te propose un marché : rends-moi Menahem et nous quittons Jérusalem avec nos partisans. Ainsi restes-tu seul véritable maître de la cité.

– Je t'ai dit que ne puis te rendre Menahem.

– Démétrios, joins-toi à moi pour fléchir...

Démétrios l'arrêta avant qu'il n'eut terminé :

– Non, Marcus. À mes yeux, Menahem mérite son châtiment. Ne me demande pas de t'aider à sauver le meurtrier d'Ananias.

– C'est bon, soupira Marcus. Je n'insiste plus. Mais ne compte pas, Éléazar, que je te livre ceux qui sont dans la forteresse Antonia. Je te propose une trêve : que le peuple, entraîné par tes partisans, lève le siège de l'Antonia, et demain, nous quitterons la ville.

Deuxième partie

EN JUDÉE

Chapitre XIII

SIMON BAR GIORAS

Marcus ne se lassait pas du spectacle des falaises brunes et mauves, déchiquetées, dénudées, brûlées de soleil qui dominaient les eaux brillantes de la mer Morte. Dans les terres, au loin, une tache d'un vert cendré, à peine visible à la lumière dense du soleil, marquait l'emplacement d'Engaddi, l'oasis aux sveltes palmiers, aux nombreuses sources et cascades, et dont la dense végétation forme un délicieux séjour dans l'âpreté de ces montagnes qui enserrent la mer de Sel. Depuis son arrivée à Massada, quatre sabbats s'étaient écoulés, mais il n'était encore jamais allé à Engaddi, pourtant distant d'à peine quelques heures de marche.

Il avait passé tous ces jours à organiser son installation dans la forteresse. Elle était l'œuvre d'Hérode, qui avait tout prévu dans l'hypothèse d'un long siège. D'immenses citernes se remplissaient lors des rares périodes de pluie. Sur le plateau constitué par le sommet arasé de la colline, la culture de céréales, de légumes et d'herbages pour le petit bétail était possible. Le site, seulement accessible par un étroit sentier accidenté, était facile à défendre. Massada était bien la forteresse la plus puissante de l'Orient romain.

Hérode, roi hellénisé, avait également pourvu ce nid d'aigle de tous les agréments d'une résidence princière. Sur l'éperon septentrional et jouxtant les thermes à la mode romaine, il avait aménagé un somptueux palais disposé en terrasses, avec des portiques et des colonnades de marbre. Les murs et les sols des appartements étaient recouverts de mosaïques. C'est là qu'après la prise de la forteresse s'étaient installés Marcus et Démétrios. Éléazar ben Jaïr s'était établi dans un autre palais encore plus vaste et luxueux, adossé au rempart occidental, ancienne résidence officielle des princes de la dynastie hérodienne. Enfin, les zélotes de Menahem qui, pour la plupart, avaient emmené leurs familles, occupaient toutes les habitations destinées aux gens de la garnison habituelle mais, pour les loger tous, Éléazar avait dû en installer dans le palais, dont certaines salles avaient été sommairement divisées.

Marcus était accoudé à la balustrade de marbre d'une terrasse circulaire couverte d'un toit supporté par une colonnade. L'ombre lumineuse était chaude à cette heure méridienne. Pas un souffle de vent ne ridait les eaux de la mer qui scintillait au soleil comme ces surfaces glacées des lacs de Germanie. Tout sommeillait dans la forteresse, excepté les sentinelles. Démétrios lui-même s'était retiré dans la chambre qu'il partageait avec Mariamne, car depuis cinq jours, faisant fi de la coutume qui voulait que les fiançailles durent une année, les deux jeunes gens s'étaient mariés suivant le rite juif qui ne comprend aucune cérémonie religieuse.

L'inaction pesait à Marcus et il s'inquiétait de l'avenir de Jérusalem qu'il avait laissée dans un singulier état d'effervescence. Il était abîmé dans ses réflexions lorsque Sérapion entra.

– Seigneur, un homme désire te voir. Il vient de Jérusalem et il dit s'appeler Gorion, fils de Nicodème.

– Gorion? Fais-le entrer.

Marcus se rappelait l'avoir rencontré chez la reine Bérénice. La visite de ce courtisan d'Agrippa, favorable au parti des sadducéens, l'étonnait. Marcus le reconnut à peine. Son manteau rayé, serré à la taille, relevé sur les mollets, était gris de la poussière du chemin. La sueur ruisselait sur son visage sale et sa barbe était hirsute.

– Gorion! s'exclama Marcus après lui avoir donné le salut religieux. Dans quel état es-tu!

– Ah! Marcus Claudius! Je suis bien aise de me retrouver ici! Je viens implorer ta protection... Jérusalem est prise d'ivresse, un vent de folie souffle sur la ville!

Sur l'invitation de Marcus, il ôta son manteau et, après s'être affalé dans des coussins, il reprit:

– Tu ignores sans doute comment ce maudit fils d'Ananias a fait tuer Menahem?

– J'avoue l'ignorer, assura Marcus curieux.

– Lorsqu'il vit le peuple se lever contre lui, Menahem s'enfuit et alla se cacher à Ophalas où Éléazar vint le saisir. Condamné par le tribunal populaire organisé par le fils d'Ananias et par Éléazar ben Simon, il a subi les pires tourments avant d'être lapidé. Éléazar a pris la direction du siège des tours d'Hérode où s'étaient réfugiés les Romains. Or, connaissant mes relations avec la reine Bérénice et les Romains, Éléazar est venu me trouver pour me demander de servir d'ambassadeur auprès de Metilius. Je devais lui proposer de se retirer avec ses hommes en toute sécurité. Les Romains, à bout de forces, souffraient du manque de vivres et d'eau. Metilius reçut mes propositions d'une oreille favorable. Par serment, nous nous engageâmes au nom de tous à laisser partir libres les Romains après qu'ils eurent rendu leurs armes.

« Nous sortîmes les premiers pour aviser Éléazar de l'accord, bientôt suivis par les Romains. Ils allaient à la file, la tête haute avec cette fierté qui fait l'admiration de tous. Parvenus devant Éléazar, ils jetèrent leurs armes. Le fils d'Ananias esquissa alors un geste comme pour leur dire de s'en aller, mais à peine avaient-ils fait quelques pas que les zélotes qui les entouraient se ruèrent sur eux ! Surpris par une telle félonie, les Romains désarmés ne cherchèrent pas à se défendre et n'implorèrent pas davantage la grâce. Ils sont morts debout, criant que nous violions nos propres serments, que les juifs n'étaient que d'infâmes parjures et appelant sur nos têtes la vengeance de leurs dieux. Seul Metilius, qui n'a pas le cœur d'un Romain, est tombé à genoux : il a juré à Éléazar qu'il était prêt à se faire circoncire si on l'épargnait. Il est le seul survivant de cet indigne massacre. Moi-même je suis allé au-devant d'Éléazar pour lui rappeler que j'avais prêté serment et que je porterais la honte d'un parjure dont j'étais innocent, ayant été aussi traîtreusement trompé. Éléazar ben Simon et son nouveau lieutenant, Silas le transfuge, qui était à ses côtés, se sont mis à rire.

« Je les ai suppliés d'épargner les Romains, assurant que je ne pourrais vivre avec le poids d'un tel péché. Alors ben Simon s'est écrié : "Eh bien, crève !" et il m'a jeté une pierre au visage. Aussitôt, ceux qui l'entouraient ont commencé à me lapider. Protégeant ma tête à l'aide de mon manteau, je suis parvenu à m'enfuir, talonné par des enragés qui m'accusaient d'être un espion du roi Agrippa. J'ai cherché refuge auprès de toi, car jamais plus je n'oserai me présenter devant Agrippa, le cœur lourd d'un tel parjure.

– Seul Éléazar et ses compagnons portent la responsabilité de cette trahison. Gorion, je te remercie de me faire confiance. Tu peux rester ici en toute sécurité, autant que tu le désireras mais, si tu veux te rendre à Césarée auprès d'Agrippa, tu en es libre. Il ne peut te faire un grief de ce massacre des Romains. Je pense même qu'il serait bon que tu avises toi-même le tétrarque du massacre des derniers Romains de Jérusalem et que tu l'incites à envoyer rapidement une armée afin d'y rétablir l'ordre. Je vais te fournir de bons chevaux et une escorte pour aller jusqu'à Tibériade.

– J'avoue ne pas comprendre, à moins que tu n'espères ainsi rentrer en grâce...

– Peut-être Gorion, peut-être. Cependant, je te prie de ne pas dire que c'est moi qui t'envoie. Ce serait dangereux pour toi. Il faut qu'il croie que tu es venu de toi-même, ce qui montrera que tu ne te sens coupable en aucune manière. Il faut que tu repartes très vite, pour brosser à Agrippa un tableau de la situation : la ville divisée entre les factions, la plus grande partie des forces vives établies ici, à Massada, où moi-même je me suis retiré. Qu'il se hâte d'intervenir afin de profiter de la faiblesse des insurgés.

Gorion le considérait avec stupeur.

– Mange, mon ami, et prends quelques heures de repos. Tu as encore une route longue et difficile à parcourir.

Marcus sortit, le laissant attablé. Il venait de bâtir sur le moment un plan d'action qui le remplissait d'aise, malgré les aléas qu'il comportait. Il fallait que Gorion persuade Agrippa qu'il y avait là une occasion de complaire à Néron et donc de se faire donner le gouvernement de la Judée. L'échec de la troupe qu'il avait envoyée à Jérusalem avait dû inciter le tétrarque à la prudence et à la modestie. Il faudrait donc que Gorion lui suggère de s'adresser au gouverneur de Syrie, Cestius Gallus. Il était indispensable de convaincre celui-ci d'intervenir promptement, avant l'hiver, afin de profiter de la faiblesse des juifs. Ainsi, en si peu de temps, les Romains ne pourraient recevoir des renforts de l'Italie et n'interviendraient qu'avec des forces assez réduites, une ou deux légions mal préparées, tout au plus. Si les Romains marchaient sur Jérusalem avant la fin de l'automne – ce dont Marcus avait la certitude – les juifs de Jérusalem, alarmés sinon effrayés, s'uniraient et surtout feraient appel à lui pour qu'il organise la résistance.

Marcus savait que l'insurrection ne pourrait parvenir à son but que si l'on infligeait aux Romains plusieurs sanglantes défaites : d'abord pour affaiblir ces derniers et abattre leur moral, ensuite pour trouver un moyen d'exaltation et de cohésion. Certes, Rome enverrait de nouvelles troupes, mais il lui faudrait un certain temps pour réunir les légions et les envoyer en Syrie. Le temps nécessaire pour que les juifs s'organisent et préparent la défense.

Avant la fin de l'après-midi, Gorion était reparti en direction du nord escorté d'une douzaine de cavaliers, avec des chevaux de rechange. Marcus, qui avait fait part à Démétrios de ses projets, s'était ensuite rendu auprès d'Éléazar et de ses frères.

– Je pars demain matin pour effectuer une reconnaissance des forteresses qui avoisinent la mer de Sel : Machéronte, vers le levant, et l'Hérodion, à l'ouest d'Engaddi. Tu comprends, Éléazar, qu'il est indispensable de s'en rendre maître mais, après la ruse qui nous a servi à prendre Massada, les Romains doivent être devenus méfiants.

– Nous savons que ces garnisons consistent en auxiliaires, Syriens et Iduméens. Les quelques Romains qui s'y trouvent assurent l'encadrement.

– C'est une bonne chose pour nous. Je n'emmènerai que Sérapion et deux hommes. Avec nos habits grecs, nous éveillerons moins les soupçons.

– Tu pars sans Démétrios ? s'étonna Éléazar.

– Oui. Démétrios est encore dans les sept jours du repas de noces. Laissons-le encore jouir de sa jeune épouse, car avant peu il devra s'en éloigner.

– Que veux-tu dire par là ? demanda Judas.

Marcus fit alors part de la visite de Gorion.

– Avant un mois, poursuivit-il, les Romains vont marcher sur Jérusalem. Aussitôt, on viendra requérir notre aide et, d'ici à quelques semaines, nous reprendrons le chemin de la guerre... et de la victoire. L'un de vous connaît-il les routes qui conduisent à Machéronte ?

L'un des zélotes s'avança :
– Moi, je suis du pays et je connais bien la région.
– Quel est ton nom ?
– Judas, fils de Judas. Je suis à tes ordres.
– Combien de jours nous faudra-t-il ?
– Le mieux est de passer par les rives sud de la mer. La route est difficile, mais en marchant bien, en moins de deux jours on peut être à Machéronte. Ensuite, il nous faudra environ une journée pour parvenir au gué du Jourdain, et à peu près autant de route pour atteindre l'Hérodion et encore autant pour rentrer ici.
– Nous partirons demain matin à la première heure. Ensuite, nous aurons quinze jours pour enlever ces deux forteresses avant l'intervention romaine à Jérusalem.

Marcus partit au point du jour accompagné de Sérapion, de deux de ses soldats et de Judas ben Judas. Marcus avait revêtu une courte tunique grecque agrafée sur une épaule et laissant l'autre nue, une cape légère, et portait un chapeau plat en feutre à la mode grecque. Il avait lié sur son dos un arc et un carquois plein de flèches. Ses soldats étaient pareillement équipés, comme l'auraient fait des Grecs du pays pour aller à la chasse. Seul Judas, qui allait en tête, avait conservé ses longs vêtements à la mode juive. Ils avaient bientôt abordé un monde désolé, d'une blancheur aveuglante : la montagne de sel, au sud de la mer, là même où la femme de Loth s'était transformée en statue de sel. Puis ils étaient redescendus vers les rives basses et marécageuses de la mer. La végétation était devenue dense : roseaux jaunâtres, grands arbres d'origine persane au maigre feuillage et pommiers de Sodome. En passant près de l'un d'eux, Marcus cueillit un fruit jaune, pareil à une pomme, mais, lorsqu'il voulut mordre dedans, il éclata pour ne laisser dans sa main qu'une poignée de filaments laineux.

Judas le regarda et dit d'un air grave :
– Ici, tout est maudit par le Seigneur. C'est là, tout près, que se dressaient la ville d'infamie et la cité d'iniquité, Sodome et Gomorrhe, qu'en une nuit Dieu a détruites par le feu du ciel et englouties sous les flots de la mer de Sel.

Marcus hocha la tête, évitant ainsi de répondre à son compagnon qu'il n'accordait aucun crédit à cette légende, bien qu'elle fût rapportée dans le livre de la Genèse.

Le lendemain, dans l'après-midi, ils parvenaient sous les murs de Machéronte. La forteresse, qui avait été, un temps, la résidence d'Hérode Agrippa et de son épouse Hérodiade, dressait ses puissants remparts au sommet d'une colline. Marcus en fit le tour, en étudia l'accès et les défenses, observa les allées et venues des soldats.

La nuit, les hurlements des chiens et les rires des chacals les tinrent en éveil. Ils se remirent en route avant que l'aube n'ait blanchi l'horizon. Le soleil commençait à chauffer, haut dans le ciel, lorsqu'ils aperçurent une petite troupe à cheval, sans doute des auxiliaires de la garnison de Machéronte.

Chacun s'assura que son épée et sa dague jouaient dans leurs gaines. Comme ils continuaient de s'approcher, ils virent les soldats s'arrêter et descendre de cheval. Ils traînaient un homme lié à une corde et, ayant avisé un arbre sur le bord du chemin, ils y entraînèrent le captif. Ses vêtements arrachés laissaient apparaître son corps couvert de sang et de poussière. Les soldats l'attachaient contre l'arbre lorsque Marcus et ses compagnons s'arrêtèrent à leur hauteur.

– Qui est cet homme et qu'allez-vous faire de lui ? leur demanda Marcus, en grec.

– C'est un chien de juif, un voleur, un brigand que nous avons capturé. On va l'attacher là et le percer de flèches afin qu'il serve d'exemple à tous ces juifs qui osent se révolter.

Marcus ne pouvait admettre qu'on exécutât un homme d'une manière aussi sommaire. Il songeait aussi que, s'il exterminait cette petite troupe, cela ferait toujours une dizaine de défenseurs de moins à Machéronte. Il reprit donc d'un ton ferme :

– Libère cet homme sur-le-champ.

Le soldat le regarda avant d'être secoué d'un gros rire.

– Par Baal ! Voilà qu'un petit Grec voudrait me donner des ordres !

Déjà Marcus avait talonné son cheval qui, en se cabrant, renversa le Syrien. Dans le même temps, il avait tiré son épée et d'un seul coup de biais ouvrit la gorge d'un soldat qui avançait sur lui. De leur côté, ses trois hommes chargèrent avec la même promptitude et les Syriens furent bousculés, renversés, avant d'avoir repris leurs esprits. Marcus bondit sur le chef de la troupe qui le reçut avec son glaive. Les fers se croisèrent mais Marcus le désarma et plongea la lame dans l'aine, au bas de la cuirasse. Sans plus s'occuper de lui, il para la charge de deux soldats armés de courtes lances et de boucliers qui l'assaillaient par-derrière. De la main gauche il saisit la lance de l'un tandis que, de l'épée, il détournait le coup de l'autre, et tranchait la main de l'homme qui s'enfuit en hurlant. Saisissant alors l'autre lance à deux mains, il projeta son autre adversaire au sol et lui planta l'épée dans la gorge.

Lorsqu'il se redressa, il ne restait plus que quatre soldats qui, abandonnant leurs boucliers, enfourchèrent leurs chevaux et prirent la fuite.

– Sérapion, prends-les en chasse ! ordonna Marcus.

Aussitôt les trois guerriers de Marcus s'élancèrent aux trousses des fuyards. Marcus essuya la lame de son épée à la tunique de l'un des morts et s'approcha du prisonnier qui gisait au pied de l'arbre, les mains liées.

– Merci, l'ami ! souffla l'homme. Quel beau coup d'épée ! Tu es un rude bretteur.

Déjà Judas lui tendait une outre d'eau. Libéré de ses liens, l'homme but à longs traits. Sa peau était déchirée, zébrée de coups de fouet, mais il ne présentait aucune blessure grave, excepté à l'épaule et à la cuisse où il avait reçu des coups d'épée.

Marcus le considéra un instant. Il devait avoir quelques années de moins que lui. Il ressentait il ne savait quelle sympathie pour cet homme dont le visage respirait la force et l'assurance. Il remarqua sa musculature puissante et sa longue chevelure presque blonde.

– Alors, peut-être pourras-tu m'expliquer pourquoi ces gens t'ont mis dans un pareil état ?

Il cracha avant de répondre :

– Ce sont des Iduméens. Je hais les Iduméens et les Syriens.

– Es-tu juif ?

– Oui, de Gerasa. Et toi ?

– Moi aussi, mais d'Alexandrie. Je m'appelle Malchios, fils de Lucius, mais je porte aussi le nom de Marcus Claudius.

– Par tous nos prophètes ! Serais-tu ce Marcus Claudius qui a chassé les Romains et Agrippa se Jérusalem ?

– Comment sais-tu cela ?

– Comment ? Mais nul n'ignore tes actions d'éclat. Moi, je m'appelle Simon bar Gioras.

– Es-tu un zélote ?

– Un zélote ? Non pas. Moi, je me moque de Yahvé et de leur Messie. Qu'on chasse les Romains d'ici, je le veux bien, mais pas pour imposer un nouveau tyran et tous ces vieux rites poussiéreux. Non, moi, ce qui me plaît, c'est la bagarre, les actes héroïques, les grands coups d'épée. C'est un peu pour cela que je me suis fait voleur. J'aime le danger, j'aime une vie pleine de risques. Mais je n'ai jamais volé que de riches voyageurs et n'en ai tué aucun : ils donnaient leurs bourses avec tant de précipitation que j'aurais été malvenu de leur faire mal ! Il m'est même arrivé de chasser des publicains venus réclamer l'impôt à des pauvres gens.

Il s'était levé, car Sérapion venait de s'arrêter dans un nuage de poussière.

– Maître ! s'écria-t-il, le dernier nous a échappé grâce à une dizaine de soldats qui se trouvaient dans les environs. Ils étaient à pied, mais ils vont sans doute aller chercher du renfort et lancer une troupe de cavaliers à nos trousses.

Marcus et Judas aidèrent le blessé à se relever et à se hisser sur l'un des chevaux des soldats.

– Ça va aller, je crois. Donnez-moi aussi une épée, elle me sera peut-être utile.

– Emmenons les chevaux qui restent. Ils nous serviront de montures de rechange, ordonna Marcus. Simon, si tu sens que tu ne tiens pas en selle, nous te lierons sur une bête, mais il faut absolument s'éloigner au plus vite. Nous devons nous hâter de trouver un endroit où tu pourras te reposer et être soigné.

Simon posa sa main sur le bras de Marcus :

– Marcus Claudius, sache que Simon bar Gioras n'oublie jamais une insulte, mais il oublie encore moins un bienfait. Aujourd'hui je te dois la vie : désormais, elle t'appartient.

Ils talonnèrent leurs chevaux en criant pour les encourager.

Ils avaient poussé leurs montures avec tant de vigueur, changeant de cheval à plusieurs reprises, qu'ils parvinrent en vue de la vallée du Jourdain avant la sixième heure, au moment où le soleil était au zénith. Ils descendirent des hauteurs recouvertes d'une maigre végétation de genévriers et de câpriers. La plaine était d'abord blanche et nue, crevassée. Puis, en approchant du fleuve, ils s'enfoncèrent dans une dense végétation. Simon s'était affalé sur son cheval et ils avaient dû l'attacher afin qu'il n'en tombât pas. Les hommes autant que les bêtes étaient las. Judas déclara qu'ils n'étaient pas loin d'une auberge où l'on servait du poisson du Jourdain.

Les auberges étaient rares dans ces régions de l'Orient romain. On en trouvait cependant quelques-unes dans la vallée du Jourdain, en Judée et en Galilée. Elles étaient tenues et fréquentées par des Grecs ou des Syriens, auxquels on n'accordait pas volontiers l'hospitalité dans les villages. Les juifs, quant à eux, refusaient de mettre les pieds chez un païen où ils risquaient de manger des viandes impures qui avaient pu être destinées à des sacrifices aux idoles.

L'auberge apparut au détour du chemin. Judas fit un effort sur lui-même pour accepter d'y pénétrer, tout en jurant de ne pas manger de viande. La salle commune ouvrait de deux côtés vers l'extérieur par une colonnade en bois et se prolongeait au fond par une partie surélevée, séparée de la salle par une basse barrière en bois. Quelques convives étaient installés autour des tables, assis sur des sièges rustiques comme cela se pratiquait dans les auberges de campagne, et non pas couchés selon la mode grecque.

L'aubergiste, un Syrien presque aussi large que haut, la tête entièrement chauve et toute luisante d'huile parfumée, vint au-devant d'eux avec force courbettes.

– Porte-nous à boire un vin assez fort, commanda Marcus.

– Votre compagnon est malade ? demanda l'aubergiste en voyant Simon que Sérapion soutenait.

– Non pas, blessé par ces chiens de garde des Romains. Hâte-toi et apporte-nous des pansements pour le soigner.

– Mais êtes-vous grecs ou juifs ?

– Que t'importe ? Hâte-toi, te dis-je !

Marcus jeta sur la table quelques pièces d'or qui roulèrent avant de s'immobiliser. Un sourire illumina le visage cramoisi de l'aubergiste.

– Des monnaies à l'effigie de l'empereur ? Par la grande déesse ! Vous allez être royalement servis, seigneur.

Il s'éloigna en trottinant pour revenir aussitôt avec une cruche de vin aromatisé et des gobelets en bois, suivi d'une femme qui apportait des linges et un pot d'onguent. Marcus ôta les pansements de Simon, étancha le sang et lui posa de nouveaux bandages.

– Te sens-tu mieux ?

– Un bon coup de vin et je me sentirai de taille à abattre une légion.

Il vida un gobelet d'un seul trait et s'essuya du revers de la main. Tout en dévorant des olives et des poissons grillés que l'aubergiste venait d'apporter, Simon raconta comment il s'était fait surprendre par les soldats de la garnison, juste avant la fin de la nuit.

– À l'heure qu'il est, conclut Simon en ingurgitant une rasade de vin, si tu n'avais pas eu l'excellente idée de passer par là, je ne serais plus qu'une charogne lardée de flèches ! Mais il est vrai aussi que si ces hyènes nous rattrapent, vous risquez de me tenir compagnie.

L'aubergiste toussota :

– Je crois, mes seigneurs, que votre ami a raison. Comprenez qu'il serait dommageable pour moi que les soldats vous trouvent dans mon auberge...

– Certes ! s'exclama Marcus, il n'en resterait que les ruines, mais tu serais alors remboursé.

– Je te crois volontiers, mais je préférerais...

– Tu ne peux préférer que ce que nous voulons, répliqua Marcus. Apporte-nous encore du vin, du bon vin de l'Oronte et aussi des dattes, hâte-toi.

Pour la première fois, il jeta un regard circulaire et examina les convives : une douzaine, tous des hommes, pour la plupart des étrangers, des marchands ou des voyageurs. Et, soudain, il resta immobile : au fond de la salle, dans la partie surélevée, il venait de reconnaître ce jeune homme qui s'était présenté à lui à Jérusalem, ce Jéther, fils de Qorakh. Il s'étonna de le trouver là. Sans doute avait-il été envoyé par son maître pour une nouvelle mission ? Elle serait la dernière, décida Marcus qui se tourna vers ses deux serviteurs :

– Saisissez ce garçon et amenez-le ! ordonna-t-il.

– Qui est-il donc ? demanda Judas surpris par cet ordre inattendu.

– Un émissaire d'Agrippa. Il était venu à Jérusalem pour m'assassiner, mais j'avais été avisé de sa perfidie.

Les deux hommes s'étaient levés et s'avançaient vers Jéther qui, depuis le début, soutenait le regard de Marcus sans ciller.

– Marcus Claudius, l'interpella Jéther, je ne sais qui t'a rapporté ces infamies, mais tu me fais une double injure en me qualifiant de traître et d'émissaire d'Agrippa.

– Me crois-tu assez naïf pour t'accorder la moindre confiance ? répliqua Marcus.

Les deux hommes étaient tout près de Jéther qui se redressa comme un serpent en sautant en arrière. Il tenait à la main son fort nerf de bœuf et restait impassible, attendant l'assaut des deux hommes. Marcus ne put s'empêcher de l'admirer.

« C'est encore un adolescent, se dit-il, et si je comprends qu'Agrippa en ait fait son mignon, je m'étonne de rencontrer tant d'audace dans un être si jeune et si frêle. »

Jéther avait rejeté en arrière sa courte cape grecque et le long nœud de son turban qui tombait sur son épaule.

Au moment où les deux gardes s'apprêtaient à le saisir, il fit un bond léger en arrière, tandis que le nerf de bœuf tourbillonnait. Les hommes reculèrent en poussant des cris de douleur. En un geste vif, Jéther avait saisi un tabouret qu'il envoya dans les jambes de l'un de ses agresseurs. Dans le même temps, l'arme tournoyait, redoutable entre ses mains. Le jeune homme bondissait, se baissait, se révélait insaisissable, alors que le nerf frappait avec une précision inexorable. L'homme qui s'était le plus audacieusement approché s'inclina pour protéger ses jambes, mais à nouveau le nerf cingla son visage, son cou, puis sa main avec une telle violence qu'il lâcha son glaive. Jéther le ramassa et le lança comme un javelot : la pointe se ficha dans la table de Marcus et vibra longuement.

– Marcus Claudius ! s'écria-t-il d'un ton ironique, si j'avais été envoyé par Agrippa pour te tuer, j'aurais pu le faire à l'instant ! Moi, Jéther, fils de Qorakh, je te défie, toi, Marcus Claudius, le vainqueur des Germains, l'homme qui a chassé les Romains de Jérusalem. Aurais-tu peur de moi ?

Marcus pâlit sous la raillerie. Il s'était levé et, sans prononcer une parole, il dégrafa sa cape qu'il jeta sur la table. Un lourd silence pesait sur l'assemblée. L'aubergiste se précipita vers Marcus.

– Mes seigneurs, ne vous battez pas dans ma maison. Allez dehors vider vos querelles.

Marcus le repoussa brutalement.

– Je ne sais pourquoi Malchios en veut à ce garçon, dit alors Simon à Judas. Se peut-il qu'Agrippa ait de tels serviteurs ? Pour moi, j'en ferais volontiers mon amant, car il est bien joli garçon !

Marcus tira son épée et Jéther dégaina la sienne dans le même temps. L'aubergiste supplia une fois encore qu'on épargnât sa maison tandis que les hôtes assis près des tables voisines des deux adversaires se levaient prudemment et descendaient dans la salle inférieure. Marcus attaqua avec une rapidité foudroyante mais, tout aussi promptement, Jéther bondissait derrière une table, la lui renversait dans les jambes et, de la pointe de sa lame, fendait sa tunique, lui balafrant la chair. Marcus jeta un regard stupéfait sur sa blessure et releva les yeux sur Jéther qui l'observait, narquois. Il sauta par-dessus la table et attaqua en faisant tournoyer son épée. Avec une souplesse et une rapidité incomparables, Jéther évitait les coups. Il bondissait de table en table, lançait les tabourets dans les jambes de Marcus qui poursuivait son assaut furieux. L'ouragan s'apaisa mais, aussitôt, Jéther passa à l'offensive, portant des coups d'estoc avec la rapidité du faucon fondant sur sa proie, et il fallait à Marcus toute sa maîtrise pour parer les attaques.

Il tenta alors de l'acculer contre un mur afin de pouvoir le saisir, le forçant à reculer jusqu'au fond de la salle. Lorsqu'ils furent près de la paroi, son épée heurta celle de Jéther. Les deux lames croisées restèrent levées et Marcus poussa l'adolescent le dos au mur, l'empêchant ainsi de dégager son épée portée à bout de bras. Leurs corps étaient pressés l'un contre l'autre et Marcus sentit un trouble étrange l'envahir. Jéther lui décocha un violent coup de genou dans le bas-ventre et lui frappa l'oreille de son poing gauche. La douleur obligea Marcus à relâcher son étreinte. D'un mouvement brusque, Jéther se libéra et bondit de côté.

– Tu es un rude adversaire, admit Marcus. J'admire ta rapidité et ta technique. J'avoue que j'aurai bien du regret à devoir te tuer.

Quelqu'un cria alors :

– Les soldats !

– Enfin voilà les auxiliaires qui vont déparer ces enragés, soupira l'aubergiste.

Un groupe de Syriens et d'Iduméens avait fait irruption dans la salle, épée au clair. Marcus et ses trois hommes, près desquels vint se ranger Judas, firent front. Jéther s'était reculé. Il s'enveloppa dans sa cape pour cacher ses armes et s'assit sur le bord d'une table pour observer le nouveau combat qui commençait.

Tous les hôtes étaient sortis en hâte avec l'aubergiste. Dans la salle transformée en champ de bataille, Marcus et ses compagnons se démenaient au milieu d'une trentaine d'hommes. Tables et tabourets servaient tour à tour de boucliers ou de projectiles. Marcus tenait tête à quatre assaillants, l'épée et le poignard tournoyant au bout de ses bras et formant une sorte de mur de fer. À peine avait-il abattu un adversaire, qu'un autre se présentait. Soudain, son pied glissa et il trébucha devant deux ennemis. Il para un premier coup et s'apprêtait à en éviter un second qui ne vint pas : l'homme s'affaissa, un poignard fiché dans sa nuque d'où giclait un flot de sang. En se relevant, il vit Jéther lancer un couteau : l'arme froissa l'air et vint saisir un soldat qui se disposait à frapper Simon.

Un soldat qui avait vu Jéther courut vers lui, l'épée levée. Jéther évita le coup en pivotant sur lui-même en même temps que de son inséparable nerf de bœuf il atteignait l'homme à la tête. Puis, sans marquer la moindre émotion, il s'empara d'un autre poignard et le lança contre un soldat. Sans s'occuper de ce nouveau cadavre, il sauta dans la salle, l'épée à la main, et vint se placer près de Simon.

– Je crois que tu as besoin d'aide, lui dit-il. Assieds-toi et reste tranquille si tu ne veux pas perdre tout ton sang.

– Par notre père Abraham ! Tu es un bon garçon ! Tu te bats comme un vrai guerrier et tu m'as aussi sauvé la vie. Comment ce fou de Marcus Claudius peut-il te prendre pour un complice d'Agrippa ?

– Je l'ignore.

Jéther se mit debout sur la table, tira encore un poignard de sa gaine. L'officier reçut la lame en pleine poitrine et s'abattit en crachant son sang.

En voyant tomber leur chef, les soldats lâchèrent soudain pied et reculèrent, talonnés par Marcus et ses compagnons. Sans hâte, Jéther récupéra ses poignards qu'il essuya et remit dans leurs gaines, reprit son mince bagage et salua Simon.

– Comment, tu t'en vas ?

– Je suis fatigué de me battre et je serais très peiné de devoir blesser ton ami Marcus Claudius.

– Eh ! Après ce que tu viens de faire pour nous, il est évident que tu n'es pas un ennemi.

– C'est possible, mais Marcus Claudius paraît avoir des opinions bien ancrées. Que le Seigneur te bénisse !

Sur ces mots il sortit, enfourcha son cheval resté devant la porte et s'éloigna au galop, au moment où Marcus revenait vers Simon.

– Pourquoi Jéther est-il parti si vite ? demanda-t-il à Simon.

– Avoue que tu l'as bien mal jugé.

– Je commence à le croire. Mais pourquoi ce Silas me l'aurait-il présenté comme un sicaire aux gages d'Agrippa ?

– Un assassin ? ce garçon ? Il faut être insensé pour croire à une pareille fable. Attends que je sois remis et tu me présenteras ce Silas : s'il ne peut prouver ses dires, je lui tords le cou comme un poulet au sacrifice.

– Il y a là un mystère et sans doute ai-je été trop confiant... Judas, quel est le village le plus proche ?

– Si nous voulons sauver Simon, le mieux est de le ramener à Massada où il sera plus facile de le soigner. Nous passerons par Engaddi où nous aurons peut-être l'occasion de le confier à des amis.

– Nous partons tout de suite. Sérapion, avec tes hommes, enterrez les corps des soldats et récupérez leurs armes. Vous nous rejoindrez sur la route d'Engaddi. Que l'aubergiste et ses serviteurs vous aident à creuser les fosses. Ils se chargeront d'y faire les libations selon leurs rites pour les Syriens. Pour les Iduméens, il suffit de les inhumer.

Simon cracha :

– Pourquoi prendre tant de peine ? Tu ferais mieux de les abandonner aux chacals et aux hyènes.

– Pour ne pas empester la région de leurs cadavres.

Chapitre XIV

LES TROIS SŒURS

Le lendemain, vers la fin de la matinée, Marcus et ses compagnons arrivaient en vue d'Engaddi.

Après avoir traversé une forêt de palmiers et de dattiers mêlés de jujubiers aux fruits savoureux, de balsamiers odoriférants et de pommiers de Sodome, ils côtoyèrent des buissons de roses de Jéricho, puis les premières maisons d'une blancheur éclatante apparurent dans les percées verdoyantes. Ils croisèrent des femmes vêtues de longues robes portant des cruches sur leurs têtes, et des hommes, la robe retroussée par la ceinture, revenant des champs avec des ânes ou des mulets, qui les regardaient avec curiosité et méfiance, les prenant sans doute pour des gentils.

Sur une petite place ombragée d'acacias, de camphriers et de morelles, où s'élevait une fontaine, plusieurs femmes remplissaient des amphores. Presque toutes disparurent à leur arrivée. L'une des dernières se hâta de placer sa cruche sur l'épaule. Elle jeta un coup d'œil inquiet sur les hommes qui descendaient de leurs montures et s'éloigna d'un pas rapide. Il ne restait plus que deux jeunes femmes que Marcus salua en araméen, à la manière juive. Elles lui sourirent et répondirent à sa bénédiction. La plus âgée devait avoir vingt-cinq ans ; son ample robe taillée dans un tissu de lin fin révélait une certaine aisance, bien qu'elle allât nu-pieds ; elle portait le voile des femmes mariées et son assurance révélait qu'elle n'était plus une jeune fille. Sa compagne ne paraissait guère avoir plus d'une quinzaine d'années ; ses cheveux découverts tombaient en longues boucles brunes sur ses reins. À la vue des voyageurs, elle avait baissé les yeux.

Marcus s'adressa à l'aînée.

– Pour l'amour du Seigneur, femme, donne-nous de l'eau et indique-nous où nous pourrions conduire cet homme, dit-il en désignant Simon. Il est blessé et une mauvaise fièvre s'est emparée de son corps.

– L'eau ne peut être refusée, même à un gentil.

Elle posa la cruche sous le jet d'eau et, lorsqu'elle fut à moitié pleine, elle la tendit à Marcus qui l'offrit à Simon et la pencha sur ses lèvres. Lorsqu'il eut fini de boire, il la passa à Judas, puis à ses hommes qui, tous trois, avaient reçu des blessures bénignes. Il se désaltéra en dernier puis rendit la cruche en remerciant la jeune femme.

– Êtes-vous des voyageurs ? demanda-t-elle en la remettant sous la fontaine.

– Non. Je suis Malchios de Tibériade. Avec mes compagnons, je viens de Massada où nous retournons après avoir sauvé cet homme des mains des soldats syriens.

– Oh ! Vous êtes des zélotes...

– En effet.

– Personne ici ne voudra vous héberger.

– Par le Schéol ! Pourquoi donc ? Les zélotes ne seraient-ils pas des juifs aussi pieux que les autres ?

– Oui, mais les gens de Massada sont venus ici par deux fois prélever une dîme en vivres et en bestiaux.

– Ce sont des combattants qui vivent dans un désert. Comment pourraient-ils se nourrir ?

– Ils pourraient alors payer ce qu'ils désirent plutôt que d'user de la force.

– Les gens d'ici ont bien peu de foi ! Ils voudraient que les gentils soient chassés de nos terres, mais ils ne veulent rien sacrifier de leur bien pour qu'il en soit ainsi.

– Ils disent qu'ils n'ont pas demandé que les gentils soient chassés. Ils ne les voyaient jamais par ici et n'avaient à faire qu'aux publicains qui sont des juifs comme nous. Alors, que leur importe que leurs biens reviennent au Temple, au roi Hérode ou à l'empereur des Romains ?

– Ils disent cela par avarice. Mais toi-même, partages-tu cette opinion ?

– Si je te réponds que non, tu penseras peut-être que je parle ainsi par crainte. Tu aurais tort, car nous sommes pour la guerre sainte qui doit chasser de la terre du Seigneur tous les gentils.

– Au nom de qui parles-tu quand tu dis nous ?

– Au nom de mon époux, de mes sœurs et de moi-même.

– C'est ta sœur ?

Il avait désigné la jeune fille qui hocha la tête.

– C'est ma jeune sœur Salomé. Moi, je m'appelle Dinah.

– Alors, Dinah, si ton cœur est en accord avec ta bouche, aide-nous et donne un toit à cet homme qui est blessé grièvement.

– Suivez-nous, dit-elle alors.

– Où nous emmènes-tu ?

– Chez nous. Mon époux vit sous le toit de notre famille, avec son frère. Sa famille était pauvre et nous, nous étions riches. Mais son père Jéther était le cousin de notre père Qorakh.

– Ton père s'appelle Qorakh ?

– C'était son nom, mais il est mort l'année dernière. Notre père était de la caste sacerdotale, mais il préférait vivre modestement ici plutôt que richement à Jérusalem ; il haïssait les gens du Temple à cause de leur amour de l'or.

– N'as-tu pas de frère ?

– Non, j'ai une autre sœur cadette, Milkah.

– Et ton époux, comment se nomme-t-il ?

– Jacim, et son frère, qui est son aîné de plus de vingt-cinq ans, s'appelle Shobal. Mais ils n'ont pas la même mère. Eux aussi ont perdu père et mère. Avant sa mort, notre père a partagé ses biens entre ma sœur Salomé et moi, mais il a institué Jacim et Shobal administrateurs de notre fortune.

– Et ta sœur Milkah ?

– Elle n'était pas là, il l'avait maudite.

– Pourquoi donc ?

– Étranger, ceci ne te regarde pas. Pourquoi tiens-tu à savoir tout ce qui concerne notre famille ?

– Ne connais-tu pas un jeune garçon qui se fait appeler Jéther fils de Qorakh ?

– Non... non, je ne connais personne de ce nom.

Ils étaient arrivés devant une porte aménagée dans un long mur blanc. Autour d'une grande cour de terre battue où couraient en liberté des poules et des canards étaient disposés trois corps de bâtiments : sur la droite les écuries, sur la gauche, des remises et des hangars, au centre, le corps du logis. C'était une demeure opulente, pourvue d'un étage et construite en pierre et non de briques crues ou de terre. Un serviteur vint s'occuper des montures que Sérapion et ses deux hommes soulageaient de leur chargement. Aidé par Judas, Marcus avait descendu Simon de cheval et le soutenait pour pénétrer dans la maison derrière les deux femmes. Ils entrèrent dans une petite pièce qui débouchait sur une cour intérieure au sol revêtu de petites briques rouges sur son pourtour ; au centre s'élevaient deux hauts palmiers entourés de buissons à fleurs. À l'étage courait une galerie de bois.

– Houldah ! appela Dinah, en posant sa cruche.

Aussitôt, une femme corpulente, au visage ouvert, surgit d'une pièce. En voyant les nouveaux venus elle joignit le mains.

– Par le saint nom ! Qu'amenez-vous ici, mes enfants ?

– Houldah, cet homme est blessé. Il faut lui préparer une chambre.

– Tout de suite ! tout de suite ! Mais que vont dire les hommes ?

Elle se tut car deux hommes entraient à cet instant. Tous deux portaient une longue robe étroite et la barbe des juifs. Marcus songea aussitôt que le plus jeune, qui devait avoir une trentaine d'années, était Jacim, le mari de Dinah, et l'autre ne pouvait être que Shobal.

– Que se passe-t-il ? Qui sont ces hommes ? demanda ce dernier.

– Des voyageurs, qui ont été attaqués, répondit Dinah. L'un d'eux est très gravement blessé, la piété veut que nous le recevions chez nous pour le soigner.

– Quatre d'entre eux ont la mine de gentils... repartit l'homme.

– Et quand bien même, Shobal, peut-on laisser mourir une créature du Seigneur ?

– Les gentils sont des créatures de Bélial et je n'en veux pas dans cette maison.

– Je suis juif et mon ami Marcus Claudius l'est tout autant que moi, répliqua Judas en avançant d'un pas.

– Marcus Claudius, as-tu dis ? Par la loi de Moïse, vous êtes les zélotes de Massada !

– C'est exact, répondit Marcus.

– Et cet homme ? Un autre brigand sans doute ?

Il désignait Simon que soutenait Marcus.

– Nous ne logerons pas chez nous des voleurs de grands chemins.

– Shobal, intervint Dinah, si l'on ne s'occupe pas de lui rapidement, cet homme va mourir.

– Eh bien ! qu'il meure, mais pas chez nous ! Sortez à l'instant, je ne veux pas vous voir ici.

– Et moi, je dis qu'ils restent !

La voix venait de la galerie sur laquelle se tenait une jeune femme drapée dans une ample robe blanche, à la mode juive, serrée à la taille par une large ceinture d'étoffe rouge, et agrafée sur l'épaule, avec de larges manches, ne laissant nu que le cou orné de colliers et les poignets parés de bracelets d'or. Une opulente chevelure sombre ruisselait sur ses épaules, maintenue par un étroit bandeau de fils d'argent qui ceignait son front. Marcus fut frappé par sa beauté mais également par le sentiment que ses traits ne lui étaient pas inconnus.

– Milkah ! lança Shobal.

Mais elle reprit vivement, d'une voix grave et chaude, à la fois impérieuse et veloutée :

– Comment oses-tu te dire pieux et chasser un homme qui, à chaque instant, perd un peu de sa vie ? Au demeurant, Shobal, tu en prends un peu à ton aise. Cette maison est d'abord la maison de nos parents et maintenant celle de mes sœurs. Baisse donc le ton et cesse de chercher à en imposer plus que tu ne pèses.

Le visage de Shobal s'empourpra. Il frappa du pied comme s'il allait se précipiter sur la jeune femme, prit une large aspiration et sortit brusquement.

Un fugitif sourire éclaira le visage de Milkah qui haussa les épaules et reprit :

– Mes sœurs, vous pourriez loger le blessé dans la chambre qui fut celle de notre mère : elle est spacieuse et il y règne une agréable fraîcheur.

– C'est ce que je pensais, répondit Dinah.

Marcus et Judas, portant Simon, la suivirent dans l'escalier tandis que Salomé courait vers les cuisines mettre de l'eau à chauffer. Marcus s'arrêta un bref instant en haut des marches pour dévisager Milkah. Il lui sembla voir danser dans son regard une petite flamme ironique. Son parfum de nard et d'aloès le troubla un instant.

– Par là, lui dit-elle, en désignant la porte par laquelle venait de disparaître Dinah.

Les deux sœurs, agenouillées près de Simon, se mirent en devoir de lui ôter son vêtement et ses pansements sanguinolents. On frappa à la porte.

– Voici l'eau, puis-je entrer ? demanda Salomé.

– Non, répliqua Dinah qui se releva. Retourne chercher d'autres bassines d'eau, lui demanda-t-elle en prenant la cuvette et les étoffes. Et demande à Houldah d'apporter un grand brasero.

Lorsque Salomé se fut éloignée, Dinah se crut obligée d'expliquer aux deux hommes :

– Salomé est vierge, elle ne doit pas voir un homme nu.

Marcus conclut que Milkah était mariée, ou l'avait été. Il ne s'en étonna pas, car elle paraissait avoir une vingtaine d'années, âge auquel la plupart des femmes d'Orient étaient mariées depuis longtemps.

Elle se tourna vers Marcus et lui prit son poignard dont elle alla plonger la lame dans les bois rougeoyants.

– Il n'y a pas d'autre solution. Viens, vois le sang noir de ses plaies. Elles empestent.

– Sais-tu cautériser les plaies ?

– Si je ne le savais déjà, je l'apprendrais aujourd'hui. Toi et ton ami, vous allez lui tenir les jambes. Dinah et Houldah, tenez-lui les bras... et solidement.

Elle cria à Salomé de préparer de l'huile, un certain baume, du vin de palme et de faire porter le tout par Jacim. Puis elle saisit le poignard. Lorsqu'elle passa la lame chauffée à blanc contre la plaie, le malheureux poussa des hurlements et se tordit. Par trois fois elle posa le fer brûlant sur les blessures puis, avec des gestes précis, elle se mit à couper les chairs qui pendaient. Alors seulement, Marcus remarqua la finesse de ses mains. Un autre détail le frappa plus encore : les larges manches de la jeune femme relevées jusqu'au coude révélaient la peau hâlée de quelqu'un qui s'expose souvent au soleil.

Évanoui, Simon restait inerte. Elle versa sur les plaies les ingrédients que Jacim avait apportés, les enduisit d'onguent et les pansa.

– Laissons-le se reposer jusqu'à demain. S'il passe la nuit, nous aurons un espoir de le sauver.

Salomé vint avertir que le repas était prêt et qu'il était temps de passer à table, car la sixième heure approchait. Comme chez les gens aisés des villes, les convives ne mangeaient pas assis mais étendus sur des lits disposés en fer à cheval autour d'une table ronde. Selon la mode juive ils commencèrent par s'asseoir sur les lits. La place du maître qu'occupait Shobal depuis la mort du chef de famille était vide.

« Sans doute, pensa Marcus, à cause de l'affront que lui avait fait Milkah. » Dinah et son époux se placèrent côte à côte. Marcus et Judas furent invités à s'installer sur un côté et Milkah s'assit en face d'eux. Salomé s'approcha, une amphore à la main, suivie par Houldah qui tenait une cuvette. Elles invitèrent les deux hommes à se laver les mains puis elles leur lavèrent les pieds et leurs versèrent du parfum sur les pieds et les cheveux. Les trois autres convives se contentèrent de baigner leurs mains. Lorsque Salomé se fut installée près de Milkah, selon le rite, ils se recueillirent pour rendre grâce au Seigneur, puis ils s'étendirent à demi sur les coussins. Enfin, Jacim prononça la formule rituelle de bénédiction :

– Loué sois-tu, Seigneur notre Dieu, roi du monde, toi qui apportes le pain sur la terre.

Houldah servit des sauterelles roulées dans la farine et frites, avec des oignons crus. Chacun puisa dans le plat et, lorsqu'on eut distribué le pain, Milkah prit la parole.

– Peut-être nos hôtes vont-ils maintenant nous dire d'où ils viennent et comment leur compagnon a été blessé.

Marcus se mit alors en devoir de narrer les incidents de leur expédition depuis leur départ de Massada sans cependant révéler le but de ce voyage. Houldah posa au milieu de la table un large plat de sauce fumante et un autre de viande de mouton coupée en morceaux.

Marcus poursuivit :

– C'est alors que je reconnus un jeune homme assez étrange. Sachez que ce garçon prétend s'appeler Jéther, fils de Qorakh, comme votre père.

– Il y a plus d'un Jéther et plus d'un Qorakh en Judée et en Galilée, remarqua Dinah.

– Certainement, mais il prétend aussi être originaire d'Engaddi. Je l'avais vu à Jérusalem où il était venu, prétendait-il, pour se mettre à mon service et combattre les Romains. Mais, en réalité, c'était pour m'assassiner.

– Et comment le savais-tu ? s'enquit Milkah.

– J'avais été prévenu par un transfuge de la cour du roi Agrippa.

– Oh ! dans ce cas-là, il n'y a pas de doute ! Ce Jéther ne peut être qu'un traître : tout le monde sait que les transfuges incarnent la franchise et la fidélité, lança Milkah sur un ton persiflant.

Marcus se sentit ridicule.

– J'avoue que j'ai prêté foi un peu rapidement à ce que disait cet homme, mais ce Jéther, au lieu de se justifier, a pris la fuite. N'est-ce pas là une façon d'avouer son crime ?

– Sans doute a-t-il été surpris par ton attitude hostile, à moins qu'il ait mal jugé les gens qui t'entouraient.

– C'est possible. Enfin, voilà que dans l'auberge je reconnais ce garçon, j'ordonne à mes serviteurs de s'en saisir.

– Voilà une entrée en matière qui ne pouvait que le mettre en totale confiance ! railla Milkah. Cette fois, je suppose que tu l'as capturé.

– Sous un aspect gracile, ce garçon possède un contrôle de lui-même, une sûreté du coup d'œil et une maîtrise du maniement des armes étonnants. Il a repoussé mes hommes et m'a lancé un défi.

– Quelle audace ! s'exclama Milkah. Je suppose que tu l'as copieusement fessé.

– Ne te moque pas. Les auxiliaires lancés à nos trousses sont alors intervenus. Or ce garçon s'est joint à nous pour les combattre, si bien que je lui dois la vie.

– Ne viens-tu pas de nous dire qu'il voulait t'assassiner ?

– C'est là que j'ai compris mon erreur. Maintenant je le cherche pour le remercier et faire amende honorable.

Milkah trempait son pain dans la sauce tout en regardant fixement Marcus qui vint plonger à son tour son pain dans le plat sans la quitter des yeux.

– Si vous aviez un frère du nom de Jéther qui te ressemblât quelque peu, Milkah, je ne serais pas plus surpris, dit-il avant de porter son morceau de pain à sa bouche.

– Malheureusement, nous n'avons pas de frère, soupira-t-elle.

Mais l'opinion de Marcus était faite : il ne doutait plus qu'elles eussent ce frère et qu'elles lui cachaient son existence, sans qu'il sût bien pourquoi. Il décida qu'il était préférable de ne plus y faire allusion et d'attendre qu'il se révélât lui-même.

Milkah se leva pour servir le vin.

– J'admire, reprit alors Marcus, la modestie de votre éducation. Vous êtes riches, et pourtant vous allez vous-mêmes puiser l'eau à la fontaine et vous servez vos hôtes.

– Sans doute as-tu été élevé dans la cité, répliqua Dinah, mais ici en Judée, dans les villages, les filles, qu'elles soient riches ou pauvres, s'occupent du foyer. Les filles de Jéthro allaient bien puiser de l'eau au puits lorsque Moïse les rencontra. Nous faisons comme elles. Nous n'avons d'ailleurs que peu de serviteurs. Houldah a été notre nourrice et nous a un peu servi de mère lorsque le Seigneur a appelé la nôtre auprès de lui, à la naissance de Salomé. L'homme que tu as vu dans la cour et qui s'occupe des bêtes est l'époux d'Houldah. Nous avons dans la montagne quelques troupeaux de moutons et de chèvres gardés par deux serviteurs. Enfin notre père nous a légué ici-même un terrain avec de nombreux dattiers et des vignes. Pour les récoltes, nous payons des hommes du village qui viennent aider mon époux et son frère. En outre, nous fabriquons des parfums comme le font presque tous les gens du village.

– Votre père a dû être un saint homme. Il vous a enseigné les vertus qui plaisent au Seigneur, remarqua Judas.

– C'était un homme pieux, de caste sacerdotale, comme je vous l'ai déjà dit. Comme les rabbis, il pratiquait un métier manuel, il était orfèvre.

– Je comprends maintenant d'où viennent les merveilleux bijoux qui ornent vos poignets.

– Notre père ne ciselait que des objets sacrés pour le Temple ou les synagogues, et il fabriquait aussi des boîtes pour porter les phylactères. Il nous a fait apprendre la vannerie et le tissage, si bien que nous fabriquons nous-mêmes nos vêtements. Mon mari est devenu cordonnier car mon père n'a accepté de me donner à lui qu'à condition qu'il apprenne un métier manuel.

Le repas s'achevait avec des dattes et des pâtisseries à l'huile. Marcus vida le fond de sa coupe et se redressa sur sa couche.

– Mes chers hôtes, je vous prie de nous pardonner, mais il faut que nous partions. Pouvons-nous vous confier Simon ?

– Impossible de faire autrement, repartit Milkah. S'il survit à ses blessures, il lui faudra plus d'un mois pour se remettre.

– Vous pouvez faire confiance à ma sœur, assura Dinah. Elle connaît toutes les plantes de la Judée et saura lui préparer les remèdes qui lui conviennent.

– Nous reviendrons d'ici à quelques jours pour voir où en sont nos affaires et peut-être vous débarrasserons-nous de votre hôte encombrant.

– Simon ne partira d'ici qu'une fois complètement rétabli, décréta Milkah, mais venez le voir quand il vous plaira.

Tous sortirent dans la cour, où l'on amena les chevaux des voyageurs. Marcus se tourna alors vers Milkah qui n'avait pas détaché de lui son regard ; ses lèvres tremblaient comme si elle avait voulu parler, mais nul son ne sortit de sa bouche. Marcus retira la bague qu'il portait à l'auriculaire et prit la main droite de la jeune femme. Elle se laissa passer l'anneau au doigt.

– Conserve ceci en souvenir de moi et en témoignage de notre gratitude à tous. Que le Seigneur te protège !

Elle retira sa main de la sienne.

– Que son salut soit sur ta tête, murmura-t-elle.

Ils enfourchèrent leurs montures et disparurent dans un nuage de poussière.

Marcus se rendit directement à l'Hérodion. La forteresse, de forme circulaire, flanquée de quatre tours rondes, présentait une belle assise sur un haut piton. Mais elle était étroite et n'abritait qu'une faible garnison d'auxiliaires syriens. Il y avait même parmi eux des juifs de Galilée qu'il avait pu contacter ; ceux-ci étaient prêts à ouvrir les portes de la forteresse le jour où il se présenterait avec une troupe suffisamment forte pour impressionner les gardes.

Satisfait de son voyage, dès son retour à Massada il réunit les chefs des zélotes. Ensemble ils décidèrent que Judas, le frère d'Éléazar, irait avec trois cents hommes prendre Machéronte. Marcus s'était chargé d'enlever l'Hérodion avec trente hommes qui, par la suite, tiendraient la forteresse. Il fallait faire vite, car de mauvaises nouvelles étaient arrivées. Le jour même où la garnison romaine de

Jérusalem avait été massacrée, les gens de Césarée s'étaient jetés sur les juifs de la ville ; on prétendait qu'ils en avaient égorgés vingt mille. Le chiffre était exagéré, mais le messager porteur de cette nouvelle ajoutait qu'il avait entendu dire que les juifs de Galilée étaient disposés à venger ceux de Césarée en allant ravager les villages de la frontière syrienne.

Parti le matin avec sa petite troupe, Marcus avait débouché devant l'Hérodion vers la fin de l'après-midi. Ses hommes allaient à pied, lui seul ayant un cheval. Il lui fallut trois jours pour enlever la forteresse car les juifs qu'il avait circonvenus avaient été emprisonnés par les Syriens, méfiants à juste titre. Cependant, ceux-ci étaient peu nombreux. N'ayant pas prévu de siège, ils n'avaient pas de vivres en quantité suffisante. Ils proposèrent donc à Marcus de céder la citadelle, à condition de pouvoir se retirer avec armes et bagages. Après l'accord de Marcus, ils emmenèrent les juifs en otages qu'ils libérèrent à peu de distance de là avant de disparaître.

Après avoir installé ses hommes dans l'Hérodion et donné ses consignes, Marcus se mit en route en direction d'Engaddi où il parvint peu de temps avant le coucher du soleil, à l'heure où les paysans rentraient des champs. Une grande animation régnait dans les rues du village. En passant devant la fontaine Marcus ralentit son allure, mais n'ayant reconnu personne, il poursuivit sa route jusqu'à la demeure des trois sœurs. Il heurta à l'huis à plusieurs reprises. Comme on ne venait pas lui ouvrir, il poussa la porte et entra dans la cour. Surpris de la trouver déserte, il se sentit soudain inquiet. Rien n'expliquait l'absence des hôtes du logis.

Il referma la porte et s'avança prudemment, la main sur le pommeau de son épée. Il pénétra dans l'écurie où il vit plusieurs chevaux. Ce spectacle le rassura. Il allait ressortir lorsqu'il remarqua l'écume qui blanchissait la croupe de l'un des chevaux. Il s'en approcha, tâta sa robe mouillée, essuya la mousse blanche de sa bouche. « Voilà une bête qui vient de faire un gros effort : sans doute vient-elle de loin. »

Revenu dans la cour, il appela encore. En vain. La lumière du soleil couchant glissait dans les palmiers et conférait aux choses des teintes délicates, et les fleurs exhalaient leurs odeurs pénétrantes. Marcus se dirigea vers l'escalier.

– N'y a-t-il personne ? Dinah ! Salomé ! Milkah !

Il appelait tout en gravissant les marches. Et soudain il s'arrêta. Un trouble délicieux l'envahit : Milkah se tenait au haut des marches, rayonnante dans une ample robe bleue.

– Marcus Claudius ! Quelle agréable surprise !

Elle lui souriait, les mains en avant.

– Milkah ! Je te salue ! Pardonne mon intrusion, mais j'ai appelé sans que nul ne réponde.

– Je m'étais sans doute endormie.

– À une pareille heure ? N'es-tu pas malade ?

– Non, non...

– Mais où sont tes sœurs ? Es-tu seule ici ?

– Tout le monde est aux champs, pour la cueillette des dattes et du raisin. Dans quelques jours commence l'année nouvelle et la fête des Tabernacles : il faut que, d'ici là, la récolte soit engrangée.

– Et tu ne les aides pas ?

– Non, vois-tu... je garde ton ami.

Elle semblait troublée et Marcus se demandait si ce trouble était causé par sa visite inopinée. Il la suivit jusqu'à la chambre dont elle ouvrit la porte. Simon dormait.

Elle sortit tandis que Marcus allait s'asseoir sur le lit. Simon ouvrit les yeux.

– Marcus ! mon ami ! s'exclama-t-il en se soulevant sur un coude. Quel plaisir !

– Je suis heureux que tu sois si bien remis, assura Marcus.

– Je suis soigné merveilleusement par deux anges du Seigneur.

– Et qui sont ces anges ?

– Salomé et Milkah. Oh ! Dinah est aussi bien dévouée, mais son mari la talonne. Quant à ses deux jeunes sœurs, Marcus, j'en suis amoureux ! Crois-moi, si je me marie un jour, ce sera avec elles.

Marcus pâlit.

– Et leur as-tu parlé de tes désirs ?

– Pas en termes précis, mais je leur ai dit qu'elles me plaisaient beaucoup.

– Qu'ont-elles répondu ?

– Milkah a souri et Salomé a rougi.

– Salomé a alors un sentiment pour toi. Rends grâce au Seigneur que l'une réponde à tes vœux.

Simon se caressa la barbe soigneusement taillée en prenant un air songeur.

– J'aime bien Salomé, mais je préfère tout de même Milkah ! C'est une femme exceptionnelle. J'ai su comment elle m'avait soigné pendant ces jours où je suis resté inconscient. Ma fièvre n'est tombée qu'hier grâce aux décoctions qu'elle m'a fait boire. Elle a passé des journées entières dans les collines pour cueillir des plantes. Pourtant, elle me connaît à peine. Je crois bien qu'elle ne me déteste pas.

– On n'en peut douter.

– Donc, elle m'aime !

– Peut-être conclus-tu un peu vite, répliqua Marcus qui sentait le démon de la jalousie s'emparer de lui. Mais dis-moi, n'as-tu vu personne d'autre que les trois sœurs ?

– Non, même pas le mari de Dinah. Tu penses à ce Jéther ? J'avoue que moi qui ai quelque goût pour les garçons, je suis d'accord avec toi : ce Jéther me plairait bien. Pour des guerriers comme nous, c'est le compagnon idéal. Les femmes, elles, sont faites pour rester à la maison... Mais il faut que je te dise tout de même ceci :

je ne l'ai vu que peu, ton Jéther, mais je trouve qu'il ressemble à Milkah comme une lentille ressemble à une autre lentille.

– C'est aussi ton sentiment ? Je suis convaincu que c'est son frère jumeau.

– Par Bélial ! Je n'y avais pas songé. L'ennui, c'est qu'elles n'ont pas de frère.

– Elles mentent. Elles ont voulu me cacher son existence, craignant pour lui, et maintenant elles ne veulent pas revenir sur leurs dires, par entêtement.

Simon se gratta la tête.

– Tu as peut-être raison... quoique, il me semble que ce garçon n'avait pas vraiment peur de toi.

– Oui, oui. Bon. Tes blessures se referment-elles ?

– Lentement. Mais Milkah ne me relâchera pas avant deux bons mois sinon plus. Je lui ai dit que je n'étais pas pressé.

– Que feras-tu ensuite ?

– Je n'y ai pas encore pensé. Je commencerai par proposer à Milkah de m'épouser ; ensuite, j'aviserai.

– Pourquoi pas à Salomé ? Elle est plus jeune et si jolie !

– Sans doute, mais je crois que Milkah me conviendra mieux.

Il se tut, car la jeune femme revenait avec un gobelet rempli d'une tisane qu'elle lui fit boire.

– Marcus Claudius, dit-elle, il faut laisser ton ami se reposer.

Elle sortit derrière lui. Ils descendirent dans le jardin intérieur qu'envahissait la pénombre.

– Nous feras-tu l'honneur de passer la nuit sous notre toit ? demanda-t-elle.

– Si tu m'y convies, ce sera avec plaisir... J'ai laissé mon cheval dans la cour avec mon sac et mon arc.

– Je l'ai rentré après l'avoir abreuvé et j'ai déjà monté tes bagages dans la chambre qui t'est destinée.

– Je t'en remercie et j'apprécie ton hospitalité. J'ai vu que vous aviez plusieurs chevaux.

– Es-tu entré dans l'écurie ?

– Dans l'espoir d'y trouver quelqu'un. Il y avait un cheval qui revenait d'une longue course.

– Oh ! c'est celui de Jacim... Il va souvent se promener.

– Je croyais qu'il était à la cueillette des dattes.

– Il s'y est rendu aussitôt après son retour.

– Sans l'étriller ? C'est une négligence coupable.

– Et cette forteresse, l'avez-vous enlevée ?

– Bien entendu et, maintenant, Machéronte doit aussi être tombée. Ainsi tenons-nous toutes les forteresses de la région.

Il la suivit dans les cuisines où elle ranima le feu et mit le repas à cuire.

– As-tu des nouvelles de la Galilée ? demanda-t-elle.

– J'ai entendu dire, avant de quitter Massada, que les juifs de la région avaient décidé de venger le massacre des nôtres à Césarée.

– En effet, ils ont commencé à brûler et à saccager les bourgs de la frontière, et même les villes. On parle de Pella, Gerasa et Philadelphie. Mais les Syriens ne vont pas tarder à riposter et d'autres massacres sont à redouter. Que de haine, que de carnages pour rien ! La haine engendre la haine et la violence engendre la violence.

– C'est la loi humaine. Mais vous, femmes, qui êtes faites pour engendrer, vous ne pouvez pas comprendre la guerre. L'acte guerrier est purificateur, ne serait-ce que parce qu'il chasse l'ennemi du sol sacré, et créateur quand il fonde des empires.

Des bruits de voix s'élevèrent dans la cour.

– Ils rentrent du travail, dit Milkah. Viens !

– Oh ! Mais voici notre hôte ! s'exclama Dinah.

– Il venait prendre des nouvelles de notre blessé, déclara Milkah.

– Tiens, te voilà de retour ! lança Shobal qui entrait le dernier.

Chacun s'approcha du foyer pour allumer sa lampe qu'il vint déposer sur la table de la salle à manger, près de la place qui lui était destinée. Pendant le repas, Milkah parla avec une volubilité qui surprit Marcus. Elle entretenait ses sœurs de l'état de la récolte, des ouvriers qui travaillaient avec eux, des nouvelles du village. Shobal mangeait en silence mais, à chaque fois qu'il paraissait vouloir placer une parole, Milkah l'en empêchait en posant de nouvelles questions à Marcus. Shobal se leva le premier, salua l'assemblée, prit sa lampe et se retira, bientôt suivi de Dinah et de son époux, puis de Salomé qui déclara qu'elle allait, comme chaque soir, s'occuper de Simon.

– Marcus, dit alors Milkah en se levant, je t'accompagne jusqu'à ta chambre.

Elle avait prit sa lampe, Marcus saisit la sienne.

– Milkah, lui dit-il alors, gêné par sa propre audace, permets-moi de te poser une question. L'autre jour, ta sœur a déclaré que Salomé ne pouvait pas voir d'homme nu parce qu'elle était jeune fille. Aurais-tu, toi, un époux ?

– J'ai été mariée, en effet.

– Ton époux t'a-t-il quittée ?

– Il est mort.

Elle lui tourna le dos et s'engagea dans l'escalier. Elle s'arrêta devant une pièce dont elle souleva la tenture. Marcus s'immobilisa face à elle, si près qu'il sentit son parfum et son souffle.

– Milkah, songerais-tu à te remarier ?

Elle lui lança un regard lourd de surprise et hésita avant de répondre :

– C'est une chose à laquelle je n'avais pas songé : la mort de mon mari est récente.

– Tu ne portes pourtant pas le deuil.

– Ceci, Marcus Claudius, est mon affaire, mais sache qu'un grand deuil subsiste dans mon cœur. Bonne nuit.

Marcus regarda la souple silhouette de la jeune femme s'éloigner. Il entra dans la chambre, se dépouilla de sa tunique et se jeta sur la couche où il resta immobile, songeant à Milkah. Décidément, elle le surprenait toujours. Pourquoi avait-elle paru troublée par son arrivée inopinée et, encore, lorsqu'il lui avait signalé le cheval mouillé de sueur ? Cela lui rappela qu'il avait oublié de demander à Jacim s'il avait fait bonne promenade.

Le lendemain, lorsqu'il descendit dans le jardin, il n'y trouva que Milkah. Tous étaient déjà partis travailler aux champs.

– Et toi, n'y vas-tu jamais ?

– Rarement, j'ai autre chose à faire... Je t'ai préparé du vin et du fromage de chèvre. Les gens de Massada doivent attendre leur héros et tu as sûrement hâte de partir.

– Pourquoi es-tu toujours moqueuse avec moi ?

Elle sourit.

– Quand reviendras-tu ?

– Je ne sais pas. Tout va dépendre des prochains événements. Les Romains ne vont pas tarder à marcher vers Jérusalem. On devra alors faire appel à nous.

– Le crois-tu ? Et si malgré tout ils ne font pas appel à toi ?

En vérité, Marcus n'avait jamais imaginé cette possibilité.

– Alors ce sera à eux de supporter le poids de la défaite. Néanmoins, je suis décidé à intervenir, ne serait-ce qu'au dernier moment.

– Marcus, j'appelle sur ta tête la protection du Seigneur, et reviens-nous victorieux !

– Je reviendrai bientôt, victorieux comme tu le souhaites, et en pensant à toi.

Chapitre XV

LE PREMIER SIÈGE DE JÉRUSALEM

Depuis qu'il se trouvait seul à la tête d'un parti, c'est-à-dire depuis le départ des zélotes et de Marcus Claudius, Éléazar ben Simon intriguait pour évincer Éléazar ben Ananias, son rival, et rester seul maître de la ville. Il lui fallait compter sur la versatilité du peuple et la hargne des sadducéens, mais il savait comment gagner les uns et corrompre les autres.

Le fils d'Ananias avait pour lui de nombreux partisans ainsi que le prestige que lui avait valu son action contre Menahem et l'élimination des derniers occupants romains. Il savait parler au peuple et il s'était acquis la sympathie d'un certain nombre de pharisiens en chassant les zélotes. En revanche, il était piètre soldat et médiocre stratège.

Éléazar ben Simon tirait ses avantages dans les manques de son adversaire. Excellent combattant, il savait commander, s'imposer par sa vigueur et son courage et, si ses partisans étaient moins nombreux que ceux du fils d'Ananias, ils étaient bien meilleurs soldats. Il avait poussé Éléazar à faire massacrer les Romains après leur reddition, un peu par vengeance, sans doute, mais surtout afin de le faire passer pour parjure, et d'entamer ainsi son crédit. Maintenant il devait prouver sa supériorité au cours des combats.

Inquiet et rêveur, il se tenait sous un portique du Temple et regardait le peuple rassemblé pour les cérémonies du Nouvel An. Depuis le premier jour du mois de *Tischri*, peu après l'équinoxe d'automne, des sacrifices avaient été offerts quotidiennement, puis, le dix du mois, avait été célébrée la fête des Expiations ou du Pardon. Ce jour-là, le quinzième du mois, débutait la fête des Tabernacles commémorant les pérégrinations des Hébreux dans le désert du Sinaï, après la sortie d'Égypte sous la conduite de Moïse. Cette fête, qui marquait la fin des récoltes, allait durer huit jours, pendant lesquels le peuple serait en liesse.

Pendant qu'Éléazar attendait près du Temple, un cavalier y montait, venant de l'est, après avoir suivi la vallée de Cédron au bas du mont des Oliviers. Il s'arrêta près d'une fontaine afin de faire boire ses deux chevaux, l'un des deux étant chargé de lourds sacs sur lesquels étaient liées des armes. Le cavalier était vêtu d'une tunique à la mode parthe, large et plissée, pourvue de manches, et d'un pantalon perse; un large ruban de peau servant de brassard d'archer ceignait son poignet gauche et, à sa ceinture de cuir, pendait un poignard. Sur sa hanche gauche battait un glaive suspendu à un baudrier passé en travers de sa poitrine et dans son dos étaient fixés un carquois de flèches et un arc court au galbe élégant. Ses cheveux étaient entièrement cachés dans un ample turban dont les pans tombaient sur les épaules et voilaient le bas de son visage, ne laissant voir que ses yeux clairs.

Tout le jardin des Oliviers était couvert de cabanes de feuillages dans lesquelles s'étaient établies des familles entières de pèlerins. Les hommes vidaient des outres de vin pendant que les mères bavardaient entre elles.

Lorsque passa le cavalier, des regards curieux se tournèrent vers lui. On s'étonnait plus encore de le deviner si jeune sous son voile, son corps souple et élancé formant un étrange contraste avec l'allure martiale de son train. À l'aide d'un long nerf de bœuf, il chassa quelques chiens qui venaient inquiéter ses chevaux.

Il n'était pas descendu de cheval qu'une bande de garnements surgit en hurlant. Ils entouraient un jeune garçon qu'ils entreprirent de rouer de coups. Le cavalier sauta au bas de sa monture et dispersa les jeunes voyous avec son nerf de bœuf en les apostrophant :

– N'avez-vous pas honte de vous unir si nombreux contre un seul ? Bande de petits chacals ! chiens pelés !

Le garçon s'était relevé et réajustait son pagne en peau de mouton qui lui avait été à demi arraché.

– Pourquoi t'ont-ils attaqué ainsi ? demanda le cavalier.

– Ces sales gosses sont jaloux de moi.

– Et pourquoi cela ?

– Parce que Marcus Claudius est mon ami. Tant qu'il était ici, à Jérusalem, ils n'osaient pas me toucher...

– N'est-il plus ici ?

– Non. C'est un grand guerrier. Il est allé à Massada, près de la mer de l'Est. Maintenant qu'il n'est plus là, ils ne cessent de me lancer des pierres et de me battre.

– Comment t'appelles-tu ?

– David. Et toi ?

– Shéba, fils de Nathan. Mais, dis-moi encore, comment ce fameux guerrier est-il devenu ton ami ?

– C'est venu comme ça. On s'est rencontrés, il m'a pris en amitié. Et voilà. Nous nous sommes vus souvent, jusqu'à son départ de Jérusalem, il y aura bientôt deux mois. Tu le connais ?

– Non, mais je crois l'avoir entrevu.

– C'est un héros. Il conduira notre peuple à la victoire.

Shéba sourit sans répondre.

– Toi aussi, tu es un guerrier, poursuivit David. Tu as de belles armes. Moi, tu sais, je suis très habile à la fronde.

– Alors, si tu me montres comment on s'y prend, moi, en revanche, je t'apprendrai à tirer à l'arc.

– Oh oui !

– Maintenant, dis-moi, connais-tu un certain Éléazar ben Simon ?

– Oui, bien sûr. Ici, je connais tout le monde.

Le jeune homme sortit de sa ceinture une pièce d'argent et la lança vers David qui l'attrapa au vol.

– Tiens voilà pour toi. Cours au Temple, trouve Éléazar et dis-lui que Shéba, fils de Nathan, l'attend ici.

Au bout d'un moment Éléazar ben Simon apparut en compagnie de David. Il leva la main pour saluer le jeune homme :

– Comment dois-je t'appeler ?

Shéba mit son doigt devant la bouche :

– Je suis Shéba et personne d'autre.

– Je suis heureux de te revoir. Je croyais... enfin, le bruit de ta mort m'était parvenu, avec la triste nouvelle de la fin des nôtres en Syrie.

– Je suis le seul à avoir pu m'enfuir, Éléazar. Je viens au nom de nos frères t'apporter ce que tu attendais. Où loges-tu ?

– Je me suis installé dans le Temple, mais je vais te conduire chez l'un des nôtres, Jean, fils de Karmi. Ici, tout le monde l'appelle Jean l'Essénien. C'est un lévite et il est le chef religieux de notre camp de Jérusalem, dont je suis moi-même le chef laïque.

– Je le connais, je l'ai rencontré en Galilée. Allons chez lui.

Il se tourna vers David.

– Merci, mon petit ami. Sans doute nous reverrons-nous. Je serai au Temple ce soir pour la fête des Tabernacles.

– J'y serai aussi. N'oublie pas que tu as promis de m'apprendre à tirer à l'arc.

– Je ne l'ai pas oublié.

Éléazar posa la main sur la tête de David et le remercia, puis il se tourna vers Shéba.

– Nous allons suivre la vallée du Cédron et entrer dans la ville par la porte de la Fontaine. La maison de Jean est voisine de la piscine de Siloé, dans la ville basse.

Shéba prit les guides de ses chevaux et ils se mirent en route.

– Viens-tu de la mer de Sel ? demanda Éléazar.

– J'ai quitté le couvent de la communauté au milieu de la nuit et je viens d'arriver à Jérusalem.

– As-tu voyagé de nuit ?

– Bien sûr, il n'y a plus de temps à perdre. Je t'apporte dans les sacs suffisamment d'or et de monnaie pour payer de nouveaux partisans.

La maison de Jean était une demeure assez vaste, pourvue d'une cour où Shéba commença à décharger les chevaux.

Un serviteur s'était approché. Il salua Éléazar et lui annonça que son maître, malade depuis plusieurs jours, les attendait dans sa chambre.

– Makir, lui dit Éléazar, y a-t-il une chambre prête pour mon hôte ?

– Il y en a toujours plusieurs de prêtes, seigneur, répondit l'homme.

– Alors portes-y ceci, dit Shéba en lui mettant le baudrier autour du cou, et en lui chargeant les bras de ses armes.

– Tu as emmené toutes tes armes, remarqua Éléazar.

– J'en aurai besoin. D'ici peu de jours, les Romains seront sous nos murs. Tiens, aide-moi à décharger les autres sacoches. Elles sont lourdes mais c'est un plaisir de les porter ! Makir, tu voudras bien déposer dans ma chambre ce qui reste de bagages et donner à manger aux chevaux ?

Jean était un homme d'une cinquantaine d'années, grand, le visage osseux couvert d'une barbe et d'une moustache touffue. Il était étendu sur des coussins, près d'une table basse de bronze à trois pieds arqués. Shéba s'agenouilla près de lui, porta l'étoffe de sa robe à ses lèvres.

– Que le salut soit sur toi, rabbi ! Donne-moi ta bénédiction.

L'homme posa la main sur sa tête.

– Que le Seigneur te protège, mon enfant ! Viens-tu de la mer de Sel ?

– Oui, rabbi. J'ai quitté nos frères dans la nuit. Les Romains ont porté un rude coup à notre communauté. Les camps de Galilée et de Syrie ont été détruits. Il ne reste plus que celui de Jérusalem outre le couvent du bord de la mer, où personne ne sait se battre. Il n'y a plus que vous ici, toi, Éléazar et tes hommes. C'est bien peu et tout est à recommencer. J'apporte de l'or pour qu'Éléazar recrute des hommes, car les anciens désireraient que tu te rendes maître de la situation à Jérusalem.

– J'œuvre dans ce but depuis mon arrivée ici. Mais ne pouvons-nous reconstituer des camps en Galilée et en Syrie ?

– Éléazar, je viens de là-bas, envoyé en mission par nos saints prêtres. J'ai parcouru les deux rives du Jourdain. Partout les juifs et les Syriens se sont entre-tués. Les maisons ont été incendiées et les rues sont jonchées de cadavres abandonnés, dépouillés de leurs bijoux et de leurs vêtements. Les femmes et les enfants ont servi à assouvir la lubricité des vainqueurs avant d'être égorgés. Même les cadavres ont été profanés. Les juifs ne se montrent pas moins inhumains que les gentils, comme si le goût du sang avait perverti toutes les âmes.

« J'ai ensuite traversé la Galilée où tout est en effervescence. Le gouverneur de Syrie, Cestius Gallus, ému par le rapport que lui a fait Agrippa de la situation à Jérusalem, a réuni une armée de près de vingt-cinq mille hommes. Il a détruit plusieurs villes, dont Joppé où nous avions l'un des nos camps. Mais il y a pire encore. Le camp de notre maître Gershon a été attaqué par une troupe importante et je n'y suis arrivé que pour apprendre sa destruction et la mort de Gershon lui-même.

Shéba fit une pause et essuya une larme furtive avant de poursuivre :

– Je n'avais plus qu'à retourner auprès de nos saints de Messad Hassidim pour leur rapporter de si terribles événements. Aussitôt ils m'ont envoyé auprès de vous, ici, car vous restez le seul espoir de notre communauté. Voilà, rabbi, ce que j'avais à te rapporter. Je suis disposé à te donner tous les détails que tu voudras me demander, mais comme j'ai voyagé toute la journée d'hier et une partie de la nuit, je te prie de me permettre d'aller dormir un moment.

Jean, qui avait écouté ce récit d'un air grave, fit un signe de bénédiction.

– Va, mon enfant, tu as bien mérité ce repos.

Shéba dormit jusqu'à la fin de l'après-midi. Dès son réveil il procéda à des ablutions et sortit de son bagage une ample tunique courte et une cape. Il ceignit sa ceinture avec son poignard et laça ses sandales le long de ses mollets. Il laissa son nerf de bœuf pour aller saluer Jean qui se tenait dans la salle haute et, tout en prenant un repas que lui avait fait préparer son hôte, il lui donna des détails sur sa mission.

– Ainsi, soupira Jean, tous nos camps ont été détruits et les meilleurs des nôtres sont morts.

– Hélas ! je ne puis que te confirmer cette terrible nouvelle. Les saints de la communauté se sentent très menacés. Ils ont sans doute été désignés comme les animateurs de ces camps de rebelles. Si les Romains sont vainqueurs, c'en est fini d'eux.

– Les trouveront-ils ?

– On n'en peut douter.

– Et nos trésors ? Nous en avons dissimulé à travers tout le pays. Ont-ils été découverts ?

– Je ne le pense pas. Peu de personnes en connaissaient les cachettes. Désormais, hormis ceux qui sont dans la maison des bords de la mer de Sel, je crois être le seul à connaître toutes les caches. Dans ma tournée je suis allé vérifier si les trésors étaient intacts, et je les ai tous trouvés tels : c'était le but principal de mon voyage. Je n'en ai rien dit à Éléazar qui ne doit pas savoir. Les pères veulent que, dans le cas où la communauté serait dispersée, ces biens subsistent pour prendre un nouveau départ, quand les temps seront favorables.

– C'est bien ainsi. Tu peux être fier de toi, mon enfant. Je pense que tu veux aller à la fête nocturne au Temple ?

– Oui, rabbi, j'espère y retrouver Éléazar.

Shéba alla faire une visite à ses chevaux avant de sortir. La journée, la plus importante, la fête des Tabernacles, avait été marquée de réjouissances et de cérémonies. Treize taureaux avaient été immolés, commençant ainsi une série de sacrifices. Le lendemain, douze bêtes seulement seraient égorgées puis, chaque jour, une de moins que la veille, jusqu'au huitième et dernier jour où un seul animal serait offert pour le type de sacrifice appelé *'Olah*.

Malgré la nuit tombée, les rues étaient pleines de promeneurs qui s'éclairaient avec des torches. Des lampes posées devant les maisons participaient à l'illumination des rues. Shéba se fraya un chemin jusqu'au Temple. Il dut encore fendre la foule pour parvenir jusqu'à la cour des Femmes où allait commencer la danse sacrée de *L'eau des libations*.

Contre la muraille du fond étaient fixés des candélabres d'or supportant chacun une lampe d'or. Quatre jeunes prêtres gravirent quatre marches qui les séparaient des lampes qu'ils remplirent d'huile et qu'ils allumèrent. Les lévites, dans leurs lourds habits de cérémonie brodés d'or, occupaient les quinze marches qui séparent la cour des Femmes de celle d'Israël. Avec cithares, cymbales, harpes et flûtes, ils accompagnaient leurs chants sacrés, tandis que les hommes vêtus de longues robes dansaient gravement devant les lampes allumées en agitant à bout de bras des torches fumeuses. Les lévites se turent, et les danseurs, à leur tour, entonnèrent des cantiques.

La foule assistait, silencieuse, à ce spectacle sacré. Elle tressaillit lorsque deux prêtres, du haut de l'escalier où chantaient les lévites, embouchèrent des trompettes d'argent dont ils sonnèrent en descendant les marches. Parvenus au bas, ils sortirent vers le parvis des Gentils, suivis par les prêtres danseurs portant des torches. Là, ces derniers tournèrent leurs torches vers l'est puis vers l'ouest, en s'écriant : « Nos pères en ce lieu, la face vers l'orient, le dos tourné au Temple, ont adoré le soleil, mais, nous, nous tournons nos visages vers Dieu. » Les assistants se mirent alors à chanter des hymnes. Pendant ce temps les lévites prenaient les lampes allumées pour les disperser sur des places de la ville où elles brilleraient pendant toute la nuit.

Shéba aperçut Éléazar au milieu de ses hommes. Silas, qui se tenait à ses côtés, tressaillit en voyant le jeune homme, sans cependant être sûr de le reconnaître car il avait voilé le bas de son visage.

– Shéba, mon ami ! s'écria Éléazar. T'es-tu bien reposé ?

– Je me sens beaucoup mieux, assura Shéba en s'arrêtant près de lui.

– Compagnons, vous voyez dans ce jeune homme un des héros de notre cause, l'un de nos meilleurs combattants. Il s'appelle Shéba ben Nathan... Voici mon lieutenant : Judas, fils de Chelsias.

Shéba le salua, ainsi que le suivant, Gioras, fils de Simon. Tous deux se tenaient à droite d'Éléazar. Il se tourna vers la gauche et désigna son dernier compagnon.

– Et Silas...

Shéba sursauta à ce nom. La pénombre cachait la soudaine pâleur de Silas qui était sûr de se trouver en face de celui qui s'était aussi fait appeler Jéther.

– Voilà qui est étrange, dit Shéba. J'ai connu quelqu'un qui te ressemblait comme un frère.

– C'est en effet étrange, car je n'ai pas de frère, repartit Silas.

– Cet homme s'appelait Holon, fils de Levias. Je l'ai rencontré sur la route, au sud de Tibériade, il y a de cela quelques mois.

– Je n'ai jamais entendu parler de lui. Peut-être cet homme me ressemblait-il, mais, tu le vois, ce n'est pas moi.

– Sans doute, puisque tu es Silas. J'ai aussi entendu parler d'un Silas, mais ce n'est pas toi non plus, puisque je te rencontre ici auprès d'Éléazar ben Simon. Ce Silas-là était un traître et un lâche.

– Il ne peut alors s'agir de notre ami, intervint Éléazar en frappant l'épaule de Silas.

– Bien sûr, fit Shéba en riant, mais ses yeux brillaient étrangement.

Ils parlèrent de la fête et de choses diverses. Shéba écoutait d'une oreille distraite, ne pouvant s'empêcher d'observer Silas. Leurs regards se croisèrent à plusieurs reprises, mais à chaque fois Silas détournait les yeux. L'arrivée de David illumina d'un sourire le visage de Shéba.

– Mes amis, je vous laisse à vos graves discours. Moi, je m'en vais avec ce garçon qui va me faire visiter votre ville que je connais mal. Éléazar, je voudrais te parler dès demain.

– Je serai chez Jean dès la première heure.

Shéba prit la main de David et s'éloigna aussitôt.

Comme il l'avait promis, Éléazar se rendit chez Jean à l'heure convenue. Aussitôt Shéba l'interrogea au sujet de Silas.

– N'a-t-il jamais parlé devant toi d'un certain Jéther, fils de Qorakh ?

– Jéther ?... Attends, je me rappelle. Quand il s'est présenté à nous, il a prévenu Marcus Claudius qu'un nommé Jéther lui était envoyé par le roi Agrippa pour l'assassiner. Le garçon est en effet venu, à ce que j'ai appris, et Marcus Claudius a tenté de le faire arrêter, mais il est parvenu à fuir.

– Toi aussi, tu as cru à cette histoire ?

– Pourquoi n'y aurais-je pas cru ?

– C'est juste. Alors sache que Jéther c'était moi.

– J'avoue ne pas comprendre.

– Jéther est le nom que j'ai pris après avoir fui la Syrie. Il fallait que je me présente sous un autre nom qui ne puisse pas me compromettre.

– Mais alors, pourquoi Silas a-t-il prétendu... ?

– Parce que c'est un lâche qui voulait se venger d'un affront que je lui avais fait.

Et Shéba raconta comment, un soir, il avait sauvé une jeune fille des mains de cet homme et comment celui-ci s'était vengé en le faisant passer pour un traître. Éléazar prit un air ennuyé.

– C'est pourtant un bon auxiliaire.

– Méfie-toi : un homme qui trahit un maître peut aussi bien en trahir un second. Ce qui est dommage pour toi, c'est que je me suis juré de le tuer.

– Pour avoir tenté de violenter une fille ?

– Pour m'avoir fait passer pour un félon aux yeux de Marcus Claudius, avec l'espoir que celui-ci me tuerait. Il serait sans doute parvenu à ses fins si j'avais été moins rapide. Ne crains rien dans l'immédiat. Je le tuerai plus tard, face à face à armes égales. Mais venons-en aux choses sérieuses. Crois-tu que la ville soit assez forte pour résister aux Romains ?

– J'en doute.

– Envisagez-vous de demander l'aide des zélotes de Massada ?

– Non. Le fils d'Ananias qui les a chassés ne pourra s'y résigner, les gens du sanhédrin les redoutent trop. Quant à moi, je n'ai pas reçu d'ordre. Au reste, je craindrais que Marcus Claudius ne ramassât les lauriers de la victoire.

– Tu enverras un messager là-bas pour demander leur aide. Ils disposent d'une troupe nombreuse et bien entraînée : on ne peut négliger une telle force. Cependant il faudra attendre que les Romains soient sous nos murs et que nous ayons commencé à contre-attaquer. Ainsi c'est toi qui auras le commandement et l'initiative de l'attaque lorsque Marcus Claudius arrivera avec ses hommes, et il ne pourra se mettre en avant.

– À moins qu'il ne vienne sans être invité.

– Il n'y a guère de risques, je te le garantis.

– Très bien, je ferai ainsi, assura Éléazar, avant de partir.

Shéba se rendit auprès de son hôte, toujours couché dans la chambre haute, miné par un mal qui lui tenaillait les entrailles depuis plusieurs mois. L'Essénien avait sensiblement maigri et son teint était parcheminé.

– Rabbi, lui dit Shéba, je voudrais faire quelque chose pour toi, car le Seigneur m'inspire la plus grande compassion.

– C'est là une punition de l'Éternel pour mes péchés. Je doute que tu puisses faire quelque chose. D'autres avant toi ont tenté de chasser le démon qui est en moi. Plusieurs rabbis sont venus me verser de l'huile sur la tête en prononçant des incantations, mais il ne m'a pas quitté. On a même fait venir de Galilée cet Éléazar, célèbre pour ses guérisons ; il possède un anneau dans lequel est enfermée cette racine couleur de feu, le *baaras*, dont parle le livre des recettes de notre saint roi Salomon. Il a attaché l'anneau à mon nez. On prétend que dès que le démon sent cette odeur il s'enfuit en jetant à terre l'homme qu'il possède ; il suffit alors de réciter les paroles consignées par Salomon dans son livre pour que le démon, dompté, n'ose plus revenir.

– Voilà qui est merveilleux ! s'exclama Shéba avec une très légère pointe d'ironie dans la voix. Je connais en effet le livre du grand Salomon, mais je n'ai vu nulle part la racine dont il est question. Rabbi, si tu le permets, laisse-moi essayer quelque médecine de ma connaissance. Mon père avait beaucoup voyagé au-delà des territoires des Parthes et il savait bien des choses. Dans mon enfance, il m'a appris à reconnaître les plantes et les terres et tout ce qui convient pour fabriquer les potions. Ensuite, notre maître Gershon, qui a longtemps séjourné chez les Grecs, m'a enseigné bien des secrets pour guérir les maux. Il osait même dire que les maladies ne sont pas provoquées par les démons, mais qu'elles sont des affections des humeurs.

– C'est un blasphème, mon enfant ! Certes, Gershon était un homme pieux et un grand guerrier devant l'Éternel, mais il avait souvent des idées étranges empruntées aux Grecs... Il est vrai que bien d'autres juifs qui vivent loin du Temple tombent dans de semblables erreurs.

– Mais rabbi, par nos frères, cela n'est pas considéré comme une erreur...

– Je le sais bien. La question est controversée, mais je défends l'existence des démons.

– Pourtant, rabbi, si aucun démon n'est sorti de ton corps à la suite de toutes ces incantations, c'est peut-être qu'il n'y en a pas. Tu es trop saint homme pour qu'un démon puisse pénétrer en toi.

– Nous sommes tous des pécheurs, mon enfant. Mais si tu y tiens, je veux bien essayer ton remède. Va, mais sois ici pour l'heure du repas. Nous aurons à notre table des invités d'importance et en particulier Simon ben Gamaliel. Il est le seul membre du sanhédrin à nous être favorable.

Peu avant l'heure du repas, Shéba présenta à Jean une décoction amère servie dans une coupe d'argile.

Jean était déjà entouré de ses hôtes, trois hommes encore jeunes, dont les longues robes en tissus sombres et délicats et les phylactères attachés aux hauts turbans révélaient l'origine aristocratique.

– Voilà mon jeune médecin ! s'exclama Jean avec un large sourire lorsque entra Shéba.

Celui-ci vint s'agenouiller devant le rabbi et lui tendit la coupe qu'il vida d'un trait.

– Hum ! ce n'est pas très bon et le miel que tu y as mêlé ne dissimule pas sa profonde amertume.

– Il faudrait pourtant que tu boives ainsi deux coupes par jour et que tu ne manges que très peu.

– Je le ferai si j'ai la certitude d'être débarrassé de ces maux.

– J'espère réussir, avec l'aide du Seigneur.

– Que sa grâce soit sur nos têtes... Mes chers hôtes, voici Shéba, fils de Nathan.

Il désigna ensuite ses invités : Simon ben Gamaliel, Simon ben Esron, Ézéchias ben Chobar. Ils saluèrent le jeune homme qu'ils regardaient avec curiosité. Celui-ci avait jeté sur sa courte tunique une longue cape dans laquelle il avait drapé ses jambes après s'être assis sur le divan qui lui était destiné, chacun des convives ayant sa propre table. Lorsque furent accomplies les ablutions et prononcées les bénédictions, Jean prit la parole, alors que les serviteurs commençaient le service.

– Shéba, qui est un excellent guerrier, est arrivé hier de la Galilée, apportant de tristes et alarmantes nouvelles.

Il invita alors le jeune homme à faire le récit détaillé de son récent voyage.

– C'est ce que je redoutais! soupira Simon ben Gamaliel lorsque Shéba eut cessé de parler.

– Tout est perdu! s'exclama le fils d'Esron.

– Rien n'est perdu, rectifia Shéba. Nous devons nous organiser et nous défendre.

– Avec quels hommes?

– Tout le peuple de Jérusalem, encadré par des hommes qui savent combattre.

– Et qui commandera? demanda Simon ben Gamaliel.

– Vous avez de votre côté deux bons capitaines. L'un est ici, c'est Éléazar ben Simon. L'autre est à Massada, c'est ton beau-frère, rabbi Simon ben Gamaliel.

Ce dernier hocha la tête.

– Sans doute, sans doute. Marcus Claudius peut nous sauver, mais qui ira lui demander de venir? Maintenant qu'il s'est allié aux partisans de la famille de Menahem ben Judas, les gens du sanhédrin le craignent.

– Il serait temps que cessent ces dissensions! Donnez à Éléazar ben Simon le commandement de cette guerre et il enverra chercher Marcus Claudius, en temps voulu.

– Qui nous dit qu'il agira pour le bien commun et qu'il appellera mon frère à l'aide?

– Je m'en porte garant, assura Shéba.

– Toi?

Le ton de surprise sceptique qui perça dans l'exclamation de Simon piqua le jeune homme qui répéta d'un ton ferme.

– Oui, moi, Shéba ben Nathan.

– Je puis t'assurer que Shéba ne parle pas en vain, affirma Jean.

– Alors, j'interviendrai auprès du sanhédrin afin qu'on confie à Éléazar ben Simon la défense de la ville.

– Pour l'instant, il importe de sauver Jérusalem, déclara Shéba. Le fils de Simon est de race sacerdotale et ce n'est pas se déshonorer que de lui confier un tel commandement.

– J'interviendrai en sa faveur, assura Simon ben Gamaliel.

Depuis près d'un mois qu'il était rentré à Massada, après la prise de l'Hérodion et sa visite à Engaddi, Marcus n'avait pas quitté la forteresse. Il brûlait de retourner à Engaddi, mais s'en abstenait, prenant prétexte du fait qu'il devait être à Massada pour recevoir un éventuel messager dépêché par Jérusalem. En fait, il se reprochait la fièvre qui l'agitait dès qu'il pensait à Milkah. Il refusait de se comporter comme un jeune amoureux plein de fougue, tel un étalon qui piaffe à la vue d'une belle cavale. De plus, elle-même affichait une réserve propre à calmer son ardeur. Ne lui avait-elle pas déclaré être veuve depuis peu de temps et porter un grand deuil dans son cœur ? Il s'était pourtant décidé à envoyer à Engaddi Judas ben Judas. Celui-ci y avait trouvé Simon en bonne voie de guérison, mais soigné par la seule Salomé. Milkah s'était rendue à Jéricho auprès d'une tante de son défunt époux.

Il ne recevait de Jérusalem que des nouvelles officieuses. Il se décida alors à envoyer l'un de ses hommes, Archélaüs, fils de Mégadate, auprès d'Éléazar ben Ananias pour lui demander ce qu'il comptait faire pour résister aux Romains. Ce dernier répondit évasivement à Archélaüs. Il restait dans l'expectative, attendant que les Romains arrivent en vue de Jérusalem. En réalité, il se souciait fort peu de voir revenir Marcus Claudius qui, pensait-il, prendrait la situation en main et risquait de recueillir les lauriers de la victoire, selon son habitude.

Archélaüs apprit que Cestius Gallus avait quitté Césarée et atteint Antipatris. Là les juifs s'étaient retirés dans la tour d'Aphec pour s'y défendre mais, effrayés à la vue des Romains, ils s'étaient enfuis vers Jérusalem. Après avoir pillé les villages alentour, les Romains s'étaient remis en route jusqu'à Lydda qu'ils avaient trouvée à peu près vide de ses habitants, lesquels étaient à Jérusalem pour la fête des Tabernacles. Les malheureux qui y étaient restés furent massacrés et la ville incendiée.

Les Romains étaient ainsi parvenus à Gabaon, à trois heures de marche de Jérusalem. L'affolement gagna la ville. Les cérémonies furent interrompues : le sanhédrin confia à Éléazar ben Simon la défense de la ville. Archélaüs alla aussitôt le trouver afin de connaître ses intentions. Celui-ci l'avisa qu'il n'avait, pour l'instant, pas besoin des forces cantonnées à Massada, mais qu'il envisageait de faire appel à elles en cas de nécessité. Archélaüs envoya l'un de ses hommes apporter les nouvelles à Marcus et lui-même resta à Jérusalem en observateur.

Marcus, mis au courant des événements, entra dans une grande fureur en voyant lui échapper l'occasion de confirmer sa réputation. Il assurait que cet Éléazar, plein de suffisance, allait perdre la ville. Cinq jours plus tard, Archélaüs se présenta à Marcus qui se tenait sur la terrasse intérieure du palais, en compagnie de Démétrios, de Judas ben Judas et des trois fils de Jaïr.

– Archélaüs, que la grâce du Seigneur soit sur ta tête ! s'exclama Marcus. Quelles sont les nouvelles ?

– Éléazar, à la tête d'une troupe bien armée, a entraîné le peuple contre les Romains, alors qu'ils établissaient leurs camps, sans leur laisser le loisir de s'installer. Les nôtres ont attaqué avec tant de vigueur que nous avons rompu les premiers rangs romains et que nous nous sommes engouffrés dans ce passage, renversant leur infanterie. Les hommes d'Éléazar se sont révélés des combattants éprouvés, je dois l'avouer.

– Qui étaient-ils ?

– Tu en connais quelques-uns : il y avait Niger Peraïte, Monobaze et Sénébée, les parents du roi d'Adiabène Monobaze et surtout un tout jeune homme du nom de Shéba, fils de Nathan. Chacun s'étonnait non seulement de le voir parmi nous, mais surtout de l'emprise qu'il exerce sur Éléazar au point que certains murmurent qu'il est son mignon. Sur le champ de bataille, c'est une vraie panthère et plus d'un Romain a trouvé la mort sous son glaive et ses javelots. Enfin, les Romains, après s'être regroupés, se sont retirés à Béthoron. Ils ont perdu cinq cent quinze hommes, alors que nous n'avons eu à déplorer que vingt-deux morts. Puis ce Shéba et quelques compagnons, point encore las de carnage, se sont lancés contre l'arrière-garde des Romains, tuant un grand nombre d'hommes et s'emparant de chariots de bagages qu'ils ont ramenés triomphalement dans la ville, ranimant les courages les plus chancelants. Voilà où en sont les choses : depuis plus de deux jours, les Romains se tiennent immobiles dans leur camp et nul ne sait comment vont évoluer les événements.

– Ils semblent en tout cas prendre une tournure favorable aux juifs, admit Marcus. À la place d'Éléazar, je n'aurais pas agi autrement. Il faut qu'il connaisse bien les Romains pour savoir qu'une attaque impétueuse était la meilleure tactique. Mais c'est une erreur de les assiéger ainsi, car ils vont avoir le temps de se ressaisir et de reprendre l'initiative de l'attaque.

– Il paraîtrait, avança Archélaüs, que cette stratégie a été suggérée à Éléazar par ce même Shéba, ce que j'ai peine à croire car il paraît être un tout jeune homme.

Ils attendirent encore dix jours avant de voir arriver un messager. Dès qu'il fut devant lui, Marcus reconnut l'homme qui avait, un jour, interpellé Agrippa avant d'être arrêté : Zacharie, fils d'Amphicanus.

Il expliqua qu'après trois jours de siège, Agrippa avait délégué deux de ses capitaines, Borée et Phébus, pour promettre au nom de Cestius Gallus l'oubli du passé si les juifs rendaient les armes et acceptaient la paix. Éléazar et tous ses partisans, redoutant que cette offre n'affaiblisse la détermination de leurs troupes, firent attaquer les ambassadeurs d'Agrippa. Phébus fut tué alors que Borée parvenait à s'enfuir. Cette initiative avait été jugée scandaleuse par beaucoup qui, las d'assiéger les Romains, saisirent l'occasion pour rentrer chez eux. Alors, profitant de ces dissensions, Cestius Gallus était passé à l'attaque, bousculant ceux qui étaient restés face à son camp et était venu s'installer tout près de la ville, sur la colline nommée Scopus. Trois jours durant, les Romains avaient pillé les villages du voisinage. Mais en dépit des efforts d'Éléazar pour relancer l'offensive, la belle ardeur du début était tombée. Shéba avait proposé qu'une petite troupe d'hommes décidés occupât les points forts de la cité, afin de tenir la ville en cas de siège, ce qui avait été exécuté.

Le quatrième jour, les Romains avaient attaqué la ville. Éléazar avait réparti ses hommes dans le Temple, l'Antonia et le palais d'Hérode, tenant la ville haute et la ville basse derrière le rempart. Il avait abandonné le faubourg de Bézatha et tout le quartier se trouvant en deçà de la seconde muraille. Il espérait effrayer la population et obliger les Romains à se disperser dans les rues tortueuses et autour de la ville fortifiée. Cestius Gallus avait occupé les quartiers de Bézatha, de Scénopolis, celui du marché des matériaux qu'il avait incendié, puis il s'était installé, sous les remparts, au pied du palais d'Hérode.

Les partisans de la paix voulaient profiter de la circonstance et certains d'entre eux, sous la conduite d'Ananus, fils de Jonathas, vinrent offrir à Cestius Gallus de lui ouvrir les portes de la ville. Le légat, craignant une ruse, refusa ce qui aurait sans doute mis fin à cette guerre. Éléazar, ayant appris cette trahison, fit chasser à grands coups de pierre ces hommes qui se jetèrent du haut des remparts. C'est alors que Cestius Gallus regrettant sa méfiance attaqua avec fureur plusieurs points, tout particulièrement la face septentrionale du Temple. Les assiégés avaient repoussé avec vigueur les premiers assauts, mais le peuple restait passif, n'osant plus se porter contre un ennemi craint et respecté. Aussi Éléazar avait-il délégué Zacharie pour demander à Marcus de venir à son aide.

Marcus regarda Zacharie avec sévérité :

– Si je comprends bien, ton maître fait appel à nous quand il se voit perdu. Pourquoi nul auparavant ne nous a proposé une alliance afin qu'ensemble nous chassions les Romains ?

– Il n'y avait pas de raison impérieuse de faire appel à vous, et puis, Marcus, il faut que tu saches que ni le peuple ni le sanhédrin ne désirent le retour des zélotes. Éléazar ben Simon a pris l'initiative de t'appeler contre les chefs qui vous redoutent plus encore que les Romains, que d'aucuns appellent de leurs vœux.

Ces paroles calmèrent Marcus trop satisfait d'être appelé pour retourner une situation qu'il se plaisait à déclarer désespérée. Aussitôt il réunit les chefs de la garnison. Il fut convenu qu'Éléazar ben Jaïr resterait à Massada avec une cinquantaine d'hommes, tandis que Marcus partirait pour Jérusalem à la tête des autres combattants, soit environ un millier d'hommes, Démétrios et les deux frères d'Éléazar lui servant de lieutenants.

Marcus avait accordé une heure à ses hommes pour se préparer, s'équiper et se réunir au pied de la citadelle. Des deux cents chevaux qui constituaient la cavalerie de la troupe, une dizaine fut laissée à Massada pour être utilisée pour d'éventuels messagers. Marcus avait décidé qu'ils iraient à marche forcée pour parcourir en deux jours et demi la distance qui les séparait de Jérusalem.

Cestius Gallus, convaincu qu'il devait porter ses efforts contre le Temple et qu'une fois celui-ci enlevé avec toutes ses richesses, les juifs ne tarderaient pas à capituler, réunit la majorité de ses forces devant la face nord de l'enceinte sous la tour Antonia. Là se tenait Éléazar ben Simon avec le meilleur de sa troupe et Shéba qu'il gardait auprès de lui. Les défenseurs ne quittaient plus les terrasses du Temple d'où ils dominaient l'ennemi. Ils dormaient à même le sol, enveloppés dans leurs manteaux, prêts à répondre à toute attaque. Les nuits étaient encore chaudes, mais quelques pluies étaient déjà tombées, transperçant les vêtements, collant la poussière et le sang sur la peau. Quand il s'absentait pour aller inspecter les autres groupes et observer les manœuvres des assaillants, Éléazar laissait alors le commandement à Shéba. Celui-ci se rendait chaque jour chez Jean pour l'informer de la situation et lui préparer la décoction qu'il lui avait prescrite ; ensuite il faisait une rapide visite chez Simon ben Gamaliel qui hébergeait des habitants des quartiers abandonnés aux Romains et, en particulier, David et sa famille. Immanquablement, le jeune garçon le priait de l'emmener sur les remparts, mais Shéba refusait car, des toits voisins, les Romains ne cessaient de balayer les murs de leurs flèches pendant que les balistes, les catapultes et les scorpions (constitués par un arc géant pouvant lancer plusieurs lourds javelots en même temps) y projetaient boulets de pierre et javelots acérés.

Le sixième jour, les défenseurs s'attendaient à une attaque décisive. Pendant une partie de la nuit, ils avaient entendu des cliquetis d'armes, et des milliers de torches avaient formé un fleuve lumineux autour de la ville. On avait fait appel à la population décidée à participer à la défense, lui demandant de se porter au Temple, d'aider à accumuler sur les terrasses des flèches, des pierres, des amphores d'huile, de naphte de la mer Morte, des chaudrons et du bois en quantité pour faire chauffer les liquides. Les volontaires, hommes et femmes, furent armés d'épées et de piques, alors que ceux qui ne se sentaient pas de taille à manier ces armes étaient affectés à la chauffe des liquides et à l'approvisionnement en munitions.

Dès que le soleil blanchit l'horizon, les trompes aiguës résonnèrent dans le camp des Romains. Peu après les légionnaires s'élançaient à l'attaque ; dans le même temps, les archers auxiliaires avaient pris position sur les terrasses des demeures et décochaient leurs flèches. Ces milliers de cordes d'arc vibrantes provoquaient un ronflement continu. Les traits volaient si nombreux que le soleil en était en partie voilé. Les juifs, protégés derrière les murs, ripostaient, mais leur défense était sans grande efficacité car ils ne disposaient que de peu d'arcs, et, surtout, ils étaient de médiocres archers.

Shéba était posté derrière un créneau. Il serrait dans sa main gauche son arc et les doigts de sa main droite étaient protégés par des bagues métalliques. Il s'était équipé comme il convenait pour un si rude combat : un casque pointu posé sur son turban à pans protégeait sa tête et sa nuque, et une épaisse casaque de cuir lui descendait bas sur le ventre et les reins. Des brassards de métal serraient ses avant-bras ; des jambières complétaient un équipement guerrier qui tranchait dans les rangs des combattants juifs, mal protégés et embarrassés de leurs longs manteaux, et il avait, selon son habitude, voilé le bas de son visage pour se protéger de la poussière.

Éléazar s'approcha de Shéba :

– Les légionnaires s'apprêtent à monter à l'assaut. Nous ne pouvons les repousser sous cette pluie de flèches : nous allons incendier les maisons sur lesquelles ils ont pris position, car, pour aussi habile que tu sois, il faudrait plusieurs jours pour en abattre un si grand nombre.

Les meilleurs archers tirèrent des flèches dont la pointe en tissu imprégné de naphte et de résine brûlait longtemps en répandant une fumée noire. Malgré les efforts des Romains, une maison prit feu et lentement l'incendie se communiqua aux constructions voisines. Mais avant que les archers n'aient été chassés de leurs positions, les légionnaires s'avancèrent vers les murailles, à l'abri des grands boucliers rectangulaires. Ils progressaient en rangs serrés, la lance haute, pareils à une souple vague d'acier déferlant vers les remparts.

Au même moment Simon ben Gamaliel se présenta sur la terrasse du Temple en compagnie de Tiberius, de Drusilla, de David et de son père.

– Que venez-vous faire ici ? s'écria Éléazar.

– Nous avons appris que vous manquiez de combattants sur les remparts.

Shéba se tourna vers les nouveaux venus qu'Éléazar avait fait s'accroupir.

– Vous avez choisi un bien mauvais moment pour intervenir. Mais puisque vous êtes là, avancez vers moi ces chaudrons... Toi, David, viens te cacher juste contre le mur, tu me passeras les javelots...

Shéba passa dans son bras gauche son bouclier et, sous cette protection, se releva pour observer les Romains. Derrière un rideau de légionnaires, des auxiliaires armés légèrement, munis de casque et de petits boucliers, s'approchaient, portant sur leurs épaules de longues échelles.

– Ils vont tenter l'assaut et les autres vont faire la tortue ! commenta Shéba. Éléazar, des hommes ici, avec des fourches pour repousser les échelles. Qu'on apporte aussi des blocs de pierres !

– Qu'est-ce que la tortue ? demanda David.

– Ils vont se placer sous le mur, y appuyer leurs boucliers perpendiculairement en les tenant au-dessus de leurs têtes, chaque rang se soudant au précédant et former ainsi une grande voûte sous laquelle ils pourront commencer à saper la muraille, à l'abri de nos traits.

De fortes clameurs s'élevèrent accompagnées de sonneries de trompettes. Les auxiliaires commençaient à monter à l'assaut des fortifications. Shéba se plaça au bord du mur, leva son javelot à bout de bras et le projeta sur l'un des porteurs d'échelle. David, qui s'était penché entre deux créneaux, se redressa en applaudissant :

– Bravo, tu l'as touché en pleine poitrine !

– David, tiens-toi en retrait ! s'écria Shéba, les mauvais coups vont pleuvoir !

Un homme robuste vint auprès d'eux une énorme pierre sur l'épaule. Le haut d'une échelle venait de s'appliquer contre le mur.

– Attends qu'ils soient nombreux à grimper, lui dit Shéba en projetant un nouveau javelot.

David s'était reculé. Il regardait les maisons en flammes sur les terrasses desquelles se tenaient encore quelques archers. Il se saisit alors de sa fronde, y plaça un galet rond, fit tournoyer les lanières : la pierre jaillit soudain et vint frapper au visage un archer. David se mit alors à danser en criant de joie, mais Shéba le saisit par le bras et le rejeta contre le sol, lui évitant un essaim de traits lancés contre lui. Un assaillant parvenait au haut de l'échelle, l'homme souleva la pierre qu'il projeta de toutes ses forces. La pierre heurta le plus audacieux des assaillants, qui s'était élancé le premier le long des échelons. Il tomba en poussant un hurlement, entraînant plusieurs de ses compagnons dans sa chute. Aussitôt, armé d'une fourche, Shéba repoussa l'échelle.

Les attaques se multipliaient, les échelles étaient posées par douzaines pendant que les légionnaires formaient la tortue à la hauteur d'une puissante porte de bois et de bronze, dans l'intention de l'incendier et de la défoncer. On apporta plusieurs chaudrons d'huile bouillante qu'on déversa sur les soldats. Le liquide ruisselait entre les boucliers et causait des brûlures suffisamment douloureuses pour que les hommes se retirent du combat, mais ils étaient aussitôt remplacés et les travaux de sape et de destruction de la porte se poursuivaient inexorablement.

Les assaillants réussirent à prendre pied sur la terrasse. Par de meurtriers coups de lance Shéba et son compagnon repoussaient ceux qui tentaient d'accéder à leur niveau, mais ils furent bientôt débordés.

– Fuyez pendant que je les tiens à distance ! cria Shéba tout en frappant un adversaire de son épée et repoussant l'autre avec son bouclier.

– Jamais ! répliqua Drusilla qui, prise d'une soudaine fureur, s'était armée d'une lance et attaquait à son tour.

David, de son côté, avait ramassé des javelots qu'il projetait contre ceux qui approchaient et, bien que les dards ne fissent que peu de mal, ils gênaient les assaillants, permettant à Shéba de leur tenir tête en repoussant ceux qui arrivaient par l'échelle.

La position devenait intenable. Simon et Tiberius étaient aux prises avec trois adversaires. Tiberius tomba soudain, atteint d'un coup d'épée. Shéba repoussa son adversaire, s'en débarrassa d'un coup d'estoc et s'élança au secours de Simon, prêt à succomber sous le nombre. Drusilla et Simon emportèrent Tiberius pendant que Shéba couvrait leur retraite.

Ils atteignaient l'escalier d'accès à la terrasse lorsqu'ils virent Éléazar arriver avec une forte troupe. Ce secours inespéré ranima l'ardeur de Shéba qui repartit en avant, frappant de droite et de gauche. Les assaillants perdirent pied et durent abandonner les murailles.

Shéba s'écarta alors du combat pour reprendre son souffle. Il rengaina son épée, prit son arc, une poignée de javelots et descendit sous le portique. Là, des hommes et des femmes élevaient un mur de pierre devant la porte à demi calcinée. Il trouva Simon, Drusilla, David et son père autour de Tiberius, qui confectionnaient un brancard avec deux longues lances et des lambeaux de vêtements. Shéba s'agenouilla auprès de Tiberius et examina sa blessure à la poitrine.

– Crois-tu que sa vie soit en danger ? demanda Drusilla.

– Certainement pas. Emmenez-le chez vous. Lavez-lui soigneusement le corps et la blessure et posez sur la plaie des linges propres pour épancher le sang. Dès que la situation ici sera améliorée, je vous rejoindrai. J'ai dans mes bagages ce qu'il faut pour le soigner. Il te suffira de tenir prêts de l'eau chaude, des bandages et de l'huile pure.

– Shéba, je peux rester ? demanda David. Je t'ai vu te battre ! Tu es peut-être encore un plus grand guerrier que Marcus Claudius.

Le jeune homme sourit.

Le haut de la porte céda avant que le mur ne fut achevé, et les silhouettes de quelques légionnaires apparurent dans la fumée. Shéba sortit une flèche du carquois, puis une autre... Il bandait son arc et tirait. Des silhouettes tombaient. Des cris de douleur se fondaient parmi les hurlements, les rumeurs du combat, les sons assourdis des trompettes. Les autres défenseurs lançaient des javelots mais sans cesse des ennemis apparaissaient, élargissant la brèche, repoussant les pierres. Bientôt, ils envahirent le portique. Débordés par leurs assaillants, les juifs cédaient du terrain. Shéba recula en entraînant plusieurs adversaires contre lesquels il s'élança dès qu'il se trouva dans la cour du Temple. Face aux légionnaires, invulnérables derrière leurs longs boucliers, il trouva inutile de conserver son propre bouclier. Il s'était débarrassé des jambières qui entravaient ses mouvements. Léger et rapide, il se mit à bondir et à tourbillonner pour éviter les coups, attendant que l'adversaire se découvre pour le frapper en un point faible, au bas des reins, à la gorge, sous l'aisselle.

Éléazar admira un instant cette technique de combat qui déroutait un ennemi habitué à lutter contre un ennemi moins mobile. Puis il se jeta dans le combat et aida Shéba à se défaire de ses derniers adversaires, quand les trompes retentirent.

– Ils sonnent le rappel... la retraite, commenta Shéba, surpris. Je ne comprends pas. Réjouissons-nous ! Il était temps !

– Je m'émerveille de la manière dont tu te bats et tiens tête à tant d'assaillants.

– C'est la grande invention de Gershon, lui fit savoir Shéba. Il a étudié la technique des cavaliers parthes : ceux-ci, à la force du choc des Romains, opposent leur légèreté. Ils répondent à l'attaque en simulant la fuite, évitant ainsi un corps à corps qui les briserait. Gershon appliquait ces principes non plus à l'attaque de la cavalerie mais au combat individuel d'hommes à pied.

Chapitre XVI

LA VENGEANCE DE SHÉBA

Au moment même où Cestius Gallus lançait son assaut contre le Temple, Marcus arrivait sous les murs de Jérusalem. Les Romains virent avec stupeur arriver cette troupe dont ils ne pouvaient évaluer l'importance. Cestius Gallus craignit d'être pris de revers et lorsque des messagers accourus depuis les parties sud de la cité lui eurent annoncé la déroute des cohortes qu'il y avait établies, il se résolut à faire sonner la retraite. Marcus abandonna personnellement la poursuite et confia le commandement à Démétrios, lorsqu'il apprit de la bouche d'Éléazar que son frère Tiberius avait été blessé.

Le cœur rempli d'inquiétude, il frappa à la porte de la demeure de sa sœur. Les serviteurs retirèrent les barres de fermeture et reçurent Marcus avec une joie manifeste.

– Comment va Tiberius ?

Simon, qui pénétrait dans la cour, lui répondit :

– Sa blessure est sans gravité. Je te salue, mon frère. Tu es arrivé conduit par le bras de Dieu.

– Éléazar ben Simon m'a dit que vous vous êtes terriblement battus pour le Temple où les Romains avaient pénétré lorsque je suis intervenu avec mes hommes.

– Je puis t'assurer que le combat a été magnifique et désespéré. Je m'y trouvais, avec ta sœur et ton frère. C'est là qu'il a pris le mauvais coup.

– Vous étiez tous trois ?

– Eh oui ! Tu n'es pas le seul à mériter les lauriers des héros, comme on dit chez les Romains.

– Drusilla a aussi combattu ?

– À vrai dire, c'est elle qui nous a entraînés. Elle assurait que des femmes et des vieillards se trouvaient sur les remparts et se déclarait humiliée, elle, la sœur de Marcus Claudius, de rester inutile dans sa demeure. Nous sommes arrivés là-bas au moment où l'ennemi montait à l'assaut.

Tout en parlant, ils étaient entrés dans la maison où Marcus ôta sa cape et son casque.

– Et Tiberius?

– Il est, je crois, en de bonnes mains.

– Que veux-tu dire?

– Il est soigné par un jeune homme qui semble fort habile dans les soins à donner aux blessés. C'est le guerrier le plus intrépide que j'ai jamais rencontré. Si tu l'avais vu combattre seul contre... je ne sais, dix Romains peut-être, les renverser, frapper à gauche ceux qui voulaient prendre pied sur les remparts, à droite ceux qui y étaient déjà. C'était un spectacle assez extraordinaire. Je l'ai surnommé Ariel.

– Oh, oh! Et comment s'appelle ce lion?

– Shéba, fils de Nathan. C'est le bras droit d'Éléazar ben Simon.

Marcus était agacé. Archélaüs lui avait déjà fait l'éloge de ce garçon et voilà que, maintenant, c'était au tour de son beau-frère de parler avec enthousiasme de cet inconnu qui semblait vouloir se tailler une place dans ce nid de serpents qu'était devenue Jérusalem.

– J'ai déjà entendu parler de lui. On rapporte qu'il est le mignon d'Éléazar ben Simon.

Marcus avait délibérément prononcé ces mots sur le seuil de la pièce où reposait Tiberius. Il s'arrêta stupéfait lorsqu'il se trouva face à face avec Shéba qui s'apprêtait à sortir. Malgré la noirceur du visage dans lequel ses dents blanches et ses yeux bleus prenaient un nouvel éclat, il ne pouvait pas ne pas reconnaître Jéther.

– Le mignon d'Éléazar salue le grand Marcus Claudius, lui lança celui-ci sur un ton ironique.

– Jéther, tu continueras toujours de m'étonner.

– Peut-être n'ai-je pas encore fini...

– Je te prie de me pardonner pour ce que j'ai dit en entrant. C'est sans doute un ragot de mauvais goût.

– Sans doute, Marcus Claudius.

Un grand étonnement se peignit sur les traits de Simon.

– Vous connaissez-vous?

– Un peu, assura Marcus, mais sous un autre nom. J'avoue d'ailleurs ne plus savoir son nom exact.

– Je suis Jéther, et je suis aussi Shéba.

– Ce que je sais, mon frère, dit Drusilla qui s'était approchée, c'est que nous devons tous la vie à Shéba qui nous a sauvés d'une situation désespérée.

– Ce que je puis dire à mon tour, poursuivit Shéba, c'est que tu as en Drusilla une sœur digne de toi et de la gloire de notre nation. Il semblerait que les Romains se soient retirés, effrayés par ton arrivée, Marcus Claudius...

– Nous les avons talonnés un certain temps, puis j'ai couru ici dès que j'ai appris que mon frère Tiberius avait été blessé.

– Maintenant, dit alors Shéba, je vais me baigner. Je retournerai au combat un peu plus frais...

– Ainsi, Marcus, tu pourras le voir combattre et tu jugeras toi-même.

– Je te crois d'autant plus volontiers, Simon, que je suis bien placé pour apprécier la maîtrise de ce Shéba.

– Avez-vous déjà combattu ensemble ?

– « Ensemble » n'est pas le mot juste, rectifia Shéba avant de sortir.

Marcus embrassa sa sœur et donna sa bénédiction à David. Il trouva Tiberius couché, la poitrine bandée, mais souriant.

– Je suis content de te voir, Marcus.

– Te sens-tu mal ?

– Non, non. Shéba m'a fait boire une drogue et a mis des onguents sur ma plaie. Je me sens parfaitement bien. Il applique, m'a-t-il appris, des méthodes élaborées par les Grecs et les Perses. Il a composé des préparations pour Jean, fils de Karmi. Il souffrait depuis des mois de douleurs dans le ventre au point de ne pas pouvoir se tenir debout. Après une dizaine de jours de ce traitement, les douleurs ont presque entièrement cessé et il recommence à se lever.

Marcus écoutait d'un air pensif.

– Comment avez-vous connu ce Shéba ? demanda-t-il.

Simon rapporta leur rencontre chez Jean.

– Ce garçon semble occuper une place importante parmi les esséniens. Ceux-ci auraient organisé des camps d'entraînement, plus particulièrement en Galilée, et je me demande si ce garçon n'en sort pas. Il exerce une forte influence sur Éléazar ben Simon qui est vraisemblablement un essénien. Lors des discussions concernant la résistance à l'armée romaine, c'est Shéba qui a proposé de nommer Éléazar chef de nos forces. Il estime que vous êtes, toi et lui, nos meilleurs capitaines. Il a ensuite assuré qu'Éléazar ben Simon ferait appel à toi, comme si cette décision dépendait de lui plutôt que d'Éléazar.

Pendant qu'ils devisaient, des serviteurs apportèrent du pain, des fruits et du fromage. Ils mangèrent rapidement, Marcus ayant hâte de retrouver ses hommes. Dès qu'ils eurent terminé, il reprit son casque et son bouclier.

– David, veux-tu m'accompagner ?

– Tout de suite ! s'exclama le garçon en sautant de joie.

Dans la rue, Marcus le fit parler de Shéba. Autant ce qu'on lui avait dit l'avait exaspéré quand il ne savait pas qui était Shéba, autant il désirait en entendre parler maintenant qu'il avait découvert qu'il ne faisait qu'un avec Jéther. David raconta la manière dont ils s'étaient rencontrés, évoqua avec des gestes enthousiastes leurs courses dans la campagne et dans les rues de Jérusalem, le combat de la matinée.

Ils entendirent soudain un galop de chevaux derrière eux.

– Shéba ! c'est mon ami Shéba ! s'écria David.

Shéba s'arrêta dans un nuage de poussière. Il avait changé de vêtements, troqué sa cuirasse contre un haut de corps en peau d'aurochs et son casque contre un turban avec lequel il se voilait le bas du visage avec plus de soin encore qu'auparavant. Il tenait par la longe un second cheval sur lequel étaient attachés son bouclier, son arc et ses javelots.

– Je vois que nous suivons les mêmes chemins, remarqua Marcus avec un sourire.

– C'est le chemin de la victoire, Marcus Claudius. Mais je te vois à pied.

– J'ai confié mon cheval à mes soldats.

– Je puis, si tu le désires, te prêter celui-ci.

D'un bond, il fut à terre et tendit la bride à Marcus, puis il sauta sur le second cheval avec une souplesse qui suscita l'admiration de Marcus.

– Merci ! dit celui-ci en bondissant à son tour afin de ne pas montrer moins d'agilité.

– Tu me prends avec toi ? demanda David à Shéba.

– Monte en croupe, petit guerrier ! s'exclama Shéba en riant.

Il talonna son cheval qui partit au galop. Marcus s'élança à leur suite. Il admirait la silhouette de Shéba et s'étonna de trouver un plaisir à ce spectacle. Il songea alors à ce que lui avait déclaré Simon bar Gioras sur l'amour des garçons, et se prit à envier David qui enlaçait Shéba.

– Les Romains ont construit un camp à peu de distance, près de Séphor, dit Shéba. Ils doivent s'y être retirés.

– Sûrement, ne serait-ce que pour préparer soit une retraite en ordre soit une nouvelle attaque.

Leurs regards se rencontrèrent. Marcus ressentit un choc et songea à Milkah.

– Me crois-tu toujours envoyé par Agrippa pour te poignarder ? demanda Shéba.

– Je te l'accorde, j'ai été ridicule. N'en parlons plus et dis-moi plutôt si tu t'es finalement rendu chez toi, à Engaddi ?

– Oui...

– J'y connais trois jeunes femmes charmantes dont le père s'appelait Qorakh, comme le tien... Enfin l'un des tiens.

– Oh ! il y a beaucoup de Qorakh.

– Sans doute mais c'est ton village. Ne les connais-tu pas ?

– Tu sais, j'ai quitté Engaddi depuis si longtemps ! D'ailleurs je n'allais pas à Engaddi même mais auprès de la communauté essénienne établie à peu de distance.

– Es-tu essénien ?

– Oui et non...

– Je ne comprends pas ?

– C'est-à-dire que je ne suis pas un de ces saints qui vivent en ascètes après avoir abandonné leurs biens et fait vœu d'obéissance.

– Mais tu es un membre de la communauté.

– En partie oui.

– Ne vas-tu jamais à Engaddi ?

– Oui, parfois.

– Alors tu as dû rencontrer les filles de ce Qorakh. L'une d'entre elles s'appelle Milkah et elle te ressemble d'une manière stupéfiante.

– Regarde, on voit d'ici le camp romain. Les nôtres l'entourent de toutes parts et occupent les collines environnantes.

– Il est inutile de se hâter, dit alors Marcus. Il ne se passera rien jusqu'à demain.

– Je vois là-bas des cavaliers : ils doivent t'appartenir.

– C'est juste, Jéther...

– Ne m'appelle pas Jéther. C'est un nom que j'ai inventé lorsque j'ai fui les geôles romaines, en Syrie.

– As-tu été vraiment captif des Romains ?

– N'en parlons pas, je t'en prie.

– Très bien. Parlons plutôt de la proposition que je veux te faire : viens combattre auprès de moi.

– Tu me prends au dépourvu et m'étonnes.

– M'en veux-tu de t'avoir pris pour un traître ?

– Pas du tout, cette idée m'amuse, au contraire. Mais tu sembles ignorer que je suis dans le camp d'Éléazar ben Simon.

– Nullement, et cela me surprend d'autant plus qu'il a pour lieutenant l'homme qui t'a accusé.

– Je tuerai Silas en temps voulu...

– Marcus Claudius ! Je ne pensais pas te revoir de si tôt !

Éléazar ben Ananias se tenait devant eux, accompagné de quelques hommes.

– Je te salue Éléazar, répondit Marcus. N'as-tu pas pris part aux combats ?

– Éléazar n'a pas jugé nécessaire de faire appel à moi. Mais je sais qu'il disposait de combattants éprouvés, ajouta-t-il en regardant Shéba. Mes amis affirment que tu es Shéba ben Nathan, le compagnon d'Éléazar ben Simon.

– Ils ne se trompent pas. J'ai beaucoup entendu parler de toi, Éléazar.

– Tu m'en vois flatté.

– Je n'ai pas dit si c'était en bien ou en mal.

– Tu as autant d'esprit que de courage. Moi, je n'entends depuis ce matin que des éloges à ton propos.

– Je ne les mérite pas, Éléazar. Mais je regrette pour ma part de ne pas t'avoir vu à nos côtés. Si je te dis que c'est une folie de nous diviser pour des questions d'amour-propre et que si nous ne nous reprenons pas, les Romains resteront vainqueurs, ne partages-tu pas mon avis ?

– Je suis d'accord avec toi et je fais amende honorable : ma présence en est la preuve.

– Je t'en sais gré, Éléazar. Maintenant, pardonnez-moi, je dois rejoindre Éléazar ben Simon.

Marcus sauta au bas de sa monture.

– Reprends ton cheval et accepte mes remerciements... C'est une très belle bête, nerveuse et vigoureuse... À ce propos il me rappelle... mais il n'y a que l'animal qu'on soigne qu'on saurait reconnaître parmi d'autres.

Avec David en croupe, Shéba s'éloigna au trot vers la colline où se tenaient Éléazar ben Simon et sa troupe.

Quand Shéba se réveilla l'aube commençait à pâlir le ciel. Une légère brume flottait sur le sol. Il se leva, s'étira et respira à pleins poumons les senteurs de terre mouillée et de plantes aromatiques. Au pied de la colline, on commençait à distinguer le camp romain hérissé de tentes blanches et ceinturé par une palissade noire. Une sonnerie de trompe s'éleva du camp romain et David ouvrit grands les yeux. Son visage s'éclaira quand il vit le jeune homme.

– Bonjour, jeune guerrier, lui dit Shéba en lui effleurant le front.

L'adolescent rejeta la couverture.

– Tu vas avoir froid avec ce simple pagne.

– J'ai l'habitude.

Il plia la couverture soigneusement et la tendit à Shéba.

– C'est bien, un guerrier ne doit craindre ni le froid ni le chaud. Tu trouveras de quoi manger dans le sac. Moi, je vais m'occuper des chevaux.

Le camp s'éveillait et les murmures s'amplifiaient au moment où surgissait le disque rouge du soleil, par-delà les montagnes qu'inondait un fleuve de feu. David avait étalé de la nourriture sur le sac de cuir et, lorsque Shéba se fut assis auprès de lui, ils se mirent à manger avec appétit. Éléazar ben Simon vint les saluer. Des appels de trompes retentirent dans le camp romain d'où montait maintenant une sourde rumeur.

Shéba se leva et se dirigea vers un éperon rocheux au bord de la colline. En chemin, il se trouva face à face avec Silas qui, le voyant, s'immobilisa, hésitant. Leurs regards s'affrontèrent puis Shéba s'éloigna, méprisant. « Il est prudent de rester sur mes gardes, se dit-il. Il brûle d'envie de me supprimer, mais il n'ose pas me provoquer. » Il s'arrêta au bord de l'éperon pour observer le camp romain. On y abattait les tentes et on chargeait les bêtes. Shéba revint vers Éléazar.

– Pas de doute, les Romains plient bagage.

Il se dirigea vers les chevaux, suivi de David qui portait l'outre et le sac de provisions que Shéba fixa sur une monture. Il aida David à y grimper.

– En avant, cavalier !

Ils allèrent se poster au point qui dominait la route sur laquelle s'ouvrait le camp. Shéba avait, d'un coup d'œil sûr, repéré le meilleur observatoire, où le rejoignirent bientôt Marcus et ses officiers.

– Déjà en position de combat, remarqua Marcus avec un sourire qui parut ironique à Shéba.

– Pourquoi précises-tu « déjà » Malchios ? C'est toi qui es en retard. Le soleil est déjà haut dans le ciel et les Romains s'apprêtent à quitter leur camp. Je crois que nous aurons une chaude journée.

Les Romains commençaient à sortir du camp en rangs serrés. Une troupe de cavalerie ouvrait le chemin, précédant une forte avant-garde. Le légat venait en tête avec une aile de cavalerie, deux cohortes et les troupes de la tétrarchie d'Agrippa. Le roi en personne se tenait près de Cestius Gallus.

– Tiens, voici Agrippa qui colle à son maître ! lança Shéba d'un ton méprisant. Et il y a sa chère sœur dans la litière qui suit ! Quelles belles prises cela ferait si nous les capturions !

Marcus sentit son cœur battre plus fort : dans la litière entourée d'une troupe de cavaliers, il y avait Bérénice et peut-être aussi Judith.

Les troupes continuaient de défiler sous les regards impassibles des juifs qui occupaient les hauteurs. Éléazar avait fait passer la consigne de ne pas attaquer tant qu'il n'aurait pas donné le signal.

Les bagages suivaient, encadrés par des auxiliaires. Après plusieurs cohortes de légionnaires et des escadrons de cavalerie, l'arrière-garde se mit en marche. Shéba se tourna alors vers Éléazar.

– À l'arrière-garde, je reconnais à la tête des légionnaires le tribun Longinus alors que les cavaliers sont commandés par Emilius Jucundus. Éléazar, ce jour ne se terminera pas sans que ces deux hommes ou moi ne périssent. J'en ai fait le serment.

– Ils sont à toi et je suis prêt à t'aider à accomplir ta vengeance.

– Merci, Éléazar ! Mais ma vengeance m'appartient. David, garde le cheval et rentre chez ton père.

– Oh non !

– Fais ce que je te dis... et prends aussi ceci.

Il dégrafa la cape et la lança au jeune garçon, puis il lui donna son arc et son carquois.

– Va et que le Seigneur te protège !

David baissa la tête. Shéba le serra dans ses bras, l'embrassa avec tendresse, et le regarda s'éloigner. Marcus poussa son cheval vers Shéba.

– Shéba, je te sens tout prêt à commettre une folie. Et pourquoi abandonner ton arc ?

– Pour que mes ennemis sachent quel est le bras qui leur donne la mort.

Il montrait une telle détermination que Marcus n'insista pas. Le regard qu'ils échangèrent ajouta au trouble qu'il ressentait. Depuis le moment où il avait aperçu la litière de Bérénice, l'image de Judith, capturée ou même tuée, s'était imposée à lui. Il se reprochait cette faiblesse. Dans le même temps la folie vengeresse de Shéba le bouleversait. Pourtant, Shéba n'était rien pour lui. Il cherchait à se persuader que l'attirance irraisonnée qu'il éprouvait pour ce garçon n'était due qu'à sa ressemblance avec Milkah.

Des clameurs s'élevèrent de toutes parts dans les collines : les juifs passaient à l'offensive. Ils couraient sur les hauteurs, s'approchaient le plus possible des Romains pour leur lancer des pierres et des traits. Éléazar s'était éloigné avec Gioras ben Simon mais Silas n'avait pas quitté son poste près de Judas, fils de Chelsias. Marcus eut le sentiment que Silas songeait à profiter de la situation pour frapper Shéba dans le dos. S'il ne savait la cause de leur différend, il était convaincu que Silas souhaitait la mort du jeune homme.

– Démétrios, dit-il alors, prends la tête de la cavalerie et harcèle l'arrière-garde. Tu connais la tactique, à la manière parthe.

– Compris.

Marcus se tourna vers Simon ben Jaïr :

– Toi, Simon, rejoins Judas et nos hommes. Tu m'en envoies deux cents et tu partages avec Judas le commandement des autres. Attaquez-vous uniquement aux légionnaires de l'arrière-garde. Harcelez-les, mais évitez le contact jusqu'au moment où je les chargerai pour tenter de rompre leurs rangs.

Shéba, qui avait écouté Marcus avec attention, lui adressa un regard reconnaissant :

– Merci, Marcus Claudius.

Sans ajouter un mot, il partit au trot dans les collines, à la suite des troupes romaines. Toute la matinée, il suivit de loin les Romains. Ils n'allaient que lentement, soucieux de ne pas rompre leurs rangs afin de conserver cette cohésion qui les rendait invulnérables. Le chemin se poursuivit en terrain plat, entre des champs, clos par des haies de pieux. À travers les trouées les zélotes lançaient leurs dards contre les Romains impuissants à répondre : les haies interdisaient désormais une intervention de cavaliers et, pour riposter sans rompre les rangs, ils projetaient les javelots par-dessus les pieux, ce qui leur faisait perdre toute efficacité.

Cette tactique décimait leurs rangs sans qu'ils puissent intervenir. Exaspérés, les Romains ripostèrent de la seule manière possible : Emilius Jucundus lança la cavalerie de l'arrière-garde contre la troupe de Démétrios. Suivant la tactique parthe recommandée par Marcus, Démétrios fit faire demi-tour à ses hommes, et Jucundus commit la faute de les poursuivre. Les Romains, aveuglés par leur colère, négligeant toute prudence, poursuivirent leurs adversaires au-delà des haies, jusque dans les champs environnants. Dévalant les collines, un cavalier fendit les lignes et s'élança contre les Romains, brandissant un javelot. Lorsqu'il parvenait à la hauteur d'un cavalier ennemi, il frappait avec rapidité et précision jusqu'au moment où, s'étant heurté à un ennemi plus habile, il brisa sa lance sur le bouclier. Sans désemparer il dégaina son épée et continua sa course vers la crête rouge en crin de cheval du casque du commandant. Lorsque Emilius Jucundus comprit que le cavalier galopait droit sur lui, il rameuta ses soldats pour les lancer vers ce guerrier saisi d'une fureur héroïque.

Shéba se trouva soudain devant un groupe de cavaliers qui constituait la garde du tribun. Il semblait que Sabaoth, dieu des armées, animait son bras et inspirait une force et un courage incroyables à son jeune cœur. Ses ennemis étaient bousculés, repoussés, jetés à bas de leur monture. Par un jeu de talon et de genou, il dirigeait habilement sa monture. Sa tunique, sa casaque lacérée par les coups, ses bras et ses jambes, son épée et son bouclier ruisselaient d'un sang dont on ne savait si c'était le sien ou celui de ses ennemis, mais nul ne semblait pouvoir arrêter sa charge. Il pénétrait dans les rangs romains comme un coin fend un roc. Cependant les rangs se refermaient derrière lui et il aurait succombé sous le nombre si Marcus n'était intervenu à la tête d'une trentaine de cavaliers après avoir intimé l'ordre aux hommes de Démétrios de faire volte-face. Démétrios s'était rangé à son côté et, de leurs épées, ils fauchaient l'ennemi, comme les paysans fauchent les blés dorés à l'époque de la moisson. Les Romains se dispersaient, assaillis de tous côtés. Marcus vit Shéba galoper, l'épée haute, contre Jucundus. L'officier romain reçut la charge sans reculer. Après quelques violents coups d'épée, ils se trouvèrent côte à côte sur leurs montures écumantes. Shéba glissa son pied sous celui de son adversaire et le souleva soudainement ; le Romain, déséquilibré, tomba de son cheval. Sans lui laisser le temps de se relever, Shéba le fit piétiner par sa monture, sauta à terre, posa un pied sur la poitrine de Jucundus qui ouvrit les bras. Aussitôt après, Shéba plongea son épée dans la gorge de son ennemi. Il essuya la lame sur la tunique du mort, fit quelques pas, titubant, avant de se laisser tomber sur le sol où il resta immobile.

Marcus, inquiet, galopa jusqu'à la hauteur de Shéba ; il sauta à terre et courut vers le jeune homme qu'il prit dans ses bras. Shéba lui adressa un sourire un peu las et s'assit. Avec un pan de son turban, il essuya la sueur qui ruisselait de son front et l'aveuglait.

– N'es-tu pas blessé ? s'enquit Marcus.

– Non, je crois que je n'ai même pas une égratignure ! Le Seigneur me protège. Il veut que j'accomplisse ce qu'il a décidé et c'est lui qui m'en donne la force. Je ne me suis étendu que pour retrouver mon souffle. Merci, Malchios, d'être intervenu. Sans toi je ne serais jamais parvenu jusqu'à Jucundus.

– Pourquoi le haïssais-tu donc tant ?

– Toi-même, n'as-tu pas autant de haine pour ce Gessius Florus dont m'a parlé ta sœur ?

– S'il en est ainsi, je te comprends.

Shéba sauta sur sa monture après avoir ramassé un javelot romain qui traînait à terre. Marcus monta sur son cheval. Les cavaliers romains fuyaient de toutes parts, traqués par les hommes de Démétrios. Ce dernier s'approcha d'eux.

– Shéba, lui dit-il, le spectacle de ta fureur a forcé mon admiration.

Shéba leva un regard reconnaissant vers Démétrios, puis il talonna son cheval et s'élança en direction de la route.

– Que prétend-il encore faire ? demanda Démétrios.

– Suis-le avec tes cavaliers. Moi, je viens avec les hommes de pied. Sache qu'il est dans ses intentions de faire subir à Longinus, le commandant de l'arrière-garde, le sort qu'il vient de réserver à Jucundus.

– Par Arès ! Ce garçon est vraiment enragé !

– J'ai le sentiment que ce sont les Romains qui l'ont rendu ainsi. Si je ne me trompe, ce chemin bordé de pieux doit s'arrêter à environ une heure de marche d'ici. Ainsi, dès que l'armée romaine aura quitté cette nasse, il faudra couper l'arrière-garde du gros de la troupe. Si toi tu attaques de front, par le chemin, tandis que mes fantassins interdisent toute retraite par les flancs et que Simon et Judas chargent à l'arrière, aucun ne pourra nous échapper...

Shéba galopait au milieu de cadavres d'hommes mêlés aux carcasses de chevaux et de mulets, d'armes et de bagages abandonnés. Lorsqu'il parvint en tête de la colonne, Shéba aperçut Marcus qui avait pris position sur la route, prêt à arrêter l'avance des cohortes. Il sauta de cheval, assura son bouclier, saisit des javelots et marcha sur l'ennemi. Déjà les premiers rangs se heurtaient aux soldats de Marcus. Les juifs, restés en retrait, s'élancèrent à leur tour. Shéba lança ses javelots, puis il tira son épée et s'engagea dans la mêlée. Il avait choisi pour attaquer le point qui lui semblait le plus proche de Longinus, dont il avait repéré le casque. Les légionnaires constituaient un rempart de fer hérissé de lances. Shéba désespérait de jamais ouvrir une brèche, lorsque Marcus surgit à ses côtés, accompagné de cinq robustes gaillards.

– Shéba, laisse-nous te déblayer le chemin.

– Marcus, je te rends grâce !

Les épées s'abattirent en cadence. Shéba progressait vers le tribun à travers les rangs ainsi disloqués par Marcus et ses compagnons. Longinus avait tiré son court glaive et attendait l'ennemi de pied ferme. Shéba, le visage sanglant, l'air farouche, s'avança contre lui.

– Longinus, il y a longtemps que je rêve de ce jour, bien longtemps et pourtant si peu de mois ! s'écria Shéba.

– Qui es-tu donc ?

– Homme de courte mémoire ! Si tu as oublié mon visage, tu te rappelles peut-être le nom de Yamin, le fils de Samlah, ou ceux de ses compagnons...

– Je n'ai pas oublié les noms de ces rebelles, mais toi, je ne te connais pas...

– Emilius Jucundus, lui, m'a reconnu, peu avant de mourir. Son cadavre est maintenant la proie des vautours et des chacals, comme va l'être le tien.

– Impudent ! Encore faudrait-il que ce ne soit pas le tien qui connaisse ce destin !

Longinus se rua sur Shéba qui avait jeté son bouclier pour se trouver à égalité avec son adversaire. Le tribun savait se battre et, non content de se défendre, il attaquait avec une force égale à son habileté. Il fallait à Shéba toute sa science et surtout sa légèreté, sa rapidité et son entraînement au combat pour ne pas succomber devant un tel adversaire. Plusieurs fois, le jeune guerrier tomba, mais chaque fois il se redressait et revenait à l'attaque. L'issue de la lutte resta indécise, Shéba cherchant à fatiguer son adversaire pour profiter de la moindre faiblesse. Elle se présenta à un moment inattendu : Shéba tomba à la renverse et Longinus leva son épée pour le frapper. Marcus avait fait un pas en leur direction, mais, avec ses pieds, Shéba accrocha les chevilles de son adversaire qui trébucha. D'un coup de reins Shéba sauta sur ses pieds et d'un geste fulgurant projeta son épée en avant : la pointe traversa le poignet de Longinus et se ficha dans le sol. Le Romain avait lâché son arme en poussant un hurlement de douleur. Shéba se laissa tomber sur son adversaire, un genou sur sa poitrine, l'autre sur son bras gauche. Alors, il se pencha sur lui et prononça des paroles que Marcus n'entendit pas, perdues dans le fracas de la bataille.

– Toi ! Est-ce bien toi ? Non, un dieu m'abuse ! haleta Longinus.

À peine avait-il parlé ainsi que Shéba lui ouvrait la gorge avec son poignard. Il resta un instant agenouillé sur le cadavre avant de se relever. Lentement, il essuya la lame, la remit dans son fourreau, récupéra son épée et se baissa pour ramasser le glaive du tribun à qui il prit également le ceinturon où était liée une gaine d'argent ciselé.

– C'est ce que les Romains appellent un trophée, n'est-ce pas ? demanda Shéba.

– Ce sera ton trophée et le symbole de ta vengeance accomplie, répondit Marcus.

Shéba jeta le ceinturon sur son épaule.

– Malchios, que le Seigneur te protège ! Tu as droit à toute ma reconnaissance. Je suis las de combattre.

Shéba s'éloigna du champ de bataille jonché de morts et de blessés. Les derniers soldats de l'arrière-garde avaient fui ou lâché pied. Ils couraient dans les champs, traqués par les juifs. Marcus, lui aussi, se sentait fatigué du carnage. Il regarda Shéba enfourcher son cheval et partir vers le nord sans doute pour retrouver Éléazar. Il frappa le sol d'un coup de pied rageur et partit à la recherche de Démétrios.

Chapitre XVII

LES AVENTURES DE SIMON BAR GIORAS

Les Romains s'étaient solidement retranchés à Gabaon où ils avaient déjà campé la semaine précédente.

Chez Simon, où il retourna deux jours après avoir vu Shéba s'éloigner, Marcus apprit qu'il était passé l'avant-veille. Il était resté une nuit, après avoir refait les pansements de Tiberius. Puis, le père de David, rencontré dans la rue, raconta à Marcus que son fils était parti avec Shéba.

– Shéba a dit que là-bas on lui apprendrait à lire, à écrire, à danser et à jouer de la cithare et de la lyre, comme un lévite. Il tirera à l'arc, montera à cheval ; on lui enseignera même les rudiments de la Loi... et aussi la médecine.

– Mais où l'a-t-il emmené ?

– Vers Engaddi et la mer de Sel.

– N'es-tu pas inquiet de savoir ton fils en train de courir la campagne ?

– Des craintes, moi ? En compagnie de ce Shéba que j'ai vu tenir tête à une armée de Romains !

Marcus repartit en direction de Gabaon où il avait laissé ses hommes.

Quelques jours plus tard, les Romains levaient le camp et, harcelés par les juifs, c'est en piteux état qu'ils réussirent à regagner Césarée. Ils avaient perdu tous leurs bagages, quatre mille fantassins et trois cent quatre-vingts cavaliers.

Lorsqu'il fut certain que les Romains se trouvaient désormais en sécurité, Marcus qui avait repris la tête de ses troupes, ne songea plus qu'à se rendre à Engaddi. Il se promettait, après avoir rendu visite à Milkah, de se rendre au couvent de la communauté essénienne afin d'y retrouver Shéba et David. Ensuite, il conduirait Shéba à Engaddi afin d'éclaircir le mystère de leur ressemblance. Il s'engagea sous la voûte des palmiers d'Engaddi avant la fin de la matinée. On était au mois de novembre et l'hiver approchait. La fraîcheur se faisait sentir dans les montagnes mais, dans l'oasis, on retrouvait une chaleur qui rappelait l'Égypte. Il s'arrêta à la fontaine pour faire boire son cheval, puis il se dirigea à pied vers la demeure de Qorakh, maîtrisant mal son impatience. Le serviteur, venu lui ouvrir, leva les bras au ciel en balbutiant :

– Par Jérusalem, notre sainte cité ! Seigneur Malchios !

Un cheval sellé attendait au milieu de la cour.

– Tiens, est-ce Jacim qui va faire sa promenade ?

– Jacim... oui, c'est cela, Jacim... Je vais prévenir la maîtresse.

– Non, attends, rentre plutôt mon cheval.

Il posa la longe dans la main du serviteur et s'approcha de l'autre bête.

Sur les flancs pendaient de part et d'autre des gaines de cuir où étaient liés une hache, un arc, un carquois de flèches et trois courts javelots. Marcus reçut un choc : c'était le cheval de Shéba, celui-là même qu'il avait monté.

Marcus avança dans l'atrium, rempli du parfum des plantes et des fleurs et, n'y voyant personne, se dirigea vers l'escalier pour se rendre dans la chambre occupée par Simon. Il s'immobilisa au bas des marches : Shéba descendait d'un pas léger.

– Alors, Marcus Claudius, s'exclama-t-il, nous reviens-tu victorieux ?

Il partit d'un rire joyeux en dévalant les dernières marches.

– Shéba ! puis-je en croire mes yeux, ou plutôt, mes oreilles ?

Shéba s'était arrêté au-dessus de lui ; sa poitrine se soulevait doucement ; son visage se fit grave un instant, mais ses yeux clairs pétillaient de malice.

– Je ne puis plus me tromper. Milkah et Shéba ne font qu'une seule et même personne ! s'exclama-t-il.

– Enfin ! Tu as mis bien du temps à comprendre, Marcus.

– Comment pouvoir penser qu'un guerrier aussi accompli puisse être une femme ?

Il – ou plutôt elle – retira son turban et sa chevelure se répandit sur ses épaules.

Marcus resta un long moment immobile et silencieux, dominé par l'émotion.

– J'espère que tu n'es pas trop déçu et que tu ne m'en veux pas ?

– Dieu du Ciel ! Que dis-tu là ? Déçu ? Par le nom du Seigneur !

– Chut Marcus, n'invoque pas le nom du Seigneur.

– Mais pourquoi caches-tu si soigneusement que tu es une femme ?

– Comment peux-tu me le demander ? Connais-tu si mal les hommes de notre peuple ? Tu sais bien que si tous ces soldats parmi lesquels j'ai vécu savaient que je suis une femme, ils n'auraient plus aucun respect pour moi. Tous me mépriseraient. La Loi de Moïse ne nous interdit-elle pas de mettre des vêtements d'homme ? C'est pourquoi je porte ces tuniques jugées si indécentes pour une femme : ce sont des vêtements grecs, ainsi je n'enfreins pas la Loi.

Elle descendit les dernières marches.

– Mais pourquoi m'as-tu caché la vérité ? demanda Marcus.

– Quand te l'ai-je cachée ?

– Tout le temps. Quand je t'ai rencontrée ces derniers jours sous le vêtement de Shéba...

– Me vois-tu venant te dire : Tu sais Malchios, je ne suis pas qui tu crois. Non, c'est absurde. Et puis je dois te confesser que ces métamorphoses m'amusent. Je n'étais pas fâchée de te voir intrigué. Au reste, tu le méritais bien avec ta crédulité d'enfant.

– Si je ne t'avais pas surprise, aujourd'hui, aurais-tu continué ce jeu ?

– Pas longtemps. Je n'ai pas caché la vérité à David, et Simon l'a connue par hasard.

Mille questions, mille mots lui venaient à l'esprit. Pour que s'apaise le tumulte qui l'agitait, il parla d'autre chose.

– Comment va Simon ?

– Il est complètement remis et je crois qu'il se plaît ici. Il est allé faire sa promenade quotidienne vers la mer en compagnie de David.

– Ah ! c'est vrai, David ! Tu me parais très attachée à cet enfant.

– Oui, beaucoup. À quelques années près il aurait pu être mon fils.

– Pourquoi dis-tu à quelques années près ?

– Parce que l'enfant que j'ai perdu aurait maintenant huit ans et David en a à peine douze.

Et elle enchaîna, pour couper court à toute émotion :

– Je commençais à m'inquiéter des nouvelles de la cité.

Tout en parlant elle avait remis son turban sous lequel elle avait roulé ses cheveux. En atteignant la porte de sortie, elle cria au serviteur :

– Tobie, rentre le cheval un instant et donne-lui à boire !

Elle se tourna vers Marcus.

– Maintenant, je suis de nouveau Shéba et tu t'adresses à moi au masculin. Installe-toi à l'ombre du palmier, je reviens tout de suite.

Marcus, encore sous le coup d'une émotion qui provoquait en lui une joie profonde, alla s'asseoir sur des coussins disposés en épais tapis, près d'une vasque et d'une table basse. Milkah revint avec une cruche de vin, des gobelets et un plat chargé d'olives, d'amandes et de dattes. Elle posa le tout sur la table et s'assit face à lui.

– Maintenant, lui demanda-t-elle, raconte-moi ce qui s'est passé depuis mon départ.

– Mais dis-moi d'abord où sont les tiens ?

– Ils sont allés chercher des crabes vers les sources chaudes. C'est leur passe-temps. Quant à moi, je dois faire une visite à notre communauté pour leur porter les nouvelles et savoir quelle décision ils vont prendre. Je serai de retour avant la nuit, si tu ne m'entretiens pas trop longuement.

– J'essayerai d'être aussi concis que possible. Maintenant, je comprends pourquoi tu ne participes pas aux travaux de tes parents.

– Tu as même failli me surprendre le jour où tu es arrivé à l'improviste. Je venais juste de changer de vêtements lorsque je t'ai entendu appeler. J'ai dû te laisser croire que je m'étais endormie !

Le souvenir la fit rire. Elle remplit deux coupes de vin, en offrit une à Marcus qui la vida d'un trait et but de son côté à petites gorgées tout en l'écoutant raconter la fin de la retraite des légions romaines.

Lorsque Marcus se fut tu, Milkah se leva.

– Je pense qu'après toutes ces fatigues tu accepteras de te reposer un jour ou deux parmi nous, dit-elle à Marcus.

– Pourrais-je refuser une telle invitation?

– Non, tu m'offenserais. Considère cette maison comme la tienne. À ce soir, Malchios!

– Que le Seigneur te protège, Shéba!

Simon apparut sur le seuil quelques instants plus tard.

– Marcus Claudius, te voilà!

David se glissa derrière Simon.

– Tu sais, Marcus, déclara-t-il, je commence à apprendre à lire et à jouer de la cithare, et je tire déjà bien à l'arc.

– Félicitations, mon petit ami!

Les sœurs de Milkah, accompagnées de Shobal et de Jacim, entrèrent peu après. La mine grave de Shobal se ferma plus encore à la vue du visiteur, alors que Salomé et Dinah manifestèrent franchement leur joie par des sourires.

– Milkah vient juste de s'absenter, commença Dinah.

– Oui, elle est allée chez sa tante à Jéricho, précisa Salomé, rieuse.

– Chez sa tante? demanda Marcus. Et comment se rend-elle là-bas?

– Mais, comme d'habitude, à dos de mulet, expliqua Salomé, un peu hésitante.

– C'est curieux! Parce que moi, j'ai vu partir d'ici un cavalier armé, repartit Marcus.

Salomé resta coite un instant, puis éclata de rire.

– Alors, tu sais?

– Eh oui!

– Tu n'en es pas fâché?

– Au contraire, j'en suis ravi.

– Milkah avait si peur...

– Salomé! Tu commences à déraisonner, s'exclama Dinah. Invite plutôt nos hôtes à venir à table. Je vais à la cuisine voir où en est Houldah.

Le repas fut gai, malgré la présence de Shobal, puis chacun alla se reposer comme on le faisait généralement à l'heure méridienne pendant laquelle les plus superstitieux évitaient de sortir par crainte des démons.

David conduisit Marcus à sa chambre où il déposa ses armes et changea de tunique avant d'aller frapper à la porte de Simon. Assis sur sa couche, celui-ci aiguisait soigneusement son glaive.

– Entre, Marcus Claudius, je suis content de te voir. Regarde le cadeau de Milkah. Elle ne pouvait me faire un plus grand plaisir.

Il brandit l'arme dont la lame brilla, frappée par un rayon de jour venant de l'étroite fenêtre. Marcus admira le fer bien trempé et s'assit sur un tabouret.

– Simon, que vas-tu faire maintenant que tu sembles guéri ? l'entreprit-il.

– Je n'y ai pas sérieusement songé. Mais j'ai une tâche à accomplir : ravager ce pays de Bélial, cette maudite Idumée. Je pense aussi me marier.

Marcus tressaillit.

– Pour se marier il faut être deux, remarqua-t-il.

– Ce n'est que trop vrai. Après avoir longtemps hésité entre Milkah et Salomé, je me suis enfin décidé. Je t'avais parlé de mon attirance pour Jéther, t'en souviens-tu ?

– Parfaitement.

– Donc, puisque Jéther c'est Milkah, c'est elle que j'épouse.

Marcus se sentit pâlir.

– Lui en as-tu parlé ?

– Non, pas encore.

– Et Salomé ?

– J'ai beaucoup d'affection pour cette enfant. De plus, je crois qu'elle m'aime. Mais Shobal ne me l'accorderait jamais.

– Shobal ? Qu'a-t-il à intervenir dans cette affaire ?

– Il est le tuteur de la jeune fille jusqu'à son mariage, bien que Jacim soit le chef de famille. En réalité, Shobal désire épouser Salomé qui ne veut rien savoir. Elle se sent d'autant plus forte que Milkah la soutient. Shobal redoute que Salomé ne se trouve un mari dans mon genre, ou dans le tien, qui le chassera, tout simplement. En revanche, je le soupçonne de souhaiter que l'un de nous le débarrasse de Milkah. Personnellement, je suis tout à fait disposé à lui donner satisfaction.

– Et si Milkah ne veut pas te suivre ? Elle n'est pas le genre de femme qu'on mène contre son gré.

– Si elle ne veut pas de moi, dis-tu ?

Il se gratta la tête comme si la question ne pouvait se poser.

– Alors, je prendrai Salomé, je suis sûr de ses sentiments.

Ils restèrent un instant silencieux.

– Depuis quand sais-tu que Jéther et Milkah ne font qu'un ? demanda Marcus.

– Pour que tu comprennes, il faut que je te raconte d'abord ma propre histoire.

Sans prendre garde au regard étonné que lui adressait Marcus, il poursuivit aussitôt :

– Il y a environ une année je me trouvais en Idumée. Mon intention était de me rendre à Pétra pour voir si d'aventure je pouvais me mettre au service du roi de Nabatène. L'Idumée est un pays de voleurs et, comme il est difficile de voler des voleurs, je m'étais muni de tout l'argent dont je disposais, ce qui représentait une somme rondelette. Je m'étais engagé très en avant dans le pays lorsque je parvins à une bourgade assez importante. C'était la fin du jour et je cherchais une maison hospitalière. On me dirigea vers ce qui tenait lieu d'auberge. Là, je mangeai médiocrement et fus plus mal logé encore. La chose ne m'aurait pas dérangé, si ce rufian d'aubergiste n'avait exigé de moi cinq deniers à payer avant d'aller me coucher. Je suis d'un naturel peu patient. Saisissant mon animal par l'oreille, je lui dis qu'il devrait se contenter de deux zouz et qu'il pouvait s'estimer heureux de conserver ses oreilles.

« Satisfait de moi, je vais me coucher et, malgré les puces et les punaises qui hantaient ma paillasse, j'ai dormi comme jamais ça m'était arrivé. Je soupçonne ce chacal d'aubergiste d'avoir mêlé quelque décoction de pavot à mon vin qui était infect. Toujours est-il qu'au matin ma bourse avait disparu. Mon aubergiste ne pouvait être étranger à cette friponnerie. Je lui intimai l'ordre de me rendre ma bourse s'il ne voulait pas perdre non plus ses oreilles mais sa tête. Et le voilà qui jure par le nom du Seigneur qu'il n'est pour rien dans ce prétendu vol et que je fais ce scandale pour le gruger, car je n'ai guère d'argent, à preuve que j'avais refusé de lui payer la veille ce que je lui devais et que, non content de le spolier, je l'accusais en plus d'un larcin imaginaire. La colère m'aveuglait à un tel point que je n'avais pas vu entrer une douzaine d'hommes. Au moment où je m'apprêtais à saisir le gredin, voilà qu'ils se placent devant moi et me conseillent de filer au plus vite et l'un d'eux me saisit par la tunique pour me jeter dehors. D'une prise de lutte égyptienne, je l'envoie au milieu de ses amis.

« Aussitôt ils se jettent sur moi. Je tire mon épée pour leur tenir tête et nous restons un instant immobiles à nous observer. Ils se portent à plusieurs contre moi. Au premier coup, ma lame se brise tout près de la garde ! Ces fils de la Grande Prostituée l'avaient sciée proprement pendant mon sommeil. Je me défends encore avec les tables, les tabourets, mes pieds et mes poings contre ces hommes armés. Après en avoir assommé deux ou trois, je parviens à m'emparer d'une épée et, en quelques coups, j'en tue un et en blesse deux. Aussitôt l'aubergiste sort en hurlant que je suis un assassin et, dans le même temps, une dizaine de rufians, certainement postés là à l'avance, se précipitent dans l'auberge, me menaçant avec des javelots.

Simon fit une pause pour avaler une grande gorgée de vin à une cruche posée sur une table près de lui, puis il poursuivit :

– Ils me lient les mains et m'entraînent jusqu'à la maison d'un fils de Bélial, dont ils disent qu'il est le chef du village. On m'accuse de vol, de voies de fait, de coups et blessures, de meurtre et de blasphème, d'idolâtrie, que sais-je encore, et on me condamne au prix du sang, c'est-à-dire à être quasiment haché menu à moins de payer une forte rançon. Je n'avais pas le choix. Je devais ruser si je voulais sauver ma vie. J'ai assuré que je pouvais payer cette rançon et j'ai écrit sur-le-champ une lettre à mes parents, bien que je sois orphelin, leur recommandant de remettre au messager la somme réclamée.

« On m'enferme dans une pièce dont la seule fenêtre était pourvue de beaux barreaux et on m'offre aussi de solides chaînes. La prison n'était pas faite de pierre, mais de terre. Avec les bracelets des chaînes, j'ai commencé à déliter le mur. Je cachais mon travail en m'asseyant le dos au mur lorsque venait mon geôlier, chaque matin. Ce fils de Bélial ne m'a dit qu'une chose, c'est que le mieux pour moi était d'attendre patiemment le retour du messager et de ne pas tenter de fuir car, même si j'y parvenais, on me traquerait partout où j'irais et on n'aurait de cesse qu'on ne m'ait retrouvé et ramené ici. Tu peux comprendre que de telles menaces ne m'ont pas impressionné. Enfin, le trou fut suffisamment profond pour arracher l'anneau auquel était passée la chaîne. La nuit venue, j'ai aménagé une ouverture assez grande pour m'y glisser. J'étais libre même si je traînais aux poignets des chaînes de ce poids. Elles pouvaient néanmoins me servir d'arme. Je courus toute la nuit et au lever du soleil je me trouvai loin de ce maudit village.

« Quelques mois passèrent et, si je n'oubliai pas les Iduméens, je n'avais tenu aucun compte de l'avertissement du geôlier. Tu peux donc imaginer ma surprise lorsqu'un jour je fus assaillis par une quinzaine de bravaches parmi lesquels je reconnus plusieurs des fripouilles de l'auberge. J'ai réussi à fuir de justesse grâce à mon cheval. Et je les soupçonne d'avoir alors ameuté la garnison de Machéronte contre moi, car elle n'est pas chargée d'arrêter les voleurs de grands chemins. Mais les soldats étaient pour la plupart des Iduméens, et ces chacals s'entendent entre eux comme des poux sur la tête d'un Nazaréen.

« Lorsque tu m'eus confié aux soins de nos hôtes, je pouvais espérer que ces chiens avaient perdu ma trace, mais sans doute ont-ils eu un flair de limiers. Avant-hier, nous étions en plein repas, lorsque Tobie vient dire que des hommes dans la cour demandaient à voir le maître de maison. Shobal se lève, mais Milkah l'arrête :

« – Depuis quand es-tu le maître de cette maison ? Je croyais que c'était Jacim, lui a-t-elle dit d'une voix suave.

« – Jacim, va donc voir, lance Shobal d'un ton qui me fait redouter qu'il n'éclate de rage.

« Jacim sort et revient bientôt en disant que ces hommes demandent à me voir, moi, Simon bar Gioras.

« – Que leur as-tu répondu ? demande Milkah d'un ton doux, si doux, que j'ai été surpris de voir Jacim devenir pâle, mais pâle !

« – Je leur ai dit que j'allais le chercher, répond-il.

« Et voilà qu'elle se lève blanche de colère, en le traitant de lâche et de crétin. Et elle conclut en lui suggérant d'aller leur dire qu'il s'est trompé, que je suis parti.

« Shobal avance alors et dit à peu près :

« – Mais pourquoi n'y va-t-il pas ? Qu'a-t-il à craindre, ce sont peut-être de ses amis.

« Je réponds que j'en doute. Quant à Milkah, elle lui a lancé un étrange regard et elle a entraîné Jacim qui n'avait pas l'air à l'aise. David a couru derrière eux et Salomé m'a dit d'aller me cacher. Je suis resté derrière la porte entrebâillée pour jeter un coup d'œil après que Dinah, Salomé et Shobal sont sortis à leur tour.

« Dans la cour, je reconnais bien sûr mes maudits Iduméens ! Ils étaient une douzaine. Tu vois la scène ? Sur les marches se tiennent Milkah et Jacim ; au pied de l'escalier le chef des Iduméens, en arrière, sous le portique, Shobal, Salomé et David, qui tient à la main un court et solide bâton taillé dans de l'acacia de ce pays, léger, mais dur comme du fer. J'entends Jacim assurer que je suis parti. Ah ! Il fallait tendre l'oreille, tant sa voix était faible, blanche, tremblante comme celle d'une dévote en prière ! Naturellement, l'homme n'en a rien cru.

« – Il est parti ? Comme ça ? qu'il réplique. Alors qu'il y a un instant tu m'as dit que tu allais le chercher ? Nous allons donc le chercher nous-mêmes et tant pis pour ta maison s'il y a de la casse !

« Milkah fait deux pas en arrière, se place entre l'homme et la porte et déclare d'un ton péremptoire :

« – Tu n'entreras pas !

« – Tiens, et pourquoi ? demande l'homme surpris.

« – Parce que tu es ici dans la demeure de Qorakh ben Simon et que moi, sa fille, je t'en interdis l'accès, répond-elle tranquillement.

« Mon gaillard reste un instant si médusé qu'il ne dit mot, puis il éclate de rire, et il rit, il rit ! et tous ses compères de rire avec lui. Enfin, il se calme et déclare :

« – Allons cessons de plaisanter. L'animal va nous échapper. Écarte-toi, femme.

« Mais elle ne bouge pas et j'entends l'homme lui rétorquer qu'elle a besoin d'apprendre le respect du mâle !

« Il a avancé la main pour la saisir, mais elle a reculé d'un saut si prompt que le poing s'est refermé sur le vide.

« – Ne me touche pas, et retire-toi, répète Milkah qui paraît saisie par quelque démon.

« Pour moi, je restais dans l'expectative, prêt à intervenir car je connaissais maintenant trop ces chacals pour être certain qu'ils allaient mettre la maison au pillage et même massacrer la famille.

« – Elle croit, cette folle, que son Dieu va nous foudroyer ! s'est écrié en ricanant ce fils de Belzébuth. Voilà une femelle qui a besoin d'apprendre le respect du mâle !

« En parlant ainsi, il fait encore un pas en avant, mais elle saute encore en arrière s'empare du bâton que tient David, ce qui provoque le rire de l'Iduméen qui lui demande si elle espère le faire trembler avec son bâton, puis il fait un pas brusque et tente de la saisir. Milkah avait déjà sauté de côté et son bâton s'abat sur le visage de l'homme qui jure comme un païen. Elle, jusqu'alors si calme, passe à l'attaque avec une telle rapidité que nul ne comprend ce qui arrive. Elle pousse le bâton en avant et atteint l'estomac ; le bois tourbillonne et frappe le visage, la nuque, les reins. Le bonhomme hurle, titube, tente de saisir Milkah qui finalement, d'un dernier coup, envoie ce fils de Bélial rouler dans la poussière. Les autres, stupéfaits, se sont approchés. Je vois l'homme, les cheveux hirsutes car il a perdu son turban, se redresser sur les mains et les genoux, crachant du sang. Et Milkah, narquoise, de le railler.

« L'homme grogne je ne sais quelles injures, se met sur ses jambes, dégaine son épée et marche à pas lents vers elle. Cette fois, l'affaire devient sérieuse, me dis-je. Il faut que j'intervienne.

« – On continue ? lui demande-t-elle d'un ton railleur.

« Il réplique qu'il va en finir avec elle.

« Dinah s'avance alors, craignant pour sa sœur, mais elle la repousse et, sans le quitter des yeux, elle défait les agrafes qui tiennent sa robe ample et lourde sur ses épaules, et laisse glisser l'étoffe le long de son corps. Elle reste vêtue d'une courte tunique qui lui laisse toute liberté de mouvement. Les autres rejetons de la Grande Prostituée s'avancent alors vers elle, l'épée au poing. Et soudain, la voilà qui bondit vers ces hommes en faisant danser son bâton qui tombe comme grêle sur les visages, les crânes, les cous, les mains. Ses coups sont si rapides qu'on ne peut les saisir, et les uns tombent, les autres s'éloignent en braillant, une main sur le front ou sur les poignets.

« Je reste là, sans bouger, écrasé d'admiration, comme je l'avais été lors de ton combat contre Jéther. Tenir tête avec un bâton à une douzaine de gredins armés d'épées ! Et avec quel art ! Déjà, quatre d'entre eux gisent dans la cour et je commence à craindre d'être frustré du plaisir d'en bâtonner quelques-uns. Dans sa course tourbillonnante, Milkah revient au milieu de la cour et les hommes ne l'entourent plus qu'à distance respectueuse. Elle les charge et ils reculent comme les hyènes chassées par la lionne qui revient chercher la carcasse de la gazelle qu'elle a tuée. Elle lâche son bâton, ramasse une épée et deux poignards. En quelques bonds elle atteint les marches. Un Iduméen a la malencontreuse idée de tenter de lui barrer le chemin : il tombe dans une mare de sang. C'est le premier mort.

« Des javelots volent vers Milkah qui plonge sous le portique. Ses sœurs se précipitent dans la maison en hurlant et moi, je me jette derrière un pilier. L'un et l'autre, nous ramassons les javelots qu'ils nous lancent en désordre. Ils restent au fond de la cour, sur la défensive. Milkah entre dans la maison sans même prêter attention à un javelot qui se plante à côté d'elle dans le chambranle de la porte. Un homme brandit encore un javelot, mais je lui lance le mien. S'il a une âme, elle a quitté son corps avant qu'il n'ait eu le temps de s'en apercevoir.

« Et voilà Milkah qui ressort glaive sur le flanc, une ceinture de poignards en travers de la poitrine, un bouclier au bras gauche avec lequel elle pare un nouveau coup de javelot qui se brise. Saisissant le javelot toujours fiché dans le chambranle, elle le projette sur un de ces chacals. Elle me tend le bouclier, dégaine son épée, serre un long poignard dans la main gauche. Je bondis avec elle. Nous devions avoir l'air assez terribles, car ceux qui ne tombent pas reculent, se précipitent vers la porte où ils se bousculent pour passer les premiers. Ils sautent sur leurs chevaux et s'enfuient.

«– Aucun ne doit fuir! me crie Milkah, ce serait trop dangereux. Ils reviendront en nombre et se vengeront sur mes sœurs. Nous empruntons deux des chevaux restés là. Je la suis, mais elle est plus légère et me devance. Elle se rapproche des fuyards. Je la vois lever un bras, l'abaisser. Un homme tombe de cheval. Elle lance ses poignards qui font merveille. Tu comprends que lorsqu'il ne reste que quatre hommes, ces gorets se sont aperçus qu'ils allaient tous se faire massacrer. Je sauve mon honneur en en tuant deux. Il est vrai qu'après en avoir pourfendu un, Milkah m'a aimablement laissé terminer cette agréable besogne.

«Cette attaque a fait beaucoup de bruit dans le village. Les gens croyaient que les cadavres jetés dans la rue étaient ceux des zélotes de Massada et ils s'en réjouissaient. On leur a dit que ce n'étaient que des bandits venant d'Idumée: ils ont été plutôt déçus. Milkah n'a pu que me confirmer qu'elle était bien Jéther et elle m'a raconté tous les démêlés qu'elle avait eus avec toi. Je m'en suis bien amusé. Tu comprends maintenant l'enthousiasme qu'elle a éveillé en moi. Que de grandes choses nous pourrions accomplir ensemble!

– Oui, Simon, dit Marcus en se levant, je te souhaite de la convaincre d'être ta femme.

Chapitre XVIII

LES FIANÇAILLES

Jamais une fin d'après-midi n'avait paru si longue à Marcus. Trois fois il parcourut le chemin qui descendait jusqu'aux rives de la mer Morte d'où partait la piste du couvent des esséniens. Le soleil avait disparu derrière les montagnes de Judée qui dominaient de leur masse sombre l'oasis et la nuit commençait à tomber lorsqu'il remonta pour la troisième fois la route poussiéreuse. On entendait au loin les clochettes des bêtes qui rentraient des herbages ou l'aboiement d'un chien dans une maison voisine. Les paysans attardés qui croisaient Marcus se garaient sur le bord en le saluant avec un respect mêlé de crainte, impressionnés sans doute par sa haute stature, sa cuirasse et l'épée qui pendait sur sa cuisse. Le pas d'un cheval lui fit tourner la tête. Malgré l'obscurité naissante il reconnut la silhouette élancée de la jeune femme ; le tissu bleu pâle de sa tunique formait une tache claire dans la pénombre. Elle arrêta le cheval à sa hauteur.

– Bonsoir, Malchios. Tu te promenais ?

– Oui, mais je m'impatientais.

Il avait posé la main sur la crinière du cheval qui secouait la tête en piaffant. Il se sentait pris du désir de caresser son mollet nu mais il ne l'osait.

– Je voulais te parler.

Elle passa une jambe au-dessus de l'encolure et se laissa glisser à terre, presque contre lui. Elle se mit à marcher, tenant le cheval par la bride.

– Veux-tu parler à Shéba ou à Milkah ?

– Aux deux.

– Ah ! Voilà qui est sérieux. Pour l'instant tu t'adresses à Shéba, ne l'oublie pas.

– Bon, alors, Shéba ou plutôt Jéther, lorsque tu es venu à Jérusalem, ne prétendais-tu pas désirer combattre à mes côtés ?

– En effet.

– Réponds-moi franchement : aurais-tu changé d'avis entre-temps ?

– Si je te réponds non, tu me demanderas de t'accompagner dans ta retraite de Massada et si je te dis oui, tu penseras que je suis rancunier. Alors, je réponds oui et non. Non, parce qu'il est vrai que j'aimerais combattre à tes côtés car je t'admire, Marcus Claudius. J'admire ton courage, ta grandeur d'âme. Mais je dis aussi oui, parce que je n'ai aucun goût pour me retirer dans une forteresse et y attendre la suite des événements.

– Alors, viens avec moi, et j'agirai.

Elle tourna la tête vers lui et s'arrêta. Ses yeux brillaient dans la pénombre ; la peau tiède et douce de son épaule effleura le bras nu de Marcus qui frissonna.

– J'ai diverses tâches à accomplir et je ne peux prendre de décision pour l'instant.

Marcus resta un instant silencieux avant de reprendre :

– Shéba, as-tu parlé avec Simon ?

– J'ai eu plusieurs occasions de bavarder avec lui. Pourquoi me poses-tu cette question ?

– Simon t'a-t-il dit qu'il voulait t'épouser ?

Elle se mit à rire.

– Parles-tu encore à Shéba ?

– Ah non ! je m'adresse à Milkah.

– Alors, attends de la voir !

Il ne put s'empêcher de rire à son tour avant de reprendre :

– Très bien. Dis-moi alors, à ton avis, Milkah serait-elle disposée à devenir la femme de Simon ?

– Milkah n'épousera pas Simon. Elle l'aime bien, mais elle a une petite sœur, Salomé, qui est folle de Simon. Comment imaginer que Milkah aurait le front de partir avec Simon et de briser le cœur de sa sœur ? D'autant qu'elle ne ressent pas d'amour vrai pour Simon, même si elle apprécie sa forme d'esprit, sa compagnie et son courage.

– Shéba, dit-il alors, je ne sais si tu es dans les confidences de Milkah, mais peut-être pourrais-tu m'éclairer par tes conseils. Penses-tu que Milkah songe à se remarier ?

– Je ne crois pas qu'elle y soit hostile.

– Son époux était-il un soldat ?

– Oui, un courageux guerrier.

– Et seul un homme de sa trempe a des chances de lui plaire.

– Certainement.

– Si je lui proposais le cadeau de mariage, penses-tu qu'elle pourrait l'agréer ?

– Je pense, Malchios, que si sur la terre un homme a une chance d'obtenir son consentement, tu es cet homme.

– Vraiment, Shéba ?

– Je puis te l'assurer, Malchios. Mais modère ton impatience. Tu as donné un anneau à Milkah. Elle le porte toujours au doigt, car elle a plus que de l'affection pour toi. À ses yeux, cette bague est un gage de fiançailles. Tu peux donc être assuré de sa foi. Mais n'espère pas qu'elle te suive immédiatement. Elle a besoin de voir clair en elle.

Marcus prit le bras de la jeune femme.

– Merci Shéba pour ton conseil.

Ils poursuivaient leur route: une grande joie était entrée dans le cœur de Marcus. Il reprit, après un silence:

– Simon m'a raconté ses démêlés ou plutôt vos démêlés avec les Iduméens. Je comprends qu'il ne les porte guère dans son cœur. Mais ce qui m'étonne, c'est la manière dont ils ont pu le retrouver.

– Moi aussi, j'ai été assez surpris par leur irruption ici. Simon est chez nous depuis deux mois. Or, si les Iduméens avaient fait des recherches ces derniers jours, qui, vers la vallée du Jourdain, aurait pu les renseigner sur le passage de cavaliers deux mois auparavant? Je me suis rappelé que Simon avait raconté son histoire devant nous tous. Et, quelques jours plus tard, les hommes se présentaient chez nous. J'ai conclu que Simon avait été dénoncé par quelqu'un qui veut se débarrasser de lui. Or, qui dans notre maison peut haïr Simon?

– Shobal?

– Bien entendu. Un détail m'est revenu à la mémoire: lorsque Simon eut raconté son histoire, Shobal a demandé comment s'appelait le village en question. Simon lui en a innocemment dit le nom.

– Comment Shobal aurait-il pu avertir les Iduméens, puisqu'il n'a pas quitté Engaddi?

– Il faut un cheval pour aller si loin en si peu de temps. Dans ce village un seul homme a des chevaux, à part nous. Je n'ai pas eu beaucoup de mal à lui faire avouer que Shobal lui avait remis de l'or pour qu'il coure au village des Iduméens. Il prend Simon pour un zélote de Massada et il ne s'est pas fait prier longtemps.

– Simon est-il au courant?

– Il ne doit surtout pas le savoir, car il tuerait Shobal.

Elle s'arrêta.

– Pardonne-moi, Marcus, je te laisse rentrer seul. Je pars en avant car je voudrais me baigner avant le repas.

Elle remonta à cheval et s'éloigna rapidement. Il faisait nuit lorsqu'il pénétra dans la cour de la demeure. Des flambeaux fixés au mur y répandaient une lumière diffuse. David, assis sur une marche de l'escalier du portique, tirait de sa flûte des sons légers et joyeux.

Dinah apparut sur le seuil et les invita à venir prendre leur repas. Marcus monta dans sa chambre pour y chercher sa lampe qu'il alluma au feu de la cuisine et se rendit dans la salle à manger où étaient installés Simon, Jacim et Shobal. David et Salomé entrèrent aussitôt après. Le jeune garçon portait une cruche de vin et la jeune fille des coupes en terre fine.

– Ah ! voilà de quoi nous réjouir le cœur ! s'exclama Simon. Chez nous à Gadara, qui est une ville plus grecque que juive, les païens auraient dit que Ganymède en personne apporte le vin et que la belle Hébé distribue les coupes.

– Pour te reprendre dans le même esprit, répliqua Marcus d'un ton joyeux, je dirai : par Bacchos ! David a la fraîche beauté de l'amant de Zeus, Salomé la grâce juvénile et le charme de la déesse de la jeunesse.

Shobal prit un air sévère.

– Pourquoi parlez-vous dans la langue de ces chiens de païens, demanda-t-il.

– Parce que nous comparions David et Salomé à des dieux grecs à cause de leur beauté, répliqua Simon sans se piquer.

– Horreur ! C'est un blasphème que d'évoquer ces idoles !

Simon haussa les épaules et se mit à rire.

– Quelle importance puisque les idoles ne sont rien ?

– Ce sont des démons qui détournent les hommes de l'adoration de Dieu. Évoquer seulement leur nom est un péché en soi.

– Les démons ? Mais les démons n'existent que dans l'imagination des dévots qui croient plaire à leur dieu alors que leurs pensées sont une perpétuelle offense à ce dieu, si tant est qu'il existe.

– Simon bar Gioras, cesse de blasphémer à notre table.

Dinah, qui entrait en cet instant avec du pain et du raisin, tenta d'intervenir :

– Shobal, calme-toi, je ne pense pas que Simon ait dans l'idée de blasphémer.

– Loin de moi pareille idée ! assura Simon. Pour blasphémer il faut croire dans l'existence du dieu dont on parle.

– Je disais bien qu'il blasphémait. De plus il m'injurie en osant dire que mes pensées secrètes insultent mon Dieu.

– Peut-être a-t-il vu juste, Shobal...

En prononçant ces mots d'une voix suave, Milkah entra dans la salle. Marcus fut ébloui. Elle avait soigné sa toilette plus que d'habitude ; outre ses bijoux nombreux, elle avait ceint son front et sa tête d'un bandeau de fils d'or portant un réseau de perles qui se mêlaient à ses boucles sombres. Ce luxe contrastait avec la simplicité de sa robe de lin, d'une blancheur éclatante sur laquelle jouaient les feux dorés de la lampe qu'elle tenait dans la main. Avec elle pénétra ce parfum singulier, à la fois chaud et musqué que Marcus n'avait jamais senti que sur elle.

Shobal avait détourné la tête sans répondre. La jeune femme vint prendre place sur un lit en face de Simon et de Marcus, et David s'installa sur le même lit et se serra tout contre elle. Marcus se surprit à envier l'enfant dont elle caressait les cheveux.

Selon la coutume, Jacim bénit le repas et ils commencèrent à manger, pendant qu'Houldah apportait les fromages avec des figues et du lait. Elle revint enfin avec des galettes et du miel. Milkah restait silencieuse. Quant à Marcus, il ne prêtait même pas une oreille distraite à ce qui se disait.

Salomé se tenait sur le lit voisin, face à Simon, comme si les places avaient été distribuées par quelque habile ordonnateur. Ainsi, son attention se partageait entre la jeune fille et Milkah. Aussi ne manqua-t-il pas de surprendre les regards que la jeune femme échangeait avec Marcus. Il lui vint à l'esprit de comparer les deux sœurs : Salomé le charmait incontestablement, mais la beauté chaude et sensuelle de Milkah le fascinait. Ces considérations le rendirent rêveur et il se demanda s'il devait être jaloux de Marcus. Le repas prit fin sans qu'il ait pu se décider.

– Nous n'avons pas fêté les vendanges dans la joie, dit soudain Salomé. Ce soir, le Seigneur nous a tous réunis et je vous prie, mes sœurs, de bien vouloir m'aider à distraire nos amis. Moi, je danserai et, vous, vous m'accompagnerez de vos chants et de votre musique.

– C'est là une merveilleuse idée ! s'écria Dinah. Je vais chercher nos instruments.

– Et moi, ma flûte ! ajouta David.

Salomé sortit aussi pour échanger sa lourde robe contre une tunique qui s'arrêtait au-dessus des chevilles, et taillée dans un tissu si fin qu'il laissait deviner les courbes gracieuses de son corps. À ses chevilles cliquetaient des anneaux d'argent et autour de ses bras nus elle avait enfilé de lourds bracelets d'or. Une ceinture d'étoffe soulignait sa taille souple et elle tenait à la main un tambourin en peau de gazelle pourvu de disques de cuivre.

– Salomé, intervint Shobal, il me paraît malvenu que tu veuilles danser alors que ta sœur porte encore le deuil de son époux.

– Non, Shobal, je ne le porte plus, tu le vois bien, répondit Milkah. Comme l'a dit Qohéleth, fils de David, il est un temps pour tuer et un temps pour guérir, un temps pour pleurer et un temps pour rire, un temps pour se lamenter et un temps pour danser. Ce soir est venu le temps de rire et de danser.

Elle avait regardé Marcus qui renchérit :

– Tu oublies d'ajouter, Milkah, que dans sa grande sagesse le fils de David a dit encore qu'il est un temps pour aimer et un temps pour haïr, un temps pour la guerre et un temps pour la paix.

Dinah revint, tenant un *kinnor* fait d'un bucrane aux cornes arquées et reliées par une barre de bois précieux sur laquelle étaient tendues huit cordes en boyau de mouton, et un *nebel*, grande harpe au galbe élégant. Elle tendit le *kinnor* à Milkah qui en fit chanter les boyaux pour vérifier s'ils étaient accordés ; elle-même serrait la harpe entre ses genoux et laissait ses doigts courir sur les cordes. David, avec sa flûte, s'assit en tailleur à leurs pieds et attendit, le regard brillant.

– Je propose la danse du Cantique de Salomon, dit alors Salomé. Voulez-vous prendre le chant au moment où le chœur des jeunes filles appelle la Sulamite ?

Dinah fredonna l'air pour le remettre en mémoire.

– David, tu commences avec ta flûte la mélodie qui termine le chant de l'aimé avant l'appel du chœur, et ensuite nous enchaînerons, dit Milkah.

La sonorité s'éleva alors, pure et sinueuse. Salomé, immobile, scanda le rythme en frappant le sol de son pied nu et en agitant le tambourin. Alors que personne ne s'y attendait, Marcus entonna le chant du fiancé :

Quelle est celle qui apparaît comme l'aurore,
Belle comme la lune, pure comme un soleil,
Mais terrible comme les bataillons !
Au jardin des noyers j'étais descendu
Pour regarder les herbes de la vallée,
Pour voir si la vigne s'épanouit,
Si les grenadiers ont fleuri.
Je ne sais comment mon amour m'a fait monter
Sur les chars de mon noble peuple.

Il avait chanté cela d'une voix grave et chargée d'émotion sans quitter Milkah du regard. Alors, les deux jeunes femmes firent vibrer leurs instruments à l'unisson et les sons profonds et clairs de la harpe et de la cithare se mêlèrent aux arabesques de la flûte.

Salomé dansa. Ses pieds légers touchaient à peine le sol, de ses bras souples, gracieusement levés au-dessus de sa tête, elle agitait et frappait le tambourin. Elle tournoyait dans un sens et puis dans l'autre ; sa robe ondulait autour d'elle, révélant ses formes élancées, ou bien s'étalait en corolle, pareille à un nuage dans un ciel clair, découvrant jusqu'aux genoux ses jambes élancées.

Et elle joignit son chant à celui de ses sœurs :

Reviens, reviens, Sulamite,
Reviens, reviens, afin que nous te regardions.
Pourquoi regardez-vous la Sulamite
Comme dans une danse à deux chœurs ?
Que tes pieds sont beaux sans tes sandales, fille de prince !
La courbure de tes reins est comme un collier
Sorti des mains d'un artiste.
Ton nombril est une coupe arrondie
Où ne manque pas le vin aromatisé.
Ton ventre est un morceau de froment
Entouré de lis.
Tes deux seins sont comme deux faons
Jumeaux d'une gazelle.
Ton cou est comme une tour d'ivoire...

Milkah poursuivit alors, en solo :

Moi je suis à mon bien-aimé,
Et c'est vers moi que monte son désir.
Allons, mon bien-aimé, sortons dans les champs,
Passons la nuit dans les villages.
Dès demain nous irons dans les vignes
Et nous verrons si la vigne a fleuri,
Si les grenadiers sont en fleur.
Là, je te donnerai mon amour.

En prononçant ce dernier vers, elle se tourna vers Marcus qui tressaillit. Déjà Dinah enchaînait la suite, accompagnée de Salomé dont la danse s'était faite étrangement langoureuse. Elle ne détachait pas son regard de Simon. Shobal, paupières baissées, serrait les lèvres en une grimace désapprobatrice.

Lorsque les derniers échos de la musique s'éteignirent dans la pénombre de la salle, Marcus, Simon et Jacim, et aussi Houldah et Tobie qui, attirés par les chants, s'étaient joints à eux, applaudirent la danseuse. Salomé, un genou au sol devant Simon, reprenait son souffle, rouge de plaisir et d'émotion. Seul Shobal resta silencieux et grave.

– Bravo petite sœur, dit Milkah à Salomé. Tu as dansé merveilleusement. Tu es comme le faon dans la montagne.

Marcus dormit fort mal, mais sa nuit fut délicieuse car l'image de Milkah se présentait sans cesse à ses yeux. Lorsqu'il descendit dans l'atrium, Salomé lui apprit que Milkah était déjà partie avec David pour lui donner sa leçon de cheval et lui apprendre à tirer à l'arc.

Un peu plus tard, rentrant d'une longue promenade, il la croisa alors qu'elle sortait de sa chambre, vêtue d'une ample robe verte, les cheveux couverts d'un long voile mauve pailleté d'argent qui s'évasait sur les épaules et tombait en deux longues pointes sur chaque hanche.

– Malchios, s'enquit-elle, as-tu passé une bonne nuit ?

– Merveilleuse, Milkah, répondit-il. Elle a été constamment éclairée de ta présence qui est comme mon soleil.

Ses propres paroles l'étonnèrent. Jamais, autrefois, il ne se serait exprimé de la sorte, jugeant ces compliments réservés aux désœuvrés de Rome qui trouvaient leur plaisir à soupirer auprès de quelque cruelle aimée. Cependant Milkah ne parut pas trouver la comparaison trop mièvre. Elle lui adressa un sourire heureux tandis qu'il poursuivit, ému :

– Milkah, si j'osais te dire... où pourrais-je te dire ce que toi seule doit entendre ?

Elle fit quelques pas vers sa chambre dont elle souleva la portière.

– Entre. Ici, nous serons tranquilles.

En penchant la tête pour ne pas heurter le haut de la portière qu'elle maintenait relevée, Marcus songea que seule une femme comme elle pouvait proposer à un homme qui n'était pas son époux de pénétrer dans sa chambre sans craindre qu'il la méprisât ou que quiconque lui en fît le reproche.

La pièce, éclairée par une étroite fenêtre qui donnait sur la cour, était meublée très simplement. Les murs étaient blanchis à la chaux. D'amples rideaux recouvraient une paroi, mais Marcus aperçut derrière l'un d'eux qui était mal tiré un râtelier où étaient rangés des javelots. Milkah l'invita à s'asseoir. Il prit place sur un siège bas, face à elle.

– Milkah, tu étais avec Simon, ce matin ?

– Oui, il nous a rejoints au moment où nous partions.

– T'a-t-il demandé de l'épouser ?

Malgré l'audace de ses questions Milkah lui répondit de bonne grâce.

– Naturellement, mais il savait déjà ma réponse. Il m'a dit : « Je suis convaincu que tu riras de moi, car je sais, Milkah, que tu en aimes un autre. »

Marcus la regarda sans répondre. Elle reprit :

– Hier soir il a bien vu à qui j'adressais les paroles de mon chant. Ce soir même, il demandera à Shobal la main de Salomé.

– À Shobal ?

– Il le faut bien. Notre père l'a institué tuteur de Salomé jusqu'à son mariage. J'ai remis à Simon le coffret qui tiendra lieu du cadeau de fiançailles.

– Shobal refusera.

– Mais non, Marcus, Shobal sera contraint d'accepter.

Elle avait prononcé ces mots de cette voix douce et persuasive qu'elle prenait pour convaincre ceux qui tentaient de résister à sa volonté.

– Je te crois, Milkah. Mais alors, permets-moi de t'adresser dès maintenant ma demande.

– Quelle demande Malchios ?

– D'accepter mon cadeau de mariage.

– Malchios, tu me l'as déjà fait, ce cadeau ! Regarde. Elle tendit vers lui sa main petite mais ferme et lui montra la bague qu'il lui avait offerte le premier jour.

– Milkah, je voudrais te faire le présent prescrit par la coutume, celui qui sert à préparer le trousseau.

– C'est inutile. Mon trousseau, je l'ai déjà. D'ailleurs, que sera-t-il ? Je ne suis pas une femme comme les autres.

– Ce n'est pas pour que tu vives comme les autres femmes que je veux t'épouser.

– Que ferai-je de cette somme qui me donnerait la pénible impression d'être achetée, comme une simple marchandise ?

– Dois-je alors comprendre que je peux te considérer comme mon épouse ?

– Je le suis devenue le jour où j'ai accepté ta bague.

Il la saisit par la taille, l'attira debout entre ses genoux et posa sa tête contre sa poitrine. Il sentait contre sa joue la rondeur moelleuse d'un sein et sous l'étoffe fine et parfumée il entendait son cœur battre à un rythme précipité. Elle avait posé sa main dans ses cheveux qu'elle caressait d'un geste lent et profond. Ni l'un ni l'autre n'osaient parler, craignant de rompre le charme de cet instant.

Les appels de Salomé les tirèrent de la langueur qui s'emparait d'eux.

– Il faut descendre, dit Milkah en se dégageant.

Il se leva, le visage enflammé par l'ardeur qui montait en lui.

– Tu es trop sage, remarqua-t-il.

– Malchios, mon amour, les choses longtemps désirées paraissent meilleures quand nous les obtenons. Viens.

Ils sortirent de la chambre. Sur la galerie, elle reprit :

– S'il te plaît, Malchios, repars dès demain matin.

– Pourquoi veux-tu si tôt te séparer de moi ?

– Mon aimé, comment peux-tu penser que je veuille me séparer de toi ? Il n'est simplement pas convenable que toi et Simon, qui maintenant est guéri, vous vous attardiez dans cette maison. Les ragots des gens d'ici m'importent peu, mais je pense à mes sœurs qui vivent parmi eux. Et puis, il n'est pas souhaitable de s'amollir dans cette félicité précaire.

Pendant tout le repas, Marcus n'eut d'yeux que pour elle. À l'inverse, elle jouait avec David et plaisantait avec ses sœurs, sans paraître s'intéresser particulièrement à lui. Il en aurait éprouvé un certain dépit si la jeune femme n'avait parfois coulé vers lui des regards et des sourires complices. Le déjeuner s'achevait quand Simon annonça qu'il partirait le lendemain. Le visage clair de Salomé s'assombrit. Dinah semblait sceptique et Jacim soulagé d'un grand poids. Quant à Shobal, il ne cacha pas une joie qui parut redoubler lorsque Marcus déclara que, lui aussi, ferait de même.

– Oh ! mais c'est terrible ! s'écria Salomé. La maison va nous paraître vide et morne !

– Marcus, reste encore un peu auprès de nous ! supplia David.

Shobal lui lança un regard sévère qu'il ne vit pas.

– David, petit guerrier, lui dit Milkah, ne cherche pas à retenir Malchios, car nous nous remettons en route dès demain et bientôt nous irons le rejoindre.

– Quand ? Comment ? s'écria-t-il.

Milkah, qui aimait ménager ses effets, annonça :

– Je veux vous confier une heureuse nouvelle : Malchios m'a demandé de devenir sa femme. J'ai accepté son cadeau de mariage il y a déjà plusieurs jours et j'ai agréé sa demande tout à l'heure.

Les cris de joie de Salomé et de David couvrirent les questions des autres convives, puis Dinah demanda :

– Alors tu vas partir dès demain avec Malchios, si vite ?

– Ma chère sœur, vous avez tous l'habitude de me voir m'éloigner sans savoir quand je reviendrai, ni même si je reviendrai.

Marcus, qui ne s'attendait pas à ce que la jeune femme révélât leur projet, resta partagé entre la joie que lui apportait cette sorte d'officialisation de leurs fiançailles et le regret que ce ne fût plus un secret entre eux seuls. L'idée qu'il serait désormais considéré comme l'époux de Milkah le remplissait d'un sentiment étrange, de joie et de fierté mêlées, bien qu'il savait qu'il n'aurait jamais sur elle que les droits qu'elle voudrait bien lui accorder. Milkah, épanouie et souriante, se leva et mit fin aux bruyantes félicitations des convives :

– Pardonnez-nous, dit-elle, j'emmène David pour ses leçons de l'après-midi.

Salomé et Dinah sortirent à leur suite pour se rendre à leur atelier où elles tissaient les vêtements de la famille. Jacim et Shobal se retirèrent chacun dans leur chambre, le temps d'une sieste.

Selon son habitude, Milkah fit son apparition la dernière, lorsque tous les convives étaient déjà autour de la table pour le repas du soir. Une fois de plus la somptuosité de sa toilette contrastait avec la sobriété de celle de ses sœurs. Sa robe pourpre faisait ressortir la luminosité de son teint et de ses yeux et s'alliait harmonieusement avec l'éclat nocturne de ses boucles. Elle tenait à deux mains un coffret d'ébène incrusté d'ivoire qu'elle déposa devant elle, sur la table. Lorsque Jacim eut récité la formule rituelle, Houldah apporta sur un plat les cailles et les perdrix à bec orange rôties, et un bassin de sauce.

– Nous les avons chassées sur les collines à la fronde et à l'arc, David et moi. Nous avons profité d'un vol migrateur venu du nord de l'Égypte. Ce soir, j'ai demandé à Houldah de nous préparer un festin pour célébrer un événement merveilleux.

Elle souleva le coffret et reprit :

– Simon a une demande à faire à Shobal.

Simon se leva, alla prendre le coffret des mains de Milkah, le déposa devant Salomé puis se tourna vers Shobal :

– Shobal, le père de Salomé t'ayant désigné comme le tuteur de sa fille, c'est à toi que je viens demander de me l'accorder comme épouse. Voici mon cadeau. Il y a dans ce coffret des bijoux et des pièces d'or dont le montant représente une somme bien supérieure à celle qu'exige la coutume.

– Simon bar Gioras, répliqua aussitôt Shobal d'un ton ironique, tu te moques de moi. Tu es arrivé ici en haillons, nous t'avons accueilli et soigné pendant plus de deux mois et aujourd'hui tu oses m'acheter Salomé avec de l'argent qui n'est pas à toi ? Non, jamais je n'accepterai de te donner Salomé. La Loi fait ma force et nul ne pourra m'obliger à agir contre mon gré. Demain tu quitteras cette demeure, seul.

Simon, blessé au plus profond de lui-même, se retint toutefois de se ruer sur Shobal. Salomé éclata en sanglots.

– Simon, je t'en prie, reprends ta place à table. J'ai une petite anecdote à vous raconter pendant que nous allons nous régaler de ce plat.

Milkah avait parlé avec un calme qui surprit chacun et avec cette autorité tranquille qu'admirait Marcus. Simon hésita, les poings serrés puis regagna sa place. Le silence pesait sur l'assemblée. Sans nulle hâte, Milkah déchira à pleines dents une aile de perdrix puis, se léchant délicatement les doigts, elle prit la parole.

– Voici cette petite histoire que j'aimerais soumettre à votre jugement. Lorsque je me trouvais en Galilée avec ces hommes qui combattaient pour le triomphe de notre grande cause, nous étions commandés par un homme exceptionnel : il s'appelait Gershon. Son courage, sa force de caractère, son mépris des richesses et des honneurs en faisaient une âme d'élite. Il commandait les hommes sans paraître leur donner d'ordres et tous lui obéissaient, non par contrainte, mais par respect. Mais de tels chefs s'attirent souvent l'envie, parfois même la haine. Et parmi nous s'est trouvé un tel misérable qui aspirait à prendre sa place de capitaine du camp ou, plus vraisemblablement, rêvait-il de vivre dans la richesse et l'oisiveté. Comprenant qu'il n'aurait jamais aucune chance de succéder à Gershon, il opta pour la trahison qui, espérait-il, lui rapporterait la fortune et, en tout cas, le débarrasserait d'un homme dont les qualités lui portaient ombrage.

« Ne pouvant s'absenter du camp sans éveiller les soupçons, il délégua une personne de sa connaissance auprès d'Agrippa pour lui révéler notre retraite et l'état de nos forces. Le tétrarque envoya contre nous une forte troupe, mais nos guerriers parvinrent non seulement à repousser les assaillants mais à les mettre en fuite. Après les avoir traqués dans la campagne ils en capturèrent plusieurs, dont un officier qui dénonça le traître.

« Aussitôt on se saisit de lui. Confondu par l'officier, il ose nier, mais on retrouve l'homme qui a servi d'intermédiaire et qui le désigne comme l'instigateur de l'affaire. Ainsi démasqué, il ne peut plus dissimuler, mais il a encore l'audace d'en appeler à la justice du sanhédrin. Comme si ce conseil représentait la moindre autorité à nos yeux lorsqu'il s'agit de juger un traître ! L'homme fut déshabillé et attaché à un grand cyprès. Ensuite on lui brisa les rotules et les os des bras et des jambes à coups de pierres, puis il servit de cible à nos flèches, mais chacun veillait à ne pas donner de coup mortel afin qu'il expiât plus longtemps. J'avoue alors ma faiblesse. L'énormité de ses souffrances me parut dépasser celle de son forfait. Je n'avais pas tiré de flèche contre lui ni lancé de pierre, mais je saisis un javelot et le lui projetai en plein cœur. Certains m'ont reproché d'avoir agi ainsi mais, Gershon ayant approuvé mon geste, la querelle cessa. Telle est la punition infligée aux traîtres. Qu'en penses-tu, Simon ?

– Je pense que vous avez parfaitement agi, mais que vous avez été bien doux, car moi, j'aurais arraché la peau de notre homme et je l'aurais laissé mourir, la chair à vif. La trahison est le pire des crimes.

– N'est-ce pas, Simon.

Ce dernier songea à s'étonner :

– Milkah, je ne comprends pas. Pourquoi nous as-tu raconté cette histoire ?

– Parce que certaines anecdotes portent à réfléchir et la méditation apaise toute irritation de l'âme et débouche sur la sagesse. N'est-ce pas ton avis, Shobal ?

Il lança à Milkah un regard meurtrier.

– Sans doute, articula-t-il entre les dents.

– J'ai même la conviction que ce triste épisode t'a éclairé et que tu es maintenant disposé à revenir sur une décision dictée, disons, par la surprise ?

– Par la surprise, oui, riposta-t-il d'un ton rageur. Décide donc pour moi, puisque ici c'est toi qui imposes toutes tes volontés.

– Mais je décide, Shobal, je décide de donner Salomé à Simon... Naturellement, Salomé, le coffret est pour toi.

Shobal sortit de la salle, écumant de fureur.

– Devrons-nous attendre une année avant de nous retrouver, ma sœur aimée ? demanda Salomé.

– C'est à vous de décider, mais il n'est pas souhaitable que vous restiez ici : il conviendrait que Simon trouvât à t'établir.

– Moi, assura Salomé, je suis toute disposée à suivre Simon partout où il ira. Avec lui, un rocher me sera un lit agréable et le ciel le plus doux des toits.

– Tant mieux petite sœur, car je crois que Simon te réserve un destin assez semblable au mien. Néanmoins laisse-le partir seul demain. Il reviendra te chercher très vite.

– Je crois que nous devons suivre les conseils de Milkah, enchaîna Simon. Il est imprudent que je t'emmène d'ici en hiver. Laisse-moi le temps de mieux établir mes affaires. Je serai de retour avec le printemps.

Salomé soupira en baissant la tête :

– Tu es mon seigneur. Il sera fait selon ta volonté, mais je te verrai partir avec tristesse.

Ce soir-là encore, les jeunes femmes firent de la musique et dansèrent pour fêter les fiançailles, sans que personne ne se souciât de l'absence de Shobal. Marcus pensait à la nuit qui allait suivre. Il brûlait d'envie de se retrouver seul avec Milkah et il n'attendait pas sans impatience le moment du coucher. Quand enfin chacun prit sa lampe pour regagner sa chambre, Marcus laissa les autres aller devant et sortit le dernier, derrière Milkah. Ils se retrouvèrent seuls dans l'atrium. La jeune femme, la lampe dans une main, monta l'escalier, suivie par Marcus. Ils restaient silencieux. De la cour montait un parfum de fleurs qui se mêlait à celui qu'exhalaient les vêtements et les cheveux de Milkah. En regardant sa silhouette élancée, il s'étonna qu'elle pût paraître si féminine et être capable de se comporter comme un garçon. Il lui fit part de sa remarque lorsqu'ils furent parvenus au balcon.

Arrivée devant la porte de sa chambre, elle entra dans la pièce où la suivit Marcus d'un mouvement naturel.

– Séparons-nous ici, Malchios.

– Pourquoi nous séparer ? Ne sommes-nous pas mari et femme ?

– Oui, mon aimé, mais je ne veux pas être à toi ce soir.

– Je ne te comprends pas...

– Malchios, je ne veux pas que tu ne voies en moi qu'une simple femme et je crains que, ce soir, ce soit seulement ce que tu cherches auprès de moi.

– Ma bien-aimée, tu ne peux me refuser de me coucher auprès de toi et de partager ton sommeil.

– Je crains de ne pas en avoir la force, mais je connais aussi la faiblesse des cœurs devant le désir. Or c'est en dominant ces désirs que nous révélons la véritable force de notre âme. Il est si facile de s'abandonner à ses passions, si difficile de les maîtriser ! Te sens-tu capable de me montrer que tu règnes d'une manière impérieuse sur toi-même ?

– Mets-moi à l'épreuve et tu verras si je suis indigne de ta confiance.

– Alors, reste avec moi.

Elle souffla la mèche de sa lampe ; seule la petite flamme de la lampe de Marcus continuait de danser au bout du bec arrondi. Milkah détacha son voile et retira les épingles qui maintenaient ses cheveux. Alors que les autres chambres de la maison étaient pourvues de lit en bois, rendus moelleux par des coussins, des couvertures multicolores et de fines étoffes, la jeune femme n'avait voulu dans sa chambre qu'une couche faite de fibres végétales, disposée sur un simple cadre de bois, sur laquelle étaient jetées une natte et une légère couverture.

– Voilà une couche nuptiale bien dure, remarqua Marcus en s'agenouillant sur le sol et en tâtant le cadre de bois.

– Notre couche nuptiale sera plus dure et plus douce, répondit-elle. Comme la Sulamite, sur l'herbe des champs, je te donnerai mon amour.

– Que vienne vite ce moment béni, mais pourquoi attendre si longtemps encore ? demanda Marcus en ôtant ses sandales.

– C'est pour moi un symbole profond de me donner à l'homme que j'aime, non dans une chambre comme le font toutes les femmes que viennent chercher leur époux dans la maison de leur père, mais sur la terre nue qui me sert de couche depuis longtemps.

Tout en parlant, elle retirait ses bijoux puis elle défit les agrafes de sa robe dont l'étoffe légère tomba sur ses pieds nus. Elle garda la courte tunique sans manches que portaient les femmes sous leur robe. Marcus s'était étendu sur la couche. Elle vint s'asseoir près de lui, glissa ses jambes sous la couverture, éteignit la lampe qui brûlait encore et s'allongea sur le dos. Ils restèrent un instant immobiles dans l'obscurité. La lueur du ciel nocturne qui se découpait dans l'étroite fenêtre ne permettait pas de distinguer les masses sombres de leurs corps mais, par là, leur parvenaient les rumeurs lointaines de bêtes en chasse, les crissements d'insectes dans la cour mêlés au bruit du vent qui glissait dans les palmes. Marcus posa sa main sur celle de Milkah et leurs doigts s'unirent. Elle avait niché sa tête au creux de son épaule et il respirait l'odeur musquée de ses cheveux dont les boucles éparses effleuraient son visage. Il mit sa main gauche sur sa poitrine; sous l'étoffe se modelait la forme du sein. Une sourde émotion l'envahit à ce contact comme s'il s'étonnait de trouver là une rondeur qu'il n'attendait pas. Elle s'était mise aussi sur le côté. Dans ce mouvement elle s'était approchée et leurs corps se frôlaient. En un élan mutuel, ils se pressèrent soudain l'un contre l'autre, poitrine contre poitrine, ventre contre ventre, cuisses contre cuisses, souffles mêlés. Leurs visages étaient si proches qu'il n'eut qu'à avancer ses lèvres pour sentir les siennes, à la fois tièdes et humides. Elles s'entrouvrirent pour recevoir un baiser qui se prolongea en un échange de tendres morsures. Dans le même temps, il avait glissé son genou entre ses genoux à elle sans qu'elle cherchât à les serrer. La main de Marcus remonta lentement, relevant l'étoffe qui enfermait leurs désirs.

– Arrête, murmura-t-elle. Ne bougeons plus et dormons.

– Tu connais ce proverbe du sage Salomon : « Jouis de la femme de ta jeunesse. Biche charmante, gazelle gracieuse, que ses seins t'enivrent en tous temps. Sois toujours épris de son amour. »

– N'en fais pas un prétexte pour succomber. Sommes-nous deux amants ordinaires qui ne recherchent que les plaisirs des sens ?

– Mon âme, j'aime en toi ce fort orgueil ! Tu peux t'assoupir entre mes bras en toute quiétude, je ne chercherai pas à tromper ta confiance.

Elle prit dans ses mains la tête de son amant, promena ses lèvres sur son visage avant de s'arrêter sur la bouche qu'elle baisa longuement. Puis elle lui tourna le dos sans chercher à le repousser lorsqu'il l'enlaça, une main emprisonnant doucement un sein, l'autre posée sur son ventre ferme et musclé de garçon. Il sentit bientôt qu'elle s'était endormie et n'osa plus bouger. La chaleur de ce corps contre le sien, le désir qui l'enflammait le maintenaient éveillé.

Puis, peu à peu, des nuages blancs semblèrent monter autour de lui et il eut la sensation de s'élever dans le ciel avant de sombrer dans le sommeil. C'est Milkah qui, en bougeant, le réveilla. Le ciel dans la fenêtre avait ce bleu très pâle de certaines aurores qui se fond dans des teintes de flammes. Dans la faible clarté matinale, Marcus distingua les traits de Milkah qui le contemplait avec tendresse.

– J'ai si bien dormi, murmura-t-elle.

Elle se leva aussitôt, s'étira et marcha vers un coffre où elle prit un vêtement. Elle tournait le dos à Marcus qui ne la quittait pas des yeux. Elle serra fortement sa poitrine à l'aide d'une bande de tissu cachant la rondeur de ses seins. Avant qu'elle n'enfilât une courte tunique, il eut tout loisir d'admirer son corps élancé, ses épaules arrondies, sa taille souple, ses hanches étroites de garçon, ses cuisses fermes aux muscles allongés. Elle boucla sur ses reins une ceinture de cuir et de métal à laquelle était suspendu un long poignard, releva ses cheveux qu'elle enferma dans un turban. Elle termina de lacer sur ses mollets le cuir de ses sandales, puis fixa sur son poignet un brassard d'archer.

Elle choisit une épée dans une gaine fixée à un baudrier qu'elle jeta sur son épaule avant de prendre deux arcs avec des carquois, deux javelots et un nerf de bœuf.

– Où comptes-tu aller ainsi équipée ?

– Je dois me rendre à Jérusalem. J'emmène David.

Ils retrouvèrent dans l'atrium Simon qui faisait ses adieux à Salomé. Dans la cour, David, aidé de Tobie, avait sorti les chevaux et terminait de les étriller. Chacun attacha sur sa monture sa couverture et son bagage. Le soleil commençait à chauffer les terrasses des maisons lorsqu'ils se trouvèrent tous les quatre dans la rue. Dinah et Salomé restèrent devant la porte jusqu'à ce qu'ils eussent disparu derrière l'angle d'un mur. La rue était large et ils avançaient deux par deux. Milkah et Marcus devant, Simon et David derrière.

– Quand viendras-tu me retrouver ? lui demanda Marcus une nouvelle fois.

– Je ne peux rien te promettre, Malchios, car je l'ignore. Je n'éprouve aucun désir de me rendre là-bas. Je préférerais que nous nous retrouvions ailleurs, par exemple en Galilée où très certainement je devrai me rendre.

– J'irai où tu voudras. Mais comment savoir où tu seras ?

– Après le prochain sabbat, envoie un messager chez nous. Si je n'y suis pas, qu'il m'attende, à moins que je n'aie chargé mes sœurs d'un message pour toi.

– Je prendrai patience.

Ils avaient décidé d'aller ensemble jusqu'à l'Hérodion, en suivant le sentier de montagne abrupt et accidenté qui y menait. Ensuite leurs routes divergeraient. Marcus se proposait d'inspecter la garnison qu'il y avait laissée, avant de retourner à Massada, en passant par Hébron. Shéba et David devaient aller à Jérusalem. Simon les accompagnerait jusqu'à Bethléem où il prendrait le chemin de vallées et de crêtes qui conduisait vers Gilgal et le Jourdain.

– Et toi, Simon, que vas-tu faire ? demanda Marcus.

– Me laisser conduire par le vent, répondit-il. Je n'oublie pas que j'ai une dette envers ces chiens d'Iduméens. Je ne dormirai tranquille que lorsque j'en aurai envoyé quelques centaines dans la géhenne.

– Comment t'y prendras-tu tout seul ?

– Je n'en sais rien encore. Je recruterai peut-être des brigands en leur promettant quelques maisons à piller. L'inconvénient, avec ces hommes ramassés sur la route, c'est qu'ils sont stupides comme des hérissons. Avec leurs airs de tranche-montagnes, ils ne savent pas tenir une épée et ne font peur qu'aux enfants.

Des nuages s'étaient lentement accumulés dans le ciel qui bientôt fut entièrement gris. Ils s'assirent sur des pierres et sortirent des sacs de cuir le pain, les olives, les oignons, et la viande froide dont Dinah les avait pourvus. Chacun, enveloppé dans sa cape, mangeait en silence.

Une pluie fine et serrée se mit à tomber.

– Il est temps de repartir, dit Milkah en se levant.

Ils reprirent leur route. Marcus vint placer son cheval tout contre celui de Milkah. La pluie ruisselait sur leurs visages, sur leurs capes et sur leurs jambes nues.

– Peut-être pourrais tu t'arrêter à l'Hérodion en attendant que passe la pluie, suggéra-t-il.

– Crois-tu, Malchios, qu'un peu de pluie peut m'arrêter en chemin ?

– Non, mais ce serait un bon prétexte...

– Fuyons les prétextes. Séparons-nous comme nous en sommes convenus. Rappelle-toi, Malchios, que je ne pars pas seule. J'emporte dans mon cœur une image chère qui est la tienne. Tu ne me quitteras pas ces prochains jours.

Il prit sa main qu'il serra dans la sienne.

– Moi non plus je ne serai pas seul.

Ils avancèrent jusqu'à une croisée de chemins.

– Voilà le sentier qui conduit à l'Hérodion dit Milkah. Nos routes se séparent ici. Malchios, mon aimé, que le ciel te protège !

Il approcha son visage du sien et leurs lèvres s'unirent un court instant. Milkah se tourna vers David.

– Allons, petit guerrier, en avant, au galop.

Elle talonna son cheval qui s'élança brusquement, suivi de ceux de David et de Simon qui levèrent la main pour saluer Marcus.

Chapitre XIX

À LA CROISÉE DES CHEMINS

Lorsqu'il quitta Milkah, à l'entrée de Bethléem, Simon poursuivit sa route dans les montagnes baignées d'un brouillard pluvieux. Il passa la nuit dans la paille d'une grange et dès le matin suivant descendit vers la vallée du Jourdain. Un chaud soleil lui réjouissait le cœur tout en séchant ses vêtements encore mouillés des pluies de la veille. Aux portes de Gilgal se tenait un grand marché où les paysans des environs venaient vendre leur bétail, leur grain, leurs fruits, leurs légumes, et les pêcheurs, les poissons du Jourdain. Des petits marchands ambulants y proposaient aussi des vêtements ou des bibelots, exposés sur des tréteaux, voire sur de simples draps étalés à même le sol. Simon se fraya un chemin dans la foule, s'acheta un turban, puisant sans compter dans la bourse que lui avait donnée Milkah. Un peu plus loin, il s'arrêta devant un belluaire qui faisait danser un ours brun capturé, à l'en croire, dans les forêts d'Akka, en Syrie.

Tout en regardant l'animal, enchaîné par le nez, Simon jetait des coups d'œil à la ronde pour voir s'il ne repérerait pas quelque connaissance amie ou ennemie. Sa vie aventureuse avait éveillé en lui aussi bien méfiance que curiosité envers autrui. C'est ainsi qu'il fut intrigué par les approches discrètes d'un homme qui se pressait contre les badauds, puis s'en éloignait avec promptitude. Simon le surprit alors que, d'un habile coup de ciseau, il tranchait une bourse. Quand l'homme se tourna vers lui, il lui sembla le reconnaître : « Par la barbe de Moïse, jura-t-il à part lui, ne serait-ce pas mon ami Miar ? » Il fit un pas vers lui lorsqu'un badaud, dont il subtilisait la bourse, se mit à crier. Le voleur s'enfuit dans la foule tandis qu'aux cris du bonhomme répondirent les clameurs de tous ceux qui découvraient qu'on les avait volés. Ils se lancèrent tous à la poursuite du larron, qui aurait sans doute été rattrapé si Simon n'avait sauté sur son cheval et ne l'avait rejoint. Le fuyard eut un geste de frayeur en se voyant dominé par ce cavalier armé.

– N'es-tu pas Miar, fils de Levias ? lui demanda Simon.

L'homme le dévisagea avec suspicion.

– Hâte-toi de monter en croupe si tu ne veux pas être lapidé.

– Merci, l'ami... Maintenant, je te reconnais, tu es Simon bar Gioras.

Deux cavaliers fendirent la foule et s'élancèrent sur les traces des fugitifs : c'étaient deux hommes de la police de la ville et des marchés. Miar s'accrochait à Simon comme le lierre à un chêne.

– Holà ! Ne me serre pas si fort, tu vas m'étouffer !

– C'est que je sens que je vais tomber.

– Ne sais-tu pas monter à cheval ?

– Je n'ai jamais monté que des baudets qui allaient leur petit train...

Lorsqu'il y eut assez de distance entre eux et leurs poursuivants, Simon arrêta son cheval et sauta à terre, tandis que son compagnon était projeté au sol par une ruade. Les deux cavaliers s'étaient arrêtés, l'épée à la main.

– Rendez-vous ! s'exclama l'un d'eux.

– Voilà, voilà ! dit Simon en écartant les bras.

Miar le regardait d'un air stupéfait. Comment ? Se rendre ainsi, sans se battre, quoique armé jusqu'aux dents ?

Les deux hommes avaient mis pied à terre. Ils s'approchèrent de Simon et lui enjoignirent d'unir ses mains devant lui pour les lui lier.

Ils étaient maintenant devant lui et l'un deux avait rengainé son épée. Avec une bonne grâce rassurante, il tendit les bras en disant :

– Mes amis, soyez indulgents. Je n'ai rien fait, moi. Je croyais que ces gens en voulaient à ce pauvre homme et...

– Tu expliqueras ça au juge, déclara l'un des gardes.

Les deux bras de Simon, longs et musclés, se détendirent brusquement. Frappés en plein visage, les deux hommes chancelèrent. Celui qui tenait encore son épée la brandit, mais, déjà, Simon lui avait saisi le bras et, par une belle prise de pancrace, le faisait passer sur son épaule avec tant de force que l'homme resta sur le sol sans plus bouger. Aussitôt, son pied jaillit jusqu'au visage de l'autre compère qui reçut un coup de talon dans le nez d'où s'échappa un flot de sang. Simon se retourna vers l'homme qui titubait, lui arracha son casque et l'abattit d'un coup de poing sur le crâne. Miar s'approcha avec prudence tandis que Simon se frottait les mains. Il se pencha au-dessus des deux hommes et dut convenir qu'ils avaient bien perdu connaissance.

Simon les dépouilla de leurs armes, mais dédaigna leurs bourses trop plates. Cependant, Miar s'empressa de les vider, et les dépouilla de leurs chaussures. Puis Simon l'aida à se hisser sur l'un des chevaux, saisit l'autre par la bride et ils reprirent leur route d'un pas tranquille.

– Simon bar Gioras ! Je te reconnais bien là, s'écria Miar. Toujours aussi bagarreur !

– Non, pas « toujours » : de plus en plus, répliqua Simon.

Ils évoquèrent le temps de leur adolescence où ils volaient dans les rues de Gerasa. Depuis, ils s'étaient perdus de vue pour se retrouver ce jour, par un de ces curieux hasards dans lequel Miar voulait voir un signe de la bonté du Seigneur envers les déshérités.

– Et toi, continues-tu de couper les bourses des gens sur les marchés ?

– Partout où je peux, mais les temps sont durs.

– Moi, j'ai choisi de rançonner les voyageurs. Veux-tu te joindre à moi ?

– D'accord.

– Dis-moi, toi qui as longtemps parcouru ces régions, sais-tu où nous pourrions recruter quelques compagnons d'infortune ?

– Allons en Acrobatène, au nord de Jéricho. Il y a là-bas une joyeuse bande dont je faisais partie, mais que les Romains ont dispersée avant de crucifier notre chef, un rude gars qui, cependant, ne te valait pas. Je sais où les retrouver, ils sont au moins une trentaine de bons vivants qui n'ont pas froid aux yeux. Ils seront tous prêts à te suivre.

– Voilà qui me plaît. Tu es désormais mon lieutenant. Allons de ce pas imposer l'Acrobatène de notre dîme qui vaut mieux que celle du Temple ou des Romains.

Tandis que Simon se dirigeait d'un pas conquérant vers la vallée du Jourdain, Milkah et David parvenaient à Jérusalem. Après avoir conduit David chez ses parents, Milkah se rendit chez Jean qui, complètement guéri, l'accueillit avec mille marques d'amitié.

– Dès que nous avons appris la retraite des Romains, lui dit-il, après l'avoir invitée à s'asseoir et à boire une coupe de vin, le sanhédrin s'est réuni. En s'appuyant sur le peuple et sur Éléazar ben Ananias, il a aussitôt organisé un gouvernement indépendant dont Éléazar ben Simon a été écarté. On redoute en effet que, fort d'une victoire qu'il s'attribue, il ne soit tenté de prendre le pouvoir.

– Et qu'a-t-il dit ?

– Il est furieux, mais j'ai su apaiser sa colère... enfin, il a eu l'air de se calmer lorsque je lui ai appris que j'avais été nommé gouverneur des territoires de Thamma à l'ouest de la Judée, et de ceux de Lydda, Joppé et Emmaüs.

– Voilà une bonne nouvelle pour nous. Quand dois-tu prendre ton poste ?

– D'ici à quelques jours. J'ai envoyé aussitôt un courrier pour aviser les frères de l'événement et leur demander conseil. Il est possible qu'ils lui remettent un message pour toi. Je t'invite à rester ici pour attendre son retour.

– Merci, Jean, j'aurai plaisir à séjourner auprès de toi. Mais explique-moi comment a été organisé le gouvernement de la ville.

– Hanan, notre grand sacrificateur actuel, s'est fait attribuer les plus larges pouvoirs. Il partage sa magistrature avec Joseph ben Gorion, un autre sadducéen de ses amis. Les provinces ont été attribuées à plusieurs personnages importants : le gouvernement de l'Idumée a été confié à Jésus, fils de Saphas, et Éléazar ben Ananias l'a accompagné avec une troupe, car les Iduméens ne montrent guère d'empressement à se soumettre à Jérusalem. Vers l'est sont envoyés des gens neutres ou plutôt favorables à la guerre. Ce sont tous des hommes sans énergie, mais le peuple est disposé à leur obéir sans contrainte. Quant à la Galilée, elle a été placée sous le contrôle de Joseph, fils de Matthias. C'est un homme habile, mais il est du parti des pharisiens, et cela m'inquiète. Quand les Romains marcheront contre nous, ils arriveront par la Galilée. Je crains que ce Joseph ne sache défendre cette riche province. Cependant, les frères pensent que nous pourrions nous le rendre favorable. Et puis, on a ajouté à son gouvernement la ville forte de Gamala qui s'est ralliée à nous. Gamala est située sur la rive orientale du lac de Génésareth, c'est-à-dire dans les territoires dépendant de la tétrarchie d'Agrippa...

– J'ai entendu dire, en effet, que la ville s'est révoltée après notre victoire sur les troupes commandées par Philippe et Darius. Depuis, Agrippa la tient plus ou moins assiégée sans parvenir à la prendre.

– C'est exact. Les chefs de la ville ont même envoyé des ambassadeurs secrets auprès de notre communauté pour demander notre aide.

– De quelle manière ?

– Je l'ignore. Mais je crois qu'il sera nécessaire que tu te rendes en Galilée pour surveiller Joseph et protéger nos trésors.

– Toi-même, as-tu quelque projet pour la province qu'on t'a attribuée ?

– Oui, et je voudrais avoir ton avis. Le territoire d'Ascalon confine à ma province. Ascalon est une bonne ville fortifiée et l'une des plus importantes places commerciales de Palestine. Son port n'est pas négligeable et elle n'est défendue que par une cohorte d'infanterie et un escadron de cavalerie. J'ai l'intention de m'en emparer pour occuper ensuite les villes de la côte, Anthédon, Gaza, jusqu'à Raphia : ainsi couperions-nous l'Égypte de la Syrie.

– La stratégie semble intéressante, à première vue, mais de quelles forces disposes-tu ?

– Je pense recruter de dix à vingt mille hommes sur place. Ils seront encadrés par les meilleurs combattants d'Éléazar ben Simon et par deux bons capitaines qui commanderont mon armée.

– Ah ! lesquels ?

– Niger Peraïte...

– J'ai entendu parler de lui. Et l'autre ?

Il hésita avant de lancer le nom :

– Silas, le Babylonien. Oui, je sais que tu ne le portes pas dans ton cœur, mais c'est un bon officier et il sait se battre.

Shéba se contenta de sourire.

– Évidemment, avec dix ou vingt mille hommes contre quelques centaines de Romains, l'affaire sera promptement conclue. Pourtant, méfie-toi des Romains mais aussi de tes soldats et de leurs chefs.

– Dis-tu cela à propos de Silas ?

– Pas particulièrement. Je me contente de te mettre en garde. Éléazar est-il toujours installé au Temple ?

– Toujours. Il ne veut pas le quitter et il s'entoure d'une solide troupe. Je suis très inquiet à son sujet. C'est lui qui a récupéré le plus gros butin pris aux Romains. Il a saisi des quantités d'armes qu'il a réparties entre ses hommes, des balistes, du matériel de siège et aussi des bagages et de l'or. Mais, lorsque je lui ai demandé de remettre ces biens au trésor commun, il a refusé tout net en déclarant que ces richesses étaient destinées à subvenir à ses besoins et à ceux de ses hommes.

– On ne peut pas le lui reprocher.

– Je te l'accorde, mais je crains que cette victoire n'ait éveillé en lui de secrètes ambitions. C'est pourquoi il est préférable qu'il reste ici, à l'écart de toute charge.

Le lendemain, dans la matinée, Shéba se rendit chez Simon ben Gamaliel prendre des nouvelles de Tiberius. Il le trouva levé, à peu près remis de sa blessure et heureux : Hanan avait finalement accepté de lui donner la main de Glaphyra, sa fille.

Dans le courant de l'après-midi, Shéba alla au Temple rendre visite à Éléazar ben Simon. Ce dernier était maussade, mécontent d'avoir été délibérément écarté par les gens du sanhédrin. Il jurait qu'il prendrait sa revanche, en particulier sur Hanan en qui il voyait son plus redoutable adversaire du fait de son influence sur le peuple. Shéba resta dans l'expectative et ne l'encouragea pas dans sa vindicte.

Le messager envoyé par Jean à Messad Hassidim, la « forteresse des hommes pieux », rentra le lendemain, muni d'un message pour Shéba, que Jean lui transmit.

– Il faut que tu te rendes à Lyssa où se trouve un trésor dont tu es seul ici à connaître la cachette. Tu le récupères, en déposes un tiers chez Judas, fils d'Éléazar, à Lydda. Il me le remettra lorsque je prendrai mon commandement là-bas. Tu apporteras les deux autres tiers au couvent de la mer de Sel où on te dira ce qu'on attend de toi. Voici un message qui confirme ces ordres.

Shéba prit la tablette de bois, l'ouvrit et la lut rapidement.

– Je pars ce soir.

Sept jours plus tard, Shéba parvint au couvent essénien, accompagné de David, avec quatre mulets lourdement chargés. Reçu par deux des principaux prêtres et un des lévites, il rendit compte de sa mission. Il apprit alors que, sur les trois qui se trouvaient enfouis en Galilée, deux avaient été découverts et dérobés par les hommes du tétrarque Agrippa, juste après la retraite des légions de Cestius Gallus. Sans doute quelqu'un avait-il trahi le secret. Aussi les prêtres demandèrent-ils à Shéba de se rendre dans la région du lac de Génésareth pour y être leur agent. Il y emmènerait deux des quatre mulets chargés d'or, dont l'un serait conduit à Gamala et remis à Joseph.

Philippe, l'un des commandants de l'armée qu'Agrippa avait envoyé à Jérusalem, au mois de juillet, s'était réfugié à Gamala. Il y était resté quelque temps, assez pour sentir souffler un vent de sédition et s'était fait confier par le tétrarque une cohorte de cavaliers pour tenir la région. Avant qu'il ne revienne avec sa troupe, Joseph, un médecin qui jouissait de la plus grande autorité dans la ville, avait réuni les jeunes gens les plus décidés. Avec leur aide, il avait persuadé les notables de la cité de se séparer de la tétrarchie et il s'était fait conférer de larges pouvoirs grâce auxquels il avait chassé les partisans d'Agrippa et mis à mort leurs chefs, Charès et Jésus. L'arrivée de Philippe à la tête de ses cavaliers risquait de retourner la situation. Aussi Joseph songeait-il à recruter des mercenaires, grâce au chargement d'un des mulets. Shéba cacherait le chargement de l'autre bête et le conserverait pour parer à toute éventualité. Il lui faudrait ensuite se rendre à l'emplacement du troisième trésor, vérifier qu'il s'y trouve toujours et le dissimuler dans une autre cachette. Il devrait enfin rallier des hommes sûrs pour l'aider à tenir la campagne et pour servir de messagers afin que les chefs de la communauté fussent tenus au courant de tout ce qui se passait dans cette province.

Shéba passa la nuit à Messad Hassidim. Dès le lendemain, il se rendit à Engaddi où il trouva Judas ben Judas qui attendait son message. Il lui remit une courte missive pour Marcus, prit son repas avec ses sœurs et repartit dans l'après-midi pour Jéricho, avec David et les deux mulets.

Lorsqu'il parvint à Massada en fin d'après-midi, Marcus retrouva Démétrios qui goûtait sur la terrasse du palais la fraîcheur du soir en compagnie de Mariamne. Marcus les salua, se débarrassa de son épée et vint s'asseoir près de la table chargée de fruits et de boissons.

– Voilà qui tombe à merveille ! s'exclama-t-il en vidant une coupe de vin.

– C'est du vin d'Engaddi, précisa Démétrios. As-tu vu Milkah ? Car c'est bien après elle que tu as couru, plus vite encore que les Romains n'ont fui à Césarée.

– Je ne peux rien te cacher mon cher Démétrios. Non seulement j'ai retrouvé Milkah, mais nous sommes fiancés, je dirais même mariés.

– Tu n'as pas perdu ton temps. Mais pourquoi ne l'as-tu pas ramenée avec toi ?

– Eh bien... parce que nous ne sommes pas encore réellement mariés et, ensuite, parce qu'elle désire attendre un peu pour se préparer à sa nouvelle vie.

– Quelle préparation faut-il lorsqu'on s'épouse par inclination ? Tu manques de fermeté avec les femmes, Marcus, ne te défends pas ! Je comprends ta faiblesse. D'ailleurs, tu étais tout aussi hésitant lorsque tu croyais être épris de Judith.

Marcus soupira et laissa discourir Démétrios, ce qui évitait de lui donner des explications délicates, car il préférait, pour le moment, ne pas lui révéler que Shéba était en réalité Milkah.

Pendant les jours qui suivirent, Marcus ne vécut plus que dans l'attente de nouvelles de Milkah. Comme elle le lui avait proposé, il se rendit, dès le lendemain du premier sabbat qui suivit son retour, auprès de Judas ben Judas.

– Judas, je voudrais te charger d'une mission, lui dit-il. Voudrais-tu te rendre à Engaddi, chez les filles de Qorakh ?

– Avec le plus grand plaisir. La maison est des plus accueillantes, malgré ce Shobal. Mais que dois-je y faire ?

– Tu diras à Milkah que tu viens de ma part chercher le message promis. Si elle n'est pas là, attends-la, on te logera dans la maison. Ah ! encore une chose ! Il se peut que ce message te soit remis non par Milkah, mais par un jeune homme nommé Shéba. Tu le connais, c'est celui que j'ai voulu faire arrêter à l'auberge auprès du Jourdain et qui, ensuite, s'est battu pour nous.

Judas partit aussitôt, mais ne fut de retour que plusieurs jours après, au point que Marcus envisagea, à plusieurs reprises, de se rendre à Engaddi. Quand, enfin, il arriva, il lui remit une tablette scellée qu'il tira de sa ceinture.

– Je te remercie, Judas, mais, pourquoi n'arrives-tu que maintenant ?

– Mes hôtes ont voulu que je passe la nuit chez eux et je ne suis parti que ce matin.

Marcus fit sauter les cachets de la tablette sans plus l'écouter, irrité par cette perte de temps. Milkah lui écrivait, en grec :

« L'auteur de cette lettre à Malchios de Tibériade. Salut.

Il est obligé de se rendre en Galilée où l'appellent des affaires importantes. Si tu veux l'y rejoindre, rends-toi à Tarichée, au sud du lac de Génésareth et demande la demeure d'Énée, fils de Phasaël. Là on te dira où tu peux le trouver. Si tu peux emmener une bonne troupe de cavaliers, ceux-ci seront les bienvenus. Que le Seigneur t'accompagne ! »

À peine Marcus eut-il lu ces lignes qu'il appela Démétrios.

– Démétrios, lui dit-il, je suis las de cette vie ici où, comme on dit chez nous, je me repose sous ma vigne et mon figuier. Que penses-tu d'une visite en Galilée ?

– Je n'y vois aucun inconvénient, à condition que je puisse emmener Mariamne.

– Bien entendu. Moi-même, je pars en avant. Réunis nos anciens soldats et les meilleurs hommes qui se sont ralliés à nous. Ensuite, rends-toi à petites journées jusqu'à Tarichée. Là-bas, établis le camp dans un lieu favorable. Je viendrai vous y retrouver. Je laisserai sans doute un message chez un habitant de la ville qui s'appelle Énée, fils de Phasaël.

– Quel serpent t'a mordu pour que, soudainement, tu ne tiennes plus en place et ailles courir en Galilée ? Et que devient ta Milkah, dans cette affaire ?

– Ne te fais pas de souci. Commence à rassembler nos hommes, afin que vous soyez prêts à partir demain ou après-demain, à la première heure.

Troisième partie

EN GALILÉE

Chapitre XX

HISTOIRE DE MILKAH

Parvenu à Tarichée en fin d'après-midi, Marcus n'eut aucun mal à trouver la demeure d'Énée, fils de Phasaël. Le Galiléen le salua en lui souhaitant la bienvenue et David, qu'il hébergeait, lui sauta au cou.

– Où est Shéba ? demanda Marcus.

– Il est parti ce matin pour Gamala, déclara David. Il sera de retour demain soir.

– Je pars le rejoindre sans plus tarder... commença Marcus.

– Ce serait une inutile folie, l'interrompit Énée. Tu n'y parviendrais qu'en pleine nuit et on ne t'ouvrirait pas les portes de la cité, si encore tu arrivais jusque-là, car une troupe de gens du tétrarque, commandée par Philippe, tient la campagne et assiège la ville. Passe plutôt la nuit ici et, dès le point du jour, tu partiras pour Gamala. En prenant la route qui longe la rive orientale du lac de Génésareth, tu ne peux manquer Shéba, qui doit rentrer par ce chemin.

Marcus se résigna à passer la nuit chez Énée. Il dormit mal et peu. Il ne pouvait s'empêcher de penser à Milkah et d'appréhender quelque malheur. Avant l'aube, il était déjà équipé pour partir. Lorsque le soleil empourpra le ciel, il longeait les rives du lac. Il s'éleva ensuite sur des coteaux boisés dominant le lac. Bien qu'on fût au seuil de l'hiver, la chaleur était encore lourde dans cette basse région. Sur les eaux du lac, d'un bleu profond, il distinguait les barques des pêcheurs et leurs voiles blanches, triangulaires, déployées dans le vent léger du matin.

Il chevaucha encore en direction du nord et, enfin, il aperçut, au loin, le piton escarpé, pareil à la bosse d'un chameau, au flanc duquel se pressaient les maisons à terrasses de Gamala. Il s'arrêta près d'une source pour faire boire son cheval et lui accorder un peu de repos. Lui-même se désaltéra longuement. Il n'avait emporté aucun bagage, pas même une outre d'eau afin de conserver toute liberté de mouvement. En revanche il avait revêtu sa cuirasse, coiffé son casque, et emporté deux javelots, outre son glaive et une longue dague. Il avisa un arbre à la cime duquel il grimpa afin d'inspecter les alentours. Ainsi put-il repérer à peu de distance des murs de la cité une troupe de cavaliers, qu'il pensa appartenir au tétrarque.

Il descendit de son observatoire et reprit sa route. Il avançait avec prudence, afin d'éviter de rencontrer les cavaliers de Philippe. L'oreille aux aguets, s'efforçant de surprendre les bruits des chevaux par-delà les crissements des grillons et les piaillements d'oiseaux, il perçut soudain des appels dans le lointain. À peu de distance, il distingua des cavaliers à demi dérobés dans un nuage de poussière. D'après le piétinement des chevaux, il s'agissait visiblement d'un affrontement, mais il ne pouvait distinguer les adversaires. Il sentit naître une inquiétude quand il reconnut les uniformes des soldats du tétrarque.

Marcus partit au galop pour venir en aide à l'adversaire des cavaliers syriens. Il brandit un javelot en hurlant et le projeta avec force. L'arme siffla et vint se ficher entre les omoplates d'un cavalier. Sans lâcher le second javelot qu'il tenait de la main gauche, il dégaina son épée et se heurta à deux hommes qui venaient au-devant de lui. Il repoussa l'un avec le javelot, frappa l'autre de son épée, poursuivit sa course et bouscula la masse des cavaliers. Au milieu des Syriens, il avait reconnu la cuirasse en peau de buffle et le turban vert de Shéba. Le bouclier au bras gauche, l'épée dans la main droite, il s'efforçait de se dégager, faisant sans cesse virevolter sa monture, parant les coups, son épée tourbillonnante tenant ses adversaires à distance. L'intervention intempestive de Marcus brisa le cercle. Les cavaliers se gênaient mutuellement, tombaient à terre, tandis que les chevaux, affolés, prenaient les mors aux dents, renversaient leurs maîtres. Shéba s'engouffra dans la brèche ouverte par Marcus en lui criant :

– Fuyons, ils sont trop nombreux !

Après un instant d'hésitation, la troupe des cavaliers s'élança à leur poursuite.

– Plus vite, cria Marcus lorsqu'il fut parvenu à la hauteur de Milkah, ils vont nous rattraper.

– Mon cheval est trop fatigué pour que je lui demande un gros effort, objecta-t-elle. Mais je vais te montrer comment les Parthes ont si souvent vaincu les cavaliers romains.

Lâchant la bride, elle détacha son arc, prit une flèche, la posa sur la corde, puis elle retint le cheval afin de permettre aux poursuivants de se rapprocher. Lorsqu'elle les jugea à une distance convenable, elle se retourna brusquement et décrocha la flèche. Le trait passa au-dessus de la tête d'un cheval et vint frapper en pleine gorge le cavalier. Elle saisit une nouvelle flèche. Le trait frôla la tête d'un cavalier qui avait eu le réflexe de baisser le buste. C'était sans doute le chef de la petite troupe car, lorsqu'il vit Shéba se saisir d'une nouvelle flèche, il arrêta son cheval en levant la main. Aussitôt, les autres cavaliers retinrent leurs montures dans un tourbillon de poussière.

Dès qu'ils s'aperçurent que leurs adversaires renonçaient à la poursuite, Marcus et Shéba ralentirent leur course, puis s'arrêtèrent, ils échangèrent un regard et se mirent à rire.

– Malchios, tu es le bienvenu ! Sans ton intervention, le pauvre Shéba serait maintenant dans la poussière, lardé de coups d'épée, car j'aurais préféré me faire tuer plutôt que d'être capturée ! Mais j'ai l'impression qu'ils évitaient de me frapper à mort. Ces hommes voulaient, vraisemblablement, me capturer pour m'obliger à révéler les caches de nos trésors. Lorsque je me suis crue perdue, j'étais au bord des larmes. Cela me semblait tellement stupide de mourir ainsi, pour rien... Oh ! il y a encore peu de temps, peu m'importait d'être tuée, mais maintenant, j'ai envie de vivre.

– Puis-je embrasser mon épouse ? dit Marcus en lui prenant la taille pour l'attirer vers lui.

– Mais c'est ton compagnon d'armes que tu embrasses, il me semble, dit-elle après avoir reçu son baiser.

– Tant pis. J'aime encore plus mon compagnon d'armes.

– Eh ! crains alors le châtiment des gens de Sodome, le menaça-t-elle d'un ton badin.

– Me diras-tu pourquoi tu préfères la mort plutôt que de tomber entre les mains des Romains ?

– Je te l'ai laissé entendre, il me semble. J'ai déjà été captive des Romains en Syrie. Ils voulaient savoir où nous cachions nos trésors et où se trouvaient nos camps. Je ne leur ai rien dit, mais si je n'étais pas parvenue à fuir, je n'ose imaginer comment les choses se seraient terminées !

– C'est de là que date ta haine pour Emilius Jucundus et Longinus.

– Oui.

– Et Silas ?

– Oh ! c'est très différent. Je rentrais de Syrie lorsque j'ai surpris ce misérable qui tentait de violer une pauvre fille dans un bois. Je l'ai rossé avec mon nerf de bœuf et il ne me l'a pas pardonné. Et moi, je ne lui ai pas pardonné sa traîtrise. Maintenant que les Romains sont chassés, il me reste à le châtier.

– Peut-être pourrais-tu me laisser ce plaisir, car moi aussi j'ai été trompé par lui.

– Pardonne-moi Malchios, mais c'est à moi qu'appartient la vengeance.

Le chemin s'était élargi et ils parvinrent bientôt au bord du lac. Milkah arrêta son cheval près d'un bosquet de lauriers-roses. Marcus sauta à terre et avança dans l'eau avec son cheval pour lui permettre de se rafraîchir. Milkah l'imita et puisa de l'eau dans ses mains pour en asperger l'encolure et la croupe de sa monture.

Revenu sur la berge, Marcus déboucla sa ceinture et retira sa tunique sous laquelle il portait un pagne étroit. Il s'agenouilla alors dans l'eau et entreprit de se laver le corps et le visage.

Milkah s'était assise sur l'herbe drue pour retirer ses sandales. D'un bond léger, elle fut sur ses pieds, délaça sa cuirasse de peau qu'elle laissa tomber sur le sol, détacha ses brassards de cuir puis dénoua son turban, libérant sa chevelure. Redevenue femme, elle entra alors dans l'eau du lac jusqu'à la taille. Elle se frotta soigneusement les bras et le visage puis revint jusqu'à la rive. L'étoffe légère de sa tunique, ruisselante d'eau, collait à son corps. Elle s'arrêta devant lui, s'agenouilla et, les mains sur les genoux, s'assit sur ses talons. Ils se contemplèrent un instant. Le silence les enveloppait, complice de leur désir. Marcus entoura l'ovale délicat de son visage entre ses paumes, ses doigts se perdant dans ses cheveux. Il posa ses lèvres sur sa bouche tiède et tendre. Elle avait fermé les yeux et mis ses mains à plat sur la poitrine de Marcus, qui tressaillit à ce contact délicieux.

Il laissa ses mains descendre le long du cou flexible, jusque sur les épaules. Là, ses doigts s'arrêtèrent sur les agrafes. Elle ouvrit les yeux lorsqu'elle sentit glisser l'étoffe de sa tunique, mais n'esquissa aucun geste pour la retenir. Elle se laissa tomber sur le dos en l'entraînant. De ses lèvres, il effleurait la chair dorée, jusqu'aux rondeurs de ses seins. Elle avait posé ses mains sur la nuque de son amant et, doucement, caressait le dos large et les épaules musclées. La bouche mit longtemps à parvenir sur le ventre ferme où elle s'attarda avant de glisser plus bas encore, jusqu'au centre d'elle-même. Elle avait replié un bras sur ses yeux, haletant faiblement. Puis il revint se coucher sur elle, prenant appui sur un coude. Alors, elle dénoua les attaches du pagne de Marcus, l'attira doucement, et l'accueillit en elle, tandis qu'elle cherchait sa bouche de ses lèvres entrouvertes.

Lorsqu'ils se relevèrent, ils titubaient légèrement. Elle posa un doigt sur une cicatrice au haut de la cuisse de Marcus.

– Le coup d'épée d'un Germain. J'ai manqué de rapidité.

Elle alla ramasser leurs tuniques qu'elle étala sur des pierres au soleil pour les faire sécher puis elle alla chercher sur la croupe du cheval un double sac en cuir. Marcus vint s'accroupir près d'elle et ils se mirent à manger en silence. Dès qu'ils eurent terminé, Milkah se releva.

– Ne nous attardons pas ici, dit-elle en attachant sa cuirasse sur ses épaules.

– Dommage, nous étions pourtant si bien, soupira Marcus.

Ils parvinrent à Tarichée à la tombée de la nuit. En chemin, Milkah avait expliqué à Marcus que leur hôte, Énée, qui vivait seul avec quelques serviteurs, était l'oncle de Gershon, son vénéré maître d'armes. Il connaissait la jeune femme depuis de nombreuses années et l'entourait d'une affection paternelle. David, assis sur le seuil de la maison, jouait de la flûte. Il sauta sur ses pieds en les voyant et se jeta dans les bras de Milkah.

Énée vint au-devant d'eux :

– Béni soit le Seigneur ! Vous vous êtes retrouvés ! s'exclama-t-il.

– Malchios est arrivé, guidé par le bras de Dieu, pour me tirer d'un mauvais pas, expliqua Milkah.

Et elle raconta comment, la veille, elle avait été reçue par Joseph, le chef de la cité, à qui elle avait remis le mulet chargé du trésor. Il souhaitait qu'on lui envoie des renforts pour chasser définitivement les hommes du tétrarque qui pillaient la campagne.

Énée demanda s'ils désiraient changer de vêtements avant le repas.

Ils se retirèrent. Marcus eut tôt fait de revêtir une tunique propre. Il brûlait du désir de rejoindre Milkah dans sa chambre, mais s'en abstint et regagna la salle haute où les attendaient leur hôte et David. La jeune femme les rejoignit bientôt. Elle avait jeté une cape légère de lin vert sur une courte tunique mauve. Elle vint prendre place sur le lit voisin de celui où était couché Marcus, tandis qu'un serviteur apportait la nourriture. Lorsque Énée eut béni le repas, ils commencèrent à manger en silence. Milkah prit la parole, en se tournant vers Énée :

– Comme je te l'ai déjà dit, Malchios est tout disposé à combattre à nos côtés.

– Malchios, déclara Énée, ta renommée est parvenue jusqu'à nous. En Galilée, nul n'ignore la part que tu as prise dans la révolte de Jérusalem. Nous savons que tu es l'artisan de nos victoires sur les Romains. C'est pour nous un honneur que tu acceptes de te joindre à nous.

– Énée, tu es trop généreux et tu me flattes, répondit Marcus. J'espère me montrer à la hauteur de l'estime que vous me portez.

– Une troupe de deux cents hommes, tous excellents guerriers, bien armés, doit venir le rejoindre très prochainement, ajouta Milkah.

Énée esquissa une moue :

– C'est peu... commença-t-il.

Mais Milkah l'interrompit :

– Non, Énée, c'est plus que tu ne penses : deux cents cavaliers disciplinés et sachant combattre sont plus efficaces que deux mille brigands, soldats d'aventure, prêts à lâcher pied devant un adversaire quelque peu combatif. Comme nous avons l'intention de séjourner en Galilée pour y accroître nos forces et observer les événements, j'aimerais que tu nous éclaires sur la situation politique de cette région, et en particulier de Tibériade.

– Aujourd'hui, Tibériade est partagée en trois factions : la première comprend les familles nobles ou aisées qui, sous la conduite de Julius Capella, préfèrent rester dans l'obédience du roi Agrippa et des Romains. La deuxième faction rassemble les gens du menu peuple : ils se sont, eux, déclarés pour la guerre. Quant au troisième parti, il est dirigé par un homme de la noblesse, Justus, fils de Pistus ; il semble, à première vue, vouloir temporiser et s'opposer à la guerre ; mais nous savons qu'en réalité, il est le chef du parti belliciste et c'est sous son influence que la ville est entrée en rébellion, dès le départ de l'armée du gouverneur de Syrie.

– Voilà une action louable, remarqua Marcus.

– Peut-être, mais il n'est pas des nôtres et ne songe qu'à sa propre gloire. C'est aussi le cas d'un certain Jean, fils de Levi, qui tient la ville de Giscala.

– Mais, je le connais ! s'exclama Marcus. Il a été, avec mon beau-frère, Simon ben Gamaliel, et moi-même, l'élève de Gamaliel, d'illustre mémoire. Moi, je le trouvais fourbe, mais Simon avait de l'amitié pour lui.

– Je le connais aussi, déclara Milkah. Il y a un an, il commandait une bande de brigands qui pillait la région. Des paysans sont venus se plaindre à Gershon. J'ai été envoyée auprès de lui avec quelques compagnons pour le prier de respecter les territoires occupés par les gens de notre nation et d'aller plutôt exercer ses coups de main dans les terres des Romains. Il nous a nargués en déclarant qu'il était son propre maître et qu'il irait où bon lui semblerait. Ainsi avons-nous été contraints d'en venir aux mains, bien que nous ne fussions qu'une quinzaine contre près de cent hommes. Mais il s'agissait de quinze guerriers formés par Gershon. Après un rude combat, au cours duquel trois des nôtres furent blessés, nous les avons mis en fuite. Nous avons ensuite appris que ce Jean avait reconstitué une nouvelle troupe, mais il n'a plus osé s'attaquer aux villageois protégés par nos guerriers.

– Il s'est fait une solide position à Giscala. Il est habile et a d'abord voulu tenir ses concitoyens dans la soumission aux Romains. Mais, quand les gens de Gabara unis à ceux de Gadara et de Tyr ont mis à sac Giscala, Jean a saisi cette occasion pour s'ériger en vengeur. Il a rassemblé une troupe, mis en déroute ses adversaires, rebâti la ville; et, maintenant, il la fait entourer de murailles. Ainsi, chaque cité cherche à établir son indépendance et son hégémonie. Or voici qu'arrive maintenant Joseph, fils de Matthias, désigné par le sanhédrin pour prendre le gouvernement de la Galilée.

– On dit qu'il nous serait assez favorable, quoique pharisien, intervint Milkah.

– C'est exact car avant de rejoindre les pharisiens, poursuivit Énée, il a étudié longtemps la doctrine des esséniens pour lesquels il avait de la sympathie. Il a même été un moment des nôtres, au sortir de l'adolescence, avant de s'exiler trois ans dans le désert auprès d'un ascète nommé Bane, qui vivait de la cueillette des plantes sauvages, ne se vêtait que d'écorces et se baignait plusieurs fois par jour pour éteindre le feu de ses sens. Il est entré dans la vie active à vingt ans en combattant la doctrine des pharisiens, avant de s'y rallier. C'est un homme ambitieux et habile qui sera disposé à s'appuyer en partie sur nous, et il n'a jamais caché l'estime qu'il porte à nos saints auxquels il attribue des pensées pacifiques. Il y a quelques jours, il s'est rendu à Bethmaüs, à proximité de Tibériade, où il a reçu les membres du sénat de la ville pour leur signifier qu'ils devraient faire détruire le palais que le tétrarque Hérode Antipas y avait fait élever. La seule raison en était que le prince y a fait peindre des figures d'animaux, au mépris des prescriptions de Moïse.

– Rien n'est plus ridicule et haïssable que ces fanatismes destructeurs, s'insurgea Marcus.

– Les gens du parti de Julius Capella partagent ton avis. D'ailleurs, ils ont longtemps discuté avant de se résoudre à le démolir.

– L'ont-ils fait? demanda Milkah.

– Ils n'en ont pas eu le temps. Un messager vient de m'apprendre que cet après-midi, un nommé Jésus, fils de Saphia, s'est chargé de le mettre à sac et de l'incendier.

– Voilà donc la question réglée.

– Il est à craindre que les extrémistes n'en profitent pour saccager la ville et que l'exemple ne soit suivi ailleurs. Ce Jésus est un exalté, Shéba, je crois que tu le connais.

– Très bien. Il a voulu servir notre secte. Gershon m'avait confié son entraînement. Il ne supportait pas la discipline que nous nous imposions et trouvait les exercices fatigants. C'est un homme emporté mais de peu de courage ; je l'ai revu quelque temps après : il était devenu voleur de grands chemins. Je n'aime pas savoir un personnage comme lui à la tête d'une bande d'exaltés. Malchios, je propose que nous nous rendions demain à Tibériade pour prendre des nouvelles. Je dois également m'y acquitter d'une dette. La jeune fille que j'avais sauvée en rentrant de captivité m'avait demandé de prévenir ses parents qu'elle ne pourrait venir les voir comme prévu. Ce sont des gens très riches et j'ai accepté la bourse qu'ils ont tenu à me donner. Je l'ai reçue comme un prêt, étant alors totalement démunie, mais je tiens à leur rendre cet argent, maintenant.

– Nous irons donc à Tibériade. Dans le cas où Démétrios arriverait avec ses hommes, Énée le recevrait et lui demanderait de nous attendre ici.

Marcus avait rejoint Milkah dans sa chambre. Elle était assise sur le bord du lit et examinait à la lumière vacillante de la lampe la lame de son épée. Il passa le doigt sur le fil et éprouva la pointe.

– Elle taille encore sérieusement... Quand je pense que c'est avec ça que tu as bien failli me tuer dans l'auberge du Jourdain ! Encore que moi aussi, j'aurais pu te tuer.

– J'ai le sentiment que tu l'as réellement voulu, car j'ai encore le souvenir de certains coups que j'ai évités de justesse.

– Je reconnais m'être laissé entraîner par ma colère : j'aurais surtout voulu te blesser afin de pouvoir te capturer, car je te croyais encore un ennemi.

– Moi, je t'aimais déjà, soupira-t-elle.

Elle se leva, replaça l'épée dans le fourreau et alla l'accrocher à un clou enfoncé dans le mur. Elle revint vers Marcus, qui s'était couché sur le lit. D'un geste qui semblait déjà familier à Marcus et parfaitement naturel, elle défit les agrafes de sa tunique qu'elle rejeta sur un siège. Marcus posa sa main contre ses reins souples et l'attira vers lui sur la couche. Elle s'allongea contre lui et leurs bouches s'unirent, tandis que s'enlaçaient leurs membres.

Par la fenêtre étroite de la chambre pénétraient les parfums de la nuit. Marcus et Milkah, couchés sur le dos, côte à côte, goûtaient cette langueur qui suit l'apaisement des désirs. Puis, Marcus lui demanda de lui parler d'elle, de ses parents, de Gershon.

– Par quoi veux-tu que je commence ?

– Tout ce qui te concerne m'intéresse.

– Je suis née dans la maison d'Engaddi. J'aimais beaucoup mon père, qui nous a élevées très sévèrement, et s'est chargé de notre éducation. Dinah et moi n'avons même pas deux ans d'écart, mais nos caractères sont très différents. Elle aime la vie paisible du foyer, filer, broder et chanter ou faire de la musique. Moi, j'avais peu de goût pour les travaux féminins. Je pense aujourd'hui que j'ai cherché sans trop m'en rendre compte à lui donner le sentiment que je pouvais remplacer auprès de lui le garçon qu'il aurait voulu avoir.

« Notre sœur Salomé est venue beaucoup plus tard. J'avais huit ans lorsqu'elle est née. Sa naissance a été pour notre père un double malheur : non seulement une troisième fille succédait aux deux autres, mais notre mère mourait des suites de l'accouchement. Notre père ne s'est pourtant jamais remarié, peut-être parce qu'il se sentait déjà vieux. Il s'est alors consacré totalement à mon éducation. Dinah préférait s'occuper de Salomé pour qui elle a été une véritable mère. Avec mon père, j'ai passé des journées entières dans nos montagnes à chercher des plantes. Il avait beaucoup voyagé dans sa jeunesse et c'est lui qui m'a donné mes premières connaissances en médecine. C'est aussi lui qui m'a appris le grec, car il n'était pas comme ces rabbins de Jérusalem qui ne veulent connaître que nos livres sacrés et se refusent à tout autre étude.

« Dinah avait atteint sa quinzième année quand Jacim vint à Engaddi. Son père, Jéther, habitait Jéricho. C'était un cousin de notre père. Jacim et Dinah s'aimaient ou, tout au moins, croyaient s'aimer. L'année qui a suivi le mariage, Jéther est mort, dans la plus grande pauvreté, et Shobal est venu s'installer chez nous. Il avait déjà près de quarante ans, et, sous prétexte d'étudier la Loi, il avait vécu aux dépens de son père. Cependant, sa connaissance des livres saints et des commentaires de nos grands rabbis lui avait acquis une réputation dont il aimait se prévaloir. C'est ainsi qu'il gagna la confiance de mon père, qui en fit l'intendant de ses domaines.

« Je n'éprouvais aucune sympathie pour cet homme, mais mon père, lui, ne jurait plus que par lui et ne cessait de louer sa piété et son savoir. J'ai compris que Shobal voulait s'approprier les biens de notre famille le jour où il a mis dans l'esprit de mon père qu'il devait me donner à lui comme épouse. Mes rapports avec mon père devinrent de plus en plus difficiles. Je n'écoutais plus ses conseils qu'avec impatience, restais distraite quand il me donnait ses leçons et trouvais toujours des raisons pour ne plus l'accompagner dans ses promenades. Lui-même s'aigrit, il ne me parla plus qu'avec brusquerie et amertume et puis, un jour, il s'emporta et déclara que j'épouserais Shobal avant la fête de la Dédicace, au mois de Kisleu, c'est-à-dire quatre mois plus tard.

« J'étais désespérée. Je ne pouvais pas accepter ce mariage avec un homme pour lequel je n'éprouvais plus que de la répulsion. Et sans doute Dieu ne voulut-il pas qu'il en soit ainsi. Car, à cette époque, je n'aurais jamais eu la force d'âme nécessaire pour partir seule n'importe où, plutôt que de me plier à la décision de mon père.

« C'était moi qui, habituellement, allais puiser l'eau à la fontaine. Un soir que je m'y rendais, je vis un homme arriver en courant. Il se tourna vers moi et me demanda où il pourrait se cacher, car une troupe de cavaliers le poursuivait. Sans hésiter, sans même songer au danger de l'entreprise, je l'entraînai vers notre demeure. Nous ne rencontrâmes personne, ni dans la cour, ni dans la maison. Je ne pouvais cacher cet homme que dans ma chambre ; je l'y laissai en lui recommandant de ne pas sortir, puis je redescendis. »

Milkah se mit à rire doucement.

– Je sentais mon cœur marteler ma poitrine. En moi se mêlaient la crainte, l'émotion, la joie d'avoir aidé un guerrier, et plus encore le plaisir de le savoir ici, en quelque sorte sous ma protection. Je suis restée un instant immobile dans la cour afin de retrouver mon calme, puis j'ai repris ma cruche pour sortir. À peine avais-je atteint le coin de la rue que je vis des cavaliers venir vers moi. Ils m'ont demandé si je n'avais pas vu un homme courir avec une épée. J'ai répondu que, en effet, j'avais croisé un homme qui dévalait la rue comme s'il était possédé par un démon et je leur dis qu'il avait pris la direction de la mer.

« Je ne soufflai mot à personne de l'affaire. Je réussis à subtiliser dans la cuisine un peu de nourriture et de vin que je lui apportai. Je lui ai dit qu'il pourrait repartir en toute quiétude lorsque tout le monde serait endormi. Il se trouve que, ce soir-là, il fut question pendant le repas de mon mariage. Jamais, jusqu'à ce jour, mon père n'avait soulevé la question devant Shobal et c'est uniquement à lui que j'avais manifesté mon aversion. Cette fois, Shobal intervint pour déclarer que les filles n'avaient rien à dire dans ces affaires, sinon obéir ; et cet insensé d'ajouter qu'une fois devenue son épouse, je devrais filer doux, il saurait fort bien me mater. Outrée, je quittai la table. J'en avais presque oublié mon guerrier que je trouvai endormi sur mon lit. Il me parut d'autant plus séduisant, que je mettais en parallèle sa jeunesse et sa beauté et la laideur et l'ignominie de Shobal. Il ouvrit les yeux et me sourit. Il avait remarqué mon trouble et peut-être ma colère. Je lui racontai mon infortune et je terminai mon récit en lui jurant que je préférerais mourir plutôt que d'épouser un homme qu'on m'imposait. Alors, il me prit dans ses bras, m'attira sur la couche en me promettant que je ne serais pas la femme de Shobal, mais la sienne, si je le désirais. Ses paroles firent naître en moi un fol espoir : j'étais sauvée ! Je me sentis envahie de reconnaissance, d'admiration et d'amour pour cet inconnu. Et, très simplement, sans avoir à y réfléchir, je me donnai à lui.

« Le jour était levé depuis longtemps lorsque je fus réveillée par les appels de mon père. Il était habitué à me voir debout dès le lever du soleil. Nous nous vêtîmes en toute hâte. Nous terminions à peine de nouer nos ceintures lorsque mon père entra. Je te laisse imaginer sa surprise, d'abord, puis, sa fureur, lorsque je lui dis que Yamin – c'était le nom de l'inconnu – était désormais mon époux. Il criait si fort que Shobal arriva suivi de Jacim et de ma sœur aînée. Calmement, mais avec fermeté, je déclarai à mon père que je préférais mourir plutôt que d'épouser Shobal, que Yamin m'avait sauvé la vie, et que j'étais décidée à partir avec lui. "Jamais !" s'est écrié mon père. Et il ordonna à Shobal de chasser Yamin de la maison. Cet idiot de Shobal appela Jacim à son aide et ils se ruèrent sur lui. Mais en quelques coups bien appliqués, il les envoya au sol où ils restèrent sans bouger, Jacim, par crainte, Shobal, parce que le coup l'avait assommé. Mon père invoqua alors les foudres de la Loi. Yamin en rit et déclara qu'il était comme les zélotes, pour qui la loi des Romains n'avait aucune valeur et qu'il méprisait celle des juifs du Temple, bien incapables de la faire appliquer. Sur ces mots, il me prit par la main et m'entraîna vers la porte. Mon père appela alors sur moi la colère de l'Éternel. Je lui répliquai que je préférais être maudite pour l'éternité plutôt que de devenir l'épouse d'un homme que je méprisais.

« Par la suite, Yamin m'expliqua qu'il était essénien, non pas un de ceux qui vivent retirés en communautés ascétiques, mais un combattant, un des guerriers destinés à se battre dans les rangs des armées du Messie. Il vivait dans un camp, en Galilée, et il avait été envoyé par son chef vers les prêtres pour leur apporter un message. En quittant Jérusalem, il avait été pris en chasse par des auxiliaires romains à cheval qui l'avaient traqué jusqu'à Engaddi. À l'entrée du village, son cheval s'était écroulé, mort de fatigue.

« Il m'emmena au couvent essénien qui se trouve près de Sepphoris. Il y avait là deux cents hommes placés sous le commandement d'un chef admirable, Gershon, dont je t'ai déjà parlé. Au début, son abord rogue, une certaine laideur dans le visage me rebutèrent. Mais, peu à peu, j'appris à mieux le connaître. Sa brusquerie, son air revêche cachaient une grande bonté, une sorte de timidité, une franchise et un caractère généreux. Il était né malingre, gauche au point que son enfance avait été un long martyre. Mais, à force de volonté, cet homme, destiné à rester le souffre-douleur des plus misérables, était devenu l'escrimeur et le lutteur le plus redoutable de tout l'Orient. Sans cesse, il perfectionnait ses méthodes de combat, si bien qu'en duel, personne ne pouvait le vaincre. Il était aussi un remarquable pédagogue : tous les hommes qu'il a formés sont devenus des combattants exceptionnels, qui n'ont jamais été vaincus que par le nombre ou par la ruse.

« Les hommes de Gershon, comme les Lacédémoniens dont toute l'existence est tournée vers les travaux guerriers et qui mènent une vie ascétique proche de celle des esséniens, passaient leurs journées à s'entraîner aux diverses formes de combat. Il y avait au camp plusieurs femmes, toutes épouses ou filles de guerriers. Nous avions droit à une demeure en pierre et nous dormions sur des lits dans des chambres séparées. Nos maris pouvaient nous rejoindre la nuit, mais il leur était interdit de s'endormir entre nos bras : Gershon haïssait la mollesse. Le fouet ou la bastonnade punissait celui qui se laissait surprendre ivre ou endormi sur un lit.

« Les femmes préparaient le repas et s'occupaient de l'entretien du camp. Les champs étaient cultivés par des esclaves sous la direction de plusieurs intendants.

– Mais d'où leur viennent ces richesses ? l'interrompit Marcus.

– Il y a maintenant plus de deux siècles que le maître de Justice a fondé notre confrérie. Or, depuis tout ce temps, chaque homme qui entre dans la secte fait don à la communauté de tous ses biens. Les terres et les immeubles sont en général conservés et leurs revenus utilisés au profit de la communauté tandis que les biens mobiliers sont ou conservés lorsqu'il s'agit de bijoux et d'objets précieux, ou vendus pour être convertis en lingots d'or ou d'argent.

– Et toi, comment es-tu passée du côté des guerriers ?

Elle marqua une pause puis reprit d'une voix empreinte d'émotion :

– Je me suis bientôt rendu compte que j'étais enceinte. J'ai donné naissance à un garçon que nous avons appelé Jisréel. Mais il faut d'abord que je te parle de Yamin. L'amour de Yamin ou plutôt son désir passager s'était rapidement refroidi. En réalité, Yamin était l'amant de Gershon, et c'est lui qu'il aimait. De son côté, Gershon, qui n'avait d'admiration que pour les vertus mâles, portait une grande affection à Yamin. Pour moi, je m'éloignais ainsi de Yamin et n'eus plus à son égard qu'une admiration pour le guerrier plein d'audace et de fougue.

« Or, un matin alors que les hommes étaient partis en campagne, nous étions restées environ une trentaine de femmes seules au camp. Des cavaliers arrivèrent, comme une tempête de sable, des auxiliaires venant de Ptolémaïs, en Phénicie. Ils n'étaient pas nombreux, une vingtaine à peine. Certainement avons-nous été trahis, car jamais ils n'auraient agi comme ils l'ont fait s'ils n'avaient su que c'était là un camp de rebelles, de voleurs comme nous appellent les Romains. Ils sont arrivés. Tout se passa très vite. Ils descendirent de leurs chevaux et ils commencèrent à percer à coups d'épée les enfants que les mères tentaient de protéger. Nous courions en tous sens comme les poules d'une basse-cour lorsque surgit le renard. Je serrais entre mes bras mon enfant et je cherchais à fuir, mais deux hommes me l'arrachèrent, et malgré ses cris, malgré mes supplications, ils plongèrent leurs épées dans son petit corps... Ce fut atroce ! J'aurais voulu mourir, mais le Seigneur me réservait un autre destin ! Seule parmi les femmes, je survécus. Après m'avoir fait subir les pires sévices, deux soldats me pendirent par les pieds à un arbre, ce qui devait plus les amuser que de m'éventrer comme leurs compagnons l'avaient fait aux autres femmes. J'avais perdu connaissance et je serais morte si l'un des esclaves qui s'étaient cachés dans les bois aux environs ne m'avait détachée et emmenée dans une cabane. Le camp avait été incendié ainsi que les champs, car on était à la veille des moissons.

« Quand les hommes furent de retour, ils décidèrent d'installer le camp ailleurs, dans un lieu encore plus reculé de la montagne. Après s'être contenté de quelques paroles de réconfort Yamin me dit que tel était le destin des femmes, leur faiblesse étant une infirmité qui les empêche de se défendre et de se venger par la force, sinon par la ruse. Aussi devais-je me résigner à ma condition. Ces simples mots ont opéré en moi une totale métamorphose. Je me suis persuadée que si Dieu m'avait laissé la vie, c'était pour la consacrer à la vengeance et que, pour cela, il fallait que je transforme ma faiblesse en force. Aussitôt, je me rendis auprès de Gershon pour lui demander de faire de moi un guerrier. Il m'a regardée d'un air grave. Sans un mot, il m'a saisi le bras, et sans rien dire, d'une simple prise m'a envoyée au sol avec une telle violence que je restai un moment immobile pour retrouver mon souffle avant de me relever. Je me plantai à nouveau devant lui et, encore une fois, il me projeta au sol. Je fus prise d'une sorte de colère et je me ruai sur lui. Il n'eut aucun mal à me jeter une troisième fois à terre. Il me demanda alors si je voulais toujours devenir un guerrier.

« – Plus que jamais ! me suis-je écriée.

« Alors il a souri, m'a ordonné de me tailler une tunique comme celle des hommes dans la robe que je portais et de me présenter à lui le lendemain.

« Le lendemain, pour apparaître devant lui, j'avais enfermé mes cheveux sous un turban et, suivant les conseils de Yamin, bandé mes seins autant pour les protéger des coups que pour avoir l'air d'un garçon. Gershon annonça alors que, désormais, il ne voulait plus de femmes dans le camp puis il déclara aux hommes assemblés :

« – Voici votre nouveau compagnon, Shéba, fils de Nathan.

« Gershon me prit sous sa protection et veilla de très près à mon entraînement. Je ne vivais plus qu'avec un désir de vengeance ancré dans le cœur et je m'adonnais totalement à ces exercices qui peu à peu m'endurcissaient et me transformaient en un véritable guerrier. Au bout de trois ans, Gershon me considéra comme l'un de ses meilleurs combattants et il me garda auprès de lui et en ma compagnie il perfectionnait chaque jour sa technique de combat. La répulsion que j'avais d'abord éprouvée envers lui se transforma en une admiration sans bornes, une véritable vénération. Je devins son compagnon d'armes et il prenait le plus grand plaisir à m'opposer aux combattants les plus éprouvés : nous luttions alors avec des armes véritables, ce qui nous obligeait à mesurer nos coups et à conserver une parfaite maîtrise de nous-mêmes.

– Est-ce Gershon qui t'a appris à manier le nerf de bœuf ? demanda Marcus.

– Il nous faisait manier le bâton. Je l'ai remplacé par le nerf de bœuf, je te raconterai dans quelles circonstances. Yamin avait été envoyé en Syrie, en Damascène, afin de protéger la communauté de l'Alliance établie à Damas.

– La communauté de l'Alliance ?

– Oui, c'est un autre nom de notre secte.

Elle resta un instant silencieuse avant de reprendre.

– Cinq ans s'étaient écoulés, mais je n'avais pas oublié la mort de mon enfant.

J'étais devenue le second de Gershon ; il m'utilisait comme messager auprès des prêtres et des lévites de la communauté de la mer de Sel. Le camp, qui était toujours commandé par Yamin, était installé dans un cirque rocheux, à l'orée du désert. Les hommes vivaient dans des grottes, se nourrissaient principalement de gibier. Un trésor avait été enterré à proximité. Peu à peu, je devins, avec Gershon, l'une des rares personnes à connaître l'emplacement de tous nos trésors, dont les descriptions, inscrites sur des bandes de cuivre, étaient conservées par nos prêtres.

« Un jour, Gershon m'envoya en Damascène porter un message aux nôtres, à la suite des événements de Césarée et de Jérusalem. Au retour je suis revenue dans le cirque dans les parois desquelles étaient creusées des grottes qui nous servaient d'abri. Sans la moindre méfiance je m'étais engagée dans un dédale rocheux lorsque, brusquement, un filet me tombe dessus, m'enveloppant de ses mailles. Avant que je n'aie pu tirer mon épée pour me dégager, je me vis entourée d'une douzaine de Romains qui dirigeaient vers moi les pointes de leurs lances. Je m'étais sottement laissé capturer !

« J'ai appris par la suite que notre camp avait été investi par une troupe de cavaliers commandée par Emilius Jucundus. Tous nos hommes y compris Yamin avaient été tués : ils avaient préféré la mort à la captivité. Nous avons certainement été trahis, mais j'ignore par qui, je ne l'ai jamais su, mais c'était quelqu'un qui nous connaissait bien et qui savait que nous disposions d'un trésor dont je détenais le secret. C'est la raison pour laquelle on m'avait tendu ce piège. Je fus conduite devant leur chef qui, après avoir rendu hommage au courage des nôtres, me demanda de lui révéler où était caché notre trésor et où se trouvaient nos camps de Galilée et de Judée. Il a bien sûr précisé qu'il saurait me contraindre à faire des aveux. Je n'avais rien à répondre à cela et j'attendis, en m'étonnant moi-même de l'indifférence que je ressentais.

« Lorsqu'ils m'eurent dépouillée de ma tunique, mes bourreaux eurent un mouvement de stupeur en découvrant que j'étais une femme. Ils s'en réjouirent bientôt et l'ignoble Jucundus fut le premier à abuser de moi. Il me serait trop pénible d'énumérer tout ce qu'ils m'infligèrent. Quelques jours plus tard, on me mit dans une cage, comme une bête féroce, pour me transporter à Damas, dans la forteresse où se trouvait la garnison de Longinus. Celui-ci songea d'abord à utiliser la douceur. Il me fit donner à boire et à manger, puis il voulut que je prenne un bain. Comme je refusais, on me baigna de force devant lui, et il ne cessait de rire. Ensuite, il ordonna qu'on me liât sur sa couche, et il chassa les soldats. Il m'assura alors que, si j'étais docile avec lui et si j'avouais, non seulement j'aurais la vie sauve, mais je resterais auprès de lui pour être comblée de présents et deviendrais son esclave favorite. En me parlant ainsi il me caressait, puis il se pencha sur moi pour m'embrasser. Je parvins à lui mordre la joue jusqu'au sang.

« Cette réaction me valut d'abord une bonne volée de coups. Ensuite, il appela ses soldats et leur ordonna de m'enfermer dans la prison de la forteresse. Ils étaient quatre hommes robustes pour me porter, me tirer, me traîner de force, jusque dans une cellule assez vaste aux solides murs de pierre, close par une épaisse porte pourvue d'un judas. Je n'avais pas vraiment dormi depuis deux nuits et, malgré la saleté, je m'y étendis et m'assoupis aussitôt.

« Je fus réveillée par le bruit des verrous. Je vis entrer les quatre hommes qui m'avaient conduite là, suivis d'un cinquième individu, une sorte de géant qui dominait les autres d'une tête. Il ne portait qu'une large ceinture, comme en ont certains belluaires grecs, à laquelle pendait un nerf de bœuf. À la main il tenait une poignée de longues aiguilles effilées. Tandis que les quatre soldats me maintenaient, le bourreau enfonça les aiguilles effilées dans ma chair, jurant qu'il aurait vite fait de me faire crier ce que je voulais taire. Lorsque je fus ainsi lardée, il ordonna aux soldats de me lâcher et de se retirer, les assurant qu'il ne quitterait pas la pièce avant de m'avoir fait parler. Le monstre, qui m'avait maintenue au sol avec son pied, se recula, et me frappa de son nerf de bœuf, cherchant à atteindre les parties de mon corps déjà sensibilisées par les aiguilles. Je me relevais pour tenter d'échapper à ses coups, mais il me talonnait.

« Je parvins malgré tout à me débarrasser des aiguilles, mais j'étais rompue de coups et ruisselante de sang. Je songeai que, si je ne réagissais pas, mon corps ne serait bientôt plus qu'une plaie sanglante. J'ai réussi à récupérer deux longues aiguilles, puis je me ramassai sur moi-même. Dans son aveuglement, mon bourreau qui ne voyait qu'un vain jeu dans ma défense s'était mis à rire. Je bondis et lui lançai un coup de pied dans le bas ventre qui le fit se courber. J'en ai profité pour enfoncer les épingles entre l'os du crâne et la mâchoire. J'avais longuement calculé mon élan et les aiguilles pénétrèrent exactement là où il le fallait. Sans pousser le moindre cri, l'homme tituba avant de s'affaler sur le sol, tué sur le coup. Gershon m'avait appris à connaître toutes les parties du corps les plus sensibles aux coups et m'avait entraîné à les frapper avec précision. Je me suis emparée du nerf de bœuf et je suis sortie de la geôle dans la galerie obscure. J'ai parcouru ainsi plusieurs couloirs, gravi des escaliers sans rencontrer personne. Enfin j'ai aperçu un garde, assis sur un tabouret, le buste appuyé sur une table ; il semblait dormir. Je me suis glissée derrière lui, et avec son propre glaive je lui ai tranché la nuque.

« J'ai revêtu ses habits, et caché mes cheveux sous le casque. Je me suis bientôt rendu compte que je ne pouvais conserver mon attirail de légionnaire : le casque me tombait sur les yeux, je flottais dans la cuirasse et je devais tenir d'une main le ceinturon trop large.

Ce souvenir la fit rire et elle se tourna vers Marcus, qui la prit dans ses bras.

– Finalement, poursuivit-elle, je m'arrêtai dans une salle déserte pour me débarrasser de l'uniforme. Je suis parvenue dans une vaste cour qui semblait déserte. La nuit était obscure, mais je distinguai devant moi la masse puissante des remparts. Je parvins à y monter en évitant plusieurs soldats en faction. J'y découvris par hasard des cordages jetés sur des échafaudages intérieurs. Avec cette aide inespérée, j'ai réussi à me laisser glisser jusque dans la rue en emportant une corde qui me permit de franchir pareillement les murs de la ville. Je m'éloignai alors rapidement vers les montagnes, où je savais pouvoir me cacher.

« J'ai marché toute la nuit et, lorsque le soleil s'est levé, j'ai découvert un trou de rochers dans lequel je me suis endormie. La faim me décida à quitter ma cachette et à reprendre la route. C'est ainsi que je me suis trouvée soudain face à deux cavaliers de Jucundus qui me reconnurent. Le combat fut périlleux, mais la rencontre fructueuse. J'ai dépouillé le plus petit de sa tunique et de sa casaque en cuir et j'ai échangé mon glaive lourd et court de légionnaire contre leurs épées ibères plus longues et plus légères. Je me suis munie d'un arc et de flèches, de javelots, et également de leurs bourses, assez plates il est vrai, de leurs outres d'eau et d'un cheval.

« Ainsi suis-je repartie le cœur plus léger. Avant la fin de l'après-midi, je pus me procurer de la nourriture dans une ferme. Le lendemain, enfin, je suis parvenue à la hauteur de Césarée où j'ai rencontré Silas.

« Quelques jours plus tard, Gershon, auprès de qui j'étais retournée, me demandait d'essayer de te rallier à notre cause, car il avait aussi entendu parler de toi d'une manière élogieuse. C'est dans cette intention que je me présentai à toi, à Jérusalem. Lorsque je pris la fuite, après le coup de Silas, je rapportai à la communauté les nouvelles de la Syrie, puis je décidai de revenir à Engaddi que j'avais quitté depuis près de huit ans. Dans ma tenue de guerrière, personne ne me reconnut. Quand j'eus ôté mon turban, Dinah et Salomé me sautèrent au cou. Naturellement, Jacim resta sur sa réserve tandis que Shobal osa déclarer que je n'avais rien à faire là. Pour toute réponse, je lui lançai quelques méprisantes injures, mais il vint vers moi et leva la main pour me frapper. Je le jetai au sol avec une telle force qu'il resta deux jours au lit. Il m'a menacée ensuite de se plaindre à la justice, et il a tenté de dresser les gens du village contre moi. Il y aurait réussi si un événement ne m'avait acquis la crainte et le respect de tous.

« Alors que j'étais à Engaddi depuis quelques jours, une bande de voleurs, venus de Pérée, descendit de la montagne pour piller le village. Même les hommes cédèrent à la panique. Moi, je revêtis ma tenue de guerrière, me contentant de tresser mes cheveux en une longue natte afin qu'on ne put se tromper sur mon sexe.

« Lorsque je suis arrivée sur la place de la fontaine, quelques brigands étaient déjà entrés dans les maisons voisines d'où parvenaient des cris et des rires. Sur la place, j'en comptais une douzaine. Ils ne semblaient pas avoir de chevaux. Ils avaient attaché avec des cordes quelques jeunes garçons et filles et battaient un homme pour lui faire avouer où était son argent. J'aperçus aussi des corps d'hommes et de femmes gisant dans la poussière, mais je ne savais s'ils étaient morts, assommés ou seulement paralysés par la peur. J'évoquai le jour où les Syriens avaient surpris notre camp, massacrant femmes et enfants. Ce souvenir m'emplit de colère. Je m'arrêtai brusquement près de deux hommes qui maltraitaient un vieillard et je les frappai si fort de mon nerf de bœuf que je les envoyai au sol. Le moment de peur passé, ces bandits me considérèrent avec fureur puis se mirent à rire en voyant que j'étais une femme. Ils me demandèrent qui j'étais pour oser les frapper de la sorte et jurèrent qu'ils allaient me violer à tour de rôle devant les villageois réunis avant de me traîner attachée à la queue de mon cheval.

« Je n'attendais que ce défi pour sauter à terre, glisser mon nerf de bœuf dans ma ceinture, et saisir mon épée et mon poignard. Ils avaient dégainé leurs glaives, mais, sans leur laisser le temps de se reprendre, je me jetai entre eux. J'éprouvai une joie féroce à voir les corps tomber autour de moi. Ils lâchèrent bientôt pied mais, sans daigner les poursuivre, je saisis mon arc et j'accablai de flèches les fuyards jusqu'à ce qu'ils eussent disparu de ma vue. Ensuite, je repris mon épée et j'allai dans les maisons provoquer ceux qui s'y trouvaient encore et qui ignoraient ce qui s'était passé dans la rue. De ceux que je surpris pillant et violant, pas un ne trouva le salut. Enfin, je sautai sur mon cheval pour aller traquer dans la montagne ceux qui avaient réussi à fuir. Cette chasse à l'homme dura jusqu'à la fin de l'après-midi.

« Quand je suis revenue au village, toute la population était dans les rues pour enlever les cadavres. Chacun me regardait avec crainte et stupeur. Depuis ce jour, Shobal a abandonné toute velléité agressive envers moi.

Chapitre XXI

LE CAMP DE TARICHÉE

On était à la veille du solstice d'hiver. Bien avant le lever du soleil, Marcus et Milkah quittèrent leur chambre. Chacun avait jeté sur ses épaules une épaisse cape de laine. David les attendait déjà dans la cour, où il avait sorti les chevaux.

Vers le milieu de la matinée, ils pénétraient dans les faubourgs de Tibériade où régnait une effervescence anormale. Des gens allaient et venaient, discutaient avec véhémence. Les trois cavaliers parvinrent sur une petite place où un homme, monté sur une pierre, criait l'oracle d'Isaïe sur Babel :

– Gémissez ! car proche est le jour de l'Éternel.

« Il vient, semblable à la dévastation de Shaddaï...

Les badauds l'écoutaient, tendus et anxieux. Marcus et Milkah avaient arrêté leurs chevaux tandis que l'homme poursuivait :

– Voici venir le jour cruel, le jour de l'Éternel,

« Jour de fureur et d'ardente colère,

« Qui jettera le pays dans la désolation

« Et en exterminera les pécheurs.

À mesure qu'ils avançaient, la fièvre populaire semblait augmenter. Ils parvinrent devant la maison de Samuel ben Nathan où Milkah, sous le nom de Jéther, était venue apporter des nouvelles de Judith. Le calme de l'endroit contrastait avec l'agitation des rues voisines. Milkah descendit de cheval pour aller frapper à la porte. Une voix cassée demanda qui était derrière la porte.

– Je me nomme Jéther. Je suis un ami de Samuel ben Nathan et de sa fille. Je viens pour lui rendre une somme d'argent qu'il m'a prêtée il y a quelques mois.

Un verrou fut tiré et la porte s'entrouvrit. Milkah reconnut le portier qui l'avait reçue lors de sa première visite.

– Où est ton maître ? Que se passe-t-il ? demanda-t-elle.

– Une folie sacrilège a saisi le peuple, gémit le vieillard. Hier, on a massacré des Grecs et quelques juifs riches, après avoir pillé le palais du tétrarque. Aujourd'hui, c'est un grand massacre qui se prépare.

– Où est Samuel ben Nathan ?

– Mon maître est parti pour Césarée Maritime, où il possède terres et demeure dès qu'il a appris la défaite des Romains. Ici, sa vie était menacée, d'autant plus qu'il est venu à l'oreille des gens que sa fille allait épouser le roi Agrippa.

Marcus éprouva un choc : ainsi, la jeune fille que Shéba avait sauvée n'était autre que Judith ! Il se reprit aussitôt. Que lui importait désormais qu'elle épousât Agrippa ?

– Voilà une bonne affaire pour elle, remarqua Milkah. Je ne vais pas aller à Césarée pour lui rendre sa bourse. Tiens, prends-la. Tu la lui remettras de la part de Jéther, fils de Qorakh.

L'homme s'en saisissait lorsque des cris, à l'entrée de la rue, attirèrent leur attention. Une jeune femme courait, à demi nue, les vêtements déchirés, serrant contre elle un tout jeune enfant qui pleurait. Derrière elle se bousculaient des hommes armés de bâtons et d'épées. Parmi eux, Marcus reconnut l'homme qui, sur la place, haranguait la foule en récitant Isaïe. La jeune femme, dans un ultime espoir, vint tomber aux pieds des chevaux et s'écria en grec :

– Je ne sais qui vous êtes, mais, par le Dieu des juifs ou par ceux des Grecs, prenez pitié de mon enfant !

Marcus s'était baissé pour la relever et, dans le même temps, Milkah s'était placée entre eux et les poursuivants. Elle se tenait droite, les jambes écartées, courbant son nerf de bœuf entre les mains, la cape rejetée dans le dos. Les agresseurs s'étaient arrêtés, étonnés.

– Quelle folie s'est donc emparée de vos esprits ? s'écria-t-elle.

– Qui es-tu toi, qui ose te dresser sur le chemin de la vengeance de l'Éternel ? demanda l'homme qui les conduisait. Il est dit : « Quiconque sera rencontré sera transpercé et quiconque sera surpris périra par l'épée. Leurs nourrissons seront écrasés sous leurs yeux, leurs demeures seront ravagées, et leurs femmes seront violées. »

Des hommes hurlèrent pour approuver ces paroles tandis que quelques-uns s'écriaient :

– Bien qu'ils parlent notre langue, ces hommes sont des Grecs. Ils en portent les habits et c'est pourquoi ils défendent cette païenne.

– Cette maison n'est-elle pas celle de Samuel ben Nathan, le chien qui a prostitué sa fille à l'impie, au valet des païens ! vociféra quelqu'un.

– Brûlons cette demeure de Bélial !

Le meneur avait pointé un doigt osseux vers Milkah.

– Avoue donc que tu es un de ces païens impurs qui souillent notre terre, que tu es un de ces jeunes Grecs aux mœurs abominables !

Elle fit siffler le nerf de bœuf en battant l'air.

– En cet instant, s'écria-t-elle, je me sens plus grec que juif, car j'ai honte de ma race en vous voyant comme des hyènes avides de cadavres !

– Plus jamais ne sera nommée la race des malfaisants : préparez pour ses fils l'égorgement !

En criant ainsi, le meneur se précipita vers Milkah.

Le nerf de bœuf siffla et s'abattit. Les assaillants reculèrent en poussant des cris de douleur mêlés de sourdes imprécations. Marcus, qui avait tiré son épée, vint se placer auprès de Milkah.

– Laisse-moi faire, lui dit-elle. Il est préférable d'éviter d'en tuer avec une épée. Ma verge suffira à disperser ces chacals.

Sur ces mots, elle s'élança au milieu d'eux comme le vent du désert. Le nerf tourbillonnait, cinglant les épaules et les visages, frappant les poings, qui lâchaient les épées. Chacun ne cherchait plus qu'à fuir les coups douloureux. Mais les fuyards se heurtèrent à une troupe qui débouchait dans la rue et certains crièrent :

– Le Seigneur est avec nous, c'est Jésus qui vient à notre aide.

– Que se passe-t-il ? demanda une voix.

– Nous poursuivions une païenne, mais deux Grecs sont venus contre nous, expliqua le meneur qui n'avait pas été le dernier à fuir.

– Quoi, deux hommes suffisent à vous effrayer ?

Il y eut un mouvement dans la foule et Jésus, fils de Saphia, apparut suivi de quelques hommes armés d'épées. En apercevant Milkah, il resta un instant interdit.

– Shéba ! Toi ici !

– Jésus ben Saphia ! s'exclama-t-elle sur un ton persifleur. Je te salue, incendiaire et tueur de femmes.

– Pourquoi m'insultes-tu, et pourquoi prenez-vous la défense d'une païenne ?

– Je te donne les titres qui te reviennent.

– Qu'attends-tu pour les charger ! l'interrompit le meneur.

Jésus se tourna vers lui :

– Tais-toi, insensé ! Ce jeune homme est un juif qui a toujours combattu les Romains... Qui est ton compagnon ? reprit-il à l'adresse de Milkah.

– Mon compagnon ? Malchios ou plutôt Marcus Claudius, l'homme qui a chassé les Romains de Jérusalem.

– Comment se fait-il que vous preniez la défense d'une païenne ?

– Nous défendons un être faible contre une meute de loups. Que dis-je, de chacals ! repartit Milkah.

– Tu nous injuries...

– Tais-toi... Si tu étais resté plus longtemps parmi nous, tu aurais appris à te battre et plus encore le sens de l'honneur.

– Shéba, tu es plein d'orgueil.

– Tu te trompes, Jésus. L'orgueilleux, c'est toi, c'est cet homme qui cite Isaïe pour inciter au meurtre en se prétendant l'élu du Seigneur.

– Laisse-nous cette femme et son enfant, dit Jésus à Milkah.
– Quel est son crime ?
– Elle est grecque. Nous devons tuer tous les païens de la ville pour la purifier. Il a été écrit : « L'épée de l'Éternel ruisselle de sang ! »
– Fous que vous êtes ! Tuer les Grecs parce qu'ils sont grecs ! Crois-tu que ce soit le désir de notre Dieu ? Mais, alors, ne vous étonnez plus si, dans les villes où ils sont les plus nombreux, les Grecs massacrent les juifs. Vous ne toucherez ni à cette femme, ni à son enfant, ni à cette demeure.
– Nous sommes nombreux, avancez, vous autres !

Une vingtaine d'hommes dégainèrent leurs épées. Milkah avait glissé son nerf de bœuf dans sa ceinture et elle serrait dans ses poings l'épée et le poignard.
– Jésus, tu sais comment nous combattons. Tu as vu comment j'ai chassé les soldats qui voulaient te capturer. Ne m'oblige pas à inonder cette rue de votre sang. Et sache que, si vous osiez faire un pas de plus, tu tomberais avant même d'avoir fait un geste.

Les traits du visage du fils de Saphia se contractèrent et il plissa les paupières.
– Alors, qu'attends-tu ? Aurais-tu peur ! Regarde ! s'écria un homme dans la foule en lançant un javelot contre Milkah.

Elle inclina le buste : son bras se détendit et, d'un coup fulgurant, l'épée brisa en deux la hampe du javelot. Sans un mot, Marcus marcha jusqu'à l'homme, le souleva à bout de bras et le jeta au sol avec tant de vigueur qu'il y demeura sans connaissance. Nul n'avait osé intervenir.
– C'est bon, nous nous retirons, dit Jésus, mais n'abuse pas de ta victoire. Je sais le respect que je dois à mon maître d'armes et à celui qui m'a délivré des soldats syriens, mais ma patience a des limites.
– Non, Jésus, vis-à-vis de moi, il est préférable pour toi que ta patience soit sans limite... Fais cesser ce massacre des Grecs, sinon nous serions au regret, Malchios et moi, d'être contraints de faire couler le sang de notre peuple. Va !

Interrogée, la Grecque expliqua qu'elle s'appelait Myrtô. Elle était née esclave à Antioche, avait été vendue à un commerçant syrien de Damas qui l'avait gardée pendant deux ans avant d'être ruiné. Puis il l'avait vendue à son tour à un marchand grec de Tibériade, lequel avait fait d'elle la servante de son épouse en même temps que sa concubine. C'est de lui qu'elle avait eu l'enfant qu'elle tenait dans ses bras. Le matin même, les juifs avaient envahi la demeure de son maître qu'ils avaient mise à sac après en avoir massacré tous les hôtes. Elle seule avait réussi à prendre la fuite.
– On ne peut pas la laisser repartir seule, constata Milkah. Elle serait massacrée avant d'atteindre le bout de la rue. Il ne nous reste plus qu'à la garder avec nous.

La rue était à peu près déserte. Milkah prit en croupe Myrtô et son petit et ils se rendirent jusqu'à une auberge sur les bords du lac, au centre de la ville. Les tables étaient disposées à l'extérieur, à l'ombre des pins et des térébinthes, ou encore dans la salle largement ouverte par une série de grêles colonnes en bois. Sur la plage, toute proche, des pêcheurs raccommodaient leurs filets.

L'aubergiste, petit homme barbu au visage fermé, venait vers eux, lorsque l'enfant de Myrtô se mit à pleurer. Sa mère lui parla en grec.

– Il a faim, dit Marcus dans cette même langue. Et il poursuivit, en se tournant vers Milkah :

– Ces bonnes gens ne nous adressent pas des regards très amènes.

– Ici, dit alors l'aubergiste en grec, on ne sert pas les païens. Je vous conseille de quitter la ville au plus tôt, et de prier vos idoles afin d'éviter certaines rencontres...

– Ne te fais pas de souci pour nous, l'ami, lui répondit Marcus en posant sa main sur son épaule, d'un geste qui se voulait familier mais dont le poids fit fléchir l'échine de l'homme. Va, sers-nous vite, et ce que tu as de meilleur !

– Vous l'aurez voulu chiens de païens ! maugréa l'aubergiste en s'éloignant.

– Restons sur nos gardes, dit Marcus en s'asseyant. Décidément cette ville est peu hospitalière...

David arriva en courant jusqu'à leur table. Il portait la ceinture de poignards de Milkah, qu'il déposa devant elle, et lui parla à l'oreille.

– Que se passe-t-il donc ? demanda Marcus.

La jeune femme jeta un regard rassurant à l'adresse de David.

– Assieds-toi et ne te fais pas de souci, lui dit-elle en lui ménageant une place sur le banc où elle était assise. Elle reprit à mi-voix, à l'adresse de Marcus :

– L'aubergiste a envoyé un homme auprès de quelque tranche-montagne pour lui faire savoir que des voyageurs païens avaient envahi son auberge et qu'il était obligé de les servir malgré lui.

– Si nous coupions les oreilles de ce perfide ? suggéra Marcus.

– Attends d'abord qu'il nous ait servis, car je ne partirai pas d'ici l'estomac vide. Je vais voir aux cuisines si le dîner se prépare et si l'on n'y met pas quelque poison, dit-elle en se levant.

Elle avait rejeté sa cape dans le dos et, tout en marchant elle frappait avec son nerf de bœuf le brassard d'archer qui ceignait son bras gauche. Elle souleva la portière et pénétra dans la cuisine où s'affairaient plusieurs femmes que harcelait l'aubergiste. En voyant entrer Milkah, il vint au-devant d'elle en s'écriant :

– Que viens-tu faire ici, les clients ne doivent pas entrer dans les cuisines !

– J'entre où il me plaît, répliqua-t-elle. Montre-moi un peu ce qui mijote.

D'un geste autoritaire, elle repoussa l'homme et s'approcha des fourneaux de briques pour examiner ce qui cuisait dans les marmites. Elle goûta et désigna les plats qu'elle voulait qu'on leur servît, sous l'œil courroucé de l'aubergiste. Enfin, elle distribua de la menue monnaie aux femmes qui lui rendirent des sourires. Soudain surgit David.

– Viens vite ! Des hommes se battent avec Malchios.

Milkah s'approcha, repoussa deux hommes qui lui bouchaient la vue, croisa les bras pour observer le combat tandis que David s'était arrêté près d'elle, stupéfait qu'elle n'intervînt pas.

L'adversaire de Marcus était un rude jouteur et les deux antagonistes offraient le spectacle d'un combat de la plus grande qualité sous les regards d'une dizaine d'hommes. Les épées sifflaient, tournoyaient, se heurtaient en un cliquetis menaçant tandis que les deux guerriers frappaient avec vigueur, évitant ou parant les coups avec autant d'adresse que de rapidité.

Marcus, d'un revers magistral, fit sauter l'épée de la main de son adversaire, qui tira son poignard. Milkah s'avança alors :

– Maintenant ça suffit, lança-t-elle.

Et, se tournant vers l'adversaire de Marcus :

– Josué, fils de Tobie, poursuivit-elle, je te félicite et n'aie aucune honte d'avoir été désarmé par mon ami Malchios qui, avant d'être des nôtres, était considéré comme l'un des meilleurs soldats des légions romaines.

Un large sourire éclaira le visage de l'homme interpellé. Rengainant son poignard, il vint, comme on le faisait pour les rabbis, s'agenouiller devant Milkah dont il saisit le bas de sa cape qu'il porta à ses lèvres en disant :

– Par Jérusalem, la cité sainte ! Shéba ! Quelle joie de te revoir !

Elle le releva et l'embrassa.

Les témoins de la scène, y compris Marcus, David et l'aubergiste, les regardaient avec stupeur. Josué se tourna vers ses compagnons en déclarant :

– Mes amis, cet aubergiste qui nous a fait venir pour chasser des païens est un idiot mais je lui pardonne, car il m'a fait retrouver mon maître d'armes, Shéba ben Nathan. C'est lui qui m'a enseigné tout ce que je sais. Mais dis-moi, Shéba, ton compagnon serait-il ce Malchios de Tibériade qui a chassé les Romains de Jérusalem, le compagnon des fils de Judas le Galiléen ?

– Précisément.

Il se tourna vers Marcus :

– Pardonne-moi de t'avoir injurié en entrant ici, mais ce porc d'aubergiste m'avait fait dire que des païens voulaient détruire son auberge... Je crois que c'est moi qui vais la lui ravager.

– Surtout pas ! intervint Milkah. J'attends depuis trop longtemps le repas que j'ai commandé. Aubergiste, ajoute des couverts pour nos compagnons. Tu les régales à tes frais.

Tout en mangeant des poissons du lac rôtis et des coquillages en sauce, Josué rapporta comment après la destruction du camp de Joppé dont il avait assuré le commandement, il s'était rendu dans la région de Tibériade d'où il était originaire. Là, il avait recruté une petite troupe à la tête de laquelle il avait combattu contre les soldats du tétrarque. Puis il s'était uni à Jésus ben Saphia, lors du pillage du palais royal.

– De combien d'hommes disposes-tu ? lui demanda Milkah.

– Environ quatre cents. Ils tiennent la campagne, mais ils ont plus d'enthousiasme que d'entraînement.

– Il faut sélectionner les meilleurs et les entraîner intensément.

– D'accord, mais qui les nourrira, pendant ce temps ?

– Je te fournirai l'or nécessaire pour les rétribuer. Les Romains ne vont pas tarder à arriver en grand nombre. Il faut nous préparer à les recevoir. Nous allons installer un camp avec les soldats de Malchios dans la région de Tarichée. Viens nous y retrouver avec tes hommes.

Dans le courant de l'après-midi, le ciel s'était couvert et un vent froid s'était abattu sur le lac. Les voyageurs parvinrent à Tarichée sous une pluie violente qui les pénétrait jusqu'aux os. Énée offrit une de ses robes à Marcus et Milkah revêtit des vêtements féminins qui tenaient plus chaud que les habits grecs. Elle avait fait appeler dans sa chambre Myrtô, qui ne put cacher son étonnement ; elle s'attendait à être convoquée par un jeune guerrier et elle se trouvait devant une femme !

– Myrtô, lui dit-elle en grec, je t'interdis de révéler à qui que ce soit que je suis une femme. Maintenant, ôte tes vêtements et passe cette tunique. Demain on te procurera d'autres vêtements. Tu trouveras aussi dans ce coffre des tissus pour changer ton enfant.

Dans la salle haute, Énée, Marcus et David se réchauffaient autour d'un brasero, tout en buvant du vin nouveau du pays et en mangeant des fruits séchés. Quand Milkah les rejoignit la nuit était tombée et l'orage grondait toujours.

Le serviteur d'Énée, Grec converti élevé dans la demeure, apporta des lampes.

– Phanias, lui dit Milkah, prends soin de Myrtô. Que son enfant ait un bon lit et qu'elle dispose d'une chambre pour elle.

Lorsque l'homme se fut retiré, Milkah se tourna vers Énée.

– Je profite de cet instant, cher Énée, où tu me vois comme la femme que je suis, pour t'annoncer que je considère désormais Malchios comme mon époux.

– Voilà une nouvelle que j'attendais un peu et qui me réjouit le cœur, répondit Énée en levant sa coupe. Je bois à votre bonheur et que l'Éternel vous bénisse !

Et il précisa, à l'adresse de Marcus :

– Sache, Malchios, que tu peux me considérer comme ton beau-père ; je ne sais si Milkah t'a dit que depuis plusieurs années elle est pour moi comme ma fille et c'est elle l'héritière de tous mes biens. Depuis la mort de mon neveu Gershon, je n'ai plus de parents, et Milkah est maintenant toute ma famille. Tu es donc ici chez toi.

– Je t'en rends grâce, mon père. Il est vrai que Milkah est trop discrète pour m'avoir mis dans la confidence de ses relations avec toi.

Phanias revint, annonçant que des visiteurs se disant envoyés par Marcus Claudius demandaient à voir le maître.

Quelques instants plus tard entraient Démétrios et Mariamne, ruisselants de pluie.

– Ôtez vos manteaux et venez vite vous sécher auprès du feu ! dit Énée en s'avançant.

Les nouveaux venus le saluèrent, tandis que Marcus prenait Milkah par le bras.

– Voici Milkah, dit-il.

Démétrios la regarda intensément, puis son visage s'illumina.

– Oh ! Quelque chose me dit que tu manies l'épée aussi bien que Shéba !

Elle rit et se tourna vers Marcus.

– Ton ami Démétrios est plus clairvoyant que toi !

Elle s'était arrêtée devant Mariamne :

– Et, voici donc Mariamne ! Marcus m'a souvent parlé de toi. Viens avec moi, je vais te donner des vêtements plus chauds, dit-elle en l'entraînant.

Démétrios vint se placer au-dessus du brasero.

– À Alexandrie, on est peu habitué à un temps pareil. Je croyais la Palestine aussi chaude que l'Égypte mais, dans les montagnes d'Acrobatène, nous avons gelé.

Sur l'invitation d'Énée, Démétrios s'installa sur un lit et vida une coupe de vin pendant que Marcus narrait les événements survenus depuis son arrivée à Tarichée. Bien qu'il se considérât comme un juif depuis sa conversion, Démétrios fut bouleversé d'apprendre le massacre des Grecs de Tibériade.

– Les Romains attendent le printemps ou l'été pour mener une nouvelle attaque, assura Marcus. Tu les connais, ils ne tolèrent pas qu'une province tente d'échapper à leur emprise, d'autant plus qu'ils auront à venger l'affront de leur défaite. Il convient de se préparer sans répit à cette guerre qui sera terrible et acharnée.

– En es-tu certain ? s'inquiéta Énée.

– Trop, hélas ! Ce serait bien mal les connaître que d'espérer qu'ils puissent accepter une défaite. Ils savent que la moindre marque de faiblesse signifierait la désagrégation de l'empire. Oui, l'avenir ma paraît bien incertain...

– Pourtant, Marcus, tu tenais des discours bien différents à Jérusalem, le jour où tu as interpellé Agrippa devant tout le peuple : ne lui as-tu pas dit que même les Romains pouvaient être vaincus ?

– Je l'ai bien crié haut et fort afin d'allumer une espérance car si un homme n'est pas prêt à se sacrifier pour une cause qui lui paraît juste, il est indigne de vivre. C'est sur le renoncement et le désespoir que s'instaurent toutes les tyrannies.

Milkah fit son apparition en compagnie de Mariamne. Elles prirent place sur des lits, autour des braseros tandis qu'une servante venait y jeter des plantes aromatiques.

– Malchios, dit alors Milkah, je n'ai entendu que la fin de ton propos, mais j'aimerais que vous poursuiviez votre conversation.

– Je voudrais répondre à Marcus, enchaîna Démétrios. Si je réfléchis à tout ce qui s'est passé depuis que nous avons chassé les Romains, un grand trouble pénètre mon esprit. L'étranger, c'est vrai, ne régit plus le pays et les juifs ne paient plus de tribut. Mais je constate que, sous la domination romaine, le commerce était florissant et les routes sûres, tandis qu'aujourd'hui, les brigands tiennent la campagne, au point qu'on ne peut plus voyager sans risquer sa vie. Mais ce n'est pas tout ! Sous les Romains, chacun payait sa dîme au Temple et son impôt à l'empereur ; maintenant, la population est accablée de taxes à verser à tous ceux qui se présentent comme des libérateurs, si bien que, jamais, les juifs n'ont autant payé d'impôts. Par ailleurs, Jérusalem est divisée entre les factions, chacun espérant prendre le pouvoir à son seul profit, tandis que dans les cités chaque faction veut imposer sa loi et l'intérêt personnel prévaut sur l'intérêt commun. Par tous les dieux ! Quel avantage de se dire libéré du joug étranger si le joug national est encore plus lourd à porter et si l'anarchie et la violence remplacent l'ordre et la loi ! Finalement, l'indépendance n'est rien d'autre qu'un prétexte illusoire pour permettre à une poignée de fourbes et d'ambitieux de s'emparer du pouvoir politique.

– À ce que dit Démétrios, je voudrais opposer un fait qui nous est propre, à nous juifs, et qui nous tient profondément à cœur, enchaîna Énée. Sans doute, la domination romaine, si l'on s'en tient au plan politique, n'était pas trop pesante, surtout pour les habitants des campagnes et des petites villes où on ne voyait guère de soldats. Mais nous avons un sens divin du pouvoir et il nous était impossible d'admettre que la terre sacrée, la terre qui nous a été donnée par le Seigneur, puisse être régie par des étrangers, des païens, contrairement aux promesses qui ont été faites par la voix de nos prophètes. Pour nous, le Messie, l'oint du Seigneur, doit nous rendre cette terre, la purifier des gentils et y instaurer un règne de paix et de bonheur. Telle est notre espérance et nous croyons maintenant que ce temps est arrivé.

Myrtô qui, depuis un instant disposait sur la table les plats et les vins, se tourna vers Démétrios et dit en rougissant :

– Pardonne-moi, seigneur, d'oser prendre la parole. Mais, lorsque j'étais à Antioche, puis à Damas, des gens venus de Galilée et de Jérusalem m'ont raconté que ce Messie dont tu parles était bien venu sous le règne de l'empereur Tibère et qu'on l'avait crucifié. J'ai entendu à Antioche un homme appelé Paul assurer qu'il était venu sauver tous les hommes et les pécheurs, mais que le royaume de paix qu'il annonçait n'appartenait pas à la terre.

– Myrtô, je ne sais de quoi tu parles, mais je suis certain que ce n'est pas du Messie des juifs qu'il s'agit, puisqu'il ne les a pas libérés du joug de Rome, remarqua Démétrios.

– Moi, je sais de qui elle parle, assura Énée. Il s'agit d'une secte d'hérétiques, née en Galilée, dans la région de Tibériade, peu après que Judas le Galiléen a fondé la secte des zélotes. Leur doctrine a emprunté divers éléments à notre maître de Justice. Non seulement ces hommes déclarent que le Messie est venu parmi eux, mais ils osent prétendre que ce Messie a été engendré par Dieu lui-même. Ils ont été chassés de Jérusalem et, depuis, ils se sont réfugiés à Antioche et à Damas. Ce ne sont pas eux qui nous délivreront du joug des Romains.

Milkah prit appui sur un coude.

– Ces gens ont fait un certain bruit en Galilée et en Judée, ajouta-t-elle. J'ai entendu dire que l'un d'entre eux avait séjourné dans notre communauté de la mer de Sel. Ils ont assez habilement interprété notre conception du Messie, d'une manière purement spirituelle, ce qui peut séduire certains esprits mais ne correspond nullement à l'enseignement de nos saints. Je crois cependant que nous donnons une signification erronée aux prophéties de la venue du Messie, qui ne doit se réaliser qu'à la fin des temps. Je crains que, pour l'heure actuelle, nous ne devions compter que sur nous-mêmes.

Le lendemain, le ciel, comme lavé par la pluie, semblait plus diaphane dans le soleil levant et une odeur de terre mouillée embaumait l'air. Marcus respira à pleine poitrine. Il allait à cheval, entre Shéba et Démétrios. Énée avait mis à leur disposition le domaine qu'il possédait sur les rives du Jourdain, à peu de distance de Tarichée, et il avait laissé à Milkah le soin de les y conduire et d'organiser l'installation du camp, ce qui occupa la plus grande partie de la journée. Les tentes furent dressées aux alentours d'une maison destinée à leur servir de demeure.

Le surlendemain, Josué arrivait au camp à la tête de ses hommes. Dès le jour suivant, à la première heure, les guerriers de Marcus, unis à ce nouveau renfort, prirent la route de Gamala. Avant la fin de la matinée, ils parvenaient dans les bois entourant la ville et se déployaient en plusieurs colonnes pour assaillir les cavaliers et les fantassins syriens. La surprise fut totale. Bientôt, les soldats du tétrarque prenaient la fuite en direction du nord.

Les jours suivants, le camp vécut dans la plus grande effervescence : les hommes s'initiaient sans relâche aux différentes tactiques de combat, sous la direction de Marcus, de Démétrios, et surtout de Shéba.

Énée, qui venait leur rendre visite quotidiennement, leur annonça qu'il se rendait à Cana auprès du gouverneur Joseph, fils de Matthias, établi dans cette bourgade.

– Joseph a ordonné de faire fortifier les villes de la Galilée. Il a confié ce soin à diverses personnes et il nous l'a abandonné pour ce qui concerne Tarichée et Gamala, que nous pouvons regarder comme nos domaines. Il a aussi persuadé le peuple de verser une contribution aux diverses bandes de brigands qui écument le pays afin qu'ils se tiennent tranquilles.

– Voilà une bien malheureuse initiative ! s'exclama Marcus. C'est les encourager dans leurs vices. Il aurait été préférable de les réduire par la force.

– Il ne se sent pas suffisamment sûr de ses hommes et il craint de perdre ainsi des soldats dans des combats fratricides.

– En te confiant le soin de fortifier Tarichée, dit Shéba à Énée, Joseph ne t'a pas confié une mince tâche, car je suis certain qu'il ne t'a accordé pour cela aucun crédit.

– C'est pourquoi je m'adresse à toi. Penses-tu que nous pourrions obtenir de la communauté l'autorisation de disposer de l'un des trésors qui subsistent en Galilée ?

– Il faudrait que j'aille le leur demander. Mais n'oublions pas les fortifications de Gamala. L'ensemble représentera une très grosse somme.

– Je te laisse le soin de plaider notre cause auprès de nos saints. Je suis convaincu que tu réussiras.

– Si tu le permets, je ne partirai que dans quatre jours. D'ici là, j'en aurai terminé avec l'entraînement des hommes de Josué, qui retourneront parmi leurs compagnons.

La veille de son départ, Milkah apprit la mort de Jean l'Essénien, par un messager venu de Jérusalem. Il avait marché contre Ascalon à la tête d'une armée de vingt mille hommes. Une seule cohorte romaine et quelques cavaliers, en tout à peine cinq cents hommes, qui formaient la garnison de la ville, avaient mis en déroute l'armée juive ! Un désastre, au cours duquel dix mille combattants juifs avaient été tués.

Chapitre XXII

LE VOYAGE VERS LA MER MORTE

Quand Milkah avait quitté Tarichée, une rosée froide embuait la nature. Elle avait tenu à aller seule : David lui aurait été à charge et, pour ce qui concernait Marcus, elle préférait prendre quelque distance. Déjà, il avait tendance à la considérer plus comme une épouse que comme un compagnon d'armes et il en était même arrivé à manifester de la crainte en la sachant seule sur ces routes si peu sûres. Le soleil atteignait le zénith lorsqu'elle parvint en vue de Scythopolis, encore aux mains des Romains. À cette heure du jour, les bergers s'étaient retirés à l'ombre des bosquets d'arbres. Certains saluaient d'un geste de la main le cavalier qui leur répondait à la manière grecque. Elle s'arrêta au bord d'un puits ; des hommes tiraient des outres d'eau. D'un saut, elle se laissa tomber au sol et les salua :

– Voulez-vous donner à boire à mon cheval ? demanda-t-elle en grec.

– C'est que, répondit l'un d'eux, nous ne voudrions pas donner à boire à un juif.

– Croyez-vous que ce cheval soit circoncis ? demanda-t-elle d'un ton railleur.

La repartie les fit rire, et un autre remarqua :

– C'est vrai... Et puis, les juifs ne se promènent pas les jours comme aujourd'hui, c'est le sabbat pour eux.

– Par la grande Mère, tu as raison ! s'exclama un autre homme en vidant une outre dans une auge en bois où le cheval alla boire.

Un petit groupe de cavaliers romains s'était approché d'eux. Milkah s'apprêtait à s'éloigner, sans cependant chercher à fuir, quand celui qui semblait être leur chef l'interpella :

– Qui es-tu, étranger ? Tu es armé. Notre capitaine a interdit le port de l'épée à tous ceux qui ne sont pas des soldats.

– Je l'ignorais. Mais reconnais qu'il serait bien imprudent, par les temps qui courent, de voyager sans armes !

Le soldat se gratta le menton, semblant réfléchir.

– Qui nous dit que tu n'es pas un espion juif?
– Comme l'a fait remarquer l'un de ces hommes, les juifs ne voyagent pas un jour de sabbat, lui rappela Shéba, espérant trouver là une porte de sortie.
– Sait-on jamais! s'exclama le soldat. Tu vas nous accompagner en ville... il suffira que tu nous montres que tu n'es pas circoncis.
– Si ce n'est que cela, je vous suis volontiers, répliqua-t-elle avec assurance.
Milkah maîtrisa la colère qui montait en elle. Elle n'avait guère envie d'en découdre une fois encore avec ces gros bovidés de la force publique. Elle préférait utiliser d'autres moyens que la violence pour leur échapper, tant qu'elle en aurait la possibilité.
– D'où viens-tu? lui demanda le soldat tandis qu'ils chevauchaient côte à côte.
– De Pella.
– C'est loin d'ici. J'appartiens à la douzième légion et me voilà dans ce pays perdu, parmi des fanatiques en révolte... Comme si on se révoltait contre Rome!
Milkah l'écoutait pérorer tout en examinant d'un œil discret ses compagnons, leurs chevaux, leurs armes. Ils ne disposaient pas d'armes de jet et leurs chevaux lui parurent lourds et peu rapides. Elle se sentit rassurée.
Le soldat l'examinait à son tour. Elle vit son regard s'arrêter sur ses mollets, puis il la dévisagea sans vergogne.
– Dis-moi, tu es un bien joli garçon, déclara-t-il en conclusion de son examen. Moi, je n'aime que les garçons. As-tu un amant?
– Oui, assura-t-elle.
– Dommage. L'aimes-tu?
– Bien sûr.
– Dommage, dommage. Comptes-tu t'arrêter à Scythopolis?
– Pas maintenant. Je cours au chevet de mon grand-père. Il habite une ferme, à peu de distance de la ville. Mais j'ai bien l'intention de m'y arrêter au retour...
Tout en devisant, ils étaient entrés dans la ville et suivaient une large rue bordée d'éventaires et de boutiques.
– Peut-être, avança Milkah, pourrais-tu me faire confiance, ce qui hâterait les choses. Je pourrais ainsi être de retour ce soir avant la nuit.
– Saurais-tu où aller?
– Si tu peux m'indiquer une bonne auberge.
– Il y en a une un peu plus loin, dans cette rue.
Milkah commençait à se réjouir. Elle sentait qu'en flattant les espérances de son interlocuteur, elle parviendrait à lui faire abandonner son idée de s'assurer de sa nationalité par un moyen qui ne manquerait pas de révéler son véritable sexe.
L'homme désigna une maison pourvue de plusieurs étages devant laquelle ils passaient:
– Voilà l'auberge. Tu n'auras qu'à dire que tu viens de la part de Séleucos, c'est mon nom.

– Séleucos? Je ne l'oublierai pas. Peut-être même pourrons-nous nous retrouver... demain, par exemple.

– Mais, avec plaisir. Moi, je loge dans une petite maison particulière. Je vais te la montrer en passant... Tu sauras ainsi où me trouver, dans le cas où il n'y aurait plus de place à l'auberge... Et, en continuant tout droit, tu sors de la ville.

Ils étaient parvenus en vue d'une haute bâtisse en pierre pourvue d'une colonnade. Ils s'en approchaient lorsqu'en sortirent une vingtaine de soldats à cheval qui bouchèrent la rue. Milkah se sentit pâlir mais conserva son calme.

– Par Héraclès! s'exclama Séleucos, voilà notre chef Neapolitanus.

– Qui est ce garçon? demanda Neapolitanus.

– Un voyageur...

– D'où viens-tu? demanda-t-il à Milkah.

– De Pella.

– De Pella? En es-tu parti ce matin?

– À la première heure.

– As-tu traversé le Jourdain?

– Comment faire autrement pour me retrouver maintenant sur l'autre rive?

– Comment t'appelles-tu?

– Lukios.

– Et ton père?

– Amphion.

Sans poursuivre plus loin son interrogatoire, l'officier se tourna vers le soldat:

– L'amenais-tu devant moi Séleucos?

– Bien sûr, Neapolitanus. Nous avons pensé que c'était peut-être un espion juif, mais nous avons bavardé et je suis persuadé qu'il n'en est rien.

– Ce sera facile à vérifier...

Déjà, un soldat avait saisi son cheval au mors. Milkah comprit qu'il aurait été vain de tenter de fuir, et elle se laissa glisser au bas du cheval. Les soldats avaient mis pied à terre tandis qu'elle suivait Neapolitanus dans la cour du bâtiment où un homme conduisit sa monture. Toujours escortée de plusieurs soldats elle entra dans une salle où se tenaient quelques gardes. Neapolitanus se tourna alors vers elle:

– Je te prie de nous remettre tes armes.

Elle hésita un bref instant mais jugea plus prudent de ménager ses chances.

– J'ai l'impression d'être traité comme un criminel, dit-elle alors.

– Aucunement. J'ai interdit que la population porte des armes. Cela évite la révolte mais, surtout, je retire à ces fous la possibilité de s'entre-tuer, comme les Scythopolitains l'ont fait avec les juifs de la cité. Viens avec moi, dit alors Neapolitanus.

Elle le suivit à travers un corridor où il n'y avait plus que quelques gardes. Il s'arrêta devant une porte où se tenait un légionnaire, qui l'ouvrit:

– Qu'on apporte des rafraîchissements ! lui ordonna Neapolitanus.

Il s'effaça pour laisser entrer Milkah. Elle s'étonnait du comportement du Romain, mais elle ne regrettait pas de n'avoir pas tenté de fuir. Elle était curieuse de savoir ce qu'il lui voulait, assurée de pouvoir se débarrasser de lui s'il devenait trop entreprenant. Il referma la porte derrière eux. La pièce s'ouvrait sur un jardin intérieur. Il vint se planter devant elle, croisa les bras et l'examina en silence.

– Je ne comprends pas ce que tu me veux, commença-t-elle, gênée par cet examen.

– Inutile de t'interroger sur Pella. Je sais que tu n'en viens pas.

– Comment le sais-tu ?

– D'abord, le Jourdain est en crue et il y a trop de tourbillons pour le traverser à pied ; ensuite, j'ai appris hier soir que le bac qui assurait le passage avait été emporté par le flot. En outre je sais que tu es juif, ou plus exactement, juive.

Elle eut un mouvement de recul. Il s'assit et poursuivit tranquillement :

– Je l'ai reconnu à ta voix et à ton accent. Ma femme, qui est juive, a exactement le même accent que toi quand elle parle grec ; je dirais, presque la même voix, assez grave pour qu'on puisse penser que c'est celle d'un jeune garçon. J'ai mis un moment à rechercher qui tu pouvais être et je t'ai enfin reconnue.

Elle avait imperceptiblement sursauté.

– Oui. Ce turban modifie ton visage. Peux-tu le retirer ?

Elle l'ôta et secoua la tête pour laisser se déployer sa chevelure.

– C'est bien cela. Veux-tu un peu de vin de Corinthe ? Je pense que tu n'es pas une de ces juives qui refusent de boire avec un païen.

– Non, tu peux me servir.

Il remplit une coupe qu'elle vida d'un seul trait.

– J'aime ma femme qui est de ta nation, et cette guerre m'afflige.

Il soupira.

– Mon devoir est de maintenir la paix et de combattre pour Rome sans cependant mépriser la justice. Je suis sévère ici pour les gens en armes, parce que je déplore le massacre de plusieurs milliers de juifs.

– C'est tout à ton honneur. Mais que comptes-tu faire de moi ?

– Je te sens toutes griffes dehors, prête à m'assaillir. Sais-tu où je t'ai vue ?...

– Je ne me rappelle pas t'avoir aperçu.

– Ce jour-là, tu étais incapable de me voir. C'était dans le camp d'Emilius Jucundus. J'avais été envoyé en inspection par Cestius Gallus. J'ai appris qui tu étais et ce qu'on attendait de toi. Je ne supporte pas ces méthodes indignes d'un vrai soldat. J'ai demandé à Jucundus que tu me sois remise pour être jugée à Antioche. Il a refusé. Je ne pouvais rien faire sinon intervenir auprès de Longinus en lui rappelant qu'on n'avait pas le droit de te traiter ainsi. Il m'a répondu que je soutenais les juifs en secret parce que ma femme l'était. Avec un maître comme Néron, ce genre d'accusation est très dangereux. Je n'ai pas insisté.

– Je te remercie, Neapolitanus. Mais aujourd'hui, quelles sont tes intentions?

– J'ai été trop heureux en apprenant ta fuite pour que tu aies quelque chose à craindre de moi. La manière dont tu as tué ton geôlier a stupéfait tout le monde, au point qu'on a prétendu que tu avais des complices.

Il emplit à nouveau leurs coupes. Cette attitude laissa Milkah muette de stupeur.

– Remets ton turban et bois, puis nous nous quitterons. Je suis content d'avoir pu m'entretenir avec toi. Cependant, si le hasard ou les dieux, ou ton Dieu, veulent que nous nous rencontrions sur un champ de bataille, nous mesurerons la valeur de nos bras.

– Neapolitanus, tu me réconcilies avec les hommes. Je savais déjà que les Romains disposaient d'excellents soldats, je sais maintenant qu'il y a parmi eux des hommes d'honneur.

Il s'était levé.

– Je vais te reconduire.

S'arrêtant devant elle, il dit d'une voix plus basse:

– Évite de repasser par ici. Parmi mes hommes, certains ont appartenu au corps de cavalerie de Jucundus; ils pourraient t'avoir vue à Damas et te reconnaître. Tu peux passer par la vallée, je ne la contrôle pas. Que ton Dieu te protège!

– Neapolitanus, je te souhaite la même protection, en m'adressant à la divinité à laquelle tu crois.

Il soupira:

– Je ne crois qu'à l'empereur, c'est pourquoi je suis si tolérant. Mon épouse, elle, pratique tout à loisir sa religion dans ma demeure d'où elle a chassé les dieux lares.

Il ouvrit la porte et marcha au côté de Milkah jusqu'à la salle des gardes, où il lui fit rendre ses armes.

– Laissez aller ce garçon! ordonna-t-il.

Elle se maîtrisa, lorsqu'elle se retrouva dans la rue bruyante, pour maintenir son cheval au pas mais, dès qu'elle eut passé la porte de la ville, elle le poussa au galop tout en se demandant si elle ne rêvait pas. La sueur ruisselait sur son front. Quand elle fut à distance suffisante, elle s'arrêta au bord d'un champ où elle mit le cheval à paître.

Elle chevaucha pendant tout le reste de l'après-midi, sans cesser de méditer sur l'aventure qui venait de lui arriver. Elle avait emprunté un chemin de traverse pour descendre la vallée du Jourdain en songeant que, s'il lui fallait dormir dans la nature, il y ferait plus chaud que sur les hauteurs. Un air de pipeau qui s'élevait au loin attira son attention. Elle se dirigea vers le lieu d'où venait la musique et déboucha sur une clairière. Quelques hommes et des femmes étaient assis dans l'herbe, autour d'un jeune homme qui soufflait dans l'instrument. Un peu à l'écart, des adolescents formaient un cercle tandis que des enfants jouaient dans les arbres voisins. Alentour paissaient des chèvres et des moutons.

Lorsque apparut le cavalier, tous les regards se tournèrent vers lui, les enfants cessèrent leurs jeux, le joueur de pipeau resta en suspens, l'instrument au bord de ses lèvres. Milkah s'arrêta près du groupe formé par les adultes qu'elle salua à la manière juive. Ils se regardèrent sans répondre et elle se dit qu'ils devaient être grecs. Elle les salua à nouveau dans cette langue. Cette fois, ils se détournèrent et l'un des hommes dit aux autres :

– Ne répondez pas à ce chien de païen.

Milkah soupira :

– Je crois moi aussi au vrai Dieu, dit-elle en araméen.

L'homme qui avait parlé leva vers elle son regard :

– Viens-tu de loin ?

– De Tarichée.

– Tu mens. Tu n'es pas de notre race. Un juif ne voyagerait pas un jour de sabbat et ne monterait pas sur une bête.

Les femmes se penchèrent vers les hommes et ils se mirent à chuchoter des paroles que Milkah ne put discerner. Elle avait sauté à terre tandis que les enfants s'étaient réunis à peu de distance d'où ils l'observaient en silence.

– Tu es sans doute un de ces Galiléens qui déclarent que le Messie est venu parmi eux, dit alors un homme.

– Je ne sais pas de qui tu parles.

– Mais si ! Ils ont fui la Judée, mais certains d'entre eux ont prêché non loin ici. Ils faisaient descendre les pécheurs dans l'eau du fleuve pour les laver de leurs fautes. Ils ne respectent pas le sabbat et on dit qu'ils sont les ennemis des pharisiens et de la Loi.

– Je crois comprendre de qui tu parles. Mais je ne suis pas des leurs. Je suis un guerrier de la secte des esséniens et je me rends auprès de nos saints à Messad Hassidim.

– S'il en est ainsi, viens t'asseoir près de nous. Le soir descend et nous allons bientôt rallumer la lumière de la fin du sabbat et prendre notre repas.

– Je t'en rends grâce.

– Tu es bien jeune, pour être déjà un soldat, remarqua l'un des hommes.

– L'âge importe peu lorsqu'il s'agit de combattre pour l'Éternel.

– Voilà une digne réponse ! s'exclama celui qui semblait être le chef et qui s'appelait Manassès. Il reprit aussitôt à l'adresse d'une femme :

– Femme, sers du vin à notre hôte.

Milkah se débarrassa de son arc et de son carquois et reçut la coupe des mains de la jeune femme qui baissa pudiquement les yeux.

– As-tu déjà combattu les Romains ? demanda un des adolescents.

– Oui.

– Oh ! raconte.

– Il y a peu à raconter.

Il semblait déçu. Manassès précisa :
– C'est mon fils, Joarib. Il rêve de devenir soldat et il est à l'affût de toutes les histoires de bataille.
– Et toi, veux-tu aussi qu'il soit un guerrier ?
– Pourquoi pas ? Mais je voudrais qu'il soit officier. Le travail de la terre est pénible.
– Celle du soldat ne l'est pas moins, et il risque sa vie à tout moment.
– C'est bien ce que je répète ! s'exclama une femme qui n'était autre que la mère du garçon.
– Qu'importe, si on meurt pour la gloire du Seigneur ? La belle vie que celle du paysan qui arrose la terre de sa sueur et doit donner tout son avoir au publicain !
– Tu sais bien que ce n'est pas vrai ! Tu as du bien et nous vivons à l'aise de la terre. Si tes fils quittent la maison, qui nous aidera dans le travail ?
– Nous avons trois fils ; le cadet peut bien aller à la ville et devenir soldat. On en demande à Jérusalem pour combattre les gentils. Y en a pas trop. À preuve, ils prennent des tout jeunots, sans barbe au menton comme notre hôte.
La repartie fit rire les adolescents.
– Toi, notre hôte, poursuivit Manassès, fais-nous l'honneur de te reposer pour cette nuit dans notre demeure. Et dis-nous aussi quel est ton nom.
– Je m'appelle Shéba, fils de Nathan.
– Quoi ! Shéba ben Nathan ? Celui qui s'est couvert de gloire lors de la bataille de Jérusalem et qui a tué deux chefs romains après avoir mis à mort leurs gardes ? demanda Manassès.
– Je suis bien ce Shéba, Manassès, mais, crois-moi, on m'attribue plus que je n'ai fait et tu m'en vois rempli de confusion.
– Non pas. Les soldats qui sont passés ici avaient tous ton nom à la bouche. Mes amis, nous allons honorer un héros de notre nation.
Milkah quitta ses hôtes le lendemain, aux premières lueurs du jour, après avoir remis à Joarib une lettre de recommandation pour Éléazar ben Simon, afin qu'il le prît parmi ses guerriers. À Alexandrium, où elle parvint à la fin de la matinée, elle eut la surprise de trouver Ézéchias, fils de Chobare, le lieutenant d'Éléazar ben Simon. Il l'invita à partager son repas dans le palais où il avait été installé comme gouverneur de la région.
– Les gens d'ici, lui expliqua-t-il, sont d'inoffensifs paysans, des petits artisans, mais aussi de riches marchands et de grands propriétaires terriens. Or, voici déjà quelque temps, une bande de brigands a infesté la région sous le commandement d'un certain Simon bar Gioras.
Milkah tendit l'oreille.
– Un homme de rien, poursuivait Ézéchias, venu dans la région avec quelques compagnons. Mais leur nombre s'est rapidement augmenté, jusqu'à constituer

une véritable troupe. Non contents de rançonner les voyageurs, ils se sont mis à piller les maisons des riches. L'ancien gouverneur de l'Acrobatène s'est révélé impuissant à chasser ces brigands. Ce bar Gioras est malin car jamais il ne s'attaque aux petites gens, tout au contraire : il prend aux riches pour donner aux pauvres. De cette manière il est parvenu à se rallier tous ces gens de rien qui voient en lui un sauveur, au point qu'il devenait de plus en plus difficile de prélever les impôts. Les autorités de Jérusalem se sont émues et Hanan a décidé d'envoyer des gens de guerre contre eux. C'est pourquoi j'ai été désigné et on m'a confié une petite troupe. Nous avons réussi à en capturer un certain nombre, mais leur chef a disparu. Néanmoins, nous pensons qu'il se cache dans les collines, car il y a encore des attentats contre des voyageurs.

– Ézéchias, dit alors Milkah, je ne crois pas que tu réussiras à prendre Simon bar Gioras. Je vais m'occuper de lui car je crois savoir où le trouver. Mais si, d'aventure, tu réussissais à le capturer, fais-le-moi savoir.

Ces nouvelles avaient mis la jeune femme de mauvaise humeur car elle était déçue de savoir que Simon continuait de vivre de brigandages, même s'il faisait profiter les pauvres de ses rapines. Elle lui aurait pardonné s'il avait réussi, par ce moyen, à se rendre maître de la région et à y lever une troupe, mais il semblait y avoir essuyé un échec lamentable.

Vers la fin de la journée, comme elle se l'était imposé, Milkah arrivait au couvent des esséniens où elle passa la nuit. Les prêtres l'autorisèrent à disposer du dernier trésor restant en Galilée comme elle le jugerait utile pour les besoins de leur cause. Satisfaite d'avoir rempli sa mission, elle repartit dès le lendemain matin en direction d'Engaddi pour prendre des nouvelles de ses sœurs. Lorsqu'elle entra dans la cour, Tobie accourut au-devant d'elle :

– Ah ! Milkah, mon cœur se réjouit de te voir !

– Bonjour, Tobie... Veux-tu rentrer le cheval et le soigner ? Où est la famille ?

– Shobal et Jacim sont dans la salle ouverte où ils s'entretiennent avec des savants, les chefs de la synagogue et le hazzan.

– Le hazzan ? Je croyais que Shobal avait eu des disputes avec lui.

– Il s'est arrangé pour en faire nommer un nouveau qui lui est dévoué. Shobal exerce de plus en plus d'influence sur les gens d'ici.

– Je vois. L'araignée tisse sa toile.

Tout en parlant, Milkah s'était dirigée vers la demeure. Lorsqu'elle entra dans la cour intérieure, elle vit Shobal qui trônait sur un amas de coussins, entouré de son frère et de cinq hommes qu'elle connaissait, tous affublés de longues barbes, de larges robes et de hauts turbans d'où pendaient des phylactères. Ils se turent, le regard tourné vers elle.

– Que viens-tu faire ici ? lança Shobal sur un ton hautain.

– Ta question est aussi grossière que stupide, Shobal, repartit Milkah en s'avançant. Je suis ici chez moi.

– Le guerrier domine en toi tout sentiment humain ! Tu ne sais plus qu'injurier les gens... ou les tuer.

– C'est toi qui m'agresses dès mon arrivée, Shobal. N'intervertis pas les rôles. Et réjouissez-vous qu'il y ait des guerriers pour se faire tuer tandis que vous pérorez tout à loisir, vautrés sur des lits. Où sont mes sœurs ?

– Cette petite coureuse de Salomé est partie avec son bandit... Il avait les soldats du sanhédrin à ses trousses. Il fallait le voir, ce chacal, ce vantard, arriver ici en catimini pour enlever sa prétendue épouse et l'emporter dans ce repaire de voleurs, à Massada !

– Shobal, mesure tes paroles. Je ne te permets pas d'appeler ma sœur une coureuse et, pour le reste, elle est son épouse. Tu as toi-même donné ton consentement.

– À la suite des menaces que tu sais.

– Te serais-tu senti menacé, Shobal ? Mais pourquoi, et par qui ?

– C'est vrai, Milkah ! Shobal m'a dit qu'il avait compris que tu le menaçais des pires supplices avec l'aide de tes amis s'il ne donnait pas son accord.

Milkah, surprise, leva la tête vers Dinah qui descendait l'escalier.

– Si Shobal a compris cela, c'est sans doute parce qu'il n'a pas l'esprit tranquille.

– J'ai ma conscience pour moi !

– Ta conscience, Shobal ? Souhaitons pour toi que les sceptiques aient raison et qu'il n'y ait pas de Dieu pour juger les consciences.

– Entendez-vous, mes amis ! s'écria-t-il. Cette fille est saisie par le démon ! Elle ose nier l'existence de l'Éternel !

– J'admire, Shobal, comment tu interprètes judicieusement mes paroles. Si tu interprètes aussi bien la Loi, tu dois briller parmi nos docteurs.

– Et elle attaque nos rabbis... ajouta le chef de la synagogue.

– Il n'en reste pas moins, reprit Dinah, que Shobal a été contraint d'accepter ce mariage, qui reste nul à nos yeux.

– Pourtant, Salomé est, paraît-il, partie avec Simon.

– Il est arrivé ici, accompagné d'une vingtaine de forcenés et il a osé déclarer qu'il venait chercher sa femme. Nous lui avons répondu que Salomé n'était pas sa femme, mais il a répliqué que tu la lui avais donnée.

– C'est juste, Dinah. Vous étiez tous présents et nul ne m'a contredit.

– Milkah, tu abuses de la force que te donne la connaissance des armes.

– Ai-je exercé quelque contrainte sur Salomé ? N'était-ce pas elle qui voulait épouser Simon ?

– Salomé est une jeune écervelée et il était de notre devoir de la ramener dans le droit chemin.

– Contre son sentiment ?

– M'a-t-on demandé le mien pour me marier à Jacim ? Et je ne m'en plains pas.

– Comme on voulait m'unir à cet hypocrite de Shobal qui espérait bien compenser sa déception en épousant Salomé pour être plus sûrement le maître ici.

– C'est là une autre affaire. Salomé a suivi ce bandit de bar Gioras contre notre gré. Lorsque je l'ai priée de réfléchir avant de prendre une décision aussi grave, elle a ri en te donnant comme exemple, toi qui as quitté la maison en compagnie d'un autre vaurien.

– Tais-toi, Dinah, je t'interdis de parler ainsi d'un guerrier essénien qui est mort en combattant pour libérer notre peuple.

– La belle affaire ! On ne lui demandait pas tant ! Et lui, il s'est bien moqué du chagrin que ton départ causerait à notre père. Il en est mort...

– Qu'est-ce que cette histoire ? Notre père mort de chagrin à la suite de mon départ ? Et combien d'années plus tard ? C'est encore ce Shobal qui t'a soufflé cette insanité, comme toutes celles que tu débites depuis que tu as ouvert la bouche. Vraiment, Dinah, je ne te reconnais pas et tu as adopté une bien curieuse attitude à mon égard. Ce triste individu n'est sans doute pas étranger à ton changement. Je le regrette, Dinah, mais je n'ai plus rien à faire ici.

– Plus rien, Milkah, repartit froidement Dinah.

Sans un mot, Milkah monta à l'étage d'un pas ferme. Elle fit deux gros ballots de ses vêtements et de ses affaires personnelles qu'elle redescendit fixer sur le dos de son second cheval. Elle fit un autre voyage pour rassembler les armes qu'elle avait laissées. Lorsqu'elle redescendit dans la salle ouverte, elle marcha vers Shobal d'un pas décidé.

– Shobal, moi, une femme, je te dis devant tous ces hommes, les notables de ce village où tu es un intrus, que tu n'es qu'un lâche et un hypocrite. Si je ne craignais pas de me souiller moi-même, je te cracherais au visage. Alors, prends garde, Shobal, fais-toi oublier de moi, car, un jour, je crois que je te tuerai.

Shobal, d'une pâleur de marbre, restait figé comme une statue. Nul, parmi les hommes présents, n'osa prononcer un mot. Milkah sortit, sans accorder un regard à sa sœur. Tobie tenait les chevaux dans la cour, de grosses larmes perlaient de ses yeux. Elle serra dans ses bras le vieux serviteur.

– Où est Houldah ?

– Elle est allée chez une voisine, voir un nouveau-né.

– Tu l'embrasseras pour moi. Adieu, Tobie.

– Tu reviendras, peut-être...

– Seul Dieu sait ce que nous prépare l'avenir.

Elle enfourcha sa monture et s'éloigna au pas, sur le chemin poussiéreux. Elle descendit vers le rivage de la mer qu'elle suivit jusqu'à Massada, où elle se rendait pour la première fois. Au pied du plateau, elle buta sur un campement inattendu. Miar, obséquieux, la conduisit auprès de Simon. Il était nonchalamment couché sur des coussins en compagnie de Salomé, sous un vélum tendu devant une somptueuse tente, produit de ses pillages en Acrobatène. Salomé marqua la plus grande joie en voyant sa sœur.

Simon s'était levé pour l'accueillir sous le vélum.

– Je te salue, Shéba. Ta visite nous est bien agréable. Que dit-on à Engaddi ?

– Je crois que, maintenant, quelqu'un se réjouit.

– Shobal, hein ?

– J'ai eu une altercation avec lui et ma sœur Dinah. J'ai pris toutes mes affaires. Je crois que je n'y retournerai plus.

– Moi aussi, j'ai tout emporté ! s'exclama Salomé.

Milkah se débarrassa de son carquois et de sa cape et s'installa sur des coussins, face à Salomé et à Simon.

– Ainsi, Simon, tu t'es fait chasser de l'Acrobatène.

– Euh !... oui, c'est vrai. On a envoyé une forte troupe, de Jérusalem...

– Comment se fait-il que tu sois installé ici ? Malchios dispose là-haut d'un château où il aurait pu te recevoir.

– Je suis venu ici avec une centaine d'hommes avec qui j'ai pu fuir. J'ai demandé à voir Judas, fils de Judas, puisque c'est le seul de ces vautours que je connaisse. Il est venu et m'a conduit devant cet Éléazar qui commande ici. Je lui ai dit que je venais unir mes forces aux siennes, mais sans doute me tiennent-ils en suspicion, ou peut-être ont-ils peur que je les déloge de là-haut. En tout cas, ils nous ont interdit de monter dans leur repaire, mais il nous ont permis de camper ici.

– Simon, reprit Milkah, n'es-tu donc capable que de te faire voleur de grands chemins ? Si j'ai tout fait pour que tu épouses Salomé, c'est parce que j'avais confiance en toi, je te croyais capable de grandes actions. Ne me déçois pas.

– Par la Fosse ! Shéba, accorde-moi quelque temps, et je te jure que je t'étonnerai. Maintenant que j'ai avec moi ma Salomé, je me sens capable d'accomplir de très grandes choses.

Milkah alla ensuite rendre visite à Éléazar ben Jaïr qui, lorsqu'elle se fut présentée sous le nom de Shéba, la reçut en manifestant la plus vive admiration. Il l'invita à séjourner autant qu'il lui plairait dans la forteresse, mais elle déclina l'offre : elle devait repartir le lendemain, dès la première heure, pour Jérusalem ; elle dormirait dans le camp de Simon pour être plus vite à pied d'œuvre. Avant de redescendre, elle pria Judas ben Judas, au cas où il se rendrait à Engaddi, d'y aller voir Dinah.

– Si elle avait à se plaindre de Shobal, précisa-t-elle, fais-moi parvenir un message à Tarichée.

Judas, à qui elle dut révéler sa véritable identité, car il ne comprenait pas cette soudaine sollicitude, lui donna toute assurance sur ce point, déclarant qu'il vouait à Dinah la plus vive admiration et qu'il était disposé à prendre la défense de ses intérêts, le cas échéant.

Chapitre XXIII

L'AVENTURE DE JUDITH

Depuis le jour où elle avait échappé au guet-apens de Silas, grâce à une intervention qu'elle qualifiait de divine, Judith s'était convaincue de la frivolité de son existence. Depuis, elle aspirait à une vie différente, plus exaltante, plus riche en sentiments et en passion. Elle était alors saisie de l'envie de quitter la Cour et de s'enfuir. Mais, où aller ? Elle passait alors ses journées dans un profond état de mélancolie, se nourrissant des pensées désabusées Qohélet, fils de David, celui qu'en langue grecque on nommait l'Ecclésiaste. Elle se répétait, après le sage d'Israël : « Je n'ignore pas, moi aussi, qu'un sort identique écherra au sage et à l'insensé qui marche dans l'obscurité. J'ai alors dit en mon cœur : un sort semblable à celui de l'insensé m'écherra aussi. Pourquoi alors avoir été sage ? Et j'ai déclaré en mon cœur que cela aussi est vanité... Et j'ai haï la vie, car mauvaise à mes yeux est l'œuvre qui s'accomplit sous le soleil, parce que tout est vanité et poursuite du vent. »

Cependant, elle faisait un effort pour dissimuler, en public, cet état d'esprit, pour ne rien laisser soupçonner de ses pensées. Elle ne remarquait même plus l'insistance des regards d'Agrippa. Bérénice l'observait maintenant sans aménité. Cependant, rien dans l'attitude de la reine ne laissait soupçonner quelque changement de sentiment à son égard. Judith supportait de plus en plus difficilement les airs condescendants et l'attitude protectrice de la reine. Elle ne pouvait s'empêcher de songer qu'Agrippa aussi bien que Bérénice devaient leurs couronnes à la seule grâce de Rome, et qu'il avait été un temps où la famille royale avait dû à l'aide de son propre père, Samuel ben Nathan, de ne pas tomber dans la misère. N'avaient-ils pas, d'ailleurs, toujours recours à ses services lorsqu'il fallait combler rapidement quelque trou dans le trésor ? Judith était une fille trop bien élevée et trop respectueuse pour manifester ouvertement sa révolte, mais elle ne pouvait s'interdire quelques gestes d'impatience, quelques remarques un peu vives, et Bérénice, qui ne manquait ni de finesse ni d'expérience, avait senti la lente mutation qui s'accomplissait dans l'esprit de sa protégée.

La guerre de Jérusalem avait provoqué quelques bouleversements dans la vie tranquille du palais. Certaine de la victoire, Bérénice avait tenu à accompagner son frère, emmenant Judith avec elle, comme à l'accoutumée. La retraite leur avait apporté quelques fortes émotions. Judith s'était même surprise à espérer qu'ils seraient capturés ; ainsi, peut-être aurait-elle eu l'occasion de revoir Marcus dont l'image souvent la hantait, bien qu'elle la chassât avec agacement. Il arrivait alors que sa pensée se tournât vers ce Jéther, ce garçon si étrange dont la beauté tout autant que les discours l'avaient frappée.

Le retour au palais allait lui réserver une étrange surprise.

À la suite du massacre de la garnison romaine de Jérusalem, et de l'intervention de Zacharie, dont nul ne soupçonnait qu'il avait été envoyé par Marcus, Bérénice avait pressé Agrippa d'agir. Elle avait accompagné son frère à Antioche et incité Cestius Gallus à prendre sans tarder l'initiative d'une campagne répressive. Agrippa, méfiant, restait dans l'expectative et suggérait d'attendre les secours que ne manquerait pas d'envoyer Tibère Alexandre. Mais Bérénice estimait qu'une victoire, remportée par l'armée de Cestius Gallus avec le renfort des troupes d'Agrippa, ne pourrait que renforcer la faveur dont jouissait le tétrarque auprès de Néron, certainement indisposé par la révolte juive. L'insistance de Bérénice l'emporta. La campagne fut décidée et préparée à la hâte. Agrippa trouva dans la défaite qui s'ensuivit un prétexte pour adresser des reproches à sa sœur sur sa politique trop aventureuse et tenter de mettre entre eux quelque distance. Il eut même le courage de lui annoncer qu'il avait décidé d'épouser Judith.

– Voilà qui est nouveau ! s'exclama Bérénice. Fais-en donc ta concubine, mais pas ta femme.

– J'ai besoin d'une épouse pour me donner un héritier.

– Sans doute, mais alors, choisis-toi une princesse. Un roi ne peut épouser la première venue sous prétexte qu'il veut la mettre dans son lit.

– Ma décision est prise et je n'y reviendrai pas. J'ai écrit à Samuel, et je viens de recevoir sa réponse.

– Que te répond-il ?

– Que lui et sa famille seront plus qu'honorés d'une alliance dont ils sont indignes, que, naturellement, toutes mes dettes envers lui seront annulées et que je pourrai disposer de ses biens, enfin, qu'en tant que chargé des finances de nos États, il fera de moi l'un des princes les plus riches de l'Orient. Il gérera mes biens avec d'autant plus de soin qu'ils reviendront à l'héritier du trône, son futur petit-fils, lequel sera aussi l'héritier de sa fortune personnelle, Judith étant son unique enfant.

– Eh bien, voilà qui est parfait et qui arrange tes affaires. Et nous, qu'allons-nous devenir ?

– Nous ? mais, ma sœur bien-aimée, rien ne sera changé entre nous.

– Si tu as une épouse, je vois difficilement comment nous pourrons continuer à nous aimer.

– Pourquoi pas ? Judith n'est pas une étrangère, elle sera aussi bien une épouse soumise qu'une belle-sœur respectueuse et dévouée.

– Depuis quelque temps, cette fille m'inquiète. Je la soupçonne de cacher une nature moins passive, moins soumise qu'il n'y paraît. Je crains que tu ne trouves en elle une épouse d'autant plus tyrannique que la fortune qu'elle t'apportera en dot lui donnera un moyen de s'imposer. Lui as-tu parlé ?

– Non. Je pensais t'en laisser le soin. Son père arrive demain à Césarée avec quelques cadeaux, pour signer le contrat. Ensuite, il repartira avec sa fille pour Césarée Maritime afin de préparer le trousseau de la mariée. Elle y restera deux mois et reviendra ensuite auprès de toi.

– Quand auront lieu les noces ?

– Nous n'attendrons pas une année, comme le veut la coutume. Samuel me fait savoir qu'il lui faudra quelques mois pour réunir les premières sommes nécessaires. Je le convaincrai de m'amener cet argent avant le printemps et nous célébrerons aussitôt les noces.

Bérénice regagna ses appartements d'un pas lent, songeuse. Elle était trop lucide pour ne pas comprendre qu'il serait vain de contrecarrer le projet de son frère. Si elle ne pouvait s'opposer franchement à Agrippa, dont elle connaissait l'obstination dès qu'il s'agissait de son plaisir, elle pouvait le faire par des moyens détournés. Mais elle ferait échouer ce mariage, dût-elle en arriver à quelque extrémité désagréable.

Quand elle convoqua Judith, son plan n'était toujours pas arrêté.

– As-tu parfois songé que tu as largement dépassé l'âge du mariage ? commença-t-elle.

– Pourquoi me poses-tu cette question qui est, me semble-t-il, l'affaire de mon père ?

Sans relever l'insolence de la repartie, Bérénice lui annonça d'un ton égal :

– Justement, ton père y a songé et, à ce que je sais, y a apporté une solution. L'accord a été conclu entre les intéressés. Je viens moi-même de l'apprendre à l'instant.

– Les intéressés, dis-tu ? Je ne saisis pas très bien... commença Judith qui sentait sa gorge, soudain, terriblement sèche.

– Évidemment : ton père et ton futur époux.

– Ah !... Et pourrais-je savoir qui est mon futur époux ?

– Je t'ai fait venir pour te l'apprendre. Ton futur époux, celui qui demain sera ton fiancé, c'est mon propre frère, le roi Agrippa.

– Comment ! s'écria Judith en se levant brusquement.

Elle se mit à trembler et semblait près d'éclater en sanglots. Pourtant, depuis le jour où Silas avait tenté de l'enlever après lui avoir révélé les désirs d'Agrippa, elle se doutait bien qu'un jour viendrait où le tétrarque se déclarerait.

– Je ne comprends pas, ma chère enfant, s'étonna Bérénice. Cette nouvelle a l'air de t'affecter, alors que tu devrais t'en réjouir. Devenir l'épouse d'un roi, c'est devenir reine soi-même.

– C'est une nouvelle si inattendue que j'en suis toute troublée.

– J'avoue avoir été moi-même surprise en l'apprenant de la bouche de mon frère. Mais telle est sa volonté et celle de ton père. Malheureusement, cette perspective n'a pas l'air de te remplir de joie et de fierté.

– Je... je me sens tellement indigne d'un tel honneur. Mais j'essayerai de me montrer à la hauteur d'un si haut rang.

Tandis qu'elle regagnait sa chambre, Judith était agitée par les pensées les plus opposées. D'un côté, la perspective de devenir une reine, la puissance et le respect que lui vaudraient ce titre ne la laissaient pas insensible ; et son amour-propre se trouvait agréablement flatté lorsqu'elle songeait qu'elle parlerait d'égale à égale avec Bérénice, qu'elle serait accueillie à Rome dans le palais impérial comme une souveraine. D'un autre côté, l'idée de devoir partager la couche d'Agrippa lui était des plus désagréables. Ce n'était pas tant par manque d'inclination, mais plutôt du fait du sentiment qu'elle continuait de ressentir pour Marcus, nourri par l'éloignement et idéalisé.

Pendant tout le reste du jour, Judith balança entre la colère et l'abattement, la jubilation et la tristesse.

Le lendemain, à la sixième heure, son père se présentait au palais accompagné de nombreux serviteurs et d'une petite caravane de dromadaires. Il vint l'embrasser et, comme il la trouva maussade, il s'en étonna, en lui représentant combien était grande la gloire qui rejaillissait sur leur famille, véritable bénédiction du Seigneur.

– Mon père vénéré, je voudrais te demander une faveur.

– Parle sans crainte, je t'écoute, ma fille.

– Tu m'as dit que nous partions demain. D'ici là j'aimerais ne pas rencontrer le roi. Je voudrais rester seule dans ma chambre jusqu'à notre départ.

– C'est bien difficile, car le roi va offrir un banquet ce soir.

– Il est naturel que la promise ne participe pas à un tel banquet. Je t'en prie, invoque ma pudeur, ma modestie, que sais-je ! J'ai besoin de m'habituer à l'idée de ce mariage et de ma nouvelle condition.

– Ton désir me paraît légitime. Je ferai en sorte qu'il soit respecté. Bonsoir, ma fille.

Le lendemain, Samuel remit à sa fille la bague de fiançailles, un fort beau bijou d'or ciselé, serti de fines pierres précieuses.

– Désormais, tu peux te considérer comme la reine de ce pays. Nous partons dans un instant. Le roi désire que tu sois de retour avant deux mois. Tu reviendras seule avec un équipage digne de toi et nous viendrons te retrouver, ta mère et moi, au milieu du printemps. Nous pourrons célébrer tes noces... Mais, si le roi était trop impatient, sois assez habile pour ne pas le décevoir. Essaie plutôt de te l'attacher par tous les artifices dont dispose une femme. Nul ne pourra te reprocher de céder à ses instances, puisque le contrat que je viens de signer fait déjà de toi son épouse.

Judith, blessée dans sa sensibilité, évita de répondre et se contenta de hocher la tête. Dès ce jour, un grand changement s'opéra dans son entourage. Ses serviteurs se firent plus empressés, et les suivantes de la reine vinrent la féliciter avec des marques de respect en lui donnant le titre de princesse. Bérénice elle-même la serra dans ses bras et l'embrassa.

Un palanquin dressé sur un chameau l'attendait, dans lequel elle devait accomplir le voyage. Elle aurait préféré son char, mais son nouveau rang ne l'autorisait plus à se déplacer qu'ainsi ou en litière.

À Césarée, elle fut heureuse de revoir sa mère et la maison de son enfance. Dans cette immense demeure, où abondaient le marbre, les objets précieux, les bassins d'eaux vives et les serviteurs, tout flattait son goût du luxe. Cependant, plus que jamais, elle avait l'impression d'être prisonnière. Depuis la signature du contrat de mariage, elle était devenue une précieuse marchandise, et à peine manifestait-elle le désir de sortir, elle se voyait flanquée d'une suivante et de deux robustes gardes armés. Elle ne trouvait de moments de solitude que dans sa chambre spacieuse, qui s'ouvrait par un balcon à colonnes sur le jardin rempli d'oiseaux rares, de fleurs entretenues avec mille soins et d'arbres apportés à grands frais des régions les plus lointaines et les plus mystérieuses.

Pendant les deux mois qu'elle passa à Césarée, Judith apprit à s'accommoder de sa situation nouvelle. Elle se contraignait à chasser de son esprit l'image de Marcus Claudius, devenu un ennemi de Rome et un chef de brigands qui écumaient la Judée. Elle se familiarisait avec l'idée de partager la couche d'Agrippa qui, avec l'éloignement, lui paraissait moins odieux.

Enfin, l'escorte envoyée par le tétrarque pour la ramener à Césarée de Philippe – appelée depuis peu Néroniade par l'une de ces flagorneries propres aux courtisans – vint se présenter chez Samuel. Agrippa avait délégué Théophano, la femme de Ptolémée, l'intendant de ses affaires, et on pouvait considérer que le roi ne pouvait faire plus grand honneur à sa fiancée que d'avoir choisi l'épouse de cet homme le plus haut placé à la Cour. De nombreux serviteurs, servantes et gardes armés accompagnaient la caravane constituée de plusieurs mulets chargés de présents et d'une somptueuse litière dans laquelle prit place Judith.

La jeune fille connaissait Ptolémée, qui jouissait depuis longtemps de la confiance du roi, mais elle n'avait jamais eu l'occasion de voir Théophano, qu'il avait épousée en son absence. Cette jeune femme fort enjouée ne cessait de parler que pour manger. C'est ainsi qu'elle apprit de sa bouche qu'elle l'avait remplacée auprès de Bérénice, dont elle était devenue la confidente dévouée. Bien qu'elle parlât avec volubilité, elle savait parfaitement surveiller ses propos et restait avec un art accompli dans le superficiel sans s'aventurer vers de plus graves problèmes où elle risquait de se compromettre. Judith admira sa prudence et se demanda dans quelle mesure elle était sincère dans ses incessantes manifestations de respect et d'admiration, lui donnant déjà le titre de reine.

La caravane longea le pied du mont Carmel et passa à peu de distance de Sepphoris, évitant les territoires contrôlés par les juifs en révolte. L'officier qui commandait l'escorte ne semblait pas soucieux, personne dans le pays ne sachant que la fiancée du roi allait s'y aventurer. Pourtant, alors que la caravane passait à proximité du village de Dabar, des jeunes gens, sous la conduite d'un homme du pays qu'on disait favorable aux Romains, attaquèrent le convoi.

Dès les premiers bruits de combat, Théophano, qui avait fait arrêter sa litière à côté de celle de Judith, la rassura en déclarant que les soldats auraient tôt fait de disperser ces brigands. Mais il fallut bientôt se rendre à l'évidence : le commandant des gardes avait disparu et, peu après, les soldats survivants lâchaient pied et fuyaient dans la forêt voisine. Les serviteurs et les servantes se mirent à courir en tous sens en criant. Judith sentit la panique s'emparer d'elle quand elle s'aperçut que Théophano s'était sauvée vers la forêt. Elle sauta au bas de la litière mais, avant qu'elle ait pu faire un pas, elle fut entourée de jeunes hommes qui brandissaient des épées ensanglantées.

L'un d'eux la saisit par le bras en s'écriant :

– Je ne crois pas me tromper, mes amis, c'est la putain du roi Agrippa ! Ah ! la belle prise !

Judith se dégagea et le repoussa avec hauteur.

– Je ne te permets pas de me toucher ! s'exclama-t-elle. Vous êtes fous pour oser vous attaquer à la fiancée du roi Agrippa. Voilà qui risque de vous coûter cher !

Cette pauvre défense fit rire les hommes puis leur chef déclara :

– C'est pour toi qu'Isaïe a crié : « Descend et assieds-toi dans la poussière, vierge, fille de Babel ! Assieds-toi à terre, tu n'as plus de trône, fille des Chaldéens et on ne dira plus de toi que tu es tendre et délicate. Prends la double meule et mouds la farine, dépouille-toi de tes voiles afin qu'apparaisse ta nudité et qu'on découvre ton opprobre. »

Tandis que deux hommes la maintenaient, on la dépouilla de tous ses bijoux, de sa robe en soie brodée venue du pays des Séres ainsi que de ses chaussures. Elle craignit qu'on la dépouillât de sa tunique et, à l'indignation qui l'oppressait, succéda la crainte qui la fit pâlir lorsqu'un des jeunes gens s'écria :

– Allons, les amis, profitons de l'aubaine afin que si ce chien d'Agrippa la retrouve, il ne l'ait plus vierge ! À condition, toutefois, qu'elle le soit encore ! ajouta-t-il avec un rire moqueur.

– Bonne idée, faisons-lui un bâtard royal ! suggéra un autre.

Mais leur chef leva la main.

– Ça suffit ! Nous n'avons pas le droit d'agir ainsi devant l'Éternel. Amenez l'un de ces ânes, elle voyagera dessus.

Peu après, ils se remettaient en route, non plus en direction du nord, mais vers le sud et le lac de Tibériade. Tout d'abord, Judith ne put retenir ses larmes. Puis, elle voulut montrer à ses agresseurs qu'elle savait affronter l'adversité d'un front serein et elle affecta une indifférence hautaine. Ils s'arrêtèrent devant une petite maison en terre battue, au toit de chaume. On la fit entrer dans une salle aux murs sombres où une vieille femme faisait chauffer un chaudron rempli de fèves. Elle jeta un regard hargneux à Judith et fit signe au chef de la bande. Celui-ci, prenant Judith par le bras, l'entraîna au fond de la pièce où il souleva un rideau sale en peau de chèvre qui donnait sur un réduit.

– Ôte ta tunique, la vieille la veut, lança-t-il.

– Mais il ne me reste plus que cela, gémit-elle.

– Tu n'auras qu'à mettre ça.

Il lui tendit l'étoffe rugueuse.

– Non, jamais ! s'exclama-t-elle.

– Comme tu voudras, mais donne-moi ta tunique, et en vitesse, sinon je me charge de t'en dépouiller.

Il la poussa brutalement dans le réduit et laissa retomber la portière. Elle se résigna à ôter sa fine tunique et revêtit non sans dégoût le haillon de bure. Elle passa la nuit à gémir sur une couche de paille. L'aube n'était pas encore apparue que le chef vint la réveiller et la remit sur l'âne. La plupart des jeunes gens étaient repartis. Seuls cinq d'entre eux accompagnaient leur chef. Judith, abattue, la tête basse, les cheveux épars sur les épaules, ne remarqua même pas qu'ils entraient dans Tarichée.

– Attends là, lui dit le chef en la laissant sous la surveillance de deux hommes.

Emmenant les trois autres jeunes gens, il entra dans une grande maison de pierre pourvue d'une belle avant-cour. Des passants commençaient à s'attrouper autour d'elle et l'examinaient avec curiosité. L'un des jeunes gens ressortit bientôt et, maintenant la porte grande ouverte, il invita ses compagnons à pénétrer dans la cour où se tenaient des hommes armés. On la conduisit jusqu'à une petite pièce, au bout d'une galerie. L'homme qui l'escortait la laissa seule pour passer dans une salle voisine ; il avait laissé la porte entrouverte et il lui suffit de s'approcher pour percevoir distinctement la voix de son geôlier.

– Tu devrais leur donner une part du butin, sinon, ils seront furieux.

– Peu m'importe, repartit une voix sévère. Vous avez pillé des biens appartenant à des juifs, contre notre Loi. Et maintenant vous m'apportez le produit de vos rapines afin que j'assume la responsabilité de vos actions.

– Parce que tu es le gouverneur de cette province. Alors, leur donneras-tu leur part ?

– Et encourager le pillage ? N'y compte pas. Il est de mon devoir de renvoyer ces biens à Ptolémée et au roi Agrippa.

Cette parole rendit un espoir à Judith, mais il fut de courte durée.

– Garde-t'en, Joseph. Déjà toute la ville sait que nous avons pillé la caravane de Ptolémée et que nous t'en avons remis le produit. Rends ces biens à leurs propriétaires et tu serais accusé de collusion avec l'ennemi. Quant à la femme, il faut que je te mette en garde : ne crois pas que nous sommes tombés par hasard sur cette caravane. J'ai été averti de son passage par quelqu'un qui venait de Césarée de Philippe qui m'a payé pour que je l'attaque.

– Que dis-tu !

– C'est la vérité, Joseph. Tout le monde au palais ne se réjouit pas de voir Agrippa y installer une nouvelle reine alors qu'il y en a déjà une.

– Je ne vois pas ce que tu veux dire.

– Dis plutôt que tu n'oses pas le comprendre. Ce que tu dois savoir c'est que Bérénice ne serait pas fâchée que cette Judith disparaisse. Si elle devient ainsi ton obligée, tu te fais d'elle une alliée dans le cas où les choses tourneraient mal pour nous.

– Me suggères-tu de l'assassiner ?

– Non, Joseph, c'est une extrémité à laquelle nous répugnerions tous. Mais il faut qu'elle soit suffisamment bien gardée afin qu'elle ne puisse retourner à Césarée. D'ailleurs si elle réussissait à rejoindre son futur époux, m'est avis qu'il lui arriverait quelque accident ou quelque maladie qui l'emporterait dans la tombe. En fait, en capturant cette fille, nous lui sauvons la vie.

– Veux-tu dire que Bérénice...

– Par la Fosse ! Pour défendre son pouvoir, un souverain tient pour rien une vie humaine. Bérénice craint d'être supplantée par une femme jeune et jolie. Ne s'est-elle pas déjà débarrassée habilement de ses sœurs en qui elle voyait des rivales ?

Judith s'était sentie défaillir au point qu'elle dut s'appuyer contre le mur pour ne pas tomber. Elle n'entendit qu'indistinctement la suite de la conversation. Elle revint au milieu de la pièce, rassemblant ses forces pour dominer les sentiments de colère, d'indignation et de désespoir qui agitaient son âme. La porte s'ouvrit et la tête du chef apparut :

– Viens ici ! lança-t-il.

Joseph, fils de Matthias, debout, un bras en travers de la poitrine, le menton appuyé dans la main droite, la contempla d'un air méditatif.

– Cet homme m'a dit qui tu étais. Il doit se trouver de nombreux juifs pour blâmer l'attitude d'Agrippa et t'adresser des reproches. Je ne suis pas de ceux-là. Cependant, je peux t'assurer qu'il est préférable pour toi de ne jamais retourner à Césarée... Ne m'en demande pas la raison. Garde-toi aussi de dire qui tu es, cela t'évitera certainement de nombreux ennuis. Maintenant, je te prie de me suivre. Il n'y a pas de femme dans cette demeure ; pardonne-moi donc de ne pouvoir te donner de sandales ni un vêtement plus correct.

– Je te rends grâce pour cette attention, répondit Judith.

Elle sortit derrière lui, dans la rue ensoleillée et bruyante. Elle n'avançait qu'avec prudence, n'étant guère habituée à aller nu-pieds. Joseph s'arrêta à plusieurs reprises pour l'attendre. Enfin, il frappa à une porte, qu'un serviteur vint ouvrir.

– Énée est-il ici ? demanda-t-il.

– Oui, seigneur.

– Annonce-lui que Joseph, fils de Matthias, désire le voir.

– Entre, seigneur, il va te recevoir tout de suite.

Joseph invita Judith à passer devant lui et ils suivirent le serviteur dans une salle de réception où Énée entra.

– Joseph, mon ami, sois le bienvenu sous mon toit.

– Pardonne-moi de te déranger à l'heure du repas, commença Joseph. Vois-tu cette jeune fille ?

– Est-ce une esclave ?

– Non, c'est une captive. Je ne puis la garder auprès de moi et je voudrais te la confier.

– Si ce n'est que cela, Joseph...

– Non, ce n'est pas tout. Elle risque de tenter de fuir. Or il ne le faut à aucun prix. En outre, il est préférable que nul ne sache qu'elle est sous ta garde.

– Voilà en effet qui complique les choses. Et jusqu'à quand dois-je la garder ?

– Je l'ignore. Toujours, peut-être. Je pensais que tu pourrais la confier à Shéba. Elle est jolie et, une fois lavée et mieux habillée, peut-être pourrait-elle faire une concubine convenable.

Énée ne put s'empêcher de rire, tandis que Judith, à l'idée d'être ainsi livrée à un homme, se sentit rougir de honte et de colère.

– Je doute que Shéba veuille d'elle, objecta Énée.

– Pourquoi ? C'est un jeune et bouillant garçon qui n'a pas d'épouse. Si tu la lui donnais, elle ne risquerait pas de s'échapper.

– Puis-je savoir qui elle est ?

– Il est préférable que tu l'ignores, à moins qu'elle ait l'imprudence de te le dire.

Ces paroles intriguèrent Énée et le mécontentèrent, dans la mesure où Joseph ne semblait pas lui faire une entière confiance. Mais, déjà, le gouverneur saluait Énée et sortait après avoir lancé un dernier regard à Judith.

Énée frappa dans ses mains. Phanias entra peu après.

– Emmène-la aux cuisines et qu'on lui donne à manger et à boire. Aussitôt après, va trouver Shéba pour lui dire que je veux lui parler.

– Tout de suite, seigneur.

De retour dans sa résidence, Joseph examina les richesses accumulées sur les ânes et les mulets, puis il se rendit chez Dassion et Janée, fils de Lévi, deux frères que d'aucuns soupçonnaient d'être favorables à Agrippa avec qui ils avaient eu des relations. Il leur rapporta que des jeunes gens avaient détourné une caravane appartenant au tétrarque, mais qu'il était parvenu à leur faire rendre ces biens ;

aussi venait-il les prier de les conserver par-devers eux. Ensuite, selon la tournure des événements, soit il reprendrait le butin, soit il leur demanderait de se charger de le rendre au tétrarque. Toutefois, il ne leur dit rien de la capture de Judith, jugeant préférable qu'Agrippa continuât d'ignorer que sa fiancée était tombée entre ses mains. Joseph voulait conserver cette prise comme un dernier atout vis-à-vis de Bérénice.

Quand elle fut mise en présence de Milkah, sous l'aspect de Shéba, Judith sentit son cœur bondir, car elle évoqua le jeune guerrier qui l'avait sauvée dans le bois de l'Hermon, sans cependant pouvoir croire qu'il s'agissait de la même personne.

Milkah, quant à elle, fronça les sourcils. Sous ce haillon, en cette esclave sale, les yeux encore rougis des larmes qu'elle avait versées, elle ne pouvait reconnaître Judith. Elle s'approcha de la jeune fille, tourna autour d'elle, enfin soupira :

– Très bien, je vais l'emmener.

– Tu vas suivre ce jeune homme, Shéba ben Nathan, qui est comme mon fils. Ne crains rien, il te traitera bien, lui déclara Énée.

La différence de nom – elle ne connaissait Milkah que sous celui de Jéther –, le fait que Shéba ne portât qu'une tunique et point d'arme, inclinèrent Judith à penser que son nouveau maître n'avait aucun rapport avec son sauveur. Elle s'en réjouit, pensant à la honte qu'elle aurait eu à se retrouver ainsi devant lui alors qu'elle lui avait déclaré être la confidente de la reine Bérénice.

Milkah l'entraîna dans la cour, sauta sur sa monture et se pencha pour l'aider à se hisser en croupe. Elles sortirent de la ville et s'engagèrent sur la chaussée en partie pavée qu'elles quittèrent bientôt pour rejoindre la rive du Jourdain. Milkah arrêta le cheval au bord d'une petite crique bordée d'arbres.

– Descends donc, ôte ce haillon et lave-toi. L'eau n'est pas froide.

Elle sortit d'un ballot, qu'elle avait préparé chez Énée, de la pâte de savon, un linge pour qu'elle sèche son corps, une tunique propre et des sandales.

– Merci, dit Judith en prenant la pâte. Puis-je te prier de te retourner ?

Milkah pivota sur elle-même pour lui tourner le dos. Un clapotis d'eau l'avertit que Judith était entrée dans le courant du fleuve. Elle ramassa des brins d'herbe qu'elle mâchonna, le temps que Judith revienne s'asseoir près d'elle pour lacer les sandales. À l'aide d'un peigne que lui tendit Milkah elle coiffa ses longues mèches emmêlées.

– Je me sens mieux ainsi, soupira Judith.

– Comment es-tu arrivée ici ?

– J'ai été enlevée par des brigands qui m'ont dépouillée de tout ce que j'avais avant de me conduire à un certain Joseph qui m'a confiée à cet Énée, lequel m'a enfin remise entre tes mains. En moins de deux jours c'est déjà beaucoup. Et toi, à qui vas-tu me donner ?

– À personne, Judith.

Elle sursauta.

– Comment connais-tu mon nom ?
– N'es-tu pas la fille de Samuel ben Nathan ?
– C'est exact.
– Comme j'avais entendu dire que tu épousais le roi Agrippa, j'ai hésité à te reconnaître, car je te croyais à Césarée en train de te griser de l'encens des flatteries des courtisans.
– Tu me dis ces paroles sur un ton si méprisant... se plaignit-elle.
– Parce que je méprise la bassesse et que je ne puis porter le moindre respect à ton bien-aimé, le roi Agrippa.
– Il n'a jamais été mon bien-aimé, s'insurgea Judith et c'est bien contre mon gré qu'on veut m'unir à lui. Mais tu ne m'as pas dit comment tu as deviné qui je suis.
– Te rappelles-tu ce jeune homme qui, un soir, dans les bois voisins de Césarée, t'a sauvée d'un homme qui te voulait du mal ?
– Jéther, fils de Qorakh ! s'exclama Judith d'un ton où la joie perçait sous la surprise. Comment aurais-je pu l'oublier ! Alors, c'est bien toi ?
– C'est moi. J'utilisais un autre nom, car j'étais poursuivi par les Romains. Mais toi, pour ta part, tu sembles collectionner les ennuis.
Judith soupira et entreprit de lui narrer sa mésaventure.
– Les gens qui t'ont capturée savaient-ils qui tu étais ?
– Bien sûr.
Milkah resta alors silencieuse et méditative.

Marcus terminait de faire une démonstration et surveillait les exercices d'un petit groupe lorsqu'il vit s'approcher Milkah sur son cheval, portant en croupe une femme dont il ne vit d'abord pas le visage. Démétrios se tenait près de lui, les bras croisés, observant les combattants.
– Voici Shéba qui ramène de la provende pour les soldats, constata Marcus.
Quand Milkah passa la jambe sur l'encolure du cheval pour sauter au sol, ils reconnurent Judith qui, refusant l'aide de Milkah, se laissa glisser à terre.
– Vois-tu ce que je vois ? demanda Démétrios.
– Je crois que nous voyons la même chose et nous avons du mal à en croire nos yeux !
– Et c'est Shéba qui la conduit vers nous !
– Démétrios, cette fille ne m'est plus rien, mais sa présence ici me gêne.
Milkah s'approcha, suivie de Judith ; cette dernière avait aperçu Marcus avant même que Milkah ne sautât du cheval. Le choc en avait été si violent qu'elle s'était sentie rougir et il lui avait semblé que son cœur descendait vers ses genoux. Elle ferma les yeux, prit une large respiration et s'efforça de retrouver son calme.
– Malchios et Démétrios, dit Milkah, Énée m'a demandé de garder cette captive dans notre camp et de la considérer comme notre esclave.

– Shéba, nous ne pouvons pas accepter de femmes ici, commença Marcus en feignant d'ignorer Judith.

– Pourquoi, Malchios, il y a bien Mariamne ?

– C'est l'épouse de Démétrios.

– Et Myrtô ?

– C'est la servante de Mariamne. Elle n'en a pas besoin d'une seconde. Il fit une légère pause et reprit :

– Shéba, je voudrais te parler, viens à l'écart.

L'attitude de Marcus étonna Milkah et irrita Judith, qui ne comprit pas qu'il la méprisât au point de ne même pas la reconnaître. Lorsqu'ils furent suffisamment loin :

– Milkah, lui dit Marcus, tu sais qui est cette femme.

– Est-ce une question ou une affirmation ? demanda-t-elle d'un ton où perçait une certaine surprise.

– Une affirmation. C'est elle que tu m'as dit avoir sauvée de Silas.

– La connaîtrais-tu ?

– Je l'ai rencontrée à Jérusalem, chez Bérénice.

– Tiens, tiens ! tu ne m'en avais jamais rien dit.

– Quelle raison aurais-je eue de t'en parler ?

– Pourquoi as-tu fait comme si tu ne l'avais jamais vue ?

– Parce que... je la méprise.

– Elle n'est pas plus méprisable que n'importe qui d'autre.

– Peut-être. Il n'en reste pas moins qu'il faut la renvoyer à Agrippa ou à son père.

– Impossible, Malchios. Elle a été remise à Énée par Joseph qui lui a demandé de la garder en un lieu d'où elle ne pourrait surtout pas s'enfuir.

– Pourquoi ne l'a-t-il pas alors enfermée dans quelque geôle ! s'exclama Marcus d'un ton irrité.

– Je ne comprends vraiment pas pourquoi tu lui voues tant de haine !

– Je refuse de nous embarrasser d'une captive qu'il faudra surveiller sans cesse. Je t'ordonne de la rendre à Énée ou à Joseph.

– Tu m'ordonnes ? C'est la première fois que je t'entends me parler ainsi. Je peux te répondre d'une manière aussi brutale. Écoute-moi plutôt, au lieu de te laisser emporter par je ne sais quelle rage. D'abord, j'ai accepté cette charge et il m'est difficile de revenir sur ma parole. Mais, une autre raison m'a poussée à la prendre en charge. À part Agrippa lui-même ou Bérénice, ou encore Cestius Gallus que vous avez laissé échapper lors de la retraite de Jérusalem, de quel meilleur otage pourrions-nous disposer ?

– Shéba, je n'aime pas ce mot d'otage. Il respire la lâcheté et la félonie.

– En effet, mais ce n'est pas nous qui sommes allés l'enlever. Elle a échoué entre nos mains et nous serions fous de laisser quelqu'un d'autre l'utiliser à son profit.

Nous pourrions, évidemment, la rendre à son père contre une forte somme, mais nous n'avons pas réellement besoin d'argent. Si par malheur l'un d'entre nous tombait entre les mains de l'ennemi, elle servirait de monnaie d'échange. Ce serait une folie de se défaire d'un tel otage.

Pendant tout le reste de la journée, Judith guetta discrètement Marcus, cherchant vainement une occasion de l'approcher. Elle se retrouva dans la chambre qu'on lui avait assignée, partagée entre la tristesse et une sourde rancœur. L'arrivée de Myrtô apportant une lampe avec son repas fut une intervention agréable. Elle mangea sans grand appétit, puis sortit. Au même instant, Marcus et Milkah descendaient l'escalier qui conduisait à la terrasse. Ils se trouvèrent face à face.

– Oh !... bonsoir, dit-elle d'une voix hésitante. J'allais respirer les odeurs de la nuit... La vie dans le palais d'Agrippa n'était pas toujours gaie mais, au moins, je ne sentais pas peser sur moi ce mépris qui m'enveloppe ici.

– Judith, repartit doucement Milkah, personne ici ne te méprise, mais nos occupations ne sont pas les tiennes. En outre, il est des questions, qui intéressent notre cause, dont nous traitons au cours de nos soirées qu'il serait imprudent de laisser entendre par une personne comme toi qui appartient au parti que nous combattons.

– Penses-tu, Shéba, que je pourrais trahir un secret que j'aurais surpris et qui t'appartiendrait ? Me crois-tu capable d'une telle ingratitude alors que je te dois la vie ?

– Sans doute as-tu une dette de reconnaissance envers Shéba, intervint vivement Marcus, mais pas envers moi ni envers ceux de notre parti. Nous ne pouvons que redouter les indiscrétions d'une femme que chacun sait dévouée à la reine Bérénice et destinée à devenir l'épouse d'Agrippa.

– Mon père a signé, bien contre mon gré, un contrat avec le tétrarque. Mais sache que je n'ai pour cet homme que de l'aversion et qu'il n'a jamais été dans mes ambitions de devenir une reine courtisane de son époux et de Rome.

– Ce ne sont là que des mots. Il me souvient que ton attitude a un jour révélé tes sentiments véritables, qui sont ceux d'une femme ambitieuse. Ce mariage te comble, car il fait de toi l'égale de Bérénice et te confère un titre royal pour lequel bien des femmes sont disposées à s'avilir, à se prostituer.

– Marcus Claudius, tes paroles m'offensent et je ne parviens pas à comprendre quels sentiments te les dictent. Pense ce que bon te semble, mais sois assuré que ton jugement ne répond pas à la réalité et ne fait que me blesser sans t'apporter une quelconque satisfaction. Bonne nuit, Shéba. Pardonne-moi ma colère et bénie soit ta mère !

Sur ces mots, elle rentra dans sa chambre.

Ils regagnèrent la chambre qu'ils partageaient. Milkah regarda Marcus marcher nerveusement avant d'ôter sa tunique et se jeter sur le lit. Elle vint vers lui, se déshabilla lentement et se coucha près de lui, sans un mot. Il chercha sa main dans la pénombre.

– Malchios, dit-elle au bout d'un moment, pourquoi es-tu si nerveux ce soir ? Ton hostilité envers Judith m'intrigue, car elle ne me paraît pas justifiée...

Se plaçant sur le côté, il posa sa main sur sa poitrine qui se soulevait doucement et sous laquelle il sentit battre son cœur.

– Sache qu'un jour, j'ai cru que j'étais amoureux de Judith, sans, d'ailleurs, qu'elle en sache rien, avoua-t-il alors.

– Je m'en suis doutée, Malchios.

– N'es-tu pas jalouse ?

– Pourquoi serais-je jalouse ? Il faut être bien peu sûr de soi pour éprouver un tel sentiment. Te plaît-elle toujours ?

– Comment pourrais-je aimer une autre que toi, maintenant que je t'ai connue ?

– Alors, tu n'as aucune raison de la traiter aussi méchamment, d'autant plus que ton attitude pourrait être attribuée à du dépit.

Sur ces mots, Milkah souffla la lampe et s'enlaça à lui.

Chapitre XXIV

POUR L'AMOUR DE SHÉBA

Dès les premiers jours du printemps, la chaleur devint lourde et moite. Un matin, Mariamne invita Judith à l'accompagner sur les bords du Jourdain pour y passer la journée sous les frais ombrages des arbres. Elles s'installèrent sur l'herbe tendre où elles étendirent des couvertures et prirent un repas froid. Judith profita de ce tête-à-tête pour poser à Mariamne une question qui lui tenait à cœur depuis le jour où elle avait retrouvé Marcus et Shéba.

– Dis-moi, Mariamne, en vérité, qui est ce Shéba ?

Mariamne lui jeta un regard de surprise avant de répondre :

– C'est... le fils d'un homme pieux qui vivait à Engaddi. Il est mort voici un peu plus d'une année, à ce que je crois, et il était comme mon père de race sacerdotale.

– Il me semble très lié à Marcus Claudius. Se connaissent-ils depuis longtemps ?

– Non, depuis quelques mois seulement, mais ils ont vite sympathisé, et Shéba s'est joint à la troupe de Marcus.

– Ni l'un ni l'autre n'ont d'épouse...

– C'est que l'existence qu'ils mènent n'est guère favorable au mariage.

– Tu es bien mariée à Démétrios !

Mariamne fit une pause avant de répondre :

– Éprouverais-tu quelque sentiment pour l'un ou l'autre ?

– Oh ! tu te méprends, Mariamne ! s'exclama Judith avec une vivacité inattendue. Je t'accorde que Marcus Claudius est bel homme, mais je le trouve trop brutal et aussi imbu de lui-même. Quant à Shéba, il a en lui je ne sais quoi de trop féminin qui me surprend d'autant plus que je sais de quoi il est capable.

– Et alors ? En quoi la grâce et la beauté sont-elles opposées à des qualités viriles ? Démétrios m'a expliqué que, chez les Grecs, des hommes comme Alcibiade ou Alexandre étaient réputés pour leur très grande beauté, ce qui ne les a pas empêchés d'être de redoutables guerriers.

– Je sais, mais ils avaient aussi des mœurs fort répandues chez les Grecs, mais en abomination chez nous... Et Marcus Claudius semble plus grec que juif.

Mariamne éclata de rire :

– Il est vrai que nos coutumes réprouvent ce que les Grecs exaltent, mais je me suis laissé dire que bien des hommes de notre nation ne sont pas ennemis des mœurs grecques.

– Je trouve cela détestable.

– Je partageais ton opinion avant que de connaître Démétrios. Depuis il m'a fait comprendre qu'il n'y avait rien de répréhensible dans l'amour des garçons.

– Parce que lui aussi... ?

– Oh, mais, il ne s'en cache pas ! Et Marcus lui-même m'a dit que Gershon, le maître de Shéba, n'était pas amateur de femmes.

– Alors, maintenant je comprends le sens de certains regards qu'échangent Marcus Claudius et Shéba !

– En quoi cela te gêne-t-il ?

– Je suis encore imbue des... disons, si tu veux, des préjugés de notre morale, mais, en effet, cela n'ôte rien à leur valeur guerrière.

– Pas plus qu'à leur valeur humaine.

Lorsque le soleil descendit vers l'horizon, elles repartirent vers le camp. Près de la maison, Milkah devisait avec un homme que Judith ne connaissait pas, Éléazar ben Simon, venu conduire une nouvelle troupe de recrues de Jérusalem. Et, soudain, il lui sembla que son cœur s'arrêtait de battre : debout, légèrement à l'écart, se tenait Silas. Tandis qu'elles passaient, son regard croisa le sien et il tressaillit. Elle se tint raide en s'éloignant. « Serait-il possible que Shéba ne sache pas qui il est ? se demandait-elle. Et lui-même, que fait-il ici ? N'a-t-il pas reconnu Shéba ? » Elle savait Silas trop vindicatif et perfide pour qu'il ne cherchât pas à se venger. Cette pensée la fit frissonner et elle décida de mettre Shéba en garde.

À peine était-elle entrée dans sa chambre qu'elle en ressortit et se posta dans la galerie pour guetter Shéba. Lorsqu'elle l'aperçut il montait vers la terrasse pour prendre le repas du soir avec ses compagnons. Elle attendit avec patience que vint le moment où les convives se séparèrent. Elle vit descendre les hommes, chacun portant sa lampe. Marcus, Shéba, Démétrios, Mariamne et David accompagnèrent leurs hôtes jusqu'au seuil de la demeure où ils se séparèrent. Une fois de retour dans la cour Démétrios et Mariamne se dirigèrent d'un côté, Shéba, Marcus et David d'un autre. Judith ignorait où se trouvaient leurs chambres. Aussi les suivit-elle dans l'intention d'aller frapper à la porte de la chambre de Shéba. Ils s'arrêtèrent devant une porte par laquelle disparut David, puis Shéba et Marcus s'enfoncèrent dans la galerie obscure. Ils s'arrêtèrent devant la porte suivante et entrèrent ensemble dans la pièce. Judith attendit un instant. Sous la porte se glissait un rai de lumière qui, soudain disparut. Ainsi avaient-ils soufflé leurs lampes et personne ne sortit. Judith poussa un soupir et regagna sa chambre à tâtons. Elle ne pouvait plus douter :

ils partageaient la même chambre et sans doute la même couche si elle en jugeait à ce que lui avait appris Mariamne. Un étrange sentiment, encore innommé, s'était emparé d'elle : n'était-ce pas cela, la jalousie ? Cette impression désagréable qu'un autre jouissait d'un bien qu'on désirerait être à soi ? Mais de qui était-elle jalouse ? De Shéba ou de Marcus ? Elle se surprit à ne pas pouvoir se prononcer, ce qui augmenta son irritation mais aussi son désarroi.

Le lendemain matin, Myrtô vint lui demander, de la part de Mariamne, si elle désirait comme la veille passer la journée au bord de la rivière.

– Dis à ta maîtresse que je m'habille en hâte et que je l'accompagne avec plaisir.

Lorsqu'elle fut prête, elle sortit dans le jardin et du regard chercha Shéba parmi les hommes qui avaient repris leur entraînement.

– Tu sembles chercher quelqu'un, lui dit Marcus qui se planta devant elle.

Elle ne put dissimuler le trouble que provoqua en elle cette rencontre inopinée.

– Tu ne te trompes pas, assura-t-elle après avoir marqué une brève hésitation. Je voulais parler à Shéba.

– Il est allé en ville, dès la première heure, avec David.

– Ah !...

– Tu as l'air déçue.

– N... Non... ou plutôt oui. Je voulais lui apprendre un fait de la plus haute importance.

– De quoi s'agit-il ?

– C'est une chose qui concerne Shéba.

– Est-ce grave ?

– Très grave.

– À ce point ? Alors, il faut que tu me le dises, car tout ce qui concerne Shéba me touche au plus haut point.

– Sache donc que Shéba court un très grave danger. Parmi les hommes qui sont arrivés hier, il en est un qui est disposé à le tuer s'il en trouve l'occasion. Cet homme est un fourbe, un traître qui n'hésitera pas à utiliser tous les moyens pour parvenir à ses fins.

– Voilà une étrange révélation, répliqua-t-il, sur un ton qui sembla railleur à Judith.

– Je vois que tu ne me crois pas. Mais je t'en prie, mets Shéba en garde.

– Portes-tu une telle affection à Shéba pour t'alarmer à ce point ?

– Je lui dois toute ma reconnaissance et j'éprouve pour lui des sentiments qui vont au-delà d'une simple gratitude.

En parlant ainsi, Judith se sentit rougir, mais elle ne détourna pas les yeux de Marcus, qui la regardait avec une attention soutenue.

– Je l'avertirai, assura-t-il.

– Je me rends au bord du fleuve en compagnie de Mariamne. S'il veut venir m'y retrouver...

Sur ces mots, elle s'éloigna à la hâte. Mariamne l'attendait devant la maison. Elles se mirent en route, suivies de Myrtô qui portait son enfant. Les paniers contenant le repas avaient été chargés sur un âne que Mariamne tenait au bout d'une longe.

Elles passèrent la matinée à bavarder et à laver du linge. Après le repas, la chaleur se faisant particulièrement oppressante, elles s'allongèrent pour faire une sieste. Judith, ne parvenant pas à trouver le sommeil, se leva et alla se promener le long de l'eau. Elle songeait à Shéba et à Marcus, sans réussir à discerner la nature des sentiments qui l'inclinaient vers chacun d'eux. Soudain, elle s'arrêta net : devant elle se dressait Silas.

– Judith ! s'exclama-t-il d'une voix rauque, je t'en prie, écoute-moi.

– J'ai déjà eu le tort de t'écouter une fois.

– Ne me condamne pas avant de m'avoir entendu.

Il fit un pas. Elle recula.

– Reste où tu es. Je t'interdis de m'approcher.

– J'ai appris qu'on te retenait comme otage alors qu'à l'heure qu'il est tu devrais siéger sur un trône au côté d'Agrippa.

Il fit une pause, attendant d'elle une approbation, mais elle resta silencieuse.

– Judith, ici, ta vie est sans cesse menacée. Les Romains vont venir en force, on n'en peut douter, et, si ceux qui te tiennent captive sont vaincus, ce qui est certain, ils n'hésiteront pas à te tuer.

– Tu te moques de moi, Silas !

– Je n'invente rien, Judith. Voici ce que je viens te proposer : je t'aide à fuir et à rentrer à Césarée.

– Comment peux-tu espérer que je te fasse encore confiance ?

– Tu n'as rien à craindre. Notre cause, je veux dire celle des juifs révoltés, est perdue d'avance. Si je te ramène auprès d'Agrippa, je te demande simplement, en contrepartie, d'intervenir auprès de lui pour qu'il me pardonne et me réintègre dans mon ancienne condition.

– Si je comprends bien, tu te prépares à trahir tes nouveaux compagnons ! Et tu comptes sur moi pour t'aider. Malheureusement pour toi, Silas, je suis tout à fait satisfaite de mon sort et je ne veux surtout pas retourner à la cour d'Agrippa. Mais si j'avais vraiment envie de m'enfuir, ce ne serait certainement pas avec toi.

– Toujours aussi pleine de morgue ! Tes paroles pourraient te coûter la vie !

– Peut-être, mais je préfère la mort à ce que tu me proposes là. Disparais, Silas, et moi, je tâcherai d'oublier que tu m'as encore importunée, car, si je rapportais à tes compagnons le discours que tu viens de me tenir, ta vie ne vaudrait pas cher. Tu peux tirer ton épée et chercher à me tuer, mais c'est toujours mon mépris que tu recueilleras.

– Je ne vais pas te tuer, Judith, ce serait trop facile. Mais un certain Jean de Giscala et son ami Jésus, fils de Saphas, seraient ravis de faire de toi le jouet de leurs soldats. Voilà qui rabaisserait ton caquet. De gré ou de force, tu vas donc me suivre. Je suis certain que nous serons joyeusement accueillis.

Il fit quelques pas vers elle, prêt à bondir, puis s'arrêta net : un javelot vint se planter à ses pieds. Il se tourna vers l'orée du bois d'où surgirent Milkah, Éléazar ben Simon, Marcus et Démétrios.

– Silas, déclara Milkah tout en marchant, tu as oublié que tu as des comptes à me rendre. J'étais certain que tu préparais une nouvelle trahison.

Elle se tourna vers Éléazar :

– Je crois que, maintenant, ta religion est faite, Éléazar. Un traître reste un traître... Oui, Silas, nous te surveillons depuis hier et nous t'avons laissé croire que nous nous absentions toute la journée pour laisser libre champ à tes machinations. Tu t'es jeté tête baissée dans le piège.

L'ancien conseiller d'Agrippa était resté immobile, la main posée sur le javelot. Soudain, il arracha l'arme et la projeta contre Milkah qui, s'attendant à cette réaction, avait sauté de côté et saisi l'arme au vol.

– Décidément, Silas, tu manques de rapidité. Voyons si tu seras plus habile à l'épée.

Silas jeta un regard sombre à Milkah en plissant les paupières. D'un geste brusque, il dégaina et se jeta sur elle en poussant un grand cri. Son épée siffla et s'abattit dans le vide : Milkah avait sauté de côté et son pied atteignit les reins de Silas qui fit quelques pas en titubant. Lorsqu'il se retourna, Milkah avait tiré son épée avec laquelle elle zébra l'air avant de charger avec tant de vigueur que Silas céda et se jeta derrière un arbre. Le combat fut aussi violent que bref. Sans laisser un instant de répit à Silas, Milkah attaquait avec une vigueur sans cesse renouvelée, jusqu'au moment où, l'ayant désarmé, elle l'accula contre un arbre. Silas resta figé, les yeux exorbités baissés vers la pointe du glaive pressé contre sa poitrine. Alors, Éléazar intervint :

– Fais-lui grâce. Cet homme a combattu pour notre cause aux côtés de Jean et de Niger et il a reçu plusieurs blessures.

Milkah hésita un instant avant de rengainer son arme.

– Je ne voudrais pas souiller cette lame d'un sang aussi vil, déclara-t-elle. Va-t'en et ne reparais jamais à nos yeux.

Silas courba la tête et s'éloigna d'un pas lent jusqu'à son cheval attaché à un arbre voisin. Milkah et Éléazar le suivaient à une courte distance. Il sauta à cheval et se retourna : subitement, de sa main jaillit un court poignard qui vint se ficher profondément au-dessus du sein gauche de Milkah qui, croyant l'autre désarmé, ne se tenait plus sur ses gardes. Talonnant aussitôt sa monture, il partit au galop. Éléazar avait reçu dans ses bras Milkah dont la tunique s'imprégnait de sang. Marcus et les trois femmes s'étaient précipités tandis que Démétrios prenait Silas en chasse ; mais n'ayant ni cheval, ni arc il dut se résigner à le voir disparaître sur la route de Tarichée.

Milkah, sans connaissance, fut ramenée au camp. Le médecin appelé à son chevet constata qu'aucun organe vital n'avait été touché par la lame, mais elle avait perdu énormément de sang.

Pendant les deux premiers jours, Marcus veilla Milkah sans prendre de repos. Au début du troisième jour, il ne trouvait plus la force de dominer sa fatigue lorsqu'on frappa à la porte. Judith entra :

– Pardonne-moi de m'imposer, dit-elle à voix basse. Permets-moi de te relayer. Je me sens responsable de ce qui est arrivé...

– Shéba avait un compte à régler avec ce chacal, et il l'aurait provoqué un jour ou l'autre.

– Peut-être. Cependant, l'affection que je porte à Shéba me conduit à vouloir vous aider dans la mesure de mes faibles moyens. Ici, je me sens tellement inutile ! Je pourrais ainsi servir à quelque chose.

Marcus était trop las pour refuser. Il alla dormir dans une chambre voisine, tandis que Judith s'installait au chevet de Shéba. Elle surveillait sa respiration, régulière, mais d'une faiblesse extrême.

Pendant plusieurs jours, Milkah resta en suspens entre la vie et la mort. Chaque matin, le médecin, avec l'aide de Mariamne, renouvelait ses pansements et lui donnait des décoctions à boire. C'était un Grec converti, qui avait été attaché au camp de Gershon et pratiquait les méthodes de l'école hippocratique de Cos. Durant tout ce temps, Milkah resta fiévreuse, dans un état de langueur excessive puis, son sang se reconstituant, sa vigueur reprit le dessus. Elle fut bientôt déclarée hors de danger. Néanmoins, bien qu'elle ait retrouvé la conscience des choses, elle resta couchée tout le mois qui suivit, ne récupérant que lentement ses forces. Le dévouement de Judith qui passait le plus clair de son temps à la veiller, à l'aider à manger et à lui faire la lecture força l'admiration de Marcus, retenu par l'impérieuse nécessité de l'entraînement des hommes du camp.

Chaque soir, Marcus faisait part des nouvelles de la journée à Milkah, qui s'irritait de son inaction forcée. Dans le courant du mois de mai, Vespasien était entré en Galilée à la tête d'une puissante armée après une tentative vaine, par l'un de ses officiers, Placide, de reprendre Iotapata. Il avait dû se retirer devant la défense opiniâtre des habitants.

L'armée romaine comprenait les cinquième, dixième et quinzième légions, trois des meilleures de l'Empire, selon Marcus, vingt-trois cohortes de fantassins légers et six ailes de cavalerie. De plus, elle avait reçu en renfort les troupes alliées envoyées par le roi Malk d'Arabie, les rois Sohème et Antiochus et les troupes d'Agrippa, ce qui faisait un total de soixante mille hommes.

Lorsque Milkah apprit la nouvelle, elle voulut se lever ; elle repoussa les draps et se mit sur ses pieds, mais chancela et serait tombée si Marcus et Judith ne s'étaient précipités pour la retenir.

– Nous n'avons pas encore élaboré de stratégie, déclara alors Marcus. Joseph est à Iotapata, le principal verrou sur la route de Galilée. Je ne sais combien de temps il pourra résister. Ton ami Josué, fils de Tobie, va s'établir avec ses hommes à Tibériade mais, si, comme nous le redoutons, la ville est indéfendable, il se repliera sur Tarichée. Tout cela nous laisse un répit d'au moins deux mois. Ainsi auras-tu le temps de retrouver tes forces. Nous ne conservons avec nous que la troupe venue de Massada, avec laquelle nous irons vraisemblablement prendre position à Gamala, la place la plus forte de la région. Ce sera notre dernier refuge en Galilée. Pour le reste, nous nous en remettrons à la volonté de Dieu, si tant est qu'il s'intéresse à nos petites affaires.

Marcus effleura d'une caresse la joue de Milkah et sortit. Dès qu'il fut dehors, Judith vint s'agenouiller à son chevet.

– C'est terrible ! s'exclama-t-elle.

– Nous l'attendions d'un jour à l'autre. Pour toi, ce n'est pourtant pas si terrible.

– Pourquoi dis-tu cela, Shéba ?

– Il est vrai que tu crains pour ta vie si tu retournes à Césarée.

– Non, Shéba, ce n'est plus cela que je redoute désormais. Mariamne m'a assuré que si, comme elle, je m'éprenais de l'un des hommes de votre parti, votre cause me paraîtrait la plus juste du monde, la seule vraie pour laquelle on est prêt à sacrifier sa vie. Moi aussi, maintenant, je suis convaincue qu'elle a raison.

Milkah se tourna vers elle. Son regard la troubla tant qu'elle baissa les paupières et rougit.

– Judith ! s'exclama Milkah, je cherche à comprendre. Te sentirais-tu quelque inclination pour l'un d'entre nous ?

– Shéba, ta question me met dans le plus grand embarras.

– Je ne vois pas pourquoi Judith ? Je sais avec quelle constance tu m'as veillé ces derniers temps. Il s'est tissé entre nous des liens d'amitié et de compréhension qui font que tu es devenue pour moi une sœur. N'hésite pas à te confier à moi.

– Shéba, tu viens de prononcer des paroles qui devraient me réjouir et qui, pourtant, me chagrinent : ne verrais-tu en moi qu'une sœur ? Je voudrais être ton esclave ou, plus encore...

En parlant ainsi, elle avait saisi la main pâle de Milkah et la porta à ses lèvres.

– Judith ! s'étonna Milkah. Oh ! Judith ! Que me dis-tu là ? Dois-je vraiment comprendre que tu voudrais être pour moi...

La jeune fille cacha son visage empourpré de confusion contre les paumes de Milkah.

– Pauvre Judith ! Comment as-tu pu t'éprendre ainsi de moi ? Je n'ai pourtant rien fait pour me rendre aimable à tes yeux. Mais c'est un amour impossible.

– Pourquoi ? Oh ! pourquoi ? protesta-t-elle avec feu...

Elle leva les yeux sur Milkah qui baissa les siens sans pouvoir cacher son embarras.

– Tu ne dis rien... reprit Judith après un silence.

– Judith, j'aurais aimé pouvoir répondre à ton amour. Malheureusement je ne pourrais t'aimer que comme une sœur.

– Je ne te plais donc pas du tout ? demanda-t-elle avec une coquetterie naïve.

– La question n'est pas là. Tu es très belle et j'ai plaisir à te regarder.

– Alors, tu aimes quelqu'un d'autre ?

– Tu ne te trompes pas, Judith, mais ce n'est pas la seule raison.

Milkah se redressa et détacha le turban d'où surgit son opulente chevelure. Elle secoua la tête pour aider les boucles à se déployer sur ses épaules et dans son dos. Judith la considéra avec des yeux agrandis par la stupeur :

– Tu le vois : comme toi, je suis une femme.

– Mais alors, la personne que tu aimes ?...

– J'aime Marcus, Judith, et je suis sa femme.

Bien qu'elle s'attendît à une telle réponse, Judith pâlit et esquissa un mouvement de recul ; Milkah lui prit vivement la main.

– Es-tu tellement déçue ? demanda-t-elle.

Judith s'assit au bord du lit et, la tête contre l'épaule de Milkah, elle se mit à pleurer en silence, submergée par elle ne savait quelle émotion au fond de laquelle se confondaient l'attrait qu'elle avait éprouvé pour Marcus, et qui sommeillait toujours en elle, et le sentiment étrange et nouveau qu'elle nourrissait pour Shéba, et que cette soudaine révélation n'avait pas détruit pour autant. Mais peut-être que ce qui provoquait en elle le chagrin le plus profond était la certitude de l'impossibilité de ces amours.

Marcus rentra le soir même de Tarichée avec un air soucieux. Il avait été décidé que lui-même ainsi que Démétrios partiraient dès le lendemain avec toutes leurs forces, c'est-à-dire environ cinq cents cavaliers. Ils devaient aider Joseph, assiégé dans Iotapata, en faisant diversion par des attaques contre le camp romain. Milkah resterait avec Judith, Mariamne, Myrtô et David.

Avant que huit jours ne se fussent écoulés, Milkah recommençait à monter a cheval. Suivant les instructions de Marcus, elle entraînait les femmes chaque jour dans de longues courses à travers la campagne. Judith montait déjà parfaitement et Mariamne et Myrto firent preuve de courage et de constance.

Un mois plus tard, Marcus, Démétrios et leurs compagnons étaient de retour. Ils étaient las, couverts de poussière, leurs vêtements en lambeaux.

– Iotapata ? interrogea anxieusement Milkah.

– À l'heure qu'il est, elle est sans doute prise. Nous avons dû fuir, pourchassés par deux ailes de cavalerie.

Marcus se tourna vers Sérapion pour lui ordonner d'emmener leurs compagnons au bord du fleuve afin de se laver et de baigner les chevaux. De son côté Mariamne appela Myrtô pour qu'elle apporte des boissons, puis Marcus commença son récit.

– Quand nous sommes arrivés, la ville était déjà entièrement investie par l'armée romaine. Iotapata est solidement assise sur un piton rocheux et bien fortifiée. Pendant cinq jours les Romains avaient attaqué en vain les murs derrière lesquels les nôtres se défendaient avec vigueur. Vespasien entreprit alors d'élever une terrasse du côté le plus aisé à aborder, afin que ses soldats combattent de plain-pied. Il envoya ses hommes chercher du bois et de la pierre dans les collines alentour. C'est là que nous sommes intervenus, harcelant les travailleurs et ne battant en retraite que lorsque la cavalerie chargeait.

« De leur côté, les gens de Iotapata lançaient toutes sortes de projectiles et tentaient d'audacieuses sorties, en particulier contre les machines de guerre qui faisaient des ravages dans leurs rangs. On en a compté jusqu'à cent soixante ! Ne pouvant empêcher la construction de cette terrasse qui allait bientôt parvenir à la hauteur des remparts de la ville, Joseph a alors fait élever un mur sur les remparts pour continuer de dominer l'ennemi. Pour protéger ses hommes des traits des Romains, il a fait dresser de hauts poteaux de bois entre lesquels on a tendu des peaux de bœufs fraîchement écorchés. Elles amortissaient le choc des pierres tandis que l'humidité les rendait insensibles aux flèches enflammées. Sa terrasse étant devenue inutile, Vespasien s'est décidé à réduire la ville par la soif. Mais nous sommes intervenus. Vers l'ouest, la ville domine un ravin si escarpé que les Romains avaient négligé de le garder. Nous avons profité de la nuit pour y faire passer, à l'aide de cordes, une grande quantité d'outres remplies d'eau.

– Oui, intervint Démétrios, Marcus nous a fait revêtir des peaux de bêtes et marcher à quatre pattes pour traverser les lignes romaines afin que, de loin, les sentinelles nous prennent pour des chiens ou des bêtes errantes.

– Je me suis souvenu de la ruse d'Ulysse qui fuit avec ses compagnons l'antre du Cyclope en se dissimulant sous le ventre des moutons, précisa Marcus, qui poursuivit :

– L'obscurité et la fatigue des veilleurs nous ont été de précieux complices. Quoi qu'il en soit, je me suis introduit dans la cité avec quelques compagnons, tandis que Démétrios continuait de tenir la campagne. Joseph était pessimiste et semblait décidé à abandonner la ville pour lui éviter d'être détruite par les Romains. Mais les habitants vinrent en foule le conjurer de ne pas les abandonner. Il se résigna à rester parmi eux, mais il les incita à combattre avec plus d'acharnement que jamais. Aussitôt, il les entraîna dans des sorties meurtrières au cours desquelles le camp romain et les machines de guerre furent en partie incendiés.

« Devant ces assauts désespérés qui leur causaient de lourdes pertes, les Romains ont commencé à céder du terrain. Néanmoins, nous n'étions pas assez nombreux pour pouvoir réellement gagner des positions et disloquer leurs rangs.

Chaque attaque occasionnait de si lourdes pertes que Joseph a préféré revenir à une stratégie défensive. J'ai alors décidé de retourner auprès de Démétrios, dans l'intention de rassembler à Tibériade une troupe assez nombreuse pour prendre les Romains de revers. Nous avons profité d'une nuit obscure, pour quitter la ville, mais, en traversant les lignes ennemies nous avons été découverts et harcelés. J'ai perdu alors presque tous mes compagnons et nous aurions été tous pris ou tués si Démétrios n'était intervenu avec ses cavaliers.

– Dans l'état actuel des choses, conclut Milkah, nous ne pouvons que nous fortifier dans les cités pour obliger les Romains à entreprendre des séries de sièges qui les affaibliront et altéreront le moral de leurs combattants. Il y a en Galilée suffisamment de places fortes pour les occuper jusqu'au seuil de l'hiver. D'ici là, ceux de Jérusalem auront le temps de se ressaisir et de se préparer à résister plus sérieusement lors de la prochaine campagne de printemps.

– Je propose que nous prenions quelques jours de repos ici. Nous nous retirerons ensuite à Gamala pour observer l'évolution de la situation. Nous aurons certainement à y soutenir un siège très dur auquel il faut se préparer.

Milkah se leva alors :

– En attendant, nous allons mettre de l'eau à chauffer pour préparer des bains pour nos hommes qui en ont bien besoin.

Tandis que Mariamne s'occupait de Démétrios, Milkah avait entraîné Marcus dans leur chambre où il s'installa dans une large vasque pour se laver. Elle l'aida à s'essuyer avec un ample linge. En lui frottant la nuque, elle se décida à lui avouer :

– Sais-tu que Judith est tombée amoureuse de Shéba ?

Marcus éclata de rire.

– Malchios, ne ris pas ainsi. J'ai dû lui dire qui je suis réellement.

– Lui as-tu dit que nous étions mariés ?

– Oui ! Elle ne m'a pas caché le chagrin que lui causait cette révélation, mais cela n'a pas changé ses sentiments.

– Si je comprends bien, c'est pour l'amour de toi qu'elle veut s'enfermer dans Gamala avec nous.

– Il y a sans doute de cela, mais aussi elle ne peut plus que se rattacher à nous depuis qu'elle sait que rentrer à Césarée signifierait pour elle une mort prochaine.

Milkah soupira :

– Tu m'as bien manqué pendant tous ces jours. Je me faisais du soucis pour toi, comme les simples femmes qui savent leur époux à la guerre. Je n'avais encore jamais éprouvé une telle angoisse.

– Pour moi, avoua Marcus, il ne s'est pas passé un instant sans que ton image ne m'ait accompagné. Nous n'avons uni nos destins que depuis peu de mois et, déjà, ta présence m'est devenue tellement nécessaire que lorsque j'ai combattu sans toi à mon côté j'étais désemparé. Quand tu es près de moi, je me sens capable de vaincre toute une armée.

– Merveilleux, mon Malchios ! À nous deux nous mettrons en déroute les légions de Vespasien... David n'en doute pas.

Ils se mirent à rire, mais elle s'assombrit aussitôt après :

– Hélas ! soupira-t-elle. J'ai le sentiment que le temps des rires est passé et que ce sont les larmes qu'apportent les légions de Rome contre lesquelles se brisera notre courage. C'est bien à nous que peut s'appliquer le proverbe : « Même dans le rire, le cœur est triste et toute joie se perd dans la douleur. »

Elle se laissa tomber sur la couche et leva son regard clair et grave vers Marcus qui se pencha au-dessus d'elle.

– Mon aimée, perle de mes yeux, ne t'attriste pas ainsi. Songe que la vie s'ouvre devant nous, que le Seigneur t'a bénie en te donnant la beauté et la vigueur, et qu'il est bon que tu profites de l'instant qui passe lorsqu'il est encore chargé de bonheur.

Un sourire éclaira le visage de la jeune femme. Elle unit ses doigts derrière la nuque de Marcus et l'attirant contre elle, elle ferma les paupières.

– Tu as raison, savourons la douceur de l'instant présent car nous ignorons de quoi demain sera fait.

Chapitre XXV

LA CHUTE DE IOTAPATA

Après quelques jours de repos, Marcus, anxieux d'avoir des nouvelles de Iotapata, alla jusqu'à Tibériade en compagnie de Milkah et de quelques hommes. Il envoyait chaque jour des éclaireurs vers la Galilée occidentale. Iotapata résistait encore, mais Joppé était tombée. Vespasien y avait envoyé Trajan, l'un de ses meilleurs officiers, à la tête de deux mille hommes à pied et de mille cavaliers. Dès la première rencontre il avait mis en déroute les gens de Joppé et les avait traqués jusqu'à l'intérieur de la première enceinte de la ville. Les portes des remparts intérieurs ayant été fermées par les habitants restés dans la cité, les Romains avaient massacré tous ceux qui avaient été pris dans cette souricière. Afin de laisser l'honneur de la victoire à son chef, Trajan avait prié Vespasien d'envoyer son fils Titus afin d'enlever la ville. Titus s'y était aussitôt porté avec mille fantassins et cinq cents chevaux. Aussitôt après, les Romains montaient à l'assaut des murs défendus principalement par les femmes, les vieillards et les enfants. Pendant six heures ces guerriers improvisés avaient tenu tête aux légionnaires, défendant pied à pied chaque rue, se réfugiant sur les toits pour accabler l'assaillant de pierres et de traits. Tous ceux qui portaient des armes avaient été massacrés. Presque toute la population périt ainsi, excepté quelque deux mille enfants et femmes qui furent réduits en esclavage.

Le même jour, ils apprirent que Céréalis, tribun de la cinquième légion, s'était porté contre les Samaritains envers lesquels les juifs montraient une vive animosité bien qu'ils partageassent les mêmes croyances. Au nombre de onze mille six cents, ils s'étaient rassemblés sur la montagne sainte de Garizim. Céréalis les avait enfermés dans un retranchement dont il fit le siège. Jugeant bientôt de l'extrémité dans laquelle ils se trouvaient du fait du manque d'eau, le Romain les exhorta à se rendre. Mais ils s'obstinèrent dans une vaine résistance et Céréalis ordonna l'assaut. Pas un seul ne survécut au massacre qui s'ensuivit.

En revenant de Tibériade, Marcus et Milkah s'arrêtèrent chez Énée où ils passèrent la nuit tandis que leur escorte rentrait au camp. Après avoir rapporté à Énée les dernières nouvelles, Milkah lui suggéra de chercher refuge à Jérusalem car, après la chute imminente de Iotapata, les Romains se porteraient certainement contre Tibériade et Tarichée.

– Milkah, chère enfant ! s'exclama Énée, que me proposes-tu là ? Certes, je sais que c'est l'affection que tu me portes qui te dictes tes paroles mais, après m'avoir narré les actions héroïques des gens de Joppé et des Samaritains, après m'avoir appris que vous alliez vous enfermer dans Gamala afin d'y fixer les Romains, comment peux-tu me proposer de chercher ma propre sécurité à Jérusalem ? Non, mon enfant, nous sommes entre les mains de l'Éternel et s'il a décidé notre perte, c'est en vain que nous chercherions ailleurs le salut. Ici est ma demeure, ici je vieillirai ou je périrai.

Iotapata tomba une semaine plus tard. C'est Simon ben Gorion, l'un des gardes de Joseph, qui vint directement en aviser Shéba et Marcus. Il arriva un soir au camp, sale, hâve, en haillons. On commença par le réconforter, on lui prépara un bain, et des vêtements propres, puis, après le repas pris sur la terrasse, il fit le récit de la fin de Iotapata :

– Marcus Claudius, le lendemain de ton départ les Romains ont réussi à mettre en place un énorme bélier, dont le corps était une poutre pareille à un mât de navire et l'extrémité une énorme masse de métal. Ainsi suspendue à de solides câbles, la machine commença de battre la muraille avec une violence telle que nous redoutâmes qu'elle n'eût tôt fait de la démanteler. Joseph répliqua en descendant par des cordes des sacs remplis de paille contre lesquels heurtait le bélier et dont ils amortissaient les chocs. Mais les Romains ripostèrent en tranchant les cordes avec des faux. Nous avons alors utilisé la poix et le feu pour incendier les machines de siège établies sur la terrasse élevée par les Romains. Shiméa, fils d'Éléazar, que vous connaissez, et qui est d'une force prodigieuse, profita alors de la mêlée pour projeter sur la tête du bélier une si lourde pierre que la poutre en fut rompue, puis il a bondi parmi les Romains, les a dispersés à coups de poing, s'est saisi de la tête du bélier et, la soulevant dans ses bras, il est remonté sur le mur bien que percé de cinq traits ! Mais là, ses forces le trahirent, car il perdait du sang en abondance et il retomba du haut du rempart, la tête la première, sans cependant lâcher la tête du bélier.

Les auditeurs ne purent s'empêcher d'applaudir en louant l'héroïsme de Shiméa, puis Simon poursuivit aussitôt après :

– Mais ce n'est pas tout, mes amis. Dans le même temps, Joseph avait ordonné une sortie. Or, dès que les portes furent ouvertes, Nétiras et Philippe, deux frères originaires de Ruma, en Galilée, se précipitèrent contre les soldats de la dixième légion avec une telle fougue qu'ils rompirent leurs rangs et mirent en fuite tous ceux qui s'opposaient à eux : jamais on aurait pu imaginer que deux hommes puissent faire un pareil massacre d'ennemis !

« À la tête d'hommes décidés, dont j'étais, Joseph profita du désarroi des Romains pour mettre le feu aux machines de guerre et pour détruire tous les travaux entrepris par les légionnaires. Ah ! mais ces Romains sont irascibles ! le soir même ils avaient rétabli le bélier et ils recommençaient à battre les murs. Nous reprîmes espoir quand, le lendemain, nous vîmes que Vespasien lui-même, qui d'ailleurs ne se ménageait pas plus que ne le faisait Joseph, avait reçu une flèche dans le pied. Une sorte de panique sembla alors s'emparer des Romains dont certains allèrent jusqu'à quitter leur poste pour se rendre aux nouvelles. Mais le répit fut de courte durée car le général romain qui avait montré sa blessure à ses hommes les incita à combattre avec plus d'ardeur encore. Ils montèrent alors à l'assaut.

« Malgré leur zèle nous les repoussâmes mais, aussitôt après, les machines se mirent de nouveau en action, battant nos murs et nous accablant de traits. J'ai été le témoin de faits atroces que j'hésite même à vous rapporter ; mais peut-être dois-je le faire pour vous montrer l'effet horrible de ces machines. Ainsi, un homme qui se tenait sur le rempart, entre Joseph et moi, reçut une pierre qui lui arracha la tête, qu'on a retrouvée à trois stades de là ! Pis encore : une femme combattait auprès de nous, bien qu'elle fût enceinte ; or une pierre la frappa au ventre, traversa son corps et emporta à un demi-stade l'enfant qu'elle portait ! Le shéol n'est pas pire ! partout ruisselait le sang, partout gisaient des corps et des membres épars. Il y avait tant de morts que, pour ne pas empuantir la ville, nous jetions les corps par-dessus le rempart. Mais en certains endroits un si grand nombre s'y trouvait entassé, que les Romains les escaladèrent pour parvenir jusqu'à la crête du mur. Une odeur âcre et fade de fumée, de sang, de cadavres, de terre, de poussière, nous prenait à la gorge, mais le pire était le bruit : les sifflements des traits, les vrombissements des machines de siège et de leurs projectiles, les gémissements des blessés, les cris des combattants, les hurlements des femmes dans la ville, les appels des trompes, tout cela faisait un vacarme, tant le jour que la nuit, si bien qu'on ne parvenait pas à trouver le sommeil malgré une extrême fatigue.

« Le combat dura toute la nuit. Le matin le bélier avait percé une grande brèche dans la muraille. Alors les trompettes des légions donnèrent le signal de l'assaut général. Les archers arabes et les Syriens tirèrent tant de flèches vers nous que le soleil en fut obscurci. Les légionnaires en profitèrent pour jeter des ponts, mais nos hommes, protégés par leurs boucliers, marchèrent en rang serré contre eux. Cependant, à mesure que nous repoussions les Romains, d'autres les remplaçaient, comme les vagues de la mer qui, sans jamais se lasser, viennent se briser sur les rivages. Nous dûmes reculer et déjà les Romains prenaient pied dans la brèche lorsque Joseph ordonna de leur verser du haut des tours de l'huile bouillante dont nous disposions en quantité. Ce moyen de défense est atroce car l'huile pénètre dans les cuirasses et sous les casques et dévore la chair comme une flamme vive ; c'est la raison pour laquelle Joseph l'avait réservé pour le cas où nous serions réduits à une telle extrémité. Cependant, bien que leurs rangs aient été ainsi disloqués, les Romains ne cessaient de monter à l'assaut. Nous avons alors semé sur les ponts du sénevé cuit, ce qui les a rendus si glissants qu'on ne pouvait plus s'y aventurer. Enfin, Vespasien a dû se résigner à faire sonner la retraite!

« Après cet échec, les Romains ont repris les travaux de siège. Ils ont commencé par rehausser les plates-formes sur lesquelles ils ont dressé de hautes tours de bois bardées de fer; ils les chargèrent ensuite d'archers, de frondeurs et de légères machines de jet avec lesquelles ils nous accablèrent de traits.

« Pendant quarante-sept jours nous avons ainsi résisté. Or, nous l'avons appris plus tard, un transfuge se fit conduire auprès de Vespasien, lui fit savoir que nous n'étions plus guère en état de résister et il lui indiqua un point par où attaquer vers l'heure qui précède l'aube, au moment où la fatigue terrasse même les veilleurs et où le sommeil est le plus profond. Ainsi, Titus en personne, à la tête de quelques soldats, prit pied sur le mur à l'endroit désigné par le traître; ils ont égorgé les sentinelles et se sont rendus maîtres d'une tour puissante par où Sextus Céréalis et Placide ont pénétré dans la ville. Comme si le Seigneur prenait le parti des ennemis, un brouillard épais nous cacha l'entrée des Romains. Rendus furieux par l'acharnement de notre résistance ils se répandirent dans les rues et se mirent à massacrer la population, jetant les uns du haut des terrasses, perçant les autres de leurs épées, violant et éventrant les femmes, égorgeant les enfants. Un grand nombre des nôtres préférèrent tuer leurs familles pour éviter les supplices que leur réservaient les vainqueurs, avant de se donner la mort de leur propre main. Ce jour-là, tous ceux que rencontrèrent les ennemis ne purent trouver le salut. Plus de quarante mille personnes ont ainsi péri pendant le siège.

« Le lendemain, leur fureur s'étant apaisée, les Romains découvrirent dans les caves et les grottes de nombreux fugitifs; seuls les enfants et les femmes, au nombre de douze cents, furent épargnés et réduits en esclavage.

– S'il en a été ainsi, intervint alors Milkah, je pense que mes amis partagent mon impatience de savoir comment tu as pu éviter le sort de tes compagnons, et aussi ce qu'est devenu Joseph.

– Je me trouvais dans la mêlée avec une cinquantaine de compagnons. Lorsque nous avons vu qu'il n'y avait plus rien à faire pour conserver la ville, nous avons réussi à nous réfugier dans une citerne au fond de laquelle s'ouvrait une caverne. Nous avions emporté des vivres et un peu d'eau; ainsi espérions-nous pouvoir échapper aux Romains qui avaient entrepris de détruire la cité pierre par pierre. C'est là qu'est venu nous rejoindre Joseph qui connaissait aussi le secret de la citerne. La nuit venue, nous sommes sortis pour voir s'il n'y aurait pas une possibilité de fuite, mais les Romains avaient disposé des gardes de toutes parts, si bien que nous dûmes nous résigner à regagner notre cachette où nous restâmes deux jours. Nous aurions pu espérer nous tirer de ce mauvais pas si une femme ne nous avait dénoncés, car Vespasien faisait chercher Joseph activement. Deux tribuns vinrent alors pour l'exhorter à sortir, l'assurant de la clémence du général, mais Joseph ne voulant le croire, un tribun connu de Joseph, appelé Nicanor, vint à son tour lui déclarer que ses actions lui avaient valu non la haine mais l'admiration de ses adversaires. Joseph nous a alors déclaré que Dieu ayant résolu de mettre fin à la prospérité des juifs pour la plus grande gloire des Romains il l'avait choisi lui, Joseph, sacrificateur issu d'une famille de sacrificateurs, pour faire part aux hommes de ce qui devait arriver ; ainsi devait-il se rendre aux Romains afin d'accomplir la volonté divine, en tant que ministre de l'Éternel et non comme un traître.

« Pour ma part, j'aurais soutenu Joseph mais les autres qui n'entraient pas dans ses vues s'écrièrent par la voix de l'un des leurs : "Qu'est devenu l'amour de nos lois et où sont ces âmes généreuses et ces véritables juifs à qui Dieu, en les créant, a inspiré un si grand mépris de la mort ? Quoi, Joseph, serais-tu tant attaché à la vie que pour la conserver tu te résoudrais à te rendre esclave ? Oserais-tu encore regarder le soleil après avoir perdu la liberté ? La seule issue qui nous reste se trouve derrière la porte de la mort." Joseph s'est alors efforcé de détourner ses compagnons d'une si funeste résolution ; mais il les vit si décidés, déjà prêts à tirer l'épée contre lui avant de la porter contre eux-mêmes qu'il leur proposa, afin d'éviter que chacun attentât à sa propre personne, qu'on tirât au sort ceux qui seraient tués par les autres. Sa proposition fut acceptée : peut-être me traiterez-vous de lâche, mais j'avoue alors avoir vécu les moments les plus pénibles de mon existence. Ainsi, à mesure que le sort désignait la victime, celle-ci tendait sa gorge à son voisin qui y plongeait son glaive. Je prétends avoir dignement combattu mais je n'ai pas la vocation de bourreau. Je n'ai pu me résoudre à tuer ainsi aucun de mes compagnons et je priais le Seigneur pour qu'il se hâtât de me désigner afin de mourir sans avoir été contraint de tuer.

« Je crois avoir vu là la volonté de Dieu car, finalement, je suis resté seul avec Joseph qui avait accepté de donner la mort au dernier survivant. Alors, au lieu de tirer au sort et sachant l'affection que j'avais pour lui, Joseph m'invita à nous rendre, se proposant de me sauver s'il le pouvait et me marquant que tant qu'à mourir, il était préférable que ce fût de la main d'un ennemi plutôt que d'un ami. J'opinai dans son sens et nous sommes sortis devant Nicanor qui nous a conduits à Vespasien au milieu d'une foule de soldats romains curieux de voir Joseph. Les uns réclamaient son supplice et d'autres déclaraient qu'il méritait la clémence de Vespasien. Celui-ci s'est contenté de faire emmener Joseph sous une tente après lui avoir assuré qu'il aurait la vie sauve. Lorsque Joseph se fut éloigné, je restais devant Vespasien. Alors il me dit en grec : "Avec Joseph, tu es le seul homme rescapé de ce siège. Va, tu es libre : retourne parmi les tiens et dis-leur que ceux qui se rendront à discrétion connaîtront mon pardon, tandis que ceux qui persisteront dans leur révolte et tenteront de résister seront la cause de leur perte et de la ruine de leurs cités." Il me fit donner un cheval et je suis venu auprès de vous d'une seule traite vous faire connaître tous ces événements dignes de rester dans la mémoire des hommes.

Les auditeurs demeurèrent un moment silencieux, puis Marcus déclara :

– Simon, tu agiras selon ta conscience. Je t'invite à rester parmi nous et te prie de t'abstenir de rapporter aux Galiléens ce que t'a dit Vespasien. Nous devons poursuivre la lutte. Si tu parles, beaucoup d'entre eux préféreront se rendre. Or les Romains n'ont jamais enlevé que deux villes au prix de lourdes pertes. Avant que Vespasien n'ait conquis la Galilée et la Judée, il peut avoir essuyé des revers suffisamment graves pour être contraint d'abandonner.

– Je resterai avec vous. Le sacrifice de nos compagnons qui ont défendu Iotapata ne doit pas avoir été vain, assura Simon sans marquer la moindre hésitation.

Dans cette basse région, la chaleur, déjà intense dès les mois de mai et de juin, devient insupportable au cœur de l'été. Parfois des poules et des chiens meurent de chaleur, et les imprudents qui osent s'aventurer sur le lac en plein midi risquent l'insolation. La vie dans les pièces fermées est très pénible, et la nuit, la chaleur reste si lourde que, même sur les terrasses, il est difficile de trouver le sommeil. Or, cette année-là, la chaleur s'abattit plus oppressante que jamais. Dans le camp, les hommes ne portaient plus que des pagnes et les femmes de légères tuniques grecques. La nuit, ils se rendaient au bord du fleuve pour dormir sur l'herbe et se rafraîchir.

Ce soir-là, au sortir du bain, Marcus s'éloigna en compagnie de Simon. Milkah alla se coucher sur un drap étendu dans l'herbe, à peu de distance de Judith. Démétrios et Mariamne s'étaient installés à l'écart. David, après s'être attardé dans l'eau, vint s'asseoir près de Milkah. Il restait immobile et muet, le menton appuyé sur ses genoux repliés.

– David, tu parais songeur, lui dit Milkah.

– Je pense à tout ce qu'a raconté Simon ! C'est terrible !

– C'est trop souvent ça, la guerre.

– Si nous nous enfermons dans Gamala, crois-tu que nous serons tous exterminés, comme ceux de Iotapata ?

– Toi, mon chéri, tu n'es encore qu'un enfant. Les Romains ne te feraient pas de mal.

– Mais toi, si tu te trouvais dans l'obligation de tuer tes compagnons comme ces hommes enfermés dans cette grotte, le ferais-tu ?

– Pour ma part, intervint Judith qui s'était rapprochée, je ne peux comprendre qu'on puisse tuer ses compagnons et, pis encore, les êtres qui nous sont les plus chers, comme l'a rapporté Simon.

– Il y a dans de tels actes quelque chose d'horrible, reconnut Milkah, mais peut-être que, poussé par le désespoir, on est capable d'actes qu'il nous est difficile de juger, surtout si ceux qu'on aime sont menacés d'une mort plus cruelle encore.

– C'est possible, Shéba, mais je me dis souvent que tout cela est bien vain, autant le désir de gloire que les souffrances des vaincus, que le triomphe des vainqueurs. Nous nous agitons avec nos sentiments, nos ambitions, nos haines, nos amours, sans penser qu'avant moins d'un siècle il ne restera plus rien de nous, même pas le souvenir de nos actions. Or, qu'est-ce qu'un siècle alors que dix se sont écoulés depuis la mort du roi David ? Et pourtant, lorsque nous lisons son histoire et qu'on le voit revivre avec ses propres passions, il nous semble que c'est à peine hier qu'il fuyait chez les Philistins ou tombait amoureux de Bethsabée après l'avoir vue à son bain.

– Bien sûr, Judith, nous éprouvons tous ce sentiment de la fragilité du bonheur humain et de la fuite du temps. Mais cela ne doit pas nous empêcher de vivre et peut-être est-il préférable de ne pas s'enfoncer dans de tels abîmes car on risque de perdre même le désir de vivre. Qu'est-il de plus angoissant que l'idée du néant, ce sentiment qu'on a pu ne pas être et qu'un jour, si proche, on ne sera plus ? Le monde paraît alors tellement absurde qu'on en arrive à la conclusion que nos pères ont raison et qu'il y a bien un Dieu qui préside à notre destinée et s'inquiète des pauvres humains qui rêvent dans le soleil. Seul Dieu donne un sens à la vie, seul il peut l'expliquer.

– Je ressens cela comme toi, Shéba. Mais, dès lors, n'est-il pas criminel de détruire ce que Dieu a créé ?

– Sans doute, Judith, mais le monde est fait de telle manière et les ambitions des hommes sont telles qu'on ne peut faire autrement que de tuer, ne serait-ce que pour défendre notre propre vie.

Judith soupira.

– Shéba, me mépriseras-tu si je t'avoue que j'ai peur de mourir ?

– Je te mépriserais d'autant moins que, moi-même, je redoute le moment de ma mort. Et c'est cette crainte qui fait le vrai courage. Il est si facile d'être héroïque lorsqu'on n'a pas conscience de la fragilité de notre vie ou lorsqu'on n'a plus envie de vivre ! Judith, si malgré ta peur de la mort, tu acceptes de nous suivre à Gamala, tu as délibérément choisi la voie de l'héroïsme et tu as droit à toute mon estime.

– Oh ! merci Shéba, pour ces paroles, car elles soutiennent mon courage défaillant. Je désire tant me sentir digne de toi et de ton... amitié.

David s'était assoupi. Milkah prit dans la sienne la main de Judith qu'elle serra fortement puis, sans un mot, elle s'éloigna dans la direction qu'avaient prise Marcus et Simon. Elle s'arrêta tout près de Marcus assis dans l'herbe, juste au bord de l'eau. Il leva la tête vers elle, emprisonna ses jambes dans ses bras et posa tendrement sa joue contre son ventre. Elle joignit les mains sur sa tête, plongeant ses doigts dans ses boucles sombres. Ils restèrent un instant immobiles, puis elle s'agenouilla près de lui.

Il soupira, découragé :

– Je viens d'avoir une longue conversation avec Simon. Je me demande si nous avons le droit de taire le message de Vespasien. D'autre part, j'ai pris ma décision sans même vous consulter, ni toi, ni Démétrios.

– Tu sais bien que je pense comme toi et Démétrios partage ton avis. Nous sommes tous impliqués dans cette guerre et, même si tous les juifs libres se retiraient à Jérusalem, penses-tu que les Romains, après avoir conquis la Galilée, ne viendraient pas mettre le siège devant la cité sainte ? Je m'étonne même qu'ils n'aient pas commencé par là. Peut-être Vespasien espère-t-il que le reste du pays soumis, Jérusalem se rendra sans combattre. Je crois qu'il surestime nos forces en Galilée et nous suppose plus unis que nous ne le sommes.

– C'est possible, admit Marcus en se levant.

Il chassa une mouche qui bourdonnait autour de son visage et respira longuement.

– Jamais je n'ai eu si chaud, même en Égypte.

Il entra dans le fleuve et se mit à nager lentement. Les rayons de la lune dans son quartier déclinant tremblaient sur l'eau agitée par le baigneur. Milkah, couchée sur le dos, les mains croisées derrière la nuque, regardait la cime immobile des arbres dont le bord des feuillages sombres se nimbait d'une lumière argentée. Elle ferma les yeux, s'abandonna à la langueur que provoquait en elle la chaleur moite de la nuit. Une main dégrafa sa tunique et en rejeta les pans sur l'herbe. Elle se tendit sous la caresse. Il posa ses lèvres humides de désir sur ses paupières et son baiser descendit jusqu'à sa bouche entrouverte où brillaient ses dents nacrées.

Chapitre XXVI

GAMALA

Ils se mirent en route pour Gamala avant l'aube. Le soleil s'élevait au-dessus de la montagne lorsqu'ils s'engagèrent sur les pentes des collines dominant le lac, parmi les sycomores et les dattiers. Ils s'étaient arrêtés une dernière fois sur les bords du lac pour se baigner en conservant leurs tuniques afin que les tissus conservent plus longtemps l'humidité rafraîchissante. Ils firent d'autres haltes pour cueillir des grenades et des figues. Marcus chevauchait en tête à côté de Shéba, suivi de près par Démétrios, Mariamne et Judith. Myrtô, montée sur une mule, tenait son enfant devant elle tandis que David caracolait sur son cheval. Les hommes suivaient en une longue file. Les pas des chevaux dans les sentes desséchées soulevaient une poussière qui dissimulait aux regards de ceux qui allaient en tête les cavaliers qui fermaient la marche.

À mesure que le soleil s'élevait dans le ciel, la chaleur se faisait plus intense. La troupe s'engagea dans une forêt de pins qui recouvrait les crêtes des collines. Afin de ménager leurs montures, les cavaliers mirent pied à terre et marchèrent à côté de leur cheval. Personne ne parlait, chacun avait la bouche et la gorge sèches. Marcus se décida à ordonner une halte. Chacun s'assit à l'endroit où il s'était arrêté, dans l'ombre des pins, sur un épais tapis d'aiguilles mortes. Tandis que Marcus et Démétrios allaient s'assurer que tout allait bien, Shéba offrit à boire aux femmes. Bien que l'eau fût tiède, elle rafraîchissait les gorges.

– Cette chaleur est bien pénible à supporter, soupira Mariamne.

– Imagine alors ce que c'est lorsqu'il faut se battre sur des murs inondés de soleil, lui fit remarquer Shéba en se dépouillant de sa casaque en peau de buffle.

Ils reprirent bientôt la route. Parvenus au sommet de la colline, ils s'avancèrent dans une steppe ensoleillée.

Gamala s'élevait sur une colline abrupte surgie au flanc d'une montagne. Son nom lui venait du dromadaire, « gamal » en hébreu. Sur trois côtés, la ville dominait des vallons escarpés qui rendaient son accès impossible, et un rempart la protégeait du côté de la montagne qui la surplombait. Les maisons blanches ou brunes semblaient accrochées aux flancs du pic rocheux prêtes à tomber dans l'abîme, tant la pente était abrupte. Au midi, la colline s'élevait plus encore et on y avait bâti la citadelle. Charès et Joseph, entourés de notables, attendaient devant la porte principale la troupe de Marcus et de Shéba.

– Mes amis, soyez les bienvenus parmi nous, dit Joseph en les accueillant. Tu verras, Shéba, que l'or que tu nous as confié a servi à recruter des mercenaires. Avec votre troupe, nous disposons de forces suffisantes pour repousser toute attaque ennemie. Les silos de la ville sont pleins de grains et de provisions nécessaires à un long siège et, grâce à la fontaine qui se trouve dans nos murs, l'eau ne manquera pas.

– Nous avons cinq cents hommes, dit Marcus, mais dès demain, j'en renvoie à Jérusalem avec les quatre cinquièmes des chevaux et la plupart de nos bagages.

– C'est bien, car nous n'aurions jamais eu assez de foin pour nourrir tant de bêtes ni de place pour les loger. Notre ville est petite, et dans les rues étroites et en pente les chevaux ont du mal à progresser. On devra les laisser en bas, vers les remparts.

Joseph et Charès habitaient dans la partie haute de la ville, deux maisons contiguës. Joseph possédait la demeure la plus vaste, ou plutôt la moins étroite, car toutes les maisons de la ville étaient exiguës et aucune ne possédait de cour. Il avait deux filles de dix-sept et quinze ans, Malthacée et Tabitha, et un fils d'une douzaine d'années, Jonathan. Marcus et Shéba furent logés chez eux dans une même chambre. Judith partagea la chambre de Tabitha, David celle de Jonathan, Myrtô se satisfit d'une couche dressée sur une terrasse. Charès reçut chez lui Démétrios et Mariamne, Simon dormit avec ses fils, Nathanias, jeune homme de vingt et un ans, et Phazaël de deux ans son cadet.

Dès qu'ils furent installés, Marcus ressortit pour donner ses ordres et surveiller le logement des hommes et la manière dont les chevaux étaient traités, tandis que Milkah sélectionnait les quelques vêtements et objets qu'ils allaient tous deux conserver dans leurs bagages. Ensuite, elle se rendit dans la chambre de David où elle le trouva en compagnie de Jonathan. Il lui montrait avec fierté ses armes et lui parlait avec animation des exploits guerriers de Shéba, tandis que son auditeur le regardait avec des yeux agrandis par l'admiration.

– C'est vrai tout ce qu'il dit de toi ? demanda Jonathan.

– Il y a un peu de vrai et beaucoup d'invention... David, montre-moi ton bagage pour que je voie ce que tu conserveras ici.

Tout en examinant les affaires de David, Milkah interrogeait son compagnon :

– Dis-moi, Jonathan, à quoi passes-tu tes journées dans ce village ?

– Il y a beaucoup de choses à faire. D'abord, j'étudie la Loi avec le hazzan, à la synagogue. J'ai eu douze ans au printemps et je récite chaque jour le *shéma*. Mon père voudrait que je devienne un docteur de la Loi et il a décidé de m'envoyer à Jérusalem quand j'aurai dix-sept ans, pour apprendre aux pieds d'un grand rabbi. Moi, je voudrais devenir un soldat, comme ton frère David.

– Il t'a dit que j'étais son frère ?

– Oui. Ce n'est pas vrai ?

– Mais si. Je crois pourtant qu'il serait mieux pour toi de devenir rabbi et de vivre en paix parmi ceux que tu aimes.

Il esquissa une moue.

– Je n'aime pas étudier. Je préfère aller pendant la bonne saison, avec les bergers, garder les moutons de mon père. Il y a par ici plein de loups et on les chasse à coups de bâtons. Et aussi, au printemps, nous faisons la moisson dans les champs d'orge et de blé, sauf cette année, parce que c'est la septième.

– Pourquoi ? s'étonna David.

– Ne sais-tu pas que la Loi ordonne qu'on laisse les champs en friche tous les sept ans ?

– N'oublie pas Jonathan, intervint Milkah, que David est un enfant de la ville, il ignore tout des travaux des champs. Et tes sœurs, que font-elles ?

– Elles s'occupent du ménage. Mon père n'est pas pressé de les marier, car elles tiennent la maison. Malthacée a été fiancée à Nathanias au printemps et Tabitha épousera certainement Phazaël, le frère de Nathanias.

Marcus interrompit leur entretien :

– Shéba, nos hommes viennent tout de suite chercher les bagages à emporter.

Le repas du soir fut servi sur la terrasse de la demeure de Joseph. Charès y participait avec ses deux fils et son épouse Jahel, encore belle, malgré un certain embonpoint qui commençait à alourdir son corps. Selon la coutume, les filles de Joseph versèrent du parfum sur les pieds, les vêtements et la tête de leurs hôtes, puis chacun resta assis en rendant grâce à l'Éternel avant de s'installer sur les coussins disposés autour de nattes de roseaux destinées à recevoir les plats. Lorsque les servantes eurent apporté la viande de mouton et le chevreau baignant dans la sauce, les fèves cuites dans l'huile d'olive, que chacun se fut servi et eut reçu son pain, le maître de maison, assis entre Marcus et Milkah, fut le premier à parler. Il demanda les nouvelles des prêtres et des lévites de Messad Hassidim et s'enquit du siège de Iotapata.

À la fin du repas, les convives continuaient de grignoter des figues, des raisins secs et des amandes enrobées de miel tout en buvant du vin des vignes de leur hôte parfumé à la grenade.

– Nous ne devons pas vous cacher, Joseph et Charès, dit alors Marcus, que ce siège a été pénible.

– Veux-tu nous décourager ? demanda Joseph. Notre ville est particulièrement forte.

– Je l'ai remarqué, et nous verrons à la fortifier plus encore. Combien de mercenaires avez-vous recruté avec l'or que Shéba vous a remis ?

– Six cents hommes bien entraînés.

– Avec notre troupe, cela fait donc un millier de combattants aguerris.

– Sans compter les habitants de la ville.
– Combien au total ?
– Avec les gens des campagnes environnantes nous disposons d'une dizaine de milliers d'âmes.
– C'est-à-dire environ trois mille hommes capables de porter des armes.
– Un peu plus. Nous avons acheté des épées pour quatre mille combattants et nous savons que, le cas échéant, nos femmes viendront sur les remparts pour jeter des pierres, des javelots et verser de l'huile bouillante. Nous comptons aussi sur l'assiette de la ville qui est la mieux défendue de toute la Galilée.
– Évite de trop compter là-dessus. Les Romains ont de formidables machines de siège et ils sont rompus à la poliorcétique.

Ils se séparèrent sans marquer beaucoup de gaieté. Sur ces hauteurs, la chaleur était moins oppressante que dans les basses vallées, la brise rafraîchissante du nord n'étant pas complètement arrêtée par les montagnes comme elle l'était au bord du lac de Génésareth ; aussi pouvait-on dormir dans les pièces pourvues d'étroites fenêtres. Lorsque Marcus et Milkah eurent regagné leur chambre, et qu'ils furent couchés, Marcus demanda :
– Qu'en penses-tu ?
– Joseph me semble aussi optimiste qu'inconscient. Je serais curieuse de voir la manière dont combattent ces bons villageois.
– Je crains qu'ils ne manient mieux la faucille que l'épée et la houlette que la lance.
– Si Vespasien vient nous assiéger, je crains qu'il n'ait pas beaucoup de mal à enlever la ville. Je pensais que Joseph recruterait une troupe plus importante de combattants.
– À la réflexion, il lui était difficile d'en trouver un plus grand nombre. L'époque est loin où l'on pouvait recruter des armées entières de mercenaires grecs ou gaulois. Les Romains contrôlent tout. Depuis l'époque des Scipion et de leurs guerres contre Carthage, ils n'ont jamais combattu que contre des mercenaires. Dès lors, ils ont toutes les raisons pour intégrer dans leurs armées tous ceux qui sont disposés à faire de la guerre leur métier.
– Mon pauvre Malchios, tu as fait un bien mauvais choix en passant du camp des vainqueurs dans celui des vaincus.
– Nous ne sommes pas encore vaincus. Et songe que si je n'avais pas fait ce choix, nous aurions pu combattre l'un contre l'autre et ç'aurait alors été un très mauvais choix, conclut-il en lui embrassant le bout du nez.

Dès le point du jour, Milkah se rendit hors des murs avec Démétrios pour surveiller le chargement des bêtes tandis que Marcus rédigeait une lettre à Simon ben Gamaliel par laquelle il lui donnait des nouvelles, l'avisait de ses intentions et le priait de recevoir Sérapion avec ses hommes et de les loger au jardin des Oliviers, chez Hanan, si ce dernier y consentait. Il écrivit une autre missive plus courte pour Éléazar ben Jaïr.

Lorsqu'il descendit vers les enclos, la caravane était prête à partir, entourée de nombreux curieux. Il donna ses ultimes instructions à Sérapion qui avait reçu le commandement de la troupe, lui demanda de faire porter à Massada le pli destiné à Éléazar ben Jaïr et lui recommanda de ne point se hâter pour ne pas fatiguer Myrtô et son enfant, et de suivre la rive gauche du Jourdain pour éviter les territoires de Scythopolis où stationnaient deux légions. Joseph, Charès et ses deux fils étaient venus assister au départ.

Dans l'après-midi, il passa en revue la troupe de mercenaires, composée d'hommes venus de Syrie, de la Décapole ou des villes d'outre-Jourdain, juifs, Grecs et Syriens, pour la plupart gens de sac et de corde ou déserteurs des armées romaines. Pendant les trois semaines qui suivirent, une grande fièvre s'empara des gens de Gamala. Dès le matin, toute la plaine se couvrait d'hommes qui s'exerçaient au tir à l'arc, au lancement du javelot et au maniement de l'épée. Les femmes, les adolescents et les vieillards reçurent pour mission d'amasser des pierres, du bois et de la terre pour surélever les remparts et les consolider aux places qui semblaient les plus faibles. À pied ou à cheval, Marcus, Démétrios et Milkah allaient de groupe en groupe réveiller les ardeurs fléchissant et surveillaient, en compagnie de Joseph ou de Charès, l'avancement des travaux de fortification dirigés par les maçons de la ville. Ils profitaient des jours de sabbat, pendant lesquels cessait toute activité, pour se rendre à Tarichée, où Énée leur donnait des nouvelles rassurantes : les Romains ne bougeaient pas de leurs cantonnements.

Vespasien ne semblait pas disposé à se remettre en campagne pendant l'été, aussi Marcus laissa-t-il passer quelques semaines avant de revenir à Tarichée. C'est dans ces temps que Milkah acquit la certitude qu'elle était enceinte. Depuis quelques jours il lui arrivait, au moment du réveil, d'être prise de nausées. Elle s'en étonna et les attribua d'abord à un dérangement provoqué par la chaleur et les repas trop soignés qu'on leur servait chez Joseph. Elle commença par manger légèrement et faire de longues promenades dans les collines voisines en compagnie de David, Jonathan et, parfois, Judith et Mariamne. Mais les malaises subsistaient : elle dut se rendre à l'évidence.

Un matin, alors que Marcus revêtait sa tunique, elle lui dit simplement :

– Malchios, je crois que je vais te rendre père.

– Par la sainte cité ! s'exclama-t-il. En es-tu certaine ?

– Je n'ai plus aucun doute.

Il repoussa le drap léger et posa la main sur son ventre.

– Il faut que tu rentres à Jérusalem.

– Il n'en est pas question. Je me sens parfaitement bien.

– Je crois volontiers que tu le porteras sans mal. Ce n'est pas en songeant à cela que je veux que tu ailles à Jérusalem. Mais tu as maintenant une vie à protéger...

– Malchios, n'insiste pas. Ou nous nous tirerons tous les trois de ce siège, ou nous y périrons ensemble.

Elle le repoussa, sauta sur ses pieds et agrafa sa tunique.

– Nous garderons le secret jusqu'à ce que je ne puisse plus le cacher.

Ils sortirent dans le corridor et se rendirent dans la salle haute où les deux filles de Joseph tenaient compagnie à Judith. Suivant la coutume, on ne servait pas de repas au lever. Cependant, afin de se rafraîchir, chacun venait dans la pièce pour boire l'eau tenue au frais dans des gargoulettes et du lait encore chaud du pis des chèvres. David et Jonathan arrivèrent presque aussitôt après.

– Voilà, tout est prêt, annonça David. Nous avons équipé les chevaux.

– Où avez-vous l'intention d'aller ? demanda Marcus.

– Nous allons faire une randonnée jusqu'au Hiéromycès, le fleuve qui sépare les territoires de Gamala et d'Hippos, déclara Milkah. Nathanias et Phazaël nous serviront de guides.

Ils se dirigèrent vers le sud, allant soit à cheval, soit à pied, d'abord sur un large chemin poussiéreux, ensuite à travers des collines couvertes d'épineux et de chardons.

– Es-tu content de te marier l'an prochain ? demanda Milkah à Nathanias.

– Cette perspective ne me déplaît pas. J'aime bien Malthacée. Elle est jolie et nous nous connaissons depuis toujours. Ainsi nos familles seront étroitement unies.

– Et toi, Phazaël, vas-tu épouser Tabitha ?

Le jeune homme rougit et se troubla.

– Phazaël est amoureux de Tabitha, expliqua Nathanias, mais elle est coquette et semble le dédaigner.

– Peut-être agit-elle ainsi afin de mieux le séduire, suggéra Milkah.

– Je pense que notre père et celui de Tabitha veulent qu'ils se marient, et c'est sans doute le dessein du Seigneur qui a donné des filles à Joseph.

Tout en devisant, ils parvinrent au bord d'une falaise balayée par un vent chaud. Devant eux, un paysage de collines se déployait jusqu'à l'horizon mouvant, comme un immense troupeau de chameaux. À leurs pieds, la falaise tombait abruptement vers le lit d'une rivière. Nathanias indiqua un sentier accidenté qui descendait vers le ruban verdâtre du Hiéromycès.

– Nous pourrons descendre par là en tenant solidement les chevaux, assura-t-il.

Ils atteignirent non sans difficulté la vallée et s'arrêtèrent à l'ombre d'un bosquet de pistachiers, d'acacias, et de dattiers sauvages. Lorsqu'ils eurent débarrassé les chevaux de leurs bagages et de leurs mors, David et Jonathan se déshabillèrent et coururent se jeter dans l'eau de la rivière, tandis que Judith se contentait d'y tremper les jambes. Judith reprit pied sur la berge et rejoignit Milkah. Elles s'assirent à l'ombre et ouvrirent les sacs à provisions. Leur quatre compagnons vinrent bientôt les rejoindre pour partager avec elles le repas.

– Il n'y a pas beaucoup d'ours et de loups, remarqua Milkah. C'est à peine si nous avons aperçu un chacal.

– Nous descendrons tout à l'heure le cours de la rivière et sans doute en verrons-nous, déclara Nathanias avec assurance.

– Il va falloir se remettre en route, car le soleil commence à redescendre dans le ciel.

– Nous allons préparer les chevaux ! proposa David en entraînant Jonathan. Un moment plus tard, ils cheminaient en file le long de la rivière, chacun tenant sa monture par la bride.

Le sentier s'éleva le long des flancs de la falaise et ils se trouvèrent ainsi à mi-hauteur, dominant le cour de la rivière. Sur la rive opposée, les collines avaient cédé la place à une plaine vallonnée et pierreuse. Sur un chemin clair qui étalait son ruban étroit dans la plaine, Milkah distingua soudain un petit nuage mouvant. Elle ne fit aucune remarque et ils poursuivirent leur route. Le soleil déclinait au-dessus des monts de Galilée. Son éclat gênait Milkah qui s'arrêta et posa une main en visière au-dessus de ses yeux : le nuage lui apparut nettement, comme un tourbillon de poussière.

– Pourquoi t'arrêtes-tu ? demanda Nathanias.

– Moi, j'ai vu ! s'écria David. Il y a de la poussière sur le chemin là-bas. C'est une troupe de cavaliers.

– Bravo ! jeune guerrier ! Tu as vu juste. Pour l'instant, nous ne sommes pas visibles ; nous pouvons continuer d'avancer, mais mieux vaut descendre de cheval.

Aussitôt, elle mit pied à terre, puis elle prit sur son cheval un sac à provisions, vida ce qui restait de vivres dans un autre sac et en coiffa la pointe hastée du javelot.

– Pourquoi fais-tu ça ? lui demanda Phazaël.

– Nous sommes en plein soleil et sache que le fer des armes risque de jeter des reflets que tout soldat averti sait aussitôt interpréter.

– Nathanias, pour retourner à Gamala, existe-t-il une autre route que celle que nous avons prise ?

– Oui, il faut continuer encore vers le Jourdain et il y a ensuite un bon chemin, mais c'est plus long.

– Si nous continuons de suivre ce chemin, crois-tu que nous risquons d'être arrêtés par les crêtes des collines ?

– C'est-à-dire... je ne sais pas. On peut continuer à pied, sans doute, mais pas à cheval. En tout cas, le haut des falaises n'est accessible que bien plus loin en aval, car ici leur paroi est trop abrupte.

– C'est ce que je voulais savoir. Attendez-moi ici.

– Oh ! Shéba ! s'écria alors Jonathan. Regarde là-bas, il y a un homme.

D'un amas de rochers situé sur la berge opposée venait de surgir un homme qui courut vers la rivière, s'y jeta sans hésiter et nagea dans le courant. Il était trop loin pour qu'il fût possible de distinguer ses traits, mais on pouvait discerner sa barbe épaisse. Ce devait être un juif.

– Les cavaliers s'approchent. Ce sont bien des Romains et ils ont des chiens, remarqua Milkah. Judith, donne-moi ton arc et ton carquois et prends mon javelot... Nathanias, je te confie mon cheval. Faites demi-tour et attendez-moi au haut de la falaise à l'orée du sentier que nous avons pris pour descendre.

Elle saisit l'arc que lui tendait Judith et s'éloigna en courant en direction de l'homme qui prenait pied sur la berge. Il se retourna pour regarder les Romains qui s'approchaient. Devant eux couraient trois chiens dont les aboiements féroces déchiraient l'air. Il leva ensuite les yeux vers la falaise et aperçut Milkah qui dévalait la pente en lui criant :

– Viens par ici, l'ami, je t'apporte de l'aide !

Il marcha vers elle en levant une main en guise de salut, puis soudain :

– Par la barbe de Moïse, mais c'est Shéba !

– Simon ! s'exclama alors Milkah en le reconnaissant. Simon bar Gioras !

Simon riait de toutes ses dents.

– Si je croyais dans le Dieu des juifs, je dirais que c'est lui qui t'envoie dans ce sacré désert !

– Simon, c'est peut-être un signe qui devrait t'incliner à croire en lui.

Une flèche qui vint se ficher à leurs pieds les fit se retourner : sur la berge opposée, les Romains avaient mis pied à terre et prenaient position. Milkah et Simon se jetèrent derrière un rocher où ils s'assirent. Elle lui remit l'arc et le carquois de Judith, puis se saisit de son propre arc.

– Rien ne t'échappe, ma Milkah. Nous allons réduire ces chiens en pâté pour gentils.

– Simon, je vais ramper jusqu'à ce groupe d'arbres au-dessus de nous d'où je pourrai tirer sur ces archers tout en restant à l'abri. Je te couvrirai pour que tu me rejoignes.

– Non, j'y vais d'abord et c'est moi qui ensuite te couvrirai.

– Absolument pas ! Je suis plus mince et plus leste que toi. Je pourrais mieux me cacher derrière les plis du terrain. Ne discute pas, nous n'avons pas de temps à perdre.

– Ah ! par la Fosse ! Tu es comme ta sœur ! Et avec ça, certains prétendent que ce sont les hommes qui commandent !

Elle bondit derrière une levée de terre sur laquelle deux flèches vinrent ricocher. Simon ôta son turban, le noua en boule autour d'une flèche dont il glissa l'empennage dans les lacets de ses sandales. Ayant placé un trait sur son arc, il se coucha à demi et souleva son pied se manière à faire surgir le haut de son turban au-dessus des rochers. Plusieurs flèches volèrent au-dessus. Aussitôt il apparut du côté opposé et lâcha son trait sur un archer resté imprudemment dressé pour armer son arc. Milkah, qui avait tout d'abord rampé, atteignit en quelques bonds un gros tronc d'arbre derrière lequel elle se dissimula. Elle se redressa et se mit à lâcher ses flèches sur tout ce qui bougeait, obligeant les Romains à rester cachés, grâce à quoi Simon la rejoignit rapidement.

– Il est temps de s'éloigner, lui dit-elle.

Simon vit, en aval, les cavaliers qui s'étaient aventurés dans le lit de la rivière.

Protégés par les arbres, marchant ou courant, ils rejoignirent leurs compagnons qui ne progressaient que lentement, embarrassés par les chevaux.

– Enfin ! vous voilà ! soupira Nathanias.

– Oui, mais poursuivis par des chiens et des Romains. Il faut hâter le pas.

– Simon, que faisais-tu dans cette région perdue, pourchassé par les Romains ?

– Je venais vous voir à Gamala. Un homme est arrivé à Massada porteur d'une lettre de Marcus. Je l'ai invité à venir me voir dans notre tente et il nous a donné des nouvelles.

– Salomé était-elle avec toi ?

– Bien entendu. Depuis des mois, nous ne faisons pas autre chose que de nous aimer. Sachant que vous étiez à Gamala où vous vous prépariez à subir un siège, j'ai décidé de venir vous épauler.

– Qu'as-tu fais de Salomé ?

– Elle est restée à Massada, en toute tranquillité. Grâce à l'intervention de Judas ben Judas, Éléazar ben Jaïr l'a autorisée à s'installer dans le palais qu'occupe Marcus quand il se trouve là-bas.

– Je dois encore te faire part d'une nouvelle moins réjouissante, reprit-il après un court silence : Jacim est mort.

– Jacim ! Mais comment cela est-il arrivé ?

– Je ne sais pas exactement. Il serait tombé du haut de la falaise, par accident.

– Par accident ? Shobal était-il avec lui ?

– Ils étaient ensemble, seuls.

– Ah !... Et Dinah ?

– La pauvre ! Elle est désemparée. Shobal veut l'épouser, usant de la loi du lévirat.

– Naturellement ! Je vais devoir m'occuper de cette affaire.

– C'est que... il a le droit pour lui, et d'après Judas, Dinah est prête à capituler, si ce n'est pas déjà fait. J'ai proposé de me rendre à Engaddi et d'égorger proprement ce Shobal, mais Judas m'a prié de n'en rien faire, disant que Dinah ne le pardonnerait ni à moi, ce dont je me moque totalement, ni à lui, ce à quoi il a l'air particulièrement sensible. Je crois qu'il est amoureux de Dinah.

– Alors, qu'ils s'épousent !

– Il ne le peut pas tant que Shobal est vivant. Et, visiblement, Dinah ne veut ni enfreindre la Loi ni surtout se rendre complice d'un meurtre.

– La sotte ! lança Milkah. Mais tu as bien fait. Je me chargerai d'exécuter ce Shobal, sans demander l'avis de Dinah. Tant pis si ensuite elle me maudit, je crois que j'aurai fait un acte pieux en la débarrassant de cette bête puante.

Ils ne progressaient que lentement, sans cesse obligés de retenir les chevaux. Sur le chemin, des Romains s'approchaient en courant, après avoir abandonné leurs chevaux à quatre hommes qui suivaient en arrière.

– Hâtons-nous, ordonna Milkah.

En contrebas, les Romains entreprenaient l'escalade. Milkah ne cessait de les observer, et enfin elle dut se rendre à l'évidence.

– Ils nous auront rejoints avant que nous ayons atteint le sommet à moins que nous abandonnions les chevaux. Simon, prends le commandement et tiens mon cheval. Moi, je vais me poster là, derrière ces rochers qui dominent le chemin. Je pourrai m'amuser à faire rouler quelques cailloux.

– Tu te réserves toujours les rôles les plus distrayants ! soupira Simon. Il n'y aura jamais que toi Shéba, à pouvoir te vanter d'avoir donné des ordres à Simon bar Gioras.

– Je ne m'en vanterai même pas, Simon, mais hâte-toi et, une fois que tu les auras mis là-haut en sécurité, viens me prêter main-forte.

Milkah fit une provision de flèches qu'elle puisa dans le carquois de David.

– Avant de vous éloigner, Simon, Nathanias et Phazaël, soulevez ces gros quartiers de rochers et disposez-les là, sur cette pierre lisse, afin que je n'aie plus qu'à les pousser dans le vide, demanda Milkah.

Lorsqu'ils s'éloignèrent les Romains n'étaient plus qu'à une portée de flèche.

Ils furent bientôt contraints d'emprunter le chemin qui bifurquait et les plaçait dans l'axe de la chute des pierres, les buissons épineux et les accidents du terrain les empêchant de progresser hors du sentier. Milkah attendit qu'ils fussent suffisamment nombreux pour pousser le premier roc qui dévala la pente. Sans attendre, elle en bouscula un deuxième puis un troisième. Les soldats se jetèrent sur le côté pour éviter un premier quartier qui bondit près d'eux, n'entraînant qu'un chien qui fut écrasé. Cependant, tous ne purent éviter les deux autres rochers qui renversèrent plusieurs hommes. Elle se mit alors à l'abri d'un amas de rocs pour décocher ses flèches. Un archer s'écroula, une cuisse percée, puis deux autres hommes tombèrent avant que ceux qui suivaient ne se couchent sur le sol ou ne prennent la fuite.

Aussitôt après, elle remonta en courant vers les rochers, talonnée par deux chiens que leurs maîtres avaient lâchés. Parvenue à son premier poste, elle se retourna et dégaina son épée pour recevoir l'attaque des bêtes. La première bondit : la lame s'abattit sur l'animal qui tomba, le crâne ouvert. Son compagnon s'arrêta net et resta en arrêt, crocs en avant, poil hérissé. Avant qu'il n'ait réagi, elle lui ouvrit la gorge d'un moulinet de son épée.

Elle se hâta de rouler au bord de leur plate-forme les quatre rocs qui restaient. De nouveau, plusieurs hommes furent fauchés dans leur course, mais ceux qui allaient en tête les évitèrent et Milkah eut juste le temps de parer leur attaque. Les fers se croisèrent, les cliquetis se répercutant sur les falaises. De sa hauteur, elle dominait ses adversaires sans parvenir à les mettre hors de combat. Elle redoutait les archers. Les deux qu'elle aperçut étaient suffisamment loin pour ne pas être encore dangereux. Elle poussa alors une attaque avec vigueur. Les épées tournoyèrent, les pieds s'assurèrent sur les cailloux roulants du sentier, et soudain elle décrocha : l'un des Romains s'affaissa, une large plaie barrant sa gorge et son corps bascula le long de la pente. Elle eut à peine le temps d'essuyer avec son bras la sueur qui ruisselait dans ses yeux, que déjà, l'autre revenait à l'attaque. En parant ses coups, elle vit deux hommes se rapprocher à leur tour. Elle saisit son poignard de la main gauche et guetta un mouvement d'arrêt de son adversaire pour tourner les talons et prendre la fuite, mais ce dernier la serrait avec opiniâtreté ; son armure le protégeait contre tout coup direct et il évitait avec soin de laisser découvertes les parties non protégées de son corps. Elle n'arrivait pas à trouver l'occasion de battre en retraite. L'un des deux nouveaux assaillants se rangea au côté de son compagnon. Elle fit tourbillonner l'épée pour obliger ses deux adversaires à se baisser et, dans le même temps, jeta le poignard de la main gauche. Un soldat qui la menaçait de son javelot reçut la lame en pleine face sans pouvoir l'éviter. Il poussa un hurlement inhumain en portant ses deux mains au visage. Son cri fut si horrible que les deux légionnaires détournèrent la tête ; bref instant que Milkah mit à profit pour lancer un coup de taille qui trancha le poignet droit de l'un des soldats, lequel roula sur la pente en hurlant à son tour.

Dans le même temps, Milkah vit tomber la main sanglante et crispée sur le glaive, son dernier adversaire la chargeant, et un archer lâcher son trait vers elle. En un réflexe salvateur, elle plongea en avant, sentit la lame lui arracher son turban et atterrit dans les jambes du légionnaire avec lequel elle roula sur le sol pierreux. Fut-ce la stupeur de voir les cheveux de son ennemi voler dans le vent, révélant son sexe réel, ou la surprise d'une attaque aussi audacieuse ? Toujours est-il que le légionnaire resta sans mouvement pendant un très bref laps de temps, ce qui suffit à Milkah pour lui enfoncer l'épée dans la gorge : le sang en gicla avec une telle force qu'il en inonda sa tunique et son visage. Mais elle n'eut pas le loisir d'y prendre garde : au-dessus d'elle se dressait la silhouette brune d'un légionnaire, l'épée levée. Elle plongea sur le côté et sentit tout contre son épaule le frôlement de la lame qui s'enfonça dans la terre en projetant des graviers qui lui cinglèrent le visage. Aussitôt après, l'homme était sur elle et la serrait à la gorge. Elle tendit ses muscles, ramena ses genoux contre sa poitrine et, d'un violent élan, repoussa l'homme qui roula sur le côté. Elle se crut alors perdue, car un autre légionnaire les avait rejoints, qui la menaçait de son javelot. Il levait l'arme, dont la pointe scintillait dans le soleil ; elle ne le quittait pas des yeux, prête à rouler au moment où il la frapperait. Elle entendit un sifflement au-dessus d'elle et un javelot atteignit l'homme en pleine poitrine avec tant de violence que la pointe perça le métal de l'armure et se ficha dans la chair.

Sans chercher à comprendre, Milkah roula sur elle-même pour éviter un coup que le soldat qu'elle avait repoussé lui portait avec une lourde pierre. Il n'eut pas le temps de frapper à nouveau : Simon bar Gioras était sur lui et, d'un formidable coup de pied au visage, il l'envoyait rouler tout au bas de la colline.

– Ça va ? demanda-t-il à Milkah.

– Ça va, tu es arrivé à temps.

Elle se releva, récupéra son épée et ramassa son arc. Simon se tourna vers Milkah.

– J'ai eu si peur pour toi !

Elle posa sa main sur le bras de Simon.

– Cette fois, c'est moi qui te dois la vie.

– Certainement pas. Je suis sûr que, sans moi, tu en serais venue à bout.

Devant la vigueur de l'attaque de Simon, les quelques assaillants qui restaient tournèrent les talons et prirent la fuite.

Lorsqu'ils parvinrent au sommet de la falaise, tout le monde entoura Milkah.

– Tu es blessé, Shéba, s'inquiéta David. Ta tunique est toute déchirée... Tiens, veux-tu qu'on te fasse un turban ?

– Merci, qu'importe qu'on sache qui je suis !

Nathanias, Phazaël et Jonathan la regardaient avec admiration.

Milkah enfourcha sa monture.

– Rentrons sans plus tarder.

La chute de la nuit les surprit au milieu de la route. Ils allaient au pas de leurs chevaux sans parler, las d'une si rude journée, quand ils aperçurent au loin une multitude de points lumineux qui semblaient danser dans la nuit.

– Des hommes à cheval portant des torches, en déduisit Milkah.

Ils retrouvèrent Marcus et Démétrios peu après.

– Milkah ! s'écria Marcus en voyant la jeune femme souillée, la tunique déchirée et les cheveux répandus sur le dos. Que s'est-il passé ?

– Rien de grave, Malchios. Vois plutôt qui est avec nous.

– Simon bar Gioras ! Que fais-tu ici ?

– Il nous apporte des nouvelles, répondit Milkah. Remettons-nous en route.

Tandis qu'ils chevauchaient, Simon se chargea de narrer ses aventures et de raconter le combat contre les Romains, à quoi chacun des spectateurs ajouta un commentaire.

Marcus partit dans le courant de la matinée avec une centaine de cavaliers. Démétrios l'accompagnait ainsi que Simon ben Gorion et Simon bar Gioras, qui s'était approprié l'un des chevaux pris aux Romains. Ils avaient revêtu leurs tenues de combat, bien que n'ayant pas l'intention d'intervenir contre les Romains qui assiégeaient Tarichée, selon ce qu'ils venaient d'apprendre.

Afin d'éviter d'être surpris par quelque groupe d'éclaireurs ennemis, Marcus décida de détacher en avant-garde une dizaine de cavaliers sous le commandement de Simon ben Gorion. À son retour, Simon rapporta qu'ils avaient rencontré une troupe d'une trentaine d'hommes à pied traqués par les cavaliers romains. Il était intervenu pour défendre les fugitifs et s'était trouvé face à Josué, fils de Tobie. Ce dernier apprit à Marcus que Tibériade avait ouvert ses portes à Vespasien. Il s'était alors retiré à Tarichée avec les juifs résolus à combattre, mais là encore, les gens de la ville avaient favorisé l'entrée des envahisseurs après avoir accablé de pierres leurs défenseurs. La plupart de ceux qui voulaient fuir les Romains s'étaient alors réfugiés dans des barques pour se mettre à l'abri au milieu du lac, tandis que lui-même, avec ses compagnons, avait effectué une percée dans les rangs romains, pour fuir avec leurs chevaux.

– Je ne pensais pas que les habitants de Tibériade et de Tarichée abandonneraient aussi rapidement notre cause, soupira Marcus.

– Si ceux de Gamala font de même, cette guerre sera rapidement terminée, constata Démétrios.

Ils restèrent établis sur une hauteur dominant le lac, à peu de distance de Tarichée. Le sixième jour, les Romains avaient mis à l'eau des bateaux hâtivement construits, lourds et épais, mais solides et naviguèrent vers les barques des juifs qui les attendirent sans chercher à fuir. La lutte fut inégale. Les juifs, harassés par l'attente et par les nuits pénibles passées sur les étroites embarcations, mal nourris de poissons crus et de pain dur, déprimés par la défaite des leurs, offrirent peu de résistance aux Romains qui défoncèrent les barques avec l'étrave de leurs bateaux ou les firent chavirer. Ceux qui tombaient à l'eau et tentaient de se raccrocher aux embarcations des Romains eurent les mains ou la tête tranchées à coups de glaive. Un grand nombre se noya. Ceux qui parvinrent à atteindre le rivage furent accueillis à coups de lance par les légionnaires. Les eaux du lac se teintèrent de tant de sang versé et, les jours suivants, les flots rejetèrent sur la berge d'innombrables cadavres enflés et livides qui remplirent l'air d'une telle puanteur que toute la rive en fut infestée.

De leur hauteur, Marcus et ses compagnons assistèrent, impuissants, à l'horrible carnage qui ne s'arrêta que lorsqu'il n'y eut plus un fugitif vivant sur le lac. Ils rentrèrent le lendemain, consternés.

Quelques jours plus tard, ils apprirent qu'à la suite de ce massacre, Vespasien avait tenu à Tarichée un tribunal pour juger les étrangers réfugiés dans la ville, accusés d'y être venus pour prêcher la rébellion. Les Tarichéens demandèrent leur grâce, mais ses officiers réclamèrent leur supplice. Vespasien les autorisa à se retirer par une seule route, celle de Tibériade. Ils s'y rendirent en confiance, escortés par les soldats romains. Dans cette ville, sur ordre de Vespasien, on les réunit dans le lieu où s'exerçaient les jeunes gens de la ville. On en fit sortir les gens de la noblesse, ceux qui jouissaient de quelque bien ou d'une certaine autorité. Parmi eux on sélectionna les plus robustes, au nombre de six mille ; ils furent enchaînés et envoyés en Grèce pour travailler au percement de l'isthme de Corinthe qu'avait fait entreprendre Néron. Les autres, les vieillards ou les gens de faible constitution, furent conduits dans un gymnase où des archers en firent leur cible jusqu'à ce qu'il n'en restât plus un seul vivant. Ainsi périrent-ils, au nombre de douze cents. Enfin, le menu peuple, les femmes et les enfants furent vendus comme esclaves dans les villes de la Syrie. On rapporta qu'ils étaient trente mille quatre cents.

Chapitre XXVII

CE SOIR... À GAMALA

Par cette fin d'après-midi de l'arrière-été, une brise légère venant des montagnes apportait sur Gamala un parfum de plantes aromatiques mêlé à la senteur âcre du désert. C'était un vendredi et la plus grande partie de la population de la ville s'était rendue dans les synagogues, car les prêtres avaient demandé qu'on commémorât pendant un mois le massacre des hommes réfugiés sur le lac de Tibériade deux semaines plus tôt. Ceux qui n'étaient pas allés se recueillir restaient chez eux en attendant l'annonce du sabbat, afin d'allumer les lumières qui éclairaient le jour du repos consacré au Seigneur.

Marcus et Démétrios qui, d'ordinaire, n'observaient pas les prescriptions du sabbat, remplissaient, depuis leur arrivée à Gamala, les obligations religieuses, par courtoisie envers leurs hôtes. Dans les villages, les gens se montraient aussi respectueux de la Loi que les Hiérosolymitains, contrairement aux habitants des villes hellénisées de la Palestine, qui s'étaient souvent laissé gagner par le scepticisme religieux des Grecs.

Milkah était la seule à ne pas s'être rendue à la synagogue : en effet, dans sa tenue grecque, elle n'aurait pu dépasser le parvis de l'entrée réservé aux gentils et aux pauvres, et elle ne pouvait pas davantage revêtir des habits féminins, même si, à la suite du combat qu'elle avait soutenu lors de sa rencontre avec Simon bar Gioras, le bruit s'était vite répandu que Shéba était une femme. Certains scribes de la ville et les chefs des synagogues s'étaient alors gravement et longuement entretenus pour savoir si Milkah avait commis une faute, la Loi punissant de mort les femmes qui s'habillaient en hommes. Mais ils avaient admis que Milkah n'était pas condamnable dans la mesure où la tunique grecque, en principe destinée aux hommes, était aussi portée par les femmes sous leur robe ou seule par les jeunes filles. Or la Loi ne condamnait pas les juifs qui portaient des vêtements de païens. D'autre part, si le fait de ne pas se rendre à la synagogue était une attitude blâmable pour un homme, en tant que femme, elle n'était tenue à aucune obligation religieuse !

En apprenant que le tribunal avait siégé pour traiter de cette affaire pendant qu'il se trouvait dans les collines pour observer les mouvements des Romains, Marcus s'était contenté d'en sourire, tandis que Simon bar Gioras avait éclaté d'un rire formidable en disant à Milkah :

– Par tous les dieux syriens ! j'aurais aimé que ces faces de sépulcres te condamnent ! Qui aurait osé appliquer la sentence, hein ?

– Mais le peuple lui-même, avait assuré Milkah. Mon crime aurait mérité la lapidation, et il y a toujours des gens disposés à exécuter la sentence et un plus grand nombre encore disposés à jouir d'un tel spectacle.

– Ce n'est que trop vrai, avait ajouté Simon ben Gorion. Je me rappelle, alors que j'étais encore enfant, d'un homme accusé de blasphémer et de mépriser la loi de Moïse. Il a été condamné, traîné hors de la ville, déshabillé et poussé près d'un fossé. La foule l'a alors accablé de pierres jusqu'à ce qu'il tombe dans le fossé où il est mort.

– Ce n'est pas un supplice plus terrible que celui des Romains qui attachent leurs esclaves rebelles sur une croix pour les y laisser mourir, remarqua Josué, ou encore la mort par le feu qu'on inflige chez nous aux femmes adultères quand elles sont de race sacerdotale.

– Tu ne peux plus parler au présent pour ce qui concerne nos lois, Josué, avait rappelé Milkah, puisque nos tribunaux n'ont plus le droit de prononcer des sentences capitales.

– Voilà un bienfait que vous devez aux Romains, rappela Démétrios. Car, condamner à mourir d'une telle manière un homme parce qu'il ne suit pas la loi de Moïse ou une femme parce qu'elle a trompé un vieux barbon d'époux à qui on l'a vendue me paraissent des châtiments bien disproportionnés au délit. J'oserais dire qu'il faut avoir une âme atroce pour avoir pu imaginer des lois aussi ignobles.

– Comme les Romains ne sont pas ici pour imposer leurs lois, remarqua alors Simon bar Gioras, Milkah aurait pu être condamnée. Quand je songe que toi et Marcus, vous vous battez pour défendre ces insensés, je me demande si vous n'êtes pas plus insensés qu'eux.

– Toi, Simon, lui avait répondu Milkah, ne te bats-tu pas contre les Romains ?

– Je le fais s'il y va de mon intérêt car je dois avouer que je n'ai aucune estime pour ces fanatiques zélotes ni non plus pour ces sadducéens confis dans leurs rites absurdes. Et maintenant, si je me bats contre les Romains, c'est par amitié pour vous.

– Ce que tu dis là n'est que trop vrai, Simon, avait répliqué Milkah, Mais nous, nous nous battons pour bien autre chose que la tranquillité de ces hommes aveuglés par la lettre de la Loi.

– Je sais Shéba, je sais ! C'est pour une grande idée, pour la liberté de notre peuple, pour le triomphe de je ne sais quel Messie. Folie que tout cela ! Et même vaincriez-vous, moi je puis vous assurer que ceux qui profiteront de la victoire ce seront toujours les scribes et tous ces fourbes qui n'auront pas un instant risqué leur vie. Au reste, c'est déjà fait. Combien parmi les membres du sanhédrin qui, maintenant, gouvernent notre nation, combien se sont battus contre les Romains et ont participé à leur défaite ? Et, parmi ceux qui ont chassé les Romains par la force, les uns, comme Menahem, ont été mis à mort, d'autres, comme les fils de Jaïr ou Simon ben Ananias, sont exilés ou tenus à l'écart et toi enfin, Marcus Claudius, tu te terres au fond d'un bourg obscur de la Galilée pour le défendre contre les Romains alors que c'est toi qui devrais gouverner à Jérusalem. Moi, si un jour je prends réellement les armes, ce sera pour ma propre gloire, pour satisfaire mon ambition et non celle de ces rats qui vivent des provisions du peuple qui semble si soucieux de les nourrir.

Ainsi, ce vendredi soir, Milkah allait à pas lents dans les rues de la ville en compagnie de Simon bar Gioras et de Josué, fils de Tobie, qui, bien qu'essénien, s'était détaché de la religion traditionnelle et méprisait les pratiques rituelles. Un chien vint vers eux que Josué repoussa d'un violent coup de pied.

– Josué, pourquoi as-tu frappé ce chien ? lui demanda Simon.

– Quelle question, Simon bar Gioras ! Je l'ai chassé parce qu'il m'importunait.

– Vois-tu, mon ami, j'ai du mal à comprendre les humains. On trouve naturel de frapper une pauvre bête ignorante de ce qu'elle fait et qui suit sa nature, alors qu'on salue un rabbin et qu'on va même jusqu'à s'agenouiller devant lui et baiser le bas de sa robe. Or personne ne songerait à donner un coup de pied à nombre de scribes et de rabbis qui sont pires que des chiens.

L'apostrophe fit rire Milkah :

– Simon, vraiment, tu es incorrigible !

– Non, je ne suis qu'un naïf qui fait se lever les lièvres de la vérité.

Un son strident fusa d'un toit voisin sur lequel se dessinait la silhouette d'un hazzan. C'était le signal destiné à faire cesser les travaux dans les champs. Un instant plus tard, un deuxième appel de trompe s'éleva de la citadelle pour que s'arrêtent les travaux dans la ville. Au troisième coup, les lumières furent allumées dans toutes les maisons et sur les terrasses. Trois autres appels de trompe suivirent encore, et le silence retomba.

– Maintenant, déclara Simon, ces fous vont à peine oser nouer leurs sandales et ils préféreront perdre leur chameau plutôt que de l'attacher s'ils ont oublié de le faire avant que ne retentissent ces sons de corne. Mes amis, vous qui croyez qu'il existe un Dieu, pouvez-vous penser qu'il puisse nous punir de ne pas observer de semblables sottises ? Je me rappelle, à Gerasa, trois voisins pharisiens qui, afin de pouvoir transporter la nourriture d'une maison à une autre sans commettre de péché, les avaient reliées entre elles par des poutres, ce qui leur permettait de déclarer qu'il s'agissait toujours de la même maison. Par Bélial ! c'est vraiment prendre son Dieu pour un imbécile si l'on croit qu'il peut être dupe d'une pareille rouerie !

– Ce n'est que trop vrai, accorda Milkah. Mais, si la plupart d'entre nous observent le repos du sabbat, rares sont ceux qui, hormis les sadducéens et les pharisiens, s'astreignent à de si minutieuses contraintes. Mon père, qui était de race sacerdotale et qui craignait Dieu, méprisait nombre de ces prescriptions et il avait coutume de dire que le sabbat nous est donné et que nous ne sommes pas donnés à lui.

– Ton père était un sage, Shéba, mais il y a plus de fous que de sages, surtout parmi les gens du Temple et de la synagogue.

– Simon, dit à son tour Josué, j'approuve tes critiques. Cependant, même si nous condamnons les excès de nos docteurs, nous ne devons pas tomber comme certains Grecs dans l'athéisme. Qu'est-ce qui nous distingue des gentils, sinon nos lois et notre religion ? Ce n'est pas notre naissance qui nous a faits juifs, puisque nous accueillons, au sein du peuple d'Israël, les Grecs et les Syriens qui ont adopté nos croyances. Ce sont notre indépendance spirituelle, l'alliance entre Élohim et Abraham, Moïse et les lois qu'il a reçues sur le mont de la Révélation, qui font que le peuple juif subsistera même si notre nation n'a plus d'existence politique. Si nous rompons cette alliance, si nous méprisons les croyances de nos pères, si nous cessons de lire la Torah et les prophètes, les juifs disparaîtront comme ont disparu les Carthaginois et comme, un jour, disparaîtront les Romains.

– Josué a parlé avec une grande sagesse, déclara Milkah, et je suis de son avis. Voilà pourquoi nous devons pardonner à nos rabbis l'étroitesse de leur esprit. Oui, Simon, la croyance dans le Dieu d'Israël une fois rejetée, il ne pourra plus y avoir de peuple d'Israël. Les sadducéens ont raison lorsqu'ils déclarent, comme je l'ai entendu de la bouche de certains d'entre eux, qu'il importe peu qu'on croie en Dieu. Ce qui seul compte, c'est d'agir comme si l'on y croyait.

– Et c'est pourquoi, ajouta Josué, même si au fond de mon cœur je désapprouve qu'on lapide ceux qui cherchent à détourner le peuple de la foi de nos pères, je ne peux blâmer ceux qui ordonnent ce châtiment car ils savent que ce n'est que par une telle intransigeance que nous pourrons défendre l'existence même de notre peuple.

– C'est aussi pour cette raison que nous combattons les Romains, renchérit Milkah, car, bien qu'ils ne cherchent pas à détruire notre religion, ils sont favorables aux Grecs qui, sous leur protection, s'imposent chez nous et finalement corrompent nos mœurs. Oui, Simon, les Grecs qui colportent une civilisation brillante et prestigieuse sont pour les juifs plus dangereux que les Romains. Ces derniers se contentent de prélever le tribut alors que les charmes de la vie grecque ont séduit bien des juifs qui ont adopté non seulement leurs mœurs, mais aussi leurs croyances. Il s'en faut de peu que ces juifs ne perdent le sentiment de leurs origines, et leurs enfants ne seront plus que des Grecs parmi bien d'autres.

Ils étaient parvenus aux pieds des remparts. Castor, chargé du commandement des gardes, s'avança vers eux en courant :

– Venez voir ce qui se passe hors de la ville ! cria-t-il.

Ils grimpèrent les degrés de pierre qui conduisaient au chemin de ronde. Le ciel était encore clair et contrastait avec la ligne obscure de la forêt sur laquelle se détachaient des points moins sombres qui semblaient se mouvoir et se répandre lentement dans les champs comme le flot débordant d'une rivière.

– Les Romains ! s'exclama Josué.

– Les petits futés ! lança Simon en riant. Ils connaissent nos scrupules et ils savent qu'ils vont pouvoir consacrer une nuit et un jour pour établir leur camp en toute quiétude !

– Sabbat ou pas, courons chercher les chevaux dans les enclos et fermons les portes ! dit Milkah. Josué, va avertir Malchios et Joseph !

Des gardes ramenèrent les chevaux vers la ville. Les bergers et les chevriers qui dormaient dans les environs avec leurs bêtes vinrent se présenter devant les portes laissées ouvertes, après que Milkah eut ordonné de renforcer la garde afin de pouvoir les refermer rapidement, le cas échéant. De retour sur le chemin de ronde, ils trouvèrent Marcus, Démétrios, Simon ben Gorion, Joseph et Charès. Le ciel déployait maintenant son ample manteau obscur sur toute l'étendue de la terre, mais la lune qui s'élevait sur l'horizon commençait à baigner la pénombre de sa lumière blême et, bientôt, il fut possible de distinguer les envahisseurs dont la masse sombre progressait inexorablement vers la ville.

– Il n'y a pas de doute, ce sont les troupes de Vespasien, dit Marcus.

Il se tourna vers Milkah et posa sa main sur la sienne.

– Ils nous ont laissé bien peu de répit, soupira-t-elle.

– Si peu de jours avant la fête des Tabernacles ! s'exclama Joseph.

– Et en pleines vendanges ! ajouta Charès. S'ils avaient pu attendre un mois encore !

Marcus se tourna vers Castor :

– Castor, qu'on laisse la porte du nord ouverte jusqu'au dernier moment pour permettre à tous ceux qui sont encore dehors de rentrer. Fais équiper les chevaux afin de pouvoir exécuter une sortie pour protéger des retardataires. Joseph, il faudrait faire sonner les trompes d'alarme.

Bientôt résonnèrent les accents graves des trompes et, peu à peu, les rues, jusqu'alors désertes, se remplirent d'une foule bruyante qui courut vers les remparts et envahit les terrasses des maisons afin de voir les Romains. Les cavaliers qui constituaient l'avant-garde étaient maintenant parfaitement visibles et, comme des bergers accouraient encore vers la ville, ils s'élancèrent au galop de charge.

– Castor, Démétrios, Joseph ! s'exclama Marcus, qu'on fasse évacuer la foule des remparts ! Les archers à leurs postes et qu'on se prépare à fermer les portes !

Les cavaliers s'approchaient rapidement mais lorsqu'ils virent les portes se refermer derrière les derniers retardataires, ils prirent position par-delà les fossés qu'avait fait creuser Marcus, où ils attendirent l'arrivée du gros de l'armée.

Les Romains déchargèrent les bêtes de bât et commencèrent à établir leur camp.

– Nous pouvons aller nous coucher, déclara alors Marcus. Ils vont travailler ainsi jusqu'à demain et ne chercheront pas à attaquer pour le moment.

Dès l'aube, les habitants des deux maisons étaient levés. Lorsque Milkah et Marcus sortirent dans la rue, Judith, Mariamne, David et Jonathan les attendaient, chacun armé d'une épée et d'un arc. Marcus sourit en voyant leur air décidé, mais il déclara :

– Vous resterez à l'abri des remparts, car il ne s'agit pas d'un jeu.

Marcus portait sa cuirasse, son casque et ses jambières, comme Démétrios, Simon ben Gorion et Josué, qui vinrent les rejoindre. Milkah avait coiffé son casque pointu enfermé à demi dans le turban et revêtu sa casaque en peau de buffle ; elle avait passé au bras gauche son léger bouclier circulaire et tenait à la main deux courts javelots. Ils se mirent en marche vers les remparts. Les rues étaient encore à demi désertes, la plus grande partie de la population étant réunie dans les synagogues pour l'office matinal du sabbat.

Pendant la nuit, les Romains avaient dressé leurs tentes, disposées régulièrement, séparées par des rues et déjà entourées de palissades.

Vers le milieu de l'après-midi, une troupe de cavaliers vint s'arrêter à peu de distance des remparts.

– Voilà Vespasien en personne avec le roi Agrippa, déclara Marcus.

Le général était entouré de ses porte-enseignes, de gardes et d'officiers à cheval. Agrippa, accompagné de deux hommes, mit pied à terre et s'approcha de la porte.

– Agrippa va sûrement exhorter les habitants à se rendre sans chercher à résister, avança Démétrios.

– En vérité, s'ils étaient sensés, repartit Simon bar Gioras, ils accepteraient. Nous ne pourrons même pas tenir quinze jours. La plaine est couverte de soldats, je n'en ai jamais vu autant.

– Moi non plus, avoua Marcus. Même en Germanie, les Romains ne disposaient pas d'une si formidable armée.

– Je pense que nous tiendrons plus longtemps que tu ne le crois, Simon, déclara Milkah.

– Et même si nous résistions un mois, les Romains n'en seraient que plus enragés lors du sac de la ville.

– Tu n'as pas tort, admit Marcus, mais est-ce une raison pour capituler ?

Il ne poursuivit pas. Agrippa s'était arrêté, mais personne ne put savoir ce qu'il avait l'intention de dire, car une pierre, partie des remparts, vint le frapper au coude. Aussitôt, il se retira sous la protection des boucliers de deux hommes qui l'accompagnaient. On l'aida à remonter à cheval et la petite troupe s'éloigna au trot.

– La question est réglée, soupira Démétrios.

– Qui a bien pu lancer cette pierre ? demanda Marcus d'un ton sévère.

Ils apprirent un peu plus tard que Jonathan, encouragé par David, était l'auteur de l'agression.

– Sans doute est-ce Dieu qui a dirigé la main de cet enfant, avait alors déclaré Mariamne.

Aussitôt après, les Romains entamèrent les travaux de siège. La quinzième légion se posta à l'orient et la cinquième vers les remparts les plus élevés, au nord, c'est-à-dire des deux côtés les plus accessibles. Sous la protection des archers et des frondeurs, les soldats commencèrent à élever des plates-formes afin d'y établir des engins de siège. Pendant ce temps, les hommes de la sixième légion entreprirent de combler de terre et de rocaille les fossés, d'aplanir partout le terrain afin de pouvoir donner l'assaut sans être gênés par les déclivités du sol ou par un quelconque obstacle naturel. La configuration de la place empêchait de l'enfermer totalement dans une circonvallation, mais les assiégeants occupèrent toutes les issues accessibles. Il ne restait que la montagne, qui dominait la ville. Vespasien la fit occuper le jour suivant par une forte troupe d'alliés.

– Va-t-on les laisser s'installer en toute tranquillité ? avait demandé Joseph à Marcus.

– Une sortie ne changerait rien et risquerait de se révéler catastrophique pour nous, répondit-il. Nous ne sommes pas suffisamment nombreux et aguerris pour affronter les Romains en plaine. Dans une sortie, nous perdrions inutilement des vies précieuses. Notre seule chance, c'est la protection des murs et, surtout, des rues étroites où le nombre des assaillants leur sera inutile. Nous n'avons qu'à attendre patiemment, sans même chercher à lancer des flèches, car nous ne pouvons pas nous permettre de gaspiller nos munitions.

Le soir du troisième jour, après avoir jugé de l'avancement des travaux et ayant constaté qu'on avait rapproché les machines, Marcus déclara :

– Ils vont attaquer demain. Joseph, veille à ce que, dès l'aube, les enfants et les vieillards soient réunis dans la partie haute de la ville, à l'intérieur des maisons. Les femmes qui veulent participer à la défense prendront position sur les terrasses, les autres se mettront à couvert avec les enfants. Quant aux hommes, qu'ils se postent tous sur les maisons les plus proches des remparts, dans les rues et sur les tours. Les mercenaires commandés par Shéba, Démétrios et Simon défendront comme convenu les murs du côté de l'est. Avec mes hommes, je ferai face à l'attaque sur cette partie des remparts. Simon ben Gorion, Castor et Josué, vous vous placerez chacun avec une centaine d'hommes le long de cette ligne. Joseph et Charès, je vous conseille de parler à vos gens pour ranimer leur ardeur.

Ce soir-là, en se séparant, les convives s'embrassèrent gravement. David se jeta entre les bras de Milkah en lui disant :

– Tu verras, demain je saurai être digne de toi et de Malchios.

– Petit guerrier, je te crois volontiers, répondit-elle en l'embrassant tendrement, car depuis que tu es avec moi, jamais je n'ai eu à rougir de toi. Tu es digne du grand roi dont tu portes le nom.

Lorsque David et Jonathan se furent retirés dans leur chambre, les autres s'arrêtèrent devant la porte de celle de Tabitha. Milkah l'embrassa et lui dit :

– Toi aussi tu es très courageuse. Des méchants ont prétendu que tu étais coquette et frivole, mais je vois bien que ce sont des calomnies et que tu es digne de notre peuple.

Marcus prit les mains de Judith, qui avait baissé les paupières.

– Judith, lui dit-il, j'aurais voulu te parler depuis déjà quelque temps, mais je n'en ai pas trouvé le loisir : j'ai été un peu vif envers toi. Pardonne-moi car je t'avais mal jugée. Agrippa se trouve de l'autre côté des remparts et il t'eût été facile de quitter la ville et de te réfugier auprès de lui. Personne ne t'en aurait empêché. Tu es digne de porter le nom de celle qui s'est rendue dans le camp des Assyriens et a tranché la tête d'Holopherne.

– Merci de ta confiance, Marcus Claudius.

Il se pencha sur elle et posa ses lèvres sur sa joue.

– Passe une bonne nuit, Judith !

– Je vais tâcher d'en profiter : c'est peut-être la dernière de ma vie.

Quand Marcus eut refermé derrière lui la porte de leur propre chambre, il regarda Milkah déposer la lampe sur un trépied bas en bronze et se dépouiller de ses armes.

– Moi aussi, dit-il alors, la veille de chaque combat je pensais que le lendemain pourrait être le dernier jour de ma vie. Ensuite, dans le feu de la bataille, je n'y songeais plus. Ce soir, je ressens la même angoisse, mais ce n'est plus pour moi que j'ai peur.

– Malchios, il n'est que trop vrai que, dans le feu du combat, on ne pense à rien d'autre qu'à tuer pour ne pas mourir.

Milkah s'était étendue sur la couche. Elle regarda Marcus se dévêtir avant de venir se coucher auprès d'elle.

– Toi aussi, tu es persuadé que nous ne résisterons pas longtemps aux Romains ? lui demanda-t-elle.

– Leurs préparatifs sont formidables, reconnut-il. Je n'imaginais pas qu'ils puissent lever une si puissante armée pour cette guerre. Comme nous paraissons résolus à leur résister, ils seront impitoyables. Il suffit de se rappeler la fin de Iotapata, ce qui est arrivé aux gens de Joppé, à ceux qui ont voulu combattre à Tarichée ou sur le lac de Génésareth, pour être certains que tous ici, tant que nous sommes, nous avons peu de chance de voir la fête de la Dédicace. Je me demande même combien d'entre nous seront encore en vie demain soir.

Elle se tourna vers lui et enlaça ses membres aux siens.

– S'il faut mourir, mon aimé, murmura-t-elle, nous montrerons auparavant aux

Romains que nous n'avons pas moins de courage et de force d'âme que les défenseurs de Iotapata. Maintenant, aime-moi comme jamais tu ne l'as encore fait car nous ne savons pas où nous serons demain.

Chapitre XXVIII

LE SIÈGE DE GAMALA

Dès les premières lueurs de l'aube, toute la population de Gamala se trouvait dans les rues. Chacun rejoignait le poste qui lui avait été attribué. Au moment où le soleil s'éleva au-dessus de la crête des montagnes, les légions s'ébranlèrent d'un pas pesant et les lourdes machines de guerre, catapultes, balistes, scorpions, hautes tours de bois solidement campées sur leurs énormes roues, enfin, béliers de bronze protégés par une robuste charpente sur laquelle étaient tendues plusieurs épaisseurs de peaux de bœuf, toutes ces constructions monstrueuses se mirent lentement en mouvement au milieu du flot humain. Et la terre tremblait sous le poids des machines et le pas des légions.

– Ils vont nous écraser sans même que nous puissions leur répondre.

Milkah tourna la tête vers celui qui avait prononcé ces paroles derrière elle et reconnut l'un des mercenaires appelé Gryllos.

– Pensais-tu qu'ils allaient venir avec des rameaux d'olivier ? répliqua-t-elle.

– Certainement pas, mais toi qui es si habile au combat, que vas-tu faire contre ces pierres et ces javelots ?

– Nous allons nous protéger derrière les remparts jusqu'à ce qu'ils se fatiguent.

– Ouais ! Et ensuite nous nous battrons à un contre dix...

– Non Gryllos, tu calcules mal. Comme les habitants de cette ville ne comptent guère, nous serons à un contre trente, peut-être quarante.

– Dans ce cas, je me retire.

– Il n'est plus temps ! Tu as accepté de l'argent pour te battre : fais ton travail. D'ailleurs, où irais-tu ? Nous sommes complètement entourés, enfermés dans un piège.

Les Romains s'étaient arrêtés à un peu plus d'une portée de flèches des murs, qu'ils enveloppaient de toutes parts. Des sons de trompettes retentirent, des cris fusèrent et des artilleurs mirent en batterie les machines de jet.

– Attention ! cria Démétrios.

Chacun se tapit derrière les remparts. Soudain s'abattit une véritable tempête, pluie de javelots qui parvinrent jusque sur les terrasses, balles de plomb et chaînes qui balayèrent les faîtes des remparts et crépitèrent sur les boucliers de métal que les soldats, agenouillés élevaient au-dessus de leur tête, lourds quartiers de rocs qui éclatèrent sur les murailles, les ébranlant, les déchaussant, ceux qui atteignaient les créneaux les heurtant avec tant de force qu'ils les jetaient à bas, écrasant les malheureux qui se dissimulaient derrière cet abri dérisoire.

– Fils de putes ! s'exclama Simon bar Gioras en se serrant contre Milkah pour profiter de son bouclier.

Tout près d'eux un mercenaire qui s'était redressé reçut en plein visage un javelot catapulté qui le décapita.

– Pas de chance, dit Simon. Enfin, j'aurai au moins la consolation de mourir près de toi.

– Eh ! Simon, nous ne sommes pas encore morts ! Ils vont bien devoir cesser de nous bombarder ainsi, ne serait-ce que pour monter à l'assaut.

– À moins que, d'ici là, nous ne soyons ensevelis sous la pierraille et la ferraille !

D'immenses clameurs s'élevèrent soudain, qui se mêlèrent au son des trompes et à un grondement pareil à celui de cent tonnerres, produit par le heurt des épées des légionnaires sur leurs boucliers.

– Ils montent à l'assaut, dit Milkah. Tu vois, ils n'ont pas tardé. Juste ce qu'il fallait pour ébranler les murailles et faire avancer les béliers et les tours sans danger.

La plaine était couverte d'hommes qui progressaient par vagues ondulantes derrière deux béliers et trois tours de siège, appelées hélépoles, qu'on conduisait vers les plates-formes élevées les jours précédents. Par-delà les rangs des légionnaires s'avançaient archers et frondeurs qui décochaient leurs flèches et projetaient des balles qui s'abattaient sur les remparts comme des nuées de guêpes.

– Ils sont à portée, déclara Milkah.

– Tir à volonté ! cria de son côté Démétrios.

Aussitôt partit des remparts une grêle de flèches et de javelots que les assaillants paraient avec leurs boucliers. Mais comme les traits tombaient plus drus encore sur les remparts, la plupart des mercenaires se cachèrent derrière les murs.

– Debout, bande de lièvres ! hurla Milkah.

Et, sans se soucier du danger, elle saisit son nerf de bœuf et courut sur le chemin de ronde en cinglant les hommes pour les obliger à se battre.

– Ce Shéba ! soupira Simon.

– Simon, Gryllos et vous Nathanias et Phazaël, venez ici ordonna Milkah. Il faut balancer ce roc sur le bélier... Je vous protège.

Elle avait ramassé un grand bouclier qu'elle tenait en travers au-dessus des quatre hommes. Ils soulevèrent la pierre et la posèrent sur le bord du rempart, juste au-dessus du bélier. Gryllos et Simon la firent basculer. Au moment où elle tombait, Gryllos, qui se penchait pour observer l'effet de sa chute, fut frappé d'un javelot de scorpion qui perça sa cuirasse sous le cœur. Il fut projeté au sol tandis qu'un formidable craquement laissait prévoir que le quartier de roc était tombé en plein sur le bélier. Milkah s'agenouilla près de lui pour constater qu'il était mort.

– Ah ! voilà du nouveau ! dit Simon en voyant une des tours chargées de combattants qu'on poussait lentement, tandis qu'un flot de soldats courait vers le rempart en portant de longues échelles.

– Saisissez-vous des fourches ! hurla Milkah en courant en chercher une parmi celles qu'on avait posées contre le mur de la tour voisine.

Au même moment, l'air fut déchiré par une formidable explosion et un pan de muraille s'abattit, formant une brèche dans laquelle s'engouffrèrent les légionnaires en grimpant sur les quartiers de rocs écroulés. Démétrios, accouru avec une troupe d'hommes, prit position sur la brèche d'où ils accablèrent les assaillants de pierres et de dards. Mais la vue de l'effondrement du mur et celle des Romains qui montaient à l'assaut de toutes parts fit lâcher pied aux mercenaires. Quelques-uns coururent vers les escaliers pour se réfugier dans la ville, criant que c'était la fin et que chacun devait se sauver comme il le pouvait.

– Lâches ! hurlait Milkah en les talonnant. Revenez à vos postes, chacals ! Que vos mères soient maudites !

Dans sa fureur, elle ramassa des javelots qui jonchaient le rempart et les projeta dans les reins des fuyards. Mais un vent de panique s'était emparé de tous ces hommes, qui, par crainte de l'ennemi, se jetaient du haut du chemin de ronde, se brisant souvent les jambes en arrivant en bas. Milkah avait tiré son épée et frappait tous les hommes qu'elle surprenait à fuir. Mais elle dût bientôt tourner sa fureur contre les Romains qui se montraient sur les remparts. Déjà Simon, Nathanias et Phazaël contenaient les premiers assaillants, repoussaient les échelles à l'aide de fourches, projetaient pierres et traits contre ceux qui montaient, précipitaient dans le vide ceux qui avaient pris pied sur le chemin de ronde. De leur poste, David et Jonathan lançaient des boules de plomb à l'aide de leurs frondes tandis que Judith et Mariamne tiraient des flèches sur les soldats qui se montraient, soutenant les efforts de Milkah qui luttait seule de son côté. Elle se vit d'ailleurs bientôt entourée de toutes parts et, le bouclier à un bras, l'épée à la main, elle ne cessait de tournoyer, tenant l'ennemi à distance, abattant un homme à chaque assaut, mais elle sentait ses forces l'abandonner et elle songeait qu'elle ne pourrait plus longtemps soutenir un tel rythme de combat. Elle ne voyait que le mur de cuirasses brunes et de tuniques rouges des légionnaires que nul effort ne parvenait à rompre.

Au même moment se dessina un flottement parmi les Romains et soudain s'élevèrent des hurlements tandis que les légionnaires tournaient le dos à Milkah qui, se ressaisissant, les attaqua avec une vigueur nouvelle. Un sourire éclaira le visage de Milkah :

– Ce cher Simon ! murmura-t-elle.

Simon bar Gioras, armé d'une lourde barre à mine en fer, faisait tournoyer cette massue improvisée à une vitesse telle que nul ne trouvait le temps de l'approcher pour le frapper, et il allait ainsi de l'avant comme une galère de combat au milieu des barques qu'elle éperonne et renverse. Les Romains se bousculaient pour fuir les coups terribles qui faisaient éclater les crânes comme des grenades mûres, arrachaient les membres, fracassaient les poitrines. Dans le sillage de Simon suivaient Nathanias et Phazaël qui n'avaient que la peine de frapper ceux qui, les genoux encore tremblants, venaient d'éviter le choc mortel des moulinets. Simon rejoignit bientôt Milkah et, à tous les quatre, formant un carré, ils avancèrent dans le flot des Romains jusqu'aux escaliers qu'ils descendirent en hâte. Milkah s'était placée en arrière pour contenir les légionnaires qui les talonnaient tandis que Simon s'ouvrait un chemin parmi les assaillants qui occupaient déjà les degrés.

Ils parvinrent ainsi au pied d'une maison sur la terrasse de laquelle se tenaient Judith, Mariamne, David et les enfants de Joseph. Tous s'acharnaient à bombarder les Romains de pierres et de javelots.

– Fuyez par les toits ! cria Milkah en s'engageant dans la rue étroite et en pente, à l'angle de la maison.

Par cette même rue venaient à leur aide les hommes de la ville qui n'avaient pas encore combattu, Charès en tête.

– Charès, tes hommes lâchent pied, lui dit Milkah.

– Nous sommes débordés.

– Alors, ordonne aux combattants de se retirer sur les toits.

Milkah pénétra dans la maison, suivie par Simon et les deux fils de Charès, d'où ils gagnèrent la terrasse par laquelle ils rejoignirent David, Jonathan et leurs compagnons installés au bord d'un toit pour lancer des projectiles sur les Romains.

– A-t-on des nouvelles de Marcus ? demanda Milkah à Charès qui venait de la rejoindre.

– Quand je suis venu vous épauler avec mes hommes, lui et les siens résistaient encore sur les remparts. Mais les Romains avaient réussi à y ménager une brèche vers laquelle ils se précipitaient. Ce qu'il en est maintenant, je l'ignore.

Milkah porta la main en visière contre son front pour scruter la partie du rempart défendue par Démétrios. Là aussi, les mercenaires avaient lâché pied et elle vit Démétrios reculer avec une poignée d'hommes vers un groupe d'habitations. Dans les rues, au-dessous, les Romains renversaient ceux qui s'opposaient à leur progression. La plupart des hommes rejoignaient sur les terrasses les femmes qui s'y trouvaient déjà et, ensemble, ils accablaient de pierres les assaillants. Ceux-ci pénétrèrent dans les demeures pour parvenir aux terrasses et en chasser les juifs qui en défendaient les accès avec énergie.

– Remontons vers la citadelle en passant par les toits, proposa alors Charès.

Ainsi progressèrent-ils de terrasse en terrasse. Mais, déjà, les Romains occupaient toutes les rues. Sur chacune des terrasses ils trouvèrent des hommes et des femmes qui repoussaient les assaillants. Lorsque ces derniers semblaient prendre l'avantage, Simon et Milkah venaient prêter main-forte aux défenseurs. Soudain, le sol céda sous leurs pieds. Ils étaient sur une terrasse où se tenaient déjà une dizaine de personnes; leur poids avait fait céder le toit qui s'écroula. Milkah, précipitée contre Simon et Mariamne se retrouva sous David et Judith, au milieu d'un amoncellement de gravats et de corps tandis qu'elle était aveuglée par une retombée de poussière blanchâtre. Elle se releva au milieu des décombres et vit David qui aidait Judith à se remettre debout. Autour d'eux, la plupart des gens se relevaient et ils ne purent s'empêcher de rire en se voyant blancs de poussière. Nathanias et Phazaël dégageaient les gravats sous lesquels avait été enseveli Charès qui gémissait faiblement. Un Romain, seul survivant parmi ceux qui avaient été écrasés, tenta de se redresser, mais avant qu'il ait retrouvé ses esprits, Simon lui fit sauter la tête d'un coup de glaive.

Charès souffrait de la hanche et de la jambe qu'il avait dû se briser dans la chute, et un filet de sang coulait de son front. Milkah fouilla dans les décombres pour chercher deux javelots et des tissus afin de faire une civière. Elle découvrit alors que les maisons s'épaulant les unes sur les autres, l'écroulement de la terrasse avait fait s'affaisser les murs de la demeure située en contrebas, dont la terrasse venait de s'écrouler. Et ce qui avait semblé catastrophique devint la sauvegarde de la cité, car, les unes après les autres, les maisons s'effondraient, écrasant dans leur chute les Romains qui se trouvaient à l'intérieur. Les juifs, montés sur les terrasses des maisons bâties le long des rues voisines, ayant constaté le résultat de cet accident, entreprirent de défoncer les toits de leurs propres demeures qui s'écroulaient avec fracas sur les Romains, puis, se saisissant des gravats, ils les lançaient sur les soldats ennemis restés dans les rues. Bientôt, la ville se couvrit d'un épais nuage de poussière, qui retombant sur les rues, aveuglait et étouffait les assaillants en contrebas.

Charès fut étendu sur un brancard improvisé. Ils descendirent la rue où dévalaient les Romains qui battaient en retraite. Simon allait en avant, suivi par Mariamne, Jonathan et Malthacée qui, tous trois, tenaient une épée; à leur suite marchaient les deux fils de Charès, qui portaient leur père sur la civière. Judith et Tabitha, David et Milkah fermaient la marche. Ils n'avançaient que lentement, car la rue formait une pente raide que son pavage rendait d'autant plus glissante qu'y ruisselait un sang gluant mêlé à la poussière. Des gravats et des pierres gisaient en travers qu'il fallait escalader ou éviter, à moins que ce ne fussent les corps, pour la plupart des Romains.

Le nuage de poussière était si dense lorsque venait de s'écrouler une maison qu'on ne voyait plus le ciel ni même les murs des maisons voisines. C'est ainsi que

Milkah fut frappée par une pierre lancée au hasard d'un toit. Son casque lui sauva la vie, mais le choc l'avait projetée sur le sol sans même qu'elle s'en soit rendu compte. David la soutenait afin qu'elle ne tombât pas, car elle chancelait, à demi assommée.

Au même instant, six légionnaires sortirent d'une maison voisine : ils virent, d'un côté Judith et Tabitha, de l'autre, David qui avait abandonné son épée pour aider Milkah. Ayant ôté sa ceinture, perdu son casque et son épée lors de la chute de la pierre, elle apparut aux yeux des Romains comme une simple femme aux cheveux épars, c'est ce qui la sauva.

Tabitha fut désarmée avant même d'avoir pu esquisser un geste. Judith, plus rapide, blessa au bras l'un de ses agresseurs, mais un autre lui saisit le poignet, et les soldats entraînèrent les deux jeunes filles dans la maison d'où ils sortaient. Ils riaient grossièrement sans se soucier de leurs cris et de leurs coups. Leurs deux autres compagnons avaient marché vers David et Milkah. Celle-ci se tenait le front d'une main : les êtres et les objets lui apparaissaient à travers un voile opaque, ses membres lui semblaient aussi pesants que si on y avait attaché des poids de plomb et un étau douloureux enserrait son crâne.

David lâcha Milkah pour faire face aux deux soldats, les poings en avant. Ceux-ci commencèrent à en rire, mais un violent coup de pied dans le bas-ventre de l'un, le courbant en deux, et son poing dans le visage de l'autre les firent reculer. David, qui avait appris toutes ces ruses du corps à corps avec Milkah, manquait encore de vigueur, il reçut un coup de poing en plein visage qui le fit chanceler, puis les deux brutes s'unirent pour le rouer de coups de poing jusqu'à ce qu'il tombe inanimé sur le sol. Aussitôt après, ils empoignèrent Milkah, qu'ils entraînèrent dans la maison.

Sur le sol d'une salle assez spacieuse gisaient épars quelques nattes déchirées, des vêtements, des plats brisés, des coffres éventrés, des trépieds d'argile renversés, des coussins et de la nourriture. La lumière ne pénétrait que par la porte d'entrée et par une trappe ouverte au haut de l'escalier intérieur donnant accès à la terrasse. Un odeur âcre de sang flottait dans l'air lourd de la pièce.

Maintenue étendue sur une natte par un homme, les lambeaux de sa tunique arrachés, Tabitha, presque évanouie, subissait les violences de l'un des légionnaires. Judith, à demi couchée sur les marches de l'escalier, se débattait avec véhémence en hurlant, lançant des coups de pied, giflant, mordant. Quelques marches plus haut gisait le corps d'un tout jeune homme, entièrement nu, dont le visage violacé, convulsé, révélait qu'il avait été étranglé après avoir subi les outrages des soudards. L'accès de la terrasse était à moitié obstrué par le corps d'un autre homme dont la tête pendait sur la première marche. Ses paupières ouvertes laissaient voir son regard vitreux tandis que, d'une large plaie en travers de sa gorge, suintait un sang noir ruisselant sur les degrés de pierre jusqu'au corps de l'adolescent dont il teintait la peau blanche.

Dans sa demi-inconscience, Milkah avait l'impression de faire un cauchemar. Les cris de Judith lui blessaient le tympan et elle se sentit prise de nausées. Ses bras furent tirés au-dessus de sa tête et ployés en arrière avec tant de force qu'elle s'entendit pousser un gémissement, puis ils furent paralysés par un poids écrasant. Un liquide froid gicla sur son visage, pénétra dans ses narines, la suffoquant, puis le goulot d'une outre fut glissé entre ses lèvres et la liqueur se répandit dans sa gorge desséchée, lui apportant un soudain bien-être. Elle entendit des voix parler en latin, entrecoupées de gros rires. Elle détourna la tête pour éloigner sa bouche du goulot par lequel coulait en elle un vin épais, qui lui rendit soudain toute sa lucidité. La première chose qui frappa son regard fut le cadavre dénudé d'une femme qui gisait au fond de la pièce, dans une mare de sang. De son ventre ouvert jusqu'au nombril surgissaient ses entrailles, pareilles à un serpent violacé. Les nausées la saisirent plus vivement encore et elle se rendit compte qu'elle avait été allongée sur une table basse et, tandis qu'un des soldats la maintenait, l'autre se dépouillait de sa cuirasse et de sa tunique.

Le souvenir du jour où elle avait été violée après avoir vu son enfant égorgé s'imposa à elle. Un flot de haine et de colère l'étreignit. Elle voulut bouger les bras, mais elle les sentit immobilisés par le poids de l'homme agenouillé sur ses épaules. L'autre soldat, qui s'était mis nu, n'ayant conservé que ses jambières, s'était couché sur elle après avoir relevé sa tunique contre sa poitrine. Il la paralysait, l'étouffait sous la masse énorme de son corps. Elle tenta en vain d'échapper à son étreinte. Elle eut envie de pleurer en découvrant son impuissance. Elle avait maintenant retrouvé tous ses esprits et comprit qu'elle devait tenter un ultime effort pour se dégager, d'autant que la vision de la femme éventrée lui laissait entrevoir l'issue de ces violences, quand s'éleva une voix ferme et autoritaire. Le nouveau venu s'exprimait en latin, criant aux soldats qu'ils se comportaient d'une manière indigne de vrais Romains. Mais les légionnaires se mirent à l'injurier. L'homme fit un pas en avant en tirant son épée. Devant l'attitude du nouveau venu, les deux hommes qui tenaient Milkah relâchèrent leur étreinte. Aussitôt, elle se tourna sur elle-même, glissa entre les mains de celui qui lui paralysait les bras et, avant qu'il n'ait réagi, elle lui envoya un violent coup de poing dans le nez avec tant de violence qu'un flot de sang en jaillit. Il porta les mains à son visage en jurant, mais avant qu'il n'ait pu esquisser un nouveau geste, elle avait saisi la poignée de son glaive, le dégainait et, d'un revers, elle lui ouvrait la gorge. Ses compagnons en restèrent pétrifiés de stupeur. Milkah mit ce temps à profit pour bondir vers l'homme qui s'était couché sur Judith et lui plonger l'épée dans les reins ; il se redressa en se cambrant. D'un coup de coude, Milkah le jeta au sol et lança une estocade à son compagnon qui avait bondi en arrière, mais ne put éviter d'avoir la cuisse traversée.

– Milkah, prends garde ! cria Judith.

La jeune femme sauta de côté, évitant un coup d'épée que lui portait l'homme qui avait outragé Tabitha. D'un coup d'œil, Milkah jugea la situation : le compagnon de ce dernier avait saisi son épée et venait à son secours, tandis que le soldat qui s'était dévêtu tentait maladroitement d'agrafer sa tunique. Quant à l'inconnu qui était intervenu si à propos, il s'était reculé près de la porte, où il restait immobile. Sans chercher à comprendre la raison de sa retraite, Milkah chargea le légionnaire le plus proche avec tant de vigueur qu'il recula avec son compagnon. En avançant, Milkah sentit contre sa jambe un tabouret : elle s'arrêta, glissa le bout du pied sous le meuble et d'un coup sec le projeta contre son adversaire qui le reçut un pleine poitrine. Dans un geste incontrôlé, il avait levé les deux bras découvrant son torse ; il ne portait qu'une cuirasse qui s'arrêtait à la taille, ayant retiré sa courte jupe de cuir qui lui protégeait le ventre. Avec une maîtrise contrôlée, Milkah avait abaissé le glaive, lui entaillant de haut en bas la peau et les muscles : les intestins s'échappèrent hors de la blessure tandis que l'homme poussait un hurlement en saisissant ses entrailles à deux mains.

– Ainsi avez-vous fait à cette femme ! s'écria Milkah en grec.

Son compagnon tourna la tête vers le cadavre qui gisait derrière eux et Milkah en profita pour le charger. Il eut juste le temps de sauter en arrière pour éviter le coup de taille qui lui porta Milkah. Entre-temps, Judith s'était relevée et avait couru dans un coin de la salle pour éviter d'être frappée par l'homme blessé à la cuisse qui restait assis sur l'escalier. En passant, elle s'était emparée d'un glaive abandonné sur le sol et elle se tenait sur la défensive.

L'adversaire de Milkah s'écria alors en grec :

– Compagnons, cette femme est possédée par une divinité. Allons-nous nous laisser égorger par elle ?

Sur ces mots il attaqua furieusement, abattant son épée avec force, si bien que Milkah dut reculer pour éviter sa charge. Elle trébucha dans un trépied et tomba à la renverse. Aussitôt l'homme se courba pour la frapper mais le pied de Milkah l'atteignit au genou et il s'abattit. Elle avait redressé son épée qui, dans l'élan de sa chute, transperça le légionnaire de part en part tandis qu'elle roulait sur elle-même pour éviter le corps pantelant. Elle se retrouva désarmée au sol, ce que voyant l'autre soldat, qui avait enfin rajusté sa tunique et empoigné son épée, se rua contre elle. Elle roulait sur le sol évitant ses coups tout en cherchant un objet à lui lancer, mais soudain l'épée de l'homme demeura en suspens, sa bouche s'ouvrit et il s'affaissa. Judith se tenait derrière lui, un glaive sanglant à la main. Il ne restait plus que le soldat blessé à la cuisse qui remontait à reculons les marches. Milkah ramassa un glaive et marcha alors vers lui, le regard flamboyant de colère.

Il reculait, les yeux exorbités. Milkah monta le long des degrés, lentement, sans le quitter du regard. La main du soldat toucha la tête du cadavre du jeune homme, tâtonna autour du corps, puis il s'éleva sur le côté. Son pied incertain glissa sur une flaque de sang.

– Toi qui es païen et qui crois aux sacrifices destinés au repos des morts, lui dit alors Milkah en grec, sache que tu vas mourir en sacrifice aux âmes de ces malheureux que toi et tes compagnons vous avez égorgés.

Des sons inarticulés sortirent de ses lèvres. Il tenta de se hisser plus haut encore, s'accrocha aux membres du cadavre qui glissa, l'entraînant dans sa chute. Ainsi parvint-il aux pieds de Milkah qui, d'un coup fulgurant, lui plongea dans le ventre son glaive qu'elle ne retira pas. L'homme poussa un cri et resta inerte. Elle se retourna vers l'homme qui était intervenu. Elle l'avait reconnu à sa stature et, maintenant, elle voyait son visage baigné par la lumière de la rue. Elle marcha vers lui, s'arrêta à quelques pas.

– Neapolitanus, je te rends grâce de m'avoir laissée assumer ma vengeance. Veux-tu que nous combattions ?

– Milkah, puisque tel est ton nom que j'ai entendu prononcer, sache que j'éprouve pour toi des sentiments d'admiration, de respect et peut-être autre chose encore qui font que désormais je refuserai toujours de me battre contre toi. Je crois décidément que c'est la volonté de Dieu qui a fait ainsi se croiser nos chemins.

– Dans ce cas, il t'a conduit ici pour me sauver. Nos chemins se séparent déjà. Adieu, Neapolitanus, que notre Dieu te bénisse !

Il la salua à la manière romaine et s'éloigna. Pendant ce temps, Judith était accourue auprès de Tabitha, qui s'était recroquevillée sur elle-même en pleurant.

Elles sortirent dans la rue où flottait toujours un voile de poussière. Milkah aperçut David, assis contre le mur d'une maison, qui se frottait la tête d'un air hébété. Elle courut à lui et, dès qu'il l'aperçut, un sourire éclaira son visage pâle.

– Oh ! Shéba... que j'ai mal à la tête ! Que s'est-il passé ? Tu les as tous tués, hein ?

– Tous, avec l'aide de Judith. Mais toi aussi tu t'es bien battu, petit guerrier. Viens vite, il faut s'éloigner d'ici.

On entendait au loin, vers la ville basse, des cris couverts par les craquements et les grondements des maisons qui s'écroulaient, suivis par les clameurs de joie des juifs qui prenaient plaisir à détruire leurs demeures pour écraser les Romains sous les décombres. La rue où ils se trouvaient, toute proche de la citadelle, était maintenant déserte. Ils montèrent vers les demeures de Charès et de Joseph, et pénétrèrent d'abord chez ce dernier.

– Judith, dit Milkah, soigne Tabitha et mettez des vêtements propres. Je crois que les Romains battent en retraite ; reposez-vous, vous l'avez bien mérité, David, reste ici pour défendre la maison.

Elle sortit et se rendit chez Charès, où elle trouva le maître de maison couché sur un lit, autour duquel s'empressaient sa femme et ses deux fils, tandis que Mariamne, Malthacée et Jonathan se tenaient en arrière.

– Milkah, s'écria Mariamne, que s'est-il passé ? Nous étions inquiets de ne plus vous voir. Simon est parti à votre recherche. Ne l'avez-vous pas rencontré ?

– Non, mais je ne me fais pas de souci pour lui. Nous avons eu un accrochage avec quelques soldats romains. Comment va Charès ?

– Il a perdu connaissance, dit Nathanias.

Milkah s'approcha, examina la jambe du blessé et dit :

– Mariamne, prépare de l'eau chaude, de petites planchettes de bois assez longues et des courroies. Nous nous occuperons de lui tout à l'heure. Il n'est pas en danger. Pour le moment, le plus important est de combattre. Si les Romains enlèvent la ville, nous n'aurons plus besoin de le soigner. Quand vous en aurez fini, Mariamne, et toi, Malthacée, allez chez Joseph voir Tabitha, elle a besoin de vous. Nathanias et Phazaël, venez avec moi.

Ils sortirent dans la rue éclaboussée de soleil. Milkah s'élança au pas de course, suivie par les deux jeunes hommes. Bientôt ils rencontrèrent les premiers cadavres qui gisaient en travers de la rue. Ils ralentirent leur course afin de prendre le temps de jeter un coup d'œil aux morts, songeant qu'ils pourraient trouver parmi eux des gens de leur connaissance ou aider quelque blessé de leur parti. L'œil exercé de Milkah repéra, dans la ceinture d'un cavalier romain, une belle épée ibère à la lame longue et bien forgée, enfermée dans un fourreau solide fait de bois dur couvert de feuilles de bronze ciselé et cerclé de bandes de fer. Rejetant le glaive qu'elle tenait à la main, elle s'empara de l'arme, dégaina pour s'assurer de la solidité de la lame, qui lui parut bien effilée sur les deux tranchants et acérée de la pointe.

– Voilà une des plus belles armes que j'aie jamais vues, déclara-t-elle en l'étreignant dans la main gauche.

Les Romains battaient en retraite, mais continuaient de lutter face à leurs adversaires qui, ayant retrouvé confiance, les assaillaient de toutes parts. Milkah chercha vainement Marcus et Démétrios au milieu de cette cohue. En revanche, elle distingua sur une petite hauteur, à peu de distance des remparts, un groupe de Romains debout, entourés par des porte-enseignes.

– C'est Vespasien en personne ! murmura-t-elle.

Elle se tourna vers Nathanias et Phazaël.

– En avant, mes amis ! Suivez-moi, nous allons tenter d'acquérir une gloire immortelle.

Sur ces mots, elle s'élança de terrasse en terrasse, jusqu'au moment où les amas de ruines et les combattants l'obligèrent à plus de prudence. Ils se trouvaient au bord d'une terrasse à moitié écroulée qui dominait une place à peu de distance des remparts. En contrebas, un petit groupe de juifs se mesurait à des légionnaires qui, en plus grand nombre, étaient passés à la contre-attaque et contraignaient leurs adversaires à reculer. Un javelot vint glisser aux pieds de Milkah ; elle le ramassa avec un autre javelot qui traînait tout à côté. Elle regarda autour d'elle pour chercher qui lui avait lancé le trait. Elle ne put le discerner, mais elle reconnut, à la tête des juifs, Josué qui, armé d'un glaive dans chaque main, fauchait ses ennemis avec une fougue redoutable. Milkah observa un instant le combat avant de projeter brusquement l'un, puis l'autre javelot : deux légionnaires qui serraient de trop près Josué tombèrent à ses pieds. Aussitôt après, Milkah et ses deux compagnons sautaient dans la mêlée. Milkah avait tiré sa nouvelle épée, conservant dans la main gauche le fourreau pour s'en faire un bouclier. Elle fendit les rangs des juifs pour se trouver face aux Romains qui ne prirent guère au sérieux l'arrivée de cette femme parmi les combattants. Mais lorsque son arme se mit à tourbillonner et que la lame frappa les visages de coups si rapides qu'il semblait impossible de les prévoir et de les éviter, un souffle de panique saisit les Romains qui reculèrent en désordre. Suivie par Phazaël et Nathanias, Milkah s'ouvrit dans les rangs ennemis un chemin jusqu'à Josué.

– Où sont Malchios et nos compagnons ? lui demanda-t-elle en reprenant son souffle.

– Avec Simon, ils conduisent la contre-offensive vers l'est, répondit Josué.

– Parfait, alors, en avant ! Josué, notre but est là-bas sur les hauteurs. Il faut tenter de nous emparer de Vespasien et de ses principaux officiers.

– Bah ! Pourquoi pas ? allons-y !

Leurs épées tournoyèrent avec une vigueur nouvelle. Ils pénétrèrent dans les rangs ennemis comme s'enfonce dans le bois le coin qui va faire éclater les fibres. Rien ne semblait pouvoir leur résister. Derrière eux, Nathanias, Phazaël et les autres combattants juifs élargissaient la brèche, mettant en fuite les Romains stupéfaits. La masse des ennemis sembla soudain se dissoudre, et Milkah et Josué ne virent plus devant eux que des soldats épars. Mais les Romains, comprenant soudain la menace qui pesait sur leur général, soufflèrent dans leurs trompettes et une troupe de légionnaires vint se grouper devant Vespasien, constituant une formidable barrière hérissée d'épées.

Tandis que les soldats de la dixième légion prenaient pied sur les remparts tenus par Milkah et ses compagnons, ceux de la cinquième légion pénétraient dans la partie de la ville défendue par Démétrios, et ceux de la quinzième légion tentaient un assaut du côté des remparts où se trouvaient Marcus et ses hommes. Ces derniers seraient peut-être parvenus à repousser l'attaque si Marcus ne s'était aperçu que les Romains avaient pénétré dans la ville par les autres côtés et que lui et les siens risquaient d'être pris de revers. Il se décida alors à battre en retraite et alla avec ses hommes se retrancher sur les toits des maisons où il retrouva Démétrios qui s'était replié de son côté. Ce dernier lui fit connaître la défection des mercenaires. Marcus était inquiet et d'autant plus impatient qu'il ne pouvait s'éloigner de ses hommes dont il soutenait sans cesse l'énergie, secondé en cela par Josué et Simon ben Gorion. Ils avaient dû reculer devant les assauts renouvelés des Romains et c'est ainsi que Josué s'était éloigné d'eux.

Lorsque, de son côté, Simon bar Gioras eut laissé Charès chez lui, en sécurité, il s'élança aussitôt à la recherche de Milkah. Mais les rues étroites de la ville constituaient un dédale inextricable pour un étranger. Il s'égara, descendit des voies, en remonta d'autres, se fourvoyant de plus en plus jusqu'au moment où, entraîné par un mouvement de foule, il aperçut Marcus et Démétrios aux prises avec des Romains.

À la demande de Marcus, Simon lui raconta comment ils avaient dû, alors qu'il se trouvait avec Milkah, abandonner le rempart pour se réfugier sur les toits des maisons, comment là Charès avait été blessé, comment enfin en l'emmenant dans sa demeure il avait perdu de vue les jeunes femmes, et David.

– Je crois qu'il est inutile de chercher, Marcus, intervint alors Démétrios. Regarde, là-bas...

Marcus et Simon tournèrent la tête dans la direction indiquée par Démétrios. Dans la multitude des combattants qui se pressaient entre les remparts et les premières maisons, ils distinguèrent parfaitement Milkah et Josué qui bousculaient les rangs des légionnaires pour se frayer un chemin vers Vespasien, impavide au milieu de ses gardes et de ses officiers.

– Elle espère recommencer ce qu'elle a fait contre Longinus ! s'exclama Marcus. C'est fou !

– Par Sabaoth ! s'écria Simon, allons leur donner un coup de main.

– C'est insensé mais magnifique ! s'exclama Démétrios. Si nous nous emparons de Vespasien, la victoire est à nous.

Aussitôt, ils s'élancèrent derrière Simon qui, en de furieux coups de glaive, ouvrait une brèche dans la masse des légionnaires. Milkah et Josué n'étaient plus qu'à une portée de javelot de Vespasien qui, cependant, n'esquissait aucun mouvement de retraite et continuait de donner ses ordres.

Bien qu'il conservât une impassibilité et une maîtrise de soi qui provoquaient la surprise et l'admiration de ses adversaires, Vespasien ne put dissimuler son étonnement en voyant Milkah avancer vers lui, pareille à Minerve. Il se tourna vers l'un de ses officiers.

– Sextus Céréalis, sais-tu qui est cette femme qui, sans armure, avec une simple épée, est en train d'abattre mes meilleurs légionnaires ?

– Je l'ignore, général. Sans doute une femme de la ville prise de folie.

– Certainement pas. Elle et l'homme qui marche près d'elle manient l'épée avec un art consommé et une maîtrise incomparable. Qui pourrait me dire qui sont-ils ?

– Peut-être Neapolitanus pourra-t-il te renseigner. Il se bat dans le pays depuis longtemps.

– Qu'on le fasse venir !

L'officier fut bientôt devant lui et le salua.

– Neapolitanus, lui demanda Vespasien, saurais-tu qui est cette femme qui a l'audace de vouloir s'ouvrir un chemin parmi nos bons soldats sans doute dans l'espoir de parvenir jusqu'à nous ?

– C'est une héroïne du peuple juif, général. D'habitude, elle se vêt comme un guerrier et se fait appeler Shéba. Sans doute a-t-elle perdu son casque et sa cuirasse au cours du combat. Je sais qu'elle a combattu souvent contre nous, en particulier lors du siège de Jérusalem.

– Général, dit alors un officier, ordonne, et d'ici je puis transpercer ces deux imprudents avec des javelots.

– Mon ami, on ne tue pas des guerriers de cette qualité. Je les veux vivants lui, et, en particulier, cette femme. Quel est son nom, Neapolitanus ?

– Elle s'appelle Milkah, général. Je pense qu'il ne sera pas aisé de les capturer, mais, en effet, la prendre vivante consternerait les juifs et les découragerait alors que sa mort ne ferait que tendre leur énergie.

Un homme jeune, portant la tenue de tribun de cavalerie, s'approcha et salua :

– Général, si tu m'y autorises, je me fais fort de désarmer cette femme et de la traîner captive à tes pieds.

Vespasien lui jeta un regard aigu :

– Julius Alexandre, je reconnais ton habituelle impétuosité. Va, mais prends garde, car j'observe depuis un long moment sa manière de combattre. Elle et son compagnon sont d'habiles bretteurs ; ils manient l'épée d'une manière déconcertante et ils frappent avec une promptitude et une précision redoutables.

Julius tira son épée, salua Vespasien et fendit la masse des légionnaires.

Milkah et Josué ne progressaient plus guère et leurs compagnons commençaient à avoir du mal à contenir les légionnaires pour les empêcher de les encercler. Alors que les premiers ennemis qu'ils avaient eu à combattre avaient souvent perdu leurs boucliers, las d'un effort trop longtemps soutenu, ils se trouvaient maintenant devant des légionnaires peu éprouvés et bien protégés derrière leurs grands boucliers. Julius écarta le premier rang de légionnaires et se trouva face à Milkah. Elle avait noué, à l'aide d'un cordon, sa chevelure sur sa nuque, mais des mèches voletaient autour de son visage mouillé de sueur et de poussière, dans lequel ses yeux brillaient d'un bleu qui semblait plus éclatant qu'à l'accoutumée. Sa tunique presque en lambeaux et ses membres étaient recouverts de sang et de terre. Son aspect guerrier, accentué par les brassards de cuivre qui serraient ses avant-bras et l'arme qu'elle étreignait, conférait quelque chose de barbare à sa beauté. Profitant du désordre apporté dans les rangs par l'arrivée du tribun, Milkah avait ouvert, d'un coup d'épée, la cuisse d'un légionnaire et elle assaillit Julius avec tant de fougue qu'il eut juste le temps de parer son attaque. Leurs fers se froissèrent, étincelant au soleil, puis les mouvements des combattants les séparèrent et Julius se trouva face à Josué.

Julius vit tomber deux légionnaires à ses côtés et fut contraint de reculer pour ne pas être pris de revers par Milkah. Il comprit qu'il ne serait pas aussi aisé qu'il l'avait cru de capturer la guerrière, d'autant plus qu'un renfort de combattants juifs arrivait par la droite.

La perspective d'échouer dans sa mission remplit Julius de colère et il poussa une attaque avec une violence si soudaine que Josué recula, se heurtant à l'un de ses compagnons et comme il cherchait à reprendre son équilibre, Julius le toucha en pleine poitrine. Il chancela et Julius s'apprêtait à le frapper à nouveau quand Milkah se précipita entre eux, détourna le coup avec son épée et aussitôt après, saisie d'une colère froide, elle attaqua avec tant de vigueur, que Julius recula et ne put éviter un coup qui lui perça le bras gauche. Sans lâcher son arme, il porta la main à sa blessure. Autour de lui, deux légionnaires se précipitaient sur Milkah qui dut à son tour reculer. Mais la jeune femme était parvenue à la limite de ses forces. Un coup lui entailla le bras que le bracelet lui évita d'avoir complètement ouvert. Julius retint un légionnaire, criant :

– Assommez-la, le général la veut vivante !

Milkah se défendait encore, mais son épée lui semblait aussi lourde que du plomb. Ses mouvements avaient perdu leur rapidité. Un légionnaire la frappa d'un coup de bouclier et un autre parvint à lui envoyer un coup de pied dans les reins. Julius bondit alors et heurta sa tempe du pommeau de son glaive. Elle sentit ses genoux fléchir et perdit connaissance. Au même moment Marcus, Simon et Démétrios renversaient leurs derniers adversaires. Alors que Julius se penchait vers Milkah et s'apprêtait à l'emporter avec l'aide de deux soldats, Démétrios et Simon bondirent sur eux. Simon renversa les deux légionnaires, Démétrios croisa l'épée avec le glaive de Julius pendant que Marcus s'agenouillait auprès de Milkah dont il souleva le buste dans ses bras.

Alors, seulement, Julius reconnut Démétrios et Marcus, ses anciens amis. Cependant, ni lui ni Démétrios ne laissèrent paraître leur émoi. Sous la charge des juifs, les Romains reculèrent. Déjà Milkah avait retrouvé ses sens.

– Malchios ! Je n'ai pu réussir, soupira-t-elle.

Elle parut retrouver soudain sa vigueur et, repoussant Marcus, elle s'écria :

– Josué ! Où est Josué ?

Elle sauta sur ses pieds et se retourna. Josué gisait dans la poussière. Une large auréole de sang marquait sa tunique, tout près du cœur. S'agenouillant près de lui, elle posa son oreille sur sa poitrine puis se releva après avoir ramassé l'épée et la gaine qu'elle avait lâchés dans sa chute.

– Il est mort, dit-elle simplement.

Elle tourna les yeux vers Vespasien. Démétrios et Simon avaient ralenti leur assaut et les Romains battaient en retraite en ordre, entourant leur général. Les juifs victorieux criaient leur joie, sans cesser de presser l'ennemi. Le soleil plongeait lentement vers l'horizon. Milkah s'avança à la suite des Romains. Marcus courut après elle.

– Milkah, tu es épuisée, ne risque pas ta vie inutilement.

– Malchios, l'homme qui a tué Josué fuit avec les Romains. Je dois le tuer pour venger mon ami.

– Milkah, il a tué Josué en combat loyal. Tu ne peux pas lui en vouloir. C'est la guerre.

– Je le tuerai parce que c'est la guerre, sans plus.

– À moins que ce ne soit lui qui te tue. Milkah, cet homme est un excellent combattant et il ne se laissera pas facilement égorger.

– Comment sais-tu que c'est un bon guerrier ? Je l'ai blessé au bras et, si j'avais été moins fatiguée, sans doute l'aurais-je tué.

– Peut-être, Milkah. Mais, je te prie de l'épargner si, à nouveau, tu le rencontres.

Elle lui lança un regard stupéfait.

– Pourquoi ?

– Parce que cet homme était, avec Démétrios, mon meilleur ami. Nous avons été élevés ensemble, Démétrios, lui et moi, et nous avons combattu tous trois dans les forêts de Germanie. C'est Julius, le fils de Tibère Alexandre.

– Et c'est lui qui a tué Josué !

– Comme il aurait tué n'importe quel ennemi, comme Josué et toi avez tué un grand nombre de Romains depuis ce matin.

Milkah s'arrêta et rengaina son épée.

– Je rentre. Je me sens soudainement si lasse ! Il serait pourtant bon de poursuivre les Romains hors des murs et de détruire leurs travaux et leurs machines de guerre.

Marcus lui serra doucement le bras.

– Nous nous en chargerons.

– Je vais m'occuper de faire enlever le corps de Josué. C'est le dernier compagnon qui me restait parmi les guerriers de Gershon.

Marcus la serra dans ses bras et s'éloigna en courant vers la porte par laquelle refluaient les Romains. Milkah le regarda jusqu'à ce qu'il eut disparu dans la foule des combattants qui pressaient l'ennemi en retraite, puis elle se dirigea vers le corps de Josué étendu dans la poussière, au milieu de tant d'autres corps abandonnés sur l'esplanade, que semblaient avoir déserté les vivants.

Chapitre XXIX

LA FIN DE GAMALA

Profitant de l'avantage inespéré causé par l'écroulement des maisons, les juifs osèrent une audacieuse sortie qui leur permit de détruire les travaux des assiégeants et d'incendier leurs machines, avant de se replier.

Mais les défenseurs de la cité se retrouvaient en nombre réduit, ce qui, en définitive, leur apparut comme un moindre mal lorsqu'ils découvrirent qu'une grande partie des vivres amassés dans la ville avait été détruite lors de l'écroulement des maisons.

Quatre semaines passèrent pendant lesquelles les Romains tentèrent quelques timides attaques destinées à garder l'ennemi en état d'alerte et à semer l'inquiétude. Vespasien avait opté pour le siège, trouvant inutile de sacrifier ses légionnaires dans de vains assauts. Dans Gamala, on avait mis ce temps à profit pour renforcer les murailles, mais le manque de vivres commençait à se faire sentir d'une manière aiguë. Tout le bétail enfermé dans la ville avait été dévoré et on s'était résigné à abattre les chevaux.

Un soir, quelques hommes et femmes avaient tenté de fuir par le côté escarpé de la ville. Quelques-uns d'entre eux basculèrent dans le vide et leurs cris déchirèrent la nuit, tenant éveillés ceux qui étaient restés dans la ville. Dès le petit matin, Marcus et ses compagnons coururent vers les maisons accrochées au-dessus du vide pour dénombrer les corps tombés au fond du précipice. Mais bientôt le sort de ces malheureux parut presque enviable. Face aux remparts où s'était rassemblée la population de la ville, les Romains avaient dressé trente-huit croix sur lesquelles étaient liés les fugitifs capturés, le corps ensanglanté par les coups de fouets qu'on leur avait infligés.

– Lorsque le soleil va brûler leur peau ainsi écorchée, ils vont atrocement souffrir, remarqua Marcus.

– Ils souffrent déjà suffisamment, dit Milkah en détachant l'arc qu'elle portait sur les reins.

Elle banda l'arme à fond, visant soigneusement. Le trait vola et frappa en pleine poitrine un supplicié.

– Un beau coup ! s'exclama Simon bar Gioras. Dommage que ce ne soit pas un Romain !

– Les Romains ont voulu nous tenter en disposant les croix à une telle distance, déclara Joseph. En vérité, ils espèrent se divertir du spectacle des nôtres tuant leurs parents pour abréger leurs souffrances. Ils veulent nous obliger à être criminels ou impitoyables.

– Dans une telle alternative, mieux vaut être criminel, affirma Simon bar Gioras en saisissant un javelot.

Comme personne d'autre n'osait tirer, soit par crainte de ne pas tuer les suppliciés sur le coup et d'ajouter à leurs souffrances, soit par réprobation, les autres captifs supplièrent qu'on les achevât.

– C'est intolérable ! s'écria Judith accourue auprès d'eux avec Mariamne et David. Ne peut-on faire une sortie pour tenter de les délivrer ?

– C'est précisément ce qu'espèrent les Romains. Voyez en retrait leur cavalerie prête à nous tailler en pièces, remarqua Démétrios.

Milkah visait un autre captif tandis que Marcus et ses compagnons prenaient chacun un arc. En un instant, tous les crucifiés avaient perdu une vie qui leur était devenue insupportable. Un grand silence était tombé sur la foule des spectateurs.

– Voilà un sévère avertissement pour ceux qui espéraient encore pouvoir s'enfuir, remarqua Marcus en se tournant vers Joseph. Les Romains ne nous laissent pas le choix, il nous faut nous battre jusqu'au bout.

– Si le siège se poursuit, nous mourrons tous de faim.

– Peut-être se lasseront-ils et lèveront-ils le siège, avança timidement Phazaël.

– Oh ! Serait-ce possible ? s'écria Malthacée en joignant les mains. Prions le Seigneur pour qu'il en soit ainsi.

Marcus leur lança un regard apitoyé.

– Oui, priez le Seigneur, soupira-t-il, tout en sachant trop bien que ledit Seigneur se montrerait aussi impitoyable que les Romains.

Le stock de vivres touchait à sa fin. La plupart des habitants, ayant perdu tout espoir et réduits par la famine, s'étaient retirés dans ce qui restait de leurs maisons ou cachés dans les caves pour y attendre la mort. Il fut décidé que si le lendemain les assiégeants n'avaient toujours pas attaqué, on tenterait une sortie à la faveur de la nuit. Ainsi, profitant du tumulte, les femmes et les enfants essayeraient de fuir.

Comme chaque soir, Milkah s'était rendue au chevet de Charès. Depuis quelques jours, une forte fièvre ne quittait plus le blessé qui délirait. Le moindre attouchement lui arrachait des cris ; la peau était devenue violette.

– Il aurait fallu lui couper la jambe, dit-elle à Marcus, lorsqu'elle l'eut rejoint dans leur chambre. Un habile praticien grec aurait pu le sauver, mais cela dépasse trop mes compétences. Je crains qu'il ne voit pas le soleil se lever. Son pouls ne m'a jamais paru si faible.

– Ce sera mieux ainsi, nous ne pourrions le transporter. Au reste, je crois que bien peu d'entre nous survivrons après demain, car notre sortie nocturne est désespérée.

– J'aurais voulu vivre pour notre enfant.

– Nous ne sommes pas encore morts. Il m'est venu une idée : nous disposons de nombreux uniformes romains que nous revêtirons pour attaquer les assiégeants. Ainsi parviendrons-nous peut-être à tromper leur vigilance et à leur échapper.

Ce soir-là, Judith s'était couchée, le cœur plein d'angoisse. Lorsqu'elle avait soufflé la flamme pâle de la lampe, Tabitha s'était serrée contre elle en murmurant :

– Judith, crois-tu que nous allons mourir demain ?

– Que puis-je te dire ? Seul le Seigneur sait ce que sera demain.

– Et s'ils nous prennent, vont-ils nous attacher aussi sur des croix ?

– Ils n'en auront pas le loisir, cela, je puis te l'assurer.

– Oh ! mais je ne veux pas mourir !

Elle se mit à sangloter entre les bras de Judith. La fatigue accrue par la faim eut bientôt raison de leur inquiétude et elles sombrèrent dans un sommeil agité.

Judith rêva qu'elle se trouvait dans un beau jardin qui ressemblait à celui de la maison de son père à Césarée. Elle y rencontrait un jeune homme dont elle ne discernait pas le visage, mais elle avait la certitude que c'était Marcus. Il lui prit la main et elle lui dit, comme la femme du proverbe : « Je suis sortie à ta rencontre, car je voulais te voir et je t'ai trouvé. J'ai orné mon lit de couverture et d'étoffes fines en lin d'Égypte ; j'ai parfumé ma couche de myrrhe, d'aloès et de cinnamome. Viens, enivrons-nous de volupté jusqu'à l'aurore, goûtons ensemble aux plaisirs de l'amour. » Ainsi allaient-ils d'un pas léger, le cœur joyeux, dans des allées remplies de fleurs aux senteurs suaves, lorsque, soudain, se dressa devant eux un homme qui s'écria : « Gémissez ! car proche est le jour de l'Éternel. Il arrive semblable à la dévastation de Shaddaï. Voici venir le jour cruel du Seigneur, le jour de la fureur, de la colère ardente qui apporte la désolation dans le pays, afin que soient exterminés les pécheurs. Car les étoiles dans le ciel et la constellation d'Orion cacheront leur lumière, le soleil à son lever sera obscurci et la lune ne luira plus dans les ténèbres. » Sur ces mots, l'homme lança vers eux un bâton qui se transforma en un javelot et près d'elle tomba son compagnon transpercé. Alors l'homme partit d'un rire atroce et il avait le visage de Silas. Elle éclata en sanglots et se jeta sur le corps de son ami. Il ne ressemblait plus à Marcus mais à Shéba, et ses yeux bleus grands ouverts étaient empreints d'une immense tristesse. Une voix féminine se fit alors entendre : « Voici que je donnerai à ce peuple à manger de l'absinthe et l'abreuverai d'eaux fétides. Je le disperserai parmi les nations que n'ont connu ni eux ni leurs pères et je pousserai le glaive dans leurs reins jusqu'à ce que je les aie exterminés. »

Judith s'éveilla en larmes. Elle s'assit sur sa couche. Le ciel s'éclaircissait dans l'encadrement de l'étroite fenêtre et des coqs chantèrent au loin, dans le camp des

Romains. La jeune fille resta un instant immobile, le souffle suspendu. Près d'elle, Tabitha sommeillait. Elle allait se recoucher, lorsque des gémissements parvinrent jusqu'à elle. Elle distingua une voix de femme et elle tendit l'oreille.

– ... Appelez les pleureuses ! disait la voix, qu'elles fassent retentir leurs gémissements, que nos yeux versent des larmes ! car les gémissements ont été entendus jusqu'à Sion. Car la mort est montée par nos fenêtres, elle a pénétré dans nos demeures pour tuer dans la rue le petit enfant. Les cadavres des hommes seront gisants comme le fumier dans les champs, comme la gerbe abandonnée par le moissonneur et que nul ne ramasse.

Judith reconnut la voix de Jahel. En hâte, elle se leva et sortit de la chambre. Sur la terrasse elle aperçut Jahel près de laquelle se trouvait Milkah.

– Charès vient de mourir, lui dit Milkah à voix basse.

Elle avait passé son bras autour de la taille de Jahel pour la soutenir et elle l'aida à s'accroupir sur un tapis au bord de la terrasse où elle resta prostrée.

À la suite de son rêve, Judith éprouva comme un soulagement en voyant Milkah bien vivante, et elle ne put s'empêcher de lui prendre le bras avec une ferveur contenue. Elle frissonna, car un vent vif s'était levé dans la nuit.

– Pauvre Jahel, soupira-t-elle. Mais peut-être est-ce mieux ainsi pour Charès...

Marcus entra tout armé, ignorant la cause des cris de Jahel. Il se pencha vers elle pour lui donner une parole de réconfort tandis qu'arrivaient Simon ben Gorion et Démétrios. Le ciel pâlissait à l'orient.

– Le jour va bientôt se lever. Allons vers les remparts.

Marcus terminait de parler lorsqu'une sourde explosion leur parvint de la ville basse au-dessus de laquelle ils virent s'élever un épais nuage de poussière blanche.

– Une tour qui a dû s'écrouler ! s'exclama Marcus. Allons voir vite.

Les trois hommes, suivis par Joseph, s'éloignèrent en courant tandis que Milkah se précipitait vers sa chambre. Elle se saisit au hasard de sa ceinture à poignards qu'elle jeta en travers de ses épaules, de l'épée ibère, d'un javelot et ressortit aussitôt. Elle se heurta à Simon bar Gioras qui venait aux nouvelles :

– Par Sabaoth ! Qu'est-ce que tout ce bruit !... Shéba, où cours-tu ainsi, sans casque et nu-pieds ?

– Aux remparts, Simon, les Romains ont dû nous surprendre.

– Pouah ! lança-t-il, non seulement on ne peut plus manger, mais on ne peut même plus dormir tranquille !

– Aux armes ! aux armes ! cria David qui sortait de sa chambre avec Jonathan.

Les deux garçons portaient l'épée sur le flanc, l'arc sur l'épaule et un javelot à la main.

Simon alla s'équiper et se pourvut, outre ses armes habituelles, d'une énorme hache de bûcheron récupérée dans une maison abandonnée. En revenant dans la demeure de Joseph il rencontra Judith, Mariamne et Tabitha armées d'épées et de javelots.

– Voilà une troupe guerrière qui va faire trembler les Romains. Mes gazelles, restez près de moi et évitez de vous retrouver seules si vous ne voulez pas éprouver à nouveau l'assaut de certaines épées romaines.

Il sortit, suivi par les deux garçons et les trois jeunes femmes. Sur les remparts régnait le plus grand désordre. En contrebas, sur un amas de ruines fumantes se profilaient des légionnaires dont les épées scintillaient dans le soleil levant. Marcus avait pris position avec un petit groupe d'archers qui décochaient leurs flèches vers les assaillants.

– Comment cette tour a-t-elle pu s'écrouler ? lui demanda Milkah en s'arrêtant près de lui.

– Sans doute les Romains en ont sapé la base pendant la nuit.

– Sans que les veilleurs ne les entendent ?

– Ils devaient dormir. Ils sont tous morts ensevelis dans la chute de la tour.

Les assaillants se déversaient par la brèche en un flot continu. Marcus ordonna à ses hommes de se replier tout en continuant de tirer. Simon ben Gorion arriva en courant et s'écria :

– Démétrios m'envoie... Titus avec des cavaliers et des fantassins... ils ont pénétré par une porte...

Il se tut pour reprendre son souffle avant de reprendre :

– La population se terre dans les maisons ; nos hommes ont été débordés... Chacun s'est enfui de son côté. Démétrios s'est réfugié sur des terrasses avec une poignée de combattants.

– Essaie de le rejoindre. Dis-lui que nous nous replions vers la citadelle.

Les archers romains avaient pris pied sur les remparts abandonnés et les flèches commençaient à pleuvoir dru sur Marcus et ses compagnons. Il attira Milkah près de lui pour la protéger de son bouclier. Tout en lançant flèches et javelots, ils progressaient de terrasse en terrasse en direction de la ville haute. Ils parvinrent au-dessus d'une rue étroite pleine de Romains qui évitaient d'entrer dans les maisons de crainte qu'elles ne s'écroulent sur eux. Ils tenaient leurs boucliers au-dessus de leurs têtes pour se protéger des pierres qu'on leur envoyait, mais ils n'avançaient guère et semblaient piétiner. Marcus et ses compagnons remontèrent le long des terrasses jusqu'à la tête de la troupe romaine où ils aperçurent Simon qui faisait tournoyer sa hache et à lui seul tenait tête aux légionnaires. Derrière lui les trois jeunes femmes et les deux garçons, l'arc à la main, décochaient des flèches qui semaient un nouveau désordre parmi les Romains.

– Simon ! lui cria Marcus, ils sont trop nombreux. Décroche, sinon ils parviendront à te déborder.

– Impossible ! cria Simon sans lever la tête. Si je leur tourne le dos, ils me transformeront en tamis !

Milkah se tourna vers Marcus.

– Courez jusqu'à la maison au-dessus et descellez les pierres de manière à pouvoir faire s'écrouler les murs sur les Romains au bon moment... Donne-moi ton bouclier !

Elle lui prit son bouclier d'un geste autoritaire et sauta dans la rue juste derrière Simon près duquel elle se rangea pour soutenir son effort.

Ils entraînèrent à leur suite les Romains jusqu'à la hauteur de la maison où se tenaient Marcus et ses hommes. Ces derniers montèrent sur la terrasse voisine d'où ils projetèrent de lourdes pierres sur le toit de la maison inférieure qu'ils avaient ébranlé. Sous les chocs répétés, la terrasse s'affaissa et le mur bascula dans la rue, écrasant les Romains qui s'y trouvaient tout en dégageant un épais nuage de poussière.

– Il faut se réfugier dans la citadelle ! cria Milkah à Simon. Les Romains se répandent dans toute la ville.

Devant eux couraient les trois jeunes femmes, David et Jonathan. Marcus et ses compagnons les suivaient par les toits. Simon et Milkah portaient leur attention derrière eux afin de prévenir toute attaque des Romains disparus dans le nuage de poussière que dissipait lentement le vent. Ainsi la surprise fut totale lorsque, au croisement d'une rue transversale, David et Jonathan tombèrent face à un groupe de soldats romains. Ces derniers se jetèrent sur les deux garçons qui tirèrent leurs épées pour les recevoir tandis que Judith et Mariamne qui les suivaient de près volaient à leur secours.

Jonathan fut bientôt bousculé par un coup de bouclier et, alors qu'il levait le bras, un glaive s'enfonça profondément dans son flanc gauche. Il s'affaissa dans la poussière en poussant un long cri. L'attaque avait été si prompte que Simon et Milkah n'avaient pu s'interposer. Le cri de Jonathan les galvanisa et, bousculant David, Judith et Mariamne, ils se ruèrent sur les Romains avec tant de fougue que trois légionnaires tombèrent à leurs pieds.

Simon autant que Milkah étaient persuadés qu'ils ne sortiraient pas vivants de cette bataille. Ainsi prêts à périr, ils voulaient faire payer aux Romains leur mort le plus chèrement possible. Ce désir leur faisait mépriser toute prudence et décuplait leur force. Tandis que Simon attaquait de front, Milkah en tournoyant se glissait pour les prendre de revers. Lorsque Marcus et ses hommes parvinrent au-dessus d'eux, ils les aperçurent seuls, debout, la tunique lacérée et sanglante, au milieu de corps gisant dans la poussière. Agenouillés autour de Jonathan, sa sœur, David, Judith et Mariamne pleuraient.

– Il est mort ! balbutia Judith en se relevant.

– Que leurs mères soient maudites ! s'exclama Simon.

Simon enleva le corps de Jonathan sur ses épaules et ils reprirent leur retraite par les terrasses afin d'éviter toute nouvelle surprise. Au-dessous d'eux les Romains pénétraient dans les demeures pour les mettre au pillage et traquer jusque dans les caves ceux qui y avaient cherché refuge.

Ils n'étaient plus qu'une douzaine quand ils arrivèrent aux demeures de Joseph et de Charès, laissant derrière eux les Romains. Le calme qui régnait dans cette partie de la ville leur parut rassurant. Milkah et Marcus furent les premiers à sauter sur la terrasse de la maison de Charès. Ils dévalèrent l'escalier. Milkah, plus rapide et légère que Marcus, l'avait devancé. Elle s'arrêta si brutalement qu'il la bouscula et faillit la renverser. Le corps de Nathanias, sur les dernières marches, baignait dans une mare de sang. Le cadavre de Charès avait été jeté au bas de la couche sur laquelle ses fils l'avaient étendu. À sa place gisait Jahel, la robe relevée sur la tête, le ventre réduit en une plaie sanglante.

– Marcus, empêche les femmes de descendre ! Que Simon apporte le corps de Jonathan ! Il est inutile de s'en embarrasser plus longtemps.

Elle sauta par-dessus le corps de Nathanias et courut vers la terrasse. Comme elle le redoutait, elle y trouva Malthacée. Son cadavre entièrement dénudé était jeté en travers de la table sur laquelle la famille prenait ses repas par les chaudes soirées d'été, sa longue chevelure sombre tombant jusqu'au sol ; de sa gorge ouverte gouttait un sang purpurin ; ses yeux encore grands ouverts semblaient encore exprimer l'horreur des derniers moments qu'elle avait vécus. Milkah ramassa la robe déchirée et en recouvrit le corps mutilé, tandis que Marcus et Simon s'approchaient.

– Les fils du Shéol ! s'exclama Simon.

Des cris leur parvinrent de la maison de Joseph vers laquelle ils se précipitèrent. Ils passaient sur la terrasse inférieure lorsqu'un serviteur de Joseph surgit devant eux, le visage hagard, et s'écroula : une large plaie ensanglantait son dos. Derrière lui apparurent des Romains, l'épée au poing. D'un même élan, Milkah et Simon les chargèrent en hurlant : deux légionnaires tombèrent, puis deux autres. Une dizaine de soldats reculèrent, bientôt harcelés par Marcus qui ferraillait de son côté. L'escalier du rez-de-chaussée déversait un véritable flot de soldats et les trois guerriers furent contraints de reculer, jusqu'à la maison de Charès. Lentement, ils remontèrent vers la terrasse supérieure. Simon contenait le flot des assaillants pendant que Milkah commençait à desceller les pierres du toit en ordonnant à ses compagnons de l'imiter.

– Milkah, qu'y a-t-il en bas ? lui demanda Tabitha d'un ton suppliant.

– Ils ont tué Jahel, Nathanias et aussi ta sœur Malthacée.

Tabitha tomba à genoux et se mit à pleurer en dilacérant sa robe.

– Emmenez-la sur la terrasse voisine ! cria Milkah à Judith et à Mariamne. Nous allons faire de cette demeure la tombe de la famille de Charès, mais il faut que toutes ces hyènes qui s'y trouvent leur fassent un cortège dans la mort !

À mesure qu'on retirait des pierres, Simon et Marcus les lançaient dans l'escalier sur les assaillants. Bientôt, des craquements avertirent que les poutres attaquées à la hache commençaient à céder.

En se penchant, Milkah vit bientôt les murs se lézarder.

– Allons-nous-en ! cria-t-elle.

Simon et Marcus furent les derniers à se retirer, protégés par Milkah et deux autres archers. Aussitôt après, ils projetèrent de toutes leurs forces les lourdes pierres sur les parties sapées de la terrasse qui s'effondra, entraînant les murs. Leur chute fit céder le plancher de l'étage et, aussitôt après, la maison de Charès ne fut plus qu'un amas de ruines. Les deux maisons voisines qui s'appuyaient sur la maison de Charès commencèrent à vaciller. Marcus et ses compagnons eurent juste le temps de sauter sur un toit situé en contrebas, avant que la bâtisse ne s'écroule, tandis que tombait à son tour celle de Joseph.

Sans plus tarder, ils reprirent leur course vers la citadelle qui dressait ses murailles puissantes sur un piton rocheux, au sommet de la cité. Marcus avait pris la tête de la troupe, son épée abattant tout Romain qui tentait de s'opposer à leur avance. Ainsi parvinrent-ils jusqu'à la porte, mais nul ne se serait risqué à leur ouvrir, si Démétrios, qui y avait déjà trouvé refuge avec Simon ben Gorion et quelques hommes, n'avait reconnu ses amis depuis le haut des remparts et n'était venu lui-même tirer les verrous.

La citadelle avait été laissée dans un état d'abandon total depuis de nombreuses années. Les hauts remparts, construits autour de vieux bâtiments en ruine, ne servaient plus qu'aux jeux des enfants du village.

À court d'eau autant que de nourriture, les fugitifs ne pouvaient espérer résister longtemps. Ils disposaient néanmoins d'armes en quantité car on y avait installé l'arsenal et la puissance de l'assiette de la forteresse la rendait difficilement prenable.

– Il faut tenir jusqu'à la nuit, dit Marcus à Milkah lorsqu'elle fut venu les rejoindre avec deux carquois remplis de flèches attachés dans le dos et une poignée de javelots à la main.

Et il précisa ses intentions :

– Nous disposons de longues cordes avec lesquelles nous pourrons descendre par le côté le plus escarpé des remparts. C'est notre seule planche de salut.

Les rues qui convergeaient vers la forteresse étaient maintenant pleines de soldats.

– Ils vont porter tous leurs efforts par ici, remarqua Marcus.

– Nos hommes sont épuisés et ils ont soif et faim, ajouta Démétrios. Ils ne parlent plus que de mourir, car ils savent que, s'ils se rendent, leur sort ne sera guère enviable.

– Ils ne se trompent pas, confirma Marcus.

Déjà les Romains s'avançaient vers la porte, armés d'un bélier. Aussitôt Marcus et ses hommes les accablèrent de tant de traits qu'ils battirent en retraite. Cependant d'autres légionnaires s'approchaient avec des échelles et des cordages, tandis que des archers prenaient position sur les toits environnants, mais la hauteur des murs rendait leurs traits inutiles. Le répit fut de courte durée. Le vent qui n'avait pas cessé de s'enfler depuis le matin se mit soudain à balayer la plaine avec violence. Les tourbillons semblaient s'élever du sol, emportant les traits lancés des murs et soulevaient des nuages de poussière qui enveloppèrent la citadelle. La terre ainsi brassée pénétrait dans les yeux des défenseurs et les aveuglait, rendant la place intenable. Marcus et ses compagnons furent contraints de quitter les remparts au pied desquels la population courait affolée. Profitant de cette poussière qui dissimulait leurs manœuvres, les Romains prirent position sur la montagne qui dominait la ville et, après avoir investi la forteresse de toutes parts, ils entreprirent de saper les murailles et d'ébranler la porte à coups de bélier.

– Évitons de nous séparer, avait recommandé Marcus à ses plus proches compagnons.

Milkah, Judith, Mariamne, David, Simon bar Gioras, Simon ben Gorion et Phazaël s'étaient regroupés face à la porte, tandis que Marcus, Démétrios et Castor exhortaient les combattants pour ranimer leur courage. Ceux qui portaient un turban l'avaient retiré pour s'envelopper le visage, se protéger la bouche et les yeux de la poussière. Judith avait partagé le sien avec Milkah. Phazaël et Tabitha restaient assis côte à côte les mains unies. Les coups sourds du bélier contre la porte et ceux des pioches qui creusaient les mines se mêlant aux sifflements du vent, aux cris des femmes et aux pleurs des enfants.

– La porte ne va pas tarder à céder, dit Milkah. Peut-être pourrait-on la renforcer avec de la pierraille.

– Les hommes sont épuisés, répliqua Marcus.

– Alors faisons-le nous-mêmes.

Sur ces mots, elle se dirigea vers un amas de ruines. Lorsqu'il la vit revenir avec une grosse pierre entre les bras et la jeter devant la porte, Simon bar Gioras se leva et l'imita. Une dizaine d'hommes s'attelèrent à la tâche et bientôt un tas de pierres s'éleva devant la porte qui céda peu après en un craquement sec.

– En position avec les armes de jet ! hurla Marcus.

Les premiers audacieux qui surgirent furent abattus, puis d'autres s'avancèrent, protégés derrière de grands boucliers. Les guerriers juifs se disposèrent en demi-cercle pour les prendre de flanc. Ils tinrent ainsi en échec les légionnaires, jusqu'à ce que des pans de muraille, sapés par les mines, s'écroulent et que, par toutes ces brèches, les Romains se précipitent dans la forteresse.

Les juifs, pris de panique, coururent à travers les décombres. Certains se jetaient entre les combattants et périssaient sous les coups des leurs ou des assaillants. D'autres montèrent sur les remparts. Là, pris de folie, les hommes précipitèrent dans le vide leurs femmes et leurs enfants, avant de les suivre dans la mort, par le même chemin.

– C'est la fin ! cria Marcus en se tournant vers Milkah qui, après avoir vidé son dernier carquois de flèches, s'en débarrassait pour ramasser un javelot.

Ils reculèrent lentement jusque dans les ruines des maisons où ils s'arrêtèrent pour souffler. David s'approcha alors de Marcus et Milkah.

– Moi, je connais ici un souterrain où nous pourrions nous réfugier.

Milkah regarda Marcus.

– Pourquoi pas? soupira-t-il. Après tout, nous n'avons plus rien à perdre.

– Conduis-nous, petit guerrier, dit Milkah en lui prenant la main.

Ils suivirent le jeune garçon qui bondit à travers les ruines. Il les entraîna vers un bâtiment en pierre qui avait été le château central, mais il n'en subsistait plus que des voûtes. Au fond d'une salle, dont le toit était à demi défoncé, ils aperçurent une ouverture qui donnait sur un terrain étroit couvert d'une végétation dense d'épineux et de mûriers. David se fraya un chemin parmi les ronces jusqu'à un trou profond dans lequel s'enfonçaient des marches. Il s'y engagea et s'arrêta sur les premiers degrés.

– Voilà, dit-il avec un sourire de triomphe. C'est Jonathan qui me l'a montré. Nous avons souvent joué par ici et, un jour, il m'a dit qu'il allait me montrer un refuge secret connu de lui seul et de quelques-uns de ses compagnons de jeu.

– Allons-y! s'exclama Marcus. Les Romains ne vont pas tarder à venir ici. Dommage que nous n'ayons pas de torches.

– Moi, j'y ai pensé, assura David. Venez.

Ils descendirent les marches au bas desquelles David frotta des silex pour allumer trois torches résineuses déposées là. Ils s'enfoncèrent dans un boyau assez large sur lequel se greffaient des galeries. Sur certaines galeries s'ouvraient des salles dont quelques-unes étaient pourvues de portes en bois encore en bon état.

– Existe-t-il une sortie vers l'extérieur? lui demanda Marcus.

– Non, hélas! s'il y en a une, elle est obstruée.

Il les entraîna jusque devant une porte qui s'ouvrait au fond d'une courte galerie. Ils entrèrent dans une salle assez vaste où ils virent avec stupeur des cruches et des paniers, des javelots, des épées, des arcs et des carquois remplis de flèches.

– Qu'est-ce que ceci? demanda Marcus.

– Des provisions que nous y avons accumulées pour jouer au siège, expliqua David.

Sur ces mots il éclata en sanglots.

– Par tous les animaux de l'arche de notre bon père Noé! s'écria Simon bar Gioras en se précipitant vers les paniers, moi je te félicite, jeune guerrier avisé.

Ils s'agenouillèrent auprès des paniers et des vases pour en faire l'inventaire. Le pain commençait à moisir, les olives étaient desséchées, la viande fumée sentait le faisandé, mais il restait des dattes, des fromages, des amandes et des grains de raisins qui suffirent à les rassasier. Ils purent aussi apaiser leur soif grâce à trois cruches de vin. Marcus jugea préférable de ne pas toucher à l'eau puisée à la source et qui semblait croupie.

– Il nous reste encore de quoi faire un léger repas, constata Marcus. Cela va nous permettre d'attendre jusqu'à la nuit de demain. David, tu es notre sauveur et nous te devons toute notre reconnaissance. Je crois...

Des appels résonnèrent sous les voûtes de pierres.

– Vite, éteignons les torches ! Ce sont des Romains, ils ont découvert les souterrains, souffla-t-il.

Les cris se firent de plus en plus distincts et bientôt ils perçurent des paroles prononcées en latin. Des bruits de pas, le frottement métallique d'épées et de boucliers contre la pierre se mêlaient aux paroles. Dans l'obscurité chacun attendait, le souffle suspendu. Une voix s'éleva soudain toute proche :

– Vous autres, fouillez par là, moi je vais visiter cette galerie.

– Je t'accompagne, répondit une autre voix.

– Inutile, il n'y a sans doute personne.

Les bruits de pas s'éloignèrent. Une lueur vacillante perça à travers les fentes du bois de la porte. Milkah serra son arme, prête à frapper. Il y eut un frottement contre la porte qui s'ouvrit en grinçant et un homme en uniforme d'officier parut. Il tenait à bout de bras une torche et il resta immobile, sur le seuil. Milkah reconnut aussitôt Neapolitanus. Il la regarda un instant et souffla :

– Je rends grâce aux dieux... l'un d'entre vous a perdu ceci dans cette galerie !

Il lança un morceau de tissu d'un turban et referma la porte brusquement. Une lumière se profilait derrière lui.

– La galerie s'arrête un peu plus loin, fit une voix.

– Rentrons, reprit alors Neapolitanus. Ces gens ne devaient pas connaître l'existence de ces souterrains.

Les bruits de pas s'éloignèrent. Milkah soupira longuement.

– Était-ce Neapolitanus ? demanda Marcus à voix basse.

– C'est Dieu qui l'envoie toujours pour nous venir en aide, répliqua Milkah en se laissant tomber sur le sol.

À la suite d'une telle tension nerveuse, de tant de fatigues et d'émotions accumulées, elle sentit soudain ses jambes vaciller, comme jamais encore cela ne lui était arrivé.

Chapitre XXX

LA FUITE

Épuisés, les rescapés s'endormirent à même le sol, sans avoir cherché à rallumer les torches. Lorsqu'il ouvrit les yeux, Marcus eut l'impression désagréable d'être au fond d'un sépulcre, comme s'il avait été enterré vivant, et il songea qu'il n'était en réalité qu'un mort en sursis.

Près de lui s'élevèrent des soupirs. Certains de ses compagnons devaient sortir aussi de leur sommeil.

– Par le bâton de Moïse ! On se croirait dans un caveau ! Holà ! qu'est-ce qui me grimpe dessus ? grogna Simon.

– C'est moi, je cherche mes silex ! répondit David... Les voilà, je les ai.

– Donne-nous alors un peu de lumière... Quelque chose me chatouille la jambe. Une de ces sales araignées sans doute... Allume vite.

Des étincelles jaillirent et bientôt une faible lueur courut sur la résine de la torche qui soudain s'enflamma.

– Vite, éclaire-moi ! Elle est passée sous ma tunique ! s'écria Simon tandis que David s'empressait d'abaisser la torche.

Milkah et Marcus ne purent s'empêcher de sourire devant l'affolement de Simon qui explorait les dessous de sa tunique en jurant qu'il craignait moins dix Romains qu'une araignée.

Ses cris avaient réveillé les dormeurs qui restaient dans la pénombre. Judith avait ouvert les yeux et regardait le couple enlacé. Depuis le jour où elle avait appris que Shéba était l'épouse de Marcus, la reconnaissance mêlée à l'affection et à l'admiration qu'elle éprouvait pour Milkah l'avaient empêchée de nourrir quelque ressentiment. Mais en les apercevant ainsi elle en eut un choc, comme si elle découvrait soudain la réalité de leur amour. Son regard croisa celui de Milkah qui avait la tête posée sur la poitrine de Marcus ; elle se sentit rougir et se détourna en marquant une impatience qui n'échappa pas à Milkah. Celle-ci se redressa et s'assit, les jambes repliées sous elle. En quelques gestes rapides elle tenta de remettre de l'ordre dans sa tenue et à l'aide de l'agrafe qui la maintenait sur l'épaule elle releva un pan déchiré de sa tunique qui avait laissé un sein dénudé.

– La sale bête grognait Simon. C'était bien une araignée.

Il s'était secoué pour la jeter au sol où il l'écrasa d'un coup de poing. Démétrios et Mariamne, puis Phazaël et Tabitha vinrent s'accroupir dans le cercle de lumière tandis que Marcus se levait et s'étirait, sans voir le regard de Judith fixé sur lui. Milkah avait ramassé le pan de tissu ramené la veille par Neapolitanus et, tout en le nouant dans sa nuque pour maintenir ses cheveux, elle ne quittait pas des yeux Judith. Marcus alla chercher l'outre.

– Chacun peut boire quelques gorgées. Allez-y doucement, c'est tout ce qui nous reste. Tiens, Tabitha, tu es la plus jeune des femmes, commence donc.

La jeune fille prit l'outre en le remerciant et en porta le goulot à ses lèvres, puis la tendit à Phazaël. Milkah, après avoir bu sa part, l'offrit à Judith en la regardant avec une intensité qui la troubla. Elle la remercia en détournant les yeux et, après avoir bu, la passa à Marcus qui se pencha pour la lui prendre des mains. Leurs doigts se frôlèrent, leurs regards se croisèrent, mais Marcus ne prêta aucune attention à la flamme qui illumina un bref instant le visage de Judith. Il but une longue rasade, posa l'outre contre le mur.

– Deux d'entre nous vont aller en éclaireurs voir si les Romains sont toujours là. J'emmène...

– Moi, coupa Milkah en jetant en travers de son torse sa ceinture à poignards.

Le soleil au zénith leur révéla qu'ils avaient dormi longtemps. Sur une sorte de petite place bordée par des demeures à demi ruinées, une dizaine de légionnaires jouaient aux osselets leur part du butin tout en riant, parlant et jurant.

– Ils n'ont donc pas quitté la ville, souffla Milkah.

Marcus hocha la tête d'un air inquiet. Un centurion sortit d'une des maisons, suivi par deux autres hommes qui portaient des outres vides. L'officier désigna parmi les joueurs des soldats pour aller chercher de l'eau.

– Sulpicius, lui demanda un légionnaire, va-t-on se dessécher longtemps encore dans ces ruines pour lézards ?

– Demande-le au général, repartit Sulpicius. Nous nous occupons de la forteresse, ce sont les ordres. Quelques-uns de ces juifs peuvent encore se cacher dans la ville. Le général ne veut pas qu'il puisse en réchapper un seul. Il y a aussi cette femme qu'il fait rechercher activement.

– Elle a dû se jeter quelque part par-dessus les remparts, puisqu'on n'a pas trouvé son corps dans la citadelle.

– Elle n'y était peut-être pas, suggéra un autre soldat.

– Plusieurs des hommes qui l'ont vue se battre à proximité du général l'ont formellement reconnue lorsqu'elle est entrée dans la forteresse, assura le centurion. C'est pourquoi Vespasien a envoyé le tribun Neapolitanus fouiller ce souterrain pour la rechercher.

– Justement, moi, je n'ai pas confiance en ce Neapolitanus ! On dit que sa femme est juive et il est certainement favorable à ces rebelles.

– Tu déraisonnes Lucius, répliqua sévèrement le centurion. D'ailleurs, si tu crois pouvoir faire mieux, personne ne t'interdit de fouiller les ruines ou même d'aller faire un tour dans le souterrain.

Un soldat se mit à rire :

– C'est ça ! Vas-y Lucius, mais prie les dieux de ne pas la rencontrer, surtout si elle est toujours avec celui qui l'accompagnait quand elle a marché contre le général. Moi, je les ai vus et la bonne déesse m'a évité de me trouver devant eux. C'étaient Mars et Bellone en personne !

Milkah se tourna vers Marcus qui souffla à son oreille :

– Il faudra fuir par les remparts dès la nuit tombée, il n'y a pas d'autre issue. Mais il faudra d'abord aller chercher des cordes dans l'arsenal.

L'un des légionnaires reprenait :

– Alors, Lucius, quand y descends-tu, dans ce terrier ?

– Donne-moi une torche et j'y vais de ce pas.

L'un des soldats sortit de l'une des demeures.

– J'ai entendu dire que vous cherchiez une torche, compagnons ? En voici un bout que j'ai préservé. Si tu veux, Lucius, je t'accompagne.

– Merci, Publius. Allons-y et nous leur montrerons ce que nous valons. Viens !

– Parfait les amis, nous vous accompagnons à l'entrée et si ce soir vous n'êtes pas revenus, nous alerterons Sextus Céréalis, déclara un légionnaire d'un ton ironique.

Marcus toucha le bras de Milkah. Ils partirent en courant. À peine parvenaient-ils en bas qu'ils entendirent les bruits de voix dans le jardin. Ils avaient repris la torche qu'ils n'allumèrent pas et s'enfoncèrent à tâtons dans la galerie.

– Pourvu que tu ne marches pas sur un scorpion ! dit Marcus à Milkah qui le devançait et se dirigeait en tenant une main appliquée contre la paroi.

– Ne crains rien. Chez nous, dans les campagnes, nous allons toujours nu-pieds. Attention ! nous prenons une nouvelle galerie, j'ai compté les pas.

Des vois résonnèrent devant eux.

– Démétrios ! appela Milkah sans hausser le ton.

– Nous sommes là. Que se passe-t-il ?

– Silence, nous arrivons.

Ils entrèrent dans la salle, repoussèrent la porte.

– Deux imbéciles de Romains viennent vers ici, murmura Marcus, ils risquent de tout compromettre. Leurs compagnons les attendent à la sortie. S'ils ne les voient pas revenir, ils donneront l'alerte. Chut ! les voilà. Plaquons-nous contre les murs du côté de l'entrée.

Des bruits de voix indistincts se rapprochaient.

– S'il n'y a pas âme qui vive, il ne manque pas de toiles d'araignée ! observait l'un des légionnaires en qui Marcus et Milkah reconnurent ledit Lucius.

– C'est pas pour ça qu'on nous donnera une récompense, constata son compagnon.

Les fugitifs aperçurent encore une fois la lueur de la torche à travers la porte et, à nouveau, chacun crispa les doigts sur son javelot ou le manche de son épée.

– Dis-donc, reprit Publius, je commence à me brûler les doigts. La torche est au bout. Nous reviendrons tout à l'heure avec des torches neuves. Mais je crois que nous en serons pour la promenade.

– J'aurais pourtant bien voulu voir ce qu'il y a derrière cette porte.

– Tu le verras ce soir... Viens vite, je vais tout lâcher.

Ils s'éloignèrent en hâte.

– Décidément, je vais finir par croire que votre Dieu nous protège ! soupira Simon bar Gioras.

– Maintenant, il s'agit de fuir d'ici, déclara Marcus. Il faut que deux d'entre nous se tiennent en permanence près de la sortie pour nous avertir de la tombée de la nuit.

– À moins que ces deux sauterelles ne reviennent, répliqua Simon.

– Nous serons forcés de les éliminer.

Comme chacun le redoutait, bien avant que le jour n'ait cédé la place à la nuit, Simon ben Gorion et Castor, de garde à l'entrée du souterrain, vinrent avertir que les légionnaires revenaient munis d'une longue torche. Les deux Romains s'enfoncèrent dans le silence des galeries et se dirigèrent directement vers la porte devant laquelle ils avaient arrêté leurs investigations. Ils la poussèrent d'un coup de pied et restèrent un bref instant immobiles sur le seuil. Au fond de la pièce étaient étendues, le dos appuyé contre le mur, Milkah, Judith, Mariamne et Tabitha.

– Par Hercule ! s'exclama Publius.

– Dommage, on dirait qu'elles sont mortes, dit Lucius.

Ils s'avancèrent dans la pièce sans voir Simon et Marcus cachés derrière la porte, les autres étant dissimulés au fond de la galerie voisine. Ils furent arrêtés dans leur élan par des lacets de cuir qui se nouèrent brusquement autour de leur cou. Ils tentèrent de se débattre, mais déjà Milkah avait sauté sur ses pieds et les désarmait tandis que les autres hommes, venus à la rescousse, aidaient Marcus et Simon à les étrangler proprement avant de les dépouiller de leurs vêtements.

– Vous voilà redevenus de parfaits légionnaires, déclara Milkah en examinant Marcus et Démétrios qui s'étaient hâtés de les revêtir.

Suivant le plan qu'ils avaient élaboré, Marcus et Démétrios revinrent vers l'entrée tandis que les autres se dissimulaient dans diverses galeries. Marcus modifia sa voix et, imitant approximativement celle de l'un des deux légionnaires, il appela les soldats restés en faction.

– Venez, les gars, venez voir...

Tout en parlant il s'enfonça lentement dans la galerie. Intrigués par cet appel, les soldats dévalèrent les marches en le pressant de questions. Mais Marcus, sans répondre, hâtait le pas afin de les entraîner au plus profond des galeries.

– Mais vas-tu enfin répondre ! s'écria un soldat qui avait rattrapé Marcus. Ce dernier se retourna brusquement et lui asséna sur le front un tel coup du pommeau de son épée que celui-ci s'affaissa. Découvrant alors Marcus l'un des légionnaires s'écria :

– Trahison...

Le dernier d'entre eux s'apprêtait à aller chercher du secours quand il fut arrêté par les deux Simon qui vinrent renforcer Castor et Lisanias, le seul homme de la troupe de Marcus parvenu avec eux dans le souterrain. Milkah et Phazaël s'étaient postés près de l'entrée pour prévenir toute surprise. Les trois légionnaires furent promptement mis hors de combat. Simon bar Gioras revêtit l'uniforme d'un légionnaire. À l'entrée du souterrain, ils retrouvèrent Milkah et Phazaël qui veillaient.

– J'ai jeté un coup d'œil dehors, dit Milkah, il n'y a personne dans le jardin. Je crois que l'ombre du soir est suffisante pour agir avant que les soldats de la garde ne s'inquiètent.

Il fallait encore aller chercher les cordages dans l'arsenal de la forteresse. Marcus, Démétrios et Simon traversèrent le jardin d'un pas décidé, sans chercher à se cacher, la pénombre dissimulant leur visage. Milkah, Simon ben Gorion et Lisanias se glissèrent derrière eux, prêts à leur porter secours, le cas échéant. Ils traversèrent la salle en ruine et s'engagèrent dans la cour où normalement se tenaient des gardes. Elle était déserte.

– Ils ont dû tous aller au souterrain, remarqua Marcus.

– Allons, Hermès protecteur des routes nous protège, murmura Démétrios.

– Ouais ! grogna Simon. Souhaitons que ton Hermès continue de veiller ainsi sur nous, mais moi, je n'ai confiance qu'en ça !

Il frappa la gaine de son glaive. Marcus lui fit un signe de la main et ils poursuivirent leur marche vers la ruelle qui donnait accès à l'arsenal. La nuit était presque tombée lorsqu'ils y parvinrent. À l'intérieur l'obscurité ne leur permettait pas de distinguer les objets. En prévision d'une telle éventualité, Marcus s'était muni d'une torche qu'il enflamma.

– Voilà ce que nous redoutions ! soupira Démétrios.

Toutes les armes avaient été retirées. Marcus longea les murs, la torche levée à bout de bras.

– Eh ! Ton Hermès doit toujours nous protéger ! s'exclama Simon en se dirigeant vers un rouleau de cordes oublié dans un angle, entre des gravats et des paniers défoncés.

Il ramassa la corde qu'il déroula avec l'aide de Démétrios tandis que Marcus terminait d'explorer la salle.

– Espérons qu'elle sera suffisamment longue, dit Démétrios.
– Holà ! Qui va là ? s'écria une voix au-dehors.
– Sortons et laissez-moi faire, murmura Marcus.

Il se dirigea vers la porte sur le seuil de laquelle apparut un légionnaire.

– Je suis Lucius Gallus, de la troisième cohorte, dit Marcus d'une voix assurée. Je dois m'assurer que l'arsenal a bien été vidé. Nous y avons trouvé une corde.

– Ah !... Pour une vieille corde, c'est peu de chose, répondit le soldat.

– C'est suffisant pour permettre à des fugitifs de s'enfuir par les remparts, répliqua Marcus d'un ton sévère. Nous allons poursuivre notre inspection. Allons !

Les soldats, au nombre de cinq, emboîtèrent le pas à Marcus et ses compagnons. Lorsqu'ils furent parvenus sur la petite place devant la grande bâtisse voûtée, le chef des Romains s'étonna :

– Où sont donc les gardes ?

– Il devrait y avoir ici des sentinelles, renchérit Marcus. Elles doivent dormir dans le poste de garde. Allez les chercher pendant que nous fouillons cet édifice.

Docilement les légionnaires se dirigèrent vers les maisons en ruine pendant que Marcus, Démétrios et Simon poursuivaient leur route sans hâter le pas. Mais dès qu'ils eurent pénétré dans la salle voûtée, ils plantèrent leur torche dans un tenon en fer pour laisser croire qu'ils étaient toujours dans le bâtiment et ils coururent vers le jardin où ils furent rejoints par Milkah, Simon ben Gorion et Lisanias, qui les y attendaient.

– Il faut fuir sans perdre un instant, déclara Marcus à voix basse. Lisanias, cours chercher les autres au souterrain. Simon bar Gioras, Milkah et Démétrios, prenez position dans le jardin. Il faut vous débarrasser de tous ceux qui pénétreront dans ce jardin avant qu'ils ne donnent l'alarme. Simon ben Gorion, tu viens avec moi sur le rempart pour repérer l'endroit le plus accessible et fixer la corde.

Muni du cordage, il s'éloigna en courant tandis que les autres exécutaient ses ordres en silence. Une fois parvenu sur le rempart, Marcus progressa lentement tout le long du rempart, le regard tourné vers le vide, cherchant à pénétrer l'obscurité. Un créneau qui permettait de fixer une extrémité de la corde le décida à choisir ce point pour tenter la descente.

– J'espère qu'elle atteint le bas du rempart, murmura Marcus.

– Je vais descendre, dit Simon ben Gorion. Une fois en bas, je secoue la corde.

– Je sifflerai pour te faire savoir que j'ai compris.

Marcus lui frappa l'épaule tandis qu'il enjambait le rempart. Du point élevé où il se trouvait, Marcus distinguait au loin les feux de camps des Romains et, plus près, dans la ville, d'autres lumières mouvantes : sans doute des sentinelles et des rondes de guet. Il voyait aussi la grande bâtisse voûtée par les fenêtres de laquelle sourdaient les lueurs de la torche qu'il y avait laissée. Il tenait la main sur la corde tendue. Soudain elle mollit, puis fut parcourue d'une secousse. Il émit un léger sifflement et s'en revint vers le jardin où il rencontra Lisanias qui ramenait les trois femmes, David et Phazaël.

– Suivez-moi, Simon vous attend en bas.

– Lucius Gallus ! es-tu là ?

L'appel s'éleva au loin vers le bâtiment voûté.

– Vite ! souffla Marcus en les entraînant vers le rempart. Phazaël, tu descendras en dernier. David, va le premier. Judith sauras-tu descendre par la corde ?

– Oui, je crois.

– Moi aussi, assura Mariamne.

– Toi, Tabitha, nous t'attacherons par la poitrine et te descendrons ainsi.

Aussitôt après il s'éloigna et cria en latin :

– Je suis là, j'inspecte le rempart.

Les six Romains s'étaient engagés dans le jardin, éclairés par une torche. Milkah et ses compagnons, dissimulés dans les buissons, les observaient tandis qu'ils s'engageaient sur le chemin conduisant au souterrain.

– Qui va là ? s'écria le chef du groupe des Romains.

Marcus venait au-devant d'eux :

– C'est moi, Lucius Gallus, dit-il. Mes hommes font le tour des remparts.

– N'as-tu pas rencontré les gardes ? Il paraît qu'ils sont allés fouiller le souterrain.

– Non, je n'ai vu personne. Sans doute y sont-ils tous descendus.

Ils se dirigèrent vers l'entrée du souterrain, à travers les ronces. Marcus les suivit et leva le bras en espérant que ses compagnons sauraient interpréter son signal. Les Romains s'arrêtèrent devant la bouche sombre et appelèrent.

– Personne ne répond, constata l'un des soldats.

– Je crois que ces souterrains sont profonds, avança Marcus. Il faudrait y aller voir.

– Tu as raison. Suivez-moi, vous autres, dit le chef des Romains en tirant son glaive.

– Moi, je rallie mes hommes et je vous attends ici, dit Marcus en les regardant descendre les degrés de pierre.

– Si tu entends les appels, tu alertes la garde, hein ? lui demanda le chef des Romains.

– Compte sur moi, assura Marcus.

Dès que le dernier soldat eut disparu dans l'escalier, il courut vers le rempart où Simon bar Gioras et Démétrios tenaient le cordage qu'ils faisaient lentement glisser pour descendre Tabitha.

– Hâtons-nous, les Romains ne vont pas tarder à trouver les corps des leurs et ils vont aussitôt donner l'alarme, dit Marcus.

Démétrios avait de nouveau attaché l'extrémité de la corde libérée du poids de Tabitha.

– Il faut descendre à plusieurs. Démétrios, vas-y avec Milkah.

– Phazaël, Castor et Lisanias, vous descendez avant moi, décida Milkah.

Les uns après les autres, les trois hommes se suspendirent à la corde.

– Fasse le Seigneur qu'elle ne casse pas ! murmura Milkah.

– Non, elle a l'air de tenir, assura Simon bar Gioras qui se penchait dans le vide.

– Alors, vas-y, Simon, l'encouragea Milkah.

Sans répliquer, Simon se suspendit à la corde.

– Comment pourrons-nous la récupérer ? demanda alors Marcus à Milkah.

– J'en fais mon affaire. Descends vite et je vous ferai ensuite passer les javelots.

À ce moment s'élevèrent des cris du côté du souterrain :

– Alerte ! Trahison !

– Les voilà ! Je ne peux te laisser seule, dit Marcus.

– Dépêche-toi, il n'y a pas un instant à perdre. Tiens, mets mon arc sur ton dos, car il risque de me gêner.

– Alerte, la garde ! criait une voix. Vous autres, fouillez les environs des remparts !

Marcus se laissa descendre le long de la corde, après avoir comme les autres glissé des pans de sa tunique entre ses mains et le filin. Dès qu'elle ne sentit plus de tension, Milkah remonta la corde, la détacha, lia au bout les javelots réunis en faisceau et les fit descendre rapidement.

– Allons par ici ! ordonna une voix en latin, toute proche.

Milkah, en des gestes précis et rapides, passa deux fois la corde autour du créneau et fit un troisième tour au-dessus des deux premiers de sorte que la tension de la corde les maintint serrés. Un bruit de feuillage s'éleva à quelques pas d'elle et deux légionnaires surgirent de l'ombre. D'un geste prompt elle tira deux poignards de sa ceinture et les projeta avec force au moment où l'un d'eux criait :

– Toi, là, arrête.

Les deux hommes s'affaissèrent en hoquetant. Milkah enjamba le rempart, tira sur la corde pour éprouver la solidité de l'assemblage et se laissa glisser en évitant de donner le moindre à-coup. Elle se laissa tomber sur le sol tandis qu'au haut du rempart s'élevaient des cris. En quelques coups secs donnés sur le bas de la corde, elle dégagea l'attache du filin qui tomba.

Ils s'éloignèrent rapidement, Phazaël en tête. Les rues de la ville lui étant familières, il se dirigeait sans hésiter. Il avait dit connaître un point des remparts situé au-dessus de rocs escarpés par lesquels ils trouveraient un chemin que les Romains ne pouvaient contrôler. En levant la tête ils apercevaient les lueurs de torches qui se mouvaient au haut du mur de la forteresse tandis que mugissaient les trompes d'alarme.

– Notre fuite ne va pas passer inaperçue, remarqua Simon bar Gioras.

Ils allaient parfois marchant, parfois courant, Marcus et Milkah formant l'arrière-garde. Tout autour d'eux les maisons, en partie effondrées, profilaient sur le ciel sombre leurs silhouettes claires. Des cris et des appels s'élevaient d'un peu partout dans les rues de la ville. Soudain, ils s'arrêtèrent brusquement : au détour d'une rue Phazaël, Lisanias, Simon ben Gorion et Castor, qui allaient en tête, se heurtaient à huit auxiliaires syriens. Aussitôt Simon bar Gioras, Marcus, Démétrios et Milkah s'élancèrent dans la mêlée, bousculant les femmes qui se trouvaient entre eux. Bientôt les corps des Syriens gisaient dans la poussière avec celui de Lisanias. Marcus s'agenouilla pour poser son oreille contre sa poitrine et se releva aussitôt.

– Il est mort, dit-il. Filons en vitesse.

Ils repartirent au pas de course. Enfin Phazaël s'arrêta au bord d'un rempart encore intact.

– C'est ici, assura-t-il. Le mur n'est pas haut, mais la descente est dangereuse.

Ils franchirent le rempart sans mal, mais ils se retrouvèrent sur un sentier si étroit que Phazaël conseilla de se tenir le dos contre la muraille. Lui-même progressa à tâtons pour retrouver la cheminée par laquelle on pouvait descendre jusqu'au bas de la colline. Pendant ce temps Marcus avait lié autour de la taille de Judith, Tabitha et Mariamne la corde qui les relia à Simon bar Gioras.

– S'il arrive quoi que ce soit, abstenez-vous de crier et ne parlez qu'à voix basse.

Alors commença la descente périlleuse. Ils ne progressaient qu'avec une grande prudence, assurant leur pied à chaque pas. Au loin, dans la ville et dans la plaine, s'élevaient toujours les appels des Romains. De plus loin encore leur parvenaient les ricanements des chacals et les cris des hyènes, attirés par les cadavres qui gisaient sur les flancs de la colline et tout en bas, dans le chaos rocheux transformé en charnier, d'où s'élevaient des odeurs nauséabondes que le vent ne dissipait pas.

La descente occupa une partie de la nuit. Ni Marcus ni Démétrios qui, dans les guerres contre les Germains avaient connu des nuits pénibles, ni même Milkah qui avait, plus encore qu'eux, eu l'occasion d'effectuer des expéditions nocturnes par des chemins hasardeux, n'avaient jamais vécu des instants aussi lourds d'angoisse.

– Le seul chemin que nous pouvons prendre est celui qui mène au Hiéromycès et que nous avons suivi lors de notre randonnée avant le siège, déclara Phazaël lorsqu'ils furent enfin parvenus au bas de la butte.

Ils reprirent leur marche en silence, l'oreille aux aguets, prêts à se plaquer au sol à la moindre alerte. Ils effectuèrent un grand détour pour éviter le camp romain dont la palissade élevait sa masse sombre sur le ciel noir. Plusieurs fois ils s'arrêtèrent et s'accroupirent pour ne pas être aperçus de cavaliers qui passaient au loin. Marcus avait pris la tête avec Phazaël et marchait d'un pas rapide. Il les entraîna longtemps sur ce rythme qui les éloignait de plus en plus du danger. Mais

Mariamne, bien que soutenue par Démétrios, et Tabitha, aidée par Simon bar Gioras, commencèrent à se plaindre de la fatigue. Judith sentait ses pieds s'alourdir et ses paupières se fermer, mais s'astreignait à ne rien dire. David aussi traînait de plus en plus les pieds. Milkah, qui lui donnait la main, se rendit compte qu'il titubait, car il s'endormait en marchant. Elle courut vers Marcus :

– Nous sommes suffisamment loin des Romains, lui dit-elle. David et les femmes sont épuisés. Nous-mêmes nous devons éviter d'aller au-delà de nos forces, car si nous nous heurtions à des ennemis, nous serions incapables de leur résister.

– Je crois distinguer là-bas des masses rocheuses. Nous pourrons y dormir sans risque d'être repérés, lui concéda-t-il. Mais il faudra repartir dès le point du jour.

Malgré l'inconfort de leur retraite, tous sombrèrent aussitôt dans un profond sommeil sous la garde de Marcus qui avait tenu à veiller. Il resta ainsi longtemps sans bouger, le regard tourné vers le ciel sombre et pur. Tandis qu'il méditait, l'horizon oriental commençait à s'éclaircir. Il put bientôt distinguer les traits des dormeurs.

Un sourd roulement s'éleva dans le lointain. Il se redressa prudemment derrière un rocher. Dans la pâleur de l'aube, un léger nuage de poussière blanche se déplaçait parallèlement à la ligne d'horizon. Il resta ainsi un moment à observer avec inquiétude ce signe de la présence d'une troupe de cavaliers. Une main se posa sur son épaule :

– Ils sont à notre recherche, souffla la voix de Milkah.

Il tourna la tête et posa la main sur celle de la jeune femme.

– Tu es déjà éveillée ? Il y a un instant, je te voyais plongée dans le plus profond sommeil.

– Le bruit des sabots m'a alarmée. Tu devrais dormir un peu à ton tour. Je vais veiller à ta place.

– Je dormirai plus tard. Il faut repartir. Réveillons les autres !

Elle alla secouer David et les trois jeunes femmes qui ouvrirent les yeux en geignant tandis que Marcus tirait les hommes de leur sommeil.

– D'ici deux à trois heures de marche nous trouverons une ferme avec une citerne, assura Phazaël.

Dans la douceur du petit matin, ils purent marcher sans souffrir de la chaleur, mais avec le soleil qui s'élevait lentement sur l'horizon, chauffant de plus en plus la terre, la route devenait de plus en plus pénible.

– Phazaël ! s'écria enfin Simon bar Gioras, tu t'es sûrement trompé ! J'ai l'impression de marcher depuis deux jours !

– Nous y serons bientôt, assura Phazaël, la ferme est juste derrière cette petite hauteur.

– Soyons prudents, intervint alors Marcus. Sur cette crête ensoleillée nos silhouettes se découperont sur le ciel et seront visibles de très loin. Milkah et Démétrios, vous allez en avant en reconnaissance.

Sans répondre, ils s'éloignèrent rapidement.

Démétrios et Milkah avaient atteint la ligne de crête où ils s'étaient couchés pour observer la plaine tout alentour. Enfin ils se relevèrent et disparurent par-delà la hauteur.

– Nous pouvons y aller sans crainte, déclara Marcus.

Parvenus au sommet, ils aperçurent à peu de distance les bâtiments en pisé d'une ferme. Milkah revint au-devant d'eux.

– La ferme est abandonnée, déclara-t-elle. Les habitants sont partis en emportant tout, et la citerne est vide mais nous avons trouvé une trentaine d'œufs que j'ai mis de côté et deux ou trois poules après lesquelles court Démétrios. J'ai préparé un feu dans la cuisine pour les cuire.

– C'est imprudent d'allumer un feu, avança Marcus.

– Je sais bien, mais on ne peut manger les poules crues.

Milkah ramassa une brassée de bois et entra dans la grande salle commune suivie des femmes qui se jetèrent sur des nattes disposées çà et là.

Démétrios entra, tenant deux poules par les pattes.

– Il y en a une troisième qui court encore, déclara-t-il.

– Je m'en charge, s'écria Phazaël.

Démétrios tendit les volatiles à Simon bar Gioras.

– Veux-tu bien les tuer? Moi, je n'aime pas ça.

– Euh... Demande-moi d'égorger proprement un Iduméen, je t'en exécuterais volontiers deux pour le prix d'un, mais une poule... Non, je crois que je n'y arriverais pas. Après tout, elles ne m'ont rien fait ces pauvres bêtes.

– Je ne me sens pas l'âme d'un boucher, dit Castor, mais je veux bien me dévouer.

Il revint avec les bêtes mortes suivi de Phazaël qui avait capturé et occis la troisième. Les trois poules furent promptement plumées, vidées et mises en broche. En attendant qu'elles cuisent, ils se partagèrent les œufs qu'ils gobèrent.

Lorsque les trois poules eurent été dévorées, Simon bar Gioras s'étendit sur une natte.

– Ce n'était qu'un maigre festin, mais je me sens plus à l'aise. Il ne manque plus qu'une bonne rasade de vin et un petit somme.

Marcus, qui n'avait cessé de jeter des coups d'œil par la porte, saisit son javelot posé contre une paroi.

– Ce sera pour plus tard. Nous repartons sans différer. Les Romains battent la campagne pour nous retrouver et tant que nous n'aurons pas dépassé Scythopolis nous ne serons pas en sécurité.

– Marcus a raison, approuva Milkah. En marchant bien, nous atteindrons le Hiéromycès dans le courant de l'après-midi. Nous pourrons nous reposer un moment à l'abri des fourrés et nous repartirons au milieu de la nuit. Nous parviendrons au bac du Jourdain demain en fin de matinée.

– Au moins, nous pourrons alors boire à satiété, soupira Simon.

Ils parvinrent au bord de la rivière plus rapidement que ne l'avait prévu Milkah. Aussitôt ils déposèrent leurs armes et se jetèrent dans le courant où ils burent à longs traits et se lavèrent de la poussière et de la terre qui souillaient leur peau et leurs vêtements.

Simon fut le premier à s'éveiller au milieu de la nuit et, comme ils en étaient convenus, il tira aussitôt ses compagnons de leur sommeil. Peu après, ils reprenaient leur route à la clarté des étoiles. Après avoir traversé le Hiéromycès, Simon bar Gioras prit la tête de la petite troupe qui s'engagea dans des collines pierreuses. Ils s'accordèrent un court repos au milieu de la matinée et ainsi, vers le début de l'après-midi, ils découvrirent du haut d'une colline la vallée du Jourdain.

– Nous allons progresser à flanc de coteau, décida Marcus. Nous serons moins visibles que dans le bas de la vallée et l'un d'entre nous suivra par la crête, d'où il pourra surveiller les collines.

– Je m'en charge, déclara Simon ben Gorion.

Ils descendirent à travers les herbes desséchées, les chardons et les genévriers jusqu'au sentier où ils s'arrêtèrent un instant pour souffler puis ils suivirent le chemin qui descendait lentement vers la vallée verdoyante. Souvent ils levaient les yeux vers Simon ben Gorion qu'ils perdaient parfois de vue lorsque des arbrisseaux ou des accidents du terrain l'obligeaient à s'éloigner du bord de la falaise.

– J'aperçois le bac dans cette trouée ! s'écria Marcus. Nous sommes sauvés, il est bien là.

– Il faut appeler Simon ben Gorion pour qu'il descende par cette coulée, dit Démétrios.

– On ne le voit plus, remarqua Castor. Il a dû s'éloigner à cause de ces arbres... Il semble qu'il y ait derrière une construction en pierre...

Ils levèrent tous la tête vers le haut de la colline.

– Je n'aime pas ça, lança Simon bar Gioras en crachant. On dirait un poste destiné à surveiller le trafic du bac.

– Je monte avertir Simon, déclara Milkah.

Elle avait parcouru moins de la moitié du chemin lorsque soudain Simon ben Gorion surgit du haut de la colline en criant :

– Les Romains, fuyez !

Elle détacha aussitôt son arc pendu à l'épaule et saisit une flèche en se plaquant contre la paroi rocheuse. Derrière Simon apparurent deux soldats qui brandissaient des javelots. Milkah lâcha son trait qui atteignit l'un des hommes. Un instant il parut rester suspendu au bord de la colline puis, ouvrant les bras, il bascula dans le vide en poussant un cri. Mais l'autre soldat avait lancé son javelot en se jetant contre le sol ; l'arme, projetée d'une main sûre, saisit Simon ben

Gorion dans sa course, entre les omoplates. Son corps roula jusqu'à Milkah qui s'était abritée sous une saillie rocheuse.

Simon et Marcus étaient revenus en arrière tandis que Démétrios entraînait les autres vers la vallée. Marcus se pencha sur le corps de Simon ben Gorion :

– Il est mort, dit-il en saisissant son propre arc.

Plusieurs légionnaires se disposèrent en une ligne, au bord de la falaise, protégés par leur bouclier, et ils lancèrent des javelots pour couvrir la descente de trois des leurs. Milkah s'enfuit alors, bondissant et courant en zigzag afin d'éviter les traits que lui lançaient ses poursuivants rendus malhabiles par leur propre course que Marcus et Simon entravaient en les accablant de traits.

Simon avait tiré son épée et marchait vers les soldats.

– Non, arrête ! s'écria Marcus. Regarde plutôt là-haut.

Ils levèrent la tête pour voir une troupe de renfort se disposer à descendre par la coulée.

Ils tournèrent alors les talons et prirent la fuite. La simplicité de leur équipement leur permit de distancer les légionnaires. Milkah, légère et rapide, prit du champ et parvint la première à la lisière des arbres qui bordaient le fleuve. Sur la berge, à peu de distance, Démétrios, Castor, Phazaël et David poussaient dans l'eau une lourde barque abandonnée là. Elle se posta derrière un large tronc, banda l'arc, visa un légionnaire et attendit qu'il parvînt à bonne portée. Marcus et Simon la rejoignaient au moment où elle lâcha son trait : le soldat s'arrêta, saisi en pleine gorge. Marcus et Simon qui avaient pris position auprès de Milkah se mirent aussi à vider leurs carquois de leurs derniers traits. Cependant, le gros de la troupe approchait avec des hommes armés de javelots et de hauts boucliers.

Milkah jeta un regard derrière elle. La barque s'éloignait de la rive, propulsée par une rame de godille que maniait Phazaël, tandis que Démétrios, Castor, David, Judith et Mariamne dirigeaient leurs arcs vers la berge.

– Ils sont en sécurité, dit-elle alors. Il est temps de fuir.

Ils partirent tous trois en courant et se jetèrent dans le fleuve. Les Romains lancèrent leurs javelots soit vers les nageurs qui aussitôt plongèrent entre deux eaux, soit vers la barque qui se trouvait encore à portée de leur tir.

En remontant en surface pour respirer, Milkah vit un javelot se ficher dans les reins de Phazaël, debout à l'arrière de l'embarcation. Il lâcha la rame, leva les bras en titubant et tomba à la renverse dans le fleuve. Tabitha poussa un hurlement déchirant et se jeta dans le courant en l'appelant. La tête du jeune homme surgit de l'eau au milieu d'un tourbillon et Tabitha, bien qu'elle ne sût pas nager, se débattit contre le flot et saisit la main de Phazaël. Les deux jeunes gens disparurent sous l'onde, réapparurent plus loin enlacés, leurs têtes jointes, et soudain furent engloutis. Milkah plongea en profondeur pour tenter de les rejoindre, mais les eaux étaient si opaques qu'elle ne put rien discerner. Lorsqu'elle revint à la surface, elle ne vit plus auprès d'elle que les têtes de Simon et de Marcus ; celui-ci s'enfonça à son tour sous le flot et reparut un long moment après. Il fit un signe d'impuissance avec la main. Alors ils nagèrent vers la barque maintenant hors de portée des javelots.

Démétrios et Castor aidèrent les trois nageurs à monter dans l'esquif.

– Pauvres enfants ! soupira Marcus.

– Sans doute la juste divinité qui veille sur les hommes n'a-t-elle pas permis que Joseph et Charès aient une descendance. Elle s'était un instant montrée clémente, puis elle a eu quelque regret !

Ce disant, Simon cracha dans le fleuve, puis il tendit le poing vers les Romains qui avaient repris pied sur la rive.

Quatrième partie

JÉRUSALEM

Chapitre XXXI

LA FÊTE DE LA DÉDICACE À JÉRUSALEM

Trois jours plus tard, les fugitifs arrivaient devant Jérusalem. Au spectacle de la Ville sainte aux maisons étagées sur les flancs de l'Ophel, et dominées par les puissantes bâtisses du Temple, Mariamne, Judith et David tombèrent à genoux et Castor se jeta à plat ventre sur la terre qu'il baisa à trois reprises.

Après la mort de Phazaël et de Tabitha, ils étaient restés sur l'embarcation, se laissant entraîner par le courant, avant d'accoster sur la rive opposée. Ils s'étaient enfoncés à l'intérieur des terres en direction de Scythopolis abandonnée par la garnison romaine. Au sud de la ville les territoires étaient contrôlés par les juifs et ils purent poursuivre leur route sans inquiétude. Afin d'éviter des rencontres inopportunes, ils entrèrent dans Jérusalem par la porte Sterquiline d'où ils parvinrent rapidement devant la demeure de Simon ben Gamaliel, peu avant la cinquième heure. C'était l'un des moments les plus chauds du jour, et les rues désertes dormaient, écrasées de soleil.

Marcus frappa à plusieurs reprises à la porte de la demeure. En reconnaissant le frère de sa maîtresse, le serviteur invoqua le Seigneur et s'agenouilla pour baiser le bas de sa tunique. Puis, se relevant, il se mit à danser en criant :

– Maître ! Maîtresse ! Accourez !

Simon apparut sur le seuil suivi de Drusilla et de ses deux filles.

– Béni soit le nom du Seigneur ! s'écria Simon en serrant Marcus entre ses bras.

– On nous avait rapporté que Gamala avait été prise et que toute la population avait été massacrée, déclara Drusilla en versant des larmes. Marcus, mon frère très cher, nous portions déjà ton deuil, insensés que nous sommes !

Simon s'était arrêté devant Judith.

– N'es-tu pas Judith, la fille de Samuel et la suivante favorite de la reine Bérénice ?

– C'est bien elle, assura Marcus. Judith est des nôtres. Elle a combattu à nos côtés. Mais Simon et toi, Sara, laissez-moi vous présenter mon épouse, Milkah, fille de Qorakh.

– Bénie soit ta mère ! s'exclama Drusilla en la serrant dans ses bras.

Simon lui souhaita la bienvenue dans leur famille et, tout en les invitant à les suivre dans la demeure, il lui demanda :

– Serais-tu parente de Qorakh d'Engaddi ?

– C'était mon père.

– Ton père, bien qu'il fût de race sacerdotale, a été un disciple et un ami de mon vénéré père Gamaliel. Il était très respecté à Jérusalem et tout le monde a regretté qu'il se soit retiré dans ses terres à Engaddi. Personnellement je ne l'ai que fort peu connu, mais mon père nous entretenait souvent de sa sagesse.

Ils étaient arrivés dans la salle haute. Simon ben Gamaliel examina Castor et Simon bar Gioras que Simon présenta.

– Simon bar Gioras ! s'exclama Simon. N'es-tu pas ce chef de brigands que nous avons chassé de l'Acrobatène ?

– Chef de brigands... c'est un bien grand mot, rabbi. Je n'ai jamais fait que détrousser quelques mauvais riches.

– Hanan, qui commande dans la cité, a ordonné que tu sois mis à mort. Moi-même je suis l'un des principaux membres du sanhédrin et je ne peux...

– Simon, intervint Marcus en posant la main sur son épaule, Simon bar Gioras a combattu à nos côtés avec autant de bravoure que d'ardeur. Il a risqué sa vie chaque jour pour défendre notre cause et notre liberté. Je ne tolérerai pas que les gens de Jérusalem qui ont vécu loin des combats, en toute sécurité, touchent à un homme qui s'est battu pour leur salut.

Simon ben Gamaliel poussa un soupir et fronça les sourcils.

– Je comprends, Marcus, mais je doute qu'Hanan écoute tes raisons. Bar Gioras s'était réfugié à Massada, auprès de tes amis. Nous lui donnerons un cheval et qu'il y retourne dès demain !

– Eh ! s'exclama Simon, j'obéirai avec joie, car j'ai laissé là-bas une épouse qui doit pleurer après moi. Salomé est la sœur de Milkah, la fille cadette de Qorakh.

– Je doute qu'il te l'ait donnée en mariage...

– Mon père est mort il y a deux ans. Et c'est moi qui ai donné ma sœur en mariage à Simon.

L'autorité de Milkah surprit Simon ben Gamaliel qui la regarda avec curiosité.

– Toi, une femme ? La Loi...

– La Loi a permis qu'un chacal du nom de Shobal soit le tuteur de ma sœur et qu'il s'empare des biens de mon père. Voilà pourquoi Simon, fils de Gamaliel, je méprise cette loi et je passe outre.

– Comment oses-tu parler ainsi ! s'exclama Simon d'un ton scandalisé.

– Pardonne-moi, Simon, intervint Marcus. Il faut que tu saches que Milkah n'est autre que ce Shéba qu'à Jérusalem d'aucuns considèrent comme un héros de notre nation. Les exploits qu'elle a accomplis sous tes yeux sur les murs de Jérusalem et ensuite lors de la retraite des Romains ne sont que peu de chose à côté de ce qu'elle a fait depuis contre l'envahisseur. Tu comprends mieux ainsi qu'elle ne s'exprime pas comme une femme ordinaire. Quant à Shobal, c'est une bête venimeuse.

Drusilla intervint alors avec emportement :

– Voilà bien des hommes qui ne songent qu'à la Loi ! N'est-ce pas une chose admirable que le Seigneur ait prêté à une femme un courage viril pour combattre les gentils ? Et voici que cette femme est l'épouse de mon frère et ils sont tous les deux l'honneur de notre nation et toi, mon époux, devant une pareille merveille, au lieu de louer l'Éternel tu invoques la Loi ?

– Merci, Sara pour ces paroles ! s'exclama Marcus. Je vois que tu n'as pas changé et que tu es toujours aussi passionnée.

– Ta sœur ne changera jamais, repartit Simon ben Gamaliel en prenant le parti de rire. Heureusement, car c'est ainsi que nous l'aimons.

Puis il reprit aussitôt :

– À propos Marcus, tes serviteurs et tes bagages sont chez Hanan qui a de nouveau bien voulu les loger au mont des Oliviers.

– Nous irons nous installer là-bas quelques jours avant de retourner à Massada.

– Quoi ? s'écria Drusilla. Vous allez tous rester ici, à Jérusalem ! Notre demeure est la vôtre...

– Je te rends grâce, l'interrompit Castor, mais je suis d'ici et j'y ai ma maison.

– Et moi-même j'ai hâte de rentrer à Massada pour retrouver mon épouse, ajouta Simon bar Gioras.

– Vous ferez comme bon vous semble, dit alors Drusilla. Toi, Simon, va ordonner qu'on prépare un bon repas pour nos hôtes. Milkah, Mariamne et Judith, en attendant qu'on vous prépare un bain, je vais vous conduire dans vos chambres et vous donner des vêtements décents. Mariamne, j'ai recueilli ici ta servante, Myrtô, avec son enfant. Je vais l'envoyer auprès de toi.

Marcus demanda alors à Simon des nouvelles de son propre frère Tiberius.

– Ses affaires sont, je crois, en bonne voie. Nous avons reçu des nouvelles de Rome et d'Alexandrie. Florus a été jugé par le tribunal de Néron, qui l'a rendu responsable de la révolte. Néron lui a fait porter par l'un de ses prétoriens l'ordre de se donner la mort. Il paraîtrait qu'il s'est ouvert les veines.

– Une mort trop douce et honorable pour cette canaille, remarqua Marcus. Mais quelles sont les nouvelles d'Alexandrie ?

– Ton frère a été institué héritier des biens de ton père, à la condition qu'il vienne en prendre possession. Tibère Alexandre lui-même a fait porter la nouvelle à Jérusalem avec l'accord de Vespasien auprès de qui il se trouve en ce moment même. Hanan, qui a vu là une occasion inespérée d'entrer en contact avec les Romains et de se ménager une retraite, a aussitôt accordé la main de sa fille à Tiberius qui, muni d'un sauf-conduit, est parti pour Alexandrie, il y a maintenant deux semaines, en emmenant son épouse. Hanan l'a prié, une fois rentré à Alexandrie et installé dans ses biens, de se rendre auprès de Tibère Alexandre et de l'assurer de la fidélité d'Hanan et des sadducéens à la cause romaine.

– Voilà une superbe traîtrise !

– Tu n'ignores pas qu'Hanan s'est toujours opposé aux révoltés et il a sans cesse œuvré pour que notre peuple reste fidèle à Rome. Je ne partage pas ses convictions. Cependant je ne puis que difficilement me résoudre à engager notre peuple dans une guerre qui le conduirait à la perte. Les victoires de Vespasien en Galilée nous donnent la mesure de notre faiblesse. L'idéal serait de conclure une paix honorable dans laquelle nous reconnaîtrons la suzeraineté de Rome tout en conservant nos Lois et notre propre gouvernement. Hanan n'y croit pas. Il est tout disposé à livrer la ville sans conditions, ce qui serait pour nous un abandon indigne. Mais Hanan est vieux et riche, et son intérêt se trouve dans l'asservissement à Rome. Tu comprends que nos relations soient assez tendues bien qu'en public nous échangions toutes les marques d'une grande amitié. C'est la raison pour laquelle il ne m'a pas refusé d'héberger tes gardes, malgré qu'il en eût. D'un autre côté, je lui suis utile, car je sers de lien entre lui, son parti et celui des zélotes qui se montrent de plus en plus agressifs.

– Qu'advient-il d'eux maintenant que vous avez eu l'habileté d'éloigner Éléazar ben Ananias en l'envoyant en Idumée ?

– En principe Éléazar ben Simon s'est imposé à l'aide de ses hommes bien entraînés et il s'est allié à un certain Zacharie ben Amphicanus.

– Zacharie ! s'exclama Marcus, mais je le connais. C'est lui qui a interpellé Agrippa lors de la visite de Neapolitanus et c'est encore lui qu'Éléazar a envoyé à Massada pour me prier d'intervenir lors de l'attaque de Cestius Gallus.

– Il est de naissance noble et il a su s'imposer avec habileté sans cependant se dresser contre Éléazar. Il est rare que des nobles passent du côté des zélotes, mais quand ils le font ils acquièrent à leurs yeux un grand prestige. Actuellement il règne dans leurs rangs une certaine anarchie. S'il y a parmi eux des hommes sincères dévoués à la cause de Dieu, d'autres ne sont que des brigands ou des opportunistes, qui profitent des troubles pour tenter de s'enrichir ou plus simplement pour assouvir une vengeance ou satisfaire un goût de destruction. Chaque jour arrivent des campagnes de Judée ou de Galilée des gens qui fuient les Romains et viennent ici provoquer les plus grands troubles sans que nous puissions leur interdire l'accès de la cité, ne serait-ce que parce que selon notre loi, elle est ouverte à tous les juifs.

Il servit lui-même du vin à ses hôtes puis reprit :

– Marcus, dans sa lettre Tibère Alexandre parle de toi. Le rôle que tu as joué dans la révolte est en partie connu des Romains, mais Tibère Alexandre laisse entendre que, si tu acceptes de faire amende honorable et de t'en remettre à la clémence de Vespasien, tu auras sans doute droit à son pardon, en considération de l'injustice qui t'a été faite par ce Florus et aussi de tes services passés. Tu serais ainsi réintégré à ton ancien grade, mais il te faudrait combattre dans les rangs des légions. Quant à Tibère Alexandre, il te réserve toujours sa fille. Je te montrerai sa lettre que m'a laissée ton frère en me suppliant de te convaincre d'entendre raison.

– Simon, il faut bien mal me connaître pour croire que je pourrais aussi facilement me renier. Si j'ai d'abord été conduit par une simple soif de vengeance, celle-ci est assouvie depuis longtemps, d'autant plus que tu viens de m'annoncer la mort de Florus. Maintenant, je combats pour ce que je crois être la dignité et la grandeur de notre peuple. Quoi ! Imagines-tu que je puisse me ranger aux côtés des oppresseurs de notre nation, que je combatte dans leurs rangs contre les nôtres ? Après avoir défendu les murs de Iotapata et de Gamala, je viendrais attaquer Jérusalem ? Et peux-tu penser que je répudierais Milkah pour épouser Julia et qu'un jour, peut-être, je croiserais mon épée avec elle ? Simon réponds toi-même à mes questions et tu connaîtras ma propre réponse aux suggestions de Tibère Alexandre.

Drusilla entra avec Milkah, mettant fin à leur dialogue. Un serviteur apporta deux corbeilles remplies de dattes, de pommes, de grenades et de pâtisseries qu'il déposa sur le tapis devant les convives. À la demande de Simon ben Gamaliel, Marcus lui fit savoir comment Judith se trouvait avec eux.

– Crois-tu qu'il soit heureux de la garder parmi nous ? demanda Simon.

– Je ne vois pas comment on pourrait la reconduire chez son père, repartit Marcus.

– Elle-même s'y refuserait, précisa Milkah. Elle a combattu à nos côtés : elle est désormais des nôtres.

– Il est à craindre que si d'aventure les zélotes apprennent sa présence dans la ville, ils ne cherchent à s'emparer d'elle pour s'en faire une otage, avança Simon.

– Sois assuré, Simon, repartit Milkah, que nous veillerons à ce qu'ils ne puissent nous l'enlever.

Ils furent interrompus par un serviteur qui annonça la visite d'Ananus d'Emmaüs et Matthias, fils de Boëthus.

Simon regarda Marcus :

– Deux hommes qui me sont fidèles, surtout Matthias qui est un vieillard vénérable et influent. Je pense, si tu le permets, qu'ils seront heureux de te rencontrer et d'entendre ton récit.

– Je t'en prie, Simon, reçois-les. Nous connaissons d'ailleurs Ananus d'Emmaüs pour l'avoir rencontré chez Bérénice.

Les deux visiteurs saluèrent leurs hôtes, se réjouirent de rencontrer Marcus et Démétrios, et, dès qu'ils se furent installés, Marcus fit le récit de la guerre de Galilée, du siège et de la prise de Gamala, et de leur fuite.

Ananus d'Emmaüs prit alors la parole :

– Les Romains n'ont vaincu que parce qu'ils vous ont attaqués les uns après les autres. Si nous unissions toutes nos forces en une seule grande armée et marchions contre eux, ils ne pourraient nous résister.

– Encore faudrait-il que nous soyons capables de nous unir pour constituer une armée et que celle-ci fût disciplinée, répondit Marcus.

– Et qu'un chef ait suffisamment d'autorité pour s'imposer à toutes les tendances, ajouta Simon.

– Je vois mal comment réconcilier les pacifistes, partisans d'Hanan et les zélotes qui eux-mêmes sont divisés en factions, rétorqua Matthias.

– Supprimez les chefs des divers partis. Non seulement ces partis n'existent plus, mais un seul homme, pourvu qu'il ait de l'envergure, pourra alors entraîner l'ensemble du peuple. Nous savons tous qu'il se range toujours du côté du plus fort ou, en tout cas, de celui qui parle plus haut.

– Ananus, sourit Marcus, tu as bien changé. Lorsque je t'ai rencontré chez Bérénice, tu tenais des discours différents. S'il m'en souvient, tu prônais la non-violence...

– Les temps ont changé, Marcus Claudius. Et aujourd'hui, il faut bien se rendre à la raison : seule la violence peut nous conduire à la victoire.

– Par la Fosse ! s'exclama Simon bar Gioras. Ananus, je suis bien d'accord avec toi. Hanan est disposé à capituler, tandis que les zélotes sont bornés et ne savent que s'entre-déchirer. Les uns ne valent pas mieux que les autres. Le peuple suivra celui qui le débarrassera d'eux et le conduira à la victoire.

Ananus le regarda avec étonnement :

– Simon bar Gioras ! Mais je croyais que tu appartenais au parti des zélotes...

Simon parti d'un gros rire :

– Quoi ! Moi, un zélote ? Le ciel m'en préserve !

– Mais pourquoi es-tu allé combattre les Romains en Galilée ?

– Par amour de la bataille et par amitié pour Marcus et Milkah, car, personnellement, je n'avais aucune haine envers les Romains.

– Simon n'a qu'un ennemi, précisa Milkah en riant, c'est l'Iduméen.

– Donc, Ananus, reprit Simon, si je comprends bien, il faudrait éliminer Hanan et quelques autres grands sacrificateurs influents, ce qui ne doit pas être difficile, puis supprimer les chefs des zélotes ? Ça, en revanche, ce ne sera pas aussi simple. Admettons cependant que tous ces gêneurs soient allés rejoindre nos pères : qui serait capable de s'imposer alors aux anciens partisans des uns et des autres et de les réunir ?

– À mon avis, Simon ben Gamaliel est capable d'assumer le pouvoir civil. Quant au commandement militaire, Marcus Claudius me paraît le mieux placé pour s'en charger.

– Je n'en doute pas, Ananus, répliqua Simon bar Gioras, mais pour s'imposer aux zélotes autant qu'au reste du peuple, il faudrait déjà être à la tête d'une bonne armée, car il est certain que celui qui se chargera de supprimer les chefs des partis risque d'être à son tour massacré.

– Alors il faut battre la campagne pour y lever une armée.

– C'est plus facile à dire qu'à faire. Si tu savais quel mal j'ai eu à recruter simplement une bande de voleurs !

– Il faut promettre aux hommes autre chose que seulement la bourse de leur prochain. Mieux vaut leur parler de liberté ou de défense du sol des ancêtres. Qu'en penses-tu, Marcus Claudius ?

– Ananus, tu as certainement raison, approuva Marcus. Mais il faut aussi que le danger soit imminent pour que les hommes d'une même nation s'unissent et cessent de s'entre-dévorer.

– Et encore, même dans de telles conditions, il arrive trop souvent qu'ils restent incapables de s'unir, ajouta Simon ben Gamaliel avec amertume. Ananus, je n'approuve pas tes suggestions. La violence attire la violence et le meurtre est en abomination à l'Éternel. « Ne rivalise pas avec l'homme violent et ne marche pas dans ses chemins, dit le proverbe. La malédiction de Dieu est sur la demeure du méchant et sa bénédiction sur celle du juste. »

Simon bar Gioras se leva en se grattant la tête, vieille habitude prise dans son enfance lorsqu'il était assailli par une armée de poux.

– Hum ! Moi, je rentre à Massada. Marcus, si tu pouvais me prêter un cheval...

– Nous allons d'abord nous rendre au jardin des Oliviers pour chercher nos bagages. J'ai hâte aussi de me débarrasser de cette cuirasse romaine, dit Marcus en se levant. Là-bas, nous te donnerons une tunique et un cheval. David, viens avec nous pour te changer et ensuite tu te rendras chez tes parents pour les embrasser et tu dormiras chez eux. Nous nous retrouverons demain matin.

Pendant les deux jours qui suivirent, Marcus, Démétrios et leurs épouses s'accordèrent quelque repos chez Simon ben Gamaliel avant de repartir pour Massada. Milkah remit sa tunique et sa casaque, coiffa son turban et redevint un jeune guerrier. En se montrant ainsi équipée, elle soupira :

– Je crois que c'est la dernière fois que je pourrai prendre l'apparence de Shéba. Sous cet habit, je puis difficilement cacher mon état.

– D'autant qu'il est déconseillé de monter à cheval.

À Massada, ils retrouvèrent Simon bar Gioras installé dans le palais d'Hérode avec son épouse et ses hommes. Tandis que Marcus allait conférer avec Éléazar ben Jaïr et ses frères, Milkah s'entretint longuement avec sa sœur. Salomé avait apprit par Judas ben Judas que Dinah avait épousé Shobal qui régnait dans la demeure de leur père et jouissait du plus grand respect des habitants du village.

Lorsqu'il revint auprès de Milkah, Marcus la trouva en proie à une violente colère et décidée à se rendre sans plus tarder à Engaddi pour en chasser Shobal.

Marcus modéra son ardeur, lui représentant que si on le chassait, il reviendrait aussitôt et ameuterait la population qui le soutiendrait.

– En outre, conclut Marcus, tu n'es plus en état de te battre. Judas semble avoir des accointances là-bas. Qu'il s'assure d'abord des sentiments réels de Dinah. Nous pourrons ensuite enquêter pour chercher dans quelles conditions est mort Jacim et je ferai, le cas échéant, intervenir Simon ben Gamaliel afin que le sanhédrin soit saisi de cette affaire et fasse passer Shobal en jugement. Dans le cas où il serait absous, il serait alors temps d'utiliser la violence.

Milkah se rangea finalement à l'avis de Marcus. Ils restèrent plusieurs jours à Massada, puis ils suivirent la route de la mer Morte pour se rendre à Messad Hassidim, où Lamuel et les prêtres les reçurent.

– Notre communauté vit des heures graves, déclara Lamuel. Nous nous plaçons sous la protection du Très-Haut.

– J'ai bien peur qu'au retour du printemps, les Romains ne marchent vers la Judée, répondit Marcus, mais je ne pense pas qu'ils viennent jusqu'ici.

– Ce n'est pas certain. Ils savent que notre communauté est riche et influente et que nous avons en partie financé cette révolte.

– Dans ce cas, venez vous réfugier à Massada.

– Non, nous resterons ici, quoi qu'il advienne. Ce lieu est notre seul refuge et si le Seigneur veut notre triomphe, il nous protégera.

– Sois assuré, père, que nous serons auprès de vous pour vous défendre, déclara Milkah. Éléazar ben Simon dispose d'une bonne troupe que nous avons entraînée...

Lamuel esquissa un sourire :

– Ton bel enthousiasme réchauffe mon vieux cœur, Shéba. Cependant, je doute qu'Éléazar vienne à notre secours et, le voudrait-il, c'est mieux qu'il reste à Jérusalem pour défendre la Ville sainte. Shéba, tu restes le seul de nos fidèles vivant hors de la communauté et à qui nous accordons une totale confiance. Retourne à Jérusalem et surveille Éléazar. Nous vous montrerons demain, à toi et à Malchios, où sont cachés les trésors que nous avions conservés ici. Nous avons aussi dissimulé dans des grottes du voisinage des exemplaires de nos plus précieux écrits. Si nous venions à disparaître, d'autres saints pourront poursuivre notre œuvre, et l'esprit de notre communauté se perpétuera. Je vais faire charger d'objets précieux et d'or plusieurs mulets que vous emmènerez à Jérusalem, ce qui vous permettra de recruter des combattants et aussi de maintenir Éléazar dans le droit chemin, car il commence à manquer d'argent pour payer ses hommes.

Deux jours plus tard ils rentraient dans Jérusalem avec six mulets lourdement chargés qu'ils conduisirent directement chez Hanan. Par mesure de sécurité ils évitèrent la traversée de la ville et empruntèrent le chemin qui suivait la vallée du Cédron. Le trésor y fut placé sous la garde de Sérapion et de ses hommes.

Ce voyage, à la suite des fatigues du siège de Gamala et de la longue marche, avait porté une nouvelle atteinte à la vigueur de Milkah. Elle prit alors la décision de rester en repos jusqu'à la naissance de l'enfant. Pourtant, les nouvelles n'étaient pas bonnes. Démétrios leur apprit que Jean de Giscala venait d'arriver à Jérusalem, accompagné de nombreux comparses. Aux gens de la cité qui s'étaient assemblés autour de lui, Jean avait déclaré que Giscala s'était rendue à Titus et que lui-même et ses compagnons avaient quitté la place afin de venir participer à la défense de Jérusalem.

– Nous aurions dû nous y attendre, avait commenté Marcus. Les ambitions de Jean sont claires. Les victoires des Romains ont mis fin à ses espoirs de dominer la Galilée. Maintenant, il espère pouvoir s'imposer à Jérusalem. Il faudra bien compter avec lui... et surtout le surveiller.

Démétrios apprit encore à Marcus que, dès son arrivée à Jérusalem, Jean s'était rendu chez Simon ben Gamaliel qui l'avait reçu avec la plus grande courtoisie. De son côté Jean avait manifesté la plus grande déférence à l'égard de Simon et l'avait assuré de son soutien, aussi bien contre les zélotes que contre Hanan, cela au nom du respect qu'il portait à Gamaliel et à son fils, mais encore parce qu'il voyait en Simon le futur chef du sanhédrin et du peuple.

Marcus aurait voulu mettre en garde son beau-frère, mais Simon restait persuadé que Jean était pour lui un allié fidèle et précieux, autant à cause du millier de combattants qui lui obéissaient que de l'influence dont il jouissait auprès d'une partie du peuple et de nombreux membres du sanhédrin.

Le jour suivant, Marcus se rendit chez Hanan qu'il n'avait pu rencontrer après son arrivée de Gamala, le grand prêtre se trouvant alors dans son domaine agricole où il faisait un élevage lucratif de colombes destinées à être sacrifiées lors des cérémonies mensuelles de purification imposées aux femmes.

Hanan reçut Marcus avec aménité. Il loua Dieu pour l'avoir ramené sain et sauf à Jérusalem et l'embrassa comme un membre de sa famille. Il lui marqua combien il était satisfait du mariage de sa fille avec Tiberius et lui souhaita que ses affaires se rétablissent tout aussi heureusement que celles de son frère. Il lui fit ensuite part des craintes qui l'assaillaient devant le flot de réfugiés. Venus des campagnes et des villes tombées aux mains des Romains, ils envahissaient Jérusalem, entraînant dans leur sillage des fanatiques et des gens sans foi ni scrupules. Marcus l'assura de son soutien et Hanan l'invita à séjourner avec ses hommes dans sa propriété du mont des Oliviers autant qu'il lui plairait, sans crainte d'abuser de son hospitalité. Enfin, il conclut :

– Marcus, je pense que je puis te considérer un peu comme mon beau-fils puisque tu es le frère de Tiberius. Ainsi, je bénirais le saint nom du Seigneur si tu acceptais de devenir en quelque sorte le garant de mes relations avec ton beau-frère Simon. Il y a parfois entre nous de légères divergences et je pense que tu pourrais servir d'intermédiaire, car tu représentes le lien entre nos deux familles.

– Hanan, j'interviendrai dans la mesure de mes possibilités et aussi de mes convictions. Tu sais que je ne peux pas accepter une soumission sans condition aux Romains. Cependant, je reste convaincu que toi et Simon vous êtes les seuls hommes dans cette ville à jouir de suffisamment de prestige et d'autorité pour y maintenir l'ordre et conduire notre peuple vers la voie la plus sûre pour son salut.

De retour chez Simon ben Gamaliel, il trouva Milkah en compagnie de David qui lui fit savoir qu'il avait aperçu dans une rue Jean de Giscala en compagnie de Silas.

– Je provoquerai Silas dès que je le rencontrerai, déclara Marcus. Il est trop dangereux...

– Je serais très chagrinée de le voir périr d'une autre main que la mienne, mon Malchios, intervint Milkah. Je t'en prie, laisse-moi ce plaisir.

– Tu ne peux songer à te battre dans ton état actuel.

– Cet état est transitoire. Je saurai prendre patience, comme pour Shobal. Je crois qu'il serait prudent de vous installer chez Hanan et que Judith évite de se promener seule dans les rues de la ville ; moi, je ne risque rien car, si beaucoup de personnes connaissent Shéba, ici personne ne connaît Milkah.

Bien que Marcus et ses compagnons fussent rentrés de Gamala discrètement, le bruit de leur retour s'était répandu dans la ville et les détails des combats livrés à Gamala furent bientôt connus grâce aux serviteurs de Simon ben Gamaliel, à Castor et surtout à David qui ne pouvait s'empêcher de magnifier les actions de Marcus, de Simon bar Gioras, de Démétrios et de Shéba. Cette gloire porta ombrage à Jean de Giscala, mais il n'osa la ternir et simula une grande joie qu'il laissa éclater devant Simon ben Gamaliel, Hanan et les gens qu'il savait liés à Marcus. De son côté, Silas se tint sur ses gardes. Jean invita Silas à se montrer le moins possible en sa compagnie. Il s'empressa d'aller se présenter aux membres du sanhédrin pour les assurer de son respect et de sa fidélité, puis il fit une visite discrète à Éléazar ben Simon et Zacharie ben Amphicanus afin de leur marquer la sympathie qu'il portait à la cause des zélotes.

Le jour où David aperçut Jean en compagnie de Silas, ce dernier, toujours à l'affût, ne manqua pas de reconnaître le garçon. Il le suivit discrètement jusqu'à la demeure de Simon près de laquelle il resta en faction. Peu après il vit y entrer Marcus, ce qui le persuada que ce dernier logeait avec ses compagnons chez le fils de Gamaliel. Il y retourna le lendemain avec trois de ses affidés. Après leur avoir désigné Marcus et Démétrios qui en sortaient, il leur enjoignit de se relayer pour surveiller la demeure, s'attacher aux pas des gens qui en sortiraient et lui rendre compte de tous leurs faits et gestes. Il leur décrivit ensuite Shéba et Judith et les invita à les suivre dans le cas où ils les apercevraient.

Ce n'est que lorsque Marcus et ses compagnons déménagèrent pour aller s'installer chez Hanan, que Silas vit Judith. Il éprouva un profond soulagement, mais il fut inquiet en ne voyant pas Shéba. Il reconnut Mariamne qui ne l'intéressait guère et il entrevit Milkah, à qui il n'attacha aucune importance. Il laissa à l'un de ses séides le soin de suivre le petit groupe et ainsi apprit-il qu'ils s'étaient installés dans la demeure d'Hanan. Les jours suivants, il vint rôder avec ses hommes sur le mont des Oliviers. La propriété d'Hanan était ceinte d'un haut mur et ils ne pouvaient y pénétrer, mais les arbres touffus qui l'environnaient permettaient de surveiller les allées et venues à l'abri des larges troncs d'oliviers près desquels passaient de nombreux passants qui venaient acheter des bêtes aux bazars. Il fit suivre Marcus qui se rendit au Temple et en revint avec Éléazar ben Simon. Silas, qui connaissait les relations des deux hommes, ne s'en étonna pas, mais il resta songeur quand Éléazar en sortit en compagnie d'une douzaine d'hommes armés qui escortaient un mulet chargé. Lors de son séjour auprès d'Éléazar, Silas avait appris que ce dernier était en relations avec les esséniens qui lui procuraient de l'or pour lui permettre d'entretenir ses hommes. Il savait aussi que l'intermédiaire entre Éléazar et les esséniens était Shéba. Aussi s'étonna-t-il de ne toujours pas voir ce dernier que semblait avoir remplacé Marcus. Il se demanda alors si Shéba n'avait pas été tué au cours du siège de Gamala. Des gens de son entourage lui confirmèrent qu'en effet le jeune homme n'avait pas été vu à Jérusalem avec Marcus et ses compagnons. Dès lors, Silas concentra toute son attention sur Judith, décidé qu'il était à réaliser enfin son vieux dessein à son endroit...

Pendant un mois entier, il surveilla la demeure d'Hanan, avec la constance de quelqu'un qui ne vit plus que pour accomplir une action destinée à le délivrer d'un ancien ressentiment. Dans le même temps, la plus vive agitation avait gagné la ville avec l'arrivée en nombre de zélotes quittant les campagnes et les villages menacés par les Romains. Ils faisaient régner sur Jérusalem une sourde atmosphère de terreur. Comme au temps de Menahem, les riches appréhendaient à tout moment de se voir agressés ou saisis pour être jetés en prison et l'on ne se hasardait pas dans les rues sans quelque crainte. Ainsi furent arrêtés plusieurs hommes de haute naissance, parmi lesquels Antipas, gardien du trésor public dont il avait refusé de livrer les clefs, Levias et Sophas, tous deux fils de Raguel, de lignée royale. D'autre part, comme ils étaient maîtres du Temple, les zélotes avaient décidé de retirer aux anciennes familles sacerdotales l'exercice de la grande prêtrise et ils déclarèrent que le sort avait désigné un homme de la tribu de Lévi appelé Phanias, fils de Samuel. Ce villageois du bourg d'Haphtasi se vit avec stupeur arraché à ses occupations champêtres et revêtu de l'habit sacerdotal pour être investi d'une fonction dont il ignorait tout. Cette usurpation indigna les anciens sacrificateurs autant que les membres du sanhédrin et une partie du peuple. Grâce à cette supercherie, les zélotes tentaient de s'attribuer le pouvoir religieux et surtout les énormes revenus mis à la disposition du sacerdoce pour l'entretien du Temple. Les zélotes espéraient ainsi détourner la dîme à leur profit.

Peu après, un certain Dorcas, accompagné d'une dizaine de spadassins, investit les prisons où il mit à mort Antipas et d'autres détenus accusés d'avoir promis aux Romains de les introduire dans la ville. Ensuite de quoi Dorcas osa se vanter d'avoir défendu la liberté de la nation.

Simon ben Gamaliel vint lui-même annoncer la nouvelle à Marcus au mont des Oliviers.

– Ces zélotes sont saisis du démon ! commenta-t-il. Leur action ne fait que creuser le fossé qui sépare leur faction de celle d'Hanan, et le peuple lui-même se trouve divisé, car nombreux sont ceux qui ne peuvent supporter tant d'impiété, et qui redoutent les exactions de ces insensés qui font de leur bon plaisir une loi. Je suis contraint de me ranger aux côtés des chefs du parti conservateur, d'Hanan et de Josué, fils de Gamala, non seulement par conviction, car je ne puis souffrir de telles abominations, mais encore par politique, car je ne puis approuver publiquement de pareilles actions. Je viens de conférer avec Hanan qui désire vous voir, toi et Démétrios.

– Nous t'accompagnons tout de suite chez lui.

Leur conversation s'était déroulée dans le jardin de la demeure où David s'exerçait au combat à l'épée en compagnie de Milkah. Dès que les hommes furent partis, Milkah donna son glaive à Sérapion.

– Je me rends au Temple, dit-elle.

– Oh ! je t'accompagne ! s'exclama Mariamne en se levant.

– Moi aussi, déclara Judith. J'en ai assez de rester enfermée. Aujourd'hui, c'est le premier jour de la fête de la Dédicace et il convient d'aller au Temple pour célébrer le souvenir du miracle de l'huile sainte.

– Alors, coiffons nos voiles et allons-y, dit Milkah.

David rengaina son épée et se saisit du bâton que lui avait taillé Milkah pour lui en enseigner le maniement.

Silas, caché parmi les oliviers avec un compagnon, éprouva une joie féroce en voyant sortir Judith seulement accompagnée de deux femmes et de David. Ils s'élancèrent à leur suite comme des voleurs. Les jeunes femmes passèrent par le jardin de Gethsémani et pénétrèrent directement dans le Temple par la porte Dorée qui donnait sur le portique de Salomon. Par cette journée de fête, la foule se pressait dans la cour des Gentils et sous les portiques qui l'entouraient. Silas avisa un de ses comparses qui venait vers lui.

– Avertis les autres ! Le moment est venu, lui dit-il. Manassé viendra vous dire où nous retrouver.

Sur ces mots il s'éloigna suivi de Manassé. Comme ils s'y attendaient, les visiteuses se rendirent dans la cour des Femmes où elles offrirent des colombes avant de réciter le *Schémoné Esré*, les dix-huit actions de grâces que les juifs ritualistes récitaient trois fois par jour, le matin, l'après-midi et le soir. Sur un signe de Silas, Manassé courut chercher du renfort et, lorsque les trois femmes et David ressortirent dans la cour des Gentils, six hommes se tenaient auprès de Silas qui leur désigna Judith :

– Attendez qu'elles s'approchent de la sortie, ordonna-t-il.

Mais au lieu de revenir vers la porte Dorée, elles se dirigèrent vers le portique royal, sur lequel s'ouvraient les salles occupées par les zélotes. Silas vit les visiteuses s'arrêter et la femme qu'il ne connaissait pas s'adresser à l'un des zélotes, sans qu'il pût entendre ce qu'ils se disaient :

– Je veux voir Éléazar ben Simon, déclarait Milkah à son interlocuteur.

– Que lui veux-tu, femme ?

– Ce n'est pas ton affaire. Où est-il ?

– Par la Loi de Moïse ! Jamais une femme ne m'a parlé ainsi !

– Eh bien, maintenant, c'est fait ! Cours vite chercher Éléazar. Dis-lui simplement que la fille de Qorakh veut le voir. Va !

Cela fut dit sur un tel ton d'autorité que l'homme s'éloigna en maugréant mais sans répliquer. Éléazar se tenait dans une salle voisine en compagnie de ses officiers. Il hésita un instant avant de déranger son chef, mais ce dernier, le voyant indécis sur le seuil, l'interrogea :

– Il y a dehors, répondit l'homme, une femme qui veut te voir.

– Éconduis-la, nous sommes en conseil.

– C'est bien ce que je voulais faire, mais elle m'a parlé avec tant d'autorité !

– Attends ! T'a-t-elle dit son nom ?

– Elle a déclaré que c'était de la part de la fille de Qorakh.

– Par le ciel !

Il se leva sous les regards stupéfaits de ses hommes et alla au-devant de Milkah.

– Éléazar, j'ai à t'entretenir en privé, l'entreprit-elle dès qu'ils se furent salués.

– Suis-moi, je t'en prie.

Il l'emmena dans la salle qu'il venait de quitter.

– Mes amis, dit-il à ses officiers, veuillez vous retirer. Nous reprendrons cette conférence plus tard.

Une fois dehors, plusieurs d'entre eux s'étonnèrent en voyant David, Mariamne et Judith qu'ils avaient aperçus dans le camp de Tarichée où ils avaient été entraînés, mais aucun d'entre eux ne connaissait Milkah. Dès qu'ils furent sortis, Milkah se tourna vers Éléazar :

– Éléazar, je viens d'apprendre des choses qui me déplaisent.

– De quoi s'agit-il ?

– De quel droit avez-vous établi un nouveau grand prêtre que vous êtes allés chercher parmi les plus ignorants des hommes ?

– Il appartient à la tribu des prêtres. Toi-même, ne t'ai-je pas souvent entendue railler le ritualisme des sacrificateurs qui ne voient plus que la lettre de la Loi ? Au moins, Phanias ne se perd pas dans une multitude d'actes rituels dépourvus de sens. Que peux-tu nous reprocher en cela ?

– Je t'accorde que ce grief est secondaire. Mais il est grave de laisser arrêter des hommes sous les plus minces prétextes et, plus grave encore, que tu tolères qu'ils soient exécutés dans leur geôle. Si chacun défie les lois pour instaurer sa propre justice, l'anarchie est prête à régner et l'injustice s'installe.

– Ces hommes étaient accusés d'intelligence avec les gentils.

– Sans aucune preuve, Éléazar, et de toute manière il revenait au sanhédrin d'en juger. Le fait qu'ils aient été égorgés dans leur prison sans autre forme de procès laisse supposer que l'accusation était sans fondement, c'est pourquoi on ne leur a même pas laissé la possibilité de se défendre publiquement. Ce Dorcas est-il un de tes hommes ?

– C'est un nouveau venu dans nos rangs. Mais il a agi de son propre chef et je l'ai désapprouvé en privé sinon en public.

– Éléazar, nous luttons pour la même cause depuis longtemps et tu connais mes sentiments. L'union de toutes nos forces est notre premier objectif et celle-ci ne peut être réalisée que si l'ordre règne. Or c'est l'anarchie et la terreur qu'instaurent les zélotes, et cela ne peut que dresser le peuple de cette ville contre eux. Leur fanatisme nous entraîne vers une guerre civile de laquelle seuls les Romains pourront tirer profit. Il tient à toi d'instaurer parmi eux une discipline sévère et de les contenir contre leurs débordements. Sans quoi, moi-même, Marcus Claudius et nos amis sommes prêts à prendre les armes contre eux.

– Milkah, si je jouis d'une certaine influence sur un groupe de zélotes, je ne suis pas seul. Mes officiers ont leur mot à dire et Zacharie balance mon influence. Par ailleurs, chaque jour arrivent ici de nouvelles bandes qui échappent à mon autorité. Dans ces conditions, comment veux-tu que je puisse imposer une quelconque discipline ? Ce n'est pas facile, à moins d'user de violence, mais c'est alors une guerre intérieure qui risque d'éclater.

– C'est possible, mais pas certain, Éléazar. Tes officiers t'ont bien obéi sans murmurer lorsque tu les as priés de se retirer. Songe à ce que je t'ai dit, Éléazar... Et encore, fais en sorte que ce Dorcas soit mis à la raison.

Éléazar raccompagna Milkah jusque sous le portique où il la laissa.

– Rentrons, dit-elle à ses compagnons. Nous allons passer par la ville et nous sortirons par la porte des Eaux. La nuit tombe déjà et les lampes du souvenir de la purification doivent être allumées sur le seuil des maisons. J'aime me promener par les rues, les jours de fête.

Elles sortirent par la porte qui s'ouvrait en direction du palais des Asmonéens et s'engagèrent sur la place remplie de monde. Devant chaque porte ouverte sur la rue, on allumait les lampes selon les prescriptions : une par maison, mais des gens particulièrement pieux en allumaient une par hôte dans la maison, ce chiffre devant être doublé chaque nuit pendant les huit jours que durait la fête de la

Dédicace. Pendant cette période, la joie devait régner et on oubliait tout souci, on chassait tout souvenir attristant. Les uns allaient vers le Temple en chantant des cantiques, d'autres faisaient de la musique sur le seuil des demeures. La clémence de la température permettait de se réunir sur les terrasses d'où provenaient des rires et des odeurs de viandes rôties mêlées aux parfums de l'Inde et de l'Arabie. Judith et Mariamne allaient en avant, suivies par Milkah et David qui s'arrêtaient souvent devant les éventaires encore ouverts des marchands de bière et de vin, les boutiques des orfèvres qui ciselaient des bijoux en cuivre ou en argent, les vendeurs de phylactères et d'objets sacrés.

Un mouvement se fit soudain dans la foule et un cri fusa :

– Judith ! s'exclama Milkah en reconnaissant sa voix.

Elle fendit la presse, repoussa des badauds et se trouva à la hauteur de Mariamne et de Judith. Autour d'elles s'était formé un vide. Un homme avait saisit Judith par le poignet et répondait à un autre homme, un passant qui, sans doute, s'était interposé :

– Éloigne-toi. J'ai pour mission d'emmener cette femme en prison.

– Ah ! si c'est cela... je ne dis plus rien. Pardonne-moi.

L'homme se retirait parmi la foule au moment où Milkah intervint :

– Tu vas lâcher le bras de cette jeune fille à l'instant même.

– Holà, femme ! De quoi te mêles-tu ?

– Et toi ? Qui te permet d'agresser une jeune fille dans la rue ?

– J'ai ordre de l'arrêter. Cette femme est une espionne des Romains.

– Et toi, qui es-tu donc pour te croire autorisé à l'arrêter ?

Comme l'homme sentait que la foule lui était hostile, il déclara bien haut :

– Si tu étais au fait des affaires de la ville, tu saurais que je suis Dorcas.

– Dorcas ? L'infâme boucher qui est allé égorger des innocents dans les geôles où on les avait injustement enfermés ?

– Quoi ! Qu'oses-tu dire ! Si tu n'étais pas une femme...

– Oublie que je suis une femme et commence par relâcher cette jeune fille que tu souilles par ton contact.

– Par la Loi de Moïse ! Vous entendez ? Cette femme m'insulte et elle ose injurier les défenseurs de notre peuple.

En parlant ainsi, il s'était tourné vers les six hommes qui l'accompagnaient parmi lesquels se trouvait Manassé, alors que Silas lui-même s'était dissimulé dans la foule avec l'un de ses séides.

– Tais-toi, lâche ! lança Milkah. Je t'interdis de te prétendre défenseur de notre peuple alors que tu n'as jamais tenu l'épée que pour égorger des juifs.

Et avant qu'elle n'ait achevé ces paroles, elle arracha le bâton que tenait David et en frappa le poignet de Dorcas qui ouvrit la main en poussant un hurlement. Judith, libérée, se rangea derrière Milkah. L'homme jura en reculant.

– Maudite soit ta mère ! Tu regretteras le jour de ta naissance, grogna-t-il.

Il tira son glaive. À ce geste répondit un sourd murmure de réprobation dans la foule, murmure qui se changea en exclamation de surprise et d'admiration lorsque, avant que Dorcas n'ait fait un pas, Milkah, encore légère malgré son état, avait bondi vers lui. Son bâton tourbillonna, le cingla en plein visage, sur le cou, sur le flanc. Il leva son bras armé pour la frapper mais le coup se perdit dans le vide tandis que le bâton tombait sur les doigts de Dorcas qui lâcha son glaive en jurant et recula vers ses hommes en massant sa main endolorie.

– Cette femme est saisie d'un démon ! s'écria-t-il. Emparez-vous d'elle !

Les six hommes firent un pas vers Milkah. David bondit alors, ramassa l'épée tombée sur le sol qu'il donna à Milkah. Elle fit siffler la lame et regarda les hommes.

– Que vois-je ! s'exclama-t-elle alors en s'adressant à l'un des zélotes. N'es-tu pas Joarib, fils de Manassès ?

Le jeune homme la regarda avec stupeur :

– Oui, comment me connais-tu ?

– Je vois que tu as utilisé la lettre que t'a donné Shéba, fils de Nathan, pour Éléazar ben Simon. Mais tu n'es pas resté auprès de lui, sinon tu ne te trouverais pas ce soir parmi ces chacals juste bons pour attaquer les femmes.

– Je suis en effet au service d'Éléazar, comme mes compagnons. Mais comment sais-tu tout cela ?

– Peu importe. Je te conseille de t'éloigner, car le sang de ces hommes va couler et ce sera justice.

– Trêve de discours ! hurla Dorcas, emparez-vous de ces femmes, ce sont des traîtres !

Joarib resta en retrait, et les cinq autres zélotes chargèrent Milkah et David qui avait tiré son épée. Les lames se heurtèrent tandis que les spectateurs se reculaient. Des femmes criaient et des hommes lancèrent des injures aux zélotes qui décrochèrent. Deux d'entre eux saignaient, blessés l'un au flanc, l'autre au bras. Dorcas ramassa une épée.

– En avant ! Tue ! hurla-t-il.

– Par le Ciel ! Six hommes attaquent une femme et un enfant ! Et personne n'intervient !

Un homme encore jeune vint se placer entre Milkah et ses agresseurs. Elle fit un pas pour se mettre à sa hauteur et recevoir avec lui le nouvel assaut. Dorcas, qui s'était rué sur Milkah, laissa échapper un hurlement et recula en chancelant : il tenait de sa main gauche son poignet droit tranché. L'épée, sur la poignée de laquelle se crispait encore la main sanglante, tomba sur le sol et rebondit dans un bruit métallique. L'homme venu au secours de Milkah continuait de frapper et l'un de ses adversaires s'affaissa, touché en pleine poitrine. Les autres reculèrent en jurant.

– Dorcas ! lança alors Milkah. Sache que j'aurais pu te tuer, mais j'ai préféré t'infliger le châtiment réservé aux lâches. Les traîtres dont tu parles ont combattu les Romains dans les champs de Galilée, sur les murs de Jérusalem et sur ceux de Gamala. Que faisais-tu pendant ce temps ?

Alors, sous les regards stupéfaits de la foule, Joarib vint s'agenouiller devant Milkah, saisit le bas de sa robe qu'il porta à sa bouche et s'écria :

– Maintenant, je sais qui tu es !

– Je suis simplement l'épouse de Marcus Claudius qui, le premier, a soulevé cette ville contre les Romains.

– Peut-être, mais tu es d'abord Shéba, fils de Nathan, la gloire de notre nation.

À ces mots, une ovation s'éleva du peuple qui se mit à entonner le psaume du Dieu des vengeances :

Dieu des vengeances, Addoshem, Dieu des vengeances, montre-toi ! Élève-toi, juge de la terre, fais-la semblable aux orgueilleux !

Jusques à quand les méchants, ô mon Dieu, jusques à quand exulteront-ils ? Les voilà qui parlent, qui se montrent insolents et se vantent, ces fauteurs d'iniquité. Seigneur, ils écrasent ton peuple, ils oppriment notre héritage, ils tuent la veuve et l'hôte et massacrent les orphelins...

Qui se lèvera pour me défendre contre les méchants, qui se dressera contre les impurs ?...

Entre-temps, Dorcas et ses séides s'étaient perdus dans la foule. Silas avait saisi avec violence le bras de son compagnon et il l'avait entraîné en jurant :

– Jour maudit ! Voilà qui est ce Shéba et je n'y avais pas pensé !

L'homme qui était intervenu en faveur de Milkah s'inclina devant elle.

– Moi aussi je te reconnais : je suis Niger Péraïte et nous avons déjà combattu ensemble.

– Niger ! Je suis contente de te retrouver. J'ai entendu parler de tes exploits aux côtés de mon ami Jean. Mais je crains que ton intervention ne t'ait fait d'irréductibles ennemis.

– Ce sont les mêmes que les tiens : je ne les crains pas et m'en honore.

Joarib s'était relevé.

– Pourras-tu me pardonner d'avoir été parmi tes ennemis ?

– Tu es pardonné, Joarib, parce que tu ne savais pas. Mais dis-moi : qui t'a envoyé arrêter mon amie ? Serait-ce Éléazar ?

– Certes pas. Éléazar ne sait rien de cela. Il m'a placé sous le commandement de Dorcas et c'est lui qui m'a dit de l'accompagner.

– Et qui donc a ordonné à ce Dorcas de procéder à cette arrestation ?

– Un homme que je ne connais pas.

– L'as-tu vu ?

– Oui, il était avec nous dans le Temple.

– Ne serait-ce pas un homme de taille assez petite, à la barbe coupée court, très soigné ? Ne s'appelait-il pas Silas ?

– Oui, c'est cela.

– Tu te rendras demain auprès d'Éléazar et tu lui diras que Shéba veut le voir à la demeure d'Hanan, au mont des Oliviers.

– Je le ferai. Et maintenant, permets-moi de te raccompagner.

– Si tu le permets, intervint Niger, ce sera pour moi un honneur de vous escorter jusqu'à votre demeure.

– Je serai ravie de ta compagnie, Niger. J'écouterai avec plaisir le récit de tes combats contre les Romains. Tant d'événements se sont passés depuis notre victoire contre les légions de Cestius Gallus.

Ils durent écarter la foule qui se pressait autour d'eux. Nombre d'entre eux leur firent escorte jusqu'aux environs des bazars. Une troupe de cavaliers éclairés par des porteurs de torches surgit soudain devant eux. Marcus sauta à terre devant Milkah :

– Malchios ! s'exclama-t-elle. Pourquoi ce déploiement de force ?

– J'étais inquiet de ne pas vous voir rentrer et nous venions vous chercher.

– Je sais encore manier une épée. Niger Péraïte qui se trouve auprès de moi peut en témoigner.

– Je te crois volontiers...

Des gens du peuple qui avaient reconnu Marcus se mirent à l'acclamer et ils entonnèrent le psaume de David exaltant le Messie, roi et prêtre. Marcus regardait avec étonnement la foule qui allait croissante.

– Vois, Malchios, lui dit Milkah, tu es moins oublié que nous ne le pensions.

Niger déclara avec assurance :

– Tous, à Jérusalem, nous admirons et respectons l'homme qui a osé se dresser contre la domination des Romains. Et je ne pense pas que quiconque ici ait oublié Shéba que certains ont appelé Ariel, le lion de Dieu.

Le nom de Marcus monta sur quelques lèvres et peu à peu, comme une houle qui s'enfle, on se mit à l'acclamer et près d'eux un homme s'écria :

– Malchios, comme tu nous a délivrés des gentils, délivre-nous de l'anarchie et des méchants !

Des voix s'élevèrent pour approuver ces paroles. Alors, Marcus monta sur une légère éminence et leva les bras pour apaiser le peuple :

– Hommes de Jérusalem, je rends grâce au Seigneur pour la confiance que vous placez en moi. Mais je ne suis pas ici pour diviser notre cité. Dieu vous a donné des chefs naturels, ce sont les hommes vénérables qui siègent au sanhédrin comme Hanan ben Hanan ou mon frère Simon ben Gamaliel à qui le Seigneur a accordé une grande sagesse dans le conseil. Le Très-Haut a aussi permis que se distingue un homme lors du siège de la ville, Éléazar ben Simon. Je suis prêt à concilier ces puissances afin que nous formions une nation forte et un peuple uni pour opposer un seul front à la menace que les gentils font peser sur la terre de nos pères. Mais je ne me sens pas le droit de former avec vous une nouvelle faction qui divisera plus encore les gens de cette ville et qui ne pourra que semer de nouveaux germes de discorde.

« Ce jour est un jour sacré, un jour de liesse. Songez d'abord à vous réjouir. Mais, si après la fête de la Dédicace, vous persistiez dans votre volonté de soutenir mon action, vous me trouverez tout disposé à intervenir pour que certains hommes trop zélés soient modérés dans leurs ardeurs et pour que les hommes influents dans la cité se réunissent sans rancœur afin de chercher une voie juste qui ramènera parmi nous la paix et la concorde, car tel est mon vœu le plus cher. Maintenant, que chacun rentre chez soi pour honorer le Seigneur comme il convient.

Sur ces mots, il se dirigea vers la demeure d'Hanan, suivi de ses cavaliers et de ses compagnons, tandis que le peuple se dispersait dans un sourd murmure.

Lorsqu'ils furent rentrés dans la demeure, Milkah prit le bras de Marcus.

– Malchios, je crois que tu as eu tort de laisser passer une occasion qui, peut-être, ne se présentera plus jamais. Tu es sans doute un excellent chef de guerre, mais tu es un mauvais politicien. Ton désir de conciliation nous perdra tous. Autant tu fais preuve de décision dans le combat, autant tu en manques en politique. Tu aurais dû entraîner le peuple et avec lui marcher sur le Temple. Je suis persuadée qu'Éléazar n'aurait pas hésité à se rallier à nous. Il aurait été facile d'en chasser les autres zélotes ou de les maîtriser.

– Marcus, je partage le sentiment de Milkah, intervint Démétrios. C'était un coup d'éclat et demain la ville se réveillait pacifiée sous ton égide.

– C'était trop aventureux. Nous courions le risque de déclencher une véritable guerre civile. Les zélotes ne se seraient pas laissé surprendre et désarmer aussi facilement que vous le pensez. Milkah a trop tendance à mépriser les soldats de fortune. Lorsqu'ils ont le nombre pour eux, des hommes décidés peuvent se montrer redoutables, d'autant que la foule est versatile et prompte à fuir.

– Marcus Claudius a raison, intervint Niger. Vous n'auriez entraîné qu'une cohue qui aurait semé la panique dans le Temple parmi les fidèles qui viennent y faire leurs dévotions.

Le lendemain matin, Éléazar ben Simon vint à la demeure des bazars où le reçurent Milkah et Marcus.

– Joarib m'a rapporté ce qui s'est passé hier soir, mais déjà l'écho m'en était arrivé, et ce matin il n'est question que de cela dans Jérusalem, commença Éléazar.

– As-tu revu Dorcas ? lui demanda Milkah.

– Non, mais sois assurée que si lui ou l'un de ses hommes se présente devant moi...

Il fit une pause.

– Que feras-tu ? interrogea Milkah en croquant une datte.

– Je le ferai saisir et enfermer.

– Voilà qui est parfait. Je souhaiterais aussi que ce Silas soit arrêté et emprisonné en attendant le jour où je me trouverai en état de lui rappeler la dette qu'il a contractée envers moi.

– Ce sera plus difficile. Il est sous la protection de Jean de Giscala qui possède une troupe bien armée. Mais si je puis m'emparer de lui, je le ferai enfermer.

Il se tourna vers Marcus :

– Marcus Claudius, j'ai eu vent du discours impromptu que tu as tenu devant le peuple, hier soir. Je ne suis pas hostile à une alliance avec Simon ben Gamaliel et même avec Hanan, quoique je ne me fasse aucune illusion sur lui.

– J'espère, Éléazar, que tu ne doutes ni de mes sentiments ni de ceux de Milkah ?

– Bien entendu.

– Alors dis-toi que je me porte garant d'Hanan et que, si par malheur, il cherchait à trahir notre cause, je serais le premier à l'en empêcher. Il est temps que chacun d'entre nous oublie ses ambitions personnelles pour ne songer qu'à l'intérêt commun. Il n'y a pour nous de salut que dans l'union. Il est aussi urgent de reprendre l'entraînement de nos hommes et de mettre fin à ces querelles intestines qui ne peuvent profiter qu'à l'ennemi commun. De mon côté, je te ménagerai des entretiens avec Simon ben Gamaliel afin que vous trouviez un terrain d'entente.

Avant qu'Éléazar ne se retire, Milkah ajouta :

– Tu me feras plaisir en m'envoyant Joarib. Je désire le prendre auprès de nous pour l'instruire.

– Je crois qu'il est disposé à t'obéir en tout. Je lui dirai de venir te trouver dès aujourd'hui.

Chapitre XXXII

LES IDUMÉENS

Les espoirs de Marcus furent vite déçus. Il organisa une première réunion entre Éléazar ben Simon, Simon ben Gamaliel, son frère Josué, Hanan et deux des plus influents parmi les nobles, Gorion, fils de Joseph, et Zacharie, fils de Baruch, celui qui avait aidé Ananias, ses amis et Démétrios à se réfugier dans les souterrains du palais d'Hérode. De cette conférence, il ne sortit rien de positif, sinon la décision de ménager une nouvelle entrevue avec un auditoire plus large. Quelques jours plus tard les mêmes personnages se réunirent à nouveau. Ananus d'Emmaüs et Jean de Giscala avaient été invités sur l'initiative de Simon ben Gamaliel. Il fut alors visible qu'Hanan et ses amis, d'une part, les zélotes, d'autre part, faisaient montre de la plus mauvaise volonté, chacun s'accusant mutuellement. Finalement ils se quittèrent plus aigris et plus animés encore contre le parti adverse.

Cette entrevue avait avivé les haines. Les modérés ne songèrent plus qu'à chasser les zélotes du Temple qu'ils souillaient, selon Hanan, et les zélotes recommencèrent à exercer leur tyrannie avec une telle ardeur que bientôt une partie du peuple qui leur était hostile se mit à murmurer. De son côté, Jean de Giscala poussait Hanan et ses partisans contre les zélotes, mais d'aucuns l'accusèrent de pactiser en secret avec ces derniers. Les conseils de modération prodigués par Simon et Marcus ne portaient pas plus que leurs interventions réitérées et ils ne purent empêcher Hanan d'exhorter le peuple à se lancer à l'assaut du Temple.

Un premier combat s'engagea à coups de pierres, puis on dégaina les épées. Il y eut de nombreux blessés et des morts de part et d'autre sans qu'aucun des partis ne tirât avantage de l'affrontement. Mais la foule des partisans d'Hanan s'étoffait de tous les indécis. Les zélotes furent obligés de se retirer à l'intérieur du Temple et d'en fermer les portes. Hanan n'osa pas tenter de les forcer, soit par respect de leur sainteté, soit par crainte de perdre trop d'hommes. Il se contenta d'établir près des portiques une garde de six mille hommes qui se relayèrent là en permanence.

Simon ben Gamaliel, qui n'avait pas désapprouvé l'action d'Hanan, se désolidarisa de lui et de ses partisans lorsque, sur les conseils de Jean de Giscala, ils prirent la décision d'envoyer auprès de Vespasien des émissaires pour l'inviter à prendre possession de la ville. Marcus et Simon s'élevèrent publiquement contre ce projet qu'ils dénoncèrent comme une trahison et Marcus ajouta que, si les Romains faisaient un mouvement vers Jérusalem, il interviendrait militairement contre ceux qui les appelaient. Ces menaces firent hésiter Hanan qui sentit le peuple hostile à une soumission à Rome ; il temporisa, assurant qu'il n'avait pris cette décision que pour intimider les zélotes et les incliner à se rendre. Il rendit visite à Marcus pour l'assurer que leurs divergences d'opinion, sur certains points particuliers, ne nuisaient en rien à une amitié scellée par des liens familiaux et qu'il était toujours heureux et honoré que Marcus et ses compagnons continuent de résider en sa demeure.

Les zélotes, assiégés dans le Temple, envoyèrent en secret deux des leurs demander du secours aux Iduméens. On apprit encore que Jean de Giscala était passé brusquement avec ses hommes du côté des zélotes. C'est lui qui, prenant aussitôt en main leurs affaires, les avait persuadés de requérir l'appui des Iduméens. Ces derniers, qui étaient particulièrement belliqueux et aimaient s'imposer, réunirent en quelques jours une troupe de vingt mille hommes et marchèrent vers Jérusalem.

Trois jours après, on annonça l'arrivée des Iduméens. Lorsqu'un messager d'Hanan vint leur faire part de cet événement, Simon se leva et se tourna vers Marcus :

– On ne peut rien attendre de ces hommes qui unissent à une grande perfidie une incroyable cruauté.

– Je te crois volontiers, si je m'en rapporte à certains démêlés qu'a eus avec eux Simon bar Gioras, assura Marcus.

– Hanan s'apprête à fermer les portes de la ville. Allez vite aux bazars et ramenez-en vos épouses et ceux des vôtres.

– Nous n'avons aucune raison de fuir les Iduméens, répliqua Marcus. Je ne pense pas qu'ils s'en prendront à nous mais, si tel était le cas, nous disposons de plus de deux cents combattants solidement armés. Nous avons là de quoi soutenir un siège contre ces brigands. D'ailleurs s'il est vrai, comme on l'a rapporté, que ce sont les gouverneurs de la province qui les ont soulevés, Éléazar ben Ananias doit se trouver parmi leurs chefs. Je doute qu'il laisse ses hommes attaquer la demeure où nous résidons avec Mariamne qui est sa propre sœur.

– Si j'ai un avis à donner, intervint alors Démétrios, je déconseillerais à Hanan de refuser aux Iduméens l'accès de la ville. Il serait d'une plus habile politique de les recevoir avec courtoisie et de les convaincre qu'en attaquant les zélotes, le peuple n'a voulu que mettre fin à leurs exactions et à l'occupation du Temple, au mépris, non seulement de la Loi, mais du respect dû à la demeure de Dieu.

– Démétrios a parlé avec sagesse ! s'exclama Marcus. C'est une occasion de terminer ce siège absurde en accordant aux zélotes le pardon et en faisant des Iduméens les garants de leur sauvegarde s'ils acceptent de quitter le Temple. Simon, il faut que tu ailles trouver Hanan et que tu le persuades du bien-fondé d'une telle attitude.

– Je doute, Marcus, qu'il veuille m'entendre. Viens avec moi, peut-être t'écoutera-t-il d'une oreille plus favorable.

Hanan ne voulut rien entendre et donna l'ordre de fermer les portes de la ville. En fait, il n'avait pas l'intention de transiger, son dessein étant de faire mettre à mort les principaux des factieux et d'emprisonner les autres. Quant aux Iduméens, Jésus ben Gamala, qui était le plus ancien parmi les sacrificateurs, s'était fait fort de les convaincre de s'en retourner chez eux ou bien de déposer les armes et d'entrer dans la ville pour condamner les zélotes.

– C'est bien mal connaître les Iduméens que de penser qu'ils accepteront de se retirer ou d'abandonner leurs armes, observa Milkah. Ils vont tout simplement piller les faubourgs de la ville en attendant une occasion de s'introduire dans Jérusalem et se venger de l'affront subi.

– J'irai alors au-devant d'eux avec Démétrios pour les inciter à la modération, déclara Marcus.

Vers le début de l'après-midi, l'armée des Iduméens se présenta aux portes de la cité. Cette multitude d'hommes avançait sans ordre, dans un grand tumulte, et à leur approche les gens des faubourgs s'étaient pour la plupart retirés à l'abri des murailles. Comme il l'avait annoncé, Jésus monta sur une tour d'où il harangua les nouveaux venus. Lorsqu'il eut cessé de parler, l'un des chefs des Iduméens nommé Simon, fils de Cathlas, lui répondit avec aigreur. Il reprocha à Jésus de leur interdire l'accès de la ville et l'accusa de charger les zélotes de crimes imaginaires et de s'apprêter à couronner de fleurs, pour y faire passer les Romains, ces mêmes portes qu'ils tenaient fermées pour les gens de leur nation. Il passa ensuite aux menaces en déclarant que les zélotes avaient été trop faibles et avaient eu tort de ne pas mettre à mort Jésus et ses amis, faute que les Iduméens se faisaient fort de réparer. Les Iduméens acclamèrent ce discours tandis que Jésus se retirait, affecté par un échec qu'il n'avait pas prévu. Il y eut alors un mouvement d'hésitation parmi les Iduméens ; certains ne semblaient pas disposés à mettre le siège devant la ville, puis, l'avis des plus décidés l'ayant emporté, ils s'établirent près du lieu où ils se trouvaient et nombre d'entre eux se répandirent dans la campagne environnante pour piller les demeures abandonnées.

Ce soir-là, pendant le repas, Marcus se montra soucieux et il s'entretint longuement avec Démétrios de la possibilité d'une guerre entre les Iduméens et le peuple de Jérusalem. Il était si occupé de cette affaire qu'il ne s'aperçut pas que Milkah, contrairement à ses habitudes, ne prit guère part à la conversation. Dès la fin du repas, elle se leva en disant qu'elle se sentait lasse, prit sa lampe et se retira.

Lorsque Marcus vint la rejoindre, elle se tenait immobile sur la terrasse sur laquelle s'ouvrait leur chambre haute, drapée dans son ample robe, le regard tourné vers Jérusalem et le Temple qui dressait sa masse imposante au-dessus de la vallée du Cédron, par-delà la forêt d'oliviers. Les lignes angulaires des toits et des constructions de la ville se détachaient à peine sur le ciel sombre. Les faibles lueurs des torches et des lampes sous les portiques et dans les cours du Temple ou tenues par des promeneurs clignotaient faiblement. Milkah frissonna quand Marcus l'enlaça. Elle rejeta la tête en arrière pour l'appuyer contre son épaule et ils restèrent ainsi immobiles un instant.

– Tu sembles triste ou soucieuse, mon aimée, murmura-t-il.

– Pas vraiment. Je suis prise d'angoisses étranges, comme un pressentiment que je n'ai plus longtemps à vivre et je me sens alors saisie de crainte... Oh ! pas pour moi, encore que le gouffre de la mort souvent m'épouvante, mais pour toi et surtout pour l'enfant. Si je meurs avant qu'il ne vienne au jour, il ne te restera rien de moi, qu'un souvenir bientôt évanoui.

– Mon âme, lumière de mes yeux ! Chasse loin de toi ces pensées éprouvantes. Réjouis-toi plutôt en songeant que nous sommes tous deux l'un près de l'autre, qu'avant trois mois un être, fruit de notre amour, sortira de tes flancs, que tu es à l'orée de la vie et que tu as devant toi bien des années de jeunesse et d'amour... Et regarde Jérusalem, comme elle est belle dans toute sa gloire ! N'y a-t-il pas dans tout cela que des raisons de chanter notre allégresse ?

Milkah soupira et prit sa main qu'elle porta sur son sein tiède.

– Ta caresse est douce ! Sens mon cœur dans ma poitrine : c'est pour toi qu'il bat ainsi. Je bénis le ciel de me trouver entre tes bras et je remercie le Seigneur à la pensée de notre enfant. Mais comment pourrais-je me réjouir ? J'avais des compagnons d'armes qui m'étaient très chers, et tous s'en sont allés. Je m'étais attachée à ces gens de Gamala : tu as vu quelle fut leur fin. Nous-mêmes ne savons pas si nous verrons la pâque prochaine, alors que les Iduméens menacent la ville et respirent le carnage.

Une lueur illumina le ciel vers le couchant, suivie d'un grondement assourdi de tonnerre.

– Il doit y avoir un orage vers la côte, remarqua Milkah.

Elle soupira, se dégagea et, lui prenant la main, revint dans la chambre. Sur le lit était jeté un rouleau de papyrus qu'elle déploya.

– Quand je me sens ainsi angoissée et triste, dit-elle en s'asseyant sur le bord de la couche, il m'arrive de dérouler un rouleau pris au hasard dans une boîte. Tout à l'heure, c'est celui-ci qui est venu sous ma main. Ce sont les paroles de Qohélet. Écoute ce qu'il m'a dit : C'est un mal en tout ce qui se fait sous le soleil qu'il y ait un sort identique pour tous. Aussi le cœur des fils de l'homme est-il rempli de malice et la déraison habite leur âme pendant leur vie, et après quoi ils vont chez les morts. Car pour celui qui se trouve chez les vivants il y a de l'espoir : chien vivant vaut mieux que chien mort. Les vivants, en effet, savent qu'ils mourront, mais les morts ne savent plus rien du tout et il n'y a plus pour eux de salaire car même leur mémoire est oubliée. Leurs amours, leurs haines, leur jalousie ont péri et ils ne participent plus jamais à tout ce qui se fait sous le soleil.

Elle reposa le rouleau en soupirant. Marcus s'assit près d'elle, prit le papyrus.

– Tu t'es arrêtée trop tôt, dit-il, car Qohélet ajoute : Va, mange avec joie ton pain et bois ton vin d'un cœur gai car Dieu a agréé tes œuvres. Goûte la vie avec la femme que tu aimes pendant tous les jours de la vie de vanité qu'il t'a accordés sous le soleil car c'est ta part dans l'existence et dans ton travail auquel tu peines sous le soleil.

– Oui, Malchios, mais il conclut en disant : Tout ce que ta main a trouvé à faire, accomplis-le en ta force car il n'y a ni œuvre, ni raison, ni science, ni sagesse dans le Schéol où tu vas.

– Le fils de David ne nous dit pas autre chose dans ces paroles que de jouir de la vie et du temps qui passe. C'est ce que recommandaient Mimnerme et Anacréon chez les Grecs, et Horace chez les Latins.

– Et ces hommes qui ont tant aimé la vie, qui ont vécu si intensément, où sont-ils maintenant qu'ils ont quitté la lumière du soleil ? Ce ne sont plus que des ombres vaines qui ne savent même pas que nous parlons encore d'eux, que nous évoquons leurs préceptes pour retrouver le courage de vivre.

– La mort est insondable, elle est le grand mystère de Dieu.

Elle s'étendit sur le lit. Il posa la tête sur son ventre qu'il caressa avec tendresse.

– J'écoute la vie qui s'éveille en toi.

– Il bouge beaucoup aujourd'hui.

– Ce sera un vigoureux garçon.

– Et si c'était une fille ?

– Peu importe, car elle te ressemblera.

Il se coucha près d'elle et remonta le drap sur leurs corps enlacés.

Milkah marche d'un pas aérien pareil à un pas de danse dans des collines remplies de parfums sauvages et couvertes de plantes aromatiques, semblables aux coteaux d'Engaddi où elle allait dans son enfance cueillir des simples. Elle foule le sol d'un pied léger mais son cœur est triste sans qu'elle sache pourquoi.

Soudain un homme vient vers elle, un vieillard, mais il a les traits de son père, bien qu'elle ne lui ait jamais vu une barbe blanche, et elle se dit qu'il a bien vieilli depuis qu'elle ne l'a pas revu. Il lui sourit comme il le faisait jadis, lorsque ensemble ils parcouraient les collines de Judée. « Ainsi il ne me fait aucun reproche pour ce qui s'est passé », se dit-elle en s'en réjouissant. « Vais-je lui avouer que j'ai épousé Malchios ? » Mais le vieillard prend un air grave et il s'écrie : « Gémis, porte ! Pousse des hurlements, ville ! Et toi, Philistie, défaille toute car du nord vient une fumée... » Ce verset d'Isaïe, elle l'a souvent lu, mais elle n'en comprenait pas le sens et elle interroge le vieillard qui lui répond : « Cette fumée, c'est la poussière soulevée par les légions des Kittim[1] qui marchent sur Sion. Pleure Jérusalem, les jours de malheur sont arrivés car en toi, tout n'est que corruption. » « Mon père, lui demande-t-elle alors, sommes-nous donc tous coupables ? » Mais au lieu de répondre il prononce la terrible imprécation d'Isaïe : « En ce jour-là le Seigneur vous dépouillera des parures, des anneaux de chevilles, bandeaux et croissants, des pendentifs, des bracelets, des turbans, des ceintures, des boîtes à parfums et des pendeloques, des bagues, des linges délicats, des miroirs, des tuniques et des voiles. Au lieu de baumes on sera couvert de pourriture, au lieu de ceinture on aura une chaîne, au lieu de chevelures frisées le crâne sera rasé, au lieu de tunique un haillon et la marque du fer remplacera la beauté. »

Elle ne sait comment elle se retrouve au milieu d'une foule de captifs et comme eux elle est enchaînée. Près d'elle une jeune femme gémit : « Ne crains rien, Judith, lui dit-elle, nous saurons bien échapper à leur vigilance. » Et Judith tourne vers elle un regard embué de larmes et elle demande : « Ne vaut-il pas mieux la mort que la captivité ? Où donc est Malchios ? Pourquoi nous a-t-il abandonnées ? » Et un homme qui ressemble à Hanan l'interpelle avec sévérité : « Femme, cesse de gémir. Nous tous qui sommes ici nous marchons vers la mort. Or, tu le sais bien, notre prophète Isaïe l'a dit : les morts ne reviendront pas, les ombres ne se dresseront pas. En vérité tu as sévi et tu les as exterminés, tu as effacé tout souvenir d'eux. » À peine a-t-il prononcé ces paroles que Milkah se voit bondir, mais son saut est celui d'un oiseau et elle plane lentement au ras du sol. « C'est si facile de voler », se dit-elle. Elle atterrit auprès de Yamin, son premier époux et elle s'inquiète tout en se réjouissant : « Yamin, te revoilà. Pourquoi t'ai-je cru mort ? » Elle se demande ce que va dire Marcus. Yamin lui sourit sans répondre, et elle reconnaît autour d'elle Joseph de Gamala et Charès avec sa femme et leurs enfants, et aussi Simon ben Gorion, Jean l'Essénien, Gershon. Et soudain elle se sent confuse car elle est nue, mais eux non plus n'ont pas de vêtements.

Elle se réjouit en voyant que tous ces hommes et ces femmes sont bien vivants et elle prie en louant Dieu, et elle se dit qu'insensés sont ceux qui prétendent que les morts ne reviennent pas un jour à la vie. Cependant le vieillard est à nouveau auprès d'elle et il lui dit : « Mon enfant, ne vois-tu pas que ce sont les âmes des défunts qui vont vers le trône de Dieu afin d'être jugées ? » Et elle lui répond : « Mon père, pourquoi suis-je parmi eux et pourquoi suis-je nue puisque je ne suis pas morte ? Et voici que j'ai honte. » « Tu n'es pas encore morte, lui répond-il, mais Dieu n'a-t-il pas formé la femme de la côte de l'homme et n'est-il pas écrit dans le livre de la Genèse : Celle-ci est os de mes os et chair de ma chair. Elle sera appelée Ève parce qu'elle a été prise à Adam. C'est pourquoi l'homme quittera

1. Nom donné aux Romains par les esséniens.

son père et sa mère et s'attachera à sa femme et les deux deviendront une seule chair. Ils étaient nus tous deux, l'homme et la femme, sans en avoir honte. »

La foule des morts silencieux s'est éloignée et elle se retrouve seule. Elle se met à courir à la recherche de ses vêtements et elle arrive à une auberge pareille à celle où elle a combattu Marcus. Là banquettent des hommes qui la regardent et elle se sent aussi honteuse que le jour où elle s'est trouvée captive des Romains. Et l'un d'eux lève une coupe et s'écrie en répétant les paroles d'Isaïe : « Mangeons et buvons, car demain nous mourrons ! » Elle reprend sa course, revêtue de sa tenue guerrière, et devant elle se dressent les murs de Jérusalem. Et voici que de sombres nuages enveloppent la terre d'une profonde obscurité, puis ils s'embrasent et couvrent le Temple de feu tandis qu'éclate un violent coup de tonnerre. Elle s'élance vers la ville afin de la défendre, mais brusquement Silas se dresse devant elle et il lui lance un javelot : une violente douleur déchire ses entrailles et elle pousse un cri.

Milkah se réveilla mouillée de transpiration. Une douleur déchirait ses entrailles où s'agitait l'enfant. Retentit alors un formidable coup de tonnerre tandis qu'une lueur blafarde illuminait la chambre. Un vent violent se mit à souffler, faisant voler la portière et la pluie crépita sur la terrasse. Elle se redressa et distingua la silhouette de Marcus qui venait de la terrasse. Elle se sentait si troublée qu'elle se jeta dans ses bras comme un enfant. De nouveaux éclairs zébraient le ciel, illuminaient la pierre claire des bâtisses du Temple et des murs de la ville qui lui apparurent comme dans un rêve. La pluie tombait avec une violence telle que l'eau pénétra dans la chambre. Marcus alla revêtir sa tunique tandis qu'elle restait immobile devant la porte, fascinée par le déchaînement des éléments. Marcus revint derrière elle, et posa sa bouche sur son épaule nue.

– Reviens te coucher, tu vas prendre froid.

– Non, je veux regarder l'orage. N'est-ce point là la colère du Ciel ?

– Ainsi peut l'interpréter notre imagination, murmura-t-il.

Les éclairs se succédaient si rapidement qu'ils se trouvaient presque sans arrêt baignés de lumière.

– Voilà un orage qui ne va pas calmer la colère des Iduméens, remarqua-t-elle... Oh ! mais que se passe-t-il ? Il me semble que je titube...

– La terre tremble... Vite, sortons, la maison risque de s'effondrer.

Ils se précipitèrent hors de la pièce. Dans les galeries, ils tombèrent sur Démétrios et Mariamne à demi vêtus. Près d'eux, une lampe éteinte posée sur un trépied glissa et se brisa. Marcus se heurta à Judith qui sortait en courant de la chambre, enveloppée dans son drap, tandis que David se jetait en criant dans le couloir sans même avoir pris le temps de ceindre son pagne.

Milkah les entraîna dans le jardin qui se remplissait de cris. Myrtô s'y trouvait déjà tremblante de peur et de froid, car dans son affolement elle n'avait pas mis de vêtements, pas plus qu'à son enfant qui grelottait en pleurant dans ses bras. Milkah le lui prit et l'enveloppa dans l'ample drap qui la vêtait. La pluie tombait dru et tous ruisselèrent bientôt, les vêtements leur collant au corps comme un suaire glacé. Les secousses avaient cessé, et seuls quelques pans de murs semblaient lézardés.

Marcus les invita à se mettre à l'abri. Ils se réunirent dans une salle basse où un feu brûlait en permanence dans un brasero qui servait à enflammer des bâtonnets de bois soufré destinés à allumer les lampes et les fourneaux. Démétrios y plongea une torche et emmena dans leur chambre Mariamne déjà éprouvée par son troisième mois de grossesse. Myrtô, toujours terrorisée, se tenait sur le seuil, prête à courir vers le jardin tant elle redoutait une nouvelle secousse. Judith aida Milkah à la traîner de force dans sa chambre où elles se hâtèrent de sécher l'enfant et la contraignirent à se coucher.

– Je vais me coucher auprès d'elle, dit Judith tout en se frottant le corps et les cheveux.

Le lendemain, le ciel était encore nuageux. Marcus songeait à se rendre auprès des Iduméens afin de connaître leurs intentions définitives et tenter de les persuader de rentrer chez eux lorsque Clitus arriva. Il sauta de sa monture et salua Marcus avec un air si effaré que celui-ci s'en inquiéta.

– Clitus, que se passe-t-il donc ?

– Les Iduméens se sont introduits dans la ville à la faveur de l'orage.

Clitus rapporta que, selon la rumeur, l'orage et le tremblement de terre avaient été interprétés par les Iduméens comme un signe de la colère du Ciel contre eux, alors que les habitants de Jérusalem y avaient vu une manifestation de la faveur divine. Mais les zélotes avaient profité de la confusion créée par l'orage pour sortir du Temple sans être aperçus par leurs assiégeants. Ils avaient gagné les portes de la ville dont ils avaient scié les gonds, le bruit du tonnerre et du vent couvrant celui des scies. Aussitôt les Iduméens, après avoir massacré les hommes qui assiégeaient le Temple, s'étaient répandus dans les rues, tuant tous ceux qu'ils rencontraient, allant jusqu'à les torturer. Pour leur échapper des fugitifs s'étaient jetés du haut des remparts, le bruit de la tempête couvrant les cris et les supplications. Au matin, on avait relevé huit mille cinq cents cadavres. Les premières victimes de leur fureur avaient été Hanan et Jésus qui les avaient harangués des remparts. Leurs corps avaient été abandonnés nus sur le pavé aux chiens et aux corbeaux. Et ces furieux continuaient de massacrer le menu peuple et d'emmener les riches en prison pour les contraindre à embrasser leur parti.

– A-t-on des nouvelles de mon beau-frère Simon ben Gamaliel ? demanda Marcus.

– Aucune. J'ai eu du mal à quitter la ville, car les Iduméens et les zélotes contrôlent les portes. Heureusement Ézéchias, le fils de Chobare, m'a escorté en déclarant que j'étais un zélote.

Marcus s'était levé et il appela Sérapion pour lui ordonner de faire mettre leurs hommes sur le pied de guerre.

Le bataillon de Marcus inspirait trop de respect pour que quiconque osât l'attaquer. Les portes du Temple étaient à nouveau grandes ouvertes. Marcus laissa la garde des chevaux à une trentaine de ses hommes et pénétra dans le Temple avec les autres. Il n'y trouva qu'Éléazar ben Simon et Éléazar ben Ananias entré à Jérusalem avec les Iduméens, car tous les autres chefs parcouraient la ville à la tête de leurs partisans. Tous deux l'assurèrent qu'ils étaient débordés par les événements et qu'ils ne pouvaient intervenir. Le fils d'Ananias n'exerçait qu'une autorité restreinte sur les Iduméens tandis que la plupart des zélotes n'obéissaient pas aux injonctions du fils de Simon.

– Si tu permets, lui dit Éléazar ben Ananias, je t'accompagne aux bazars. J'aimerais embrasser ma sœur. Démétrios m'a appris qu'elle attendait un enfant et je m'en réjouis.

En chemin, il lui dit :

– Malchios, te souviens-tu du temps où tu étais l'ami des Romains en visite dans notre ville ?

– Cette époque m'est devenue étrangère.

– J'avais alors cru voir en toi le Messie attendu. Et sans doute ne me suis-je pas trompé puisque, contre toute espérance, tu es passé dans notre camp et que tu as déclenché enfin la révolte tant attendue qui a chassé les gentils. Aujourd'hui, je maintiens que tu es le seul homme capable de nous conduire à la victoire. Tu possèdes la valeur guerrière, la force d'âme, la générosité du Messie attendu et son esprit de justice. Mais tu es trop magnanime et c'est ce qui fait ta faiblesse. Moi, je suis un médiocre soldat, Éléazar ben Simon est un bon stratège, mais il manque d'envergure et d'autorité ; avant peu il sera supplanté par cet intrigant de Jean de Giscala. Ton beau-frère Simon est le seul qui pourrait instaurer son autorité sur la ville par son seul prestige, mais il est dépourvu de cette fougue et de ce génie guerrier dont aura tant besoin l'homme qui s'opposera aux armées romaines.

– Éléazar, j'admire que tu aies toujours confiance en moi. Mais je dois t'avouer que ce n'est pas sans répugnance que j'accepterais de pactiser avec des hommes comme Jean de Giscala et d'autres égorgeurs qui courent les rues. D'autre part, je vois mal comment je pourrais m'imposer à tous ces ambitieux qui rêvent de prendre le pouvoir.

– Marcus Claudius, tu as trop de scrupules. Quand on a des rivaux, on s'en débarrasse par la force ou par la ruse.

– Éléazar, tu voudrais que je devienne un politicien, je n'en ai pas la bassesse. S'il faut utiliser l'intrigue, la ruse et le crime pour parvenir au pouvoir, ne compte pas sur moi. Je laisse à d'autres ces moyens que je méprise.

– Malchios, ta probité et ton orgueil nous perdront tous ! soupira Éléazar.

Chapitre XXXIII

PAR CE SOIR DE PÂQUE

Marcus fut rapidement convaincu de son impuissance à agir sur les événements de Jérusalem. Rassuré quant au sort de sa sœur et de Simon ben Gamaliel, lié au parti zélote, il décida de se retirer avec les siens à Massada, auprès de Simon bar Gioras. Ils s'installèrent dans le palais suspendu d'Hérode où Milkah eut la joie de retrouver sa sœur Salomé.

– J'ai eu des nouvelles de Dinah par Judas ben Judas qui se rend parfois à Engaddi, lui dit-elle. Tu sais qu'il est amoureux d'elle et je crois qu'elle aussi n'est pas restée indifférente, bien qu'elle cache soigneusement ses sentiments. Cependant, elle accepte de rencontrer Judas et de rester de longs moments en sa compagnie et ce n'est sans doute pas pour le plaisir de l'entendre parler de nous. Judas est en ce moment même à Engaddi et il rentrera sans doute demain. Depuis quelque temps, profitant du désordre qui règne de par toute la Judée, Shobal et deux ou trois hommes du village ont établi une véritable tyrannie à leur profit. Ils perçoivent la dîme et interdisent aux gens de quitter le territoire du village. Shobal les a convaincus que les malheurs des juifs sont la juste punition de leurs péchés et que seule une totale soumission à Dieu peut les sauver. Aussi personne n'ose se soustraire à l'impôt ni à aucune obligation légale, d'autant que le nouveau hazzan manie vigoureusement le fouet à l'encontre des récalcitrants.

– Simon sait-il tout cela ?

– Évidemment, mais d'après lui tu es la seule qui puisse décider de ce qu'il convient de faire.

– Le règne de Shobal touche à sa fin. Dès que j'aurai accouché, mon premier soin sera d'aller jeter ce fourbe dans la mer de Sel.

Dès qu'il fut de retour d'Engaddi, Judas vint se présenter à Salomé. Il manifesta une grande joie en trouvant avec elle Marcus et Milkah.

– Dinah supporte de plus en plus mal la tyrannie de Shobal, assura-t-il. Il ne met plus de frein à sa méchanceté et la traite de la manière la plus indigne et affiche une morgue insupportable. Mais sachez que le bruit le plus étrange court à

Engaddi. Comme plus personne ne quitte sa maison et que nul étranger ne se soucie de venir jusqu'au village, les nouvelles n'y parviennent qu'avec la plus grande lenteur et d'une manière déformée. Or, il y a quelque temps, un homme du village revenant de Galilée a raconté ce qui s'y était passé, en particulier à Gamala. Il te connaissait, Milkah, et savait que tu combattais auprès des révoltés, avec Marcus et Simon bar Gioras. Comme on a ensuite assuré que la ville avait été rasée et tous ses défenseurs massacrés, il en a conclu que tous trois vous étiez morts. Son récit est arrivé aux oreilles de Shobal qui l'a fait venir près de lui pour se l'entendre répéter.

– J'imagine son allégresse ! railla Milkah.

– Certainement pas autant que tu peux le supposer. Il a offert un banquet aux notables du village pour fêter une si heureuse nouvelle et il a fait distribuer à tout le monde du vin de ses propres vignes.

– Est-ce Dinah qui t'a raconté tout cela ?

– Oui et elle voulait avoir de moi une confirmation de ce bruit qui l'épouvantait. Je me suis empressé de la rassurer. Tu ne peux savoir combien cette nouvelle l'a remplie de joie ! Mais elle a supplié mes hôtes et moi-même de n'en rien dire, car depuis qu'il vous croit morts, Shobal la tourmente moins et ne l'accuse plus de souhaiter en secret votre retour.

– Faut-il comprendre de ceci qu'elle serait désireuse que je la débarrasse de lui ?

– Elle me l'a dit sans dissimuler. Dinah et moi, nous nous aimons.

– Judas, ne te fais pas de souci, déclara Milkah. Dès que je me serai relevée de mes couches, nous nous rendrons à Engaddi : là, j'accuserai Shobal du meurtre de son frère et nous l'emmènerons à Jérusalem pour le faire condamner ou, si cela se révélait impossible, nous le chasserons et tu épouseras Dinah.

– Merci, Milkah. Que vienne vite ce jour béni ! D'après ce que je sais des habitants de ce village, nul n'osera s'opposer à tes décisions.

Pendant les jours qui suivirent, l'attention des gens de Massada fut occupée par les événements de Jérusalem. Éléazar ben Jaïr y avait envoyé une vingtaine d'hommes en observateurs. Ils apprirent ainsi que zélotes et Iduméens, après leurs exactions, avaient décidé d'agir d'une manière légale ; aussi avaient-ils constitué un tribunal de soixante-dix membres choisis parmi les notables de la ville, pour juger Zacharie, fils de Baruch, accusé de collusion avec les Romains. Il avait été absous par le tribunal, mais deux zélotes s'étaient jetés sur lui alors qu'il quittait le Temple et l'avaient tué en criant : « Reçois cette absolution que nous te donnons et qui est plus sûre que ne l'était l'autre ! » La nouvelle de cette mort indigna plus particulièrement Démétrios et Mariamne qui avaient reçu l'aide de Zacharie lorsqu'ils étaient réfugiés dans les souterrains de la ville.

Les mornes mois d'hiver s'écoulaient lentement. Simon bar Gioras, suivant les conseils d'Ananus d'Emmaüs, avait peu à peu recruté une petite armée en promettant non plus le pillage de caravanes mais la libération de la patrie. Il passait le plus clair de son temps à mettre l'Idumée en coupe réglée. Ces razzias avaient l'avantage de lui rapporter un fructueux butin, d'entraîner ses hommes et de grossir sa troupe de nouveaux volontaires.

Vers la fin de l'hiver, Milkah mit au monde un garçon. Mariamne et Judith assistèrent la sage-femme, baignèrent le nouveau-né et le frottèrent de sel. Selon la coutume, elles le posèrent ensuite dans la paille pour le réchauffer, comme on le faisait chez les gens pauvres. Les riches préféraient utiliser l'huile, mais Milkah n'avait pas voulu qu'il en fût ainsi, non par humilité, mais parce qu'elle désirait que son fils devînt un guerrier et qu'il convenait qu'il entrât dans l'existence terrestre, non pas comme les êtres destinés à une vie oiseuse dans la mollesse et le luxe, mais comme un enfant dont l'acquisition des vertus devait être la raison de vivre. Lorsqu'il fut enveloppé de langes, Marcus l'enleva dans ses bras et alla le déposer à même la terre, à titre de gage parce qu'un jour, il y retournerait.

Le septième jour qui suivit la naissance fut célébrée la cérémonie de la circoncision. Milkah tenait le nouveau-né dépouillé de ses langes et le remit entre les mains de Marcus, car elle voulait procéder elle-même à l'opération bien qu'elle revînt généralement au père. Ainsi renouait-elle avec l'ancienne tradition, à l'époque où les tribus d'Israël vivaient encore à l'état nomade et que la mère se chargeait de pratiquer la circoncision. Elle choisit un de ses poignards qu'elle purifia et fit signe à Judith de s'approcher avec les pansements et les onguents.

– Béni soit le Seigneur notre Dieu qui nous a sanctifiés de ses préceptes et nous a donné la circoncision, prononça-t-elle rituellement.

D'un geste habile elle trancha le prépuce. L'enfant pleura en s'agitant tandis que Marcus répondait :

– Qui nous a sanctifiés de ses préceptes et nous a donné d'introduire notre enfant dans l'alliance d'Abraham, notre père.

Tandis que Milkah pansait la blessure, Marcus déclara :

– Nous te nommons Ariel, le lion de Dieu, qui est le nom qu'a conquis Shéba sur les murs de Jérusalem. Que le Seigneur te rende digne de le porter !

Selon la coutume, le quarantième jour après la naissance, Milkah fêta ses relevailles. Leur situation interdisait à la jeune femme de se rendre à Jérusalem pour aller au Temple offrir les sacrifices de purification et Marcus trouva vain de procéder à la cérémonie du rachat de l'enfant premier-né, obligation devenue une simple opération financière pour les gens du Temple.

À l'occasion de ces réjouissances, Simon bar Gioras revint à Massada avec Judas ben Judas et Judas ben Jaïr dont il avait fait ses deux principaux lieutenants. Simon déclara que pour cette occasion il resterait avec Salomé et Milkah pendant l'espace de temps séparant deux sabbats et il fut décidé que tous les gens de Massada festoieraient pendant cette semaine grâce à ses largesses.

Une grande agitation régnait dans Massada. Aux jours de liesse en l'honneur du fils de Milkah et de Marcus succédaient les fêtes de la pâque. Dans la matinée, chaque famille avait porté au boucher l'agneau pascal afin qu'il soit égorgé. Selon la Loi, un sacrificateur devait procéder à la cérémonie dans l'enceinte même du Temple, car chaque juif était censé se rendre à Jérusalem pour ces fêtes du souvenir de l'Exode. Mais l'extension de la judéité à travers l'Empire romain, autant que les événements récents, interdisait à la plupart des croyants d'accomplir ce pèlerinage annuel. Les serviteurs attachés au palais de Marcus avaient rapporté les bêtes rituellement apprêtées et on les avait mises à rôtir pour le repas du soir, la pâque débutant au coucher du soleil.

Milkah, qui, depuis la naissance d'Ariel, consacrait le plus clair de son temps aux soins du nouveau-né, s'était soigneusement préparée pour cette soirée. Elle avait revêtu une ample robe de lin mauve et couvert sa chevelure d'une long voile de tissu vert, maintenu sur le front par un bandeau d'argent. Judith, Salomé et Mariamne s'étaient, elles aussi, magnifiquement parées, grâce aux étoffes que Simon leur avait rapportées à la suite du pillage d'une caravane qui se rendait d'Idumée au pays de Moab.

À la tombée de la nuit, les hommes se réunirent sur la terrasse haute du palais. On avait jeté sur le sol de marbre d'épais tapis et des coussins sur lesquels ils avaient pris place autour de petites tables basses.

Judith se dirigeait vers le lieu de la fête, munie de sa lampe, lorsque Joarib sortit de la chambre qu'il partageait avec David. Ils se heurtèrent presque et Judith sursauta en portant la main sur son sein.

– Oh ! tu m'as fait peur ! s'exclama-t-elle.

– Pardonne-moi.

Judith voulut s'éloigner, redoutant de se trouver seule avec lui. Depuis qu'il vivait parmi eux, il n'avait d'yeux que pour elle et, s'il n'avait pas encore tenté de lui faire part de ses sentiments, c'est parce qu'il n'en avait pas trouvé l'occasion, accompagnant Simon dans ses expéditions et ne revenant que rarement à la forteresse. Il lui prit le bras d'un geste vif.

– Judith, lui dit-il, trouvant une assurance qui lui avait jusqu'alors fait défaut, je voudrais te parler.

– Joarib, il me semble que le moment n'est pas trop bien choisi. On nous attend...

– On ne nous attend pas particulièrement. Accorde-moi un très court instant.

– Pas maintenant.

– Judith, je t'en prie.

Il respira profondément comme quelqu'un qui s'apprête à plonger, puis déclara :

– Voilà, Judith. Je voudrais te donner mon cadeau de fiançailles. Oh ! je sais très bien que j'appartiens à une famille de pauvres paysans alors que ton père est l'un des hommes les plus riches de notre nation...

– Joarib, l'interrompit Judith, cela importe d'autant moins qu'en vérité je suis ici plus pauvre que toi puisque je n'ai plus pour me vêtir que ce que nous offre Simon... Mais ne penses-tu pas que tu es un peu jeune pour songer à te marier ?

– Pas du tout, je suis en âge de me marier.

– Je suis ton aînée de deux ou trois ans.

– Qu'importe ? C'est si peu. Judith, je t'aime et je voudrais faire de toi mon épouse. Je te serai fidèle et je crois que je t'aimerai toute ma vie et même au-delà.

Elle soupira.

– Je te crois. Mais on ne peut se lancer ainsi dans une pareille entreprise. Laissons encore passer du temps et...

David, surgi de la chambre, l'interrompit :

– Tiens, tu es encore là, Joarib ? Moi, j'ai faim. Et toi, Judith ?

– Moi aussi, j'ai très faim, assura la jeune fille soulagée de cette intervention.

Elle prit la main de David, sourit à Joarib, puis ils se rendirent tous trois dans la salle où les convives étaient en train d'écouter Simon raconter comment Vespasien, entré à Gadara, sur la rive gauche du Jourdain, y avait établi une garnison et envoyé l'un de ses officiers, Placide, à la tête de cinq cents cavaliers et trois mille fantassins pour soumettre les factieux de la région.

– L'étau se resserre, constata Marcus. Voici le printemps, et sans doute Vespasien ne va-t-il pas tarder à quitter de nouveau Césarée. Cette fois, ce sera pour marcher sur Jérusalem.

– Ce soir, parlons de choses plus gaies, proposa Éléazar ben Jaïr. Après les fêtes de la pâque, il sera temps de penser à cette guerre. Songeons plutôt à la gloire de nos ancêtres et si nous évoquons leurs malheurs pendant la captivité d'Égypte, que ce soit pour nous réjouir de leur fuite et de leur victoire qui leur ont donné cette terre pour laquelle nous combattons encore.

Puis il annonça le début de la fête en prononçant la formule de bénédiction sur la coupe qu'un serviteur lui avait apportée. Il but une gorgée et la passa à Milkah qui la remit à son voisin après y avoir porté les lèvres. La coupe, remplie à plusieurs reprises, finissait de circuler parmi les convives et on apportait les bassins et les aiguières pour qu'ils se lavent les mains selon le rite lorsque entra Sérapion.

– Pardonne-moi, maître, dit-il à Marcus. On a conduit auprès de moi une vieille femme qui ne cesse de gémir et supplie qu'on l'introduise auprès de la maîtresse.

– T'a-t-elle dit son nom ? demanda Milkah qui, sans savoir pourquoi, avait senti les battements de son cœur s'accélérer.

– Oui, maîtresse. Un nom comme Houla...

– Houldah... Fais-la venir immédiatement.

Milkah s'était redressée. Sérapion revint bientôt soutenant la vieille Houldah, le visage gonflé de larmes et noir de terre, la robe déchirée et souillée. Salomé poussa un cri en portant la main à son cœur. Milkah courut vers elle et la reçut dans ses bras.

– Houldah ! ma bonne Houldah ! Que t'est-il arrivé ?

La vieille femme sanglotait en gémissant :

– Mon enfant... Oh ! mon enfant...

Milkah l'entraîna vers un divan, aidée par Marcus, tandis que Simon lui apportait une coupe remplie de vin.

Milkah lui essuya le visage avec un pan de sa robe et s'assit près d'elle.

– Parle, dis-moi ce qui s'est passé.

– Que le Seigneur nous garde ! Dinah, ma pauvre petite Dinah !

– Quoi, Dinah ? Explique-toi, je t'en prie !

– C'était hier... On a crié dans la rue, mais crié ! Je suis sortie. Oh ! ils entraînaient Dinah et l'infâme Shobal était à leur tête. Alors je me suis avancée et j'ai dit à ce Shobal : "Que voulez-vous à ma maîtresse ?" Et cet homme m'a répondu qu'elle est une adultère, une catin ! Moi, je lui ai crié qu'il mentait, que c'était un méchant homme, mais il a pris les autres à témoin et il a dit : "Vois, depuis longtemps je la surveille, cette coureuse. Elle rencontre un homme dans la demeure de ben Gaber, un de ces brigands de Massada. Je la surveillais avec ces hommes honorables." Et ces gens ont approuvé, mais moi, j'ai dit que ben Gader n'avait pas pu dire de telles choses. J'ai su alors qu'ils l'avaient battu, lui, sa femme, et même leur enfant et ils disaient que c'était en punition pour avoir favorisé le crime de Dinah.

– Ah ! Par la Fosse ! Les fils de Bélial ! s'exclama Simon en vidant sa coupe.

– Et Dinah, que disait-elle ? demanda Milkah en serrant les poignets de Houldah.

– Dinah, la pauvre enfant !... Aïe ! tu me fais mal, tu me serres avec tant de force ! Dinah se défendait et disait qu'elle n'avait jamais failli. Elle reconnaissait avoir parlé à cet homme, mais elle assurait que jamais ils n'avaient commis d'acte coupable. Mais Shobal l'accablait d'injures et de reproches et jurait qu'elle mentait. Alors ils l'ont entraînée devant la synagogue. Moi, je suis allée chercher Tobie, mais il était dans les champs et j'ai mis bien du temps à le trouver. Je suis vieille et je marche si lentement ! Il a couru devant et, quand je suis revenue dans le village, tous les habitants étaient sur la grande place où on avait entraîné Dinah. J'ai retrouvé Tobie et il pleurait ! Et il m'a dit que les hommes de la synagogue l'avaient condamnée pour adultère.

– À être lapidée ? demanda Milkah d'une voix étranglée.

– Pire ! Vous êtes de race sacerdotale. Chez vous, la femme adultère est punie par le feu !

À ces mots, Salomé poussa un cri et tomba évanouie entre les bras de Judith. Houldah baissait la tête et restait silencieuse, pleurant doucement. Mais avec une sorte de fureur, Milkah l'obligea à se redresser et s'écria :

– Parle, raconte tout, tu m'entends, je veux tout entendre, jusqu'au bout afin que ma colère soit si grande qu'elle en soufflette même le ciel et le Dieu qui s'y cache !

– Milkah ! Ne blasphème pas ! s'écria Éléazar ben Jaïr.

Mais la jeune femme ne l'écoutait pas et secouait frénétiquement Houldah en disant :

– Vite, parle, que j'aie honte de moi-même, car je me suis assoupie en laissant vivre cette vipère !

– Oh ! calme-toi, mon enfant, je vais tout te dire.

Et elle reprit d'une voix brisée :

– Les gens ont accumulé du bois pour dresser le bûcher au fond de la place. Et Dinah pleurait, criait en jurant qu'elle n'était pas coupable, que c'était un jugement inique. Mais sans l'écouter, ils l'ont entraînée vers le bûcher. Tobie s'est jeté à genoux, suppliant qu'on l'épargnât. Et il disait que même si elle avait été coupable, on n'avait plus le droit de mettre à mort. Et Shobal a répondu que c'étaient les gentils qui avaient interdit aux juifs d'infliger la peine de mort, mais qu'ici on se moquait de leurs interdits et qu'on avait rétabli les saintes lois de nos pères. Et il a repoussé Tobie d'un coup de pied. La pauvre Dinah avait cessé de se débattre et elle sanglotait. Ils se sont arrêtés près du bûcher et Shobal lui-même l'a dépouillée de ses vêtements et le hazzan lui a attaché les mains derrière le dos et ils l'ont montée sur le tas de bois où elle est restée à genoux, la tête baissée, le corps à demi voilé par ses cheveux défaits. Alors mon pauvre Tobie s'est jeté sur Shobal et il l'a frappé de ses poings en l'injuriant. Il hurlait qu'il n'avait apporté que le malheur sous notre toit, qu'il voulait s'emparer des biens de votre famille et il l'a accusé d'avoir tué son propre frère. Mais ses paroles étaient couvertes par les cris de la foule et ceux de ce chien de Shobal qui le frappait pour le faire taire. Et le hazzan est venu et il a bâtonné Tobie qui s'est mis à le maudire ainsi que tous les gens de la synagogue. Et des hommes et des femmes ont lancé des torches enflammées sur le bûcher en criant qu'il fallait purifier le village souillé du crime de l'adultère. Et Tobie et moi nous avons essayé de les en empêcher. Nous nous y sommes brûlés sans parvenir à l'éteindre et ils nous ont saisis et entraînés vers la rue et, là, ils ont commencé à nous lancer des pierres. Moi, je me suis laissé tomber et ils m'ont laissée tranquille. Oh ! Milkah, pardonne-moi ! J'avais si peur. J'étais si malheureuse ! Je n'ai plus osé bouger ! Que le Seigneur me pardonne !

Milkah la serra doucement dans ses bras.

– Tu avais déjà beaucoup fait. Que pouvais-tu faire de plus ?

– Oui. J'ai songé à toi. J'ai pensé qu'il fallait que je vive pour t'avertir, car j'ai entendu Dinah qui a maudit le village et Shobal, et qui a crié que sa sœur Milkah viendrait pour venger ce crime.

– Elle a dit ça ?

– Oui, le Seigneur m'en est témoin. Mais ils ont ri, et ce Shobal a dit qu'elle allait te rejoindre bientôt dans ce Schéol. Et puis il s'est élevé tellement de flammes et de fumée que je n'ai plus vu Dinah, mais j'ai vu des petits enfants accompagnés par leur mère qui jetaient encore du bois dans le feu. Puis j'ai entendu les hurlements de ma pauvre Dinah que le feu avait dû saisir. Oh ! c'est trop horrible !

Elle éclata en sanglots et Marcus vit le visage de Milkah se mouiller de pleurs, mais ses yeux brillaient d'une colère immense.

– Et Tobie ? murmura-t-elle entre ses dents.

– Ils l'ont achevé à coups de pierres puis ils ont jeté dans le vent les cendres du bûcher. Moi j'ai attendu qu'ils soient tous partis et je suis descendue vers la mer sans qu'on me voie. Alors j'ai marché vers ici où je savais te trouver. Mais j'étais fatiguée, si fatiguée ! Et je me sens si vieille ! J'ai dormi sur le bord du chemin et lorsque le soleil est revenu j'ai repris ma route, mais si lentement que la nuit descendait lorsque j'ai approché d'ici. Oh ! j'étais à bout de force et je ne pouvais plus me tenir debout. Le Seigneur a permis que je rencontre des hommes à cheval et ils m'ont portée jusqu'ici.

– Tu as été très courageuse, ma bonne Houldah.

Milkah s'était redressée. Elle secoua la tête comme pour chasser son désespoir et se leva :

– Salomé, Judith et toi, Mariamne, je vous en prie, occupez-vous de Houldah.

– Milkah ! Où vas-tu ? lui demanda Marcus, inquiet.

– Moi, je sais où elle va ! s'exclama Simon. Et je l'accompagne.

– Attendez ! Pas le soir de la pâque, pas durant une nuit aussi sacrée ! protesta Éléazar ben Jaïr.

– Pour moi, c'est une nuit de deuil et de vengeance, répliqua Milkah.

– Je viens aussi ! dit Judas ben Judas en essuyant avec sa manche ses yeux mouillés de larmes.

Milkah courut dans sa chambre où Marcus la rejoignit. Elle avait déjà arraché son voile, ôté sa robe et la longue tunique de dessous. En quelques gestes rapides, elle agrafa sa tunique, ceignit sa ceinture et sortit, suivie de Marcus.

– Tu ne prends ni arc ni javelot ? s'étonna-t-il.

– Non, je veux les tuer avec mon épée afin de mieux les sentir mourir.

Parvenue à l'enceinte où étaient parqués les chevaux elle vit David qui l'avait devancée et avait préparé la monture qu'il lui présenta.

– Je pense que tu ne veux pas que je vienne ? soupira-t-il.

– Tu l'as compris. Merci, David.

D'un bond elle enfourcha la bête qu'elle lança au galop. Marcus courut chercher son cheval, mais le temps de l'équiper, Milkah était déjà loin. Légère sur sa monture rapide, Milkah prenait de plus en plus d'avance sur Marcus et le reste de la troupe. Tout en maintenant son cheval à bon train, elle aspirait profondément l'air frais de la nuit, pour dominer sa douleur et sa colère. Lorsqu'elle parvint en vue du village, son cheval était si fourbu qu'elle gravit la côte à pied, le tirant derrière elle. Elle ruisselait de sueur et sa tunique mouillée lui collait à la peau. Elle frissonna mais n'y prêta pas attention, pas plus qu'aux pierres qui roulaient sous ses pieds et aux chacals qui prenaient la fuite à son approche.

Elle aperçut soudain devant elle des villageois qui, après le repas pascal faisaient une promenade vers la mer. Elle passa entre eux, les bouscula et poursuivit son chemin sans écouter les injures des hommes qui sans doute ne l'avaient pas reconnue. Elle eut un haut-le-cœur à l'idée que ces gens mangeaient en toute quiétude l'agneau pascal et allaient se promener la conscience tranquille après avoir brûlé la veille une femme qui avait été leur voisine. Elle passa devant la maison de ben Gaber sans s'arrêter. Nulle lumière ne brillait aux fenêtres. Dans la rue principale du village, la plupart des maisons étaient illuminées et il y avait encore des promeneurs dans la rue, munis de torches malgré la clarté de la lune. Sans doute reconnurent-ils Milkah, car ils la regardèrent avec une sorte de stupeur, comme si elle sortait du Schéol et un sourd murmure commença à parcourir la rue. Elle parvint ainsi devant la porte de la demeure de son enfance où elle était maintenant comme une étrangère. Elle la poussa mais l'huis résista. Avec violence elle heurta la porte du manche du nerf de bœuf dont elle s'était pourvue.

– Holà ! Voilà, voilà ! cria une voix dans la cour. Qu'est-ce que c'est ?

– Ouvre-moi, en vitesse.

– Que veux-tu ?

On tira la barre et la porte s'entrouvrit. Un homme qu'elle ne connaissait pas s'encadra dans l'embrasure. Il tenait une torche avec laquelle il éclaira le visage de Milkah.

– Qui es-tu et que veux-tu ? Le maître ne reçoit personne à cette heure et un jour pareil.

Sans répondre Milkah ouvrit la porte d'un violent coup de pied ; le bois heurta l'homme qui recula en jurant. Elle entra d'un bond mais le portier, qui se révéla un robuste gaillard, tenta de la retenir.

– Holà ! Par la Loi de Moïse, jeune imprudente...

Un coup de nerf de bœuf en plein visage le fit chanceler et aussitôt après le pied de Milkah l'atteignit au bas-ventre, le pliant en deux. Sans plus s'occuper de lui, elle traversa la cour d'un pas rapide, sauta sur le perron et entra dans la maison. Elle se dirigea vers la grande salle qui servait de salle à manger : la portière se souleva et une jeune femme en sortit, portant des plats. Milkah la heurta si brutalement qu'elle lâcha les plats en criant. Autour de la table disposée au fond de la vaste salle, Shobal était couché avec une dizaine d'invités, tous des hommes parmi lesquels Milkah reconnut le hazzan et les notables qu'elle avait vus lors de sa dernière visite. Shobal se souleva sur un coude :

– Milkah ! Par le Ciel ! Est-ce possible !

– Oui, Shobal, à moins que ce ne soit mon ombre qui ne revienne du Schéol.

– Que viens-tu faire ici, femme ? s'écria le hazzan.

– Chien ! Tu oses me demander ce que je fais, dans la maison de mon père, après que vous avez assassiné ma sœur...

– Une catin adultère... commença un convive.

Il n'en put dire plus. Une lampe en terre placée sur un haut trépied à portée de la main de Milkah l'atteignit en plein front et il s'écroula.

– Milkah tu es folle, commença Shobal.

– Oui, Shobal, folle de colère contre moi pour ne pas vous avoir écrasés comme des blattes, toi et tes complices tout confis de phylactères et de prescriptions à l'extérieur et noirs comme des sépulcres à l'intérieur.

Elle sentit un courant d'air dans son dos et perçut les pas d'hommes qui venaient derrière elle. Elle comprit pourquoi les convives ne semblaient pas effrayés.

– Oui, Milkah, tu m'as surpris sur le moment, car on m'avait rapporté la bonne nouvelle de ta mort. Mais, vois-tu, ma position dans ce village m'oblige à m'entourer de gardes. Hogros, cours rassembler le peuple et qu'il s'arme de pierres, car de nouvelles réjouissances l'attendent.

L'homme qui avait ouvert la porte à Milkah et qui venait d'entrer ressortit sans un mot.

– Tu venais dans un esprit de meurtre et de vengeance, reprit Shobal, ta punition sera d'autant plus méritée. N'est-ce pas, mes amis ? Tu seras dépouillée de ce vêtement sacrilège et impudique de gentils avant d'être lapidée par le peuple. Saisissez-la !

Les cinq hommes venus derrière elle s'approchèrent. Aussitôt Milkah, qui avait glissé le nerf de bœuf dans sa ceinture, dégaina et pivota sur elle-même en projetant en avant ses bras armés de l'épée et du poignard : l'un des hommes s'affaissa en battant l'air de ses membres tandis qu'un autre, blessé au bras par un coup de poignard, reculait en criant. Les trois autres se précipitèrent vers Milkah qui s'était rapprochée de la table. Son bras se détendit et le convive le plus proche d'elle porta les mains à sa poitrine en poussant un cri, puis s'écroula sur le lit dont les coussins s'imprégnèrent de sang. Sans lui accorder un regard, Milkah bondit sur la table et son pied atteignit en plein visage le chef de la synagogue dont le nez éclaté laissa jaillir un flot de sang. D'un autre coup de pied elle projeta une cruche contre l'un des gardes qui la chargeait l'épée haute ; il baissa le bras pour se protéger du projectile, l'épée de Milkah siffla en balayant l'air et l'homme s'affaissa, la gorge ouverte. Elle courut alors vers Shobal, mais il plongea sous la table. Elle sauta à terre et donna un coup d'épée à travers les tissus qui pendaient des lits, cachant le dessous de la table. Un hurlement s'éleva et le hazzan sortit, l'épaule ouverte. Milkah l'acheva d'un coup de poignard et se redressa pour faire face aux deux gardes qui l'assaillaient chacun d'un côté. Elle renversa un lit vers l'un, entravant sa marche et bondit vers l'autre. Les fers se croisèrent en un sec froissement ; les lumières tremblantes se reflétaient sur les lampes polies. L'un des convives se faufila entre les lits dans le dessein de frapper Milkah par-derrière. Une immense stupeur se peignit sur son visage lorsque le poignard vint le frapper à la gorge. Avant qu'il ne tombe, elle bondissait sur les derniers convives qui se bousculaient à la porte pour fuir ; son épée fouailla dans les dos qui s'offraient à ses coups. Elle courut à leur suite en interpellant Shobal :

– Allons, Shobal, lâche et traître ! où te caches-tu ? Crois-tu pouvoir fuir ma vengeance ?

Au-dehors s'élevaient des cris et de sourds murmures. Milkah bondit sous le portique pour voir la cour envahie par les gens du village parmi lesquels s'étaient réfugiés Shobal et les survivants du festin pascal. Fou de rage et de terreur, il les exhortait à mettre à mort la jeune femme qui se protégea derrière une colonne d'une première pluie de pierres. Elle vit alors le dernier soldat surgir, armé d'un javelot. Il s'approcha lentement prêt à frapper. Les villageois, immobiles et silencieux, attendaient l'issue du combat. Soudain l'homme poussa l'arme en avant avec la rapidité du serpent qui assaille sa proie, mais plus promptement encore Milkah avait sauté de côté et aussitôt la pointe de l'épée plongea dans la rate de l'homme qui tituba et lâcha l'arme. D'un coup de pied, elle le projeta dans la cour où il roula et resta immobile. Alors elle rengaina l'épée et s'empara du javelot sous les regards stupéfaits des villageois.

– Hommes d'Engaddi ! s'écria-t-elle. Vous avez déjà oublié le jour où, alors que vous trembliez devant une bande de brigands, je vous en ai délivrés. Or, en paiement des bienfaits de ma famille pour ce village, vous avez laissé Shobal s'emparer de nos biens et, non contents de cela, vous avez jeté ma sœur sur un bûcher et lapidé notre fidèle serviteur.

– Tuez-la ! glapit Shobal. Cette femme est possédée d'un démon. Elle a égorgé sans pitié le hazzan et le chef de la synagogue.

– Elle est saisie d'une folie sanguinaire, lapidons-la ! renchérit l'un des convives caché parmi la foule.

Et il lança une pierre sur Milkah qui l'évita. Aussitôt elle leva le bras, le javelot jaillit et frappa l'homme en pleine poitrine. À cet acte répondirent les hurlements des villageois qui s'avancèrent en lançant des pierres. Milkah rengaina son poignard et se réfugia dans la demeure où elle s'empara d'un tabouret dont elle se fit un bouclier. Les hommes esquissèrent un mouvement de recul lorsqu'elle réapparut. De nouveau, quelques pierres heurtèrent le tabouret, mais, afin de ne pas risquer d'être ainsi assommée par l'une d'elles, Milkah bondit dans la foule en faisant tournoyer l'épée. Des cris, des jurons fusèrent, dominant la sourde rumeur, et les rangs s'ouvrirent tandis que tombaient les corps frappés par l'épée ou le tabouret. Shobal, bien qu'armé d'une épée, reculait toujours vers la porte qui s'ouvrait sur la rue.

Lorsque Marcus arriva dans la cour, il vit, au centre d'un cercle qui se resserrait de plus en plus, Milkah, la tunique déchirée et tachée de sang, les cheveux en désordre. Elle se ramassait puis soudain bondissait, frappait et reculait vivement pour éviter les coups de bâton ou d'épée. Chaque fois, un, deux hommes tombaient, mais dans leur rage d'autres les remplaçaient. Alors, Marcus dégaina son épée et l'arme s'abattit à droite, à gauche, fauchant les hommes comme dans les marais d'Égypte on tranche les tiges de papyrus. Les hurlements et les cris s'amplifièrent. Devant la furie de Marcus, même les plus acharnés prirent la fuite.

Milkah avait lâché le tabouret et saisi son poignard : elle était enfin devant Shobal que la foule empêchait de reculer. Il brandit maladroitement son épée, mais l'arme de Milkah siffla, tournoya, lacérant le haut de sa tunique, balafrant la peau de sa poitrine ainsi dénudée, sans que toutefois le coup fût mortel. Il reculait vers la porte en grognant comme un sanglier assailli par les chiens.

– Shobal ! s'écria Milkah, tu voulais qu'on m'arrache ma tunique, mais c'est toi qui vas fuir dans ta honteuse nudité.

Sur ces mots, elle lui trancha la ceinture et il dut retenir les pans de sa robe pour ne pas se trouver nu. Devant les assauts conjugués de Marcus et de Milkah, les villageois refluaient vers la porte et Shobal fut entraîné par leur flot. Marcus et Milkah se trouvèrent seuls au milieu de la cour, tandis qu'au-dehors s'élevaient des cris : « Les zélotes ! Fuyons, voilà les zélotes ! »

– Milkah ! s'écria Marcus en courant vers elle. Il la serra avec force dans ses bras, mais elle se dégagea avec impatience.

– Vite, il ne faut pas que Shobal nous échappe !

Dans la rue, Simon et ses compagnons pourchassaient les villageois sous la lumière froide de la lune et les lueurs mouvantes des torches. Milkah plissa les yeux pour chercher Shobal et soudain elle s'élança : elle avait reconnu sa lourde silhouette tout en haut de la rue. Elle le rejoignit à la sortie du village. Il était seul. Il essaya d'abord de résister à Milkah, mais d'un coup la lame acérée sectionna ses doigts et il lâcha son épée en criant. Alors il laissa glisser l'étoffe de sa robe sans souci de sa nudité et tomba à genoux :

– Pour l'amour du Seigneur, épargne-moi ! râla-t-il.

– T'épargner ? Lâche, fils de chacal ! As-tu eu pitié de ma sœur Dinah dont tu as mangé le pain pendant tant d'années ? Quoi, il y a un instant tu te réjouissais en me voyant déjà lapidée et tu as le front de me demander grâce !

Son épée siffla et le gémissement de Shobal se changea en un hurlement inhumain ; Marcus le vit porter ses mains à ses yeux en gémissant :

– Mes yeux ! Je n'y vois plus ! Tu m'as crevé les yeux !

– Oui, Shobal, et maintenant, je vais te couper les pieds...

– Non ! non ! Je t'en conjure...

Deux coups d'épée, et Shobal roulait sur le sol sans cesser de hurler. Puis elle tourna les talons et s'éloigna en courant. Marcus s'approcha de lui. De sa bouche sourdait un gémissement continu et son corps était secoué de soubresauts. Marcus leva son arme et l'enfonça dans la poitrine, en plein cœur.

Milkah pénétra dans la demeure silencieuse de son enfance. Elle enjamba les cadavres qui jonchaient la cour, entra dans la maison où elle s'empara d'une torche et elle monta à l'étage. Elle se rendit dans sa chambre, vide et nue, comme elle l'avait laissée, puis elle visita chaque pièce pour terminer par la chambre de Dinah. On y avait rassemblé tous ses effets et ses bijoux dans quelques sacoches, sans doute dans le dessein de les vendre. Elle en choisit deux contenant des parures et des objets familiers qu'elle garda. Puis elle approcha la torche des voiles du lit. Ils s'enflammèrent aussitôt. Elle mit alors le feu à toutes les étoffes qu'elle trouvait dans diverses pièces.

En redescendant vers le village, Marcus cherchait Milkah des yeux. Il rencontra Simon serrant son épée ruisselante de sang.

– Simon, c'est trop de sang!

– Mais non! Tout le village a participé au meurtre de Dinah, tout le village doit payer.

C'est alors qu'il aperçut une lueur et de la fumée s'élever au-dessus de la demeure de Qorakh. Il s'élança. En pénétrant dans la cour, il vit Milkah descendre lentement l'escalier, comme le premier jour de leur rencontre, comme celui où il avait enfin compris qu'elle et Shéba ne faisaient qu'un. Mais alors qu'elle descendait légère et joyeuse, cette fois son visage était grave. L'incendie qui crépitait formait autour d'elle une auréole sinistre.

– Milkah! Pourquoi! interrogea-t-il.

– Malchios, soupira-t-elle, je le devais. Il fallait au moins cela pour purifier cette demeure.

Il voulut lui prendre les mains, mais elle les retira vivement.

– Ne me touche pas, je suis impure!

– Calme-toi. Tu n'as fait qu'une œuvre de justice.

Il lui prit le bras et la débarrassa des sacoches.

– Viens, sortons, l'étage risque de s'écrouler sur nous.

Le feu grondait et crépitait. Les flammes semblaient défier le ciel qu'elles illuminaient de leurs sinistres lueurs. Ils s'arrêtèrent un instant dans la cour pour regarder l'incendie et Milkah ne put retenir un sanglot; quelques larmes perlèrent à ses cils et roulèrent sur ses joues. Elle se détourna soudain.

– Rentrons, dit-elle.

Chapitre XXXIV

TON OBSCURITÉ SERA COMME LA CLARTÉ DE MIDI

Milkah avait fait des efforts si violents, à peine remise de ses couches, qu'elle se mit à perdre du sang et dut s'aliter pendant les jours qui suivirent la mise à sac d'Engaddi. Judith et David, qu'elle avait initiés à la connaissance des plantes ainsi qu'à la préparation de décoctions et de liniments, composaient pour elle diverses médications utiles à sa convalescence. Mais aucune potion n'agit sur Houldah qui ne se releva pas du choc des événements d'Engaddi et s'éteignit quelques jours plus tard, à peine réconfortée par la mort de Shobal.

Durant ce même temps, on apprit qu'à Jérusalem les zélotes s'étaient divisés en deux factions, l'une sous le commandement de Jean de Giscala, l'autre sous celui d'Éléazar ben Simon et Zacharie ben Amphicanus, enfin alliés. Des rixes avaient éclaté à plusieurs reprises entre les partis qui ne laissaient pas pour autant en repos les habitants de Jérusalem dont les plus menacés se réfugiaient auprès des Romains. Dès le début du printemps, Vespasien s'était rendu avec son armée à Antipatride. Après avoir ruiné la région, il s'était emparé sans combat des villes de Lydda et Jamnia qu'il avait peuplées de familles venues d'autres villes, puis il marcha sur Emmaüs d'où il occupa et fortifia le passage menant à Jérusalem.

Lorsque Milkah put de nouveau se lever, un envoyé de Simon vint annoncer que les Romains avaient pénétré profondément en Idumée. Ils avaient pris Bethori et Caphartoba où Vespasien avait fait massacrer plus de deux mille hommes, réduit mille autres en esclavage, chassé le reste de la population et laissé en place une garnison afin qu'elle ravage les montagnes voisines. Comme il redoutait que Vespasien ne poursuive sa marche vers le village de Naïn où il avait établi son quartier général, Simon demanda qu'on vînt lui prêter main-forte et lui apporter encore de l'or. Ainsi Marcus se mit-il en route à la tête d'une troupe réunissant cent de ses hommes et cinq cents guerriers confiés par Éléazar ben Jaïr. Démétrios ne l'accompagna pas car Mariamne risquait d'accoucher d'un jour à l'autre.

Depuis la mort de sa sœur Milkah était souvent saisie d'angoisses et de craintes irraisonnées. Elle se sentait souillée par l'accomplissement de sa vengeance et cherchait en vain un apaisement à ses tourments. Pensant qu'elle ne le trouverait qu'auprès des saints de Messad Hassidim, elle prit la décision d'aller y faire une retraite, comme le faisaient de nombreux fidèles des deux sexes. Judith l'accompagna ainsi que David et Salomé, qui aimait soigner le bébé, et, finalement, Joarib se joignit à eux. Son intention était d'en profiter pour aller embrasser ses parents avant de les rejoindre à Messad Hassidim.

Ainsi, par un chaud matin de printemps se mirent-ils tous les cinq en route vers le couvent des esséniens. Ils allaient à cheval, chacun portant en croupe son bagage dans une sacoche en cuir. Ils y parvinrent tard dans la matinée du lendemain. Le portier les conduisit immédiatement devant Lamuel à qui Milkah fit alors savoir qu'elle désirait séjourner dans l'une des grottes de la communauté.

– Onias va vous conduire et tu viendras ensuite me donner des nouvelles.

Le portier les emmena vers l'une des grottes qui perçaient les parois de la falaise dominant les bâtiments religieux. Certaines étaient réservées aux nombreux membres de la communauté qui y vivaient en permanence, d'autres étaient destinées aux fidèles de passage qui désiraient, comme Milkah, y faire une retraite. Onias conduisit les voyageurs vers l'extrémité de la falaise. La cavité était suffisamment spacieuse pour les abriter tous les cinq avec leurs chevaux. Le sol était couvert de paille propre et on y avait déposé des cruches en terre et des ustensiles de cuisine en bois et en poterie.

– Voilà qui conviendra parfaitement, déclara Milkah.

Elle confia l'enfant aux deux femmes puis elle sortit de son bagage une robe longue dans laquelle elle se drapa après avoir ôté ses armes. Elle se rendit auprès de Lamuel et lui rapporta tout ce dont elle avait été témoin depuis sa dernière visite. Le prêtre l'assura qu'elle ne portait pas le poids de la mort de Shobal ni des gens d'Engaddi, coupables d'avoir soutenu un homme injuste et de s'être faits les complices de ses iniquités. Il lui fit part ensuite de ses inquiétudes pour la communauté : un messager venait de lui faire savoir que Vespasien avait quitté l'Idumée pour marcher vers Samarie, au nord de la Judée, pensait-on.

– Contrairement à ce qui a été dit, ce n'est certainement pas pour se rendre en Galilée dont il est le maître que Vespasien a entrepris cette marche. Je crains qu'il n'ait eu vent de l'existence de notre communauté et de son action dans la révolte. Or, de tous les gens réunis ici tu es la seule personne capable de manier les armes. C'est peu pour résister à une armée.

– Dans le cas où tes craintes seraient fondées, lui dit Milkah, il sera toujours possible de chercher du secours à Massada.

– Nous sommes entre les mains de Dieu, soupira Lamuel.

En le quittant Milkah alla se munir d'une amphore qu'elle remplit à la citerne voisine des bâtiments. Quand elle fut de retour à la grotte, elle y trouva trois femmes assises sur de la paille en conversation avec Judith et Salomé.

– Voilà la jeune mère ! s'exclama l'une des femmes, plantureuse matrone coiffée d'un haut turban et couverte de lourds bijoux.

Milkah se montra amène, salua les visiteuses et s'assit auprès d'elles.

– Mon nom est Abital, reprit la femme. Nous sommes venues voir le bambin : il est si mignon, un don du Seigneur !

– Allez-vous rester longtemps parmi nous ? demanda une autre femme.

– Deux semaines, répondit Milkah.

– C'est bien peu. Moi je suis ici depuis six mois. Mon nom est Myriam.

– Et moi Milkah.

– Ton mari est un soldat, d'après ce que m'ont dit tes compagnes, l'entreprit la troisième femme. Le mien l'était aussi. Je m'appelle Josabeth. Mon époux a combattu à Gaza avec Jean l'Essénien. Le Seigneur l'a rappelé auprès de lui.

– La guerre n'est pas une bonne chose, déclara sentencieusement Abital. Nous autres, femmes, nous donnons la vie non sans mille peines pour qu'ensuite les hommes la tranche d'un simple coup d'épée.

– Le repas est prêt, fit savoir Salomé. Voulez-vous manger avec nous, mes amies ?

– Grand merci, c'est fait depuis longtemps ! s'exclama Abital. C'est déjà la sixième heure.

Comme Salomé servait l'eau puisée à la cruche, Myriam se leva :

– On m'a apporté une outre de bière de Médie, dit-elle, je vais vous en chercher.

– Tu es trop aimable, dit Judith.

– Rapporte aussi des beignets au miel que j'ai préparés ce matin, ajouta Abital.

Milkah la remercia tout en précisant :

– Ce jour nous pouvons encore profiter de ces douceurs, mais à partir de demain je revêts le sac et je vis à la manière des ascètes.

– As-tu fait un vœu ? demanda Myriam.

– Précisément.

– Iras-tu travailler aux champs ?

– Bien sûr. Toutes les trois.

Le lendemain, dès la première heure, Joarib partit en direction de Jéricho. Les trois jeunes femmes ôtèrent alors leurs tuniques, leurs bijoux et leurs parures pour revêtir le sac, carré de toile grossière tissée en poil de chèvre agrafé sur une épaule et ouvert sur un côté ; une ceinture de corde maintenait les pans serrés contre le corps. C'était un vêtement de deuil qu'on portait par ascétisme, afin de s'humilier et de s'infliger une pénitence. Elles demeurèrent aussi tête et pieds nus. Après avoir confié Ariel à David, elles allèrent retrouver Josabeth avec qui elles se rendirent aux champs. Le contremaître chargé de la direction des récoltes leur remit à chacune une faucille et elles passèrent leur matinée à couper les tiges de blé qu'on mettait en tas pour les porter sur les aires voisines où des bœufs les foulaient sans qu'on les muselât selon la prescription mosaïque afin qu'ils eussent leur part de la récolte.

Lorsqu'elles quittèrent le champ, elles étaient couvertes de poussière, les cheveux défaits et remplis de balle qu'elles se retirèrent mutuellement, les reins moulus. L'après-midi, Milkah se retira sur un coteau pour méditer et prier tandis que Judith et Salomé lavaient le linge du bébé et recevaient la visite des voisines.

Dix jours s'écoulèrent avant que Joarib ne fût de retour, porteur d'une nouvelle inquiétante : Vespasien, à la tête de son armée, était entré le matin même dans Jéricho. Une partie des habitants s'était enfuie vers les montagnes de Judée. Joarib avait pu passer juste avant l'arrivée des Romains.

– Gardons notre calme et attendons, déclara Lamuel à Milkah qui était venue vers lui pour lui annoncer la nouvelle. Nous autres, prêtres lévites, sommes décidés à mourir ici ; quant aux fidèles, ils ne savent où aller, à moins de s'enfuir dans les montagnes comme l'ont fait les gens de Jéricho. Nous allons néanmoins mettre à l'abri divers livres et objets sacrés afin qu'ils ne puissent être découverts en cas de malheur.

Le lendemain, chacun reprit sa tâche comme à l'accoutumée. Joarib resta à la grotte avec David, tandis que les jeunes femmes se rendaient aux champs. La moisson étant terminée, elles travaillèrent dans les potagers. À l'aide de houes, elles creusaient des rigoles dans la terre dure afin d'irriguer les champs grâce à un *chadouf* qui tirait une eau saumâtre d'un puits que les hommes distribuaient ensuite dans les canaux.

Le soleil était haut dans le ciel et la chaleur devenait étouffante quand, vers la troisième heure, Joarib vint leur apporter à boire. Il s'approcha de Judith et lui tendit l'outre. La jeune fille se redressa, passa le dos de sa main sur son front pour en essuyer la sueur, et but à longs traits, puis elle laissa gicler l'eau sur son visage et sa poitrine sans se soucier de mouiller la toile de sa tunique grise de poussière. Le jeune homme la regarda en riant :

– Judith, te voilà transformée en paysanne, mais cela te va très bien.

Elle examina ses bras hâlés par le soleil, ses pieds maculés de terre et se mit à rire à son tour.

– Ce travail m'amusera un moment, dit-elle en lui rendant l'outre, mais je ne pourrai pas l'endurer longtemps.

Elle n'avait pas fini de parler que des cris indistincts attirèrent leur attention. Un homme arrivait en courant du côté de la mer et à mesure qu'il s'approchait les travailleurs dans les champs abandonnaient leurs outils et s'élançaient vers les bâtiments.

– Qu'est-ce qui leur prend ? s'étonna Milkah.

– Les Kittim ! Les Kittim d'Assour ! criait-il.

Lorsqu'il parvint à leur hauteur, Milkah l'arrêta.
– Sauve-toi, femme, le grand jour est arrivé ! Pour nous, c'est la fin !
– Sont-ils nombreux ?
– Plus de cent mille ! Ils se sont abattus sur les champs là-bas vers le Jourdain et ils ont massacré tous les gens qu'ils ont rencontrés.
– Bois un peu et repose-toi.
Elle lui tendit l'outre.
– Femme, tu déraisonnes. Il n'est plus temps de boire ou de se reposer, il faut fuir.
Elle l'attrapa vivement par le bras avant qu'il ne s'éloigne.
– Sont-ils loin ? Viennent-ils par ici ?
– Lâche-moi !
– Réponds d'abord.
– Comment savoir ? Ils demandaient aux gens où se trouve le lieu qu'on appelle Messad Hassidim, mais personne ne voulait le leur dire et ils ont tout massacré et pillé. J'ai pu me sauver et je viens vous avertir, pour que vous fuyiez dans les montagnes. Si ce n'est pas aujourd'hui ce sera demain, ou d'ici à la pleine lune, mais ils viendront apporter le feu et la mort.
– Qu'allons-nous faire ? demanda Salomé avec anxiété.
– Poursuivre notre travail.
Le lendemain, jour de sabbat, les jeunes femmes restèrent dans la grotte ou dans ses alentours immédiats, sauf Milkah qui se retira dans les collines pour herboriser. Malgré l'annonce de l'arrivée des Romains, nul ne laissa paraître sa crainte et lorsque la lumière de la fin du sabbat fut allumée, les femmes du voisinage vinrent se réjouir auprès de Milkah et de ses compagnons de ce que les Kittim n'étaient pas venus.
– Le Seigneur nous protège, assura l'une d'entre elles, et il égarera les Kittim pour qu'ils ne trouvent pas notre communauté.
– Que le Ciel t'entende, soupira Myriam.
Le jour suivant, chacun reprit son travail avec une assurance nouvelle. Cependant, Milkah connaissait trop bien la ténacité des Romains pour ne pas savoir que s'ils avaient décidé de détruire la communauté essénienne, rien ne leur ferait renoncer à leur entreprise. Aussi dépêcha-t-elle Joarib auprès de Marcus pour l'aviser du danger que couraient les prêtres et les fidèles tandis qu'elle envoyait David en sentinelle sur la route de Jéricho. Elle se rendit aux champs en compagnie de Judith tandis que Salomé restait à la grotte avec Ariel.
Au cours d'une pause, Judith qui se redressait pour se masser les reins, vit David arriver au galop. Dans le lointain, une ligne sombre, mouvante, semblait danser dans la chaleur épaisse de l'air.
– Les Romains ? demanda Milkah au jeune garçon lorsqu'il eut arrêté sa monture près d'elle.

– Non, des hommes de Jérusalem. Jean de Giscala est à leur tête.

– Jean de Giscala ! s'exclama Milkah. Quelle perfidie peut-il bien préparer ?

– Silas est-il avec eux ? demanda Judith.

– Je ne l'ai pas vu, mais ils sont nombreux et je me suis éloigné dès qu'ils se sont approchés.

La troupe se déplaçait à pied et sans ordre ; seuls les chefs allaient à cheval. Ils avançaient dans les champs sans souci du labeur de ceux qui y travaillaient. Milkah vit qu'ils passeraient forcément près d'elles, mais elle poursuivit sa tâche sans leur accorder plus d'attention. Jean de Giscala, qui était accompagné de cinq hommes, à cheval comme lui, s'arrêta à sa hauteur. Milkah leva la tête et repoussa une mèche qui retombait sur son visage.

– Par la Sainte Cité ! s'exclama Jean. Que vois-je ? L'orgueilleuse fille de Qorakh qui travaille la terre, comme une misérable paysanne ? Que dis-je, comme une vile esclave, à peine couverte d'un haillon ! Car tu es bien cette Milkah, fille de Qorakh.

La jeune femme le toisa avant de répliquer avec une sèche ironie :

– J'admire la manière dont tu es renseigné à mon propos. Mais sache, fils de Lévias, que je n'ai nul orgueil devant Dieu, car nous ne sommes rien à ses yeux. Sache encore que le haillon que je porte est le sac d'humilité, une chose que tu ignores. Et si tu avais un jour travaillé comme un paysan, tu montrerais plus de respect envers cette terre qui nous nourrit, et pour les efforts des hommes qui la rendent féconde, et tu ne permettrais pas à tes soudards de piétiner ainsi les champs.

– Le sac d'humilité ne te rend pas moins agressive... Mais, à tes côtés, n'est-ce pas Judith, la fille de Samuel, presque reine de Césarée, de Batanée, d'Auranitide et de Trachonitide ?

– Tes railleries se retournent contre toi, Jean, car à tous ces royaumes, Judith a préféré l'amour de notre nation, et elle le prouve, contrairement à toi.

– À ce propos, tu me rappelles que cette femme est une captive qui doit nous être remise.

– Est-ce pour cela que tu es venu ici, protégé par cette forte troupe ?

– À vrai dire j'ignorais votre présence ici. Mais puisque le Seigneur nous a conduits jusqu'à elle, nous allons nous en emparer !

– Fils de Lévias, crains qu'avec cette houe je ne t'humilie au milieu de tes hommes. Et si tu veux Judith, descends de cheval et ose venir la prendre.

– Que se passe-t-il ? Qu'ai-je entendu ?

Les zélotes se poussèrent avec respect devant Lamuel qui s'approcha, entouré des prêtres, des lévites et d'une partie des fidèles. Il s'arrêta devant Jean de Giscala :

– Qui es-tu donc pour t'adresser d'une telle manière à Shéba, l'honneur et le pilier de notre secte, la gloire de notre nation que la main du Seigneur a bénie ?

– Je suis Jean, fils de Lévias, répliqua-t-il en pâlissant. Je suis venu avec mes hommes défendre votre communauté en apprenant l'approche des gentils.

– Nous ne t'avons pas appelé. Et voilà que toi et tes hommes vous piétinez nos récoltes ! Je vous vois tous disposés à faire plus de mal que les gens de Gog et de Magog et tu oses réclamer comme captive une femme dont tous ici apprécient la piété et le dévouement à notre cause ?

Et, soudain, il éleva la voix et s'écria d'un ton de colère :

– Retirez-vous d'ici, insensés, avant que je ne vous maudisse et que le bras du Très-Haut ne s'abatte sur vos têtes impies !

À ces mots les hommes de la troupe tombèrent à genoux et les cavaliers eux-mêmes sautèrent de leur montures pour venir se jeter dans la poussière aux pieds de Lamuel et implorer son pardon. Jean de Giscala se vit alors contraint d'agir comme eux. Lamuel parut alors se calmer.

– Si vous êtes vraiment venus ici le cœur pur dans l'intention réelle de défendre notre sainte communauté, vous pouvez établir votre camp dans ces terrains situés hors de l'enceinte de notre communauté. Mais hâtez-vous de quitter ces champs dont nous tirons notre pain.

Les hommes se relevèrent et les chefs montèrent à cheval.

Milkah les regarda s'éloigner, cherchant dans la foule des piétons le visage de Silas, mais elle ne l'aperçut pas. Les zélotes s'installèrent au bord des collines qui, vers le sud, dominaient une gorge desséchée ouverte vers la mer Morte. À la sixième heure, les deux jeunes femmes regagnèrent la grotte. Comme Judith restait silencieuse, Milkah lui demanda :

– Est-ce l'arrivée de ces hommes qui te rend si grave ?

– Je suis inquiète. Je suis sûre que Jean a l'intention de profiter du désordre que causera la venue des Romains pour te nuire.

– Ne crains rien. Joarib va parvenir à Massada avant la fin de la journée. Je connais Marcus : s'il est rentré d'Idumée, il se mettra aussitôt en route avec sa troupe et il sera là avant demain soir.

Elle se leva et lui tendit le bébé.

– Je te le confie, le temps d'aller prier dans les collines.

– Oh non ! Pas aujourd'hui, ou alors, permets-moi de t'accompagner ! s'exclama-t-elle.

– Judith, cesse de t'inquiéter. Si cela peut te tranquilliser, je vais emporter une arme.

Elle se saisit d'un javelot et gravit la colline par une coulée pierreuse. Elle alla s'asseoir sur un coteau dénudé et resta immobile à se remplir du spectacle de l'immensité du ciel, de la terre et de la mer. Elle fut soudain tirée de cette sorte d'extase par un froissement si léger que même une oreille exercée aurait pu le confondre avec le bruissement du vent dans les herbes. D'un coup de reins, elle roula sur elle-même puis se redressa sur un genou, le javelot prêt à frapper. Elle regarda autour d'elle mais ne vit rien. Elle resta un instant en arrêt, scrutant chaque pierre, chaque dénivellation du terrain, à demi éblouie par la lumière du soleil qui parvenait au sommet de la colline. « Ce devait être un lièvre, se dit-elle. Les craintes de Judith m'ont rendue nerveuse ! » Elle se reprocha sa réaction et se redressa. Elle jeta un dernier coup d'œil vers les hauteurs avant de s'éloigner.

Si Milkah avait été plus prudente, elle aurait gravi la colline afin de s'assurer qu'elle s'était alarmée en vain. Elle aurait alors surpris Silas, couché dans un trou entouré de deux rochers. Car non seulement Silas était avec les hommes de Jean de Giscala, mais c'est lui qui avait engagé ce dernier à se porter vers Messad Hassidim en le persuadant que les esséniens y disposaient de nombreuses richesses.

– Ton projet est séduisant, Silas, avait répondu Jean de Giscala, mais nous devons agir avec la plus grande prudence et ne rien laisser soupçonner d'un tel dessein à nos hommes. Ils vouent un respect incroyable à ces prêtres qui leur inspirent une sorte de crainte. Aucun n'oserait lever la main contre eux ou s'approprier un bien leur appartenant ; ce serait à leurs yeux un horrible sacrilège. Il faut donc que les Romains les éliminent et incendient les bâtiments après que nous aurons mis la main sur leur trésor. Nous pourrons alors justifier notre action en déclarant que nous les avons soustraits à l'avidité des gentils.

Lorsqu'ils avaient quitté le bord de la mer et emprunté le chemin de Messad Hassidim, Silas, qui chevauchait derrière Jean, aperçut, assis sur un rocher, David qu'il reconnut tout de suite. Shéba et peut-être Judith ne devaient pas être loin ! Avec la plus grande prudence il avait sauté aussitôt au bas de son cheval, s'était caché à demi le visage derrière un pan de sa tunique et s'était fondu dans la foule des piétons où ni David ni plus tard Milkah et Judith n'avaient pu le distinguer.

Le lendemain, en se rendant aux champs pour la dernière fois, Milkah dédaigna de prendre une arme, bien que Judith l'y eut incitée. Le champ où elles travaillaient se trouvait à peu de distance du camp des zélotes. Des hommes s'approchèrent pour les regarder passer, mais elles ne leur accordèrent pas la moindre attention. Jean, debout près de l'entrée de sa tente, les suivit des yeux jusqu'à ce qu'elles soient parvenues dans le champ où elles se mirent au travail.

– Ne crains-tu pas qu'ils tentent de te décocher une flèche ? s'inquiéta Judith tout en creusant une rigole avec sa houe.

– Ils n'oseront jamais agir aussi ouvertement, d'autant que Jean s'aliénerait la majorité de ses compagnons en se comportant ainsi. Nous pouvons travailler l'esprit tranquille.

De fait, la matinée s'écoula sans le moindre incident, et les deux jeunes femmes, lorsque le soleil eut atteint le zénith, quittèrent le champ.

Elles terminaient leur repas quand des clameurs venues du côté de la mer attirèrent leur attention. Milkah avança jusqu'au bord de l'esplanade donnant accès à la grotte. Une grande agitation régnait autour des bâtiments conventuels. Quelques fidèles chargés de servir les prêtres s'élancèrent vers les grottes pour annoncer la venue des Kittim. Aussitôt, un vent de panique souffla sur la foule des occupants des grottes. Chacun courut vers son abri afin d'y rassembler ses quelques biens et de se munir de vivres et d'eau.

– Armons-nous, et préparons les chevaux, ordonna Milkah en revenant vers la grotte.

On distinguait vaguement les tuniques des cavaliers romains qui gravissaient les pentes, bientôt suivis des légionnaires dont les casques et les fers de lance scintillèrent dans le soleil. Les zélotes avaient pris position à la lisière des champs.

– Que faisons-nous d'Ariel ? demanda Judith en ceignant son épée.

– Pour l'instant, laissons-le dormir. Lions nos sacs sur la croupe des chevaux et rentrons-les dans la grotte afin que les Romains ne puissent pas les voir. Nous allons nous installer ici et assister au combat en spectateurs. C'est bien notre tour, n'est-ce pas ?

Le combat s'était engagé et les zélotes se faisaient tailler en pièces par la cavalerie. Ils reculaient vers les bâtiments sur les toits desquels certains d'entre eux s'étaient embusqués et commençaient à lancer des flèches et javelots.

– L'affaire tourne mal, murmura Judith.

– Il n'en pouvait être autrement. Les hommes de Jean de Giscala n'ont jamais su se battre. Si Marcus n'arrive pas avec sa troupe, c'en est fait du camp des saints, constata Milkah.

– Les Romains viendront alors jusqu'ici, d'autant qu'ils ne peuvent manquer de voir tous ces gens qui prennent la fuite, remarqua Judith.

– Je crois que nous pourrons faire grimper les chevaux par le chemin qui conduit jusqu'au sommet des collines, dit Milkah. Sinon, nous fuirons à pied, mais il est inutile que nous intervenions, ce serait un suicide.

– Regardez, les Romains ont pris pied sur les terrasses et des zélotes refluent par ici ! s'écria David.

Ils assistèrent en silence à l'assaut des bâtiments qui bientôt furent entièrement investis par les légionnaires. Milkah se redressa.

– Non, je ne peux laisser massacrer Lamuel et nos saints prêtres.

Judith lui saisit le bras.

– Tu l'as dit toi-même, Milkah, ton intervention serait un suicide inutile. N'oublie pas que tu te dois à Ariel... et à Marcus.

– J'ai le sentiment de me rendre coupable d'une lâcheté.

– Oh ! Mais attends... Regarde, regarde ! s'égosilla David.

– Une troupe de cavaliers qui vient de Massada. Certainement les hommes de Marcus ! s'exclama Milkah.

– Attention ! Baissez-vous, voilà les Romains, supplia Judith.
– C'est une véritable armée qu'amène Marcus !
David trépignait en criant ainsi.
– Oui, et les cavaliers chargent les Romains. Allons leur prêter main-forte... aux chevaux en...
– Milkah !
Le cri de Judith lui coupa la parole et, avec stupeur, elle reçut sa compagne dans les bras. Elle vit alors Silas qui, profitant de ce qu'elle fût embarrassée du corps de Judith, courait vers elles, l'épée levée. Il s'arrêta soudain, en portant sa main gauche à sa poitrine : dans un réflexe fulgurant, David venait de lancer son poignard et, aussitôt après, l'épée au poing, il se jeta contre lui en l'invectivant :
– Traître ! Assassin ! Je te tuerai, je te tuerai !
– Judith ! Ma Judith ! gémit Milkah en découvrant un javelot planté dans son flanc.
– Je l'ai vu à temps... murmura-t-elle.
– ... À temps pour te jeter entre lui et moi et prendre le trait qui m'était destiné. Oh, Judith, c'est trop injuste !
David se battait avec une telle fureur que Silas, déjà blessé, tentait en vain de se défendre. Milkah, qui ne voulait pas abandonner Judith, n'avait pas trop d'inquiétudes pour son protégé. D'un coup, il fit sauter l'arme de son adversaire, et, faisant tournoyer l'épée, lui déchira à la fois le bras et la poitrine.
– Au ventre David ! Au ventre ! cria Milkah qui, après avoir aidé Judith à se coucher, retirait le javelot de la blessure.
D'un coup de taille, David fendit le ventre de Silas qui recula, laissant sur le sol une longue traînée sanglante. David se mit alors à le frapper du plat de la lame, puis, lorsqu'il tomba, il le larda de coups d'épée et le roua de coups de pieds dans la tête sans cesser de crier de l'injurier.
– Arrête, David ! Arrête ! Il est mort ! lui cria Milkah.
Attirée par les cris, Salomé était accourue. Elle s'agenouilla près de Judith.
– Va vite chercher de l'eau et des étoffes, lui dit Milkah.
– Non, c'est inutile, souffla Judith. Je sens la vie me quitter avec mon sang.
Elle bougea pour trouver une position moins pénible.
– J'ai si mal, soupira-t-elle.
– Salomé, David, apportez vite de la paille. Judith, ne crains rien, on va te soigner.
– Non, Milkah, j'ai été touchée à mort, et c'est mieux ainsi.
– Ne dis pas cela, Judith. Nous t'aimons tellement.
– Et, moi, Milkah, je t'ai aimée plus qu'une sœur.
– Tu as cherché à m'aimer mais, celui que tu aimais, je l'ai compris, Judith, c'était Marcus.

Judith hocha la tête.

Milkah, précautionneusement, glissa sous elle la paille qu'apportaient Salomé et David.

– Regarde Milkah, dit Salomé, les bâtiments brûlent. Les saints ont dû être massacrés par les Romains.

– Hélas ! Salomé, je ne puis plus rien pour eux, mais je peux encore pour Judith.

Le visage de la jeune fille était devenu très pâle.

– Marcus ! Voilà Marcus ! s'époumonait David en faisant des signes de la main.

Levant la tête Milkah discerna son époux qui approchait dans un nuage de poussière, renversait deux Romains qui se trouvaient sur son chemin et parvenait au bas de la rampe. Il sauta de cheval et courut vers la grotte, inquiet de ne pas voir Milkah.

– Marcus, viens vite, l'appela Milkah.

Il vint s'agenouiller auprès d'elles.

– Que s'est-il passé ?

– Judith a été grièvement blessée en voulant me sauver. Soutiens-la je vais lui faire un pansement.

– Non, c'est inutile ! murmura Judith dont le visage s'éclaira d'un pâle sourire en voyant Marcus.

Elle tourna son regard vers le visage grave de Marcus qui se détendit.

– Milkah te sauvera, Judith, commença-t-il.

– Non, tout est terminé, Marcus, c'est bien... Oh ! Milkah ! ces paroles d'Isaïe me viennent à l'esprit comme une inspiration du Seigneur.

Alors ta lumière jaillira comme une aurore et tes blessures se cicatriseront rapidement.

Devant toi marchera la justice, et la gloire de l'Éternel fermera la marche.

Elle avait prononcé ces paroles en un souffle, si bas qu'on l'entendait à peine. Milkah poursuivit :

Alors tu appelleras et l'Éternel répondra, tu pousseras des cris et il répondra : « Me voici ! »

Si tu te débarrasses du joug des passions, si tu chasses les paroles coupables, si tu offres à l'affamé ce que tu voudrais pour toi-même et que tu rassasies de justice l'opprimé, alors la lumière se lèvera dans les ténèbres, ton obscurité sera comme la clarté de midi.

Le corps de Judith se fit lourd entre les bras de Marcus.

– Judith ! oh ! Judith ! s'exclama Milkah.

Et, pour la deuxième fois, Marcus la vit pleurer.

Joarib avait suivi Marcus à quelque distance En voyant Judith ainsi étendue, il resta interdit et, devant les visages douloureux de Milkah et David, il comprit qu'elle était morte. Alors il courut vers eux en poussant un cri et se jeta sur le corps de la jeune fille.

– Non, ce n'est pas possible ! Ce n'est pas vrai ! Judith, mon aimée ! Judith réponds-moi, parle-moi !

Marcus posa sa main sur son épaule.

– Dis-moi qu'elle n'est pas morte, gémit-il en levant vers lui son visage baigné de larmes.

Marcus hocha la tête. Alors il poussa un hurlement et, se redressant, il bondit sur son cheval et s'éloigna au galop.

– Joarib ! cria Marcus.

– Laisse-le, dit Milkah. Il est des moments où la vie ne mérite plus d'être vécue. Dieu décidera de ce qui convient le mieux à ce pauvre garçon. S'il te plaît, Malchios, porte Judith dans la grotte afin que nous fassions sa toilette. Il faudrait aller chercher de l'eau... Les Romains sont en fuite. Je vais à la citerne. Malchios, reste ici pour protéger Ariel. Moi, j'emmène David et Salomé. Prenons chacun une cruche.

Ils s'éloignèrent d'un pas rapide. À peu de distance, les Romains résistaient aux hommes de Massada ; Milkah remplissait les cruches que lui tendait Salomé lorsque David s'écria :

– Milkah ! Regarde Joarib !

Elle tourna la tête et aperçut le jeune homme pressé par six légionnaires à pied. Il frappait à droite et à gauche, maîtrisant son cheval qui piaffait, tournait sur lui-même en soulevant un nuage de poussière.

– Je vais à son secours ! s'exclama Milkah. Attendez-moi là !

Elle reposa la cruche et s'élança vers Joarib. Trois Romains étaient déjà tombés autour de lui, tués ou blessés, mais le jeune homme fut arraché de sa monture et Milkah le vit choir au milieu de ses trois ennemis qui furent enveloppés dans un tourbillon de poussière. Quand Milkah parvint à leur hauteur, elle ne trouva plus devant elle qu'un seul légionnaire qui tenait au bout de son bras une épée dégoulinante de sang. Elle se jeta sur lui en poussant un grand cri et il s'effondra, la gorge ouverte. Milkah tomba à genoux auprès de Joarib qui inondait la terre de son sang. Il ouvrit les yeux.

– Joarib, quelle folie as-tu faite ?

– Non, Milkah, c'est l'Éternel qui m'a entraîné dans les tourbillons de sa colère. Sans elle, ma vie m'aurait été insupportable.

Il parlait d'une voix faible, entrecoupée de hoquets. Il lui lança un regard suppliant :

– Dis, n'est-ce pas que je la retrouverai par-delà la mort...

– Oui, Joarib, et alors elle t'aimera et sera à toi pour l'éternité.

– Oh ! pour l'éternité ! Judith... attends-moi !...

Ce fut son dernier cri. Son corps se raidit et il ouvrit de grands yeux qui restèrent fixes.

Les zélotes de Massada étaient maîtres du terrain.

Jean de Giscala, qui avait assisté, caché, au renversement de la situation provoqué par l'intervention de la garnison de Massada et se doutait que Marcus était à leur tête, jugea plus prudent de fuir.

Judith fut inhumée dans sa robe de lin, parée de ses bijoux et avec son épée, dans la même fosse que Joarib, leurs mains unies. Les dépouilles des prêtres et des lévites retirées des bâtiments à demi carbonisés furent enterrés dans des sépultures individuelles. Quant aux Romains, leurs cadavres furent traînés au loin et abandonnés aux hyènes et aux chacals. Le même sort fut réservé à la dépouille de Silas.

Ainsi périt la communauté essénienne de Messad Hassidim.

Cinquième partie

MASSADA

Chapitre XXXV

LES BALADINS

La lune se levait dans un ciel éclaboussé d'étoiles. Ses lueurs pareilles à une pluie argentée palpitaient sur la surface polie de la mer Morte et glissaient le long des falaises abruptes qui mouraient vers le rivage figé. Sur le plateau muet de Massada, cette lumière ailleurs si tendre prenait l'éclat funèbre des lampes qu'on allume dans les sépulcres. C'est cette impression qu'éprouvait Marcus en avançant lentement, une torche à la main. Dans la pénombre, son pied heurta un corps mou. Sans même baisser les yeux, il enjamba un cadavre et pénétra dans un bastion aménagé dans le rempart oriental de la forteresse. Il éleva la torche pour mieux éclairer la salle. Sur le sol gisaient quelques meubles rustiques. Son regard tomba sur un vase d'argile renversé d'où sortaient des rouleaux de papyrus. Il vint s'accroupir près de l'urne. Il ramassa un rouleau et, à la lueur de la torche, il lut le texte rédigé en hébreu :

Malheur aux cœurs lâches et aux mains qui défaillent, au pécheur qui s'avance sur deux chemins, malheur au cœur qui défaille parce qu'il manque de confiance.

Il déroula encore le livre :

Grand est le nombre de jours de l'homme s'il arrive à cent ans. Or, c'est une goutte d'eau dans la mer, un grain de sable que ces longues années dans le jour de l'éternité.

Et plus loin encore :

Il n'est pas de richesse préférable à la vigueur du corps, il n'est pas de joie plus grande que la joie du cœur. Mieux vaut la mort que la vie dans l'amertume et le repos éternel qu'un mal qui nous ronge.

Il roula le papyrus dans lequel il avait reconnu la Sagesse du Siracide, que les Grecs appelaient l'Ecclésiaste. Il semblait que la main de Dieu elle-même avait placé ces mots sous ses yeux. Il délia un autre rouleau. Ces paroles s'inscrivaient dans la lueur chancelante de la lampe :

Les âmes des justes sont dans la main de l'Éternel et aucune peine ne les atteindra. Pour l'insensé, les justes ont disparu saisis par la mort et leur départ a été regardé comme un malheur, leur éloignement comme une destruction, mais ils ont trouvé la paix. Car, si aux yeux des hommes, c'est un châtiment, l'espérance est dans l'immortalité ; et après avoir enduré quelques peines ils recevront de grands bienfaits, car l'Éternel les a mis à l'épreuve et ils lui ont paru dignes de lui. Il les a éprouvés comme l'or dans un creuset et comme un sacrifice d'holocauste il les a accueillis.

– Et comme un sacrifice d'holocauste il les a accueillis, répéta-t-il à haute voix.

Des images de son passé refluèrent : sa jeunesse entre Alexandrie, Jérusalem et Athènes, sa vie de soldat en Germanie et à Rome, enfin Jérusalem neuf ans auparavant. Un voyage qui avait transformé sa vie comme jamais il n'aurait pu l'imaginer.

Pour un peu il aurait rendu grâce à la perfidie de Gessius Florus, qui l'avait jeté dans le camp des révoltés, et lui avait fait croiser le chemin de Milkah. Milkah ! Il la voyait encore surgir du haut de l'escalier de la maison d'Engaddi, lors de leur première rencontre. La vision de Shéba, ou plutôt de Jéther, dans l'auberge des bords du Jourdain, provoquant, ironique, sûr de lui, se superposa à l'image de Milkah, dédaigneuse et dominatrice, descendant l'escalier après avoir fustigé Shobal de son mépris.

Il se remémora les événements qui avaient marqué sa vie depuis ces jours bénis jusqu'au moment où Joarib était venu le chercher à Massada pour lui demander de venir défendre le camp des saints. Il conservait toujours le regret d'être arrivé trop tard. Trop tard pour sauver les saints hommes, trop tard pour empêcher la destruction des bâtiments de la communauté, trop tard pour protéger Judith.

C'est vers ce temps que Mariamne avait mis au monde une fille qui reçut le nom de Saphira, « la belle », en araméen.

C'est aussi dans ces jours qu'arriva la nouvelle de la mort de Néron, assassiné à Rome. À la suite de cet événement aussi heureux qu'inattendu, Vespasien s'était contenté de laisser des garnisons à Emmaüs et à Jéricho, avant de retourner précipitamment à Césarée.

Peu après, Marcus et ses compagnons s'étaient remis en campagne avec Simon bar Gioras qui ravageait l'Idumée à la tête d'une armée de vingt mille hommes. L'hiver était passé en campagnes au cours desquelles Simon était parvenu à soumettre les Iduméens. Assuré de ses arrières, il était venu établir son camp au sud de Jérusalem, près du village de Siloé, et avait déclaré qu'il ne quitterait cette place que pour s'installer dans la cité sainte. Pour bien marquer sa volonté, il y avait emmené presque tous ses hommes, n'en laissant qu'un petit nombre en Idumée pour tenir quelques places fortes.

Simon contrôlait les routes conduisant vers l'Idumée et Massada dans le cas improbable d'une intervention romaine qui l'aurait contraint à battre en retraite. Sa troupe d'hommes peu aguerris, grossie par les femmes et les enfants des combattants, était manifestement insuffisante pour prendre la ville. Les premiers jours, il avait tenté quelques assauts, mais, démuni de machines de siège et de catapultes, il avait eu la sagesse de ne pas s'obstiner dans une tactique qui aurait à la longue décimé son armée. Il s'était donc contenté de tenir la campagne et d'interdire aux zélotes de quitter la ville. Dans un premier mouvement de colère, il avait même fait arrêter les paysans et les marchands qui sortaient de la cité ou tentaient d'y entrer, mais Marcus l'avait convaincu de ne pas indisposer davantage la population de Jérusalem et des villages environnants. Depuis, pour assurer le ravitaillement de la cité, les zélotes ouvraient, à l'aube, la porte des Jardins, située à l'ouest et bien défendable depuis les tours du palais d'Hérode et la porte Dorée donnant accès depuis le Temple à la route de Béthanie. Avant de déverrouiller les lourds battants bardés de fer, les zélotes veillaient à ce que nul homme de Simon ne fut en vue et ils les refermaient dès que les gens qui attendaient l'ouverture étaient passés. On les rouvrait un moment avant le coucher du soleil. Chaque fois, les zélotes s'entouraient d'un luxe de précautions, triplant le nombre des gardiens pour examiner tous ceux qui se présentaient et fouiller les charrettes et les ballots afin qu'on ne tentât pas d'introduire secrètement quelque ennemi.

Le temps passait avec une lenteur irritante et Marcus redoutait que les hommes, peu disciplinés, ne se lassent de rester ainsi dans l'inaction. Un matin, Simon le fit appeler. Accompagné de Milkah et de Démétrios, il s'était rendu sans plus tarder auprès de leur ami qui résidait à quelque distance dans une tente luxueuse. Simon marchait nerveusement sous l'auvent.

Après les salutations d'usage, il se tourna vers un homme vêtu de haillons, au chef couvert d'un méchant turban, pareil à l'un de ces mendiants qui traînaient leur misère sur les degrés du Temple.

– Sans doute n'avez-vous pas reconnu Matthias, fils de Boëthus, leur avait aussitôt dit Simon en désignant l'homme qui s'était levé pour saluer les nouveaux venus.

Devant leurs regards surpris, Matthias avait esquissé un sourire.

– Il est vrai que nous ne nous sommes rencontrés qu'une fois chez ton beau-frère, Marcus Claudius, il y a près de dix-huit mois... Si d'aventure j'avais tenté de passer les portes vêtu comme je le suis habituellement, j'aurais été mis à mort sans autre forme de procès.

– Je croyais que les zélotes laissaient sortir qui le voulait...

– Pas du tout ! Les gens du peuple, les étrangers à la ville peuvent aller et venir sans risques, mais la sortie d'un pharisien aussi connu que moi serait interprétée comme une trahison, surtout ces derniers temps où ils réalisent combien nous sommes las de tous leurs crimes. Jean de Giscala s'est installé dans le palais de Crapta, la cousine d'Izate, roi d'Adiabène et, de là, il impose sa tyrannie à toute la cité. Ses hommes se comportent comme des brutes infâmes. Ils s'introduisent dans les demeures où ils s'emparent des richesses qui s'y trouvent. Personne n'ose protester, car une prompte mort menace tous ceux qui s'opposent à leurs vices. Heureux sont ceux qui n'ont pas été arrêtés et jetés dans des prisons où ces insensés prennent plaisir dans les tourments qu'ils infligent. Si une femme leur plaît, sans se soucier qu'elle soit vierge ou épouse, ils la prennent et vont jusqu'à s'unir à elle dans la rue et dans les lieux publics ; leur plaisir n'est que plus vif lorsque les malheureuses tentent de défendre leur pudeur. Par crainte de leurs cruautés et peut-être pour se concilier d'aussi vils tyrans, les mères vont jusqu'à s'abandonner elles-mêmes et à offrir leurs filles sur le pas de leur porte. Les jeunes gens et les jeunes garçons ne sont pas plus à l'abri de leurs injures, car les mœurs abominables de Sodome règnent dans la cité. Ces impies, afin de satisfaire leur monstrueuse lubricité, osent s'habiller en femmes, se fardent et se frisent, et dépassent même les courtisanes par des actes d'une lascivité abominable. En vérité, Jérusalem n'est plus qu'une taverne où ruisselle le vin, un lupanar où déborde la débauche. Mais cela ne suffit pas à leur impudicité : se prostituer en public et prostituer les autres leur sont devenus des actions par trop banales. Voilà que maintenant, non contents de souiller la vierge ou le garçon innocent, ils augmentent leur plaisir en arrosant les malheureux du sang de leurs parents ou en les faisant ensuite mourir dans les pires tourments. Sous leurs habits de femmes et leurs attitudes de débauchés, ils cachent un cœur d'une férocité incroyable et de sous leur robe peuvent aussi bien jaillir le stupre que l'épée. Ainsi dans le même temps qu'ils marchent d'un pas lent et affecté et qu'ils prennent des mines efféminées, ils n'en sont pas moins prompts à tirer le glaive contre celui qui a le malheur de sourire d'eux ou de leur déplaire en quelque manière. Et comme ils entrent chez les gens comme chez eux, nul ne peut échapper à leur lubricité et à leur férocité.

Ayant ainsi parlé, Matthias s'était caché le visage dans les mains comme pour y effacer la souillure que ses paroles auraient pu y déposer.

– Par la Fosse ! s'était exclamé Simon. Le Seigneur l'a bien dit à Moïse : les enfants d'Israël sont un peuple à la nuque raide ! Quoi ! Vous gémissez comme des petits enfants et pas un d'entre vous n'ose se dresser contre ces fils de Bélial ?

– Nous ne sommes pas armés et tous les hommes qui auraient été susceptibles de combattre ces monstres ont été décimés soit par les Romains, soit surtout par les zélotes eux-mêmes et les Iduméens, depuis tant de temps qu'il exercent leur fureur dans la ville. Simon ben Gamaliel, jusqu'ici respecté comme chef du peuple depuis la mort d'Hanan et comme allié des zélotes et de Jean de Giscala, Simon commence à craindre pour ses amis, sa famille et lui-même. C'est lui qui m'envoie vers vous car il lui est impossible de quitter la ville.

– Que suggère-t-il que nous fassions ? avait alors demandé Marcus.

– Seule l'armée de Simon peut s'opposer aux Galiléens de Jean et aux zélotes, mais ils vous craignent trop pour sortir : il faut donc aller les chercher, avait rétorqué Matthias.

– Oui ! s'était exclamé Simon en se grattant la tête. Mais pour cela il faudrait que vous ouvriez les portes.

– Nous y avons songé, mais elles sont gardées en permanence par trente à cinquante hommes selon leur importance. Et si par quelque hasard nous parvenions à trouver une escouade de volontaires, à peine approcheraient-ils des tours que les zélotes les disperseraient à coups de flèches.

– Si je comprends bien, avait remarqué Marcus, vous attendez qu'une trentaine des nôtres s'introduisent dans la place pour exécuter ce travail que vous êtes incapables d'accomplir.

– Pas même, Marcus. Nous y avons longuement réfléchi. Un groupe aussi important serait bientôt repéré et mis hors de combat. Toutefois, un espoir subsiste dans les Iduméens qui se trouvent dans la ville. Ils sont plus de trois mille et commencent à être las de la tyrannie qu'exerce Jean. Nous les croyons disposés à s'opposer aux zélotes si quelque occasion favorable se présente. Or, si l'un de leurs compatriotes qui ait quelque autorité les assurait de la sympathie et de l'aide de Simon, il n'est pas impossible qu'ils se rebellent contre nos bourreaux.

– Voilà qui est déjà plus positif, avait admis Marcus. Qu'en penses-tu, Simon ?

– Bah ! sait-on jamais avec ces chiens ! Allons voir Sofa, peut-être sera-t-il de bon conseil.

Sofa, fils de Jacques, commandait un corps de plus de cinq mille Iduméens qui s'était joint à l'armée de Simon. Il leur avait fait savoir qu'il connaissait bien Cathlas, le chef des Iduméens enfermés dans la ville, et il se faisait fort de le rallier à Simon bar Gioras s'il parvenait à pénétrer dans la cité.

Ils avaient ainsi passé le reste de la matinée à élaborer des plans, sans parvenir à trouver de solution. Déambulant entre les tentes, ils étaient parvenus sur une place aménagée au milieu du camp où une grande assemblée d'hommes formaient un large cercle d'où s'élevait une musique de flûte et de cithare.

– Qu'est-ce là ? avait demandé Simon à Sofa.

– Des baladins de chez nous qui viennent distraire nos hommes. Les jours, ici, sont si longs ! Je crains qu'à la fin ils ne se lassent et ne veuillent rentrer chez eux !

– Allons donc voir ces histrions, avait alors proposé Simon.

Les spectateurs s'étaient écartés pour leur laisser le passage. Au milieu du cercle un homme robuste, au son d'une flûte dont il jouait avec art, faisait marcher, dressés sur leurs pattes arrière, deux gros ours venus sans doute des forêts du Liban. Près d'eux se tenaient deux léopards de la vallée du Jourdain. Un peu à l'écart étaient assis un jeune garçon qui jouait de la cithare, une jeune fille et un homme. Ce dernier, muni d'un fouet et d'un bâton, n'avait pour tout vêtement qu'une bande d'étoffe lui ceignant les reins et passée entre les jambes pour lui servir de cache-sexe. Le jeune garçon et le joueur de flûte portaient un pagne en peau de fauve tandis que la jeune fille était drapée de tissus fins. Comme les femmes d'Idumée, de Moab et d'Arabie, ses membres étaient couverts de bracelets et d'armilles en argent ; des fards noircissaient ses yeux et ses paupières, rougissaient ses joues, gâtant la grâce de ses traits délicats.

La jeune fille s'était levée sur un signe du belluaire qui avait fait claquer son fouet. Elle s'était avancée d'un pas léger et s'était mise à danser entre les bêtes qui la fixaient de leurs yeux sombres. Ses pieds nus, teints au henné, foulaient la terre en cadence, faisaient tinter des pièces d'argent attachées aux anneaux de ses chevilles. Tout en dansant, elle avait détaché la robe noire qui la couvrait et qui était tombée sur le sol ; elle portait dessous une robe couleur safran, plus courte et plus étroite dont les plis découvraient le tissu d'une autre tunique bleue. Lorsqu'elle s'était dépouillée de son vêtement, Sofa avait expliqué :

– Elle va ôter peu à peu tous ses voiles et rester nue. C'est une danse très commune chez les Iduméens.

– Il paraît qu'Hérode Antipas était un grand amateur de ces danses, avait remarqué Marcus.

– C'est normal puisque la famille de ce grand prince que fut Hérode était iduméenne, avait rappelé Sofa avec une pointe d'orgueil dans la voix.

– Qui pourrait l'oublier ? avait reparti Milkah. Les esséniens n'ont jamais pu pardonner à Antipas d'avoir fait décapiter un des leurs pour complaire à sa belle-fille Salomé, justement après qu'elle eut exécuté une danse semblable sous ses yeux et ceux de toute sa cour, dans le château de Machéronte.

La danseuse venait de laisser glisser son dernier voile. Elle n'était plus parée que de ses bijoux, colliers en feuilles d'argent qui serraient sa gorge et une chaîne d'argent autour de ses reins. Elle avait continué de danser au milieu des fauves, puis le belluaire avait jeté sur la piste étroite des lames aiguës qui s'étaient fichées dans la terre battue, les pieds de la jeune fille passant entre elles sans les effleurer.

Sans attendre la fin de la danse, Marcus s'était éloigné avec Sofa et Matthias. Démétrios et Simon étaient venus les rejoindre un peu plus tard en faisant l'éloge de l'adresse et de la grâce de la danseuse. Milkah ne les avait pas suivis. Elle n'était revenue qu'un long moment plus tard, joyeuse.

– Cette petite danseuse est bien gracieuse ! avait-elle déclaré.

Marcus avait haussé les épaules : la grâce de cette saltimbanque lui importait peu.

– Elle s'appelle Mical, comme la fille de Saül, n'est-ce pas étrange ? Le belluaire s'appelle Malch et le jeune garçon Makir, avait poursuivi Milkah.

– Milkah, pardonne-moi, mais que m'importent les noms de ces histrions ?

– Pendant les quatorze prochains jours, tu ne m'appelleras plus que Mical, et moi je t'appellerai Malch. Voilà qui tombe bien car c'est ton nom dans la langue des Arabes. Quant à David, on ne l'appellera plus que Makir.

– Qu'est-ce que ce jeu ? Pourquoi changer de nom pendant quatorze jours ?

– Parce que ce soir c'est la pleine lune.

– Cesse de te moquer et explique-moi à quoi rime cette excentricité ?

– Je parle très sérieusement. Si ce soir c'est la pleine lune, dans quatorze jours ce sera la nouvelle lune : la nuit sera alors obscure et d'ici là nous aurons eu le temps de nous identifier à nos nouveaux noms.

La lumière s'était alors faite dans l'esprit de Marcus.

– Si je comprends bien, ton intention est de te déguiser en danseuse, de me transformer en belluaire et de nous introduire dans Jérusalem pour ouvrir les portes de nuit, quand les sentinelles ont le moins de possibilité de voir les mouvements des troupes de Simon. Et tu crois que moi, Marcus Claudius, je vais me promener à peu près nu et faire danser des bêtes en public ?

– L'ancien tribun romain aurait-il honte de se monter dans une tenue aussi rudimentaire ? Tu t'exerçais bien nu dans les palestres !

– Ce n'est pas l'habit qui me gêne, c'est la condition.

– Quelle idée ! Moi, je trouve amusant de dompter des bêtes sauvages. Et puis, une fois que tu auras laissé pousser ta barbe et ta moustache, qui pourra reconnaître dans ce belluaire le grand Marcus Claudius ?

– D'accord. Mais toi, aurais-tu l'intention de danser en public comme l'a fait cette fille ?

– Bah ! Une princesse comme Salomé l'a bien fait. Pendant ces quinze jours, je vais m'exercer à ces danses acrobatiques.

– Et tu comptes emmener David ?

– Il nous sera plus utile que ce jeune garçon qui, d'ailleurs, ne semble pas disposé à vouloir tenter l'aventure alors que Samlah, le joueur de flûte, accepte de nous accompagner, ce qui est indispensable, car il connaît bien les animaux. Ils viennent demain s'installer auprès de nous pour nous enseigner leurs tours.

– Comment es-tu parvenue à les convaincre ?

– Voyons, Malchios ! Le plus simplement du monde, avec quelques pièces d'or.

Faute de mieux, Marcus s'était rallié à l'idée de Milkah.

– Vous allez courir de bien grands risques, avait remarqué Simon, mais comptez sur moi. Le soir de la nouvelle lune, quand vous entrerez dans cette cité pleine d'enfants de Bélial, moi j'irai avec deux mille de nos meilleurs combattants me dissimuler dans la végétation du mont des Oliviers, face à la porte des Eaux. Puis nous attendrons votre signal. Dès que vous agiterez une torche au-dessus de la porte, nous arriverons.

– Parfaitement. Ensuite, tu enverras un commando se rendre maître de la porte de la Poterie et de la porte Sterquiline par où s'introduiront d'un côté, nos Iduméens, et d'un autre côté Démétrios à la tête du reste de ton armée, tandis que toi-même tu courras vers le rempart nord et le Temple pour aider Sofa qui, nous l'espérons, aura entraîné Cathlas et ses Iduméens à l'assaut du Temple.

– Oui, mais attention car d'après Matthias la porte des Eaux est gardée par une trentaine d'hommes.

– Marcus et moi, nous nous chargerons d'eux, avec l'aide de David et de Samlah, et aussi des outres de vin que nous leur prodiguerons.

Le jour même Simon avait fait élever un enclos en bois, en branchages et en tissus autour des tentes de Démétrios et de Marcus, derrière lequel ils pouvaient s'entraîner en compagnie des baladins, à l'abri de tout regard indiscret. À la date prévue, ils étaient prêts. Milkah avait enduit tout le corps et le visage de Marcus d'une teinture à base de noix et de henné pour lui assombrir la peau, puis elle avait maintenu sa chevelure bouclée par un bandeau de cuir noué autour du front et lui avait mis des boucles d'oreilles. Elle-même s'était parée des robes et des bijoux de Mical après avoir enduit ses mains et ses pieds de henné. Salomé lui avait allongé les yeux avec du kôhl et rougi les joues. Ses cheveux étaient tressés en mèches serrées dans des lacets, et elle avait recouvert sa tête d'un voile sombre.

Ils avaient attendu que la nuit fût suffisamment profonde pour se mettre en route. Samlah marchait devant, tenant en laisse ses quatre animaux. Sofa, censé être le chef de la troupe de baladins, le suivait, enveloppé dans un grand manteau et tenant la longe qui liait entre eux deux ânes chargés d'outres remplies de vin. David, sa cithare attachée dans le dos, courait d'un âne à l'autre ; Milkah et Marcus fermaient le train. Ils s'étaient dirigés sans hâte vers la porte des Jardins devant laquelle, en attendant l'heure de l'ouverture, Samlah et David avaient fait de la musique. Milkah s'était mise à danser et Marcus avait fait courir les bêtes.

Une cinquantaine de zélotes établis auprès de la porte contrôlaient les passants. Sofa, qui s'était présenté comme le chef de leur petit groupe, s'était dit Iduméen, ce dont on ne pouvait douter, à son accent et à son langage.

– Qu'y a-t-il dans ces outres ? avait demandé un homme d'un air soupçonneux.

– Du vin de Samarie ; nous espérons le revendre ici ou en distribuer à ceux que nous voudrons honorer, comme vous, par exemple, mes seigneurs.

– Ah ! si c'est ainsi, avait reparti le capitaine, goûtons donc à ce vin !

Une outre avait été sacrifiée pour complaire aux gardiens, mais Marcus avait tout de même dû vider son sac rempli de poignards.

– Il est interdit d'introduire des armes dans la ville, lui avait-il été rétorqué.

– Mais ce ne sont pas des armes ! avait répliqué Marcus en prenant l'accent qui convenait à son personnage. Si vous nous avez regardés depuis les remparts, vous avez sûrement vu qu'ils agrémentent la danse de cette fille.

– Oui, nous l'avons bien vu... avait acquiescé le zélote en se tournant vers Milkah qui lui avait adressé un sourire timide.

– Eh ! Tu es bien jolie pour une fille d'Idumée.

– Tu n'es pas mal fait non plus. Viens donc ce soir... Je danserai pour toi et tu verras tous mes voiles tomber, dit-elle en repoussant avec douceur et fermeté la main descendue sur son sein. L'homme s'était rengorgé.

– Tu peux être certaine que je viendrai... Ah ! mais pendant la deuxième veille, je suis de garde à la porte des Eaux.

– Qu'importe ! Je te promets que nous viendrons danser, rien que pour toi et tes compagnons, auprès de cette porte.

– Je te conseille de ne pas oublier ta promesse, avait alors repris le capitaine. Je t'attends ce soir, toi et tes compagnons.

Les rues de la cité étaient animées, comme si, ayant pris leur parti, les gens de la ville continuaient de vivre comme par le passé. Une fois parvenus sur la vaste place où se dressait l'ancien palais royal, ils s'étaient installés sous un portique. Samlah et David accompagnaient de leurs instruments Milkah qui frappait dans ses mains. Marcus s'était accroupi auprès de Sofa pour mettre au point avec minutie les détails de leur plan de combat. Sans cesser de parler avec l'Iduméen, Marcus avait prêté l'oreille au chant de Milkah, quand elle avait entonné le plus beau des cantiques :

Je suis sombre, mais je suis belle,
Filles de Jérusalem,
Comme les tentes de Cédar,
Comme les pavillons de Salomon.
Qu'importe si j'ai bruni :
C'est parce que le soleil m'a fait ce hâle.

Il avait dû distraire son attention pour répondre à son interlocuteur, puis il écoutait à nouveau :

À ma jument au milieu des chars de Pharaon,
Tu es semblable ô ma compagne.
Tes joues sont belles parmi les colliers,
Ton cou au milieu des perles.
Nous te façonnerons des colliers d'or
Avec des pendants en argent.
Tandis que le roi était auprès de moi,
Mon nard a répandu ses senteurs.
Mon bien-aimé est un sachet de myrrhe,
Qui pour moi repose entre mes seins.
Mon bien-aimé pour moi est une grappe de henné
parmi les vignes d'Engaddi.
Que tu es belle, ma bien-aimée
Combien grande est ta beauté !

Des passants s'arrêtaient pour écouter Milkah et jetaient à ses pieds quelque menue monnaie. Pour leur plaisir autant que pour le sien, elle poursuivait avec une sorte d'enthousiasme, tout en frappant dans ses mains, tandis que les sons de la flûte et de la cithare dessinaient d'harmonieuses arabesques autour de son chant.

Quatre jeunes gens s'étaient approchés ; ils avaient repoussé les passants avec brutalité et s'étaient plantés devant elle. Leurs visages étaient fardés et leurs cheveux frisés. Ils avaient pour tout vêtement une courte cape maintenue par des chaînettes en or en travers de leur poitrine. Un court glaive pendu à leur ceinture révélait qu'ils étaient des partisans de Jean de Giscala.

– Poursuis ton chant, fille d'Idumée, avait lancé l'un d'entre eux.

– Comme la Sulamite, ôte ta robe et nous verrons si ta beauté égale la sienne, avait ajouté un autre.

Marcus s'était ramassé, prêt à bondir.

– Soyez patients, mes seigneurs, avait répondu Milkah. Tout à l'heure je danserai et mes voiles tomberont.

Marcus, malgré sa colère, avait été obligé de se maîtriser car la place était remplie de zélotes et une bagarre aurait compromis leur entreprise. Le zélote qui avait ordonné à Milkah de se dévêtir lui avait pris le bras et l'avait contrainte à se relever. Elle restait impassible, le regard chargé de haine et de défi, mais il ne voyait pas, tout occupé à défaire les attaches de ses voiles qui tombèrent les uns après les autres à ses pieds.

– Tu es très belle et tu es digne de chanter la Sulamite, avait alors déclaré le zélote. Vois, je ne suis pas ignorant et je pourrais chanter avec toi : « Les courbes de tes flancs sont comme un collier façonné par les mains d'un artiste, ton nombril est un calice arrondi où coule le vin mêlé d'aromates. Ton ventre est pareil à un morceau de froment entouré de lis... »

Et tandis qu'il disait ces vers, sa main caressait les parties du corps dont le poème chantait la beauté. Marcus avait alors senti monter le feu de la colère et faisait un terrible effort pour ne pas bondir sur l'impudent qui poursuivait : « Tes deux seins sont pareils à deux faons jumeaux d'une gazelle... ton cou est une tour d'ivoire... »

Tout en reprenant son chant, Milkah avait croisé le regard de Marcus qui avait perçu dans sa voix une sourde émotion, dont il ne savait si elle était causée par la honte de son humiliation ou par la colère.

Mon bien-aimé est brillant et vermeil,
on le distingue entre dix mille jeunes hommes.
Sa tête est de l'or pur,
ses boucles sont des palmes noires comme le corbeau.
Ses yeux sont pareils à des colombes
au bord des ruisseaux...

La nuit était lentement tombée sur la ville et des esclaves publics allumaient des torches fixées sur les colonnes des portiques. Ainsi éclairait-on les places et les grandes artères afin que les zélotes pussent surveiller les passants et s'abandonner aux orgies dans les rues de la ville. Il régnait cependant une pénombre suffisante pour que Marcus conservât l'espoir de fuir. Jonathan, l'un des jeunes zélotes, plein de morgue, s'était alors tourné vers Milkah :

– Eh bien, belle Iduméenne, pourquoi as-tu cessé ton chant ?

– Pour t'offrir du vin de Samarie, mon jeune seigneur.

En parlant ainsi, elle s'était levée et David s'était empressé de détacher une outre et de sortir des gobelets.

– Voilà qui me plaît ! s'était exclamé l'un d'eux en saisissant un récipient en bois d'olivier.

Milkah avait commencé à servir le vin sans chercher à repousser les caresses dont ils l'accablaient. Ils buvaient d'un seul trait avec des soupirs et des grognements de satisfaction.

Sofa, qui s'était levé, s'éloigna sans que nul ne le remarquât. Marcus se sentait impatient d'en faire autant. Cependant, Milkah avait commencé à danser entre les quatre bêtes fauves tandis qu'il veillait à remplir les gobelets.

Sans se soucier des badauds, les jeunes gens échangeaient baisers et caresses tout en regardant Milkah danser, puis ils avaient glissé des bancs et s'étaient vautrés avec des rires, des soupirs et des gémissements tandis que Marcus versait des ruisseaux de vin dans leurs bouches tendues, sur leurs chevelures et leurs corps emmêlés.

Dès qu'ils eurent tous sombré dans le sommeil de l'ivresse, Marcus et ses compagnons se hâtèrent de quitter la place. Ils allèrent manger quelques galettes sous un portique avant de se mettre en route vers la porte des Eaux. En chemin ils croisèrent un groupe de cinq zélotes et d'autant de femmes qui tous suaient la débauche.

– Mais c'est la chanteuse iduméenne ! s'était exclamé l'un d'eux. Je l'ai entendue tout à l'heure, sous le portique de la place du palais, qui chantait le cantique de Salomon. Elle a une voix belle et grave. Holà ! fille du désert, chante-nous donc quelque chose.

Il s'était détaché du groupe et avait saisi le bras de Milkah qui lui lança un regard dédaigneux.

– Allez, chante, n'est-ce pas ton métier ? Si ton chant nous plaît, tu auras de l'argent.

– Commence par me lâcher, avait-elle répliqué.

Il avait fait quelques pas en arrière. Elle s'était alors emparée de la cithare que tenait David, puis, elle avait psalmodié d'une voix rauque et chargée d'émotion contenue, tout en faisant chanter les cordes de l'instrument :

Le vin nouveau est triste, la vigne dépérit.
Ils gémissent, tous ceux qui avaient le cœur gai.
Elle a pris fin, l'allégresse des tambourins,
il a cessé le bruit de ceux qui sont en fête,
elle s'est éteinte l'allégresse du chant des cithares.
On ne boit plus le vin au milieu des chansons.

La boisson enivrante est amère sur les lèvres des buveurs !
Elle est tombée en ruine, la cité du néant.
Toutes les maisons sont fermées, on ne peut plus y pénétrer.
On crie dans les rues pour avoir l'ivresse.
Toute joie s'est obscurcie,
Toute la joie de ce monde s'est évanouie.
Il ne règne plus sur la ville que la désolation.
Les portes sont brisées, il n'y a plus que ruines !

– Ah çà ! Vas-tu te taire, prophétesse de malheur ! l'avait interrompue le zélote.

– C'est qu'elle se prend pour la pythonisse d'Endor ! s'était écrié un autre.

– Qu'est-ce que tu chantes là ? avait demandé le premier.

Milkah lui avait lancé un regard aigu.

– C'est le chant que l'Éternel a inspiré à Isaïe devant la honte de son peuple.

Sur ces mots, elle avait repris sa route, et les zélotes, interdits, les avaient laissé s'éloigner sans prononcer un mot. La place sur laquelle s'ouvrait la porte des Eaux et les rues adjacentes étaient désertes.

– Enfin ! Voilà notre jolie danseuse ! s'était exclamé le capitaine à qui ils avaient eu affaire à l'entrée de la ville. J'étais prêt à croire que tu m'avais trompé.

Il était assis sous la voûte de la porte avec une dizaine de compagnons.

– Comment as-tu pu croire une chose pareille, seigneur ? lui avait demandé Milkah. Nous avons été sollicités tout au long de la route !

– Ne perdons plus de temps et montre-nous tes talents.

– Je veux danser sur la terrasse, là-haut.

– Tiens, et pourquoi donc ?

Marcus était inquiet de la réaction du zélote, car il était bien évident que, s'il y avait un heurt avec les gardes du bas, ceux qui se tenaient sur la terrasse seraient très dangereux.

– Là-haut, le sol est en pierre et j'y danserai mieux que sur la terre battue.

– Si tu y tiens... Allons, les amis, montons tous. Vous vous mettrez sur le bord de la terrasse d'où vous pourrez surveiller l'accès de la porte.

– Et ceux qui dorment dans la salle des gardes, on peut les réveiller ? s'inquiéta un zélote.

– Non, laissons dormir ces paresseux. Tant pis pour eux.

Milkah avait pris le sac rempli de couteaux, une outre et s'était élancée dans l'escalier, suivie de David et de Samlah qui tenait en laisse les animaux ; Marcus suivait, muni de deux outres de vin.

Les zélotes, au nombre d'une vingtaine, s'étaient assis soit à même le sol du côté de la ville, soit sur les degrés de pierre par lesquels on accédait aux chemins de ronde et aux créneaux. Samlah avait commencé par faire évoluer les animaux au son de la flûte, pendant que Marcus distribuait généreusement le vin avec l'aide de

Milkah. Mais les animaux intéressaient peu les zélotes et elle se décida à danser accompagnée par la flûte et la cithare de David. Elle devait faire en sorte que le spectacle dure suffisamment pour que les zélotes commencent à être bien pris de boisson, tout en veillant à ne pas donner le temps de s'éveiller aux gardes qui dormaient dans la salle inférieure.

Marcus restait en retrait, le bâton et le fouet à la main, tandis que Milkah tournoyait comme une flamme. Il tenait un œil sur les zélotes, veillant à ce que chacun pût boire à satiété. Il avait tout de suite remarqué une vingtaine de javelots posés contre le rempart, au haut de l'escalier. Il les lorgnait tout en se demandant comment Milkah allait procéder, car s'ils n'avaient pu concerter un plan d'attaque détaillé, ils étaient convenus qu'elle donnerait le signal du combat.

Elle avait abandonné son premier voile entre les mains de l'un des spectateurs. Marcus, mal à l'aise, ne supportait pas l'idée de la voir exécuter de telles danses. Il devait d'ailleurs reconnaître qu'elle tenait son rôle avec grâce et brio.

– Du vin ! Apporte-nous encore du vin ! avait réclamé un zélote.

Milkah s'était plantée devant le capitaine et, tout en dansant sur place, elle avait détaché l'agrafe de sa tunique dont elle s'était dépouillée et l'avait lancée vers l'homme qui s'en était saisi. Lorsqu'il avait voulu attraper la danseuse, elle avait bondi au milieu de la piste où Marcus avait disposé les couteaux, et s'était mise à évoluer entre les lames dressées ; armée des deux poignards qu'elle faisait voltiger autour de son corps, elle avait imité en dansant une chasse aux ours, lesquels se tenaient debout sur leurs pattes postérieures et semblaient menacer la chasseresse. Puis elle avait simulé une blessure faite par les bêtes et Marcus, qui était apparu comme son sauveur, l'avait enlevée dans ses bras. Lorsqu'il l'avait déposée, elle avait exécuté une danse autour de lui, puis, s'enlaçant à lui, lui avait soufflé à l'oreille :

– Tiens-toi prêt !

Se détachant de lui, elle avait glissé les deux poignards dans sa ceinture, puis elle était revenue vers le capitaine qui l'avait attirée vers lui et ployée jusqu'à la coucher en travers de ses genoux.

– Tiens, bois, tu l'as bien mérité ! avait-il déclaré en versant au-dessus d'elle un filet de vin qui avait giclé entre ses lèvres, éclaboussant son visage, sa gorge et sa poitrine.

Il s'était penché sur elle et avait léché le vin qui coulait sur sa peau. Sans cesser de jouer de la cithare, David s'était dirigé vers l'un des chemins de ronde, tandis que Samlah s'était rapproché du centre de la piste. Milkah avait pris un pan de sa tunique abandonnée près d'elle pour s'essuyer le visage, car le vin avait ruisselé jusque dans ses yeux.

– Eh ! je te préfère ainsi ! s'était exclamé le capitaine en lui frottant encore le visage pour effacer toute trace de fard. Par la Loi de Moïse ! Tu es bien plus jolie sans toutes ces peintures !

– Bois aussi à ma santé, avait-elle répondu.

Elle avait profité de ce qu'il portait l'outre à ses lèvres pour glisser d'entre ses mains, passer derrière lui et monter vers les créneaux. Mais il s'était montré plus prompt qu'elle n'aurait pu s'y attendre et, malgré son ivresse, il l'avait rattrapée et saisie par la cheville. Elle se trouvait encore trop loin des javelots ; alors elle s'était allongée sur la pierre chaude en riant. Il était venu sur elle :

– Où allais-tu donc, ma belle gazelle ? Tu fuyais mes caresses ?

– Au contraire, mon beau seigneur, mais je n'aime pas m'unir à l'homme qui me plaît sous les regards des autres. Emporte-moi là-haut, nous y serons plus tranquilles. À moins que tu n'en aies pas la force.

– Pas la force, moi ? Mais je te soulève comme un enfant encore au sein ! s'esclaffa-t-il en l'enlevant dans ses bras.

Marcus, immobile, guettait les mouvements des zélotes qui restaient tournés vers leur capitaine sans quitter leur place, quand soudain il avait entendu un homme dire à son voisin :

– Par la Terre ! Je connais cette femme, maintenant qu'elle n'a plus ses peintures sur le visage !

Marcus s'était accroupi et avait déjà ramassé trois poignards lorsque l'homme s'était levé :

– Gamal, prends garde ! Cette danseuse c'est Shéba, l'épouse de Marcus Claudius !

– Quoi... ! s'était exclamé le capitaine en saisissant Milkah à la gorge.

Mais déjà elle avait pris un poignard de sa ceinture et l'enfonçait dans le foie de l'homme qu'elle avait repoussé d'un coup de genou. Puis, avant qu'il ne tombât, elle avait empoigné son épée et bondi vers les javelots. Les zélotes s'étaient aussitôt précipités, les uns vers Milkah, les autres vers Marcus qui avait projeté deux poignards sur ses plus proches assaillants en même temps que Samlah lâchait ses bêtes sur les zélotes. Le pied de Milkah avait frappé en plein visage un homme qui avait bondi sur les degrés et elle était parvenue près des armes. Alors, avec cette rapidité de mouvement et cette précision qui lui conférait sa supériorité dans les combats, elle avait projeté les javelots les uns après les autres, soit sur les zélotes qu'elle atteignait chaque fois en pleine poitrine, soit vers David, Samlah et Marcus, qui les avaient attrapés au vol.

Les zélotes étaient déjà sérieusement pris de boisson : plusieurs titubaient, leurs réflexes étaient lents, leurs coups imprécis et ils réagissaient mollement. Plusieurs hommes avaient crié à la trahison et le vacarme avait attiré les sentinelles placées sur le chemin de ronde. Milkah les avait reçues à coups de javelots, avec d'autant plus d'assurance que les quelques zélotes survivants ne cherchaient plus que le salut dans la fuite. Tandis que Marcus éliminait les derniers combattants sur la terrasse, David et Samlah s'étaient postés sur les chemins de ronde pour parer à toute surprise et Milkah avait bondi au haut de l'escalier d'où elle s'était mise à accabler de javelots les zélotes qui se bousculaient sur les degrés.

– Il ne faut surtout pas les laisser arriver jusqu'au Temple ! s'était écriée Milkah en glissant l'épée dans sa ceinture et saisissant deux javelots. David, tu brandis les torches pour donner le signal à Simon, Samlah, tu défends la terrasse, Marcus, tu ouvres les portes.

L'image de Milkah s'imposait encore à sa mémoire comme une vision prodigieuse : ses yeux brillaient d'un éclat farouche et sa chevelure dénouée qui volait sur son front et sa nuque en boucles folles accentuait l'aspect sauvage de sa beauté. Tout son corps, toujours paré de bijoux barbares, ruisselait de sang et de sueur. Jamais elle ne lui était apparue si belle et si terrible, si désirable et si héroïque.

Aussitôt Marcus avait bondi vers la porte, fermée par une puissante poutre. Il avait dû faire un effort surhumain pour la soulever d'une épaule et la tirer vers lui après l'avoir dégagée des crochets qui la maintenaient contre les battants. Enfin il avait largement ouvert ces derniers sur la nuit béante. Les hommes de Simon étaient juste en face, dans la forêt d'oliviers, mais il leur fallait un long moment pour monter jusqu'à la porte. Marcus était allé dans la salle de garde où il avait sorti des cadres de lit en bois, des caisses, des amphores, des coffres, avec lesquels il avait constitué une sorte de barricade. Des lumières étaient bientôt apparues et une troupe de zélotes s'était ruée en hurlant vers la porte. Ils avaient décoché quelques flèches mais leur mise en place faisait perdre trop de temps et très vite ils avaient décidé d'utiliser les javelots. Les zélotes avaient compris que les portes étaient ouvertes et, quoique cela leur en coûtât, il était indispensable pour eux de reprendre la position. Pour éviter les traits, ils avaient chargé aussi vite qu'ils l'avaient pu sans souci de ceux qui tombaient. Milkah et Marcus avaient saisi chacun un tabouret en guise de bouclier et ils étaient parvenus à repousser les premiers assaillants, mais ils risquaient de se voir bientôt débordés. La place, auparavant silencieuse, s'était remplie de cris et de lumière. Enfin, Simon bondissait sous la voûte, abattait les zélotes qui déjà poussaient les battants et se jetait dans la mêlée, suivi par tous ses hommes.

Les zélotes avaient alors reflué, talonnés par Marcus, Milkah et Simon, avant de prendre la fuite.

– En avant ! ne les lâchez pas, mes lévriers ! criait Simon.

Milkah et Marcus s'étaient tournés vers la terrasse : ils avaient été rassurés en voyant David et Samlah dévaler les escaliers.

– Nous sommes arrivés juste à temps ! avait grogné Simon. Par la Loi de Moïse, Milkah, te voilà dans un bel état !

– Simon, avait-elle dit en enfilant une tunique que lui avait apportée David, les Iduméens sont passés à l'action et il est possible que des renforts aient été dirigés vers les portes du sud. Il faut envoyer une troupe assez importante pour enlever ces portes et de bons combattants pour se rendre maîtres des chemins de ronde. Nous nous porterons de notre côté vers le Temple et la demeure de Jean de Giscala pour les prendre par surprise, s'il n'est pas trop tard.

Les hommes de Simon continuaient d'entrer, portant des torches éteintes qu'ils allumaient à celles qui étaient disposées sous la voûte.

Après avoir donné ses ordres, Simon, avec Milkah et Marcus, s'était élancé dans la rue conduisant au palais des Asmonéens. On se battait sur les places voisines et l'arrivée de la troupe de Simon avait rétabli l'équilibre des forces menacé par l'afflux incessant des zélotes. Sur la place, ils avaient rencontré Sofa. Il leur avait appris qu'il avait convaincu Cathlas de se tourner contre Jean dont la tyrannie avait lassé la patience des Iduméens et qui ne continuaient de la supporter que parce qu'ils redoutaient plus encore la vindicte de Simon.

– Sais-tu où se trouve Jean de Giscala ? avait demanda Marcus à Sofa.

– Il a fui avec ses hommes en direction du Temple, où il a pu rassembler le gros de ses troupes et engager une contre-attaque qui nous a refoulés ici.

– Il faut absolument les empêcher de parvenir au Temple, avait déclaré Marcus. Simon, portons le poids de notre attaque en un seul point, le long des murs du Temple.

– Je rassemble tous les hommes et nous allons tenter une percée. Espérons que Démétrios et le reste de nos troupes ne vont pas tarder à arriver, sinon nous risquons d'être écrasés entre le Temple et ses défenseurs, et les zélotes qui vont y refluer.

Ils s'étaient alors jetés contre des zélotes qui chargeaient les Iduméens postés sur le chemin du Temple. Les hommes bien entraînés de Marcus n'avaient eu aucun mal à bousculer les zélotes que Simon et ses combattants avaient pris en chasse. Ses deux cents combattants s'étaient enfoncés dans le flanc de l'armée ennemie qui se replia vers le Temple.

– Par Bélial ! s'était écrié Simon avec un rire formidable, ce sont des femmes que nous combattons : ils sont tous fardés et poussent des cris de chouette !

– Ce sont plutôt des bêtes féroces, avait répliqué Milkah en s'essuyant les yeux du revers de son bras.

L'afflux des zélotes rendait difficile leur progression, les deux armées se mêlant sans présenter de front. Ce n'était que combats individuels dans le plus grand désordre.

Marcus et Milkah s'étaient trouvés soudain confrontés aux jeunes zélotes rencontrés sous le portique. L'ivresse les avait quittés et ni Marcus ni Milkah ne leur auraient prêté attention s'ils ne s'étaient trouvés parmi les hommes qui entouraient Jean de Giscala. Ce dernier portait un ample et lourd manteau de couleur pourpre qui le gênait considérablement dans ses mouvements. Au mépris de toute prudence, Milkah et Marcus s'étaient élancés vers lui et ils se virent bientôt entourés de toutes parts, avec seulement trois hommes, dont Sérapion.

– Par la géhenne ! s'était exclamé Jonathan, mais c'est notre danseuse avec son belluaire ! Quel démon les a donc saisis ! Allons, rendez vos armes !

Et, sur ces mots, Jonathan, avec ses compagnons et quelques autres zélotes, s'était avancé vers Marcus et Milkah qui, avec leurs trois compagnons, s'étaient disposés en étoile, dos à dos. Marcus, selon la tactique romaine, attendait de pied ferme l'attaque ennemie mais Milkah avait soudain chargé en criant et il l'avait suivie. Lorsqu'ils avaient repris leurs places, cinq zélotes gisaient sur le sol, baignant dans leur sang. Jonathan avait réussi à échapper à la mort, mais une large balafre barrait sa poitrine nue. Il restait tremblant et stupéfait auprès de Jean qui n'avait pu dissimuler un haut-le-corps, mais avait vite retrouvé son calme.

– Je vois, Milkah, avait-il déclaré avec un sourire glacé, que tu es toujours aussi prompte et précise dans tes attaques.

– J'essaie toujours de me perfectionner, avait-elle répliqué en battant l'air de son épée pour en rejeter le sang qui coulait sur la lame.

– Il est mieux pour vous de rendre vos épées, avait repris Jean. Vous serez mes otages, et je vous épargnerai... Mais si vous voulez vous battre, je crois qu'il faudra nous résoudre à vous tuer !

– Comment peux-tu croire que nous allons nous rendre à des êtres aussi vils que toi et tes sbires, quand même les Romains ne sont pas parvenus à courber notre échine ! C'est à toi, Jean de Giscala, que je conseille de rendre les armes car, en cet instant, toute l'armée de Simon déferle dans les rues de la ville. Que peux-tu espérer, sinon faire tuer encore vainement des hommes de notre nation au moment où nous devrions plutôt songer à tous nous unir contre les Romains.

– Les Romains sont loin. Mais je vous vois obstinés dans votre volonté de mourir, c'est regrettable. Allons, mes amis, en avant, tuez, tuez ces hommes et capturez la femme, elle sera pour vous !

Les zélotes s'étaient avancés vers leur petit groupe. Une fois encore, Milkah avait déclenché la bataille en chargeant les plus proches de ses adversaires. Jean avait dû reculer au milieu de ses hommes mais le rempart précaire qu'ils lui offraient fut bientôt rompu, et il se vit contraint de tirer son épée pour se défendre contre Marcus. Milkah se tenait ramassée sur elle-même au centre d'un groupe de zélotes, les jambes fléchies, l'épée et le poignard menaçants au bout de ses bras où cliquetaient les bracelets, pareille à une panthère qui guette sa proie. Sa puissance féline contrastait avec la grâce sensuelle des courbes de son sein et de sa hanche qui surgissaient de sa tunique en lambeaux, toute brunie de sang. Puis elle avait bondi en criant. Son corps s'était détendu, ses bras avaient tournoyé et deux hommes s'étaient écroulés, percés en même temps par l'épée et par la dague. Poursuivant son assaut, elle avait assailli Jean dont la tunique de lin avait été fendue et s'était maculée de sang. Affolé, il s'était alors précipité vers le Temple en bousculant ses hommes. Cette fuite si inattendue avait semé la panique parmi les zélotes qui tentèrent eux aussi de fuir. Milkah ne cherchait plus qu'à rattraper Jean et à s'ouvrir un chemin dans la cohue. Ceux qui se trouvaient sur son passage, elle les abattait d'un revers de son arme ; ceux qui l'assaillaient de côté, elle se contentait de les repousser d'un coup de pied qui les atteignait comme une catapulte. Et, tout en progressant, elle l'appelait, l'injuriait, le raillait. Elle avait atteint les degrés du Temple sans avoir réussi à le rejoindre.

Elle s'était arrêtée devant les portes closes qu'elle avait heurtées du pommeau de son glaive, puis elle était lentement revenue vers Marcus qui avait vu avec stupeur des larmes embuer son regard.

– Quoi, mon âme, tu pleures alors que nous devons nous réjouir d'avoir remporté un grande victoire ?

– Regarde tout ce sang qui souille nos mains, nos corps, nos vêtements ! C'est le sang des nôtres. Nous sommes entre nous plus féroces que ne le seraient des Romains. Continuons encore de nous entre-déchirer et ils n'auront même plus besoin de venir assiéger Jérusalem. Oui, Malchios, je pleure sur Jérusalem et sur notre peuple.

Sérapion était venu auprès d'eux, suivi du reste de la troupe de Marcus.

– Seigneur, nous sommes maîtres de la cité, avait-il annoncé.

– À l'exception du Temple, avait soupiré Marcus, en tournant les yeux vers les hautes murailles de la demeure divine que le soleil levant auréolait d'une lumière de sang et de feu.

Chapitre XXXVI

LA CHUTE DE JÉRUSALEM

Marcus sentit un flot d'amertume monter à ses lèvres et des larmes brouillèrent sa vue, comme en réponse aux pleurs qu'avait alors versés Milkah.

Il se redressa et sortit de la casemate. La lune était haute. Il marcha dans la lumière pâle le long des remparts vers le bastion sud, chassant de son esprit tout nouveau souvenir, car ces visions d'un passé si lointain et si proche emplissaient son âme d'une douloureuse mélancolie. Sa torche se consumait avec lenteur, comme s'épuise un sablier d'or, étalon de la fuite du temps. Il parvint devant les maisons élevées contre le rempart : une odeur fade de sang, mêlée à la senteur des cendres, le saisit à la gorge lorsqu'il pénétra dans la première pièce. Il parcourut les salles, enjambant les corps qui gisaient là, dans des flaques de sang. Parvenu au fond de la demeure, il abaissa la torche et enflamma un paquet d'étoffes posé sur un lit. Le feu se communiqua rapidement à l'ensemble de la pièce.

En sortant il distingua, à la lueur des flammes, des ombres glisser vers la pièce voisine.

– Holà ! Qui va là ! cria-t-il d'une voix péremptoire.

Une femme vint se jeter à ses pieds, suivie d'une vieille et de cinq enfants. Il reconnut en elle une cousine d'Éléazar ben Jaïr qui gémit :

– Marcus Claudius, épargne-nous, au nom de l'Éternel ! Je suis jeune encore, je ne veux pas mourir. Comment accepterais-je de voir périr mes deux enfants et les trois petits-fils de Myriam ?

La vieille recouvrit les enfants de son voile et dit à son tour :

– Pourquoi ces enfants, créatures innocentes, devraient-ils mourir ? Épargne-les, Marcus Claudius, pour l'amour du ciel !

– Suivez-moi, leur dit-il.

En silence ils marchèrent jusqu'à la grande citerne située à l'extrémité sud de la forteresse. Il leur indiqua l'escalier, alluma une torche qu'il tendit à la femme.

– Cachez-vous là et priez l'Éternel pour que les Romains vous épargnent ! Adieu !

– Que soit bénie ta mère, Marcus Claudius !

Marcus revint vers le grand palais où Éléazar ben Jaïr avait établi ses quartiers. Là aussi gisaient des corps enchevêtrés auxquels Marcus ne prêta même plus attention. Il mit encore le feu aux tissus, aux vêtements, aux tapis et il sortit. Il agissait comme s'il était habité par l'âme d'un mort qui l'aurait rendu insensible, à moins que tant d'horreur n'ait brisé en lui toute émotion. Et pourtant, en sortant du palais, il tomba à genoux et leva la tête vers le ciel. La voûte étoilée lui sembla s'éclairer d'une lumière intense, comme une nouvelle aurore, et c'est le visage rayonnant de Milkah qui lui apparut. Elle se tenait là, auprès de lui, comme par cette même aurore, lorsqu'ils venaient de se rendre maîtres de la ville.

La nouvelle de l'entrée de Simon et de sa victoire s'était répandue par toute la ville et la population accourait en foule vers le Temple et la place du palais des Asmonéens. Simon avait décidé de s'établir dans le palais des Asmonéens pour mieux surveiller le Temple. Il y fut accueilli par Simon ben Gamaliel, son frère Josué et plusieurs notables. Simon ben Gamaliel avait serré Marcus contre sa poitrine, puis il s'était tourné vers Milkah :

– Je sais que tu as largement participé à notre libération, que tu en es même le principal artisan, lui avait-il dit, et, à la surprise générale, il l'avait aussi serrée entre ses bras.

Les jours suivants, Marcus et Démétrios avaient organisé le transfert de leur camp dans le palais d'Hérode, où avait été également hébergée une partie de la troupe de Simon bar Gioras. Un nouveau gouvernement avait été mis en place. Simon ben Gamaliel, élu chef du sanhédrin, avait pu frapper monnaie, tandis que Simon bar Gioras et Marcus assuraient le commandement des opérations militaires. Les mois qui avaient suivi s'étaient passés en vains combats contre les zélotes maîtres du Temple. Pourvus de provisions en abondance et disposant de machines de siège, ils tenaient en échec toutes les attaques menées par Simon.

Sur l'intervention de Simon ben Gamaliel, on était arrivé à un accord : chaque jour, pendant quelques heures, Simon retirait ses hommes des environs du Temple pour permettre à Jean d'en ouvrir les portes et que puissent y accéder ceux qui voulaient y apporter leurs offrandes et adorer le Seigneur. Ainsi chacun pouvait accomplir les actes de la vie religieuse et la stricte morale ancestrale avait repris ses droits dans la cité.

Marcus ne se sentait cependant aucun goût pour cette guérilla de siège et, en compagnie de Milkah, il organisait des expéditions hors de la ville. Ils veillaient à la sécurité des campagnes ou encore ils allaient jusqu'aux limites des territoires occupés par les Romains pour observer l'ennemi. Ils avaient appris que Vespasien avait été élu empereur par ses troupes, reconnu tel par Tibère Alexandre et qu'il parcourait, en ce mois de juillet, les côtes de la Phénicie pour recevoir l'hommage des cités.

Ces randonnées restaient dans la mémoire de Marcus comme des moments pleins d'agrément qu'il revivait avec un plaisir manifeste. Et il songeait alors que, s'ils l'avaient voulu, il leur aurait été facile de regagner l'Égypte, voire de se retirer en Asie Mineure ou en Grèce et d'y jouir paisiblement des jours qui leur avaient été donnés de vivre. Pourtant, il n'en avait soufflé mot à Milkah, car une telle pensée lui apparaissait comme une traîtrise, plus encore, une lâcheté.

Ils étaient revenus à Jérusalem, porteurs de cette nouvelle dont ils ne savaient si elle était bonne ou mauvaise pour eux. Vespasien s'était ainsi mis en état de rébellion contre Vitellius, maître de l'Italie et de l'Occident. Si Vitellius sortait vainqueur de l'affrontement, ce serait sans doute un bien pour les juifs, alors qu'une victoire de Vespasien ne pouvait que leur être néfaste. Il n'en restait pas moins que la lutte pour l'Empire absorbait toute la puissance romaine, ce qui laissait aux juifs tout loisir de s'entre-tuer à Jérusalem. À leur retour, Simon leur avait appris de son côté qu'Éléazar ben Simon et ses partisans s'étaient retranchés dans les parties hautes du Temple, c'est-à-dire dans le sanctuaire. Du coup ils dominaient Jean et ses hommes et recevaient les offrandes qu'ils conservaient pour leur propre usage, de sorte qu'ils ne manquaient de rien.

Enfin était revenu l'hiver. On avait appris que Vitellius avait été vaincu et égorgé par Primus, gouverneur de Moesie, lequel avait fait acte d'allégeance à Vespasien. Ce dernier était retourné à Alexandrie pour y attendre le printemps, époque à laquelle était à nouveau ouverte la navigation et où il allait pouvoir s'embarquer pour Rome. Les juifs avaient dès lors la certitude qu'avant la fin du printemps les Romains reprendraient l'offensive. Pourtant nul ne s'en était soucié, les combats de rue s'étaient poursuivis avec violence et les quartiers voisins du Temple, incendiés, avaient été transformés en champs clos où s'affrontaient les hommes de Jean et ceux de Simon.

Le peuple avait reconnu l'autorité civile de Simon ben Gamaliel, mais Simon bar Gioras, avec son armée, était le véritable maître de la ville. Vêtu de somptueux habits, Simon ne se déplaçait plus qu'escorté d'une garde d'honneur et vivait dans son palais en véritable souverain. Il se montrait ombrageux et perdait cet humour naïf qui participait tant à son charme. Il devenait cruel et tyrannique, ne tolérait aucune remontrance de ses officiers et vivait dans la certitude que les riches qui restaient encore dans la ville, les rares sadducéens survivants, ou même les pharisiens, ne songeaient qu'à trahir au profit des Romains. Seuls Marcus et surtout Milkah et Salomé pouvaient encore s'opposer à lui sans risquer de recevoir un coup de poing ou d'épée, le modérer dans ses excès sans provoquer sa colère, le détourner de sa hantise de trahison sans être aussitôt accusés de faire le jeu des conspirateurs.

L'hiver s'était passé en combats stériles. Marcus avait suggéré de proposer une trêve à Jean et d'unir leurs forces pour marcher contre les villes de la côte, profitant de ce que la plupart des légions romaines se trouvaient cantonnées à

Alexandrie ou en Syrie. Mais Simon avait opposé tant d'objections, mis tant d'obstacles à ce projet que Marcus s'était résolu à l'abandonner.

Avec le retour des beaux jours, Marcus avait repris ses courses vers les territoires romains. Comme il le redoutait, il apprit que Titus avait débarqué avec trois légions et des troupes auxiliaires et qu'il avait donné ordre à ses armées de converger vers Jérusalem. La cinquième légion était en route pour Emmaüs, la dixième marchait vers Jéricho et lui-même s'avançait vers Jérusalem à la tête de la troisième légion venue avec lui d'Alexandrie et de la deuxième, arrivée de Syrie, celle-là même qu'avait conduite Cestius Gallus, trois ans et demi auparavant. Par ailleurs, des troupes auxiliaires prélevées en Asie Mineure descendaient le cours de l'Euphrate, et Tibère Alexandre était attendu avec une autre armée. Loin de l'émouvoir cette nouvelle avait réjoui Simon, et il avait déclaré qu'enfin il allait se mesurer à des ennemis dignes de lui.

Des éclaireurs, dépêchés chaque jour, avaient enfin annoncé que Titus venait d'arriver à Acanthonaulona, située à environ trois milles, soit à peine plus d'une heure de marche de la ville, et qu'il y établissait son camp. Marcus avait revêtu sa tenue de guerre, rassemblé une cinquantaine de ses cavaliers et était sorti de la ville avec Milkah. À l'annonce de l'arrivée des Romains, tous les gens des campagnes voisines avaient afflué vers la ville. Marcus et ses compagnons s'étaient établis sur le flanc du mont Scopius d'où ils avaient pu observer les Romains dressant leur camp et creusant des fossés de protection. Vers la fin de l'après-midi, Simon était venu les rejoindre pour les relayer pendant la nuit.

Le premier combat avait eu lieu le lendemain.

Titus s'était approché de la ville avec seulement six cents cavaliers, soit pour en reconnaître les abords, soit dans l'espoir que les habitants viendraient au-devant de lui pour implorer sa clémence. Simon avait fait dégarnir les remparts et les tours pour ne pas inquiéter les Romains et il avait massé sa cavalerie et un grand nombre de fantassins derrière les portes. Lorsque la troupe de Titus fut à portée de javelot, il avait fait ouvrir les portes et s'était élancé par surprise contre l'ennemi. Marcus n'avait pas participé à cette attaque, qu'il désapprouvait. Titus, avec un sang-froid admirable, un courage et une énergie dignes d'un grand capitaine, était parvenu à rallier ses hommes et à battre en retraite avec peu de pertes, alors que, si l'attaque de Simon avait été mieux coordonnée, aucun Romain n'aurait dû en réchapper.

Ainsi avait commencé le siège de Jérusalem. Le lendemain, Titus était venu établir un nouveau camp plus près des murs de la ville et, dans les jours qui avaient suivi, les autres légions étaient arrivées.

L'échec de son attaque avait incliné Simon à réfléchir et, sur les instances de Marcus, il avait été décidé de déléguer Simon ben Gamaliel auprès de Jean et d'Éléazar pour leur proposer une trêve afin d'unir leurs forces contre les Romains.

Les deux chefs des zélotes avaient accepté de se rencontrer sur la place s'étendant à l'occident du Temple. Éléazar et quelques-uns de ses hommes étaient devant une baie qui s'ouvrait sur l'une des galeries supérieures, Jean et ses compagnons s'étaient placés au haut de l'escalier dominant la place sur laquelle étaient venus Simon et ses officiers accompagnés de Marcus, de Démétrios et de Milkah.

Simon avait parlé avec tant de véhémence que les zélotes, qu'ils soient du parti de Jean ou de celui d'Éléazar, semblèrent convaincus de la nécessité d'une trêve pour affronter l'ennemi commun. Mais Jean, toujours soupçonneux, s'était écrié :

– Qui nous garantit, Simon, qu'une fois que nous aurons quitté nos positions tu ne vas pas chercher à t'en emparer, voire à te rendre maître de nos personnes à la faveur d'un combat ?

– Laissez donc quelques hommes de garde dans vos quartiers, avait suggéré Simon.

– Tu te moques ! Ce n'est pas une garantie suffisante !

– Que proposes-tu donc ?

– Donne-nous des otages qui vous seront rendus lorsque nous serons rentrés sains et saufs dans nos murs.

– Jean, si tu me connaissais, tu saurais que je n'ai qu'une parole et tu ne m'attribuerais pas tes propres desseins. Mais puisque tu veux des otages, désigne-les et toi aussi, Éléazar, si tu le désires.

– Je n'en demande qu'un seul, Simon : Milkah, fille de Qorakh, ou, si tu préfères, Shéba.

Marcus avait sursauté et Simon s'était écrié :

– Jean, je ne puis disposer de Shéba, d'autant que nul n'ignore les sentiments que tu lui portes. Je veux bien te donner plusieurs de mes officiers...

– Je n'en veux pas, Simon. Tes officiers ont moins de prix que Shéba. C'est elle que je veux et personne d'autre. Shéba contre une bonne troupe de six mille combattants.

À peine avait-il fini de parler que Milkah avait retiré le baudrier portant son glaive et débouclé la ceinture à laquelle était attaché son poignard et elle avait laissé tomber ses armes sur le sol. Marcus l'avait prise par le bras.

– Non, Shéba, je ne le veux pas ! Tu connais sa perfidie.

– Si aucun d'entre nous n'est disposé à faire confiance aux autres, comment pouvons-nous espérer vaincre dans l'union ?

Elle s'était alors dirigée d'un pas ferme vers Jean et s'était arrêtée devant lui.

– Par la Loi de Moïse ! avait alors menacé Simon, sache que si Shéba ne nous rejoint pas aussitôt que tu seras de retour, je viendrai en personne te chercher dans ta tanière et je te pèlerai comme une pomme. Et toi, Éléazar ben Simon, qu'attends-tu pour nous rejoindre ?

– J'attends que vous me donniez aussi un otage : Marcus Claudius, par exemple.

– Avec vos prétentions ridicules, avait rétorqué Simon, vous nous privez de nos meilleurs combattants.

– Nous t'apportons plusieurs milliers d'épées. Si tu juges que le seul bras de Marcus Claudius vaut plus, à ton aise.

– Je suis tout près de le penser, mais je laisse Marcus décider.

Coupant court à ces discussions, Marcus avait ôté ses armes, son casque et sa cuirasse et était allé se placer entre les mains d'Éléazar.

On l'avait laissé libre de circuler dans les parties du Temple occupées par les hommes d'Éléazar et il avait saisi l'occasion pour observer la manière dont ils avaient établi les fortifications.

Éléazar était revenu vers la fin de l'après-midi et il avait appris à Marcus qu'ils avaient effectué une sortie en direction de la vallée de la géhenne vers laquelle les soldats de la dixième région, sans arme ni cuirasse, étaient en train de monter leur camp. Surpris, les Romains avaient fui, mais Titus était intervenu et, après de violents combats, les juifs s'étaient finalement vus contraints de battre en retraite.

Ensuite, il lui avait déclaré que ce n'était pas par défiance qu'il l'avait demandé en otage, mais pour lui proposer une alliance contre Jean. Marcus lui avait répondu qu'il fallait non pas s'allier contre mais avec Jean et contre les Romains. Ils s'étaient séparés sans être parvenus à un accord.

Lorsque Marcus était revenu auprès de Simon, il avait été consterné de n'y pas voir Milkah et déjà il s'apprêtait à réunir ses hommes pour aller la réclamer à Jean lorsqu'elle était sortie du Temple par une des portes du sud. Jean l'avait enfermée dans une salle bien pourvue en meubles et en nourriture, mais démunie de fenêtre et close par une bonne porte soigneusement gardée. Lorsqu'il était rentré de ce combat, il l'avait longuement entretenue pour la convaincre qu'on se méprenait sur son compte.

Quelques jours plus tard le peuple avait fêté la pâque malgré le siège et les incertitudes du moment. Or, profitant du fait qu'à cette occasion Éléazar avait fait ouvrir les portes du sanctuaire pour y recevoir ceux qui voulaient faire leurs dévotions, Jean s'était rendu maître de l'ensemble du Temple et avait fait prisonnier son rival auquel pourtant, afin de se montrer magnanime, il avait accordé son pardon et laissé son commandement.

Les fêtes de la pâque avaient été brèves. Dès qu'ils se furent affermis dans leur camp, les Romains avaient commencé le siège de la ville. Ce ne furent plus alors que combats incessants où les adversaires faisaient preuve de part et d'autre de valeur et de détermination. On se tenait sous les armes jour et nuit. C'est dans ces jours que Castor, le meilleur officier de Marcus, avait trouvé la mort. Il commandait la garnison d'une tour que Titus faisait saper et contre laquelle il avait concentré le tir de ses catapultes. La voyant près de s'écrouler, Castor et ses compagnons y avaient mis le feu et s'étaient jetés dans les flammes. L'incendie avait permis à des renforts envoyés par Simon de parvenir dans les environs, mais par une brèche, les Romains se répandaient déjà dans cette partie de la ville basse, au-delà de la deuxième enceinte où se trouvait le quartier des chaudronniers, des quincailliers, des fripiers et des marchands de laine. Pendant trois jours les adversaires s'étaient affrontés, les juifs repoussant les Romains hors de l'enceinte, les Romains reprenant les positions perdues. Enfin, le quatrième jour, Titus avait envoyé des renforts en ce point disputé avec tant d'acharnement et s'était rendu maître du rempart ainsi que des tours qui regardaient le sud.

Le siège de Iotapata, où Marcus n'avait été qu'un acteur secondaire, et celui de Gamala, malgré toutes les horreurs dont il avait été témoin ou qu'on lui avait rapportées, restaient, dans son souvenir, des épopées auréolées de gloire où, malgré les pires souffrances, les défenseurs s'étaient grandis dans la mort. Du siège de Jérusalem il ne conservait qu'un souvenir atroce et humiliant qu'il aurait aimé effacer de sa mémoire.

La prise du second mur par les Romains avait eu lieu à la fin du deuxième mois d'un siège qui devait en durer près de six. Avec le début de l'été, la disette commença à se faire sentir, prélude sinistre à la famine qui sévit pendant les ultimes semaines de cette guerre effroyable. Alors on avait vu les femmes arracher le pain des mains de leurs maris, les enfants des mains de leurs pères et même des mères de celles de leurs enfants. Chacun se cachait pour manger en secret ce qu'il avait pu trouver. Redoutables avaient été les hommes de guerre qui pénétraient dans les demeures, frappaient les vieillards pour leur arracher leur part de nourriture, et allaient jusqu'à pendre les hommes par les parties génitales pour leur faire avouer où ils avaient caché du pain ou de la farine. La pire des actions s'était accomplie un des derniers jours du siège : une femme riche, nommé Marie, fille d'Éléazar, venue se réfugier dans la ville, réduite au désespoir, avait été rendue folle par la faim et la colère ; elle avait arraché son fils de son sein et, déclarant qu'il était préférable pour lui de mourir promptement plutôt que d'inanition ou par la main des ennemis, elle l'avait égorgé puis elle l'avait fait cuire et avait mangé une partie de sa chair avant de dissimuler le reste. Attirés par l'odeur, des impies étaient entrés chez elle et avaient menacé de la tuer si elle ne leur abandonnait pas son repas. Mais à la vue des restes pitoyables de cet horrible festin, ils s'étaient retirés, révulsés. Cette histoire effroyable avait fait le tour de la ville et, lorsque Marcus l'avait entendue, il avait prononcé la lamentation de Jérémie : « Des femmes compatissantes de leurs mains ont fait cuire leurs enfants qui leur ont servi de nourriture dans le désastre de la ville de mon peuple. »

Tant de misère incitait de nombreux assiégés à s'enfuir pour se rendre aux Romains. On était cependant en droit de se demander qui était le plus redoutable, des ennemis, des zélotes ou de la famine. Car, lorsque les légionnaires capturaient ceux qui allaient chercher de la nourriture dans les champs, ils les crucifiaient devant les murs de la ville. Certains jours ils en prenaient plus de cinq cents. Mais ce supplice n'effrayait pas les gens qui continuaient de vouloir quitter Jérusalem. Alors Titus avait fait trancher les mains des transfuges avant de les renvoyer dans la cité en faisant déclarer par des hérauts qu'ils restaient des ennemis tant que les défenseurs de la ville ne capituleraient pas. Enfin, il avait fait proclamer que leur obstination à combattre, bien qu'ils fussent perdus, mettait en péril non seulement la vie des habitants mais l'existence de leur patrie, et celle du Temple. Judas ben Jaïr, qui se trouvait sur le rempart à côté de Marcus, avait alors répondu par ces paroles pleines d'une fierté qui avaient fait l'admiration de Marcus :

– Dites à vos maîtres Titus et Vespasien que dévore l'ambition de réduire le monde en esclavage, que nous méprisons la mort, car elle est préférable à une honteuse servitude. Nous continuerons de lutter, non pour survivre, mais dans l'espoir de pouvoir vous faire autant de mal que vous nous en faites et que vous vous apprêtez à nous en faire encore. Et pour ce qui concerne notre patrie, puisque Titus lui-même la dit perdue, pourquoi nous mettrions-nous en peine ? Et quand bien même nous nous rendrions, Titus nous la laisserait-il cette patrie que ses légions et celles de son père n'ont cessé de martyriser ? Quant au Temple, sachez que Dieu en possède un autre, infiniment plus vaste et plus admirable, car l'univers entier est son Temple. Peu importe que brûle ce Temple devenu le symbole de l'oppression des sadducéens et des autres ennemis de notre peuple, car c'est dans nos cœurs que continuera d'habiter notre Dieu.

Ces cruautés n'endiguaient cependant pas le flot des défections, et des hommes inspirés allaient par la ville, répétant l'oracle rapporté par Jérémie :

Voici que je place devant vous le chemin de vie et le chemin de mort. Celui qui restera dans cette ville périra par le glaive, par la famine, par la peste. Celui qui en sortira pour se livrer aux Chaldéens qui vous assiègent, celui-là vivra et son souffle de vie sera son butin. Car j'ai tourné ma face vers cette ville pour son malheur et non pour son bien.

Mais s'il importait peu à Simon bar Gioras que les bouches inutiles aillent encombrer le camp des Romains, il redoutait de plus en plus la trahison de ses hommes et de ses officiers et, d'ombrageux qu'il était auparavant, il devint soupçonneux et féroce. Ainsi avait-il fait mettre à mort plusieurs notables accusés de vouloir livrer la ville aux Romains. Matthias, fils de Boëthus, lui-même, qui était venu demander son secours alors qu'il campait sous les murs de Jérusalem, avait aussi été convaincu de vouloir trahir. Simon l'avait aussitôt fait arrêter avec ses trois fils, et sans autre forme de procès, exécuter. Désormais, tout habitant de la cité se trouvait menacé. Marcus, rempli de colère, s'apprêtait à courir auprès de Simon lorsque Milkah l'avait retenu en lui faisant remarquer qu'il ne pourrait que le heurter en le prenant de front. Elle s'était rendue elle-même au palais des Asmonéens où Simon avait tenté de se justifier en expliquant que, s'il ne sévissait pas sévèrement, les combattants déposeraient bientôt leurs épées et iraient se soumettre comme un troupeau bêlant. Elle lui avait néanmoins suggéré d'utiliser une justice moins expéditive et d'avoir des preuves certaines de la culpabilité avant de condamner.

Salomé lui avait confié que, depuis qu'il était maître de la ville, le caractère de son époux n'avait cessé de s'aigrir au point que la jeune fille ne reconnaissait plus son amant de naguère, insouciant, moqueur et débordant de joie de vivre. Devenu impérieux et dur avec tout le monde, il ne la ménageait pas plus que les autres.

Voyant le peu d'effet qu'avaient eu sur les juifs les supplices infligés aux fugitifs, Titus, dont la nature était généreuse, avait finalement accepté de recevoir les transfuges dans ses lignes et, saisi de compassion, à la vue de leurs corps amaigris, avait ordonné qu'on leur donnât à manger. Nombreux furent ceux qui se gavèrent de nourriture et moururent d'indigestion. Mais ceux qui avaient mangé avec modération afin d'accoutumer peu à peu leur estomac à reprendre ses fonctions ordinaires, ne furent pas beaucoup plus heureux. L'un d'eux, qui avait avalé de l'or avant de quitter la ville avait été surpris dans le quartier des Syriens alors qu'il cherchait sa fortune dans ses propres excréments. Le bruit s'étant aussitôt répandu que les fugitifs cachaient des trésors dans leurs entrailles, les Arabes et les Syriens des troupes auxiliaires s'étaient saisis de tous les juifs qu'ils rencontraient et leur avaient ouvert le ventre. En une seule nuit avaient péri deux mille malheureux.

Peu après l'exécution de Matthias, et de ses fils, Judas ben Judas, qui commandait l'une des portes de la ville, avait convaincu une dizaine de ses hommes d'ouvrir la porte aux Romains afin de sauver la cité. La tyrannie de Simon et sa cruauté lui avaient aliéné bien des fidèles et Judas n'avait guère eu de mal à entraîner ses compagnons dans son complot. Profitant de l'obscurité de la nuit, au bout de la troisième veille, Judas avait hélé les Romains du haut de la tour et leur avait fait part de son dessein. Les veilleurs avaient alerté Titus qui s'était déplacé en personne et avait accepté de parlementer. La ville aurait pu être prise cette nuit-là si les trop longs palabres n'avaient alerté les gardes des tours voisines qui avaient averti Simon. Ainsi surprit-il Judas qu'il mit à mort de sa propre main. Milkah et Marcus avaient été irrités par cette exécution sommaire d'un homme qui leur était cher et qui aurait pu devenir l'époux de Dinah si elle avait vécu. À leurs remontrances, Simon avait répondu :

– Je vois que même mes amis les plus proches, que dis-je ? les seuls amis que j'aie, car en réalité, je n'ai d'estime réelle que pour toi, Marcus et surtout toi, Milkah, se détournent de moi. Je sais que cette ville est perdue. Mais mon devoir de chef n'est-il pas de mettre à mort ces fuyards, plutôt que de les voir se jeter dans les griffes du vainqueur ?

Milkah avait posé une main apaisante sur son bras.

– Simon, cher compagnon, avait-elle soupiré, combien je regrette le temps où nous parcourions les campagnes de l'Idumée, et plus encore celui de ta belle insouciance, lorsque nous te soignions dans la maison d'Engaddi et même lorsque nous combattions côte à côte à Gamala. En vérité, tu n'étais pas fait pour commander à une armée ni à une ville. Tu as forcé ta nature pour jouer un rôle qui n'était pas le tien.

– Peut-être Shéba, peut-être. Mais maintenant que j'ai revêtu cette tunique, je ne peux plus m'en séparer... Tiens, elle est un peu comme la tunique de Nessus qui collait à la peau d'Héraclès, ainsi que le rapportent les Grecs.

– N'oublie pas, Simon, était intervenu Marcus, que cette tunique a dévoré la chair d'Héraclès qui en est arrivé à se donner la mort sur un bûcher.

Simon l'avait regardé avec un air de gravité que Marcus ne lui avait encore jamais connu et avait répondu :

– À moi aussi, Marcus, elle me brûle la peau et je sais qu'elle me conduira à la mort.

Ces paroles résonnaient encore aux oreilles de Marcus : il avait compris que Simon était décidé à se laisser ensevelir sous les ruines de la cité.

Quelques jours plus tard les Romains, qui s'étaient rendus maîtres du quartier de Bézatha, enlevaient la forteresse Antonia. Puis, pendant le mois qui suivit, ils avaient porté leurs attaques contre le Temple. Jean de Giscala avait dû faire appel à Simon pour défendre le lieu saint. Pendant les combats acharnés qui s'étaient déroulés autour des murs, Milkah avait de nouveau tenu l'épée aux côtés d'Éléazar ben Simon et, à plusieurs reprises auprès de Jean. Depuis plusieurs mois, celui-ci avait abandonné ses vêtements de pourpre, et sa morgue. Passant de nombreuses nuits en veille, il était souvent hirsute, hâve, la barbe mal taillée. Stimulé par la proximité de Marcus et de Milkah et décidé à ne plus ménager sa vie, il faisait montre d'une intrépidité nouvelle qui lui avait rendu une certaine estime dans l'esprit de ses ennemis de naguère.

Titus avait d'abord tenté d'abattre les murs d'enceinte du Temple à l'aide de puissants béliers. Pendant six jours, et autant de nuits, Marcus, Milkah et leurs compagnons installés sur les terrasses avaient entendu les coups sourds des béliers qui s'abattaient sans répit sur les murailles, les ébranlant sans cependant pouvoir les abattre. Les assaillants s'étaient alors résolus à entreprendre l'escalade des murs qui semblaient avoir été construits pour l'éternité. Au cours de l'un de ces combats d'une violence inouïe, Éléazar ben Simon avait été frappé mortellement. Marcus et Milkah s'étaient précipités, mais il avait refusé leur aide en déclarant qu'il ne voulait pas qu'on négligeât le combat pour tenter de retarder une mort inéluctable. L'assaut des Romains qui arrivaient de tous les côtés avait contraint Milkah à l'abandonner pour reprendre l'épée. Les juifs, débordés par le nombre des assaillants, avaient dû se replier et les Romains avaient commencé à se répandre sous les portiques et à incendier les portes du Temple.

Les défenseurs, las de tant de veilles et de combats, s'étaient retirés dans le sanctuaire et sous les galeries des autres portiques, d'où les Romains, tout aussi épuisés, ne cherchèrent pas à les déloger. L'incendie avait duré tout le reste du jour et la nuit suivante sans que nul ne cherchât à l'éteindre. Sa violence était telle que les revêtements d'argent et de métal des portes avaient fondu, mais les portiques étaient si vastes, les poutres des plafonds et des toits si nombreuses que tout fut loin d'être consumé et, le lendemain, Titus avait ordonné d'éteindre le feu pour permettre à son armée de manœuvrer plus librement.

Mais cette bataille n'avait pas encore été décisive. Il avait fallu encore trois jours de combats acharnés, d'avances et de reculs, d'assauts et de replis, pour qu'enfin les Romains restent maîtres du Temple. Or, pendant ces jours, l'enceinte sacrée s'était remplie de gens venus de la ville, persuadés par des fous qui se croyaient inspirés qu'on allait voir dans le Temple les effets du secours de Dieu. Ainsi est-ce un affreux massacre que les Romains, au milieu des lueurs d'un fantastique incendie, avaient fait de la population réfugiée dans ces murs.

Marcus et Milkah avaient lutté jusqu'au bout, reculant parmi les corps amoncelés, si nombreux qu'ils devaient les escalader, pataugeant et glissant dans des flots de sang. Veillant à ne pas être séparés l'un de l'autre, ils s'étaient vus entraînés vers les portes méridionales par où s'enfuyaient les zélotes.

L'intervention de l'Éternel, annoncée par les faux prophètes, s'était traduite par le massacre de plus de six mille habitants de la cité accourus dans ces murs pour y devenir des holocaustes et la mise à mort par les Romains des sacrificateurs qui s'étaient réfugiés sur le haut d'un mur du Temple où ils étaient demeurés cinq jours avant de se rendre, vaincus par la faim et la soif.

La ville haute restait désormais l'ultime refuge de la résistance. Sans plus songer à leurs anciennes querelles, Simon et ses compagnons, d'une part, Jean et les siens, d'autre part, s'étaient réunis dans le palais des Asmonéens. Cernés de tous les côtés, il ne leur restait plus d'espoir ni de vaincre, ni de fuir. Ils décidèrent à l'unanimité de proposer une entrevue à Titus ; sachant que la résistance des juifs dans la ville haute pourrait encore longtemps se prolonger, il accepta.

La rencontre eut lieu de part et d'autre de la galerie qui unissait le Temple au palais des Asmonéens, le pont séparant les interlocuteurs. Titus avait pris la parole pour reprocher aux zélotes leur inconscience, leur manque de sagesse et leur perversité. Il leur avait finalement enjoint de rendre les armes et de s'en remettre à sa discrétion, moyennant quoi il leur accorderait la vie sauve, se réservant d'en user comme un maître bon et juste qui ne punit qu'à regret les crimes les plus impardonnables. Jean et Simon avaient compris qu'il leur réservait, au mieux, de finir leur vie dans quelque prison tandis que les leurs seraient réduits en esclavage ; ils avaient répondu qu'ils refusaient de se rendre, mais qu'ils lui abandonnaient la ville à condition de pouvoir se retirer dans le désert avec leurs familles.

Cette exigence avait rempli de colère Titus qui avait déclaré que puisqu'il en était ainsi ils seraient traités avec la plus grande rigueur. Aussitôt après, il avait abandonné la ville à ses soldats qui l'avaient mise au pillage avant d'incendier les bas quartiers.

Lorsque les légionnaires s'étaient mis en marche pour donner l'ultime assaut, la plupart des zélotes avaient pris la fuite. Les uns s'étaient réfugiés dans l'Acra, la colline dominant le flanc occidental du Temple, au nord du palais des Asmonéens, les autres dans les égouts du voisinage, si bien que Simon, Marcus, Démétrios et Milkah étaient entourés de moins d'un millier de compagnons pour résister au flot débordant des légions.

Derniers défenseurs de la ville, ils avaient résisté un long moment. Leurs rangs s'amenuisaient comme la poutre de bois qu'équarrit le rabot du charpentier. Enfin, ils avaient dû céder et s'étaient repliés vers le palais d'Hérode. Il ne leur restait plus que la solution ultime, celle que Marcus avait prévue depuis plusieurs jours, la fuite par les souterrains.

Le palais était occupé par les quelques gardes de Marcus préposés à la sécurité de Salomé, de Mariamne et sa fille, de David, Ariel, Drusilla et ses enfants, et par les servantes de leurs familles. En arrivant, ils avaient trouvé Drusilla et les siens en deuil : Simon ben Gamaliel et son frère Josué avaient été tués par des soldats romains et leurs corps n'avaient pas été retrouvés. L'heure n'était pas aux lamentations. Emportant leurs armes, un mince bagage, de l'eau et le peu de vivres qui leur restaient, ils s'étaient engagés dans les galeries, précédés par des hommes munis de pioches et d'outils pour ouvrir le chemin. Ils étaient restés trois jours entiers dans ces galeries obscures tandis que Jérusalem brûlait au-dessus d'eux. Enfin, après avoir dégagé les pierres, ils avaient atteint la salle par laquelle on accédait à la lumière du jour. Une ouverture avait été aménagée et un rai de lumière était tombé dans le souterrain éclairé par les torches. Marcus qui, le premier, avait passé la tête par l'ouverture, avait aperçu quelques légionnaires au loin, et, en examinant les palissades qui entouraient le camp où s'était installé Titus lors du siège, il avait compris que les tentes avaient été enlevées et que l'endroit avait été abandonné. Ils avaient cependant décidé d'attendre la nuit avant de s'aventurer à l'extérieur.

– Mes amis, avait déclaré Simon, nul ne sait ce que nous réserve demain ni même la nuit qui va venir. Alors, pardonnez-moi, je me retire à l'écart avec ma douce colombe.

Il s'était éloigné avec la jeune femme et n'était revenu qu'au petit jour. Alors il s'était tourné vers Marcus qui, avec Milkah, apportait des soins à Drusilla qui ne cessait de pleurer son époux.

– Marcus, avant de nous hasarder tous au-dehors, il serait utile de savoir ce qui se passe dans la ville. Je te propose que nous allions y jeter un coup d'œil.

Bien qu'il ait trouvé cette précaution superfétatoire, Marcus avait accepté d'accompagner Simon, d'autant qu'ils devaient attendre le milieu de la nuit pour quitter leur retraite. Ils étaient ainsi retournés jusqu'à l'entrée des galeries et s'étaient aventurés dans le palais qui semblait abandonné. Cependant, en s'approchant d'une fenêtre donnant sur la cour, ils avaient vu que de nombreux légionnaires s'y trouvaient encore et que les tours étaient toujours occupées.

Simon avait entraîné Marcus vers une petite pièce et, d'un tas de vieilles hardes oubliées là, il avait sorti une longue robe blanche et un manteau pourpre. Il avait jeté ses habits sales pour se draper dans ces riches vêtements sous le regard surpris de Marcus :

– Malchios, mon vieil ami, mon seul ami, te souviens-tu des jours heureux d'Engaddi ?... Te souviens-tu du jour où nous sommes repartis ensemble vers l'Hérodion ? Il tombait une pluie fine, désagréable... Je n'aime pas la pluie, ça m'attriste.

– Comment aurais-je pu l'oublier, Simon ?

– C'est vrai, tu étais heureux, Milkah t'avait choisi...

Il avait soupiré imperceptiblement, puis il avait repris :

– Ce jour-là, nous nous sommes séparés et nos routes ont bifurqué une première fois. Ce soir, elles vont bifurquer pour toujours, car je vais te dire adieu, Malchios. Tu vas aller retrouver nos compagnons, je sais que tu parviendras à les conduire en lieu sûr et moi, j'irai vers mon destin. Ne cherche pas à me retenir ni à me convaincre. Écoute-moi : je vais être bref. Tu sais, Malchios, que je n'ai jamais aimé que Milkah et je m'étonne même d'avoir pu vivre sans elle. Salomé est charmante mais, surtout, elle ressemble un peu à sa sœur, et quand je lui faisais l'amour, c'est à Milkah que je pensais... Pardonne-moi, Malchios de te dire cela, tu comprendras ainsi que la vie me soit devenue insupportable. J'ai bien sûr tenté d'oublier en me lançant dans cette folle entreprise qui m'a conduit jusqu'à Jérusalem... Je me suis laissé prendre au jeu et j'ai tenté de réaliser le rêve le plus fou, ce rêve messianique auquel je ne croyais pas, et je n'avais pas tort. Toutes ces folies ont conduit notre peuple à sa ruine. Jérusalem, orgueil de notre nation, n'est plus que cendres et tant d'hommes et de femmes sont morts pour rien ! « Cela aussi est vanité et poursuite du vent... » Tu vois, Malchios, je ne sais pas lire, mais je connais bien les sentences de Qohélet. Et maintenant, penses-tu que je pourrais encore vivre le cœur léger alors que je me sens responsable de tant de ruines, de tant de morts, alors que la seule raison de vivre qui me restait, ce sentiment de construire quelque chose, s'est consumé dans l'incendie de cette cité ? « Mieux vaut la gloire que l'huile parfumée », dit aussi Qohélet, et mieux vaut le jour de la mort que celui de la naissance. » Séparons-nous là, Malchios.

Marcus avait eu un geste pour le retenir.

– Simon, tout n'est pas perdu. N'as-tu pas mené une vie heureuse avant de te lancer dans cette aventure ? Milkah et moi avons tellement d'affection pour toi, et aussi de l'estime.

Il avait eu un sourire désabusé :

– Malchios, me vois-tu redevenir voleur de grands chemins ? J'aurais honte de moi-même. Non, il faut savoir perdre avec grandeur et panache. Je vais saluer Titus en notre nom à tous. Pensez parfois à moi, Milkah et toi.

Marcus avait compris que le choix de Simon était irréversible. Il n'avait plus cherché à le retenir. Il l'avait serré fortement contre sa poitrine, puis Simon l'avait repoussé.

– Allons, Malchios, nos cœurs s'amollissent et, si nous continuons, nous allons verser des larmes comme une petite fille à qui on a dérobé des dattes au miel.

Il s'était gratté la tête, retrouvant un geste familier qu'il semblait avoir oublié.

– Prenez bien soin de ma Salomé, c'est encore une enfant. Adieu, Malchios.

– Adieu, Simon.

Chapitre XXXVII

DEMAIN, À JÉRUSALEM

Souviens-toi, Seigneur, de ce qui nous est arrivé.
Regarde, et vois notre opprobre !...
Nous trouvons notre pain en risquant notre vie,
dans le désert, sous la menace de l'épée.
Notre peau est brûlée, comme dans un four,
à cause des ardeurs de la faim.
Ils ont violé des femmes dans Sion,
des vierges dans les villes de Juda.
Par leurs mains des chefs ont été pendus,
la face des vieillards n'a pas été respectée.
Les adolescents ont porté la meule,
les enfants chargés de bois ont chancelé sous ce poids.
Les vieillards ont cessé de se tenir près de la porte,
les adolescents ont cessé de chanter sur leur lyre.
Elle a cessé, la joie de nos cœurs,
nos danses se sont changées en deuil.

Ces lamentations du prophète Jérémie étaient venues à la mémoire de Marcus lorsqu'il évoquait la fin de Jérusalem et leur fuite à travers la Judée, une nouvelle fuite qui devait être la dernière, mais qui avait été étrangement aisée. Contrairement à Gamala, où les Romains connaissaient leur fuite et les recherchaient, à Jérusalem les vainqueurs ne songeaient guère à eux. Ils avaient massacré tant de monde, la ville qu'ils détruisaient était si vaste, la campagne si pleine de fuyards, de captifs, de transfuges, qu'au milieu de ce désordre ils avaient pu rejoindre à travers champs la route de Bethléem d'où ils avaient gagné Massada où ils avaient annoncé la chute de Jérusalem.

Dans les jours suivants, ils avaient pris les initiatives qui allaient décider de leur destin. Marcus avait convaincu Démétrios de rentrer à Alexandrie avec Mariamne, leur fille, leur servante Myrtô, ainsi que Drusilla et ses enfants.

– Là-bas, tu as toujours tes parents et tes biens. Tiberius recueillera notre sœur. Ton amitié me manquera beaucoup, mais tu as une famille à protéger. Nous viendrons peut-être vous voir lorsque le souvenir de ces événements sera estompé et que les Romains auront oublié mon existence. Et, qui sait, peut-être un jour nous installerons-nous auprès de vous.

Désormais, persuadé que la poursuite du combat était vaine, Marcus aurait volontiers abandonné la lutte. Mais il s'était trop engagé dans l'aventure, et, trop connu comme rebelle, il ne pouvait retourner à Alexandrie. Il aurait certes pu, avec Milkah, mener la vie errante d'un rhéteur, voire celle d'un baladin : il était prêt à tout pour conserver la vie de celle qu'il aimait et de leur enfant. Mais Milkah ne l'entendait nullement ainsi. Lorsqu'il lui avait suggéré d'accompagner Démétrios en Égypte et de s'installer non à Alexandrie, mais dans une ville comme Memphis en attendant que vienne l'oubli, elle l'avait regardé avec étonnement.

– Malchios, mon aimé, quelle étrange idée t'est venue à l'esprit ! Que ferions-nous à Memphis ? M'imagines-tu filant sur le seuil de notre demeure après avoir vaqué aux soins domestiques !

Elle avait éclaté d'un rire rempli d'amertume.

– Non, Malchios, je n'ai aucun goût pour les travaux de femme. J'ai besoin de grands espaces, du vent qui frappe le visage lorsque galope le cheval et même de l'exaltation de la bataille. Et puis, comment peux-tu penser que je songe à cesser la lutte dans laquelle j'ai engagé toute ma vie ? Tant que je vivrai et tant qu'un Romain sera sur la terre de nos ancêtres, je ne déposerai pas les armes. Souviens-toi des Macchabées. Lorsque Matthias, simple prêtre chassé de Jérusalem par les Macédoniens d'Antiochos Épiphane, eut tué l'envoyé du roi syrien dans son village et qu'il se fut enfui dans les montagnes avec ses fils et quelques compagnons, que pouvait-il espérer ? Ils étaient une poignée d'hommes, bien moins nombreux que nous et ils ne disposaient même pas d'une formidable forteresse comme Massada. Ils ont mené une vie de brigands dans le désert. Et voilà que leur troupe s'est grossie des Hassidim, les aïeux de notre secte, et de tous ceux qui voulaient rester fidèles à l'alliance conclue entre Dieu et nos ancêtres. Finalement, le plus glorieux des fils de Matthias, Judas, n'a-t-il pas vaincu les Grecs et rendu son indépendante à la Judée ?

Ils étaient restés à Massada, conservant auprès d'eux Ariel, Salomé qui ne voulait pas s'éloigner de sa sœur et de son neveu, ses seules consolations, et naturellement David, tandis que Démétrios emmenait les autres fugitifs vers l'Égypte, avec Sérapion et leurs anciens soldats.

Le mois qui avait suivi leur retour, ils avaient appris que Lucius Bassus, à qui Titus avait laissé le commandement des armées romaines en Judée, avait négocié victorieusement la reddition de l'Hérodion. Pour parer à l'attaque éventuelle de la forteresse de Machéronte, Judas ben Jaïr, qui avait fui Jérusalem avec Marcus, était allé soutenir avec une petite troupe la garnison de la forteresse. Avant la fin de l'automne, Bassus s'était emparé de Machéronte, non à la suite d'assauts sanglants, mais en échange de la libération d'un soldat juif que les défenseurs de la cité regardaient comme un héros. Judas, opposé à ce compromis, avait quitté la cité avec près de trois mille soldats et gens de la ville pour se réfugier dans la forêt de Jardres, située à peu de distance. Il espérait reprendre la forteresse dès que le gros de l'armée romaine s'en serait retiré. Mais Bassus, plus avisé, avait fait cerner la forêt et, malgré une vive défense, tous les juifs avaient été massacrés.

À Massada vivait un millier de personnes parmi lesquelles des enfants, des femmes et des personnes âgées. Ils considéraient la forteresse comme leur village, y faisaient pousser des légumes et élevaient les animaux nécessaires à leur subsistance. Nombreux étaient ceux qui, ayant fondé une famille, n'avaient plus de goût pour la guerre. Éléazar lui-même ne dissimulait pas sa répugnance à se battre. Sur environ quatre cents hommes capables de porter les armes, à peine une centaine, parmi lesquels plus de la moitié s'étaient battus à Jérusalem, se sentaient encore disposés à guerroyer contre les Romains.

Machéronte une fois tombée, Marcus avait craint que Bassus ne profitât de la gloire que lui conférait sa victoire pour marcher contre Massada. Mais sa mort inopinée provoqua le départ de l'armée romaine. Il n'était dans la nature ni de Marcus ni de Milkah de rester enfermés sur ce roc en attendant que l'ennemi vînt les en déloger, et ils avaient passé tout ce temps à battre la campagne avec une poignée d'hommes. Ils s'attaquaient aux caravanes de marchands étrangers ou de préférence aux postes romains et aux escadrons d'auxiliaires. Toutefois, ils évitaient de s'en prendre à ceux qui se trouvaient dans les environs de Massada. Ils avaient même osé revenir sur les ruines de Jérusalem où Titus avait laissé la dixième légion Fretensis. De nombreux marchands y affluaient pour offrir leur pacotille aux légionnaires. Afin de ne pas éveiller de soupçons, Milkah avait coiffé un turban syrien et une longue robe et s'était présentée comme le fils d'un négociant de la Damascène qui se rendait à Jérusalem en compagnie de son pédagogue. Lorsque, au détour d'une colline, ils avaient découvert la ville en ruine, ses puissants remparts démantelés, seules se dressant encore les tours du palais d'Hérode, ni l'un ni l'autre n'avaient pu retenir leur émotion. La gorge nouée, ils étaient descendus vers la ville où ils s'étaient présentés à des légionnaires pour obtenir l'autorisation de visiter les ruines. Marcus avait été conduit à un centurion qui, lorsqu'il lui eut exposé son désir d'édifier son jeune élève sur les mérites des légions romaines venues à bout d'une si vaste cité, s'était proposé de leur servir de guide. Il était bavard, et leur avait appris que Jean de Giscala, qui s'était caché dans des égouts, avait dû en sortir et se rendre, poussé par la faim, tandis que Simon, qui s'était vêtu comme un prince, avait été conduit devant Terentius Rufus qui commandait la garnison. Il s'était alors nommé à l'officier qui l'avait fait enchaîner et envoyer à Titus, déjà reparti pour Césarée. Les deux chefs des défenseurs de la ville avaient figuré à Rome dans le triomphe du vainqueur ; après quoi, Jean avait été condamné à la prison à vie et Simon, exécuté publiquement. Cette nouvelle avait consterné Milkah et Marcus qui s'étonnaient que Jean ait été épargné ; puis ils avaient songé que tout était mieux ainsi, car Simon n'aurait pu supporter de vivre captif. Il avait eu le destin qu'il souhaitait. Déjà la vie renaissait sur les ruines. De nombreux juifs avaient été autorisés à revenir s'y installer.

Ils avaient repris le chemin du retour le cœur lourd.

Une année s'était écoulée depuis la prise de Jérusalem. L'hiver était revenu, puis le printemps. Les zélotes commençaient à croire que les Romains les avaient oubliés. Marcus et Milkah avaient repris leurs courses suspendues pendant les mois d'hiver, assez froids dans les montagnes de Judée.

Avec l'automne, ils avaient décidé de faire une nouvelle visite à Jérusalem. Ils voulaient profiter de la fête des Tabernacles pour se présenter comme une famille juive en pèlerinage dans les ruines de la Ville sainte, car Vespasien n'avait pas interdit ces visites commandées par la piété. Ils avaient emmené David qui était devenu un robuste adolescent.

Nombreux étaient ceux qui revenaient sur les ruines de Jérusalem et commençaient à les relever. Les familles venaient pleurer sur les restes du Temple, mais il subsistait encore sept synagogues dans lesquelles elles se réunissaient pour prier. La ville renaissait insensiblement de ses cendres. Ils avaient parlé avec un marchand établi dans une demeure intacte de la ville basse, qui n'avait jamais quitté la cité. Il devait la vie à Joseph, fils de Matthias, à qui Titus, dont il était devenu l'un des familiers, avait demandé de désigner tous les habitants auxquels il désirait que fussent laissés la liberté et les biens. Il leur avait aussi appris que, dans une grotte de la vallée du Cédron, s'était installé un prophète du nom d'Esdras qui, dans de magnifiques visions, prédisait la restauration de Jérusalem et sa gloire future.

Lorsqu'ils s'étaient éloignés, Milkah avait alors déclaré à David et à Marcus :

– Voyez, cette ville a été prise six fois : par Azochus, roi d'Égypte, par Nabuchodonosor, roi de Babylone, par Antiochos Épiphane, roi de Syrie, par le Romain Pompée, par Hérode et enfin par Titus, et pourtant notre peuple ne l'a jamais quittée. Nabuchodonosor l'a détruite, mais nous y sommes revenus et nous l'avons reconstruite.

En rentrant à Massada, toute tristesse les avait quittés. Milkah avait élevé dans ses bras Ariel qui riait et parlait en recevant les baisers de sa mère. Même Salomé avait retrouvé une certaine gaieté, et elle mettait son bonheur dans les soins qu'elle dispensait à l'enfant qui était devenu autant le sien que celui de sa sœur. Ils avaient décidé qu'au printemps, ils iraient à Alexandrie faire une visite à Drusilla, installée chez Tiberius, et à Démétrios, qui leur avait fait savoir que

Marcus pouvait revenir à Alexandrie en toute sécurité ; il avait acquis un domaine près des marais du delta où il avait la certitude que lui, Marcus, et Milkah auraient plaisir à partager leur vie.

Cette missive avait emporté la décision.

– Nous avons encore toute la vie devant nous, avait dit Marcus à Milkah. Puisque les Romains semblent nous oublier sur notre rocher, allons donc goûter à la vie égyptienne qui conviendra mieux à Salomé et à Ariel. Si nous ne nous plaisons pas là-bas, il sera toujours temps de revenir ici.

Mais les Romains ne les avaient pas oubliés et, par une fraîche journée d'hiver, les guetteurs étaient venus annoncer qu'une colonne approchait de la forteresse. Peu après surgissaient les premiers légionnaires, bientôt suivis de tous les bataillons et des esclaves juifs chargés du ravitaillement et des bagages. Cette armée de près de dix mille hommes était commandée par Flavius Silva, successeur de Bassus au gouvernement de la Judée. Les défenseurs de Massada avaient regardé s'avancer l'ennemi avec d'autant plus de stupeur qu'ils ne croyaient plus à sa venue.

Les Romains étaient si nombreux qu'il n'était pas question de tenter une quelconque sortie. À peine arrivés, ils s'étaient consacrés à la tâche ardue d'entourer la forteresse d'un mur haut comme deux hommes, défendu par des tours et de petits camps, tandis que le gros des forces était installé dans deux grands cantonnements, l'un à l'est et l'autre au nord-ouest.

L'abondance des vivres, les animaux domestiques élevés sur l'aire centrale, le nombre et la variété des armes conservées dans l'arsenal donnaient aux juifs l'espoir de pouvoir soutenir un siège de plusieurs années, et la plupart des zélotes enfermés en ce lieu avaient observé sans crainte les travaux des Romains au pied du piton. Les pentes abruptes du site qui dominait la plaine environnante et n'était accessible que par deux étroits et dangereux sentiers en faisaient un véritable nid d'aigle.

Les Romains avaient ensuite tenté l'escalade par ces chemins et par la pente de l'éperon méridional moins abrupte que les autres. Ils avaient vite abandonné : quelques archers avaient suffi pour endiguer les assauts des Romains.

Ces faciles victoires avaient redonné confiance aux assiégés et Marcus avait assuré qu'il suffirait de tenir l'ennemi en échec jusqu'au début de l'été. À cette date, les chaleurs étaient si lourdes que les soldats, sous leurs casques et dans leurs armures métalliques, ne pourraient les supporter ; de plus les besoins en eau allaient, pour eux, très sensiblement augmenter : les sources où ils allaient s'approvisionner, loin vers Engaddi et vers la route de Jérusalem, se tarissant progressivement, tandis qu'à Massada ils disposeraient de citernes remplies par les pluies du printemps.

Silva avait vraisemblablement fait le même raisonnement et il avait mené avec une vigueur incroyable l'immense travail conçu pour enlever la forteresse. Sur le flanc occidental du piton se dressait un éperon rocheux appelé Leuké qui s'élevait à mi-coteau. Prenant ce monument naturel pour support, Silva avait entrepris de combler avec de la terre et de la pierraille le vide entre cette hauteur et la falaise, d'établir ainsi une rampe et de ménager à son sommet une terrasse suffisamment vaste pour supporter des machines de siège. Pendant les mois d'hiver et le début du printemps, les Romains avaient travaillé jour et nuit à cette titanesque entreprise.

Après avoir jugé de la rapidité des travaux, Milkah avait dit à Marcus :

– Avant la fin du printemps, les Romains auront élevé une plate-forme jusqu'à notre hauteur. Nous avons vu ce qu'il est advenu de gens de Iotapata, de Gamala et même de Jérusalem. Grâce à la volonté de l'Éternel, nous avons pu nous sauver de Gamala, puis de Jérusalem, en nous cachant dans un souterrain. Mais, ici, je doute qu'on puisse renouveler un tel miracle.

– Quelle solution as-tu à nous proposer maintenant que nous voilà pris au piège ?

– La solution du désespoir, Malchios. Nous défendrons la place jusqu'au dernier moment, mais, lorsque tout sera perdu, il faudra profiter de la nuit pour fuir par l'éperon méridional où la pente est la moins raide. Le mur élevé par les Romains n'est pas haut ; il suffira que tu me hisses à bout de bras à son faîte, que j'y fixe une corde et que vous me suiviez. Je préfère périr au cours de cette fuite par des épées romaines, que de me faire égorger par ton glaive. Mais, si Dieu le veut, nous irons en Égypte mettre Salomé, Ariel et David en sécurité. Quant à nous, nous reviendrons en ce pays continuer notre combat pour la gloire de l'Éternel.

Ils avaient tenté une sortie par ce même éperon sud, au milieu des cheminées et des éboulis rocheux dans le dessein de reconnaître le terrain et d'évaluer les forces ennemies. Ils avaient eu un contact bref et violent avec les Romains et avaient promptement décroché afin d'éviter de perdre inutilement des hommes.

Les Romains avaient travaillé avec une telle diligence qu'au printemps la plate-forme atteignait la hauteur de l'enceinte et que la longue rampe d'accès était achevée. Il leur avait ensuite fallu plusieurs jours et la force de bœufs et d'une multitude d'hommes pour y traîner une immense tour de bois bardée de fer et haute de près de soixante coudées, du sommet de laquelle ils avaient commencé à accabler les assiégés d'une grêle de pierres et de javelots. Il était devenu impossible de rester sur les remparts pour en assurer la défense et, en toute quiétude, Silva avait pu mettre à l'œuvre un puissant bélier qui avait commencé à battre le rempart nuit et jour. Marcus avait alors compris que bientôt la muraille serait démantelée et que les Romains allaient s'introduire dans la forteresse par la brèche ainsi aménagée, tout en lançant une attaque contre le haut du rempart grâce à des passerelles jetées depuis la tour. Éléazar avait réquisitionné la population de Massada afin d'élever un nouveau rempart fait de poutres entrecroisées et de terre.

Lorsqu'elle avait constaté que l'enceinte, lézardée de toutes parts et à demi abattue, ne tiendrait plus qu'un jour ou deux, Milkah avait fait remarquer à Marcus :

– Cette enceinte en bois ne pourra pas longtemps nous protéger. Il suffira aux Romains d'incendier les poutres pour qu'elle s'écroule. Quelques heures suffiront pour détruire le travail de ces derniers jours.

– Je ne l'ignore pas, hélas ! avait-il admis. Mais que proposes-tu donc de mieux ?

– Effectuons une sortie, incendions la tour et le bélier. Il leur faudra au moins un mois pour reconstruire de tels engins, sinon plus. Ensuite, tentons de nous rendre maîtres de la plate-forme. Les Romains ne sont pas tellement plus nombreux que nous sur cet étroit espace. Si nous pouvions les en chasser, ne serait-ce que quelques heures, nous pourrions nous approprier les balistes et les scorpions, les disposer sur le rempart de bois et les tourner contre eux.

– Si nous réussissions un tel exploit, avait admis Marcus, nous serions sauvés. Mais, si nous sommes repoussés, nous aurons à escalader le mur et nous risquons alors de nous faire tous massacrer.

– Malchios, il n'est pas de combat sans risques. Nous n'avons pas le choix. Je ne sais même pas si nous aurons la possibilité de fuir par la pente méridionale, à moins que nous ne le tentions la nuit prochaine car, après, il sera vraisemblablement trop tard.

Plus d'une centaine de zélotes s'étaient joints à la centaine d'homme armés dont disposait Marcus. Ils avaient passé la fin de l'après-midi chez Éléazar à mettre au point l'attaque et s'étaient séparés le soir venu pour prendre un peu de repos. Marcus avait ressenti un étrange malaise. Une sorte de tristesse l'avait envahi tandis qu'il rentrait avec Milkah. Les Romains avaient cessé leurs travaux ; on n'entendait plus les martèlements sourds du bélier ; seule une rumeur lointaine témoignait de la présence ennemie. Dans le ciel, qui à cette heure se teintait d'un bleu profond sous les derniers feux du soleil couchant, volaient de lourds oiseaux noirs dont les cris perçants se répercutaient sur les collines voisines. Marcus avait pris la main de Milkah. Elle avait répondu à la pression de ses doigts.

Salomé les attendait, tenant par la main Ariel qui avait trotté vers eux en riant. Il s'était jeté dans les jambes de sa mère qui l'avait enlevé dans ses bras en baisant son visage, puis elle l'avait donné à Marcus vers qui il tendait les bras en poussant des cris de joie.

Ils s'étaient rendus dans les thermes et David avait aidé Marcus à ôter ses armes et à s'installer dans la baignoire en terre cuite. Marcus avait ensuite revêtu une robe longue à la mode juive, car il avait invité Éléazar et ses principaux officiers avec leurs femmes à partager leur repas. Il savait qu'Éléazar n'aimait pas les vêtements grecs qu'il portait pour combattre. Ainsi voulait-il honorer ses hôtes. Il était descendu sur la terrasse à portiques où ils prenaient leurs repas. Ses officiers s'y trouvaient déjà et ils conversaient en mangeant des olives et en buvant du vin aux aromates et au miel. C'était un vin vieux de cinq ans, qu'ils avaient rapporté d'Engaddi. David avait allumé de nouvelles lampes afin que la salle fut brillamment éclairée. Ils avaient devisé, à demi couchés sur des coussins en goûtant la douceur du soir, comme si la menace romaine ne pesait pas sur eux. Éléazar était arrivé peu après avec les autres invités et après que chacun eut pris place sur les lits, les conversations s'étaient animées, mais ils avaient évité de parler du lendemain.

Tout en écoutant ses voisins, Marcus avait guetté la venue de Milkah.

Elle avait enfin fait son entrée dans une longue et ample robe blanche sur laquelle tranchait une large ceinture verte ; un voile de même teinte couvrait ses cheveux et ses épaules. Son apparition avait provoqué le silence, car depuis leur installation à Massada elle ne s'était jamais montrée que dans sa tenue de guerre.

Marcus, ébloui, s'était levé pour lui prendre les mains. Ce geste inhabituel avait tellement saisi ses hôtes qu'eux aussi s'étaient levés, peut-être en hommage, non à l'épouse de Marcus, mais à l'héroïne de leur peuple. Et, sans doute pour justifier une attitude si étrange, Éléazar avait déclaré :

– Milkah, nous avons tellement pris l'habitude de te voir sous l'aspect d'un jeune guerrier que, lorsque tu te révèles ainsi, je songe que le Seigneur t'a choisie parmi toutes les femmes de notre peuple comme il a, dans le passé, élu Déborah ou encore Judith pour délivrer Béthulie. Bénissons l'Éternel qui a mis sa force dans ton bras.

– Éléazar, avait-elle répondu, je ne suis que l'humble instrument de Dieu et je me sens une faible créature entre ses mains.

En prenant place sur le lit auprès de Marcus, elle avait ajouté :

– L'Éternel décidera du destin de nos compagnons assiégés en ce lieu, mais il nous appartient d'agir afin de ne pas nous laisser dévorer par l'ennemi comme l'agneau par la panthère.

Ariel était venu se blottir contre elle et elle avait caressé ses cheveux tandis qu'un sourire éclairait son visage grave. De ce dont il avait été question lors de ce repas, Marcus ne cherchait pas à se souvenir, car en cet instant rien ne lui importait plus que de sentir à nouveau son parfum, le contact de sa main dans la sienne, la chaleur de son corps contre le sien et d'entendre sa voix. Dès la fin du repas, elle avait pris un *kinnor* et Salomé une petite harpe. Elles s'étaient assises sur des coussins côte à côte et Milkah avait déclaré :

– Ce soir, nous voulons honorer le Seigneur notre Dieu et notre roi David, gloire de notre peuple. Nous ne savons ce que nous réserve le jour qui vient et c'est vers eux que doivent aller nos pensées, vers Sabaoth, dieu des armées, et son élu, le grand guerrier. Je vais vous chanter le cantique de l'Arc, ce beau chant funèbre que le roi David a composé à la gloire de Saül et de son fils Jonathan. Je vais le chanter pour ceux qui vont mourir demain, je le chante à leur gloire, car ils auront pris place au côté de l'Éternel.

Ces paroles avaient fait frémir Marcus qui avait senti son cœur se resserrer, mais déjà elle avait entonné le chant magnifique :

La splendeur d'Israël a péri sur tes hauteurs !
Comment sont tombés les héros ?...

Dans le cœur de Marcus, comme dans celui de chacun, la tristesse le disputait à la joie : tristesse de la fin d'un rêve, joie de se sentir l'âme si proche de Dieu. Et l'idée de Dieu semblait toute naturelle à Marcus, qui, au cours de ces dernières années remplies elles aussi de joie et de tristesse, s'était peu à peu détourné de la froide et impassible philosophie des stoïciens pour marcher dans les ténèbres vers la flamme du Dieu vivant et unique, ébloui par sa lumière.

Tandis qu'il revenait lentement vers le palais aux terrasses, il se disait qu'en vérité il n'était pas possible que les êtres qui l'avaient entouré, et surtout Milkah, n'aient été que des formes sans âmes, des êtres faits uniquement de matière, sortis du néant grâce à on ne sait quelle force pour retomber définitivement dans ce même néant. Seule la flamme divine pouvait animer les corps dans leur ronde sans fin où ils se succédaient de génération en génération, sous la voûte du ciel nocturne et dans la lumière du soleil.

Cette nuit-là, ils s'aimèrent intensément. Au matin, Milkah se leva la première. La blancheur purpurine de l'aurore baignait leur chambre d'une lumière tendre ; sa silhouette se découpait sur l'ouverture laiteuse de la fenêtre.

– Malchios, mon Malchios, avait-elle dit, j'ai fait un rêve merveilleux. Écoute : je marchais dans une vallée aride, comme ces vallées rocailleuses qui entourent Massada. Le ciel était sombre. Il faisait nuit et seule une pâle lueur comme celle de la lune éclairait les flancs abrupts des falaises. Un silence oppressant régnait tout alentour et les pierres qui roulaient sous mes pas ne faisaient pas le moindre bruit. Nul souffle de vent ne frôlait mon visage et mes pieds nus sur un sol hérissé de pierres tranchantes n'en ressentaient aucune douleur. Et voici que devant moi j'ai aperçu quelqu'un qui marchait en silence. J'ai hâté le pas pour le rattraper. Il s'est retourné et j'ai vu que c'était David qui me tendait la main. Je l'ai serrée dans la mienne. Elle était chaude et nous avons marché ensemble. Soudain, nous nous sommes trouvés dans une plaine merveilleuse semblable à un immense jardin, comme la vallée du Jourdain avec ses vergers, comme les flancs du Carmel avec ses vignes. Partout coulaient de clairs ruisseaux et on voyait de merveilleuses cascades au milieu des palmiers, comme à Engaddi. Une ville qui ressemblait à Jérusalem se dressait sur une colline verdoyante. Elle était faite de gemmes et d'or pur, d'escarboucles et de pierres d'Ophir dont la blancheur éclatait dans la lumière d'un soleil éblouissant.

« Et je vis des gens sortir de la ville auréolée d'or tandis qu'une musique divine venue je ne sais d'où nous enveloppait. Alors je t'ai vu près de moi, je ne m'en étonnais pas et tu me disais : "On l'a rebâtie notre cité sainte. Vois, mon aimée, comme elle brille dans toute sa beauté, sa gloire est désormais éternelle." Mon âme fut soulevée par une joie divine, des larmes de bonheur ont coulé de mes yeux et je t'ai répondu : "Oui, mon bien-aimé, courons dans ces beaux vergers et que nos pieds foulent l'herbe humide de la rosée matinale. Allons vers Jérusalem où nous vivrons notre amour pour l'éternité." Et je vis Dinah venue au-devant de nous et elle me dit : « Milkah ! Ma sœur, te voilà ! Viens, viens voir comme tout est beau ici, c'est la demeure du Seigneur. Vois, son Temple est magnifique, vois la ville céleste, la véritable Sion. Celle-là est indestructible, hors de l'atteinte du mal, c'est la ville éternelle. » Simon m'est alors apparu. Il a prononcé les mêmes paroles que le soir où nous avions défendu la porte des Eaux : "Par la Loi de Moïse, Milkah, te voilà dans un bel état !" Ma tunique était déchirée et il a déployé devant mes yeux la robe que je portais hier et dont je me suis revêtue. Il nous a ensuite, demandé où nous avions laissé Salomé. Tu as répondu qu'elle gardait Ariel et que tu allais les chercher sans tarder. J'aurais voulu venir avec toi, et mon cœur s'est serré de te voir t'éloigner. Je n'ai pas cherché à te retenir. Nos mains se sont effleurées, j'ai senti leur chaleur et je t'ai dit : "Malchios, demain à Jérusalem", et je me suis réveillée.

– C'est un très beau rêve, avait soupiré Marcus qui l'avait écouté en silence sans cesser de la contempler.

– Oui, mais terrible aussi, car nous nous sommes séparés alors que ce que nous avions entrevu nous promettait une éternelle béatitude. Si c'est un rêve envoyé par Dieu comme je le pense, ne devons-nous pas nous réjouir de tout ce qu'il m'a laissé entrevoir ?

– Bien sûr, ma Milkah, soupira Marcus en l'enlaçant.

Au moment où Milkah coiffait son casque, Ariel était entré, comme il le faisait chaque matin pour les embrasser. Elle s'était assise sur le bord du lit pour le prendre sur ses genoux et le caresser un instant, puis elle s'était relevée en soupirant.

Ils avaient mangé des dattes et des galettes trempées dans du vin en compagnie de David et de leurs familiers. David avait apporté ses armes à Milkah. Elle avait fait jouer l'épée dans son fourreau, les poignards dans leurs étuis, puis elle avait repris Ariel dans ses bras pour l'embrasser une fois encore. Marcus avait lié sur son épaule une lourde hache, saisi son javelot et son bouclier et dit simplement :

– Allons !

Milkah avait confié l'enfant à Salomé, puis saisi son bouclier léger et son javelot. Après un dernier regard à sa sœur et à Ariel, elle était sortie derrière David, qui armé comme un guerrier, participait à tous les combats.

Les hommes étaient tous réunis derrière les murs de bois et de terre où ils étaient cachés à la vue des ennemis qui avaient commencé de battre les remparts. Éléazar se tenait à la tête des archers et des lanceurs de javelots qui devaient monter sur la crête des murs dès que les combattants auraient sauté au milieu des Romains. Après avoir grimpé sur le rempart en bois, en rampant pour ne pas être vu, Marcus, qui dirigeait l'opération, avait jeté un regard vers l'ennemi ; les légionnaires occupaient toute l'étroite plate-forme, leur attention tournée vers le travail de sape. Il avait alors bondi en criant, lancé son javelot sur un adversaire tout proche et sauté au bas du mur. Les trois quarts de ses hommes l'avaient suivi. Les autres, une torche enflammée dans la main, leur épée dans l'autre, se précipitaient vers la tour. Les volontaires d'Éléazar prenaient position pour projeter des flèches et javelots contre les Romains décontenancés par cette attaque d'autant plus inattendue que, depuis qu'ils s'étaient installés sur cette rampe, les juifs n'avaient pas manifesté la moindre velléité de défense.

L'exiguïté de la plate-forme rendait la lutte plus âpre. Les Romains avaient tout d'abord été refoulés et nombre d'entre eux avaient été poussés dans le vide tandis que les autres reculaient. La mêlée était telle que les juifs, sur les murs, n'osaient plus lancer de traits de crainte de blesser l'un des leurs.

Dans le désordre de la bataille, Marcus avait été séparé de Milkah et de David. Il ne cessait de porter ses regards vers la jeune femme qui ne parvenait pas à utiliser sa méthode de combat tourbillonnante, mais frappait toujours avec une telle rapidité et une telle précision qu'elle arrivait à surprendre la vigilance de ses adversaires, protégés derrière leurs grands boucliers. Elle tentait de se frayer un chemin vers David qui avait ramassé une torche abandonnée et essayait d'atteindre la tour. L'adolescent, pris d'une sorte de fureur héroïque, abattait ses ennemis de son épée, les frappait au visage avec sa torche et il parvint ainsi auprès de la tour. Mais au moment où il enfonçait la torche dans une ouverture aménagée dans l'entrecroisement des poutres, un Romain sorti de la tour avait planté son glaive dans son flanc. Il avait battu des bras, offrant sa poitrine à un second coup. Si le hurlement qu'il avait peut-être poussé s'était perdu dans la rumeur du combat, le cri désespéré de Milkah résonnait encore aux oreilles de Marcus. N'écoutant que sa colère et son chagrin, la jeune femme s'était élancée contre les Romains avec une telle vigueur que leurs rangs s'étaient ouverts devant elle.

Marcus avait saisi sa hache à deux mains, et l'arme s'était mise à tournoyer à bout de bras en de formidables moulinets, faisant voler en éclats les boucliers, ouvrant les crânes, abattant les têtes, tranchant les membres. Dans son sillage suivaient les juifs qui refoulaient plus encore les Romains rejetés sur la rampe. Mais, de la tour, jaillissaient des soldats en flots ininterrompus, comme l'eau bouillonnante d'une source au flanc d'un rocher.

Milkah était parvenue jusqu'à David qui gisait dans la poussière et s'était accroupie près de lui pour le prendre dans ses bras. Elle essuyait son visage, le couvrant de baisers.

Marcus frappait, ivre de fureur, et soudain Milkah s'était redressée.

– Mort ! il est mort ! Mon Dieu, ils l'ont tué ! Ils l'ont tué !

Elle s'était alors élancée contre les Romains, vomis par la tour. Sa violence était telle que rien ne semblait pouvoir lui résister, et ces hommes de fer reculaient, comme dominés par une force divine. Mais dans l'aveuglement du désespoir elle avait oublié toute prudence et le glaive d'un soldat tombé à terre la frappa à l'aine, sans cependant l'arrêter. Elle avait encore progressé, chancelante, en frappant toujours. Le sang inondait le bas de sa tunique et ruisselait sur ses jambes. À ce spectacle, Marcus avait poussé son attaque en hurlant pour rallier ses hommes. Il rejoignait Milkah qui titubait quand un coup d'épée vint l'atteindre sous l'aisselle, alors qu'elle avait le bras levé pour frapper encore. La hache de Marcus s'abattit sur le légionnaire que venait de porter le coup et, sans prendre plus de souci des ennemis repoussés par les juifs qui l'épaulaient, il avait emporté Milkah dans ses bras. Elle avait ouvert les paupières en sentant contre elle la poitrine de son aimé. Des larmes avaient perlé de ses yeux.

– Malchios, oh ! Malchios, ils ont tué David !

Son visage s'était crispé et elle avait clos à nouveau les paupières. Il semblait à Marcus que le monde s'écroulait autour de lui. Il avait couru vers le mur, ramenant Milkah sans plus s'occuper des juifs qui, écrasés par la stupeur en voyant Milkah emportée mourante alors qu'elle était à leurs yeux le symbole de la victoire de leur Dieu, au point qu'ils la croyaient invincible, lâchaient pied. Les Romains qui s'étaient repliés sur la rampe, abandonnant leurs machines, étaient repartis à l'attaque, talonnant leurs vainqueurs qui se précipitaient vers les remparts. On avait jeté les échelles et Marcus, tenant toujours Milkah contre lui, avait gravi les barreaux avec prudence afin de ne pas perdre l'équilibre. Il avait à peine prêté attention aux hommes qui l'avaient aidé à prendre pied sur le rempart et n'avait point de honte à verser des larmes, à montrer sa douleur. Il tenait les yeux fixés sur le visage de Milkah qui prenait la pâleur de la mort, tandis qu'un cerne léger soulignait ses orbites. Lorsqu'il était arrivé sur l'esplanade, en plein soleil, il avait prononcé son nom. Elle avait ouvert les yeux en esquissant un sourire.

– J'ai mal encore un peu... avait-elle murmuré. C'est si facile de mourir ! Malchios, mon beau rêve ne m'a pas trompée...

– Non, mon aimée ! Tu as bien survécu au poignard de Silas...

Elle avait soupiré.

– J'aimerais embrasser Ariel, mais je ne veux pas qu'il me voie ainsi ensanglantée.

Elle avait articulé ces paroles d'une voix faible en faisant un effort manifeste. Des larmes avaient roulé sur ses yeux et elle avait encore murmuré :

– Demain, à Jérusalem.

Elle avait à nouveau fermé les paupières. Son corps s'était fait soudain pesant, si pesant qu'il avait chancelé. Ses jambes s'étaient dérobées sous lui. Il était tombé à genoux et la douleur qui lui avait étreint la poitrine était telle qu'il lui semblait que la terre se mettait à tourner comme le tour du potier, que le soleil éclatait dans le ciel, que les montagnes se fendaient, que l'univers entier gémissait, tandis que d'immenses sanglots secouaient sa poitrine. Ce qui s'est passé après, c'est à peine s'il en conservait le souvenir : Salomé, alarmée, avait couru vers eux, s'était roulée dans la poussière en s'arrachant ses vêtements et en inondant de larmes le visage de Milkah ; Ariel, effrayé, avait éclaté en sanglots. Les femmes avaient joint leurs gémissements à ceux de Salomé.

Il était resté sourd à toutes les sollicitations d'Éléazar et de ses compagnons. Sans lâcher Milkah dont le sang avait inondé sa propre tunique, il avait repris sa marche jusqu'au palais, jusqu'aux thermes où il avait procédé à la dernière toilette. Il avait soigneusement lavé son corps et il avait posé ses lèvres sur sa peau encore tiède. Salomé – Mais était-ce bien elle ? – était allée chercher la robe blanche que Milkah portait la veille et il avait noué sur sa taille la ceinture d'étoffe verte. Il l'avait étendue sur une couche qu'on avait dressée sans la salle de marbre donnant accès aux thermes. Quelques lampes avaient été allumées sur des trépieds bas et il s'était agenouillé, la tête sur son sein, immobile. Il était resté là, écrasé de stupeur et de chagrin. Il lui avait même semblé que bien des gens étaient venus se recueillir, on lui avait même parlé et il n'avait rien entendu, on lui avait frappé l'épaule, mais il n'avait rien senti. Salomé avait amené Ariel qui avait voulu embrasser sa mère, et il avait dit qu'elle dormait bien. Combien de temps s'était-il écoulé : quelques instants ? Quelques heures ? Quelques jours ? Il l'ignorait. Et que lui importait ?

Il s'était endormi d'un pesant sommeil, un sommeil sans doute sans rêve. Lorsqu'il s'était réveillé, les lampes brillaient toujours et il avait senti contre lui le corps de Milkah : il était froid et raide, ses mains étaient inertes, mais son visage rayonnait toujours d'une beauté qui lui avait semblé surnaturelle, le dernier éclat de la beauté qui s'en était allée vers la mort.

– Marcus voici ton fils, il veut t'embrasser avant de dormir.

La douce voix de Salomé l'avait fait sursauter. Ariel s'était blotti dans ses bras et il l'avait étreint avec fougue en disant :

– Mon fils, mon enfant bien-aimé ! Oh ! petit lion du Seigneur ! Mon Ariel... « Il sera un grand guerrier devant l'Éternel », avait dit Milkah... Oui, un grand guerrier.

Il avait étreint si fort l'enfant que celui-ci s'était débattu en pleurant et en criant qu'il lui faisait mal. Il lui avait demandé pardon et Salomé l'avait emmené. Elle était revenue quelques instants plus tard pour lui dire qu'une nuit et un jour s'étaient écoulés depuis qu'il était là et qu'Éléazar voulait lui parler.

Les Romains avaient définitivement abattu le mur de pierre, puis ils avaient amené le bélier contre le rempart de bois et, voyant qu'il résisterait longtemps à ses coups, ils l'avaient incendié. Une brèche béante était ouverte et dès le lendemain les Romains monteraient à l'assaut de la forteresse. Les défenseurs de Massada, assemblés, avaient donc pris leur décision à l'unanimité : ceux qui avaient des femmes et des enfants les frapperaient de leurs glaives, puis ils se donneraient mutuellement la mort. Déjà la décision était mise à exécution et dans l'instant même les femmes et les enfants de Massada étaient en train d'expirer par les mains qui les chérissaient le plus. Marcus avait écouté sans frémir cette nouvelle qui l'aurait révolté en d'autres temps. Éléazar avait ajouté :

– Nous allons tirer au sort celui qui restera le dernier pour incendier les maisons avant de se donner la mort, car chacun redoute de se percer le cœur de ses propres mains.

– Inutile de tirer au sort, je serai celui-là, avait déclaré Marcus.

Il s'était tourné vers Salomé après qu'Éléazar se fut retiré.

– Va chercher Ariel, mais s'il dort, je t'en supplie ne le réveille pas.

Elle s'était éloignée sans mot dire. Elle était revenue peu après portant l'enfant assoupi. Il se pencha au-dessus de lui et contempla un moment son mignon visage. Il leva la tête et son regard croisa celui de Salomé dont les joues étaient inondées de larmes. Elle restait toujours muette, prête à subir son destin. Marcus sentit un sanglot monter dans sa poitrine. Il se détourna brusquement et sortit.

Éléazar s'était soudain dressé devant lui :

– Malchios, tout est accompli. Je viens m'offrir à ton glaive. Quand tu m'auras tué, veille à faire le tour des demeures pour voir si quelque blessé n'appelle pas pour qu'on l'achève. Puis allume les feux afin que l'impie ne trouve plus que les cendres et le témoignage de nos sacrifices et notre gloire.

Sur ces mots il avait dégrafé son manteau et mis à nu sa poitrine.

– Je sais que tu frapperas d'une main sûre. Adieu, mon frère. Nous avons fait un beau rêve, mais le Seigneur nous appelle auprès de lui. J'entends sa voix... Oh !

Marcus avait abandonné le glaive dans la poitrine d'Éléazar puis il s'était éloigné pour achever son œuvre dévastatrice.

Dans les thermes, il retrouva Salomé qui s'était assise, l'enfant toujours assoupi entre ses bras. Elle pleurait en chantonnant doucement une berceuse. Elle se tut et regarda Marcus s'approcher d'elle.

– Salomé, dit-il alors, Milkah n'aurait jamais voulu cela. La vie des innocents appartient au Seigneur et nous ne pouvons en disposer sans commettre un très grave péché. Lève-toi et viens. Tu vas te réfugier dans la grande citerne où se trouvent déjà quelques femmes. Les Romains ne vous feront aucun mal. Tu dois vivre pour Ariel dont tu seras la mère. Essaie de rejoindre Judith et Démétrios à Alexandrie. Plus tard, quand il sera grand, parle-lui de moi et surtout de sa mère.

Il conduisit Salomé et l'enfant jusqu'à la citerne où il les laissa après les avoir serrés contre lui en un suprême geste d'adieu.

Il se précipita dans la salle où gisait celle qui avait été sa seule raison de vivre. Les lumières indécises dessinaient les formes du corps de la jeune femme. Et, comme halluciné, il s'écria :

– Reviens, Milkah !

Mais elle ne bougea pas, elle ne répondit pas à son appel. L'esprit de Marcus vacilla. Il saisit l'épée de Milkah, sa belle épée légère à la pointe acérée. Dans le lointain, un coq chanta. L'aurore ! Une aurore comme il y en avait tant eu sur la terre et comme il en aurait tant et tant, jusqu'à la fin du monde, jusqu'à la résurrection des corps dans la gloire de Dieu !

Encore une fois, un coq chanta, dans le camp des Romains. Bientôt les légionnaires monteraient à l'assaut de cette forteresse qui n'était plus défendue que par des morts.

Marcus se pencha au-dessus du corps de Milkah. Une sorte de joie sauvage l'avait envahi. Le coq chanta une troisième fois. Il éleva l'épée dont la lame scintilla dans la lumière opalescente du petit matin, mais sa main ne tremblait pas et au moment où il l'abattit, il murmura :

– À tout à l'heure, à Jérusalem !

ÉPILOGUE

Lorsque les Romains montèrent à l'assaut de la forteresse, ils s'étonnèrent de ne trouver nulle résistance. Le silence qui régnait sur le piton rocheux n'était déchiré que par des cris d'oiseaux de proie qui volaient haut dans le ciel pâle de l'aube et les crépitements de l'incendie finissant.

Les légionnaires poussèrent de grands cris afin de provoquer leurs adversaires dont ils redoutaient quelque ruse, puis ils s'élancèrent dans la brèche aménagée par les béliers. Ils se répandirent alors dans la forteresse où ils ne trouvèrent que des cadavres enlacés.

Lorsque Silva, leur général, eut parcouru ce champ funèbre, il se tourna vers les officiers et les soldats qui l'escortaient: « Romains, leur dit-il, comme moi, admirez et respectez de pareils adversaires. Nous qui plaçons notre honneur au-dessus de la vie, nous ne pouvons que saluer ces hommes et ces femmes qui ont montré un tel mépris de la mort. Un amour de la liberté aussi héroïque les place au-dessus de tous les autres peuples de l'Empire. Maintenant, allez, voyez s'il reste quelques survivants pour nous rapporter la fin de leurs compagnons et veillez à ce qu'il ne leur soit fait aucun mal. »

C'est ainsi qu'après Jérusalem tomba Massada, dernier bastion de l'indépendance juive.

LA TRAME HISTORIQUE

L'histoire relatée dans ce livre débute au printemps de l'an 66. Il y avait exactement soixante ans que la Judée vivait sous le régime des procurateurs, c'est-à-dire sous l'administration directe de Rome, à la demande expresse des juifs de Jérusalem, mécontents des actions d'Herodes Archelaus, l'un des fils d'Hérode le Grand, mort quatre ans avant notre ère. Déjà, avant même qu'Auguste ne confirme le testament d'Hérode et n'institue Herodes Archelaus « ethnarque » (mot grec qui signifie « chef du peuple ») de Judée, des révoltes avaient éclaté à plusieurs reprises en Judée et à Jérusalem que les Romains, « protecteurs » des juifs, avaient étouffées dans le sang.

Au cours de ces soixante ans de domination, quatorze procurateurs se succédèrent. Le plus célèbre reste évidemment Ponce Pilate qui gouverna la Judée entre 26 et 36. Ces procurateurs ne résidaient pas à Jérusalem mais à Césarée Maritime, entre les villes actuelles de Haïfa et Tel-Aviv. Cette province, constituée par la Judée, la Samarie, la Galilée, la Pérée et le nord de l'Idumée, s'étendait sur l'actuel État d'Israël (moins le Néguev) et la partie de la Jordanie voisine de la mer Morte et du Jourdain. Ce régime administratif fut interrompu brièvement en 41 lorsque, à la mort de Caligula, l'empereur Claude joignit cette province aux États d'Hérode Agrippa Ier, petit-fils d'Hérode le Grand, qui régnait sur la « tétrarchie » de Philippe et de Lysanias (c'est-à-dire l'Abilène), laquelle s'étendait au nord du lac de Tibériade, le long de la partie occidentale de l'actuelle Syrie. Mais Agrippa Ier mourut trois ans plus tard, et la Judée retomba sous la coupe des procurateurs.

Hérode Agrippa II, fils du précédent, se trouvait à Rome lors de la mort de son père. Ce n'est qu'en 53 qu'il reçut de Claude la tétrarchie de Philippe et de Lysanias ainsi que l'Iturée, à quoi furent ajoutés, après 55, Tibériade, Tarichée et Julias. Ainsi se trouvait-il à la tête des États qui avaient constitué la première tétrarchie de son père. On ne peut douter que son ambition ait été de reconstituer le royaume paternel en se faisant attribuer la Judée. Il semble qu'en cela il a été fortement influencé par sa sœur Bérénice, veuve de leur oncle Hérode, roi de Chalcis, mais qui vivait à sa Cour. À la suite de la guerre juive, Vespasien étendit ses territoires vers le nord et lui décerna divers honneurs, mais la Judée resta province romaine. Agrippa II mourut vers la fin du Ier siècle.

Chronologie

des événements ayant servi de fond historique au roman

Année 66

Mai : Florus vient à Jérusalem et ordonne le massacre qui va déclencher la guerre.

Juin : Agrippa à Jérusalem.

Juillet : révolte générale. Siège de la garnison romaine dans le palais d'Hérode. Prise de Massada par les insurgés.

14 août : meurtre d'Ananias et de ses compagnons réfugiés dans les égouts.

Début de septembre : prise du palais d'Hérode.

Octobre-début novembre : Cestius Gallus quitte Antioche et assiège Jérusalem. Le parti des modérés organise le gouvernement du pays libéré. Éléazar ben Simon prend la tête du parti des zélotes, tandis qu'Éléazar ben Ananias est éloigné en Idumée. Hanan est nommé grand sacrificateur.

Année 67

Janvier : siège d'Ascalon par les juifs. Jean l'Essénien est tué.

Simon bar Gioras pille l'Acrobatène. Chassé par les troupes envoyées de Jérusalem, il se retire à Massada.

Février-mars : Vespasien arrive à Antioche et organise ses forces.

Juin : début des opérations de Vespasien en Galilée. Siège de Iotapata, défendue par Joseph, fils de Matthias.

20 juillet : prise de Iotapata.

Août : prise de Tibériade et de Tarichée par les Romains.

Septembre : siège et prise de Gamala.

Octobre : Jean de Giscala arrive à Jérusalem, fuyant la Galilée avec ses partisans.

Novembre : Hanan, à la tête du peuple de Jérusalem, assiège les zélotes dans le Temple.

Décembre (fin) : arrivée des Iduméens à Jérusalem où ils sont introduits par les zélotes. Mort d'Hanan et de Zacharie.

Année 68

Janvier-février : guerre des factions à Jérusalem. Simon bar Gioras commence à recruter une armée.

Mars-avril : Vespasien marche vers la Judée.

Fin d'avril : les juifs de Massada pillent Engaddi, le jour de la pâque.

Mai : les Romains soumettent la région d'outre-Jourdain.

Juin : Vespasien occupe la région d'Emmaüs, pénètre en Idumée et occupe Jéricho (le 20). C'est à la suite de cette marche qu'est détruit le couvent essénien connu à notre époque sous le nom de Qumran.

9 Juin : mort de Néron.

Printemps-été : Simon bar Gioras soumet une partie de l'Acrobatène et de l'Idumée. Il installe sa capitale à Naïn (dans l'actuel Néguev). Après la mort de Néron, une période d'anarchie va s'installer à Rome, à la suite de quoi Vespasien suspend les opérations.

Octobre-décembre : Simon poursuit sa guerre contre les Iduméens. À Jérusalem, Jean de Giscala fait régner la terreur avec les zélotes. Il semble cependant que Simon ben Gamaliel, qui a fait frapper des monnaies, ait joué un rôle considérable auprès du peuple.

Année 69

Hiver : les Iduméens, alliés aux zélotes, se séparent de Jean de Giscala. Ils entrent en conflit armé avec lui et l'obligent à se réfugier dans le Temple.

Avril : Simon bar Gioras met le siège devant Jérusalem où il est introduit par le peuple. Uni aux Iduméens, il met le siège devant le Temple où se sont enfermés Jean de Giscala et Éléazar ben Simon.

Juillet : Vespasien est élu empereur à Alexandrie par Tibère Alexandre. Il parcourt les côtes de Phénicie pour se faire reconnaître empereur.

Été-automne : Éléazar ben Simon se sépare de Jean et occupe le haut du Temple. Au cours d'une sortie contre Simon bar Gioras, les zélotes de Jean détruisent les réserves de blé de la ville : ce sera l'une des causes de la famine pendant le grand siège.

Décembre : mort à Rome de Vitellius, troisième des empereurs éphémères qui ont succédé à Néron. Vespasien, resté seul empereur, se rend à Alexandrie pour s'embarquer à Rome au printemps.

Année 70

Printemps : Titus marche sur Jérusalem avec une armée de soixante mille hommes. Les juifs s'unissent pour faire une sortie contre les assiégeants.

Avril : travaux de siège de Titus. Jean profite de la pâque pour s'emparer de la partie du Temple occupée par Éléazar ben Simon.

25 mai-4 juin : les Romains prennent le rempart extérieur (troisième rempart). Combats pour la défense du deuxième rempart.

Juin-juillet (début de) : assaut contre l'Antonia repoussé. La famine sévit dans la ville.

24 juillet : prise de l'Antonia par les Romains.

Fin juillet-août : préparation de l'assaut du Temple.

27-29 août : assaut et prise du Temple qui est incendié.

3 septembre : les sacrificateurs qui se rendent à Titus sont suppliciés. C'est sans doute vers cette date qu'est mort Simon ben Gamaliel.

Septembre : préparation de l'assaut final après l'échec des pourparlers entre Titus et les chefs de zélotes.

29 septembre : assaut général et prise définitive de la ville.

Octobre : prise de l'Hérodion par composition.

Novembre-décembre : siège et prise de Machéronte.

Année 73

Mai : siège et prise de Massada.

Les sectes juives

Il faut entendre par « secte » un groupe de juifs unis dans une même interprétation de la Loi. Mais l'ensemble des sectes, au nombre de trois, était loin de réunir toute la population de la Palestine. Flavius Josèphe nous apprend que les pharisiens étaient six mille, les esséniens quatre mille et les sadducéens « peu nombreux ». Quant aux zélotes, c'est par un abus de langage qu'on en fait une secte à classer auprès des trois autres familles. Ainsi, les « sectaires » paraissent une minuscule minorité au milieu des sept ou huit cent mille juifs vivant en Palestine à l'époque de la révolte et aux millions d'entre eux dispersés à travers le monde romain. Leur influence morale et spirituelle a été cependant de la plus grande importance.

Les sadducéens. Ils se disaient les descendants de Saddoq, grand prêtre du temple de Salomon. Pour la plupart, ils appartenaient à la caste sacerdotale qui représentait en quelque sorte l'aristocratie de la nation. Cependant les membres de cette caste n'étaient pas tous sadducéens. Conservateurs, ils s'en tenaient à l'esprit du yahvisme ancien tel qu'il apparaît dans la Torah (la Loi constituée par les cinq premiers livres de la Bible). Ils ne reconnaissaient que cette seule autorité. Ennemis de toute nouveauté, défenseurs de l'ordre établi, ils étaient enclins à préférer l'autorité romaine qui maintenait cet ordre et leur laissait toute liberté religieuse, à celle d'un état pharisaïque ou zélote qui aurait imposé des nouveautés qu'ils rejetaient. Selon Josèphe, contrairement aux pharisiens, ils ne croyaient ni à l'immortalité de l'âme ni, en conséquence, à la résurrection au jour du Jugement dernier. La seule obligation était l'observation de la Loi, ce qui les entraînait vers un ritualisme étroit. Gardiens du Temple autour duquel ils vivaient, ils disparurent avec la fin du Temple, en 70.

Les pharisiens. Le nom de leur secte signifie « séparés », du fait qu'ils se voulaient rigoristes, à l'écart du reste du peuple dont le zèle religieux restait souvent bien tiède. Ils interprétaient la Loi à l'aide de la tradition constituée par les grands docteurs, ce qui les a conduits à raffiner jusqu'à tomber dans la casuistique. Ce sont donc les « intellectuels » du judaïsme, son intelligentsia, en conséquence de quoi, si les pharisiens se recrutaient dans toutes les classes de la société, ils passaient auparavant dans les écoles de scribes où les maîtres les formaient intellectuellement et moralement. Leur intransigeance et leur fidéisme conduisirent une grande partie d'entre eux à s'opposer à l'occupation romaine, soit passivement, soit activement en s'alliant aux zélotes. Tandis que les sadducéens étaient des gens du Temple, les pharisiens étaient ceux de la synagogue, grâce à quoi leur secte survécut à la destruction de Jérusalem, puisqu'il ne pouvait y avoir qu'un seul Temple, à Jérusalem, où se faisaient les offrandes et les sacrifices, alors qu'il y avait une ou plusieurs synagogues dans les villes de la Palestine et de la diaspora. Le Temple était la demeure du Dieu d'Israël, alors que la synagogue n'était qu'un lieu saint où l'on se réunissait pour prier et commenter la Loi. C'est aux pharisiens qu'on doit les Talmuds, commentaires casuistes de la Loi, rédigés au cours des siècles qui ont suivi la destruction du Temple, mais dont une grande partie s'est constituée au cours des deux siècles précédant cette destruction.

Les esséniens. Ils constituaient une secte mais aussi une confrérie, ou plutôt une sorte d'ordre religieux. Leur nom signifierait les saints ou les purs. Selon Josèphe, ils vivaient en communautés, menaient une vie ascétique, partageant leur temps entre la prière, les exercices de piété et le travail de la terre. Ils auraient pour la plupart vécu sans femmes ni serviteurs, mais les auteurs anciens rapportent que certains sectaires prônaient le mariage. On sait par ailleurs que si le centre de leur communauté se trouvait au bord de la mer Morte, comme l'assure le « naturaliste » romain contemporain de la guerre juive, Pline l'Ancien, ils avaient fondé des communautés dans diverses villes de la Palestine.

La plupart des spécialistes sont maintenant d'accord pour voir des esséniens dans les sectaires qui occupaient l'établissement conventuel mis au jour à Qumran, sur les bord de la mer Morte (le Messad Hassidim du roman, mais ce nom n'est connu que par des textes plus tardifs) et leur attribuer les manuscrits hébraïques exhumés dans les grottes voisines. Ces découvertes confirment en général les faits rapportés par les auteurs anciens. Elles ont aussi permis de s'assurer que des femmes ont été inhumées dans le cimetière de Qumran et qu'une partie de la population devait vivre dans des cabanes ou des grottes du voisinage.

Pour ce qui regarde le roman, j'ai puisé l'idée de camps et de guerriers subissant un entraînement intensif dans le manuscrit auquel on a donné le titre de *Règlement de la guerre,* ou encore, *Le Livre de la guerre des Fils de Lumière contre les Fils des Ténèbres.* Par ailleurs, l'existence de trésors appartenant à la secte et cachés en divers lieux de la Palestine est attestée par un inventaire établi sur deux rouleaux de cuivre, découverts dans l'une des grottes. On y trouve mentionnés une soixantaine de dépôts, dans des citernes, des fosses, dans les caches les plus variées, souvent enterrés à plus de cinq mètres de profondeur. Le total de l'or et de l'argent catalogué, outre divers objets, se monte à environ deux cents tonnes.

Les zélotes. Flavius Josèphe nous dit le plus grand mal des zélotes bien que, par ailleurs, il fasse d'eux une « école philosophique ». La « secte » fut fondée au début de notre ère par Judas le Galiléen qui se révolta contre les Romains en 6-7 de notre ère. Un pharisien du nom de Sadoq se serait joint à lui. Une lecture attentive de l'historien juif nous conduit à conclure qu'il a rangé sous cette appellation de zélotes tous les partisans d'une guerre à outrance. Il semble que seuls devraient porter ce nom les partisans, peu nombreux, de Judas et ensuite de ses parents, en particulier Menahem et ses neveux. Ceux-là incarnent sans nul doute l'idéal d'indépendance sous un régime théocratique. Cette idéologie autorise à les classer en une secte aux côtés des trois grandes familles spirituelles du judaïsme. Mais il semble difficile de les confondre, comme on le fait trop couramment, avec les partisans de Jean de Giscala ou ceux des autres chefs de factions à Jérusalem, qui recrutaient dans leurs rangs des gens venus de tous les horizons et parmi lesquels il y avait bien des individus de sac et de corde. Néanmoins, ils ne méritaient pas tous la qualification de brigands et d'assassins que ne cesse d'utiliser Josèphe lorsqu'il parle d'eux. Quant à Simon bar Gioras, qui a toujours combattu les zélotes, lesquels avaient même enlevé sa femme pour disposer d'une arme contre lui (au lieu de céder aux menaces, Simon avait fait de tels ravages que les zélotes s'étaient hâtés de la lui rendre), c'est une absurdité que de le classer parmi ces mêmes zélotes.

Le sanhédrin. Cette assemblée était une sorte de Sénat, voire une cour de justice, dont l'existence est attestée à partir du IIIe siècle avant notre ère, à l'époque où les Grecs de Syrie (dynastie macédonienne des Séleucides) dominaient la Palestine. Maintenu sous l'occupation romaine, le sanhédrin disposait de pouvoirs étendus, de caractère religieux mais aussi politique. En tant que tribunal, il connaissait les délits les plus divers et disposait d'une police. Il pouvait appliquer toutes les peines, sauf la condamnation capitale que se réservait le procurateur romain. Cependant, celle-ci pouvait être requise par le sanhédrin et ratifiée par l'autorité romaine.

Il se composait de soixante-dix ou soixante et onze membres recrutés parmi les sadducéens, les pharisiens, mais aussi parmi des gens n'appartenant à aucune de ces deux sectes. Le grand prêtre (ou sacrificateur) en assumait la présidence. La compétence du sanhédrin ne s'étendait que sur la Judée, mais son autorité, morale et religieuse, s'exerçait sur la plupart des communautés de la diaspora. Les membres du sanhédrin se réunissaient dans le Temple plusieurs fois par semaine. Ils étaient assis en demi-cercle, tandis qu'en face d'eux se tenaient sur trois rangs les étudiants, disciples des docteurs, qui siégeaient dans un conseil. Lorsqu'il s'agissait de juger une personne coupable d'un délit, après avoir entendu le chef d'accusation, on écoutait les témoins à décharge. Le tribunal décidait alors par vote si l'accusé devait être libéré, ce qui s'exécutait sur-le-champ, ou condamné. Dans ce dernier cas, il fallait réunir la moitié des voix plus deux des membres présents. Lorsqu'il s'agissait d'une condamnation à mort – avant l'époque romaine – la sentence était exécutée le lendemain. Il fallait un minimum de vingt-trois membres pour qu'une séance soit validée. Il semble qu'on entrait dans le sanhédrin par cooptation.

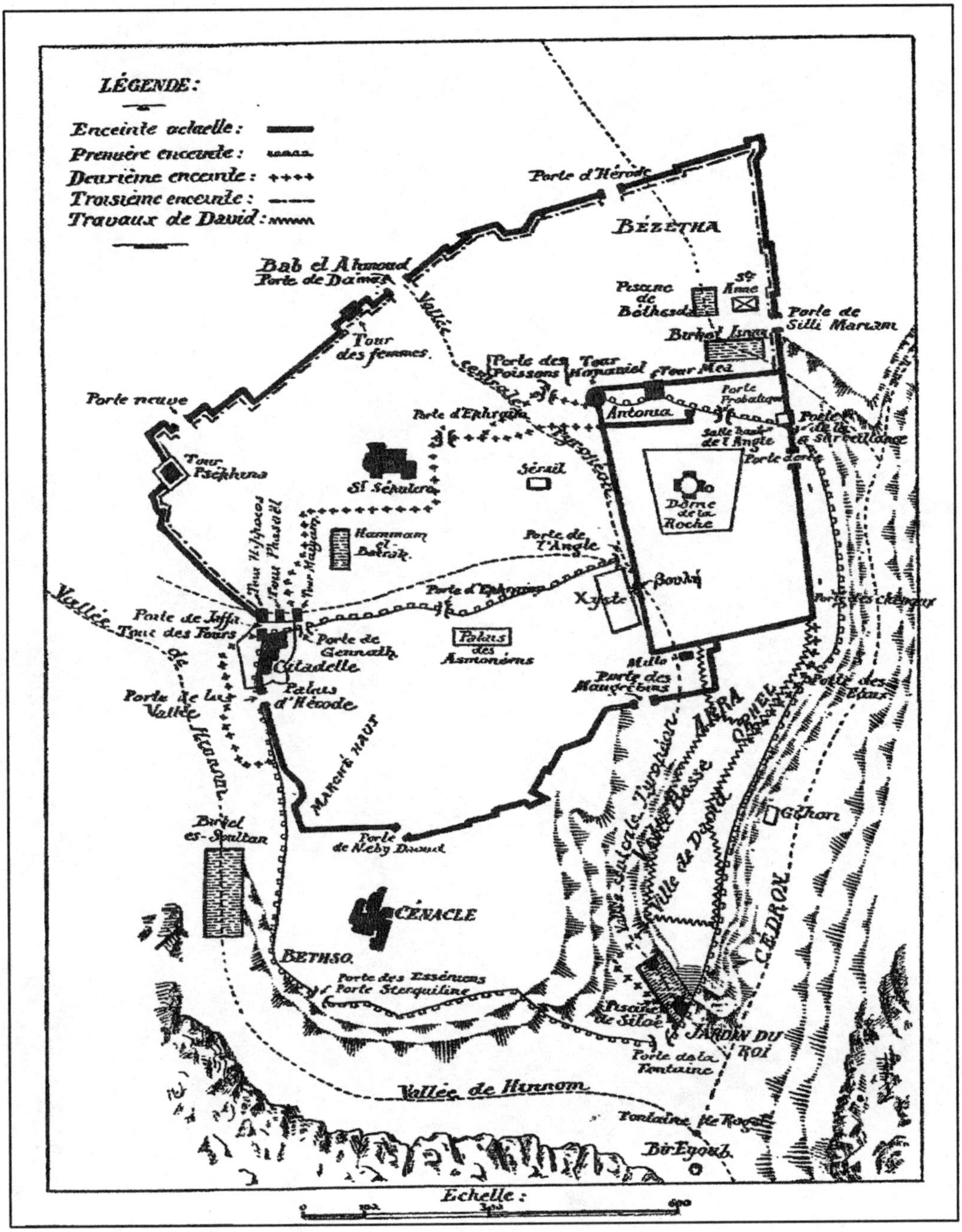

Plan de Jérusalem
(D'après l'ouvrage *Israël et l'Ancien-Orient*, de J. Vandervorst, Librairie Albert Dewit, Bruxelles, 1915.)

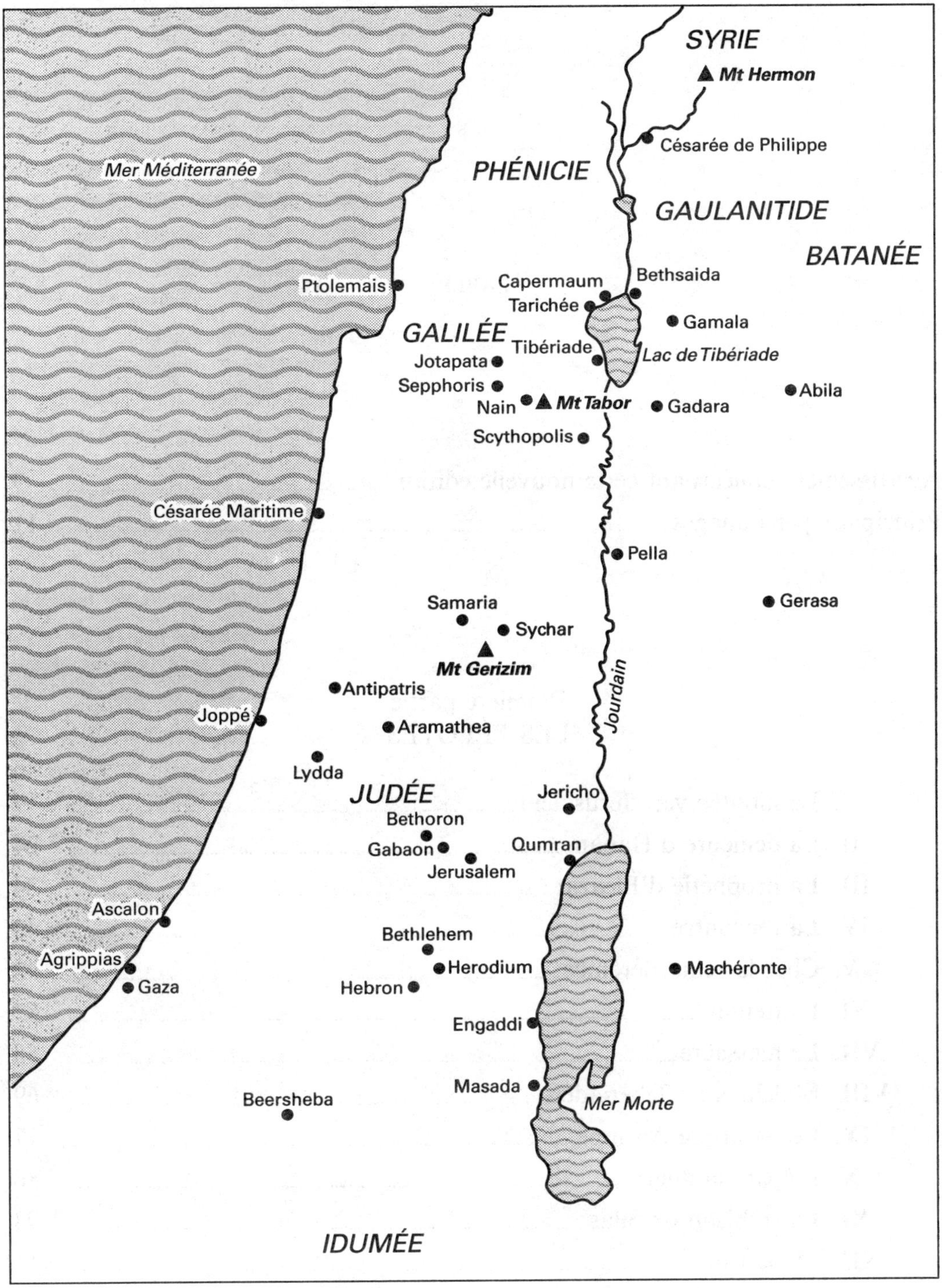

Judée et Galilée à l'époque de la révolte juive.

Table

Première partie
LES ZÉLOTES

Deuxième partie
EN JUDÉE

Troisième partie
EN GALILÉE

Quatrième partie
JÉRUSALEM

Cinquième partie
MASSADA

CET OUVRAGE
A ÉTÉ ACHEVÉ D'IMPRIMER SUR ROTO-PAGE
PAR L'IMPRIMERIE FLOCH À MAYENNE
EN JUIN 2004

Éditions du Rocher
28, rue Comte-Félix-Gastaldi
Monaco

Dépôt légal : juin 2004.
N° d'édition : CNE section commerce et industrie
Monaco : 19023.
N° d'impression : 60491.

Imprimé en France